JN426228

계량경제학 이론의 기초

김기호 지음

도서출판 해남

머 리 말

이 책은 계량경제학과 시계열분석을 공부하기 위해 반드시 필요한 기초 개념을 확률론적인 입장에서 다루고 있다. 여기서 기초라는 것은 초보적인 수준이라는 의미보다는 근본적인 또는 토대가 된다는 의미이다. 지금 시중에 계량경제학과 시계열분석을 다룬 교재 또는 전문서적이 많이 있다. 저자는 대학원에서 기존의 전문교재를 통해 계량경제학과 시계열분석의 기초 개념을 공부하면서 몇 가지 아쉬운 점을 느꼈다. 그것은 우리말로 된 교재나 전문서적을 찾아보기 어려웠다는 점이 하나이고, 비록 수준차이가 있기는 하지만 대부분의 전문서적에서는 계량경제학의 기본 개념을 극도로 정제된 몇 줄의 수학적 표현으로 마무리하고 만다는 점이었다. 이러한 점은 계량경제학을 본격적으로 공부하고자 하는 학생의 입장에서 볼 때 부담으로 다가올 때가 많았다.

이러한 저자의 경험을 바탕으로, 이 책은 다음과 같은 점을 염두에 두었다. 첫째, 대학원에서 계량경제학을 전공하여 공부하려는 학생들이 외국어로 된 교재나 전문서적을 공부하는 과정에서 참고할 수 있는 국문서적을 제공한다. 둘째, 수준 높은 전문서적을 바로 접함으로써 느끼는 학생들의 어려움을 해소하는 데 도움을 줄 수 있도록 책의 수준이 지나치게 높아지지 않도록 한다. 셋째, 두 번째 목적과 관련하여, 계량경제학에서 필요로 하는 수학적 개념을 간결하게 처리하는 식으로 서술하여 전문가들이 보기에 깔끔한 책을 제공하기보다는, 학생들에게 개념을 이해시키려는 목적으로 수식을 가급적 말로 풀어 설명해 주는 방식으로 서술한다. 넷째, 계량경제학을 공부하고자 하는 대학원 1년차 이상의 학생을 독자층의 기준으로 삼되 계량경제학을 전공하지 않은 여타 경제학분야 연구자들도 참고할 수 있도록 한다.

이와 같은 목적하에 책을 서술해 놓고 나니 몇 가지 걱정되는 바가 생겼다. 우선 수학적인 개념을 최대한 말로 풀어 써서 기초 개념에 대한 이해를 도모하려고 하였지만, 이러한 과정에서 원래 이론이 전달하고자 하는 내용을 부정확하게 또는 잘못 설명한 부분이 있지는 않았는지 염려된다. 또한 내용이 중복되거나 지루하게 느껴질 정도로 분량이 많아짐으로써 독자들에게 오히려 부담을 주지는 않을지 우려가 된다.

이 책을 집필하면서 책 쓰기를 포기하려는 마음이 들었던 적이 한두 번이 아니었다. 무엇보다도 전달하여야 하는 내용면에서 계량경제학과 통계학뿐만 아니라 해석학 등과 같이 수학에 대한 내용까지도 포함하여야 하였다. 따라서 책의 분량이 방대해질 뿐만 아니라 그 수준 또한 천차만별이어서, 독자들에게 관련내용의 수준을 수미일관되게 유지하는 가운데 핵심 내용을 효율적이면서도 효과적으로 전달하기가 힘들었다. 이러한 점은 지금 이 순간까지도 저자에게 부담으로 남아 있는 부분이자 독자의 이해를 구하는 부분이다. 저자의 재능이 책을 완벽하게 마무리지을 수 있을 정도로 여물지 못하다는 것이 너무도 아쉽다.

그럼에도 불구하고 결과적으로 이 책을 출간하게 되었다. 이는 무엇보다도 계량경제학의 기초 개념을 이해하기 쉽도록 설명한 교재가 하나쯤은 필요하다는 경험이 저자로 하여금 부끄러움을 무릅쓰도록 채찍질하였기 때문이다. 하지만 저자가 의도한 바가 어느 정도 달성되었는지를 저자 스스로 평가할 수는 없다. 저자의 미숙하고 얕은 지식으로 인하여 잘못 서술된 부분이 있다면 독자의 질책이 있기를 바란다.

감사드려야 할 분들이 많다. 먼저 학부시절부터 지금까지 불민한 저자에게 계량경제학의 기초부터 하나씩 가르쳐 주셨을 뿐만 아니라 학자로서의 본을 보여 주신 성균관대학교 이종원 교수님께는 어떤 말씀을 드려 고마움을 표해야 할지 모르겠다. 대학원에서 시계열분석을 본격적으로 가르쳐 주셨던 성균관대학교 김인무 교수님, 횡단면분석과 패널분석 등 미시계량경제학의 진수를 알려 주신 고려대학교 이명재 교수님께도 진심으로 감사드린다. 연구로 바쁜 와중임에도 불구하고 보잘 것 없는 초고를 일독하여 책의 개선점을 지적해 주신 숭실대학교 경제학과 유병학 교수님과 초고의 전반부를 읽고 해석학과 관련된 부분에 대해 친절하게 코멘트해 주신 성균관대학교 수학교육과 좌준수 교수님께도 감사의 말씀을 드린다. 아울러 독자의 입장에서 좋은 의견을 피력해 준 KAIST 테크노경영대학원의 한상우 씨께도 고마움을 표한다.

저자가 이 책을 출판해 보자고 제의하였을 때 망설임 없이 출판을 허락한 후, 수 년간 끝없는 인내심으로 탈고를 기다리고 물심양면으로 독려해 주신 도서출판 해남의 노현철 사장님께 진심으로 고개 숙여 감사드리며, 이 책이 근사한 모습으로 나타나기까지 고생해 주신 해남의 관계자 여러분께도 수고의 말씀을 전해 드린다.

마지막으로 저자에 대한 걱정으로 마음 고생 많으신 어머니께 무한한 감사를 드리고, 저자를 뒷바라지하느라 고생한 아내 배윤정과 건강하고 예쁘게 잘 자라 주는 두 딸 혜성이와 예린이에게 고마움과 사랑을 전한다. 오래 전에 돌아가신 선친에 대한 그리움은 항상 마음 한켠에 자리잡고 있다.

오랜 기간 붙잡고 있던 부담스러운 작업을 털어 버리니 후련한 마음이 든다.

남산 아랫자락에서 불타 버린 숭례문을 바라보며

2009년 8월

김기호

차 례

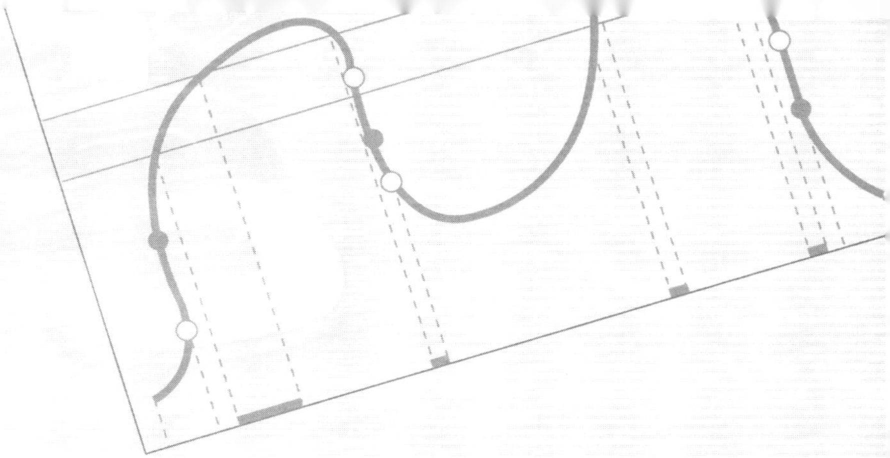

1 확 률

확률에 대해 이론적으로 접근하고자 할 때에 많이 접하게 되는 개념이 바로 측도(measure)이다. 간단히 말해서, 측도는 통상적으로 사용되고 있는 길이(length) 개념을 추상화하고 확장한 것이라 할 수 있다. 역사적으로 볼 때 측도가 확률론에 사용된 것은 러시아의 수학자 콜모고로프(A. N. Kolmogorov) 이후라 할 수 있다. 즉, 근대적인 형태의 확률론이 콜모고로프에 의해서 확립되었는데, 그가 전통적인 접근법이나 상대도수론적 접근법이 지니는 논리적 결함[1]을 극복해 낼 수 있는 방안으로서 현대적인 공리론적 접근법을 전개한 이후부터 측도는 확률론 등의 분야에서 필수적인 개념이 되었다.[2] 확률에 대한 공리론적 접근법에서는 논리전개상 측도의 개념을 차용하여 확률을 정의한다. 즉, 측도론의 입장에서 볼 때, 확률은 '공간 전체의 측도가 1인 측도'라고 정의된다. 따라서 확률론은 논리전개면에서도 측도론과 극히 유사하다.[3] 어찌되었든 확률을 설명할 때 측도라는 수학적인 도구를 통해 논리가 전개될 뿐만 아니라, 그리고 적어도 계량경제학에서 이론을 전개할 때 측도론적 접근법을 많이 이용하고 있다는 점에서 측도에 대한 개념이해가 선행적으로 뒷받침될 필요가 있다. 측도에 대한 개략적인 내용은 본장의 보

1) 이들 접근법이 지니는 논리적인 결함을 간략히 지적하면 다음과 같다. 전통적 접근법에서는 확률을 정의하는 과정에서 확률적 개념이 내포된 용어, 예컨대 '발생할 가능성이 동일한'이라는 용어를 통해 확률이 정의된다. 한편, 상대도수론적 접근법에서는 확률이 실험을 통하여 정의되고 있기 때문에 전통적인 접근법이 지니는 논리상의 허점을 피할 수 있다. 그렇지만 발생가능한 사건의 수가 무한대이거나, 반복시험이 불가능한 경우 등에는 적용할 수 없다는 문제점을 지니고 있다.

2) A. N. Kolmogorov(1956)를 참조하라.

3) 확률론에서 사용되는 개념들을 수학용어와 대비하여 보면 이와 같은 사실을 더욱 쉽게 이해할 수 있다.

수학용어	확률용어
측도공간	확률공간
σ-대수	σ-체
잴 수 있는 집합(가측집합)	사건
실가 가측(잴 수 있는)함수	확률변수
실가함수의 적분	확률변수의 기대치
L^p	p차 적률이 존재함
측도수렴(convergence in measure)	확률수렴(convergence in probability)
거의 모든 곳에서(almost everywhere)	거의 확실하게(almost surely)
실직선상의 보렐확률측도	확률분포
측도의 퓨리에변환(Fourier Transform)	확률분포의 특성함수
특성함수	지표함수

론을 참조하기 바란다.

확률론은 17세기에 페르마(Fermat)와 파스칼(Pascal)이 도박과 관련하여 조합적 확률론(combinatorial probability)을 연구한 것을 효시로 한다. 그리고 베르누이(Bernoulli)가 큰 수의 법칙(law of large numbers)을 발표하고, 드 므아브르(de Moivre)가 이항분포의 정규근사방법에 대하여 연구한 것 등은 모두 확률론의 기원이 된다. 이후 18세기에 들어 라플라스(Laplace)가 미적분 개념을 이용하여 확률론에 해석학적인 측면을 도입하면서부터 근대적인 확률론이 발전하기는 하였으나, 18세기까지는 전통적인 확률론의 수준을 벗어나지 못하였다. 그러다가 19세기에 들어서면서 일단의 러시아 학자들인 체비세프(Chebyshev), 마코프(Markov) 등에 의하여 이론적으로 커다란 발전이 이루어졌다. 이에 더불어 보렐(Borel)이 가산적인 확률론 개념을 도입하고, 콜모고로프(Kolmogorov)가 측도론을 이용하여 확률 개념을 측도론적인 입장에서 해석함으로써 근대적인 확률론의 골격이 갖추어지게 되었다.

1.1. 고전적 확률론

본절에서는 고전적 확률론에 대하여 간략하게 살펴보도록 한다. 먼저 확률에 대한 고전적 정의는 라플라스(P. Laplace)에 따른 것으로 그 내용은 다음과 같다.

확률실험으로부터 나타날 가능성이 동일한 서로 다른 N개의 결과들이 있다고 하자. 이 때 어떤 사건 E가 발생할 때 사건 E로부터 n개의 결과가 나타난다면, 사건 E가 발생할 확률 $P(E)$는

$$P(E)=\frac{n}{N} \tag{1}$$

과 같다.

예컨대, 주사위를 던지는 실험을 생각하면, 주사위를 1회 던져서 나타날 수 있는 주사위의 눈금은 1～6까지 여섯 가지가 된다. 이러한 1～6까지의 눈금을 모두 포함하는 집합 S는 $S=\{1, 2, 3, 4, 5, 6\}$이 된다. 이 때 주사위의 눈금이 3 이상일 사건을 E라 하고, 사건 E가 발생할 확률을 구해 보자.

결과가 3, 4, 5 또는 6이 나타나면, E라는 사건이 발생하는 것이므로

$E=\{3, 4, 5, 6\}$과 같다. 따라서 $n=4$, $N=6$이므로 사건 E가 발생할 확률 $P(E)=\frac{4}{6}=0.\dot{6}$이 된다.

이러한 확률정의방식은 대단히 직관적이므로 쉽게 이해될 수 있다는 장점을 지니고 있다. 그러나 좀더 복잡한 실험, 예를 들면 주사위를 100회 던지는 실험의 경우에는, '주사위 눈금의 합이 356 이상일 확률' 등을 구하는 것은 그리 간단하지는 않게 된다. 확률실험에서 나타날 수 있는 결과의 수가 증가할수록 확률을 계산하기가 점점 힘들어진다.

확률에 대한 고전적 정의는 다음과 같은 문제점을 지니고 있다.

(i) 앞서 언급한 바와 같이, 발생가능한 결과의 수가 유한한 경우, 비록 계산이 복잡해진다는 문제가 발생할 수는 있으나, 항상 확률을 계산할 수 있다. 그러나 결과의 수가 유한하지 않은 경우에는 이러한 정의를 통해서는 확률을 계산할 수 없다. 또한 나타나는 결과의 수가 유한한 경우에도, 확률시행을 무한히 반복하면 경우의 수가 무한히 많아지게 되므로 확률을 정의하기 곤란해진다.[4)]

(ii) 확률은 항상 공정한 확률실험에 대해서만 적용되어야 한다는 점이다. 예컨대, 특정 부위를 무겁게 만든 주사위나 동전 등을 이용하여 확률실험을 행하는 경우, 그 확률은 모든 부분이 동일하게 만들어진 (fair) 주사위나 동전을 가정하여 도출되는 확률과 다를 것이 명백하다.

한편, '내년도의 경제성장률이 몇 %가 될 것인가'와 같은 물음에 대하여 고전적 확률 개념은 해답을 제시할 수 없다. 즉, 고전적 정의방식은, 확률을 부여할 수 있는 대상이 극히 제한될 수밖에 없다는 문제점을 지니고 있다.

(iii) 이미 확률적 개념이 내포된 용어('나타날 가능성이 동일한')를 통하여 확률을 정의하고 있다는 점에서 순환론적(tautology)인 오류를 범하고 있다.

이와 같은 문제점을 극복하기 위한 대안으로서 빈도수접근법(frequency approach)과 주관적 확률접근법(subjective approach) 등이 제시되었다.

---

4) 예컨대, '주사위 눈금이 무한횟수 나타날 사건에 대하여 고전적 정의방식에서 확률을 어떻게 정의해 줄 것인가'라는 문제가 제기된다.

빈도수접근법은 경험적으로 확률실험을 반복시행하여 안정된 실험결과를 얻었을 때 그 때의 실험결과를 해당 사건에 대한 확률로 받아들이는 방식이다. 예컨대, 주사위를 던지는 실험을 반복하였을 때, E라는 사건이 발생하는 횟수 n을 센 후 그 값을 시행횟수로 나누어 주고 그 값의 극한값을 확률로 정의하는 것이다. 즉, 확률값 $P(E)$를

$$\lim_{N \to \infty}\left(\frac{n}{N}\right)=P(E) \tag{2}$$

라고 정의하는 것이다.

이러한 정의방식은 고전적 확률정의방식에서 지적되는 '공정한 확률실험'이라는 개념이 지니는 문제점을 해소하고 있다. 즉, 만일 주사위의 특정 부분이 무거워서 특정 숫자만 상대적으로 많이 관측되더라도 특정 숫자가 관측된 횟수를 전체 시행횟수에서 나누어 주기만 하면 확률이 정의되므로 '발생가능성이 동일하다'는 가정을 필요로 하지 않게 된다. 하지만 이러한 방식 역시 문제점을 지니고 있다. 즉, 무엇보다도 확률실험을 직접 시행해 보아야만 확률값을 도출할 수 있다는 점이 문제인 것이다. 자연과학적 현상의 경우에는 반복실험을 시행할 수 있는 경우가 많다. 하지만 경제학을 포함하는 사회과학현상인 경제현상은 반복해서 실험하거나 관측할 수 없다. 예컨대, 일단 금년의 물가가 관측된 이후에는 다시는 금년의 물가를 관측할 수 없다. 이런 경우에는 반복해서 실험한다는 가정 자체가 무의미하다. 따라서 경험적인 실험에 근거해서 확률을 부여하고자 하는 빈도수접근방식은, 고전적 정의와 마찬가지로, 현실경제와 관련한 현상을 확률적으로 설명할 수 없다는 문제점을 여전히 해소할 수 없다. 또한 반복실험이 가능한 경우라 할지라도, 무한한 횟수만큼 반복하는 확률실험은 불가능하다. 반면 빈도수접근법은 장기적인 확률(probability in the long run) 개념에 대해 심도 있는 논리를 전개해 줄 수 있다는 장점을 지닌다.

주관적 확률접근법은 불확실성이 내재된 상황에 대한 개인의 주관적인 믿음을 확률로 간주하는 확률정의방식이다. 이 경우 주관적 믿음이 변화하게 되면 확률도 변하게 된다. 이러한 접근법은 외부로부터 정보가 주어질 때 어떤 방식으로 확률을 갱신하여야 할 것인지에 대해서 보다 체계적인 이론을 제공한다는 장점을 지닌다.[5)]

---

5) 이러한 견해는 향후 베이지안(Bayesian) 접근법으로 발전하게 된다.

이상으로 고전적인 확률론에 대하여 간략하게 살펴보았다. 앞서 지적한 바와 같이, 고전적 확률론은 일면 직관적인 측면을 지니고 있어서 쉽게 이해할 수 있다는 장점을 지니고 있기는 하나, 이를 통해서는 경제현상 등과 같은 중요한 현실문제를 확률적으로 분석하기 어렵다.

1.2. 근대적 확률론: 공리론적 접근법

1.2.1. 기초 개념

앞절에서 고전적 확률론에 대하여 간략히 살펴보았는데, 고전적 확률론은 포커나 화투와 같은 도박게임 등에서 발생하는 단순한 우연현상을 설명하고 이해하는 데에는 편리한 수단이 될지도 모르겠으나, '내년도의 국내총생산(GDP)이 5% 증가할 확률은 얼마나 될 것인가'와 같은 실제 경제에서 중요한 문제에 대하여 해답을 제시해 줄 수 없다는 한계를 지닌다.[6] 이에 대한 해답을 제시해 줄 수 있는 대안이 바로 콜모고로프에 의하여 확립된 공리론적 확률론이다.

확률에 대한 공리론적[7] 접근법은 1933년 콜모고로프가 측도론을 확률론에 도입한 것에서 기원을 찾을 수 있는데, 고전적인 확률론이 지니고 있는 약점들을 극복할 수 있는 대안으로 제시된 것이다. 특히, 공리론적 접근법은 확률실험으로부터 발생할 수 있는 결과(outcome)의 수가 무한대인 경우에 적절하게 적용할 수 있는 이론적 틀을 제공한다. 일반적으로 자료를 통해 관찰되는 확률현상을 설명하기 위하여 확률모형을 구축하게 되는데, 확률실험은 확률모형을 구축하기 위한 기초를 제공한다. 확률론에서는 현실적으로 발생하는 우연현상을 설명하기 위하여 확률실험이라는 개념을 정의하고 이를 토대로 이론을 전개한다. 따라서 확률실험에 대해 간략하게 살펴보자.

---

6) 이는 표본공간이 셀 수 없는 무한개의 원소를 가지고 있는 경우, 즉 실직선($\mathbb{R}$)인 경우에 확률을 계산하는 문제이기 때문이다. 이 경우 표본공간의 원소의 수가 셀 수 없는 무한개로 구성되어 있기 때문에, 자연수 N을 분모로 하여 정의되고 있는 확률 개념(예컨대, 전통적인 접근법 또는 빈도수접근법)들을 통해서는 확률을 계산할 수 없다.

7) 공리론적 접근법은 이론을 구축해 나가는 하나의 방법으로서, 사람들에게 공인된 사실 중 상호간에 상충되지 않는 사실들을 공리(axiom)로 받아들이고 이를 기초로 논리적 추론을 통해 연역적으로 올바른 명제들을 차례로 구축해 나가는 연구방식이다. 이는 힐버트(Hilbert)에 의해 제시되었다.

확률실험은 다음의 세 조건을 만족한다.

(i) (확률실험으로부터) 몇 개의 결과가 발생할 것인지에 대해 사전에 알고 있다.
(ii) 매번 (확률)실험을 할 때마다 어떤 결과가 나타날지에 대해 실험을 해 보기 전에는 알 수 없다.
(iii) (i)과 (ii)를 만족하는 실험을 동일한 조건하에서 반복해서 실시할 수 있다.

이와 같은 확률실험 개념은 아래와 같이 수학적 개념을 통해서 표현될 수 있다.

(i)′ 조건 (i)은 발생할 수 있는 모든 결과를 사전에 알고 있다는 것이므로, 발생가능한 모든 결과로 구성되는 어떤 집합 S를 알고 있다고 가정하는 것과 동일한 것이다. 이렇게 발생가능한 모든 결과를 모아 놓은 집합을 표본공간(sample space) S라고 정의한다. 그리고 표본공간 S의 원소, 즉 발생가능한 개개의 결과를 '단순사건(simple event 또는 elementary event)'이라고 하며, 두 개 이상의 단순사건으로 구성되는 복합적인 사건을 '사건(event)'이라고 부른다.
(ii)′ 조건 (ii)는 어떤 사건이 발생할지는 사전에 알 수 없다는 것이므로, 결국 실험을 시행하였을 때 표본공간의 어떤 원소(즉, 단순사건)가 관찰될지 모른다는 것을 뜻한다. 이는 곧 확률실험을 시행할 때 나타나는 불확실성, 즉 확률현상이 발생한다는 것을 의미한다. 따라서 이로부터 '각 단순사건이 발생할 확률' 개념이 도입된다.[8)]
(iii)′ 조건 (iii)은 동일한 확률실험을 한 번 이상 시행할 때, 매번 실험을 시행할 때마다 앞선 실험이 이후의 실험에 영향을 주지 않는다는 것을 의미한다. 예컨대, 동전을 던지는 확률실험을 생각해 보자. 이 경우에 동전을 두 번 던진다고 한다면 두 번째 던지는 동전이 첫

8) 임의의 사건 집합체, 특히 σ-체에 대하여 항상 확률이 부여될 수 있는가라는 질문이 확률론의 기본적인 해결과제의 하나라고 할 수 있는데, 이에 대한 해답을 카라테오도리의 확장정리(Caratheodory's extension theorem)라고 부른다. 이에 대하여 1.2.6.을 참조하라.

번째 동전던지기에 의해서 영향을 받지는 않을 것임은 자명하다.[9)]

그런데 조건 (iii)은 경제변수와 관련된 문제처럼 실험이 불가능한 상황에 대한 확률을 논의하는 경우에는 적절하지 못한 가정으로 볼 수 있다. 이에 대해서는 추후에 논의하게 될 것이다.

이상으로 확률실험에 대하여 간략히 알아보았는데, 이러한 개념을 토대로 하여 확률론에 필요한 기초 개념인 표본공간, 사건, 표본공간과 관련된 사건들의 집합체(즉, σ-체) 등에 대하여 살펴보도록 하자.

표본공간은 어떤 확률실험을 실행할 때 그 실험으로부터 발생할 수 있는 모든 결과(outcome)들을 모아 놓은 집합이다. 다시 말해, $s_i \in S$가 되는 s_i를 결과라고 한다. 즉, 결과는 표본공간의 원소이다.

예 1

동전을 2회 던지는 실험을 생각하자. 이러한 실험은 확률실험인데 그 이유는 다음과 같다. 먼저 동전을 2회 던지는 실험을 할 때 나타날 수 있는 결과들은 다음과 같다. 앞면이 나타나는 경우를 H, 뒷면이 나타나는 경우를 T라고 표시하면, HH, HT, TH, TT 각각이 결과이다. 따라서 확률실험의 조건 (i)이 만족된다. 둘째, 동전을 2회 던져보기 전에는 어떤 결과가 나올지 알 수 없다. 그러므로 확률실험의 조건 (ii)가 만족되는 것은 당연하다. 셋째, 조건 (i)과 (ii)를 만족하는 실험을 반복해서 실시할 수 있다. 그러므로 동전 2회 던지기 실험은 확률실험이다.

이 경우의 표본공간을 S_c라 하면, $S_c = \{HH, HT, TH, TT\}$이며 S_c는 4개의 결과로 구성된다.

9) 한편, 경우에 따라서는 이러한 조건이 충족되지 못하는 경우도 발생할 수 있다. 예컨대, 빨간 구슬이 5개, 하얀 구슬이 5개 들어 있는 자루에서 구슬을 하나씩 두 번에 걸쳐 꺼내는 실험을 하는 경우에는 첫 번째 구슬을 꺼내는 행위가 이후의 구슬을 꺼내는 행위에 영향을 미칠 것이다. 이러한 확률실험을 비복원추출이라고 부른다. 그러나 구슬을 하나씩 두 번에 걸쳐 꺼내는 실험 자체를 다시 반복할 수 있을 것이므로 결과적으로 이러한 비복원추출실험 자체도 반복시행이 가능한 실험이다. 따라서 조건 (iii)은 이러한 점을 감안하여 이해해야 한다.

예 2 주사위를 2회 던지는 실험을 하는 경우에 나타날 수 있는 결과는 다음과 같다. 앞의 숫자를 첫 번째 던지기에서 나타나는 점의 수, 뒤의 숫자를 두 번째 경우에 해당하는 점의 수라고 하면, (1, 1), (1, 2), ……, (6, 5), (6, 6) 등이 결과이다.

이 때의 표본공간을 S_d라 하면,

$$S_d=\{(1,\ 1),\ (1,\ 2),\ (1,\ 3),\ (1,\ 4),\ (1,\ 5),\ (1,\ 6),\\ (2,\ 1),\ (2,\ 2),\ \cdots\cdots,\ (6,\ 5),\ (6,\ 6)\}$$

과 같고 표본공간 S_d는 총 36개의 결과들로 구성된다.

위의 예에서 볼 수 있듯이 어떠한 확률실험을 행하는가에 따라서 다른 표본공간이 형성된다. 이 때 중요한 것은 표본공간은 발생할 수 있는 모든 결과를 포함하여야만 한다는 점이다. 확률실험의 형태뿐만 아니라 동일한 확률실험을 행하는 경우에도 실험결과의 어떤 부분에 관심을 가지느냐에 의하여 확률공간이 달라질 수 있다. 예컨대, 앞면이 나오는 순서가 중요하지 않은 경우에는 HT와 TH를 구분할 필요가 없으므로 표본공간을 $S=\{HH, HT, TT\}$와 같이 나타낼 수 있을 것이다.

사건은 표본공간 S의 부분집합으로서 여러 가지 결과들의 집합이다. 즉, 임의의 사건 E에 대해 $E\subset S$가 성립한다. 위에서 표본공간의 원소를 결과라고 하였는데, 하나의 결과(a outcome)는 그 자체로서 하나의 집합을 형성하므로 결국 하나의 사건으로 간주될 수 있다.[10] 이렇게 하나의 결과만으로 구성되는 사건을 단순사건이라고 부른다.

예 3 동전 2회 던지기에서 앞면이 1회 이상 나타나게 되는 사건은 다음과 같이 나타낼 수 있다.

$$E_{H\geq 1}=\{HH,\ HT,\ TH\}.$$

10) 하나의 원소로 구성되는 집합을 단집합(singleton set)이라고 한다.

예 4 주사위 2회 던지기의 경우에, 두 점의 합이 3보다 작거나 같은 사건은 다음과 같다.

$$E_{d\leq 3}=\{(1,\ 1),\ (1,\ 2),\ (2,\ 1)\}.$$

하나의 단순사건은 그 단순사건을 하나의 원소로 포함하는 어떤 복합사건의 원소가 된다. 그리고 하나의 결과에 대하여 그 결과를 원소로 포함하는 사건은 일반적으로 여러 개 존재한다.[11] 따라서 결과적으로 단순사건이 관찰되었다는 것은 동시에 그 단순사건과 관련된 어떤 (복합)사건이 발생한 것을 의미하게 된다.[12] 이러한 점으로부터 확률실험의 정의에서 규정된 조건 (ii)는 사실상 '어떤 **사건**이 나타날지에 대해서는 실험을 해 보기 전에는 알 수 없다'라는 조건과 동일한 것이다. 이는 확률을 고려할 때, 각 결과(단순사건)가 나타날 확률뿐만 아니라 사건(복합적인 사건)이 발생할 확률도 고려할 필요가 있음을 의미하는 것이며, 이로부터 확률을 부여할 대상은 결과(단순사건)뿐만 아니라 결과들의 집합인 사건임을 알 수 있다. 즉, 확률이 부여되는 대상은 결과들의 집합인 표본공간이 아니라, 표본공간 자체를 포함하고 있는 보다 확장된 공간이다. 그리고 결과들의 집합인 사건을 대상으로 확률이 부여되어야 한다는 점은 곧 사건들의 집합체(collection of events)를 고려해야만 한다는 것을 의미한다.

이제 사건들의 집합체가 본장 보론에서 논의한 집합대수, σ-체 등의 개념과 연관되어 있다는 사실에 유의하면서 사건의 집합체에 대하여 좀더 구체적으로 살펴보도록 하자.

다시 한 번 말하지만 사건은 단순사건을 원소로 하는 집합으로 정의된다. 따라서 집합 간의 교집합이나 집합 간의 합집합이 다시 집합이 되는 것처럼, 한 사건과 다른 사건 간의 집합연산(교집합과 합집합 등)에 의하여 새

11) 예컨대, 동전을 두 번 던지는 실험에서 사건 HT는 첫 번째 던지기에서만 앞면이 나타나는 단순사건(결과)을 의미하는 것이기도 하지만, 동시에 '적어도 한 번 이상 앞면이 나타나는 사건' 또는 '앞면이 한 번 나타나는 사건'의 원소이기도 하다. 즉, $HT\in\{HH,\ HT,\ TH\}$이고, 한편으로는 $HT\in\{HT,\ TH\}$이기도 하다.

12) 즉, HH가 관측되었다는 것은 동전을 두 번 던져서 모두 앞면이 나타나는 단순사건이 관찰되었다는 것을 의미하는 것이기도 하지만, 동시에 적어도 한 번 이상 앞면이 나타나는 사건이 발생하였다는 것을 의미하기도 하는 것이다.

로운 사건이 형성된다. 이것은 곧 사건에 대하여 확률을 정의해 주기 위해서는 확률이 정의될 대상(즉, 사건의 집합체)이 집합연산에 대해 닫혀 있어야만 한다는 것을 의미한다. 달리 말하면, 어떤 사건의 집합체의 원소인 두 사건이 있을 때, 이들 사건(집합)의 교집합을 도출하면 집합연산의 결과로 도출된 새로운 사건은 반드시 원래 사건이 속해 있는 집합체의 원소가 되어야만 한다. 동일한 이유로 사건의 무한교집합, 무한합집합 등도 역시 원래 사건집합체의 원소가 되어야만 한다.[13)]

표본공간에 대한 사건의 집합체가 사건의 일부 또는 전부를 모아 놓은 것이라는 점을 고려하면 확률을 부여할 대상으로 멱집합(power set)을 후보로 생각할 수 있다. 그 이유는 멱집합이 집합연산에 대하여 닫혀 있는 집합체(σ-체)이기 때문이다. 즉, 표본공간의 어떠한 부분집합(즉, 사건)도 멱집합의 원소가 될 뿐만 아니라 그 집합의 여집합도 멱집합의 원소가 되므로 멱집합이 집합연산에 대하여 닫혀 있기 때문이다.

예로서, 동전 두 번 던지기에 대하여 멱집합을 구해 보면 다음과 같다.

예 5

동전 2회 던지기에서의 멱집합 $\mathscr{F}_c$는 다음과 같다.

$$\begin{aligned}\mathscr{F}_c=\{&\phi,\ S_c,\ \{HH\},\ \{HT\},\ \{TH\},\ \{TT\},\ \{TH,\ HT\},\\ &\{TH,\ HH\},\ \{TH,\ TT\},\ \{HT,\ HH\},\ \{HT,\ TT\},\\ &\{HH,\ TT\},\ \{HT,\ TH,\ HH\},\ \{HT,\ TH,\ TT\},\\ &\{HH,\ TT,\ TH\},\ \{HH,\ TT,\ HT\}\}.\end{aligned}$$

여기서, $\{HH\}$, $\{HT\}$, $\{TH\}$, $\{TT\}$ 등은 단순사건이고,

$\{TH,\ HT\}$는 앞면 또는 뒷면이 1회만 나타나는 사건,
$\{TH,\ HH\}$는 두 번째 던지기에서 앞면이 나타나는 사건,
$\{TH,\ TT\}$는 첫 번째 던지기에서 뒷면이 나타나는 사건,
$\{HT,\ HH\}$는 첫 번째 던지기에서 앞면이 나타나는 사건,
$\{HT,\ TT\}$는 두 번째 던지기에서 뒷면이 나타나는 사건,
$\{HH,\ TT\}$는 동일한 면이 나타나는 사건,
$\{HT,\ TH,\ HH\}$는 앞면이 적어도 1회 이상 나타나는 사건,

13) 이는 본장 보론에서 σ-체를 확률론에서 논의의 대상으로 삼는 이유에 대해 설명한 것과 동일한 의미이다.

$\{HT, TH, TT\}$는 앞면이 1회 이하로 나타나는 사건,
$\{HH, TT, TH\}$는 동일한 면이 나타나거나 두 번째 던지기에서 앞면이 나타나는 사건,
$\{HH, TT, HT\}$는 동일한 면이 나타나거나 첫 번째 던지기에서 앞면이 나타나는 사건 등을 나타낸다.

위에서 나타나는 사건들의 합집합, 교집합 그리고 여집합도 다시 멱집합의 원소가 된다.

멱집합은 사건의 집합체 중 가장 큰 집합이다. 그런데 확률이 정의될 수 있는 대상은 σ-체이면 충분하므로 확률을 부여할 대상이 반드시 멱집합이 될 필요는 없다. 예컨대, 다음과 같은 집합은 사건들의 집합체로서 σ-체를 구성하고 있으므로, 이러한 사건의 집합체(σ-체)도 역시 확률이 부여될 수 있는 대상이 된다.

$$E_{H\geq 1}=\{S,\ \phi,\ \{HH,\ HT,\ TH\},\ \{TT\}\},$$
$$E_{H\leq 1}=\{S,\ \phi,\ \{HT,\ TH,\ TT\},\ \{HH\}\}.$$

$E_{H\geq 1}$은 앞면이 한 번 이상 나타날 사건과 관련된 집합체이고, $E_{H\leq 1}$는 앞면이 한 번 이하로 나타날 사건과 관련된 집합체이다.

지금까지 살펴본 내용에 대해 간략히 요약하면 다음과 같다. 표본공간, 사건 그리고 사건을 원소로 하는 집합체(σ-체)는 확률이론을 전개하는 데 기초가 되며, 특히 확률이 부여될 수 있는 대상은 표본공간 S 자체가 아니라 표본공간을 원소로 포함하는 σ-체이다. 그리고 확률이 부여될 대상인 σ-체가 반드시 사건들의 멱집합일 필요는 없다.

주어진 (표본)공간 S와 S를 기초로 하여 만들어지는 σ-체 $\mathscr{F}$가 있을 때 이들의 쌍으로 표시되는 $(S, \mathscr{F})$를 측도공간(measure space)이라고 부른다. 결국 확률은 이와 같은 측도공간 위에서 정의된다. 만일 표본공간이 유한하거나(즉, 결과의 개수가 유한개), 무한하더라도 셀 수 있는(countable) 경우 이러한 표본공간을 기초로 하는 측도공간을 이산측도공간(discrete measure space)이라고 부르며, 표본공간이 셀 수 없는 무한개(uncountable infinity)의 결과로 구성되는 경우 이러한 표본공간을 기초로 하는 측도공간을 연속측도공간

(continuous measure space)이라고 한다.

측도공간이 이산적 측도공간인지, 아니면 연속적 측도공간인지 여부는 확률론을 전개하는 데 중요한 구분점이 되는데, 그것은 바로 연속확률공간에 적용되는 연속확률측도는 전통적 접근법을 통해서는 정의될 수 없기 때문이다. 다음 항에서 확률측도를 정의할 때 측도론적 접근방식을 사용할 예정인데, 그 이유도 바로 연속확률공간에 대한 확률을 정의하기 위한 것이다. 연속확률측도는 측도론에 의해 정의되고 있다는 점을 다시 한 번 강조한다.

다음 항에서 확률측도의 개념을 굳이 살펴보고자 하는 이유는 전통적인 접근법이 직관적으로 이해하기 쉬운 반면에 측도론을 이용하여 정의되는 확률(측도) 개념은 추상화된 확률 개념이어서 (측도로서의) 그 개념이 지니는 의미를 직관적으로 이해하기 어렵다는 점을 감안하였기 때문이다.

1.2.2. 확률측도의 의미

확률측도는 본장의 보론에서 살펴본 바와 같이 추상적인 측도의 정의[14]를 통하여 정의된다.[15] 즉,

---

14) 측도가 가산가법성을 만족하는 집합함수라는 점을 상기하면, 확률측도 또한 측도가 된다는 것을 쉽게 이해할 수 있다. 그런데 본장의 [정의 1]에서 정의된 확률측도는 보론의 측도에 대한 정의와는 다소 다르게 표현되어 있다. 그렇지만 이는 결과적으로 측도의 정의와 동일한 것이다. 그 이유는 다음과 같다.

첫째, 측도의 정의 (i)은 공집합의 측도를 정의하고 있는 데 비해, 확률측도에서는 전 공간(S)의 측도에 대해 정의하고 있다. 그렇지만 두 조건이 본질적으로 동일한 것임을 다음과 같이 알 수 있다. 확률측도도 측도와 마찬가지로 주어진 σ-체 위에서 정의되기 때문에, S의 여집합인 공집합(ϕ)이 σ-체의 원소가 된다. 또한 $S \cup \phi = S$이고, $S \cap \phi = \phi$(즉, 두 집합이 서로 소)이기 때문에, 조건 (ii)의 가산가법성을 적용하면 $P(S) = P(S \cup \phi) = P(S) + P(\phi)$가 성립함을 알 수 있다. 이로부터 $P(\phi) = 0$이라는 조건이 도출된다. 따라서 확률측도의 조건과 측도의 조건이 동일함을 확인할 수 있다.

둘째, 측도의 정의에서는 집합함수의 치역이 $[0, \infty]$인 데 반해, 확률측도의 정의에서는 치역이 $[0, 1]$로 제한되어 있다. 이것이 바로 확률측도의 특징이라고 할 수 있는 부분으로, 전 공간의 측도가 1을 초과할 수 없다는 것을 나타내 준다. 이는 확률적 현상에서는 계산되는 확률값이 1을 초과하지 못한다는 사실을 확률측도에 반영해 준 것일 뿐이다.

그런데 확률측도를 '길이' 개념으로 해석하면, 확률측도가 '0보다는 크거나 같고 1보다는 작은 길이'라고 해석되므로, 직관적인 이해가 쉽지 않을 것이기는 하나 본질적으로 확률측도 또한 길이 개념으로 해석될 수 있다.

15) 이러한 확률측도는 일반적인 공간을 표본공간으로 하여 정의된 것이다. 표본공간을 실직선 $\mathbb{R}$, σ-체를 보렐체 $\mathscr{B}$로 제한하고, 보렐체 $\mathscr{B}$ 위에 확률을 정의해 줄 수 있는데, 이렇게 표본공간을 실직선 $\mathbb{R}$로 제한한 경우에 얻을 수 있는 (연속)확률측도를 별도로 연속확률분포(continuous probability distribution) 또는 간단하게 분포(distribution)라

정의 1 확률측도

측도공간 $(S, \mathscr{F})$를 생각하자. 이 때 σ-체 $\mathscr{F}$ 위에서 정의되는 집합함수 $P: \mathscr{F} \to [0, 1]$이 다음을 만족하면, 함수 P를 σ-체 $\mathscr{F}$ 위에서 정의되는 확률측도(probability measure)라 한다.

(i) $P(S)=1$(전 공간의 측도가 1).

(ii) σ-체 $\mathscr{F}$의 원소이면서 서로 소인 집합 $E_1, E_2, \cdots\cdots$가 있을 때, $P\left(\bigcup_{n=1}^{\infty} E_n\right)=\sum_{n=1}^{\infty} P(E_n)$ (가산가법성).

[정의 1]은 확률이 특히 조건 (ii)를 만족한다는 사실에 기초한 것이다. 즉, 확률이 (가산)가법성을 만족하고 있다는 사실이 잘 알려져 있으므로, 결국 확률도 측도라는 추상적인 개념의 일종으로 해석할 수 있다는 논리에 따른 정의방식인 것이다. 따라서 단순히 논리적인 측면만을 생각한다면 확률을 (확률)측도로 정의하는 위와 같은 정의방식은 이해하기에 아무런 문제가 없다. 즉, 확률측도는 확률의 이론적 기초를 제공하기 위하여 도입된 수학적 틀 정도로 이해될 수 있다.[16)]

그렇다면 굳이 측도라는 개념을 차용해 가면서 확률을 정의해야 할 필요는 무엇인가? 결론만을 간단하게 밝히면, 이산적인 표본공간을 대상으로 하는 경우에는 고전적인 확률정의방식을 사용하여 논리를 전개하여도 문제가 발생하지 않으나, 표본공간이 연속형인 경우에는 고전적 확률정의방식을 사용하는 경우에 문제가 발생할 수 있기 때문이다. 이에 대해서는 후술할 예정이다.

측도라는 측면에서 확률측도라는 것을 어떻게 해석할 수 있을까? 비록 확률이 추상화되기는 하였으나 확률이 측도라면 당연히 원래의 르벡측도가

고 부른다. 이러한 확률분포의 개념은 제2장에서 다룰 확률변수의 확률적 속성을 논의할 때 유용한 도구가 된다.

16) 고전적 접근법에서의 확률정의를 이와 같은 정의의 특수한 예로 간주할 수 있다. 즉, 표본공간이 N개의 결과로 구성된 경우를 생각하자. 조건 (i)에 의하면 표본공간의 확률이 1이고, 각각의 발생가능한 결과들이 발생할 가능성이 동일하므로, 각 결과가 발생할 확률은 $\frac{1}{N}$이 된다. 그리고 n개의 원소로 구성된 사건이 발생할 확률은 각 원소가 서로 소이므로 조건 (ii)에 의하여 $\sum_{i=1}^{n}\frac{1}{N}=\frac{n}{N}$과 같아진다.

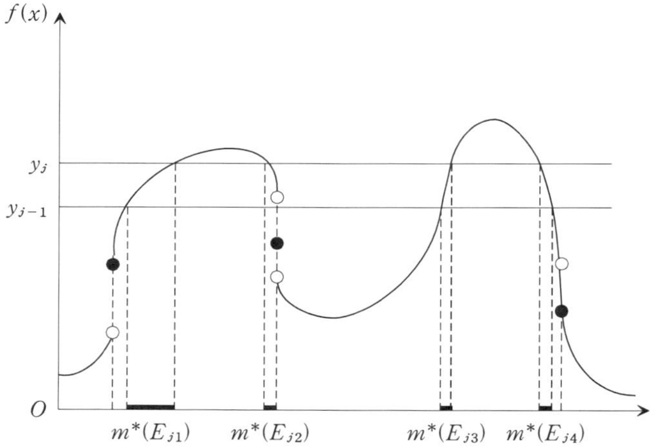

그림 1-1 잴 수 있는 집합의 외측도

지니고 있는 **'길이'**라는 속성을 지니고 있어야 할 것이다. 그러나 위와 같은 추상적인 정의방식만을 놓고 보면 확률측도라는 개념이 추상화되기 이전의 르벡측도 개념인 '길이' 개념을 추상화한 것이라는 사실을 직관적으로 이해하기가 쉽지 않다.

본장의 보론에서 측도가 리만적분의 한계를 극복하기 위하여 탄생한 개념이라는 점을 언급한 바 있다. 특히, 함수의 치역을 세분하고, 주어진 함수에 대한 역상을 찾아 내서 길이를 측정하는 것이 바로 측도의 기본적인 의미라는 점을 보았다. 이제 이러한 개념의 연장선상에서 확률측도의 의미에 대해 생각해 보도록 하자. 확률측도는 추상화된 개념이기 때문에 직접적으로 길이 개념과 연관이 없는 것으로 보이나, 측도가 지니고 있는 기본 속성인 '길이' 개념을 내포한다.

[그림 1-1]은 구간 $[y_{j-1}, y_j]$에 대한 어떤 함수의 역상을 나타내는 집합 E_{j1}, E_{j2}, E_{j3}, E_{j4}($E_j=\{x\in[0, a]: y_{j-1}\leq f(x)< y_j\}$)를 보여 주고 있다. 보론에서 간단히 언급한 바와 같이, 인위적으로 '잴 수 없는 집합'을 만들어 내기 전에는 통상적으로 위와 같은 함수에서 도출되는 모든 역상들은 잴 수 있는 집합이 된다.[17] 따라서 집합 E_{j1}, E_{j2}, E_{j3}, E_{j4} 등이 모두 잴 수 있는 집합

17) 예컨대, 주어진 함수가 2차함수인 경우 '잴 수 있는 집합'의 모든 역상들은 잴 수 있는 집합이 된다. 이에 대해서는 제2장에서 논의될 '잴 수 있는 함수(measurable function)'

이므로, 당연히 이들 집합에는 측도의 정의에 의해 측도값이 부여된다. 여기서 적용되는 측도를 르벡측도라 하자.[18] 보론에서 볼 수 있듯이 르벡측도값은 0과 ∞ 사이의 값을 가진다. 즉, $0 \le m^*(\cdot) \le \infty$가 성립한다.

그런데 르벡측도 또는 외측도는 전체 공간의 측도가 무한대로 나타나는 무한측도인 반면, 확률측도는 정의상 측도값이 무한대가 되지 않는 유한측도이고, 특히 전 공간의 측도가 1이다. 즉, 확률측도가 [0, 1] 사이의 값을 가지기 때문에 무한측도를 유한측도로 전환해 줄 방법에 대하여 생각할 필요가 있다.

이에 앞서 르벡측도가 그 자체로서 유한측도가 되는 경우가 있으므로 이에 대하여 먼저 살펴보자. 예컨대, 구간 [0, 1]에 대하여 르벡측도를 부여한다고 하자. 그러면 전체 구간 [0, 1]에 대하여 르벡측도의 길이는 1이 된다. 따라서 이 경우 전 공간(정의역)의 측도값이 1이 되므로, 르벡측도를 확률측도로 간주할 수 있다. 이와 같은 예는 바로 르벡측도라는 길이 개념이 막바로 확률측도 개념으로 해석될 수 있는 경우이며, 반대로 주어진 확률측도가 길이 개념을 확장한 르벡측도와 일치하고 있음을 보여 준다.

그런데 만일 확률측도의 정의역이 [0, 1]이 아니고 보다 일반적인 경우에도 르벡측도가 확률측도로서 해석될 수 있을까? 물론 직접적으로는 불가능하지만, 적당하게 조건을 부과하는 경우에는 보다 일반적인 구간에 대해 정의되는 확률측도가 '변형된 형태의 길이 개념'으로 해석될 수 있다. 이제 이에 대하여 살펴보도록 하자.

어떤 주어진 함수에 대한 정의역이 일반적인 구간으로 주어지고, 앞에서처럼 단순한 르벡측도가 확률측도의 후보로 주어졌다고 하자. 르벡측도는 무한측도이므로, 이 경우 측도값이 [0, ∞]에 속하는 값을 지니게 된다. 따라서 특별한 경우를 제외하면, 일반적으로 임의의 구간에 대해서 르벡측도를 확률측도로 해석할 수 없다. 결국 르벡측도값은 [0, ∞]에 속하는 값($m^*(\cdot) \in [0, \infty]$)이므로, 이 값을 [0, 1]에 속하는 값으로 변환시켜 주어야만 르벡측도가 확률측도로 해석될 수 있다. 그리고 이 경우에 한하여 르벡측도를 확률측도라고 부를 수 있다.

와 확률변수(random variable) 등의 개념을 참조하라.

18) 르벡측도는 외측도의 정의역을 잴 수 있는 집합으로 제한하여 도출한 측도이며, 보다 추상적인 개념인 측도의 일종이라는 사실을 상기하라.

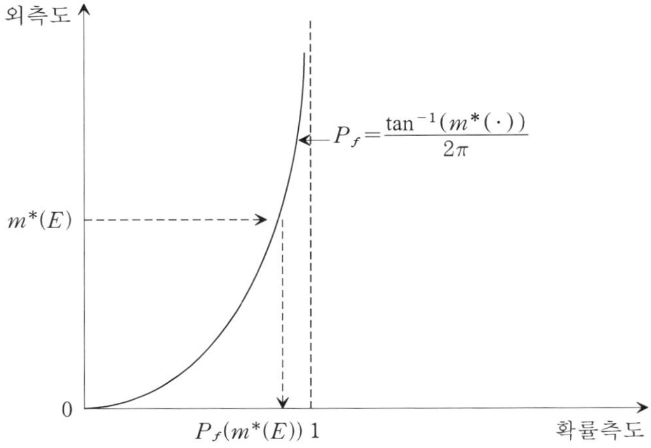

그림 1-2 tan함수를 통한 외측도의 변화

이제 확률측도의 조건을 만족시켜 주기 위하여 식 (3)과 같은 함수전환을 생각해 보자([그림 1-2] 참조). 즉, 르벡측도를 변환해 주어 [0, 1] 사이의 값에 대응시키는 대응 P_f를 생각해 보자.

$$P_f:\ m^*(\cdot) \rightarrow [0,\ 1], \tag{3}$$

또는

$$P_f:\ [0,\ \infty] \rightarrow [0,\ 1]. \tag{3$'$}$$

여기서 $P_f(m^*(x)) = \dfrac{\tan^{-1}(m^*(x))}{2\pi}$이다.

이 경우, $0 \le m^*(\cdot) \le \infty$에 대하여 $0 \le \tan^{-1}(m^*(\cdot)) \le 2\pi$가 성립하므로, $\tan^{-1}(m^*(\cdot))$를 2π로 나누어 주면 $P_f(m^*(\cdot)) \in [0,\ 1]$이라는 결과를 얻을 수 있다. 즉, 함수 $P_f(\cdot)$를 이용하여, 일반적인 집합(잴 수 있는 집합)에서 정의되는 르벡측도값을 전체 공간의 측도가 1이 되도록 변환시켜 줄 수 있다.

이로부터 원래의 측도를 변환해 줌으로써 만들어진 새로운 측도 P_f는 확률측도의 첫째 조건을 만족하고 있음을 알 수 있다. 그러면 이러한 변환은 확률측도의 둘째 조건, 즉 가산가법성도 역시 만족하겠는가? 결론만 간단히 말하면, 함수 $P_f(\cdot)$가 연속함수이기 때문에 가산가법성도 역시 만족한다.[19] 따라서 주어진 함수 f로부터 역상을 구하여 그 역상의 르벡측도를 계산한 다음 그 르벡측도를 $P_f=\frac{\tan^{-1}(\cdot)}{2\pi}$라는 함수를 통해 변환시켜 주면, P_f는 확률측도가 요구하는 모든 조건을 만족하게 된다. 이와 같은 예로부터 확률측도가 측도라는 길이 개념을 적당하게 변환하여 도출되는 '변형된 길이' 개념으로 이해될 수 있다는 사실을 알 수 있다.

그런데 이와 같은 변환은 축의 값을 변환시킨 것이 아니라, 'x축상의 집합이 갖는 길이'(즉, 측도값)를 변환시킨 것에 불과하다. 즉, 이러한 방식은 임의의 집합에 대한 르벡측도값을 변환해 줌으로써 $P_f(\cdot)$가 간접적으로 확률측도의 조건을 만족하도록 해 주었을 뿐이다.[20] 현실에서는 이와 같은 방식으로 확률을 정의하지는 않는다. 위의 예는 단지 확률측도의 정의에 부합하는 사례를 제시해 본 것으로 이해할 수 있다.

이번에는 직접 'x축상의 집합'(즉, x값) 자체에 제약을 가하는 경우에 대하여 생각해 보자. 지금 설명하고자 하는 이 경우가 확률론에서 사용하는 확률측도의 개념에 해당하는 것이다. 논의의 편의상 정의역을 구간 $[-\infty, \infty]$로 하는 연속함수(즉, 불연속점이 없다고 가정하자) f가 있다고 하자. 그러면 주어진 함수가 연속함수라 하였으므로, f는 리만 적분가능한 함수이고, 구간 $[y_{j-1}, y_j]$에 대한 함수 f의 역상이 항상 구간으로 나타나게 된다. 따라서 측도값을 부여해 줄 대상이 되는 집합(x축상의 집합)이 항상 구간으로 나타나게 되므로 x축상의 집합에 대한 외측도를 구하는 것은 쉬운 일이다. 즉, 역상의 외측도(즉, 길이)는 함수 f의 역상으로 나타난 구간, 즉

$$E_j=\{x\in[0, a]:\ y_{j-1}\leq f(x)<y_j\} \tag{4}$$

들의 길이를 구한 후 그 각 부분구간의 길이를 더해 준 값이다.

그렇지만 이 경우에도 역시 전 공간($[-\infty, \infty]$)의 측도값이 무한대로서

---

19) 연속함수는 함수의 정의역(외측도의 값)에서 가산가법적인 집합이 그 치역(즉, 변환된 측도)에서도 가산가법성을 유지한다는 성질을 지닌다. 따라서 함수 $P_f=\frac{\tan^{-1}(\cdot)}{2\pi}$는 구간 $[0, \infty)$에서 연속함수이기 때문에 앞의 성질을 지니게 된다. 이에 대해서는 제2장의 '잴 수 있는 함수'부분을 참조하라.

20) 확률현상을 설명하는 데 실제로 이용되는 개념은 확률분포(또는 확률밀도)이다. 위에서 설명한 변환방식은 확률분포와는 다른 것인데, 이러한 방식을 통하여 확률측도의 개념을 설명한 이유는 확률측도라는 개념이 길이 개념을 적절하게 변형한 것으로 이해될 수 있다는 점을 부각시키기 위한 것이었다. 실제적으로 확률분포 또는 확률밀도의 개념과 직결되는 설명방식은 바로 직접 'x축상의 집합'(즉, x값) 자체에 제약을 가하는 방식이다.

유한측도가 아니므로 확률측도가 되지 못한다. 그렇다면 결국 이 경우에도 무한측도를 유한측도로 전환해 줄 수 있는 방법을 강구해야만 한다. 이하에서는 이에 대해 알아보도록 하자.

먼저 정의역, 즉 횡축의 x값을 다음과 같이 사상하는 함수를 생각하자.

$$x \to g_x(x) = \frac{1}{\sqrt{2\pi}} e^{-\frac{x^2}{2}}. \tag{5}$$

이 때 주어진 함수의 역상($f^{-1}(y)$, 즉 y축상의 집합)을 g_x에 의해 변환시켜 주면,

$$g_x(f^{-1}(y)) = \frac{1}{\sqrt{2\pi}} e^{-\frac{(f^{-1}(y))^2}{2}} \tag{6}$$

와 같이 합성함수 형태로 나타나게 된다. 이제 구체적으로 함수 g_x를 이용해 x축의 각 점에 가중치를 부여해 보도록 하자. 예컨대, 구간 $E_x = [a, b]$에 대한 (확률)측도값을 계산하는 상황을 생각하자. 이 경우 각 점에는 $\frac{1}{\sqrt{2\pi}} e^{-\frac{x^2}{2}}$라는 가중치가 부여되므로 르벡측도에서와 동일한 방식, 즉 단순히 구간의 마지막 점 b에서 구간의 처음 점 a를 빼 주는 방식으로는 측도를 계산할 수 없다. 즉, 외측도(단순길이)를 이용할 수 없으므로 다른 방법을 생각해 보아야 한다. 그렇다면 어떤 방법을 이용하여야 할 것인가?

해결책은 확률측도의 정의에서 찾아 낼 수 있다. 정의에 의하면, 확률측도는 전체 공간의 측도가 1이면서 가산가법성을 만족하여야 한다. 다양한 가능성을 고려할 수 있지만 가장 그럴듯한 확률계산방법으로 함수의 적분을 생각해 볼 수 있다. 좀더 구체적으로, 주어진 구간에 대하여 함수 g_x를 적분해 주는 방법을 통해 변형된 길이를 계산하는 방식을 고려해 보자. 예컨대, 구간 $[a, b]$의 가중길이(weighted length) 개념을 생각해 보자. 적분을 통해서 구간 $[a, b]$의 가중길이를 나타내면 다음과 같다.

$$\int_a^b g_x dx = \int_a^b \frac{1}{\sqrt{2\pi}} e^{-\frac{x^2}{2}} dx. \tag{7}$$

이제 이러한 방식의 변환을 통하여 생성되는 새로운 변수$\left(\frac{1}{\sqrt{2\pi}} e^{-\frac{x^2}{2}}\right)$에 대한 길이가 과연 확률측도의 조건을 모두 만족하는지 확인해 보자.

먼저 첫 번째 조건을 만족하는지 확인하기 위하여 식 (7)을 $(-\infty, \infty)$구

간에 대해 적분하면,

$$\int_{-\infty}^{\infty} g_x dx = \int_{-\infty}^{\infty} \frac{1}{\sqrt{2\pi}} e^{-\frac{x^2}{2}} dx = 1 \tag{8}$$

이 성립한다는 사실이 잘 알려져 있다. 따라서 확률측도의 첫 번째 조건이 만족된다. 더불어서 모든 x에 대해 $e^{-\frac{x^2}{2}} \geq 0$이므로 어떠한 구간에 대해서도 적분값이 0보다 크게 된다. 이로부터 위와 같은 가중치 함수를 이용하게 되면, 전 공간($[-\infty, \infty]$)의 측도가 1이 되도록 해 줄 수 있음을 알 수 있다.

한편, 리만적분은 전체 구간을 서로 소인 부분구간으로 분리하여 각 부분구간마다 얻어진 적분값을 모두 더해 주면, 원래 분리하기 전의 전체 구간에 대해 적분한 값과 동일하게 된다는 성질을 가지고 있다. 그런데 이는 확률측도의 두 번째 조건이 성립한다는 것을 의미한다. 따라서 위와 같이 함수의 역상(즉, x축의 값)에 일종의 가중치 g_x를 부여하여 변형된 가중길이를 계산하는 방법은 확률측도가 지녀야 하는 조건들을 모두 만족한다.[21)]

이상으로부터 확률측도가 길이 개념을 변형한 개념으로 해석될 수 있음을 개략적으로나마 살펴보았다.

1.2.3. 확률공간과 확률측도

위에서는 확률측도가 비록 추상화되기는 하였지만, 본질적으로 길이 개념을 내포하고 있다는 점에 대하여 살펴보았다. 이하에서는 확률측도가 지니고 있는 성질에 대해 구체적으로 살펴보도록 하자. 확률측도는 다음과 같은 성질을 지니고 있다.[22)]

---

21) 사실 함수 $g_x(x) = \frac{1}{\sqrt{2\pi}} e^{-\frac{x^2}{2}}$는 표준정규분포(standardized normal distribution)라 불리는 확률분포의 확률밀도함수(probability density function)이다. 본문에서 살펴본 바에 의하면 확률밀도함수는 어떤 함수의 정의역 각 점에 일종의 가중치를 부여하는 함수로 해석될 수 있다.

그런데 이와 같이 가중치함수로 사용될 수 있는 함수는 얼마든지 존재한다. 즉, 0보다 큰 함수값을 지니는 임의의 연속함수 G가 $\int_{-\infty}^{\infty} G dx = 1$이 성립하도록 해 주면, 함수 G는 확률측도가 만족하여야 할 조건을 모두 충족시키게 된다. 이에 대해서는 다음 절을 참조하라.

22) 이는 순차적으로 증명이 가능한 것이니 독자 스스로 증명해 보도록 권한다. 한편, 이러한 성질들은 기본적으로 본장의 보론에서 살펴본 측도의 성질과 동일한 것임을 유의하라.

(i) 공집합의 확률측도는 0이다. 즉,

$$P(\phi)=0. \tag{9}$$

이 때 확률이 0이 되는 사건을 '발생하지 않는 사건(impossible event)'이라고 한다.

(ii) 어떤 사건 E에 대하여 사건 E가 발생하지 않는 사건, 즉 E의 여사건이 나타날 확률은 1−(사건 E가 발생할 확률)과 같다. 즉,

$$P(E^c)=1-P(E). \tag{10}$$

(iii) 한 사건이 다른 사건의 부분집합이면, 부분집합인 사건이 발생할 확률은 그 사건을 포함하는 복합사건이 발생할 확률보다 클 수 없다. 즉, $E_1 \subset E_2$이면,

$$P(E_1) \leq P(E_2) \tag{11}$$

가 성립한다. 이러한 성질을 단조성(monotonocity)이라 한다.

(iv) 임의의 사건이 발생할 확률은 1보다 클 수 없다. 즉, 임의의 사건 E에 대하여

$$P(E) \leq 1. \tag{12}$$

이 때 확률이 1이 되는 사건을 '확실히 발생하는 사건(sure event)'이라고 한다.

정의에 의하여 임의의 사건이 발생할 확률은 0보다는 크거나 같다. 즉, 임의의 E에 대하여 $P(E) \geq 0$. 이는 확률측도의 정의상 집합함수의 정의역이 [0, 1]로 규정되어 있기 때문이다.[23] 따라서

$$0 \leq P(E) \leq 1 \tag{13}$$

이 성립함을 알 수 있다.

(v) E_1, E_2, ……와 같은 사건들이 있을 때, 이들 사건의 합집합 사건이 발생할 확률은 각 사건이 발생할 확률의 합보다 클 수는 없다. 즉,

23) 실제로 $P(E) \geq 0$이라는 성질은 성질 (iii)을 이용하면 증명되는 명제이다.

$$P\Big(\bigcup_{n=1}^{\infty} E_n\Big) \le \sum_{n=1}^{\infty} P(E_n). \tag{14}$$

이러한 성질을 셀 수 있는 준가법성(countable subadditivity)이라고 부른다.

1.2.4. 이산확률공간과 확률측도

앞항에서 살펴보았듯이 주어진 표본공간 S와 S를 기초로 하여 만들어지는 σ-체 $\mathscr{F}$가 있을 때, 순서쌍 $(S, \mathscr{F})$를 측도공간이라고 하였다. 이와 관련하여 σ-체 $\mathscr{F}$ 위에서 정의되는 확률측도 P가 있을 때, 표본공간 S, 그에 대한 σ-체 $\mathscr{F}$, 그리고 σ-체 $\mathscr{F}$ 위에서 정의되는 확률측도 P라는 세 가지 구성요소로 표시되는 3순서쌍$(S, \mathscr{F}, P)$을 확률공간(probability space)이라고 부른다.

표본공간이 유한하거나(즉, 결과의 개수가 유한개), 무한하더라도 셀 수 있는(countable) 이산측도공간(discrete measure space) 위에 확률이 정의되는 경우를 이산확률공간(discrete probability space)이라고 부르며, 표본공간이 셀 수 없는 무한개(uncountable infinity)의 결과로 구성되는 연속측도공간(continuous measure space) 위에 확률이 정의되는 경우를 연속확률공간(continuous probability space)이라 한다.[24)]

이제 확률측도를 이산확률공간과 연속확률공간으로 구분하여 확률에 대해 살펴보자. 먼저 이산확률공간에서의 확률에 대해서 살펴보자.

이산확률공간에서의 확률은 다음과 같이 고전적인 확률정의를 통해서

---

24) 엄밀하게 말해 확률공간을 이산형 또는 연속형으로 구분하는 것은 표본공간이 연속형 공간인지 또는 이산형 공간인지와는 상관없다. 이산측도공간으로부터는 이산확률공간이 구성된다. 하지만 연속측도공간의 경우에는 연속확률공간이 구성되는 것이 일반적이지만, 이산확률공간이 구성될 수도 있다. 그 이유는 다음과 같다. 앞서 확률측도 P가 셀 수 있는 무한집합 s_i에 대해서 $\sum_{i=1}^{\infty} P(s_i)=1$을 만족하는 경우 확률측도 P를 이산확률측도라고 부른다고 하였다. 그런데 연속측도공간의 경우에는 표본공간(셀 수 없는 무한집합)과 σ-체 자체가 연속일지라도 이 같은 연속측도공간 위에 이산확률측도가 부여될 수도 있으므로 결과적으로 이산확률공간이 형성될 수 있기 때문이다.

예컨대, $S=\mathbb{R}$라 할 때 셀 수 있는 무한개의 사건, 예로서 정수 $s_i=i(i=1, 2, \cdots\cdots)$에 대하여 양의 확률값 $P(s_i)>0$을 부여하고, 그 확률을 합하면 $\sum_{i=1}^{\infty} P(s_i)=1$이 되도록 하자. 그러면 확률의 성질에 의하여 $s_i=i(i=1, 2, \cdots\cdots)$ 이외의 값에는 확률측도 값으로 0이 부여되어야 한다.

이 경우 측도공간은 비록 연속측도공간이지만, 그 위에 부여된 확률측도는 이산적이다.

이해할 수 있다.

예 6 동전 2회 던지기의 경우 표본공간은 $S_c=\{HH, HT, TH, TT\}$ 이다. 따라서 각 결과 HH, HT, TH, TT가 발생할 확률은 각각 1/4 이다.

이 때 앞면이 1회 이상 나타나는 사건 $E_{H\geq1}=\{HH, HT, TH\}$가 발생할 확률은 3/4이다.

예 7 주사위 2회 던지기의 경우 표본공간은 $S_d=\{(1, 1), (1, 2), \cdots\cdots, (6, 6)\}$이다. 따라서 각 결과 (1, 1), (1, 2), ……, (6, 6)이 나타날 확률은 각각 1/36이다.

이 때 두 점의 합이 3보다 작거나 같은 사건, 즉 $E_{d\leq3}=\{(1, 1), (1, 2), (2, 1)\}$이 발생할 확률은 3/36이다.

이상의 예는 표본공간이 이산적인 경우에 대하여 확률(측도값)을 계산한 것이다.

이제 확률측도에 대하여 좀더 자세하게 살펴볼 것인데, 본장의 [정의 1]에 의하면, 정의에서 주어진 조건을 만족하는 집합함수이기만 하면 모두 확률측도가 된다. 그런데 이러한 정의만을 가지고서는 확률측도가 구체적으로 어떻게 계산되는지에 대하여는 알 수 없다. 이는 단지 [정의 1]은 확률이 만족하여야 하는 조건만을 제시하였을 뿐 확률측도가 어떠한 형태를 취해야 하는지에 대해서는 언급하고 있지 않기 때문이다. 이하에서는 확률을 어떻게 계산할 것인지 살펴보자. 이를 위해 확률분포, 확률밀도에 대해 간략하게 알아보도록 한다.

확률분포는 확률측도의 성질을 지니는 함수들이다. 즉, 확률분포라고 불리는 함수는 모두 확률측도가 보유하여야 하는 조건을 만족하는 함수이다. 확률분포는 추상적인 확률측도 개념을 보다 구체적인 모습으로 표현한 형태라 할 수 있으며, 표본공간상에서 확률값을 구체적으로 계산하고자 할 때 사용된다. 확률분포는 사실상 실직선의 이산적인 부분집합 $\mathbb{R}_X=\{1, 2, \cdots\cdots\}$에 의하여 만들어지는 σ-체나 실직선 $\mathbb{R}$에 의하여 만들어지는 σ-체(사실상 보렐체[25] $\mathscr{B}$)를 구간 [0, 1]에 대응시키는 집합함수이다. 확률분포 중에서 이산확률공간에서 정의되는 확률측도를 이산확률분포(discrete probability distribution), 연속확률공간에서 정의되는 확률측도를 연속확률분포(continuous probability distribution)라고 부른다. 즉, 이산확률분포는 P: $\sigma(\mathbb{R}_X)\to[0, 1]$인 집합함수이고, 연속확률변수는 P: $\sigma(\mathbb{R})\to[0, 1]$인 집합함수이다.

이제 유한개의 실수 $s_i\in\mathbb{R}(i=1, 2, \cdots\cdots, n)$를 원소로 하는 집합 $\mathbb{R}_X=S=\{s_1, s_2, \cdots\cdots, s_n\}$가 있다고 하자. 이러한 표본공간을 가지는 측도공간은 이산측도공간이다. 그리고 이러한 표본공간 $\mathbb{R}_X$에 대한 σ-체는 보렐체 $\mathscr{B}$의 부분집합이 되며, 특히 집합족 2^S 또는 $2^{\mathbb{R}_X}$이다. 이 때 S의 임의의 부분집합 $E=\{s_{i_1}, s_{i_2}, \cdots\cdots, s_{i_k}\}$에 대한 확률이 반드시 가법성을 만족하여야 하므로 주어진 사건 E의 확률은 $P(E)=\sum_{s_{i_j}\in A}P(s_{i_j})$와 같이 계산된다. 각 결과 s_{i_j}에 부여된 확률측도 $P(s_{i_j})$를 점함수 $f(s_{i_j})$와 1:1로 대응시켜 줄 수 있는데, 이러한 함수 f를 확률질량함수(probability mass function)[26]라고 부른다.

확률질량함수는 이산확률공간에서 정의되는 확률측도이다. 따라서 함수값이 0보다 크거나 같아야 하며 모든 결과에 대한 확률질량을 합하면 1이 되어야 한다. 즉, 다음이 성립한다.

$$f(s_j)\geq 0(j=1, 2, \cdots\cdots, n),\ \sum_{j=1}^{n}f(s_j)=1. \tag{15}$$

이처럼 확률공간의 모든 원소에 확률질량을 대응시켜 주는 함수가 존재할 때, 그러한 표본공간 S가 이산확률분포를 따른다고 한다.[27] 이산확률분포함수의 몇 가지 예를 들어 보면 다음과 같다.

예 8 표본공간 S의 각 결과 s_i에 대하여 다음과 같이 확률질량이 부여되는 경우 표본공간 S는 베르누이(Bernoulli)분포를 따른다고 한다.

$$f(s_i)=p^{s_i}(1-p)^{1-s_i},\ s_i=0,\ 1.$$

25) 본장의 보론이나 제2장을 참조하라.

26) 연속확률공간에서 확률질량함수에 대응되는 개념이 바로 확률밀도함수이다.

27) 이에 대해서는 제2장에서 확률분포의 개념을 논의할 때 보다 자세하게 살펴볼 것이다.

예 9

표본공간 S의 각 결과 s_i에 대하여

$$f(s_i)=\binom{n}{s_i}p^{s_i}(1-p)^{n-s_i},\ s_i=0,\ 1$$

과 같이 확률질량이 부여되는 경우 표본공간 S는 이항(binomial)분포를 따른다고 한다.

예 10

표본공간 S의 각 결과 s_i에 대하여

$$f(s_i)=\frac{e^{-\lambda}\lambda^{s_i}}{s_i!},\ s_i=0,\ 1,\ 2,\ \cdots\cdots$$

과 같이 확률질량이 부여되는 경우 표본공간 S는 포아송(Poisson)분포를 따른다고 한다.

위의 예에서 볼 수 있듯이 이산확률분포에서 0보다 큰 확률질량이 부여되는 결과의 수는 유한하거나 셀 수 있는 무한개이다. 이산확률공간의 경우에는 비록 결과의 개수가 무한개라 할지라도 그 수가 셀 수 있는 정도이기 때문에 양의 확률측도(확률질량)값이 적절하게 부여되면 문제가 발생하지 않는다. 하지만 연속확률공간의 경우에는 사정이 조금 다르다. 이에 대해서는 항을 바꾸어 설명하도록 한다.

1.2.5. 연속확률공간과 확률측도

이산확률측도의 경우에는 표본공간의 각 원소들인 결과들 각각에 대해 0보다 큰 확률값이 부여된다. 어찌되었든 성질은 이산확률공간과 연속확률공간 사이에 존재하는 근본적인 차이점이다. 어찌되었든 이산확률공간의 경우에는 모든 단순사건에 부여되는 확률값이 0보다 클 것이라고 생각하기 쉽다. 하지만 반드시 그런 것은 아니다. 즉, 일반적으로 이산확률공간의 경우 표본공간의 원소, 즉 단순사건에 대하여 항상 양의 확률이 부여되는 것은 아니다.[28)]

28) 예컨대, 표본공간 $S=\{a,\ b,\ c\}$, σ-체는 $\mathscr{F}=\{\phi,\ \{a\},\ \{b,\ c\},\ S\}$와 같다고 하고, $\mathscr{F}$-체

비록 이산확률공간은 단순사건 개개에 대하여 양의 확률값이 항상 부여된다고 할 수는 없지만, 반드시 적어도 하나의 원자(atom)를 포함하여야만 한다.[29] 이러한 점에서 원자가 존재하는 확률공간을 이산확률공간이라 하고, 사건의 집합체 원소 중에서 원자가 되는 원소가 존재하지 않는 확률공간을 연속확률공간이라고 정의하기도 한다. 이러한 차이는 확률질량함수와 확률밀도함수가 유사하면서도 다르게 만드는 원인을 제공한다.

연속확률공간에 대하여 살펴보기 전에 어떤 공간이 연속확률공간을 구성하는지에 대해 살펴보자. 이산확률공간의 경우에는 표본공간이 일반적인 집합으로 설정되어도 문제가 되지 않는다. 예컨대, 카드놀이에서 '두 장의 카드를 뽑았을 때, 두 장 모두 스페이드(♠)를 뽑을 확률'을 계산하고자 하는 경우에 표본공간은

{(스페이드(♠), 스페이드(♠)), (스페이드(♠), 클로버(♣)),
……,
(하트(♥), 하트(♥))}

와 같이 일반적인 집합의 형태를 얼마든지 취할 수 있다. 물론 표본공간이 이처럼 일반적인 집합일지라도 이산확률공간의 경우에는 고전적인 접근법을 이용하여 확률을 계산해 줄 수 있다.

그런데 연속확률공간의 경우에도 표본공간이 위와 같이 일반적인 집합의 형태로 나타날 수 있을 것인가? 연속확률공간의 경우는 그렇지 않다. 그 이유는 연속확률공간이 셀 수 없는 무한개의 결과로 구성되어 있기 때문이다. 즉, 결과 각각에 일일이 이름(또는 자연수)을 붙여 주는 방식으로는 셀

의 각 원소에 대하여 아래와 같이 확률이 부여되었다고 하자.

$$P(\phi)=0,\ P(\{a\})=0,\qquad P(\{b,\ c\})=1,\ P(S)=1.$$

이 경우 단순사건은 $\{a\}$ 하나뿐이지만, 유일한(따라서 모든) 단순사건에 대해 부여된 확률은 0이다. 따라서 이산확률공간인 경우에도 모든 단순사건에 대해 부여된 확률이 0이 되는 경우가 존재한다.

29) 사건 E에 부여되는 확률이 0보다 큰 경우($P(E)>0$), 사건 E의 임의의 부분집합 E_0에 대하여 확률을 계산할 때 $P(E_0)=0$ 또는 $P(E_0)=P(E)$가 성립하면, 사건 E를 원자라고 한다.

예컨대, 동전 2회 던지기에서 사건 $E_{H\geq 1}=\{HH,\ HT,\ TH\}$이 발생할 확률은 3/4이고, 사건 $E_{H\geq 1}$의 부분집합 $E_{H=1}=\{HT,\ TH\}$이 발생할 확률은 1/2이다. 이 경우 $P(E_1)\neq P(E_2)$가 되므로 사건 $E_{H\geq 1}$은 원자가 아니다. 반면 단순사건 $\{HH\}$의 경우는 부분집합으로 자기 자신 $\{HH\}$와 공집합만을 가지므로 원자가 된다.

수 없는 개수의 결과들 각각에 이름이나 숫자를 부여할 수 없기 때문이다. 나타날 수 있는 결과의 수가 셀 수 있는 무한개(즉, 기껏해야 유리수개)일 때에는 숫자를 부여하는 것이 가능하지만 셀 수 없는 무한개의 결과가 나타나는 표본공간에는 결과의 개수가 정수나 유리수의 개수보다 많기 때문에 결과의 수를 셀 방법이 없다.[30] 따라서 연속확률공간의 표본공간은 실직선 $\mathbb{R}$ 또는 구간(예컨대, $[a, b]$)이라고 간주하게 되며, 연속확률공간의 σ-체는 보렐체 $\mathscr{B}$로 간주하는 것이 통상적이다. 즉, 연속확률공간은 실직선 $\mathbb{R}$를 표본공간으로 하고, 실직선상의 모든 열린집합에 의하여 생성되는 σ-체 $\sigma(\mathbb{R})$인 보렐체(Borel field) $\mathscr{B}$를 σ-체로 갖는 측도공간이다.

이제 연속확률공간 위에서 정의되는 연속확률측도에 대하여 살펴보자. 이에 앞서 연속확률공간에는 원자가 존재하지 않는다는 사실에 대하여 잠시 살펴보자. 연속확률공간은 셀 수 없는 무한개의 결과들로 구성되는 측도공간으로 구성되므로 실직선상의 부분집합 $[a, b]$를 표본공간 S라 하자. 당연히 집합 $[a, b]$는 셀 수 없이 많은 수의 원소로 구성된 집합이다. 그리고 표본공간 S에 의하여 생성되는 σ-체 $\mathscr{F}$가 있을 때 측도공간 $(S, \mathscr{F})$ 위에서 정의되는 적당한 측도 P가 존재하여 확률측도의 조건을 모두 만족한다고 하자.[31] 이 때 연속확률공간의 단집합 $\{a\}(a\in\mathbb{R})$의 확률측도값은 0이 된다.[32] 즉, 단순사건이 발생할 확률은 0이다. 이제 임의의 사건 $E(\in\mathscr{F})$에 대한 확률이 $P(E)>0$이라 하자. 단순사건들의 셀 수 있는 무한합집합에 대한 확률값이 0이 되어야 한다는 사실을 상기하면, 사건 E는 단순사건들의 셀 수 없는 무한개로 구성된 구간형태의 집합이거나 구간의 형태를 포함하고 있는 집합이어야 한다. 예컨대, 표본공간의 임의의 부분집합인 구간 $E=[\alpha, \beta]$의 확률은

30) 본장의 보론에서 간략하게 언급한 바와 같이 셀 수 있는 집합은 그 집합의 원소의 수가 자연수 집합 $\mathbb{N}$의 원소수와 같은 집합으로 정의될 수 있는데, 실수의 집합 $\mathbb{R}$는 자연수의 집합 $\mathbb{N}$과 1:1 대응되지 않으므로 셀 수 없는 집합이다.

31) 이러한 가정이 필요한 것은 셀 수 없는 집합의 경우에는 길이의 속성을 모두 만족하는 외측도가 정의될 수 없다는 점 때문이다. 즉, 보론에서 언급한 바와 같이 외측도는 셀 수 없는 집합에 대해서는 바람직한 성질을 지니지 못한다. 더불어서 외측도는 무한측도이기 때문에 유한측도인 확률측도가 될 수 없다. 이러한 점에서 연속확률공간의 경우에는 별도로 정의되는 유한측도를 도입해야 한다. 이를 감안하여 셀 수 있는 집합에 대하여 적절히 정의된 확률측도가 존재한다고 미리 가정한 것이다.

32) 임의의 ε에 대하여 $P(a)<P\left(a-\frac{\varepsilon}{2}, a+\frac{\varepsilon}{2}\right)=\varepsilon$이 성립한다. 그런데 임의의 양수 ε보다 작은 값이면서 음수가 아닌 값은 0뿐이므로, 결국 단집합의 확률값은 0이다.

$$P(E)=P([\alpha,\ \beta]) \tag{16}$$

이다.

그런데 길이가 0이 아닌 구간 $E=[\alpha,\ \beta]$에는 부분집합이 되는 길이가 0이 아닌 구간 $E'=[\alpha',\ \beta']$이 반드시 존재[33]한다. 이 때 E'의 확률은 $P(E')>0$이고, $P(E')\neq P(E)$이다. 즉, 임의의 집합 E는 반드시 $P(E')>0$이고, $P(E')\neq P(E)$인 E의 부분집합 E'을 갖는다. 그러므로 연속확률공간에는 원자가 존재하지 않는다.[34]

이상의 논의로부터 셀 수 없이 많은 무한개의 단순사건이 존재하는 측도공간, 즉 **연속측도공간에서는 고전적 정의를 통해서 확률을 정의해 줄 수 없다**는 것을 직관적으로 이해할 수 있다. 즉, 연속측도공간에서는 고전적 정의를 통해 확률이 정의되지 않는다는 것을 알 수 있었는데, 이는 결과적으로 (고전적) 확률 개념을 보다 일반화해 줄 필요가 있다는 것을 의미한다. 콜모고로프의 공리론적 접근법(특히, 확률측도)은 바로 이러한 요구를 충족시키는 확률정의방식이다.

이제 연속확률측도, 즉 연속확률분포에 대하여 살펴보도록 하자. 앞서 이산형 확률공간에는 원자가 존재하지만 연속확률공간에는 원자가 존재하지 않는다는 점에 대하여 살펴보았다. 즉, 연속확률공간의 경우에는 하나의 점

---

33) 실직선상의 구간 $a<b$인 두 실수가 있을 때, 아르키메데스의 원리(Archimedean principle)에 의하면, a와 b 사이에 반드시 $a<c<b$인 c가 존재한다. 따라서 $\alpha<\alpha'<\beta'<\beta$인 α'과 β'이 α와 β 사이에 존재하게 된다. 그러므로 구간 $A=[\alpha,\ \beta]$ 내에는 부분구간 $A'=[\alpha',\ \beta'](A'\subset A)$이 반드시 존재한다.

34) 표본공간의 원소수가 셀 수 있는 무한개(countable infinite)일 때는 각 단순사건에 대해 0보다 큰 확률을 부여해도 무방한 경우가 존재한다. 예컨대, 각 원소 x_i에 대하여 $P(x_i)=\left(\frac{1}{2}\right)^i$와 같이 확률이 부여된다고 하자. 즉, $P(x_1)=\frac{1}{2}$, $P(x_2)=\left(\frac{1}{2}\right)^2$, ……로서 무한개의 각 원소에 대하여 부여된 확률값이 0보다 크다고 하자. 이 때 무한개의 모든 원소에 부여된 확률의 합을 구해 보면, $\sum_{i=1}^{\infty}P(x_i)=\sum_{i=1}^{\infty}\left(\frac{1}{2}\right)^i=\frac{\left(\frac{1}{2}\right)}{1-\left(\frac{1}{2}\right)}=1$이 된다. 따라서 표본공간의 원소의 개수가 단지 무한개라고 해서 반드시 개개의 원소에 부여되는 확률값이 0일 필요는 없다는 것을 알 수 있다.

결국 무한이라는 개념도 셀 수 있는 무한과 셀 수 없는 무한을 구분해야만 한다. 어찌되었든 간에 표본공간의 원소의 개수가 셀 수 없는 무한개인 경우에는 각 점에 부여되는 (연속)확률(측도)값이 0이 되어야 한다. 물론 구간 $[a,\ b]$ 내의 유한한 개수의 $C_i(i=1,\ \cdots\cdots,\ n)$에 대해 $P(C_i)>0$과 같이 0보다 큰 확률을 부여하고 나머지에 대한 확률을 적절하게 부여하는 방식으로 확률측도를 구성할 수도 있을 것이다. 하지만 이러한 경우는 표본공간은 연속적인지 몰라도 연속확률측도라고 부르지 않는다.

으로 구성되는 집합(단순사건)에 대하여 확률이 0으로 주어진다. 그런데 이처럼 단순사건에 대한 확률이 0으로 주어지는 경우 전체 집합의 확률이 모든 단순사건의 확률의 합으로 나타난다는 점을 생각하면, 각 단순사건들의 확률의 총합인 전체 공간의 확률도 0이 되지 않겠는가"라는 의문이 들 수 있다. 하지만 연속확률공간의 경우에는 고전적 확률에서처럼 단순사건의 확률을 단순히 합하는 방식으로 확률을 계산하지 않는다. 물론 전체 공간의 확률도 0이 아니다.

이산형 확률공간의 경우에는 단순사건에 부여된 확률을 합산하는 방식으로 확률을 계산하였다. 그렇다면 연속확률변수의 경우에는 확률값을 어떻게 계산해야 될 것인가? 연속확률공간의 경우에는 적분을 이용하여 확률을 계산한다. 즉, 주어진 실직선상의 구간 (a, b)가 있을 때, 확률측도(함수)를 구간 (a, b)에 대해 적분해 줌으로써 주어진 구간 (a, b)에 대한 확률측도값을 구한다.[35] 바로 이러한 점이 연속확률공간에서 확률을 구하는 방식과 이산확률공간에서 확률을 계산하는 방식 간의 근본적인 차이점이다.

이제 이에 대하여 좀더 자세하게 살펴보자. $f(x)$라는 함수를 확률측도라고 할 때, 주어진 구간 $E=[a, b]$에 대한 확률은

$$P(E)=\int_E f(x)dx=\int_a^b f(x)dx \tag{17}$$

와 같이 계산한다.

이 같은 방식에 의하면 주어진 하나의 단순사건(이 경우 실직선상의 한 점)에 대한 확률값은 주어진 점에 대한 적분값으로 나타나게 되므로, 적분의 성질에 의하여 한 점의 확률은 0이 된다. 즉, $P(a)=\int_a^a f(x)dx=0$이 성립한다. 그리고 이러한 계산방식에 의하면 주어진 구간 $[a, b]$, $a\neq b$에 대한 적분값은 0이 아니라 양의 값을 가져야 한다. 즉, $a\neq b$에 대해,

$$P([a, b])=\int_a^b f(x)dx>0. \tag{18}$$

그런데 여기서 한 가지 의문이 들 수 있는데, 그것은 일반적으로 적분값이 항상 0보다 크거나 같게 된다는 보장이 없으므로 $P([a, b])=\int_a^b f(x)dx>0$

35) 이렇게 적분을 통하여 확률을 계산하는 방식이 바로 1.2.2.에서 살펴본 변형된 길이 개념으로서의 확률 개념이다.

이 반드시 성립한다고 할 수 없다는 점이다.

이러한 문제점을 어떻게 해소할 수 있을 것인가? 답은 간단하다. **모든 점에서의 함수값이 음수가 되지 않는 적당한 함수**를 확률측도(확률밀도함수)로 택하는 것이다. 즉, 음이 아닌 함수값을 가지는 함수를 확률측도로서 사용하게 되면 임의의 사건 E가 있을 때 사건 E가 발생할 확률은 $P(E)=\int_E f(x)dx>0$으로 계산되므로 확률의 정의와 상충하지 않는다.

이와 같이 임의의 사건 $E\in\mathscr{F}$에 대하여 적당한 함수 f에 의하여 확률이 표현되는 경우, 이러한 (확률)측도를 **'절대연속확률측도'** 또는 **'연속확률분포'**라고 부른다. 그리고 모든 실수 x에 대하여 $f(x)>0$을 만족하면서 동시에 $\int_{-\infty}^{\infty} f(x)dx=1$을 만족하는 함수 f: $\mathbb{R}\to\mathbb{R}$를 (연속)확률밀도함수(continuous probability density function)라고 한다.[36)]

이제 연속확률측도, 즉 연속확률분포에 대한 예를 몇 가지 들어 보면 다음과 같다.

예 11 주어진 구간 (a, b)에 의하여 생성된 보렐체 $\mathscr{B}$가 있다고 하자. 이 때 $P=\dfrac{1}{b-a}\times m^*(x)$와 같이 정의되는 확률측도 P를 균일분포(uniform distribution)라 하고 $U(a, b)$와 같이 표기한다. 여기서 $m^*(\cdot)$는 르벡측도를 나타낸다.

예 12 보렐체 $\mathscr{B}$ 위에서 정의되는 확률측도 P가 있을 때, 임의의 집합 E에 대한 확률측도 $P(E)$가 $P(E)=\int_E \dfrac{1}{\sqrt{2\pi\sigma^2}}e^{-\frac{(x-\mu)^2}{2\sigma^2}}dx$와 같이 정의되는 확률측도 P를 정규분포(normal distribution)라고 하고 $N(\mu, \sigma)$와 같이 표기한다. 여기서 $-\infty\leq\mu\leq\infty$, $\sigma>0$이다.

예 13 보렐체 $\mathscr{B}$ 위에서 정의되는 확률측도 P가 있을 때, 임의의 집합 E에 대한 확률측도 $P(E)$가 $P(E)=\int_E \dfrac{1}{\sqrt{2\pi}}e^{-\frac{x^2}{2}}dx$와 같이 정의되는 확률측도 P를 표준정규분포(standardized normal distribution) 또는

---

36) 이것은 바로 밀도함수라는 개념이 지니는 직관적인 의미이다. 이와 같이 확률을 부여할 수 있도록 선택되는 음이 아닌 함수를 '밀도함수(density function)'라고 부른다. 이에 대해서는 제2장 및 제3장을 참조하라.

Z분포라 한다.

지금까지 확률측도의 정의 및 의미에 대하여 논의하였는데, 특히 연속확률측도를 계산하기 위해 적분을 사용한다는 점에 대해 살펴보았다. 이후 제2장에서 확률변수, 제3장에서 확률분포에 대하여 살펴볼 것인데, 이들을 설명하기 위해서는 적분의 개념을 도입하여야 한다. 하지만 본장에서는 본격적으로 적분, 특히 르벡적분에 대하여 설명하지 않은 상태에서 적분 개념을 이용하여 확률을 계산하는 방법에 대해 설명하였다. 이는 연속확률변수에 대한 확률측도를 계산하기 위해서는 적분을 사용하여야 한다는 점을 이해시키려는 의도 때문이었다.

앞서의 논의에 의하면 연속확률공간의 경우 확률측도로서 요구되는 조건을 만족하기만 하면, 확률분포함수가 될 수 있는 함수가 무수히 많이 존재할 것으로 예상된다. 그렇다면 연속확률측도가 되기 위한 조건을 만족하는 함수이기만 하면 아무 거리낌없이 확률측도로 사용해도 무방할 것인가? 단지 수학적인 조건만을 고려한다면, 일단 '그렇다'고도 볼 수 있다. 그러나 확률분포가 현실에서 나타나는 확률현상을 잘 설명해 주어야만 한다는 현실적 기준까지 감안하는 경우에는 반드시 그렇다고만 할 수는 없다. 특히, 몇 가지를 제외하고는 현실적인 기준까지 만족하는 확률분포의 종류는 생각보다 많지 않다. 특히, 현실적으로 유용하게 이용될 수 있는 확률분포함수들에는 별도의 명칭이 부여되어 있다. 예컨대, 포아송분포는 페이지당 발생하는 오타수 또는 은행창구에 찾아오는 손님의 수와 같이 단위시간 내에 발생하는 사건의 횟수 등을 분석하는 데 요긴하게 사용되는 확률분포이며, 정규분포는 무작위적으로 발생하는 오차현상을 잘 나타내 주는 대표적인 확률분포로 알려져 있다.

I.2.6. 확률측도와 확장정리

앞절에서 확률측도의 기본 성질과 이산·연속확률측도에 대하여 간략하게 살펴보았다. 그런데 이제까지의 논리는 암묵적으로 '어떠한 경우를 막론하고 확률이 항상 정의될 수 있다'는 가정을 밑바탕에 두고 있었다. 즉, 어떤 사건이 존재할 때, 해당 사건에 대하여 확률이 존재한다는 사실을 암묵적으로 가정하였다.

하지만 과연 임의의 사건이 주어질 때, 주어진 사건과 관련하여 '확률을 항상 정의할 수 있겠는가'라는 근본적인 질문이 제기된다. 간략하게 결과만을 밝히면, 카라테오도리의 확장정리(Caratheodory's extension theorem)에 의하여 주어진 사건에 대한 확률측도를 항상 구성할 수 있다는 사실이 알려져 있다. 카라테오도리의 확장정리가 의미하는 내용을 간략히 서술하면, "주어진 사건의 집합체 $\mathscr{F}_0$에서 정의된 확률측도는 $\mathscr{F}_0$-체로부터 생성된 σ-체인 $\sigma(\mathscr{F}_0)$(이를 $\mathscr{F}$라고 하자) 위에서 정의되는 확률측도로 확장될 수 있다"는 것이다.

• 정리 1 •

카라테오도리의 확장정리

σ-체가 아닌 집합체 $\mathscr{F}_0$가 있다 하자. 이 때 $\mathscr{F}_0$로부터 생성되는 σ-체($\sigma(\mathscr{F}_0)$-체)를 $\mathscr{F}$라고 하고, σ-체가 아닌 $\mathscr{F}_0$ 위에서 정의된 확률측도를 P_0라고 하자. 그러면,

(i) 확률측도 P_0는 σ-체 $\mathscr{F}$ 위에서 아래와 같이 정의되는 확률측도 P로 확장될 수 있다.

집합체 $\mathscr{F}_0$의 모든 원소 E에 대하여, $P(E)=P_0(E)$.

(ii) 이러한 확장은 유일하다.

[정리 1]은 사건의 집합체 $\mathscr{F}_0$ 자체는 σ-체가 아니지만 이러한 집합체 $\mathscr{F}_0$를 적당하게 확장하면 σ-체가 되도록 해 줄 수 있다는 사실, 즉 $\sigma(\mathscr{F}_0)$와 같은 확장이 항상 존재함을 나타낸다.[37] 또한 [정리 1]은 위와 같이 확장된 사건의 집합체 $\sigma(\mathscr{F}_0)$ 위에서 확률 $P(\cdot)$를 정의해 주었을 때 기존 $\mathscr{F}_0$의 원소(즉, 사건)에 부여된 확률이 그대로 유지된다면, 결과적으로 확률의 정의역이 확장된 것이라고 볼 수 있음을 뜻한다. 그런데 임의의 사건에 대하여 항상 확장된 σ-체를 생성할 수 있으므로, 결과적으로 [정리 1]은 임의의 사건

37) 이러한 σ-체를 $\mathscr{F}$에 의하여 생성되는 σ-체라고 부른다. 이에 대해서는 보론에서 간략하게 설명하였다.

에 대하여 항상 확률을 부여할 수 있다는 것을 의미한다.

하지만 연속확률공간에 대해 확률을 부여할 경우에는 주의를 기울여야 한다. 즉, 비록 어떠한 사건일지라도 사건의 집합체를 확장해 줌으로써 확률을 부여해 줄 수 있기는 하지만, 그렇다고 해서 확장된 결과물인 모든 사건 집합체에 대하여도 확률이 정의되는 것은 아니다. 이는 사건의 집합체를 확장해 주더라도 도출된 새로운 사건 집합체 $\mathscr{F}$가 유일하게 결정되는 것이 아니기 때문이다. 예로서 새로운 사건 집합체가 멱집합이었다고 해 보자. 이산확률공간의 경우에는 표본공간 S의 멱집합이라는 σ-체에 대하여 확률을 부여해도 전혀 문제가 발생하지 않는다. 하지만 연속확률공간의 경우에는 멱집합에 대하여 확률을 부여할 때 문제가 발생할 수 있다. 즉, 실직선 $\mathbb{R}$에 대하여 확률을 부과하는 경우를 생각해 보자. 이 때 집합 $\mathbb{R}$의 멱집합 $\wp(\mathbb{R})$에 대해서는 외측도를 정의해 줄 수 없다는 사실을 본장의 보론에서 언급한 바 있다. 실직선상의 멱집합에 대하여 외측도를 정의할 수 없는 이유는 연속측도공간에 대한 멱집합은 필요 이상으로 커서 외측도의 정의와 상충하기 때문이다.[38] 이와 유사한 이유로 확률측도의 경우에도 실직선 $\mathbb{R}$의 멱집합에 대해서 확률을 부여할 때 모순이 발생할 수도 있다.

이러한 문제를 어떻게 해결해야 할 것인가? 이에 대한 해답은 바로 확률이 부여될 대상을 멱집합 $\wp(\mathbb{R})$이 아닌 다른 σ-체로 한정하는 것이다. 이와 같이 멱집합 $\wp(\mathbb{R})$를 대체해 줄 수 있는 σ-체로서 가장 중요한 집합이 바로 **'잴 수 있는 집합의 σ-체'**인 $\mathscr{M}$이다. 그런데 σ-체 $\mathscr{M}$은 막연하게 잴 수 있는 집합들의 집합체라고 정의되고 있을 뿐 구체적으로 어떤 집합을 원소로 하는지에 대하여 한 마디로 명확하게 묘사되지 않는다. 이러한 문제를 우회하는 방안으로 모든 열린집합의 집합 $\mathscr{O}$를 표본공간으로 하고, 그에 대한 보렐체 $\mathscr{B}$를 σ-체로 하는 측도공간 $(\mathscr{O}, \mathscr{B})$를 대상으로 하여 확률을 정의해 주는 것을 생각해 볼 수 있다. 그렇지만 실제로는 표본공간을 모든 열린집합으로 하는 것보다는 실직선 $\mathbb{R}$를 표본공간으로 하고 보렐체 $\mathscr{B}$를 σ-체로 하는 측도공간$(\mathbb{R}, \mathscr{B})$에 대하여 확률을 정의해 주는 방식이 일반적으로 이용된다.

그렇다면 열린집합을 표본공간으로 삼지 않고 왜 실직선 $\mathbb{R}$를 표본공간으로 선택하는 것일까? 그 이유는 다음과 같은 사실에 근거한다. 먼저, 선택

38) 이러한 사실을 비탈리가 선택공리(Axiom of choice)를 이용하여 증명하였다.

공리를 사용하지 않고서는 실직선상의 부분집합들의 집합체 $\mathcal{P}(\mathbb{R})$ 중에서 잴 수 없는 집합(non measurable set)을 구축할 수 없다는 사실이 알려져 있다는 점이다. 이는 굳이 선택공리를 이용하여 일부러 실직선 $\mathbb{R}$상에서 '잴 수 없는 집합'을 만들지 않는 한에는 $\mathbb{R}$상의 부분집합들의 집합체가 '잴 수 있는 집합의 집합체'가 된다는 것을 의미한다. 따라서 보렐체 $\mathcal{B}$를 이용하는 것이다.

그렇지만 이 경우 보렐체 $\mathcal{B}$만을 대상으로 확률을 정의하면 충분하지 않을지도 모른다는 의문이 들 수 있다. 그러나 실직선상의 임의의 집합에 대한 측도는 보렐측도를 지니는 부분과 측도가 0인 부분으로 항상 분해할 수 있다는 사실이 증명되어 있다. 이는 실질적으로 보렐체 $\mathcal{B}$에 대해 확률을 부여하여도 문제가 없게 된다는 것을 의미한다.[39] 따라서 보렐체 $\mathcal{B}$에 대해 확률을 정의해 주게 되면, 비록 실직선상의 모든 부분집합 $\mathcal{P}(\mathbb{R})$ 또는 모든 잴 수 있는 집합 $\mathcal{M}$까지를 확률부여대상으로 하지 못하여 논의가 제한

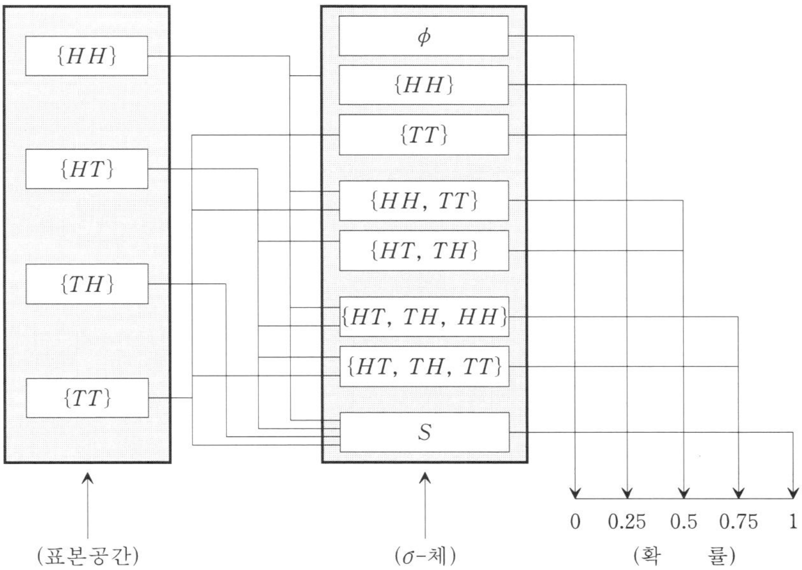

그림 1-3 동전 2회 던지기의 경우에 대한 표본공간, σ-체 및 확률

39) 확률측도값이 0이라는 것은 결과적으로 있으나마나 하여 무시할(ignorable) 수 있음을 의미한다.

되는 것처럼 보일 수는 있으나, 현실적으로 접하는 대부분의 경우에 대해서는 아무런 문제가 없이 확률을 정의할 수 있게 된다. 이와 같은 이유로 특별한 경우가 아닌 한 암묵적으로 보렐체 $\mathscr{B}$ 위에서 정의되는 확률을 논의대상으로 하게 된다.

이상으로 간략하게 확률측도에 대하여 살펴보았다. 확률론은 표본공간 S와 S에 대한 σ-체, 그리고 σ-체 위에 부여되는 확률 P라는 세 가지 요소를 기초로 한다. 표본공간 S와 σ-체는 측도공간 $(S, \mathscr{F})$를 형성하며, 측도공간과 확률은 다시 확률공간 $(S, \mathscr{F}, P)$를 형성한다.

이상의 내용을 간략하게 요약하여 동전 2회 던지기 확률실험의 경우에 대한 사례를 통해 [그림 1-3]과 같이 나타낼 수 있다.

1.3. 조건부 확률: 이산적인 경우

제2절에서는 주어진 표본공간에 확률을 부여하는 과정에 대하여 살펴보았는데, 그 내용은 임의의 표본공간이 주어지면 그에 대한 σ-체를 구성하고 구성된 σ-체 위에 확률을 정의해 준다는 것이었다. 본절에서는 확률공간에 제약이 가해져 표본공간 자체가 변경되었을 때 새로운 확률공간에 대하여 어떤 방식으로 확률을 부여하여야 할 것인지에 대해 살펴볼 것이다. 특히, 특정한 사건이 발생하였다는 정보가 추가적으로 주어지는 조건하에서 확률을 어떻게 부여해야 하는지에 대하여 살펴볼 것이다.

이제 주사위를 2회 던지는 확률실험을 생각하자. 이 때 두 번째 던진 주사위의 눈금이 3 또는 4가 나타나는 사건(E)이 발생하였다고 하자. 이러한 사건 E가 발생하였다는 사실을 주어진 것으로 받아들인 후 사건 E 자체를 하나의 표본공간으로 보게 되면 새로운 표본공간 S_E는 다음과 같이 정의될 수 있다.

$$\begin{aligned} S_E = \{&(1,\ 3),\ (2,\ 3),\ (3,\ 3)\ (4,\ 3),\ (5,\ 3),\ (6,\ 3) \\ &(1,\ 4),\ (2,\ 4),\ (3,\ 4),\ (4,\ 4),\ (5,\ 4),\ (6,\ 4)\}. \end{aligned} \tag{19}$$

이 때 원래의 표본공간 S 중에서 집합 S_E 이외의 부분집합이 고려대상에서 제외되어야 하는 것은 당연하다. 예컨대, (1, 2), (6, 5)와 같은 결과들은 고려할 필요가 없으므로 논의의 대상에서 아예 배제되어야 한다.

이제 첫 번째 나온 주사위 눈금 3이 나오는 사건을 F라 하자. 그러면 사건 F는 다음과 같다.

$$F=\{(3,\ 1),\ (3,\ 2),\ (3,\ 3),\ (3,\ 4),\ (3,\ 5),\ (3,\ 6)\}. \tag{20}$$

그러면 제한된 표본공간 S_E상에서 F라는 사건(즉, 표본공간의 원소의 집합)이 발생하였다는 것을 집합으로 나타내면 어떻게 될 것인가? 제한된 표본공간 S_E상에서 사건 F가 발생한 사건은

$$F\cap E=F\cap S_E \tag{21}$$

와 같이 나타낼 수 있다. 따라서

$$F\cap E=\{(3,\ 3),\ (3,\ 4)\} \tag{22}$$

가 된다.

앞서 논의한 카라테오도리의 확장정리에 의하면, 표본공간에 대하여 제약이 가해져서 새로운 표본공간 S_E이 생성되었을 때 이러한 새로운 표본공간에 대하여 새로운 σ-체 $\mathscr{F}_E$를 구성할 수 있다. 따라서 제2절에서 살펴본 바와 같이 새로운 σ-체 $\mathscr{F}_E$ 위에 새로운 확률측도 $P_E(\cdot)\equiv P(\cdot|E)$를 부여해 줄 수 있다.[40] 그리고 이러한 세 순서쌍 $(S_E,\ \mathscr{F}_E,\ P_E(\cdot))$는 새로운 확률공간을 형성한다.

확률측도에 대한 공리론적 접근법의 입장에서 볼 때, 표본공간에 제약을 가해 새로운 표본공간을 형성하고 이러한 공간에 대하여 새로운 확률측도를 정의하는 것은 논리상 전혀 문제가 없다. 왜냐하면, 기존 표본공간과 새로운 표본공간은 수학적인 의미에서 볼 때 서로 다른 표본공간이라고 할 수 있으므로 새로운 표본공간 자체를 별개의 표본공간으로 간주한 상태에서 그 위에 σ-체를 구축하고 확률측도를 정의해 줄 수 있기 때문이다.

그렇다면 원래 확률공간 $(S,\ \mathscr{F},\ P(\cdot))$와 제약된 확률공간 $(S_E,\ \mathscr{F}_E,\ P_E(\cdot))$를 완전히 별개의 공간으로 분리해서 취급하여야 하는 것인가? 이들 공간을 상호 연관이 없는 것으로 볼 수는 없으므로 두 공간이 근본적으로 전혀 다른 공간이라고 취급할 수는 없을 것이다. 그렇다면 새로운 측도공간 $(S_E,\ \mathscr{F}_E)$ 위에서 새롭게 정의되는 확률측도 $P_E(\cdot)$와 기존의 측도공간 $(S,\ \mathscr{F})$ 위에서

40) 물론 이 때 $P_E(S_E)=1$이 성립하여야 한다.

정의되는 확률측도 $P(\cdot)$ 사이에는 어떠한 관계가 존재하는 것일까? 다시 말하면, 제약된 공간 위에 정의되는 확률측도를 기존 공간 위에서 정의된 확률측도로 나타내 줄 방법이 존재할 것인가? 물론 이에 대한 대답은 '그렇다'는 것이다.

이를 위해 새로운 측도공간 $(S_E, \mathscr{F}_E)$ 위에서 새롭게 정의된 확률 $P_E(\cdot)$가 기존 측도공간 $(S, \mathscr{F})$ 위에서 정의된 상대적인 확률구조를 그대로 유지해 준다고 가정하는 것이 합리적이다. 그리고 상대적인 확률구조를 그대로 유지한다는 것은 기존 공간과 새로운 공간에서 정의될 수 있는 확률측도 사이의 관계를 설정하는 기준이 된다. 이 때 s_i, s_j를 각각 $\mathscr{F}_E$의 원소(즉, 사건)라고 할 때($s_i \in S_E$, $s_j \in S_E$), 이들 사건 간의 확률비율 $\dfrac{P_E(s_i)}{P_E(s_j)}$이 원래의 σ-체 $\mathscr{F}$ 위에서의 확률비율 $\dfrac{P(s_i)}{P(s_j)}$와 일치하도록 확률을 부여하는 방안을 생각해 볼 수 있다. 즉,

$$\frac{P_E(s_i)}{P_E(s_j)} = \frac{P(s_i|E)}{P(s_j|E)} = \frac{P(s_i)}{P(s_j)} \tag{23}$$

를 만족하도록 새로운 확률 $P_E(\cdot) \equiv P(\cdot|E)$를 정의해 주는 방안을 생각할 수 있다. 그런데 새로운 표본공간 S_E에 대한 확률측도는 $P_E(S_E)=1$을 만족하게끔 정의되어야 하므로,

$$\frac{1}{P_E(s_j)} = \frac{\sum_{i \in S_E} P_E(s_i)}{P_E(s_j)} = \frac{\sum_{i \in E} P(s_i)}{P(s_j)} = \frac{P(E)}{P(s_j)} \tag{24}$$

와 같은 식을 얻을 수 있다. 이로부터 모든 $s_i \in S_E$에 대하여

$$P_E(s_j) \equiv P(s_j|E) = \frac{P(s_j)}{P(E)} \tag{25}$$

라는 관계가 성립하여야 함을 알 수 있다.

따라서 새로운 σ-체 $\mathscr{F}_E$ 위에서 사건 F_E이 발생하는 확률 $P_E(F_E)$는 다음과 같이 계산할 수 있게 된다.

$$P_E(F_E) = \frac{P(F \cap E)}{P(E)}. \tag{26}$$

다시 말해, 표본공간 S에 대한 σ-체 $\mathscr{F}$ 위에서 $F \cap E$라는 사건이 발생할 확률 $P(F \cap E)$를 표본공간 S에 대한 σ-체 $\mathscr{F}$ 위에서 E라는 사건(여기서는 조건)이 발생할 확률인 $P(E)$로 나누어 줌으로써 $P_E(E_E)$를 계산할 수 있다. 그리고 이와 같은 새롭게 정의된 확률 $P_E(E_E)$를 $P_E(F_E) \equiv P_E(F|E)$와 같이 표현할 수 있다.

이상과 같이 어떤 사건이 발생하였다는 정보를 조건부로 하는 새로운 확률의 계산에 대하여 살펴보았는데, 이러한 관계에 의하여 도출되는 새로운 확률측도 P_E를 (표본공간 S상의) 사건 E를 조건부로 하는 '조건부 확률(conditional probability)'이라고 한다.[41)]

[정의 2]는 조건부 확률에 대한 정의를 나타낸다.

정의 2 조건부 확률

집합 E와 F를 σ-체 $\mathscr{F}$의 원소(사건)라고 하자. 그러면 사건 E가 발생하였다는 사실을 조건부로 하는 사건 F의 발생확률, 즉 조건부 확률은 $P(F|E)$와 같이 표기하고,

$$P(F|E) = \frac{P(F \cap E)}{P(E)}$$

와 같이 계산한다.

다만 $F(E)=0$인 경우에는 $\mathscr{F}$의 모든 사건 F에 대하여 $P(F|E)=0$이라고 정의한다.

이와 같은 조건부 확률의 정의에 의하면,

$$P(F \cap E) = P(F|E) \cdot P(E) \tag{27}$$

가 성립한다는 것을 알 수 있다. 마찬가지로 식 (27)로부터 $P(E \cap F) = P(E|F) \cdot P(F)$라는 관계도 성립한다.

끝으로 조건부 확률을 이용하여 독립성(independence)을 정의하자. 사건 F가 발생하는 확률이 $P(F)$라 하자. 이 때 사건 E가 발생하였다는 정보가

41) 조건부 확률과 조건부 기대에 대해서는 제5장을 참조할 것.

추가되어도 사건 F가 발생하는 확률이 변하지 않는 경우에, 즉 $P(F|E)=P(F)$가 성립하면, 이러한 두 사건은 서로 독립적이라고 한다. 독립성은 어떤 사건의 발생이 다른 사건의 발생 여부(또는 발생하지 않았는지 여부)에 영향을 미치지 않는다는 것을 나타내는 개념이다.

한편, 이와 유사한 개념으로 상호 배타성(mutual exclusiveness)이 있다. 두 사건이 서로 배타적이라는 것은 두 사건이 동시에 발생할 수 없다는 것을 의미한다. 상호 배타성과 독립성은 혼동하기 쉬운 개념이다. 두 사건이 서로 배타적이라는 것은 두 사건이 표본공간 내에서 서로 일치하는 부분이 전혀 없다는 것을 말하므로 $P(E \cap F)=0$을 의미한다. 반면 독립적이라는 것은 배타적이지 않은 두 사건에 대하여 적용되는 개념으로, $P(E \cap F) \neq 0$인 두 사건에 대하여 두 사건의 교집합 사건이 발생할 확률이 각 사건이 발생할 확률의 곱으로 나타나는 경우를 뜻한다. 즉, $P(E \cap F)=P(E) \cdot P(F)$가 성립하는 경우를 말한다. 따라서 독립성 여부는 상호 배타성을 갖지 않는다는 전제가 필요한 개념이다.

지금까지 표본공간이 이산적인 경우에 대하여 조건부 확률을 정의하였다. [정의 2]에 의하면 조건부 확률 $P(F|E)=\dfrac{P(F \cap E)}{P(E)}$는 반드시 $P(E)=0$이 아닌 사건을 조건부로 하여야 한다. 그런데 제2절에서 살펴본 바와 같이 연속확률공간의 경우에는 단순사건의 확률이 0이다. 따라서 연속확률공간에서 조건부 확률을 정의할 때, 특히 확률측도가 0인 집합을 조건부로 하는 확률을 계산하고자 하는 경우에는 이산적인 경우에서 사용하는 조건부 확률의 정의방식을 사용할 수 없게 된다.

결과적으로 연속확률변수의 경우에는 조건부 확률을 정의할 때 확률을 계산하는 방법에서 보았던 것과 마찬가지로 본질적으로 다른 접근방식을 필요로 한다. 이에 대해서는 제5장에서 조건부 기대에 대해 살펴보면서 보다 자세하게 다루도록 한다.

보 론	측도의 기원과 개념 및 측도론

A.1. 측도의 기원과 개념

A.1.1. 측도론의 배경

측도라는 개념은 리만적분이 지니는 한계를 극복하려는 시도에 기인하여 탄생하였다. 리만적분은 대단히 유용한 수학적 도구임에는 틀림없으나 적분가능성과 수렴정리의 존재와 관련하여 다음과 같은 한계점을 지니고 있다.

(i) 리만 적분가능하지 못한 함수가 존재한다.[42)]

(ii) 리만적분은 수렴현상과 관련하여 바람직한 성질을 일부 결여하고 있다. 예컨대,

$$\lim_{n\to\infty}\int_0^1 f_n(x)\,dx = \int_0^1 \lim_{n\to\infty} f_n(x)\,dx$$

라는 성질이 성립하지 않는다. 즉, 리만적분에서는 극한과 적분기호를 서로 맞바꾸어 연산[43)]하는 것이 항상 옳은 것만은 아니다.[44)]

---

42) 예컨대, 구간 [0, 1]에서 유리수에는 1을, 무리수에는 0이라는 값을 주는 함수를 정의하자. 이러한 함수를 디리끌레함수(Dirichlet function)라고 부른다. 그러면 이 함수는 구간 [0, 1] 내의 모든 점에서 불연속임을 알 수 있다. 따라서 디리끌레함수는 리만 적분가능하지 않다.

43) 예로서, 함수의 수열이 있고, 각 n에 대해 $f_n(x)$가 각각 구간 $[a, b]$에서 리만 적분가능하다고 하자. 그리고 이러한 함수의 수열이 함수 f에 점별로 수렴한다고 하자. 직관에 의하면, 이 경우 각 함수가 리만 적분가능하므로 그 극한이 되는 함수도 역시 리만 적분가능할 것이라고 생각된다. 그렇지만 그렇지 않은 예가 존재한다.

또 다른 예로서 함수의 수열이 있고, 각 n에 대해 $f_n(x)$가 각각 구간 $[a, b]$에서 리만 적분가능할 뿐 아니라 함수 f에 점별 수렴한다고 하자. 그리고 이에 더하여 함수 f가 리만 적분가능하다고 하자. 직관적으로는 이러한 경우에 각 함수의 적분값들의 극한값이 극한함수의 적분값과 일치할 것이라고 생각된다. 하지만 이 역시 그렇지 않은 예가 존재한다는 것이 알려져 있다.

44) 이 밖에도 절대값 함수와 같이 리만 적분가능하지 않는 경우가 존재한다. 즉, 함수 f가 리만 적분가능할 때 그 함수에 절대값을 취한 함수 $|f|$는 리만 적분가능하지만, 역으로 절대값을 취한 함수 $|h|$가 리만 적분가능하다고 해서 원래의 함수 h가 리만 적분가능하지는 않다는 것이다.

예컨대, 구간 [0, 1]에서 유리수에는 1, 기타의 경우에는 −1을 주는 함수를 정의

측도는 리만적분이 지니는 이와 같은 문제점을 극복하려는 노력의 일환으로부터 발전한 것이다. 그리고 리만적분이 가지고 있는 한계를 극복할 수 있는 적분이론이 바로 르벡(Lebesgue)에 의해 창안된 르벡적분(theory of Lebesgue integration)이다. 르벡은 리만적분의 결함이 적분을 정의하는 방식에서 기인한다는 사실을 인식하고 새로운 방식으로 적분을 정의하였다. 적분값은 가로 길이와 세로 높이의 곱을 무한히 더해서 얻어진다. 리만적분의 경우에는 (x축상에 있는) 정의구역을 세분하는 방식을 이용하여 적분값을 계산한다. 즉, 리만적분은 횡축인 x축을 분할하고, 그에 상응하는 종축인 y축에 나타나는 함수값의 변동을 살펴보는 방식을 취한다. 그런데 리만적분의 경우 정의구역을 분할하는 데는 아무런 문제가 없으나, 그에 대응되는 y축에서 상대적으로 불연속성이 강하게 나타나는 함수의 적분을 구하려 할 때 문제가 발생한다.[45)]

르벡은 이러한 점을 인식하고 (y축상에 있는) 치역을 포함하는 구간에 대한 분할을 시도하였는데, y축을 분할하고자 한 르벡의 생각은 결국 이론적으로 진보한 적분이론을 탄생시켰다.

그런데 르벡적분에서는 이렇게 y축을 분할하게 되면서 구간의 길이라는 개념을 보다 일반적인 집합으로 확장해야 할 필요성이 발생하였다. 그 이유는 y축을 세분하다 보면 그에 상응하는 x축상의 점들을 고려할 때 x축상의 점들이 하나의 구간으로 나타나는 것이 아니라, 복잡한 여러 개의 구간 및 점들의 집합체로서 나타나기 때문이다([그림 A-1] 참조).

[그림 A-1]에서 (a)는 횡축을 분할하고 각 구간 $[x_i, x_{i-1})$에 대하여 최대함수값(종축의 값)을 곱하여 면적(이를 최대합이라 부른다)을 계산하는 접근방식을 보여 주고 있다. 함수값을 구간에서의 최소값(최대값)으로 택하는 경우에는 최소합(최대합)을 구할 수 있는데 적분값은 최대합과 최소합이 일치하는 값으로 결정된다. 이러한 방식은 리만이 적분이론을 전개할 때 사용하였던 기본적인 논리전개방식이다.

한편, (b)는 함수를 종축의 값을 기준으로 분할하는 방식을 보여 준다. 이것이 바로 르벡이 생각한 아이디어인데, 이 경우 종축을 분할한 후 구간

하면, 함수에 절대값을 취한 함수는 구간 [0, 1] 내의 모든 점에서 1의 값을 가지므로 상수함수가 되어 리만 적분가능하다. 그렇지만 역으로 절대값이 리만 적분가능하다고 해서 원래의 함수가 리만 적분가능하지는 않다는 점은 명백하다.

45) 앞에서 (i)과 (ii)가 바로 이에 대한 사례이다.

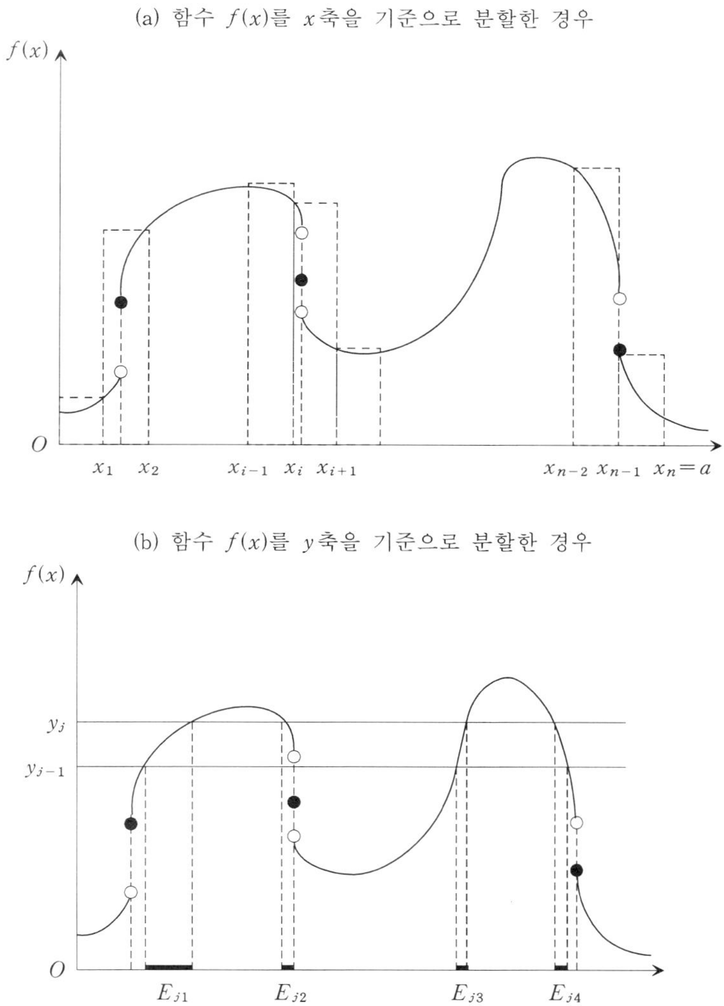

그림 A-1 리만적분과 르벡적분

$[y_{j-1},\ y_j)$의 함수값에 대응하는 x값을 찾아보면 E_{j1}, E_{j2}, E_{j3}, E_{j4} 등이 있음을 볼 수 있다. 즉,

$$E_j=\{x\in[0,\ a]:\ y_{j-1}\le f(x)<y_j\}.$$

그런데 일반적으로 E_j는 구간 또는 구간들의 합집합으로 나타나지 않게 된다.[46] 이 때 계산되는 면적은 밑면 길이×높이(즉, y_{j-1} 또는 y_j)에 의해서 결정될 것인데, 문제는 '밑면의 길이'에 해당하는 '집합 E_{j1}, E_{j2}, E_{j3}, E_{j4} 등의 길이'를 어떻게 정해 주어야 하는가이다. 이러한 문제는 곧 구간 또는 구간의 합집합보다 복잡한 집합체에 대하여도 적용할 수 있는 '길이' 개념이 필요하게 되었음을 의미한다. 즉, 이는 '길이' 개념의 추상화를 요구하게 되는데, 이러한 인식하에서 프랑스의 수학자 르벡에 의하여 측도론이 개발·탄생되기에 이른 것이다.[47]

여기서 한 가지 지적해 두고 싶은 사항은 리만 적분가능하지 못한 함수가 존재한다는 점으로부터 적분이 가능하기 위해서는 무엇보다 함수의 형태가 중요하다는 사실을 알 수 있다는 점이다. 르벡적분을 생각하는 경우에도 함수의 형태가 대단히 중요하다. 르벡적분에서 함수형태가 중요한 이유는 함수의 모양에 의하여 종축(y축)의 구간(또는 값)에 대응되는 횡축(x축)의 값들이 취하는 모양, 즉 집합(예로서 [그림 A-1]의 (b)를 참조할 것)이 결정될 것이므로, 결과적으로 함수의 형태가 어떻게 되는지에 따라서 그러한 집합들, 예컨대 E_{j1}, E_{j2}, E_{j3}, E_{j4}가 '잴 수 있는 집합(measurable set)'[48]인지 여부가 결정되기 때문이다.

A.1.2. 개 념

앞서 간략히 언급한 바와 같이 측도는 길이 개념을 확장한 개념이다. 통상적으로, 길이는 실직선(real line)상의 부분집합인 구간 $[a, b]$에 대하여 부여되는 실수값으로 정의되며 구간의 마지막 점 b에서 시작점 a를 빼 주어서 계산할 수 있다. 이 때 점 a나 b가 해당 집합의 원소가 아니어도 무방

---

46) 주어진 그림에서는 E_j가 전형적인 구간들의 모습으로 나타나고 있다. 그러나 각주에서 언급하였던 디리끌레함수를 생각해 보라. 이 함수에 대하여 E_j와 같은 집합을 구하는 것은 쉽지 않을 것이다.

이 문제는, 예컨대 유리수와 구간 [0, 1]의 교집합 $\mathbb{Q} \cap [0, 1]$ 또는 무리수와 구간 [0, 1]의 교집합인 $(\mathbb{R} \cap \mathbb{Q}^c) \cap [0, 1]$ 등과 같은 복잡한 집합에 대하여 길이를 구하는 문제와 본질적으로 동일한 것이다.

47) 사실 르벡적분의 아이디어는 르벡 이전에도 상당 부분 알려져 있었다. 하지만 산재되어 존재하던 개념들을 종합·집대성하고, 이를 일관된 논리전개를 통해서 새로운 적분이론으로 완성시킨 사람은 르벡이다.

48) 잴 수 있는 집합을 가측집합이라고 부르기도 한다. 잴 수 있는 집합에 대해서는 본 보론의 A.2.1. 및 A.2.2.를 참조하라.

하다. 그리고 이러한 방법으로 어떠한 구간의 합집합에 대하여도 길이를 쉽게 계산할 수 있다. 그런데 이런 방법을 통해서는 유리수 $\mathbb{Q}$와 구간 $[a, b]$의 교집합($\mathbb{Q} \cap [a, b]$) 또는 무리수($(\mathbb{R} \cap \mathbb{Q}^c)$)와 구간 $[a, b]$의 교집합($(\mathbb{R} \cap \mathbb{Q}^c) \cap [a, b]$) 등과 같은 복잡한 집합에 대하여 길이를 부여하기가 쉽지 않다. 결국 이 같은 일반적인 집합에 대하여 길이를 적절하게 부여해 줄 수 있는 모종의 방법이 강구되어야만 한다.

일반적인 집합에 대하여 적절하게 길이를 부여해 주는 방법의 하나로 제시된 것에 외측도가 있는데, 먼저 길이라는 개념의 정의에 대해서 살펴보자. 길이는 모든 구간과 그 구간에 대한 모든 합집합들의 집합체를 정의역으로 하면서 다음의 세 가지 속성을 만족하는 집합함수 l로 정의된다.

(i) 임의의 구간(닫힌구간, 열린구간 등과는 상관없이)의 길이는 구간의 마지막 점(b)에서 시작점(a)을 빼 준 값으로 계산된다. 즉,

$$l([a, b]) = l([a, b)) = l((a, b]) = l((a, b)) = b - a.$$

임의의 닫혀 있지 않은 구간(즉, 유계되지 않은 구간)의 길이는 무한하다. 즉,

$$l([a, \infty)) = l((a, \infty)) = l((\infty, b]) = l((\infty, b)) = \infty.$$

끝으로 공집합의 길이는 0이다. 즉,

$$l(\phi) = 0.$$

(ii) 길이 l은 임의의 구간 I와 임의의 고정된 실수 $x \in \mathbb{R}$에 대해서 다음을 만족한다.

$$l(I + x) = l(I).$$

즉, 임의의 구간을 평행이동한 새로운 구간의 길이는 평행이동 전의 구간의 길이와 동일하다. 따라서 길이는 평행이동[49]에 대해 불변이다.

(iii) $\{I_j\}$를 서로 소인 구간으로 구성된 임의의 구간열(sequence of inter-

---

49) 집합 E를 실수 x만큼 평행이동시킨다는 것은 집합 E의 모든 원소에 x를 더해 주는 것을 말한다.

vals)이라 할 때, $l\left(\bigcup_{j=1}^{\infty} I_j\right)=\sum_{j=1}^{\infty} l(I_j)$가 성립한다. 즉, 서로 소인 구간들의 무한합집합의 길이는 각 구간 길이의 무한합과 같다. 이는 전체 집합(서로 소인 집합의 합집합)의 길이가 서로 소인 각 부분집합의 길이를 합한 것과 같아야 한다는 것을 의미한다.[50)]

즉, 우리가 통상적으로 알고 있는 구간 개념에 대해 길이는 조건 (i)~(iii)을 모두 만족한다. 따라서 만일 어떠한 개념이 길이 개념을 확장한 것이 되려면 '길이'와 마찬가지로 (i)~(iii) 속성을 모두 만족하여야 한다. 그러나 불행하게도 1905년 이탈리아의 비탈리(Vitali)가 위의 세 조건을 모두 만족하는 집합함수가 존재하지 않는다는 것을 증명하였다.[51)] 따라서 실직선상의 모든 부분집합을 정의역으로 하여 길이 개념을 확장하고자 하는 시도는 성공할 수 없음이 알려졌다.

이것은 서로 소인 열린구간들의 셀 수 있는 합집합에 대한 길이(전체의 길이)가 서로 소인 각 구간 길이의 셀 수 있는 총합(부분길이들의 합)과 일치해야 한다는 성질(조건 (iii), 즉 가산가법성)이 성립하는지 여부와 관련되어 있다. 특히, 조건 (iii)은 셀 수 있는[52)] 무한개의 원소를 가지고 있는 집합에 적용되는 성질로서 일반적으로는 성립하지 않는다. 따라서 측도가 길이를 확장한 개념이 되기 위해서는 일반적인 집합(특히, 무한개의 개수를 가지는 셀 수 있는 집합)에 대하여 조건 (iii)이 만족될 수 있어야 한다.

그런데 측도는 앞의 조건 (iii)이 만족될 수 있는 적절한 집합을 구성한 후[53)] 정의역을 그러한 집합으로 제한하는 방식으로 정의되는 집합함수(set function)이다. 이러한 제한된 집합함수를 바로 르벡측도(Lebesgue measure)라

50) 이를 가산(셀 수 있는)가법성(countable additivity)이라고 부른다.

51) 비탈리는 선택공리(Axiom of choice)를 이용하여 정의역상의 집합을 평행이동하게 되면 평행이동 불변이라는 성질로부터 3가지 성질 간에 모순이 발생한다는 사실을 밝혀 냈다.

52) 어떤 집합의 원소가 자연수 집합 $\mathbb{N}$의 원소와 1:1 대응되는 경우에 그 집합을 '셀 수 있다(countable)'고 부른다. 예컨대, 유리수 전체의 집합은 $\mathbb{N}$과 1:1 대응된다는 점이 알려져 있다. 따라서 유리수집합은 셀 수 있는 집합이다. 반면 무리수의 집합은 $\mathbb{N}$과 1:1 대응되지 못하는 점들이 무수하게 존재하므로 셀 수 없는 집합이다. 그런데 실수집합 $\mathbb{R}$는 유리수와 무리수로 구성되어 있으므로 $\mathbb{R}$는 $\mathbb{N}$과 1:1 대응되지 않는다. 즉, 실수의 집합 $\mathbb{R}$는 셀 수 없는 집합이다.

53) 이러한 조건을 카라테오도리조건(Caratheodory condition)이라 하는데, 이러한 이름이 붙여진 이유는 그리스의 수학자 카라테오도리가 이 조건을 발견하였기 때문이다. 이에 대하여는 3.1.을 참조하라.

고 부른다. 이렇게 정의된 르벡적분은 길이 개념을 모순 없이 확장한 개념이 된다.

A.2. 측 도 론

확률론은 공리론적으로 이론을 전개할 때 측도론을 차용한다. 그러므로 본절에서는 이를 감안하여 측도론에서 논의되는 내용들을 간략하게나마 살펴보도록 하겠다.

르벡측도는 길이를 확장·추상화한 개념이다. 따라서 길이 개념이 만족하는 3조건 특히 조건 (iii)을 만족하여야 하며, 실제로 그러한 조건을 만족한다는 점을 기억하기 바란다. 이제 임의의 실직선상의 집합 E의 길이란 무엇인가에 대하여 자세히 살펴보도록 하자. 먼저 실직선상의 임의 집합의 길이를 생각할 때는 외측도라는 개념을 도입한다. 이 때 외측도는 주어진 집합을 어떤 값에 대응해 주는 집합함수이다. 그런 후에 집합함수인 외측도의 정의역을 적당한 집합으로 제한해 주고, 이렇게 정의역을 제한해 준 집합함수를 바로 르벡측도라고 정의한다. 이런 점을 감안하여 르벡측도를 이해하기 위한 외측도에 대하여 살펴보자.

A.2.1. 외 측 도

실직선 $\mathbb{R}$상의 임의의 집합 E에 대한 외측도($m^*(E)$)는 길이 개념과 유사한 것으로서 다음 성질을 만족하는 집합함수이다. 이 때 집합함수인 외측도의 정의역은 실직선상의 모든 부분집합들의 집합(즉, 실직선상의 부분집합의 멱집합(power set $\wp(\mathbb{R})$)이며, 치역은 확장된 실수 $\overline{\mathbb{R}}(=\mathbb{R}\cup\{\infty\})$: 무한대를 포함하는 실수)가 된다. 즉, 외측도는 다음과 같은 (집합)함수이다.

$$m^*:\ \wp(\mathbb{R})\rightarrow\overline{\mathbb{R}}. \tag{A1}$$

그리고 외측도는 구체적으로 다음과 같이 정의된다.

$$m^*(A)\equiv\inf\left\{\sum_{n=1}^{\infty}l(I_n)\right\}.$$

여기서 $\{I_n\}_{n=1}^{\infty}$은 셀 수 있는 개수의 열린구간열로서 집합 A를 덮는 덮개

(cover)이다. 즉, $A \subset \left(\bigcup_{n=1}^{\infty} I_n \right)$이다.

위의 정의에서 $A \subset \left(\bigcup_{n=1}^{\infty} I_n \right)$이라는 조건은 실직선상의 부분집합인 임의의 열린집합이 서로 소인 열린구간들의 셀 수 있는(countable) 합집합으로 유일하게 표현된다는 정리를 반영하고 있다. 그리고 inf는 하한(infimum)을 의미한다. 따라서 앞서 제시된 정의는 임의의 열린집합 A가 있을 때, 집합 A를 셀 수 있는 개수의 열린집합(I_n)으로 덮을 수 있고, 집합 A를 덮을 수 있는 덮개 중 그 집합들의 길이의 합$\left(\sum_{n=1}^{\infty} l(I_n) \right)$이 가장 짧은 경우, 그 길이를 바로 (집합 A의) 외측도라고 정의한다는 것을 의미한다. 즉, 어떤 집합을 완전히 뒤덮을 수 있는 덮개는 무수히 많으므로 여러 덮개 중에서 주어진 집합보다 작지 않게 덮을 수 있는 덮개들을 생각하고, 그 덮개들의 길이의 하한을 외측도라고 정의한다는 것이다.

이러한 외측도의 정의를 생각하면 다음이 성립함을 알 수 있다.[54)]

(i) 실직선상의 임의 집합의 외측도는 0보다 크거나 같다. 즉,

$$m^*(E) \geq 0. \tag{A2}$$

(ii) 공집합의 외측도는 0이다. 즉,

$$m^*(\phi) = 0. \tag{A3}$$

(iii) 한 집합이 다른 집합의 부분집합이면, 부분집합의 외측도는 그 집합을 포함하는 집합의 외측도보다 클 수 없다. 즉,

$$E_i \subset E_2 \text{이면, } m^*(E_1) \leq m^*(E_2). \tag{A4}$$

(iv) 임의의 한 점으로 구성된 집합, 즉 단집합 또는 한점집합(singleton set)의 외측도는 0이다. 즉,

$$m^*(\text{singleton set}) = 0. \tag{A5}$$

(v) 실직선상의 임의의 집합 E의 외측도는 평행이동 불변이다. 즉, 집합

54) 이러한 외측도의 성질은 측도에서도 거의 대부분 성립하게 된다는 점을 미리 지적해둔다. 확률은 수학적으로 측도의 한 종류이기 때문에 외측도가 지니는 성질과 유사한 성질들을 지니게 된다. 이에 대하여는 본장을 참조하라.

E를 임의의 실수 x만큼 평행이동한 집합의 외측도는 원래 집합 E의 외측도와 동일하다. 즉,

$$m^*(E+x)=m^*(E). \tag{A6}$$

(vi) 실직선상의 임의의 구간 I의 외측도는 그 구간의 통상적인 길이와 동일하다. 즉,

$$m^*(I)=l(I). \tag{A7}$$

(vii) $\{E_n\}_1^\infty$가 실직선상의 집합들의 수열일 때,

$$m^*\left(\bigcup_{n=1}^{\infty} E_n\right) \le \sum_{n=1}^{\infty} m^*(E_n) \tag{A8}$$

이 성립한다.

위에서 성질 (ii)는 길이의 성질 (i)의 세 번째를 의미하고, 성질 (iii)은 조건 (i)의 두 번째[55]를 의미한다. 성질 (v)는 길이의 성질 (ii)에 해당하고, 성질 (vi)는 길이의 성질 (i)의 첫 번째에 해당한다. 이로부터 외측도는 길이의 성질 중 (i)과 (ii)를 만족하고 있음을 알 수 있다.

그렇다면 외측도 개념은 구간에 대한 길이 개념이 만족하는 조건 (iii)도 역시 만족하는가? 즉, $\{E_n\}_1^\infty$를 실직선상의 서로 소인 집합들의 수열이라고 할 때, 외측도의 성질 (vii)에서 부등호가 성립하는 대신 $m^*\left(\bigcup_{n=1}^{\infty} E_n\right)=\sum_1^\infty m^*(E_n)$이 성립할 것인가?

이에 대한 대답은 일단 부정적이다. 그 이유는 외측도의 경우에도 역시 일반적으로 등호가 성립하지 않는 예가 존재한다는 것이 비탈리에 의해서 증명되었기 때문이다. 따라서 외측도에 대해서는 조건 (iii)이 반드시 성립한다고는 할 수 없으므로, 결국 외측도 자체만 가지고서는 길이 개념을 확장할 수 없음을 알 수 있다.

---

55) 임의의 실수이며 유한한 값을 가지는 a와 b에 대한 임의의 반열린구간 $E_1=[a, b)$를 생각하자. 이러한 구간 E_1은 $[a, \infty)$의 부분집합이 된다. 따라서 성질 (iii)에 의하여 $m^*([a, b))\le m^*([a, \infty))$가 성립한다. 그런데 $m^*([a, b))$는 유한한 값이므로, $m^*([a, \infty)]$는 어떠한 b에 대해서도 측도값 $m^*([a, b))$보다 커야 한다. 따라서 $m^*([a, \infty))=\infty$가 성립하게 된다. 마찬가지로, $[a, b]$, $(a, b]$, (a, b) 등에 대해서도 유사한 논리를 적용하여 성질 (iii)이 성립함을 보일 수 있다.

이 때 '어떠한 집합이라면 $m^*\left(\bigcup_{n=1}^{\infty} E_n\right)=\sum_{1}^{\infty} m^*(E_n)$과 같은 성질을 만족할 것인가'라는 생각을 해 볼 수 있는데, 이에 대한 해답은 카라테오도리(Caratheodory)가 제시하였다. 카라테오도리는 외측도 m^*의 정의역을 (르벡)잴 수 있는 집합(Lebesgue measurable set)이라 불리는 제한된 집합으로 제한해 주게 되면 (르벡)잴 수 있는 집합 $E_n(n=1, 2, \cdots\cdots)$들이 서로 소일 때 $m^*\left(\bigcup_{n=1}^{\infty} E_n\right)=\sum_{1}^{\infty} m^*(E_1)$이 성립한다는 것을 증명하였다. 여기서 '잴 수 있는 집합'이란 카라테오도리의 조건(Caratheodory condition)이라 불리는 특정한 조건을 만족하는 집합이다.

그렇다면 카라테오도리조건이란 무엇인가? 카라테오도리조건이란 집합 E가 잴 수 있는 집합인지 여부를 판별하는 기준으로서, 집합 E와 임의의 (테스트) 집합 A 간의 교집합이 갖는 외측도($m^*(A\cap E)$)와 집합 E의 여집합 (E^c)과 집합 A 간의 교집합이 갖는 외측도($m^*(A\cap E^c)$)를 더한 값이 집합 A의 외측도($m^*(A)$)와 일치하여야 한다는 조건이다. 이러한 조건은 구체적으로 다음과 같다.[56)]

정의 A1 카라테오도리조건

E를 실직선상의 임의의 집합이라고 하자. 집합 E는 아래의 조건을 만족할 때, (르벡)잴 수 있는 집합(르벡가측집합)이라고 부른다.

실직선상의 임의의 (테스트)집합 A에 대하여,

$$m^*(A)=m^*(A\cap E)+m^*(A\cap E^c)$$

가 성립한다.

카라테오도리조건이 중요한 이유는 이 조건을 만족하는 집합으로 측도의 정의역을 제한하였을 때 측도가 길이 개념이 충족하는 모든 조건을 빠짐없이 만족하게 된다는 점에 있다. 즉, 카라테오도리조건을 만족하는 집합들

56) 원래의 조건은 등호가 성립하는 것으로 정의되어 있으나, $\leq$라는 부등호가 항상 성립한다는 것을 외측도의 정의로부터 유도할 수 있기 때문에 사실상 $\geq$라는 부등호가 성립하는지 여부만을 확인하면 충분하다.

에 한정하여 외측도의 정의역을 제한해 주면, 외측도는 길이 개념이 지니고 있는 속성 중 특히 조건 (iii)도 만족하게 되어 길이 개념이 지니는 속성을 모두 지니게 된다.

그런데 카라테오도리조건은 한 가지 난점을 지닌다. 이는 카라테오도리조건을 실제로 적용하는 것이 사실상 불가능하기 때문이다. 그 이유는 바로 **'임의의 집합'**을 테스트 집합으로 삼는다는 점에 애로점이 있기 때문이다. 즉, 카라테오도리조건에 의하면, 어떤 집합 E에 대하여 그 집합이 잴 수 있는 집합인지 여부를 확인하기 위해 모든 임의의 집합 A에 대하여 집합 E가 카라테오도리조건을 만족하는지 테스트해 보아야 한다. 그런데 이는 불가능한 일이므로, 어떠한 집합이 잴 수 있는 집합인지를 보다 쉽게 판별할 수 있는 방법을 모색하여야 할 필요성이 제기된다. 다음 절에서 과연 어떠한 집합이 잴 수 있는 집합이 될 수 있는지에 대해서 살펴보도록 하겠다.

A.2.2. 잴 수 있는 집합과 (르벡)측도

어떤 집합이 잴 수 있는 집합인지 여부를 판별할 수 있는 방법에 대하여 살펴보기 전에, 먼저 잴 수 있는 집합의 성질이 무엇인지에 대하여 알아보도록 하자. 앞서 제시된 카라테오도리조건을 생각해 보면, 잴 수 있는 집합은 다음 성질을 만족한다는 것을 알 수 있다.

(i) 어떤 집합 E가 잴 수 있는 집합이라면, 집합 E의 여집합(E^c) 또한 잴 수 있는 집합이다.

(ii) 공집합(ϕ)과 실수 전체 구간($\mathbb{R}$)은 잴 수 있는 집합이다.

(iii) 만일 어떤 집합 E의 외측도($m^*(E)$)가 0이라면, 그 집합은 잴 수 있다.

그리고 이를 기초로 다음 두 가지 성질이 추가로 유도된다.

(iv) 어떤 집합 E가 셀 수 있는 집합(countable set)이라면, 집합 E는 잴 수 있는 집합이다.

(v) 유한개의 집합 $E_i(i=1,\ 2,\ \cdots\cdots,\ n)$가 각각 잴 수 있는 집합이라면, 이들 집합들의 합집합과 교집합 또한 잴 수 있는 집합이다. 즉, $\bigcup_{i=1}^{n} E_i$와 $\bigcap_{i=1}^{n} E_i$ 등도 잴 수 있는 집합이다.

여기서 성질 (v)에 주목하자. 성질 (v)에 따르면, 유한개의 잴 수 있는 집합들을 가지고 합집합이나 교집합을 만들면 그러한 집합은 전부 잴 수 있는 집합이 된다는 것이다. 이러한 성질이 성립할 때 잴 수 있는 집합들의 집합 $\mathscr{M}$[57]이 집합대수(algebra)[58]를 이룬다고 말한다.

지금까지 잴 수 있는 집합의 속성에 대하여 살펴본 이유는 잴 수 있는 집합의 외측도가 과연 길이 개념이 지니는 세 가지 속성을 모두 만족하는지 여부를 알아보기 위한 것이다. 특히, 잴 수 있는 집합의 원소들인 서로 소인 무한개 집합들의 합집합의 (외)측도가 각 집합이 갖는 (외)측도의 무한합과

---

57) $\mathscr{M}$은 실직선상의 모든 부분집합의 집합 $\wp(\mathbb{R})$의 부분집합이 된다. 즉, $\mathscr{M}\subset\wp(\mathbb{R})$가 성립한다.

58) 대략적으로 말해, 집합대수는 집합의 집합체 $\mathscr{F}$에 속한 집합들에 대해 합집합, 교집합, 여집합 등을 유한한 횟수만큼 적용하면, 그 결과도 역시 집합 $\mathscr{F}$에 속하게 된다는 것을 의미하며, 결국 집합 $\mathscr{F}$가 집합연산에 대하여 닫혀 있음을 뜻한다.

집합대수는 다음과 같이 정의된다. X를 임의의 집합이라고 하자. 그리고 집합 X의 멱집합 $\wp(X)$의 원소, 즉 부분집합으로 구성된 집합 $\mathscr{F}$가 있다고 하자. $\mathscr{F}$가 다음을 만족하는 경우에, $\mathscr{F}$는 $\wp(X)$에서 집합대수를 이룬다고 한다.

(i) $\phi,\ X\in\mathscr{F}$.

(ii) $E\in\mathscr{F}$이면 $E^c\in\mathscr{F}$.

(iii) $E,\ F\in\mathscr{F}$이면 $E\cup F\in\mathscr{F}$.

여기서 주의할 점은 일반적으로 유한한 n에 대해서는 $\bigcup_{i=1}^{n}E_i\in\mathscr{F}$가 성립하여도, 일반적으로 $n\to\infty$인 경우에는 $\bigcup_{i=1}^{n}E_i\in\mathscr{F}$가 항상 성립하는 것은 아니라는 점이다. 따라서 이러한 경우에는 집합대수의 조건 (iii)을 다음과 같은 더욱 강한 조건으로 대치할 필요가 있게 되는데, 이러한 새로운 조건을 만족하는 집합체를 σ-체(σ-field) 또는 σ-대수(σ-algebra)라고 한다.

(iii)′ 서로 소인 집합 $E_1,\ E_2,\ E_3,\ \cdots\cdots$등이 각각 $\mathscr{F}$의 원소이면, 즉 $E_1,\ E_2,\ E_3,\ \cdots\cdots\in\mathscr{F}$이면 $\bigcup_{i=1}^{\infty}E_i\in\mathscr{F}$.

이 조건은 서로 소이면서 집합 $\mathscr{F}$의 원소가 되는 (셀 수 있는) 무한개의 집합 E_i들의 합집합을 구해 보면, 그 결과가 다시 집합 $\mathscr{F}$의 원소가 되어야 한다는 것을 의미하고 있다.

이제 σ-체의 예를 들어 보자. 동전을 두 번 던지는 실험에서 나타나는 결과로 구성된 표본공간 S가 있다고 하자. 이 때 다음과 같은 집합들의 집합체들을 생각해 보자.

$$\mathscr{F}_{H\geq 1}=\{\phi,\ S,\ \{HH,\ HT,\ TH\},\ \{TT\}\},$$
$$\mathscr{F}_{H\leq 1}=\{\phi,\ S,\ \{HT,\ TH,\ TT\},\ \{HH\}\}.$$

$\mathscr{F}_{H\geq 1}$과 $\mathscr{F}_{H\leq 1}$이 각각 σ-체를 구성한다는 사실은 쉽게 확인된다(독자들이 스스로 확인하기 바란다).

이와 관련하여서 집합체 $\mathscr{F}_{H\geq 1}$은 동전을 두 번 던져서 앞면이 1회 이상 나타날 사건과 관련된 σ-체인 반면, 집합체 $\mathscr{F}_{H\leq 1}$은 앞면이 1회 이하로 나타날 사건과 관련된 σ-체이다. 이로부터 하나의 표본공간 S가 있을 때, 그로부터 구축될 수 있는 σ-체는 유일한 것이 아니라는 점을 알 수 있다.

동일해지는 성질이 성립하는지 여부를 확인하려는 것이 목적이다.

그런데 잴 수 있는 집합의 성질 (v)는 일단 서로 소인 유한개의 잴 수 있는 집합들의 합집합이 다시 잴 수 있는 집합이 된다는 것을 의미하고 있다. 따라서 이제 가측집합의 집합체 $\mathscr{M}$이 집합대수일 뿐만 아니라 σ-대수(σ-algebra)이기도 하다는 것을 보여 주고, $\mathscr{M}$의 원소들, 즉 잴 수 있는 집합들의 무한합집합의 외측도가 각 집합의 외측도의 무한합과 일치하는지를 보여 줄 수 있다면, 잴 수 있는 집합에 대한 외측도는 통상적인 길이가 지니는 성질을 완벽하게 지니게 된다는 사실이 증명되는 셈이다.

결과만을 제시하면, 잴 수 있는 집합의 집합 $\mathscr{M}$은 σ-대수이고, 잴 수 있는 집합들은 서로 소인 무한개의 집합의 합집합이 갖는 외측도$\left(m^*\left(\bigcup_{i=1}^{\infty} E_i\right)\right)$ 값이 각 집합이 갖는 외측도의 무한합$\left(\sum_{i=1}^{\infty} m^*(E_i)\right)$과 일치하는 성질이 있음이 알려져 있다. 즉, 잴 수 있는 집합에 대해서는 $m^*\left(\bigcup_{n=1}^{\infty} E_n\right)=\sum_{1}^{\infty} m^*(E_n)$이라는 성질이 성립하게 된다.

여기서 잴 수 있는 집합들의 집합체가 집합대수, 특히 σ-대수(또는 σ-체)를 구성하고 있는지 여부가 왜 중요한지에 대하여 이해할 필요가 있다. σ-체를 강조하는 이유는 수학적인 측면에서 볼 때 극한에서의 연산과 관련이 있기 때문이다. 잴 수 있는 집합에 대해서 합집합, 교집합 등등의 집합연산을 무한히 한 결과로 얻어지는 어떤 집합이 있을 때, 연산결과로 도출된 그 집합이 '잴 수 없는 집합'에 속한다면, 비록 어떤 집합이 잴 수 있는 집합이어서 원하던 성질을 가지고 있었다고 하더라도, 집합연산에 의하여 도출된 결과로 얻어진 새로운 집합은 원하던 성질을 지니지 못하게 될 가능성이 발생한다.[59)]

예컨대, 모든 열린집합의 집합체를 생각하자. 이러한 집합체는 열린집합만을 원소로 가진다. 예로서 $\left(a-\frac{1}{n},\ b+\frac{1}{n}\right)$과 같은 구간은 열린구간이므로 열린구간의 집합체의 원소가 된다. 이제 이러한 열린구간의 무한교집합 $\bigcap_{n=1}^{\infty}\left(a-\frac{1}{n},\ b+\frac{1}{n}\right)$을 생각해 보자. 이와 같은 무한교집합은 $\bigcap_{n=1}^{\infty}\left(a-\frac{1}{n},\ b+\frac{1}{n}\right)=[a,\ b]$, 즉 닫힌구간이 됨을 알 수 있다.[60)] 이러한 사실에 의하면 열린집합(열린구간)에 대해서 1을 주고, 기타의 경우에는 0을 주는 함수가 있다고 할 때, 각 열린집합의 함수값이 1이라 해도 무한한 집합연산의 결과로 얻어지

59) 이러한 성질을 완비성(completeness)이라 한다.

60) $\lim_{n\to\infty}\left(a-\frac{1}{n}\right)=a,\ \lim_{n\to\infty}\left(b+\frac{1}{n}\right)=b$가 성립한다는 것을 생각해 보면 쉽게 증명할 수 있다.

는 어떤 닫힌집합의 함수값은 0이 된다. 이는 극한에서의 함수행태 등을 다룰 때 어떤 집합체가 σ-체를 구성하지 않으면 문제가 발생할 수 있음을 보여 준다. 하지만 위에서 잴 수 있는 집합의 집합체가 σ-체를 구성하는 경우에는 이러한 걱정을 할 필요가 없게 된다.

이와 같은 사실이 확률론에서 어떠한 의미를 지니는 것인지 이해할 필요가 있다. 우선 확률변수의 정의와 관련하여 확률변수가 바로 이러한 σ-체를 바탕으로 하여 정의된다는 점이다. 예컨대, 확률은 주어진 표본공간으로부터 생성되는 σ-체의 원소(이를 사건(event)이라고 함)에 대하여 부과되는 값이다. 즉, 확률은 확률이 부여된 집합이 사건일 때에만 의미를 지닌다. 그런데 만일 주어진 사건과 관련이 없는 엉뚱한 사건(이는 수학적으로 볼 때 주어진 σ-체의 원소가 아님을 의미함)에 확률이 부여된다면 그 같은 확률의 부여방식은 적절하지 못하게 된다.[61] 다시 말해, 확률은 모든 '사건'에 대해서만 부여되어야만 하는 것이며 이 때 사건이라는 것은 수학적인 용어로 말하면 주어진 σ-체의 원소에 해당한다.

그런데 만일 사건의 모임(즉, 표본공간의 부분집합들의 집합체)이 σ-체를 구성하지 않는 경우에는 수학적인 측면에서의 이유와 동일하게 논리상의 문제가 발생하게 된다. 예컨대, 동전을 무한횟수 던지는 확률실험을 생각하자. 이러한 확률실험에서 앞면이 무한회만큼 나타나게 될 사상을 생각해 보자. 이러한 사건은 무한횟수만큼 실험을 행하여야만 결과가 나타나는 사건이다. 결국 이러한 무한한 횟수의 실험을 하여 발생하게 될 사건을 다루기 위해서는, 주어진 사건이 반드시 그 사건과 관련된 사건 집합체의 원소가 되어야만 한다. 그런데 일반적으로 어떤 사건이 사건 집합체의 원소가 항상 되는 것은 아니기 때문에, 사건들의 집합체가 σ-체를 구성한다는 가정이 반드시

61) 예컨대, 동전을 두 번 던지는 실험과 관련하여

$$\mathscr{F}_{H\geq1}=\{\phi,\ S,\ \{HH,\ HT,\ TH\},\ \{TT\}\}$$

와 같은 σ-체가 존재함을 보았는데, 이러한 σ-체 $\mathscr{F}_{H\geq1}$에서 확률을 부여할 수 있는 사건은 ϕ, S, $\{HH, HT, TH\}$, $\{TT\}$ 등 네 가지 집합뿐이다. 그런데 동전을 두 번 던지는 실험과 관련하여 나타날 수 있는 사건은 비단 위의 네 가지 사건만 있는 것이 아니다. 예로서 사건 $\{HT, TH, TT\}$는 앞면이 1회 이하로 나타날 사건인데, 이러한 사건은 명백히 동전을 두 번 던지는 실험에서 발생할 수 있는 사건이다. 그렇지만 $\{HT, TH, TT\}$라는 사건은 앞면이 1회 이상 나타날 사건과 관련된 σ-체 $\mathscr{F}_{H\geq1}$의 원소가 아니므로, $\{HT, TH, TT\}$에 대해 확률이 부여되어서는 안 된다. 이에 관한 보다 자세한 내용은 제2장을 참조하라.

필요하게 되는 것이다.

앞에서 '잴 수 있는 집합'에 대하여 정의되는 외측도가 길이의 모든 성질을 만족하고 있다는 사실을 알게 되었다. 즉, 외측도($m^*(\cdot)$)의 정의역을 잴 수 있는 집합의 집합체(특히, σ-체) $\mathscr{M}$으로 제한해 주게 되면 외측도는 길이를 확장한 개념이 될 수 있다. 르벡측도(Lebesgue Measure)는 이렇게 '정의역이 잴 수 있는 집합들의 모임으로 제한된 외측도'로 정의된다.

이제까지 설명한 내용을 다시 한 번 정리하면 다음과 같다. 먼저 외측도라는 것이 통상적인 길이 개념을 확장한 개념이 될 수 있는지 생각해 보았다. 외측도가 길이 개념을 확장한 것이기 위해서는 외측도가 임의의 집합에 대하여 길이 개념이 만족하여야 할 모든 조건을 충족시켜야만 한다. 그러나 외측도는 길이가 지니는 속성을 모두 만족하지는 않는다(특히, 조건 (iii)). 그래서 외측도가 어떠한 조건하에서 통상적인 길이 개념과 동일한 것이라고 인정될 수 있는지를 생각해 보았는데, 그러한 조건을 카라테오도리조건이라 부른다. 카라테오도리조건을 만족하는 집합(즉, (르벡)잴 수 있는 집합)으로 외측도의 정의역을 제한해 주면, 외측도가 바로 길이 개념이 지니는 모든 속성을 만족하게 된다. 그리고 이렇게 정의역이 제한된 외측도를 르벡측도라고 부른다.[62)]

이제까지 르벡측도라는 개념에 대하여 살펴보았는데, 이러한 측도 개념은 사실상 보다 광범위하고, 개념상으로도 추상화되어 정의된다는 점을 인식할 필요가 있다. 즉, 보다 일반적이고 추상화된 형태로 측도(measure)라는 개념을 정의할 수 있다.

통상적으로 어떤 개념을 수학적으로 추상화할 때는 추상화하기 이전의 개념이 지니고 있는 가장 본질적인 속성만을 추출해 내야 한다.[63)] 그렇다면 측도라는 개념이 지니고 있는 본질적인 속성이란 무엇일까? 그것은 바로 서

62) 측도에는 보렐(Borel)측도, 베어(Baire)측도 등 다양한 측도들이 존재한다. 그런데 이들은 측도라는 집합함수의 정의역을 어떤 집합으로 제한하였는가와 관련될 뿐 결과적으로 이들 개념이 지니는 근본적 속성에는 차이가 없다. 그러므로 특별한 사유가 없는 한 이들을 별도로 구분하여 부르지 않기로 한다.

63) 어떠한 수학적 개념이 필요에 의하여 개발되면, 그 개념이 지니는 각종 성질에 대한 연구가 수행된다. 그리고 밝혀진 성질들을 면밀히 검토하여 어떤 공통된 성질이 발견되는 경우 수학자들은 그러한 공통된 성질을 추상화하여 보다 확장되고 추상화된 개념을 창출한다. 이러한 과정에서 원래의 이론이 지니고 있었던 구체적인 성질들이 추상화된 이론에서는 상당 부분 희석되고, 그 결과 원래 이론이 지니고 있는 실제적인 의미를 이해하기 어렵게 되는 경우가 있다.

로 소인 어떤 집합들의 모임이 있을 때, 각 부분집합들에 대하여 어떤 개념(예컨대, 길이)을 적용하여 얻은 결과를 합해 준 값이 부분집합의 합집합에 그 개념(길이)을 적용하여 얻은 값과 일치해야 한다는 것이다. 이를 (가산) 가법성이라고 한다.

따라서 만일 어떤 개념이 이러한 성질, 즉 가산가법성을 보유하고 있다면, 이러한 개념은 추상화된 측도로 볼 수 있다. 예컨대, 바로 확률 개념이 추상화된 측도의 조건을 만족한다.[64] 이러한 점에서 측도라는 명칭이 확률에도 부여되어 확률측도라고 불리는 것이며, 이러한 유사성에 따라 측도론적인 접근방식을 통하여 확률론이 전개되는 것이다.

이제 일반화되고 추상화된 측도를 정의하기 위하여, 임의의 집합 E와 집합 E의 멱집합 $\wp(E)$의 부분집합인 σ-체 $\mathscr{F}$를 생각하자. 이 때 σ-체 $\mathscr{F}$에서 $[0, \infty]$로 가는 집합함수 μ가 [정의 A2]의 두 가지 조건을 만족한다면, 이러한 집합함수 μ를 **'σ-체 $\mathscr{F}$ 위에서'** 정의되는 측도라고 부른다. [정의 A2]에 따르면, 당연히 르벡측도가 추상적 개념인 측도의 일종으로 간주된다는 것을 이해할 수 있다.[65]

정의 A2 **측도**

집합함수 μ: $\mathscr{F} \to [0, \infty]$가 다음을 만족한다면, μ를 σ-체 $\mathscr{F}$ 위에서 정의되는 측도라 한다.

(i) $\mu(\phi)=0$ (공집합의 측도는 0).

(ii) σ-체 $\mathscr{F}$의 원소이면서 서로 소인 집합열 E_1, E_2, ……가 있을 때, $\mu\left(\bigcup_{n=1}^{\infty} E_n\right)=\sum_{n=1}^{\infty}\mu(E_n)$ (가산가법성).

한편, 측도 μ의 정의를 보면 집합함수의 치역이 구간 $[0, \infty]$로 정의되어 있는데 이러한 구간의 길이는 무한대이다. 이렇게 측도 μ값이 무한대의 값을 지니는 측도를 무한측도(infinite measure)라 하고, 측도값이 무한대가 아

64) 보다 구체적인 내용에 대해서는 본장을 참조하라.

65) 이러한 추상화된 측도 개념에 의하면, 외측도 $m^*(\cdot)$는 σ-체 $\wp(\mathbb{R})$ 위에서는 측도가 되지 못하고, σ-체 $\mathscr{M}$ 위에서 측도가 된다.

닌 경우의 측도를 유한측도(finite measure)라고 한다. 이러한 정의에 의하면 확률측도는 유한측도이다. 그 이유는 확률측도의 치역이 구간 [0, 1]로 설정되어 있어 전 공간의 측도가 1이 되는 속성을 지니기 때문이다.

A.2.3. 보렐측도

이제 본장 A.2.1.의 끝부분에서 제기된 의문으로 돌아가도록 하자. 즉, 어떻게 하면 '어떤 집합이 잴 수 있는 집합인지 여부를 판별할 수 있겠는가'라는 문제에 대해서 생각해 보자. 앞서 간략히 언급한 바대로, 무한개의 테스트 집합에 대하여 일일이 하나씩 테스트해 본다는 것은 불가능한 일이다. 그리고 잴 수 있는 집합의 집합체가 σ-체를 구성하고 있다는 사실을 살펴보았는데, 이는 '테스트과정을 거쳐야만 한다'는 문제점을 해소해 주지 못한다. 이와 관련하여 흔히 접하는 대부분의 경우에 적용할 수 있는 유용한 결과가 있다. 결과만을 먼저 제시하면, '보렐집합(Borel set)'이 잴 수 있는 집합이라는 사실이 증명되어 있다. 따라서 어떤 집합이 보렐집합이라는 점을 알고 있다면 앞서 논의한 테스트과정을 거치지 않고도 그 집합이 잴 수 있는 집합이라는 점을 자동적으로 확인할 수 있다.

이제부터 보렐집합에 대하여 살펴보도록 할 것인데, 그에 앞서 집합체 $\mathscr{T}$에 의하여 생성된 σ-체 $\sigma(\mathscr{T})$에 대하여 살펴보도록 하자. 이는 보렐집합이 바로 열린집합의 집합체에 의하여 생성되는 σ-체라고 정의되기 때문이다.

표본공간의 부분집합을 원소로 하는 임의의 집합체 $\mathscr{T}$는 그 자체로서 항상 σ-체가 되는 것은 아니다. 예컨대, 동전 2회 던지기의 경우 $E=\{\{HH, HT, TH\}\}$는 앞면이 한 번 이상 나타나는 사건을 원소로 하는 집합이다. E는 멱집합의 부분집합으로서 당연히 모든 부분집합의 집합체인 멱집합의 부분집합이면서 하나의 집합체가 된다.[66] 이러한 집합체 E가 하나의 원소로 구성되어 있기 때문에 E의 원소에는 그에 대한 여집합이 포함되어 있지 않다. 따라서 집합체 E는 σ-체가 아니다.

그렇지만 이러한 임의의 집합체 $\mathscr{T}$에 새로운 집합을 적절하게 추가해 줌으로써, 즉 확장해 줌으로써 σ-체를 구성해 줄 수 있다. 예컨대, 멱집합이

66) $\{HH, HT, TH\}$는 전체집합의 부분집합(사건)이면서 사건의 집합체의 원소인 반면, $\{\{HH, HT, TH\}\}$는 사건을 원소로 하는 모든 부분집합의 집합체(즉, 멱집합)의 부분집합이다.

바로 그러한 σ-체의 하나이다.

이와 관련하여 이미 언급한 바처럼 연속확률변수와 관련하여 멱집합은 일반적으로 너무 커서 그 위에 확률측도를 정의할 수 없는 문제를 지니고 있다.

이러한 문제는 곧 '부분집합의 한 집합체가 σ-체를 구성하고 있지 않을 때, 이러한 집합체를 적절하게 확대해 줌으로써 새롭게 구축된 σ-체 위에 확률측도를 구성할 수 있도록 해 줄 수는 없겠는가'라는 문제와 직결된다. 이와 같은 문제에 직면해서, 임의의 집합체 $\mathscr{T}$가 있을 때 $\mathscr{T}$를 포함하는 표본공간상의 σ-체 중 가장 작은 σ-체가 존재한다는 사실을 이용하여 적절한 σ-체를 구성해 줌으로써 멱집합이 지니고 있는 문제를 우회하면서 확률측도를 정의해 줄 수 있다. 이러한 집합체를 '집합체 $\mathscr{T}$에 의하여 생성된 σ-체'라고 부르며 $\sigma(\mathscr{T})$로 표시한다.

그렇다면 구체적으로 하나의 집합체로부터 σ-체를 어떻게 구성할 수 있을까? 가장 간단한 방법은 먼저 주어진 집합체의 각 원소들에 대한 여집합들을 확장된 집합체 내에 포함시키는 것이다. 그리고 원래의 각 원소와 새롭게 원소가 된 원소(즉, 여집합)를 가지고 (무한 번의)집합연산을 실시하여 만들어지는 집합을 새로운 원소로 집합체에 포함시킨다. 마지막으로 공집합과 전체집합을 포함시킨다. 이러한 과정을 통하여 얻어진 집합의 집합체는 하나의 σ-체를 형성하게 된다.

물론 이렇게 도출되는 σ-체는 유일한 것이 아니라는 점에 유의하여야 한다. 왜냐하면, 새롭게 도출된 σ-체를 포함하는 더 큰 σ-체를 만들 수 있으므로 주어진 집합체를 유일하게 확대하는 것이 항상 가능한 것은 아니기 때문이다. 어쨌든 이와 같은 방식으로 생성된 σ-체를 바로 집합체 $\mathscr{T}$에 의해서 생성되는 σ-체라고 부르고 $\sigma(\mathscr{T})$와 같이 표기한다. 그리고 생성된 σ-체 중 가장 작은 σ-체를 **집합체 E에 의하여 생성되는 최소 σ-체**(minimal σ-field)라고 부른다.[67)]

---

67) 가장 작다는 의미는 다음과 같다. 앞서 어떤 집합체로부터 생성할 수 있는 σ-체는 유일한 것이 아니라는 점을 언급한 바 있다. 그렇다면 여러 개의 σ-체 중 가장 작은 σ-체를 어떻게 만들 수 있을 것인가? 그것은 여러 σ-체들의 교집합을 생각하는 것이다. 따라서 여러 개의 σ-체 $\mathscr{F}_i(\mathscr{T})$(이들은 집합체 $\mathscr{T}$를 반드시 포함하고 있다)들의 무한교집합$\left(\bigcap_{i=1}^{\infty} \mathscr{F}_i(\mathscr{T})\right)$은 $\mathscr{F}_i(\mathscr{T})$ 중 가장 작은 σ-체가 될 것은 자명하다.

여기서 한 가지 유의할 점은 σ-체들의 교집합을 구하면 반드시 σ-체가 되지만,

예를 들면, 동전 2회 던지기에 대해 집합체 $E=\{\{HH, HT, TH\}\}$에서 $\{HH, HT, TH\}$의 여집합은 $\{TT\}$이고, 여기에 표본공간 S와 공집합 ϕ를 추가해 주면 $E_E=\{S, \phi, \{HH, HT, TH\} \{TT\}\}$는 σ-체를 구성한다. 이는 독자들이 직접 확인하기 바란다.

집합체 $\mathscr{T}$에 의하여 생성된 σ-체 $\sigma(\mathscr{T})$에 대한 예를 몇 가지 살펴보자.

예 A1

(i) $\mathscr{T}_1=\{\phi\}$이라 하자. 그러면 집합체 $\mathscr{T}_1$에 의하여 생성되는 σ-체 $\sigma(\mathscr{T}_1)$는 $\mathscr{F}_1=\{\phi, S\}$이다.

(ii) $\mathscr{T}_2=\{A\}$라 하자. 그러면 집합체 $\mathscr{T}_2$에 의하여 생성되는 σ-체 $\sigma(\mathscr{T}_2)$는 $\mathscr{F}_2=\{\phi, S, A, A^c\}$이다.

(iii) $\mathscr{T}_3=\wp(S)$라 하자. 그러면 집합체 $\mathscr{T}_3$에 의하여 생성되는 σ-체 $\sigma(\mathscr{T}_3)$는 $\mathscr{F}_3=\wp(S)$이다.

첫 번째를 표본공간 S에 대한 자명한 σ-체 또는 가장 작은 σ-체, 세 번째를 표본공간 S에 대한 멱집합이라고 각각 부르며, 이는 S의 부분집합을 구성원으로 하는 가장 큰 σ-체이다.

지금까지 살펴본 내용을 바탕으로 좀더 구체적으로 보렐집합에 대하여 살펴보도록 하자. 먼저 보렐 σ-체(또는 보렐체) $\mathscr{B}$에 대하여 알아보도록 하자. 실직선 $\mathbb{R}$에 대해서, $\mathbb{R}$의 모든 열린집합들의 집합체를 $\mathscr{O}$라 하자. 집합체 $\mathscr{O}$는 멱집합 $\wp(\mathbb{R})$의 부분집합이기는 하나 σ-체가 되지는 않는다.[68] 이

σ-체의 합집합을 구하면 반드시 σ-체가 되는 것은 아니라는 점이다. 그러므로 경우에 따라서는 σ-체의 합집합이 σ-체를 형성한다는 가정을 도입할 필요가 발생하게 된다.

예컨대, 표본공간 $S=\{a, b, c\}$가 있을 때 다음과 같은 두 개의 σ-체를 생각해 보자.

$$\mathscr{F}_1=\{\{a\}, \{b, c\}, \phi, S\},$$
$$\mathscr{F}_2=\{\{c\}, \{a, b\}, \phi, S\}.$$

두 σ-체의 합집합을 구해 보면,

$$\mathscr{F}_1\cup\mathscr{F}_2=\{\{a\}, \{c\}, \{a, b\}, \{b, c\}, \phi, S\}$$

와 같다. 그런데 이러한 집합의 두 원소 $\{a\}$와 $\{c\}$의 합집합을 구해 보면 $\{a\}\cup\{c\}=\{a, c\}$가 되는데, $\{a, c\}$는 집합체 $\mathscr{F}_1\cup\mathscr{F}_2$의 원소가 아니다. 따라서 σ-집합체의 합집합 $\mathscr{F}_1\cup\mathscr{F}_2$는 σ-집합체가 되지 않는다는 것을 알 수 있다. 일반적으로 σ-체의 합집합이 반드시 σ-체가 되는 것은 아닌 반면에 σ-체의 교집합은 반드시 σ-체가 된다.

때 이러한 집합체 $\mathscr{O}$에 의해서 생성되는 σ-체 $\sigma(\mathscr{O})$를 보렐 σ-체라 부르고 $\mathscr{B}_{\mathscr{O}}$와 같이 표기한다. 즉, σ-체 $\sigma(\mathscr{O})$는 $\mathbb{R}$상의 모든 열린집합을 포함하는 가장 작은 σ-체이다.

보렐집합은 이와 같이 정의된 σ-체 $\mathscr{B}_{\mathscr{O}}$의 원소인 집합 B로 정의된다. 즉, $B \in \mathscr{B}_{\mathscr{O}}$인 B를 보렐집합으로 정의한다. 이러한 정의방식과 관련하여 어떤 집합이 있을 때 그 집합에 대한 σ-체를 생각하는 것이 통상적이다. 그런데 보렐집합의 경우에는 σ-체를 먼저 생각하고, σ-체의 원소인 집합으로 정의하는 방식을 따르고 있다는 점에서 일반적인 정의방식과는 다르다.

앞에서 언급한 바와 같이 어떤 집합이 보렐집합이면 그 집합은 잴 수 있는 집합이다. 그리고 잴 수 있는 집합들의 σ-체에 대해 확률측도를 부여할 수 있다. 그렇다면 어떠한 집합이 보렐집합에 속하게 될 것인가? 아래와 같은 집합들이 보렐집합으로 분류된다.[69)]

(i) 모든 닫힌집합(따라서 모든 열린집합), 즉 $[a, b]$, $[a, b)$, $(a, b]$ (a, b), $[a, \infty)$, (a, ∞), $(\infty, b]$, (∞, b) 등은 모두 보렐집합이다.

(ii) 닫힌집합들에 대해 합집합 연산을 셀 수 있는 무한 번 실행해서 얻어진 집합, 즉 $B=\bigcup_{i=1}^{\infty} F_i \in \mathscr{B}_{\mathscr{O}}$(여기서 F_i는 실직선상에서의 닫힌집합). 이러한 집합을 F_σ집합이라고 부른다.

(iii) 열린집합들에 대해 교집합 연산을 셀 수 있는 무한 번 실행해서 얻어진 집합, 즉 $B=\bigcap_{i=1}^{\infty} G_i \in \mathscr{B}_{\mathscr{O}}$(여기서 G_i는 실직선상에서의 열린집합). 이러한 집합을 G_δ집합이라고 부른다.

(iv) 위의 (ii)와 (iii)에 의해서 생성된 집합에 대하여 다시 (ii)와 (iii)의 과정을 적용하여 도출되는 모든 집합, 즉 F_σ의 셀 수 있는 무한교집합($F_{\sigma\delta}$), G_δ의 셀 수 있는 무한합집합($G_{\delta\sigma}$), $F_{\sigma\delta\sigma}$, $G_{\delta\sigma\delta}$, …… 등이 모두 보렐집합이다.

이와 같은 보렐집합들은 흔히 접하게 되는 실직선상의 거의 모든 부분집합들을 포함한다.

---

68) $\bigcap_{n=1}^{\infty}\left(a-\frac{1}{n},\ b+\frac{1}{n}\right)=[a, b]$가 성립하기 때문이다. 즉, 이 경우에 열린구간들의 무한교집합은 닫힌구간이 된다.

69) 보렐집합의 구체적인 예는 제2장의 잴 수 있는 함수부분을 참조하라.

이 같은 정의방식에 의하면 당연히 모든 보렐집합으로 구성된 집합체 $\mathscr{B}$는 자동적으로 σ-체를 구성하게 된다. 이러한 σ-체를 보렐체라 부른다. 따라서 어떤 집합들이 보렐집합이라면, 보렐집합들을 통해 (가산)무한한 집합 연산을 시행한 결과도 역시 보렐집합이 된다. 이와 같은 편리한 속성을 보렐집합이 지니고 있다는 점이 보렐집합을 논의대상으로 삼는 요인이다.

한편, 보렐체는 실직선상의 모든 열린집합들의 집합족에 의하여 생성되는 σ-체라고 정의되고 있지만,

$$\begin{aligned}&\{[a,\ b]\},\ \{[a,\ b)\},\ \{(a,\ b]\},\ \{(a,\ b)\},\\&\{[a,\ \infty)\},\ \{(a,\ \infty)\},\ \{(\infty,\ b]\},\ \{(\infty,\ b)\}\end{aligned} \tag{A9}$$

등의 구간집합족에 의해서 생성되는 어떠한 σ-체도 보렐체와 동일하다는 성질을 가지고 있다. 즉,

$$\begin{aligned}\mathscr{B}_{\mathscr{O}}&=\mathscr{B}_{\{[a,b]\}}=\mathscr{B}_{\{[a,b)\}}=\mathscr{B}_{\{(a,b]\}}=\mathscr{B}_{\{(a,b)\}}\\&=\mathscr{B}_{\{[a,\infty)\}}=\mathscr{B}_{\{(a,\infty)\}}=\mathscr{B}_{\{(\infty,b]\}}=\mathscr{B}_{\{(\infty,b)\}}\end{aligned} \tag{A10}$$

라는 성질이 성립한다. 이렇게 어떠한 구간을 이용하더라도 동일한 보렐체를 얻을 수 있기 때문에 보렐체를 나타낼 때에는 어떤 집합으로부터 보렐체를 도출하였는지를 별도로 구분하지 않고 간략하게 $\mathscr{B}$라고 표시한다.

앞서 보렐집합은 잴 수 있는 집합이라는 점만 언급하였는데, 이하에서는 임의의 보렐집합이 잴 수 있는 집합인지 여부에 대하여 생각해 보자. 즉, $\mathscr{B}\subset\mathscr{M}$이 성립하는지 여부에 대하여 살펴보자. 실제로 이 명제는 참이라는 것이 알려져 있는데, 자세한 증명은 생략하도록 하고, 대략적인 증명의 개요만을 제시하면 다음과 같다.

먼저, 열린구간 $(a,\ \infty)$는 모든 a에 대하여 잴 수 있는 집합이라는 것을 증명할 수 있다. 따라서 열린구간 $(a,\ \infty)$의 여집합인 반열린구간 $(-\infty,\ a]$가 잴 수 있는 집합이 된다. 이로부터 $(-\infty,\ a)$라는 열린구간이 잴 수 있는 집합이 된다는 사실을 보일 수 있다.[70)]

또한 이로부터 임의의 a와 b에 대하여 $(-\infty,\ b)$와 $(a,\ \infty)$가 각각 잴 수 있는 집합임을 알 수 있으므로, 이 두 집합의 교집합을 구한 집합 $(a,\ b)=$

70) 왜냐하면, 반열린구간들의 합집합 연산을 셀 수 있는 무한 번만큼 시행하게 되면, $(-\infty,\ b)=\bigcup_{n=1}^{\infty}\left(-\infty,\ b-\frac{1}{n}\right]$과 같은 결과가 도출되기 때문이다.

$(-\infty, b) \cap (a, \infty)$도 역시 잴 수 있는 집합이 된다. 그리고 실직선상의 임의의 열린집합(O)은 셀 수 있는 개수의 서로 소인 열린집합((a_i, b_i))들로 덮을 수 있고, 그러한 덮개는 유일하게 표현된다는 정리를 이용하면[71] $O \subset \bigcup_{i=1}^{\infty}(a_i, b_i)$와 같이 나타낼 수 있다. 즉, 임의의 열린집합은 열린구간의 셀 수 있는 무한합집합으로 나타낼 수 있다. 따라서 각 열린구간이 잴 수 있는 집합이라고 하였으므로 열린집합의 무한합집합도 역시 잴 수 있는 집합이 된다. 따라서 모든 열린집합은 잴 수 있는 집합이 된다. 따라서 $\mathscr{B} \subset \mathscr{M}$이 성립함을 알 수 있다.

반복되는 감이 있지만 다음과 같은 집합들은 모두 잴 수 있는 집합이 된다.

(i) 모든 닫힌집합(따라서 모든 열린집합), 즉

$$[a, b], [a, b), (a, b], (a, b), [a, \infty), (a, \infty), (\infty, b], (\infty, b).$$

(ii) 닫힌집합들에 대해 합집합 연산을 가산무한번 행해서 도출되는 집합, 즉

$$B = \bigcup_{i=1}^{\infty} F_i \in \mathscr{B}. \tag{A11}$$

(iii) 열린집합들에 대해 교집합 연산을 가산무한번 행해서 도출되는 집합, 즉

$$B = \bigcap_{i=1}^{\infty} G_i \in \mathscr{B}. \tag{A12}$$

(iv) 위의 (ii)와 (iii)에 의해서 생성된 집합에 대하여 다시 (ii)와 (iii)의 과정을 적용하여 도출되는 모든 집합, 즉 F_σ의 셀 수 있는 무한교집합($F_{\sigma\delta}$), G_σ의 셀 수 있는 무한합집합($G_{\delta\sigma}$), $F_{\sigma\delta\sigma}$, $G_{\delta\sigma\delta}$, …… 등이 모두 잴 수 있는 집합이다.

앞서 외측도의 정의역을 잴 수 있는 집합의 집합체($\mathscr{M}$)에 한정하는 방식으로 르벡측도를 도출한 바 있는데, 마찬가지 논리로 외측도의 정의역을 보렐체($\mathscr{B}$)로 한정하여 르벡측도보다 제한된 측도를 도출할 수 있다. 이러한

71) 이러한 정리는 외측도에 대한 정의에서 사용된 바 있다.

측도를 보렐측도(Borel measure)라고 부른다.[72)]

앞에서 확률측도와 확률변수를 σ-체 위에서 정의해야 하는 이유에 대하여 간략히 언급하였다. 통상적으로 σ-체는 일반적인 표본공간(이를 S라 하자)을 기초로 하여 구성되기 때문에 기본이 되는 표본공간 S가 너무 일반적인 공간인 경우에는, 그러한 공간을 가지고 수학적인 논의를 진행하는 것이 때로는 곤란하게 된다. 따라서 이런 경우 수학적으로 보다 편리하고 쉽게 논리를 전개할 수 있는 방안을 모색해야 할 필요가 생긴다. 보렐 σ-체 $\mathscr{B}$는 이러한 수학적인 요구에 부응한다.

보렐 σ-체를 대상으로 논의를 전개하는 이유에 대해 부연하여 설명하면 다음과 같다. 첫째, 실제 경제활동에서 관측되는 GDP, 물가, 실업률 등은 모두 실수라는 숫자로 나타난다. 실수를 표본공간으로 하는 경우에 보렐체를 생각하여야 한다. 즉, 실질적으로 연속확률변수에 대한 확률측도를 논의하기 위해서는 보렐체 $\mathscr{B}$를 대상으로 할 필요가 있다. 둘째, 위와 같이 실직선상의 부분집합(보렐집합)에 대하여 확률측도가 부여된다는 점과 관련하여, 선택공리를 사용하지 않고서는 실직선상의 부분집합들의 집합체($\wp(\mathbb{R})$) 중에서 잴 수 없는 집합(non measurable)을 구축할 수 없다는 사실이 알려져 있다는 점이다.[73)] 즉, 이는 (엄밀한 논리라고 할 수는 없겠지만) 선택공리를 사용하는 과정을 거쳐 일부러 실직선($\mathbb{R}$)상에서 '잴 수 없는 집합(non measurable set)'을 만들어 내지 않는 한, 실제적으로 실직선상의 부분집합들의 집합체를 '잴 수 있는 집합의 집합체'로 간주해도 이론을 전개하는 데 무리가 없다는 것을 의미한다.

한편, 실직선상의 임의의 집합의 측도는 보렐측도를 지니는 부분과 측도가 0인 부분으로 항상 분해할 수 있다는 사실이 증명되어 있다. 측도값이 0이 되는 부분은 확률적인 입장에서 무시할 수 있는 집합이라는 점을 감안하면, 이러한 사실은 곧 실질적으로 측도의 정의역을 보렐집합만으로 제한하여도 커다란 지장이 없다는 것을 의미하는 것이다. 결과적으로 보렐집합에 국한하여 논의를 전개하면, 모든 잴 수 있는 집합까지를 대상으로 하지

---

72) 요약하면, $\wp(\mathbb{R})$상에서 외측도는 측도의 모든 성질을 만족하지 못하므로, 이를 잴 수 있는 집합($\mathscr{M}$)으로 제한하여 르벡측도를 도출하였고, 이러한 르벡측도는 현실적으로 너무 넓은 범위의 집합을 포함하고 있다는 점 때문에 정의역을 더욱 좁혀 보렐측도를 도출한 것이다. 따라서 $\mathscr{B}\subset\mathscr{M}\subset\wp(\mathbb{R})$라는 포함관계가 성립된다.

73) 1970년에 솔로베이(Solovay)가 증명하였다.

는 못하지만 현실적으로 접하게 되는 대부분의 경우를 분석하는 데에는 아무런 문제가 없다.

이상과 같이 본장에서는 측도에 대하여 간략히 살펴보았다. 측도는 길이를 확장한 개념으로서 기본적으로 새로운 적분이론의 전개에 핵심적인 역할을 맡고 있다. 후술할 예정이지만, 측도는 확률측도와 직접 연결되고, 확률변수는 이후에 논의될 '잴 수 있는 함수(measurable function)'와 직접적으로 연관을 지니고 있다.

참고문헌

구자홍, 『확률론』, 민음사, 1988, 제1장.

김성기 · 계승혁, 『실해석』, 서울대학교 출판부, 1999, 제1장.

오재필 · 이승수, 『확률론』, 자유아카데미, 1994, 제2장 및 제7장.

조태근, 『실해석학』(개정판), 희중각, 1987.

Bartle, Robert G., *The Elements of Theory of Integration and Lebesgue Measure,* Addison & Wiley, 1995.

Billingsley, Patrick, *Probability and Measure*, 3rd ed., Wiley & Sons, 1995, Ch. 1.

Capinski, M. and E. Kopp, *Measure, Integral and Probability*, Springer, 1999, Ch. 1～2.

Chung, Kai Lai, *A Course in Probability Theory*, 2nd ed., Academic Press, 1974, Ch. 2.

David, Williams, *Probability With Martingales*, Cambridge University Press, 1991, Ch. 2.

Davidson, James, *Stochastic limit theory—an introduction for econometricians*, 3rd ed., Oxford University Press, 1994, Ch. 18～25.

Gallant, A. Ronald, *An Introduction to Econometric Theory*, Princeton University Press, 1997, Ch. 1.

Halmos, P. R., *Measure Theory*, Princeton, N.J.: D. Van Nostrand, 1956, Ch. IX.

Kolmogorov, A. N., *Foundations of the Theory of Probability*, translated by N. Morrison, Chelsea Publishing Company, 1956.

Loeve, M., *Probability Theory I*, 4th ed., Springer-Verlag, 1978.

2

확률변수

제1장에서 공리주의적 확률은 $(S, \mathscr{F}, P(\cdot))$라는 확률공간 개념에 기초한다는 것을 보았다. 이 때 S는 표본공간, $\mathscr{F}$는 표본공간 S를 기초로 하여 구성되는 σ-체(사건공간), 그리고 $P(\cdot)$는 σ-체인 $\mathscr{F}$ 위에서 정의되는 확률(측도)을 나타낸다. 그런데 동전을 2회 던지는 확률실험의 경우를 생각해 보면, 그 표본공간 S와 그에 대한 σ-체 $\mathscr{F}$는 수학적으로 다루기 편리한 형태라고 할 수 없다(제1장 제2절의 [그림 1-3] 참조). 특히, 표본공간의 원소(나타날 수 있는 결과)의 수가 증가하면 확률을 계산하기가 복잡해진다. 예로서 주사위를 100회 던지는 경우 나타날 수 있는 눈금의 수는 100∼600까지로 증가하게 된다. 이 때 눈금의 합이 365 이상이 되는 확률은, 확률 자체를 계산하는 것이 불가능한 것은 아닐지라도 계산이 쉽게 되지 않는다.

이처럼 확률실험은 동전을 2회 던져서 앞면이 2회 나타나는 사건(즉, $\{HH\}$)처럼 질적인 표현으로 묘사된다. 그런데 확률실험의 결과(outcome)는 수치로 전환해서 표현해 줄 수도 있다. 예컨대, 앞면이 나타난 횟수를 나타내는 변수 X를 정의하여 앞면이 2회 나타나는 사건 $\{HH\}$를 $X=2$와 같이 수치적인 개념으로 바꾸어서 표현해 줄 수 있다. 따라서 만일 질적 속성을 갖는 결과가 있을 때, 이에 대해 모순 없이 수치를 부여할 수 있는 방법을 찾아 낼 수 있다면, 결과적으로 $(S, \mathscr{F}, P(\cdot))$라는 확률공간의 확률적 속성을 그대로 보존하면서 동시에 수학적으로 다루기가 보다 편리한 공간으로 전환할 수 있다.

확률변수는 이러한 요구를 충족시킬 수단으로서, 확률공간 $(S, \mathscr{F}, P(\cdot))$가 지니는 근본적인 확률구조에 변화를 가하지 않으면서, $(S, \mathscr{F}, P(\cdot))$를 이와 수학적으로 등가물인 새로운 확률공간 $(\mathbb{R}, \mathscr{B}, P_{\mathscr{B}}(\cdot))$로 전환해 준다. 이 때 $\mathbb{R}$는 실직선, $\mathscr{B}$는 보렐체, 그리고 $P_{\mathscr{B}}(\cdot)$는 보렐체 $\mathscr{B}$ 위에서 정의되는 확률측도이다.[1)]

본장에서는 일반적인 집합 S를 표본공간으로 하는 일반적인 측도공간 $(S, \mathscr{F})$를 $(\mathbb{R}, \mathscr{B})$와 같이 실직선 $\mathbb{R}$를 표본공간으로 하는 측도공간으로 전환하는 데 사용되는 수단인 확률변수에 대하여 살펴보고자 한다.

1) 보렐체 $\mathscr{B}$에 대해서는 제1장과 본장의 제1절을 참조하라.

2.1. 잴 수 있는 함수

통계학에서 사용하는 확률변수 개념은 수학적인 의미로는 '잴 수 있는 함수(measurable function)'[2]에 해당하는 것이다. 따라서 확률변수에 대하여 살펴보기 위해서는 '잴 수 있는 함수'[3]가 무엇인지에 대하여 먼저 이해할 필요가 있다.

2.1.1. 잴 수 있는 함수의 정의

제1장에서 살펴본 바에 의하면 측도가 리만적분의 한계를 극복하려는 시도에서 기인한 것이며, 함수의 역상들의 집합이 잴 수 있는 집합인지 여부가 특히 중요하였다. 그런데 궁극적으로 함수의 역상이 잴 수 있는지 여부는 바로 함수 자체의 형태에 의하여 결정된다. 즉, 함수의 형태에 따라서 그 역상이 잴 수 있는 집합이 되거나, 또는 그렇지 않거나 하게 되는 것이다. 결국 역상이 항상 잴 수 있는 집합이 되는 함수가 어떤 유형인지를 알아 낸다면 역상이 잴 수 있는 집합인지 여부를 판별하려고 노력하지 않아도 될 것이다.

이제 좀더 구체적으로 잴 수 있는 함수의 개념이 왜 중요한 것인가에 대하여 생각해 보도록 하자. 제1장의 보론에서 구간 [0, 1]에는 잴 수 없는 집합이 존재한다는 점을 언급한 바 있다. 이러한 잴 수 없는 집합을 V라 하자. 이 때 잴 수 없는 집합 V에 대하여 1의 값을 대응시키고, 나머지에 대하여는 0의 값을 대응시키는 함수 f를 생각해 보자. 이와 같은 경우 치역은 0과 1로 구성된다. 그런데 치역상의 단집합(잴 수 있는 집합) $\{1\}$에 대한 역상을 구해 보면, 집합 V가 된다. 따라서 주어진 함수 f는 잴 수 있는 집합인 단집합 $\{1\}$의 역상을 구하였을 때 그 역상이 잴 수 없는 집합이 되는 함수이다.[4]

---

2) 이러한 점에서 볼 때, 확률변수(random variable)라는 용어는 부적절하게 정의된 용어라 하겠다. 즉, 확률변수는 일종의 함수 개념이지 확률적 속성을 지닌 개념도 아니며 변수라고 부를 수도 없는 개념이다. 추후에 언급할 것이지만, 확률변수의 수학적 대응물인 '잴 수 있는 함수'라는 용어 역시 부적절하게 부여된 명칭이다. 그렇지만 이들 용어는 수학 및 통계학분야에서 일반적으로 통용되고 있는 용어이다. 따라서 본서에서는 이러한 관행을 받아들여 기존의 용어를 그대로 사용하도록 한다.

3) 잴 수 있는 함수를 가측함수라고 부르기도 한다.

4) 일반적으로 주어진 함수가 잴 수 있는 함수인지를 판별하기 위해서 치역의 부분집합

따라서 이러한 함수 f의 역상에 대해서는 르벡측도, 즉 길이를 부여할 수 없게 된다는 것을 알 수 있다. 이로부터 '과연 어떠한 함수라면 함수의 역상들의 집합이 항상 잴 수 있는 집합이 되겠는가'라는 의문이 제기된다. 이에 대한 대답으로서 제시되는 것이 바로 '잴 수 있는 함수'이다. 물론 위의 예에서 알 수 있듯이 함수의 역상이 잴 수 있는 집합인지 여부는 바로 함수 자체의 형태에 의하여 결정된다.

이제 잴 수 있는 함수의 정의에 대하여 구체적으로 살펴보자.

정의 1 잴 수 있는 함수

집합 E를 잴 수 있는 집합이라고 하자. 즉, $E \in \mathscr{M}$이라 하자. 이 때 함수 $f: E \rightarrow \mathbb{R}$가 다음 조건을 만족하는 경우에 함수 f를 잴 수 있는 함수라고 한다.

모든 실수 $\alpha \in \mathbb{R}$에 대해서, $\{x \in E: f(x) > \alpha\} \in \mathscr{M}$이다.

정의상으로 보면, α보다 큰 함수값을 지니는 x들의 집합, 즉 함수의 역상($f^{-1}\{(\alpha, \infty]\}$)들을 모아 놓은 집합($\{x \in E: f(x) > \alpha\}$)이 모두 잴 수 있는 집합이 된다면, 그러한 함수를 잴 수 있는 함수라고 한다. 그런데 이와 같이 'α보다 큰 함수값을 지니는 x들의 집합이 가지는 측도'로 정의되는 개념은 직관적으로 쉽게 이해되지 않는다. [정리 1]은 잴 수 있는 함수가 지니고 있는 의미를 쉽게 이해할 수 있는 내용을 담고 있다.

중 잴 수 있는 집합에 국한해서 함수의 역상을 구해 주게 된다. 그 이유는 치역상에서 잴 수 있는 집합의 역상을 구했을 때, 그 역상이 잴 수 없는 집합이 된다면 측도를 정의할 수 없게 된다는 것이 문제의 핵심이기 때문이다. 반면, 르벡적분의 아이디어에서 보았듯이 르벡적분을 정의하는 경우에도 치역에서 잴 수 없는 집합에 대해서는 굳이 생각할 필요가 없었다.

한편, 통계학적인 측면에서 볼 때 잴 수 있는 함수 개념이 바로 확률변수의 정의와 직결되어 있는데, 이 때 확률변수는 보렐체에 대한 '역상이 잴 수 있는 집합'이 되는 '잴 수 있는 함수'로 정의된다. 이 경우에도 치역상의 임의의 구간(즉, 보렐체의 원소)에 관심의 초점이 모아진다. 따라서 이런 면에서도 확률을 논의할 때 굳이 치역의 잴 수 없는 집합에 대하여 논의하는 것은 불필요하다고 할 수 있다.

• 정리 1 •

집합 E가 잴 수 있는 집합일 때, 함수 $f: E \to \mathbb{R}$에 대해서 다음의 명제들은 서로 동치이다.

(i) 모든 실수 $\alpha \in \mathbb{R}$에 대해서 $\{x \in E: f(x) > \alpha\} \in \mathscr{M}$.
(ii) 모든 실수 $\alpha \in \mathbb{R}$에 대해서 $\{x \in E: f(x) \geq \alpha\} \in \mathscr{M}$.
(iii) 모든 실수 $\alpha \in \mathbb{R}$에 대해서 $\{x \in E: f(x) < \alpha\} \in \mathscr{M}$.
(iv) 모든 실수 $\alpha \in \mathbb{R}$에 대해서 $\{x \in E: f(x) \leq \alpha\} \in \mathscr{M}$.
(v) 모든 실수 $\alpha \in \mathbb{R}$와 $\gamma \in \mathbb{R}$에 대해서 $\{x \in E: \alpha \leq f(x) < \gamma\} \in \mathscr{M}$.
(vi) 모든 보렐집합 $B \in \mathscr{B}$에 대해서 $f^{-1}(B) \in \mathscr{M}$.

[정리 1]에서 특히 명제 (v)와 명제 (vi)에 주목하자. 명제 (v)는 치역에서 임의의 구간을 잡았을 때, 그 구간의 역상이 항상 잴 수 있는 집합이 되는 함수가 바로 잴 수 있는 함수라는 것을 뜻한다. 이는 '잴 수 있는 함수'가 직관적으로 볼 때, 치역의 값을 어떤 모양으로 선택하든지 간에, 그 모양이 구간의 형태이기만 하면, 그 역상은 항상 잴 수 있는 집합이 되어야 한다는 것을 의미한다. 즉, 잴 수 있는 함수는 치역에서 잴 수 있는 집합에 대하여 역상을 찾아보았을 때, 그 역상이 모두 잴 수 있는 집합이라는 것을 의미하는 것이다.[5] 한편, 명제 (vi)은 명제 (i)~(iv)로부터 유도될 수 있는데, 잴 수 있는 함수의 경우 치역에서 보렐집합만을 생각하면 그 역상은 반드시 잴 수 있는 집합이 된다는 것을 의미하고 있다. 확률을 논의할 때 보렐체 $\mathscr{B}$를 논의의 대상으로 하여도 충분하다는 점을 제1장에서 언급한 바 있는데, 그 이유가 바로 이러한 성질과 연관되어 있다.

이제 명제 (vi)을 통해서 '잴 수 있는 함수'를 설명하면 다음과 같다. 먼저 구간 $[a, b]$를 실직선에 대응시키는 함수 f가 있다고 하자. 즉,

$$f: [a, b] \to \mathbb{R}. \tag{1}$$

5) 임의의 구간은 바로 보렐체의 원소가 되므로, 결과적으로 명제 (v)는 명제 (vi)과 동치가 됨을 이해할 수 있다.

그러면 명제 (iv)는 임의의 실수 $\alpha \in \mathbb{R}$, $\varepsilon > 0$에 대해 종축(치역)상의 임의의 구간 $[\alpha, \alpha+\varepsilon]$에 대한 역상, 즉

$$E_{\alpha, \varepsilon} = \{x \in [a, b]: \alpha \leq f(x) < \alpha + \varepsilon\} \tag{2}$$

이 횡축(정의역)상의 구간 $[a, b]$ 내에서 (르벡) 잴 수 있는 집합(Lebesgue measurable set)이 될 때, 함수 f가 잴 수 있는 함수임을 나타낸다. 이러한 의미에서 x축상의 임의의 구간 $[a, b]$의 부분집합인 임의의 모든 구간이 전부 잴 수 있는 집합이 되는 함수를 '잴 수 있는 함수'라고 한다. 즉, 치역상의 구간 $[\alpha, \alpha+\varepsilon)$에 대해 그 역상($f^{-1}([\alpha, \alpha+\varepsilon))$)들을 모아 놓은 집합($\{x \in [a, b]: \alpha \leq f(x) < \alpha+\varepsilon\}$)이 모두 잴 수 있는 집합

$$\{x \in [a, b]: \alpha \leq f(x) < \alpha+\varepsilon\} \in \mathscr{M} \tag{3}$$

이 되면 함수 f를 **'함수의 역상이 모두 잴 수 있는 집합으로 구성된 함수'** 라는 의미로 '잴 수 있는 함수(또는 가측함수)'라고 부른다.[6)]

[그림 2-1]은 잴 수 있는 함수의 예를 보여 주고 있다. 그림에서 구간 $[\alpha, \alpha+\varepsilon)$이라는 함수값에 대응하는 x값의 집합을 찾아보면 E_1, E_2, E_3, E_4 ($E_j = \{x \in [a, b]: \alpha \leq f(x) < \alpha+\varepsilon\}$, $j=1, 2, 3, 4$)와 같이 4개의 집합이 있음을

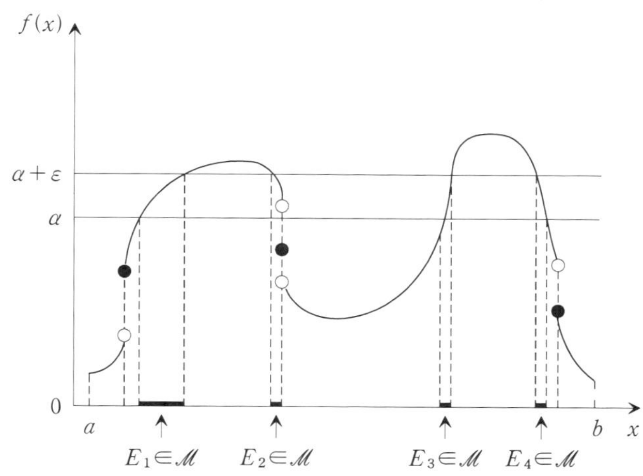

그림 2-1 잴 수 있는 함수

6) 이러한 의미에서 '잴 수 있는 함수'라는 용어는 적절하게 붙여진 것이 아니다.

볼 수 있다. 잴 수 있는 함수란 $[\alpha, \alpha+\varepsilon)$의 역상 집합 E_j가 모두 잴 수 있는 집합이 되는 함수인 것이다.

지금까지 대략적으로 잴 수 있는 함수에 대하여 살펴보았는데, 잴 수 있는 함수가 의미하고 있는 바를 보다 본질적으로 제시하고 있는 [정리 2]에 대하여 살펴보자.

• 정리 2 •

집합 E를 잴 수 있는 집합이라고 하자. 즉, $E \in \mathscr{M}$이라 하자. 함수 $f: E \to \mathbb{R} \cup \{\infty\}$가 잴 수 있는 함수이면, 다음이 성립한다.

모든 실수 $\alpha \in \mathbb{R} \cup \{\infty\}$에 대해서 $\{x \in E: f(x)=\alpha\} \in \mathscr{M}$이다.

[정리 2]는 잴 수 있는 함수는 치역에서 굳이 구간을 생각할 필요도 없이, 치역상의 한 점에 대한 역상을 구하였을 경우에도 그 역상이 잴 수 있는 집합이 된다는 것을 의미한다.[7] 즉, $f(x)=\alpha$가 되는 함수의 역상, 다시 말해 $\{x \in E: f(x)=\alpha\}$를 구하였을 때, 이러한 집합이 결과적으로 잴 수 있는 집합이 된다는 것이다. 따라서 y축의 임의의 단집합(singleton set)을 선택한 후에, 그 단집합들의 합집합, 교집합 및 여집합 연산을 무한히 하여 새로운 집합을 도출한 후 새로운 집합에 대한 역상을 구해도, 결과적으로 새로운 집합의 역상으로 나타나는 집합은 반드시 잴 수 있는 집합이 된다는 것을 알 수 있다.[8] 따라서 [정리 2]는 잴 수 있는 함수는 어떠한 형태의 단집

7) 이 때 유의할 점은 [정리 2]의 역은 성립하지 않는다는 것이다. 다시 말해, 모든 실수 $\alpha \in \mathbb{R} \cup \{\infty\}$에 대해서, $\{x \in E: f(x)=\alpha\} \in \mathscr{M}$이 성립할지라도 함수 $f: E \to \mathbb{R} \cup \{\infty\}$가 항상 잴 수 있는 함수인 것은 아니다.

예컨대, 구간 $(0, 1)$에서 잴 수 없는 집합 V가 있다고 할 때, 이러한 집합에 속하는 x에 대하여 함수값으로 x를 주고, 나머지 부분에 대해 함수값으로 $-x$를 주면, 모든 α에 대하여, 집합 $\{x \in (0, 1): f(x)=\alpha\}$는 기껏해야 하나의 원소로 구성된다. 즉, 집합 $\{x \in (0, 1): f(x)=\alpha\}$는 공집합이거나 단집합이다. 따라서 잴 수 있는 집합이 된다. 그렇지만 집합 $\{x \in (0, 1): f(x)>0\}$은 집합 V가 되지만 가정에 의하여 집합 V는 잴 수 없는 집합이다. 즉, 함수의 역상이 결과적으로 잴 수 없는 집합이 된다. 따라서 주어진 함수는 잴 수 없는 함수가 된다. 그러므로 [정리 2]의 역은 성립하지 않는다.

8) 이는 잴 수 있는 집합의 합집합, 교집합, 여집합들이 다시 잴 수 있는 집합이 되는 성

합과 구간의 집합체에 대하여 역상을 구하더라도, 그 역상이 반드시 잴 수 있는 집합이 되는 함수임을 의미한다. 결국 [정리 2]로부터 일단 어떤 함수가 잴 수 있는 함수라는 것을 알고 있다면 그러한 함수에 대하여는 앞서 언급한 바와 같은 측도의 문제점이 전혀 발생하지 않는다는 것을 알 수 있다. 이러한 점에서 잴 수 있는 함수인지 여부를 판단하는 데 있어 함수의 형태가 무엇보다도 중요하다는 점을 다시 한 번 확인할 수 있다.

이제 보다 구체적으로 어떤 함수가 잴 수 있는 함수인지에 대하여 예를 통하여 알아보도록 하자.

예 1 정의역을 잴 수 있는 집합으로 하는 상수함수는 잴 수 있는 함수이다.[9)]

예 2 잴 수 있는 집합 E를 정의역으로 하는 함수 $f: E \to \mathbb{R}$가 연속함수일 때, 이러한 함수 f는 잴 수 있는 함수이다.[10)]

예 3 잴 수 있는 집합 E에 대하여,

x가 E의 원소일 때, 즉 $x \in E$일 때, $I_E(x)=1$,
x가 E의 원소가 아닐 때, 즉 $x \notin E$일 때, $I_E(x)=0$

인 함수를 특성함수(characteristic function)라고 한다. 특성함수는 잴 수 있는 함수이다.[11)]

앞의 예들을 살펴보면 상수함수와 연속함수는 잴 수 있는 함수임을 알

질이 있기 때문이다.

9) 증명은 잴 수 있는 함수의 정의를 생각하면 거의 자명하다.

10) 이에 대한 역명제는 성립하지 않는다. 즉, 대부분의 불연속함수는 잴 수 있는 함수이다.

11) 집합 E가 잴 수 없는 집합일 경우 특성함수는 잴 수 있는 함수가 되지 않는다. 제1장에서 비탈리(Vitali)가 잴 수 없는 집합을 만들어 낸 바 있음을 언급한 바 있는데, 결과적으로 잴 수 없는 집합이 발생하는 것을 방지하기 위하여 '잴 수 있는 함수' 개념을 도입하는 것이다.

수 있다. 따라서 각종 다항함수, 지수함수, 로그함수, 삼각함수와 같은 초월함수 등 흔히 볼 수 있는 많은 함수들이 잴 수 있는 함수이다. 이들 함수 이외에도 더 넓은 범주의 함수들이 잴 수 있는 함수가 된다. 결론부터 말하면 흔히 접하게 되는 대부분의 함수가 잴 수 있는 함수이다. 만일 어떠한 함수들이 잴 수 있는 함수라면 잴 수 있는 함수들을 합하거나 빼 주거나, 곱하거나, 나누어 주거나, 제곱을 해 주거나, 절대값을 취하거나 해서 만들어지는 모든 함수는 잴 수 있는 함수가 된다. [정리 3]은 훨씬 많은 종류의 함수들이 잴 수 있는 함수가 된다는 것을 보여 주고 있다.

• 정리 3 •

함수 f와 g가 잴 수 있는 집합 $E \in \mathscr{M}$ 위에서 잴 수 있는 함수라 하자. 그러면 다음 함수는 모두 잴 수 있는 함수가 된다.

(i) $f \pm c$ (여기서 c는 상수)
(ii) cf
(iii) $f \pm g$
(iv) $|f|$
(v) f^2
(vi) $f \cdot g$
(vii) $\dfrac{f}{g}$ (단, 집합 $E \in \mathscr{M}$ 위에서 $g \neq 0$)

[정리 3]에 의하면 모든 다항함수가 잴 수 있는 함수가 될 뿐만 아니라 지수함수와 다항함수의 곱 또는 삼각함수와 다항함수의 곱으로 표현되는 함수 등이 모두 잴 수 있는 함수라는 사실을 알 수 있다.

• 정리 4 •

함수 f가 잴 수 있는 집합 $E \in \mathscr{M}$ 위에서 잴 수 있는 함수이고, 함수 g는 함수 f의 치역 위에서 연속인 함수라 하자. 그러면 다음이 성립한다.

합성함수 $g\circ f$는 집합 $E\in\mathscr{M}$ 위에서 잴 수 있는 함수이다.

[정리 3]에서는 함수 간의 가감승제에 의하여 잴 수 있는 함수를 생성할 수 있음을 보았는데, [정리 4]는 잴 수 있는 함수 간의 합성함수도 역시 잴 수 있는 함수가 된다는 것을 의미한다.[12] 결과적으로 [정리 3]과 [정리 4]에 따르면 흔히 접하게 되는 대부분의 함수들이 잴 수 있는 함수가 된다는 점을 알 수 있다.

예 4 잴 수 있는 집합 E를 정의역으로 하는 함수 $f: E\rightarrow\mathbb{R}$가 잴 수 있는 함수이면, $|f|^p$, e^{cf}(여기서 c는 상수) 등은 잴 수 있는 함수이다.[13]

2.1.2. 잴 수 있는 함수와 σ-체

앞 소절에서는 잴 수 있는 함수에 대하여 살펴보았다. 앞서 확률변수가 잴 수 있는 함수와 연계된다고 언급한 바 있는데, 사실상 확률변수는 잴 수 있는 함수의 일종이다. 그리고 함수로서의 확률변수는 그 정의에서 알 수 있듯이, 특히 역상에 대한 성질이 어떠하냐가 중요하다. 따라서 이하에서는 함수의 역상이 지니는 성질에 대하여 간략하게 살펴보도록 한다.

이제 X를 주어진 함수라 하자. 그러면 역함수(즉, 함수의 역상)는 다음과 같은 성질을 지니고 있다.

(i) 집합 E가 집합 F의 부분집합이라면, 집합 E의 역상도 역시 집합

12) 이는 모든 실수 $\alpha\in\mathbb{R}\cup\{\infty\}$에 대해서,

$$\{(g\circ f)^{-1}((\alpha,\ \infty))=f^{-1}(g^{-1}(\alpha,\ \infty))=f^{-1}(\text{열린집합})\in\mathscr{M}$$

이기 때문에 성립한다. 여기서 두 번째 등호가 성립하는 것은 구간 $(\alpha,\ \infty)$가 열린구간이고 함수 g가 연속함수라 하였으므로 그 역상, 즉 $g^{-1}(\alpha,\ \infty)$가 열린집합이 되기 때문이다.

13) [정리 4]에서 $g(t)=|t|$, $g(t)=e^{ct}$라고 놓으면 이러한 결과가 성립함을 알 수 있다.

F의 역상의 부분집합이 된다.

$$E \subset F \text{이면, } X^{-1}(E) \subset X^{-1}(F). \tag{4}$$

(ii) 집합 E와 집합 F의 합집합의 역상은 집합 E의 역상과 집합 F의 역상의 합집합과 같다.

$$X^{-1}(E \cup F) = X^{-1}(E) \cup X^{-1}(F). \tag{5}$$

(iii) 집합 E와 집합 F의 교집합의 역상은 집합 E의 역상과 집합 F의 역상의 교집합과 같다.

$$X^{-1}(E \cap F) = X^{-1}(E) \cap X^{-1}(F). \tag{6}$$

(iv) 집합 E_i들의 무한합집합의 역상은 각 집합 E_i들의 역상의 무한합집합과 같다.

$$X^{-1}\left(\bigcup_{i=1}^{\infty} E_i\right) = \bigcup_{i=1}^{\infty} X^{-1}(E_i). \tag{7}$$

(v) 집합 E_i들의 무한교집합의 역상은 각 집합 E_i들의 역상의 무한교집합과 같다.

$$X^{-1}\left(\bigcap_{i=1}^{\infty} E_i\right) = \bigcap_{i=1}^{\infty} X^{-1}(E_i). \tag{8}$$

(vi) 합성함수 $h(s) = g(X(s))$가 있을 때, 이러한 합성함수의 역상은 다음과 같다.

$$h^{-1}(E) = X^{-1}(g^{-1}(E)). \tag{9}$$

(vii) 집합 E의 여집합의 역상은 집합 E의 역상의 여집합과 같다.

$$X^{-1}(E^c) = (X^{-1}(E))^c. \tag{10}$$

이와 같은 성질들은 함수의 역상들의 집합에 대하여 교집합, 합집합 그리고 여집합 등을 구하면 이들 집합이 다시 역상이 되며, 더불어서 역상들의 셀 수 있는 무한교집합, 셀 수 있는 무한합집합 등도 역시 역상이 됨을 나타낸다. 즉, 역상들의 집합은 σ-체(σ-field)를 구성한다. 그리고 잴 수 있는 함수의 역상으로 구성된 σ-체는 정의역(즉, 표본공간)상의 σ-체이다.

한편, 후술하는 바와 같이 확률변수는 표본공간 S를 실직선 $\mathbb{R}$에 대응시키는 함수이면서 이 함수의 역상이 반드시 표본공간 S에 대한 σ-체 $\mathscr{F}$의 원소가 되어야 한다는 조건을 만족하여야 한다. 따라서 해당 확률변수가 구체적으로 어떠한 표본공간을 대상으로 하여 정의되고 있는지를 구체적으로 밝히기 위해서 역상의 집합이 구성하는 σ-체 $\mathscr{F}$가 무엇인지를 명시적으로 나타낼 필요가 생기는 경우가 있다. 함수의 역상이 어떤 σ-체에 속하는지를 보다 명시적으로 밝히고자 하는 경우, 함수 X를 '$\mathscr{F}$-가측함수'라고 하거나 '함수 X가 표본공간 S에 대한 σ-체 $\mathscr{F}$에 대하여 잴 수 있는 함수'(또는 가측함수)라고 밝혀 준다. 물론 표본공간(정의역)에 대한 σ-체($\mathscr{F}_x$)뿐만 아니라 함수의 치역상에서 구성되는 σ-체($\mathscr{F}_y$)를 구체적으로 밝히고자 하는 경우에는, 앞서와 마찬가지로 함수 X를 '$\mathscr{F}_x \backslash \mathscr{F}_y$-가측인 함수'라고 표현한다.[14)]

연속확률공간의 경우에는 표본공간(정의역)이 실직선($\mathbb{R}$), 이에 대한 σ-체는 보렐체(Borel field) $\mathscr{B}$이며, 치역은 실직선($\mathbb{R}$), 이에 대한 σ-체는 보렐체 $\mathscr{B}$이다. 예컨대, 흔히 볼 수 있는 잴 수 있는 (연속)함수들인 다항함수, 지수함수, 대수함수, 삼각함수 등의 함수는 모두 $\mathscr{B}\backslash\mathscr{B}$-가측함수이다.

확률변수와 관련하여 보렐체 $\mathscr{B}$는 가장 중요한 σ-체가 되고, 특히 연속확률변수를 이해하는 데 필수적인 개념이 되기 때문에 보렐체에 대하여 확실하게 이해할 필요가 있다. 이를 감안하여 제1장에서 언급하였음에도 불구하고 다시 한 번 간략하게 요약하여 보렐체 $\mathscr{B}$에 대해 살펴보겠다. 먼저 실직선상의 모든 열린집합(open set)의 집합체 $\mathscr{O}$를 생각하자. 이러한 집합체는 σ-체가 아니다.[15)] 그렇지만 제1장에서 언급한 바와 같이, 집합체 $\mathscr{O}$를 포함하는 σ-체 $\sigma(\mathscr{O})$를 생성할 수 있다. 즉, 집합체 $\mathscr{O}$를 원소로 가지는 σ-체 $\sigma(\mathscr{O})$를 만들어 줄 수 있는데, 이러한 σ-체는 실직선 $\mathbb{R}$상의 모든 열린집합을 포함하는 가장 작은 σ-체가 되고, 바로 이러한 σ-체를 보렐체 $\mathscr{B}$라고 한다. 그런데 보렐체 $\mathscr{B}$는 반닫힌구간($(-\infty, x]$)들의 집합체, 즉 모든 실수 $x \in \mathbb{R}$에 대하여,

14) 여기서 $\mathscr{F}_x$는 표본공간이 구성하는 σ-체, $\mathscr{F}_y$는 치역이 구성하는 σ-체를 나타낸다.

15) 예컨대, 열린집합(열린구간)인 $\left(a-\frac{1}{n},\ b+\frac{1}{n}\right)$들의 셀 수 있는 무한교집합을 생각하면, $\bigcap_{n=1}^{\infty}\left(a-\frac{1}{n},\ b+\frac{1}{n}\right)=[a,\ b]$이므로, 닫힌집합(닫힌구간)이 된다. 따라서 모든 열린집합의 집합체는 σ-체가 아니다.

$$J=\{B_x:\ B_x=(-\infty,\ x],\ x\in\mathbb{R}\} \tag{11}$$

라는 집합들에 의하여 생성되는 최소 σ-체인 $\sigma(J)$와 일치하게 된다.[16] 보렐체 $\mathscr{B}$의 원소가 되는 집합을 보렐집합(Borel set)이라고 정의하는데, 그렇다면 어떤 집합들이 보렐체 $\mathscr{B}$의 원소가 되는가? 모든 반닫힌구간들은 당연히 보렐집합이 된다.

$$(-\infty,\ x]\in\sigma(J)=\mathscr{B}. \tag{12}$$

그리고 반닫힌구간들의 집합체인 보렐체는 σ-체이기 때문에 반닫힌구간의 여집합도 보렐집합이다.

$$(-\infty,\ x]^c=(x,\ \infty]\in\sigma(J)=\mathscr{B}. \tag{13}$$

그리고 반닫힌구간들의 합집합(무한합집합) 또한 보렐집합이 된다. 따라서 다음의 집합들이 모두 보렐집합이 된다.

$$(-\infty,\ x]\cup[y,\ \infty)\in\sigma(J)=\mathscr{B}, \tag{14}$$

$$((-\infty,\ x]\cup[y,\ \infty))^c=(x,\ y)\in\sigma(J)=\mathscr{B}, \tag{15}$$

$$\bigcup_{n=1}^{\infty}\left(-\infty,\ x-\frac{1}{n}\right]=(-\infty,\ x)\in\sigma(J)=\mathscr{B}. \tag{16}$$

결국 반닫힌구간들의 교집합(무한교집합)도 보렐집합이다.

$$\bigcap_{n=1}^{\infty}\left(x,\ y-\frac{1}{n}\right]=(x,\ y)\in\sigma(J)=\mathscr{B}. \tag{17}$$

따라서 단집합(singleton set)도 보렐집합이다.

$$\bigcap_{n=1}^{\infty}\left(x,\ x-\frac{1}{n}\right]=(x)\in\sigma(J)=\mathscr{B}. \tag{18}$$

이와 같이 보렐체의 원소인 열린구간, 닫힌구간, 반열린구간(반닫힌구간), 단집합 등과 같은 기본적인 집합들이 모두 보렐집합이 된다. 뿐만 아니라 보렐체는, 앞의 집합(즉, 각종 형태의 구간들)의 다양한 조합으로 구해지는 복

16) 이러한 사실이 중요한 이유는 연속확률변수가 바로 보렐체 $\mathscr{B}$-가측함수이기 때문이다. 즉, 후술할 것이지만 반닫힌구간($(-\infty,\ x]$)들을 통하여 확률변수가 지니고 있는 속성을 그대로 나타내 줄 수 있는 것은 바로 이러한 성질 때문이다.

잡한 집합을 포함하는 실직선상의 거의 모든 부분집합들이 보렐체의 원소가 된다는 좋은 성질을 지닌다. 더군다나 이러한 보렐체는 제1장에서 보았듯이, 잴 수 있는 집합들의 σ-체인 $\mathscr{M}$의 부분집합체가 된다. 따라서 보렐체 $\mathscr{B}$의 원소, 즉 보렐집합들은 모두 잴 수 있는 집합이 되는 성질도 가지고 있다.[17] 이상으로 확률변수에 대응되는 잴 수 있는 함수에 대하여 살펴보았다.

2.2. 확률변수

이하에서는 잴 수 있는 함수에 대응되는 확률론 개념인 확률변수에 대하여 살펴보도록 하자. 일반적으로 확률변수는 잴 수 있는 함수의 속성을 그대로 지니고 있으면서 동시에 추가적으로 함수의 역상이 항상 표본공간에 대한 σ-체의 원소가 되어야 한다는 조건을 추가적으로 만족하여야 한다.

2.2.1. 확률변수의 정의

먼저 모든 보렐집합 $B \in \mathscr{B}$에 대해서, $f^{-1}(B) \in \mathscr{M}$이 성립하는 함수 또는 모든 실수 $\alpha \in \mathbb{R}$에 대해서, $\{x \in E: f(x) > \alpha\} \in \mathscr{M}$이 성립하는 함수가 '잴 수 있는 함수'로 정의된다는 점을 상기하자. 이제 다음과 같은 함수 X를 생각하자. 표본공간 S와 S의 부분집합들로 구성된 σ-체 $\mathscr{F}$가 있을 때, 표본공간 S를 실직선 $\mathbb{R}$에 대응시키는 실가집합함수(real valued set function) X,

$$X(S): S \rightarrow \mathbb{R} \tag{19}$$

가 있다고 하자. 실가집합함수 $X(S)$가 다음과 같은 조건을 만족할 때 함수 $X(S)$를 확률변수(random variable)라고 부른다.[18] 어떤 함수가 확률변수이기 위해 만족하여야 하는 조건은 주어진 함수 X가 잴 수 있는 함수이어야 한다는 것이다. 따라서 확률변수 X의 역상(표본공간의 부분집합)이 잴 수 있는

17) 잴 수 있는 집합에 측도가 부여되고 보렐집합은 잴 수 있는 집합이므로, 결과적으로 보렐집합에 대하여 항상 확률측도를 부여해 줄 수 있음을 알 수 있다. 그리고 이는 역상이 보렐집합이 되는 확률변수에 확률측도를 항상 부여할 수 있다는 것을 의미한다.

18) 확률변수와 관련하여, 첫째 확률변수는 항상 특정한 사건 σ-체 $\mathscr{F}$-체와 관련하여서만 정의된다는 점과, 둘째 어떤 함수 $Y(\cdot): S \rightarrow \mathbb{R}$가 확률변수인지를 확인하는 작업은 보렐체 $\mathscr{B}$의 원소인 집합 $\mathscr{B}$를 σ-체 $\mathscr{F}$의 원소와 결부시키는 방식으로 진행된다는 점에 유의할 필요가 있다.

집합이어야 한다. 그러므로 함수 X의 역상은 잴 수 있는 집합들의 σ-체 $\mathscr{M}$의 원소가 되어야 한다. 즉,

$$X^{-1}(B)=\{s:\ X(s)\in B,\ s\in S\}\in\mathscr{M}. \tag{20}$$

달리 말해, 주어진 집합함수 $X(S)$가 확률변수가 되기 위해서는 치역상의 각 부분집합 B(보렐체 $\mathscr{B}$의 원소)에 대하여 그 역상인 집합, 즉 식 (20)에 나타난 집합이 σ-체 $\mathscr{F}$의 원소가 되어야 한다. 이는 주어진 함수가 확률변수라고 불리기 위해서는 그 함수의 역상을 구하였을 때 구해진 역상들이 모두 표본공간 S의 부분집합이 되는 사건이 되어야만 한다는 것을 의미한다.[19) 즉,

$$X^{-1}(B)=\{s:\ X(s)\in B,\ s\in S\}\in\mathscr{F}$$

와 같은 성질을 만족하여야 한다.

이상의 논의를 종합하여 확률변수(random variable)를 구체적으로 정의해 보면 다음과 같다.

---

19) $\mathscr{F}$는 사건의 σ-체이다. 그런데 $\mathscr{F}$는 비록 σ-체를 구성하고 있다 하더라도 [정의 2]에서처럼 잴 수 있는 집합들로 구성되는 것은 아니다. 예컨대, 이산측도공간의 경우, 예컨대, 동전을 2회 던지는 확률실험의 경우 표본공간은 $\{HH\}$와 같이 일반적인 집합이지 실수의 부분집합이라고 할 수 없다. 따라서 이렇게 표본공간이 일반적인 집합이어서 보렐체 $\mathscr{B}$의 형태로 나타나지 않는 경우에, 과연 '잴 수 있다'는 의미를 어떻게 받아들여야 하는가라는 의문이 제기될 수 있다. 이는 '사건 $\{HH\}$에 대한 측도가 무엇인가'라고 묻는 것이 측도의 정의와 직접적으로 연관이 없어 보이기 때문이다.

확률변수의 정의가 [정의 2]에서처럼 주어진 이유는 연속확률공간의 경우에 모든 집합에 대하여 확률측도를 부여할 수는 없다는 문제점이 발생하므로, 연속확률변수에 대하여 측도상으로 문제가 발생하지 않도록 하려는 의도 때문이다. 이러한 점에서 '잴 수 있는 함수'라는 개념은 근본적으로 연속확률변수의 경우를 적절하게 다루기 위해 도입된 것이라 할 수 있다.

그런데 연속측도공간의 경우에는 가장 큰 σ-체인 멱집합에 대하여 확률을 부여할 때 문제가 발생하는 반면에, 이산측도공간의 경우에는 멱집합에 대해 확률을 정의해 주어도 전혀 문제가 되지 않는다. 이러한 측면을 감안하여 비록 이산확률공간에 측도(길이) 개념을 직접적으로 적용하는 것이 다소 부적절한 경우가 있기는 하지만, 확률을 부여해 줄 수 있다는 점을 감안하여, 표본공간이 실직선상의 부분집합으로 표현되지 않는 일반적인 집합인 이산측도공간의 경우에도 집합함수의 역상이 사건의 집합체의 원소가 되면 이를 '잴 수 있는 집합'의 원소라고 간주하는 것이다.

정의 2 **확률변수**

표본공간 S를 실직선 $\mathbb{R}$에 대응시키는 실가의 집합함수 $X(S)$: $S \to \mathbb{R}$가 다음 조건을 만족할 때, 함수 $X(S)$를 확률변수라고 한다.

실직선 위의 보렐체 $\mathscr{B}$의 각 부분집합 B에 대하여,

$$X^{-1}(B) = \{s : X(s) \in B,\ s \in S\} \in \mathscr{F}.$$

확률변수는 이산확률변수와 연속확률변수로 구분할 수 있는데, 이들을 [정의 2]에 따라서 정의하여 보자. 이산확률변수는 확률변수 $X(S)$의 치역이 유한하거나 셀 수 있는 집합($\mathbb{R}_X$)인 확률변수이고, 연속확률변수는 확률변수 $X(S)$의 치역이 셀 수 없는 무한집합($\mathbb{R}$)인 확률변수이다. 여기서 $\mathbb{R}_X$는 표본공간의 원소의 개수가 유한한 경우에는 $\mathbb{R}_X = \{x_1,\ x_2,\ \cdots\cdots,\ x_n\}$임을 나타내고, 원소의 개수가 무한개이지만 셀 수 있는 경우에는 $\mathbb{R}_X = \{x_1,\ x_2,\ \cdots\cdots\}$를 의미한다. 즉, 이산확률변수는 $X(S)$: $S \to \mathbb{R}_X$와 같은 함수이고, 연속확률변수는 $X(\mathbb{R})$: $\mathbb{R} \to \mathbb{R}$와 같은 함수이다. 그리고 본장 제1절에서 설명하였던 바와 같이 주어진 확률변수에 관한 확률이 구체적으로 어떤 σ-체 위에서 정의되는지를 명시적으로 나타내 준다는 의미에서 '확률변수가 σ-체 $\mathscr{F}$에 대하여 잴 수 있다' 또는 '확률변수가 $\mathscr{F}$-가측이다'라는 표현을 사용한다.

이상으로 확률변수의 정의에 대하여 알아보았는데, 잴 수 있는 함수의 성질과 비교해서 확률변수에 대해 살펴보자. 먼저 이산확률공간의 경우 주어진 표본공간에 대하여 확률변수를 어떻게 정의할 수 있는지 알아보자.

예 5 동전 2회 던지기에서 표본공간 S는 $\{HH,\ HT,\ TH,\ TT\}$이다. 표본공간 S에 대한 사건의 σ-집합체 $\mathscr{F}_A$를

$$\begin{aligned}\mathscr{F}_A = \{&S,\ \phi,\ \{HH\},\ \{TT\},\ \{HH,\ TT\},\ \{TH,\ HT\} \\ &\{HT,\ TH,\ HH\},\ \{HT,\ TH,\ TT\}\}\end{aligned} \tag{21}$$

이라 하자.[20] 여기서 σ-체 $\mathscr{F}_A$는 표본공간상의 사건들로 구성되며,

20) 이러한 σ-체는 제1장 1.2.의 예 5에서 본 멱집합 $\mathscr{F}_c$와는 다른 집합체이다.

$\mathscr{F}_A$의 원소 각각에 대하여 확률 $P(\cdot)$가 부여된다.

이제 표본공간 S를 실직선 $\mathbb{R}$(또는 $\mathbb{R}$의 부분집합 $\mathbb{R}_X$)에 대응시키는 다음과 같은 함수 $X(\cdot)$를 생각하자.

$$X(\cdot):\ S \rightarrow \mathbb{R}_X, \tag{22}$$

즉 $x_1 = X(s_1)$, $x_1 \in \mathbb{R}$, $s_1 \in S$라 하자.[21)]

이 때 함수 X를 '앞면이 나온 횟수'를 나타내는 확률변수, 즉 '잴 수 있는' 함수라 할 수 있으려면, 앞면이 나오는 횟수가 0, 1, 2회이므로 X는 표본공간 S의 모든 원소를 집합 $\mathbb{R}_X = \{0,\ 1,\ 2\}$ 위에 사상하는 함수이어야 한다. 즉,

$$\begin{aligned} s &= \{HH\} \rightarrow 2, \\ s &= \{HT\} \rightarrow 1, \\ s &= \{TH\} \rightarrow 1, \\ s &= \{TT\} \rightarrow 0. \end{aligned} \tag{23}$$

이제 함수값 0, 1, 2에 대한 역상(표본공간 S의 부분집합)을 구해보면,

21) 표본공간 S에서 $\mathbb{R}$(또는 $\mathbb{R}$의 이산적인 부분집합 $\mathbb{R}_X$)로 가는 함수 X를 생각하는 이유는 임의의 집합인 표본공간 S를 기초로 만들어지는 임의의 σ-체가 수학적으로 조작하기 쉽지 않기 때문이다. 따라서 일반적인 σ-체에 대하여 확률을 부여하는 번거로움을 피하기 위하여 수학적으로 다루기 용이한 함수를 이용하게 된다. 즉, 표본공간의 원소인 단순사건에 적절히 실수값을 부여해 주는 방식을 이용하여 확률을 계산하게 되면, 원래의 σ-체 위에 부여된 확률을 그대로 나타내 줄 수 있을 뿐만 아니라 $(S,\ \mathscr{F},\ P(\cdot))$라는 확률공간이 지니는 사건구조(event structure)도 완전하게 보존해 줄 수 있다. 이 때 확률공간이 지니는 사건구조를 보존한다는 의미는 다음과 같다. $X^{-1}(\cdot)$는 역사상을 나타내는데, $\mathbb{R}_X$와 표본공간 S 간의 상응(correspondence)으로서 $\mathscr{F}_A$-체의 원소(사건) 간의 합집합, 교집합 및 여집합 등의 연산결과가 다시 $\mathscr{F}_A$-체의 원소가 되어야 한다는 조건을 만족하여야 한다. 예컨대, $\mathbb{R}_X$의 각 부분집합(ϕ, $\{0\}$, $\{1\}$, $\{2\}$, $\{0,\ 1\}$, $\{0,\ 2\}$, $\{1,\ 2\}$, $\{0,\ 1,\ 2\}$ 등)에 대하여, 역상 $X^{-1}(\cdot)$가 사건(즉, $\mathscr{F}_A$-체의 원소)이 되어야만 한다.

여기서 $\mathbb{R}$의 각 부분집합에 대한 역상을 구하지 않고 $\mathbb{R}_X$의 부분집합의 역상을 구한 이유는 다음과 같다. 이산확률공간의 경우에는 기껏해야 셀 수 있는 개수의 점에 확률이 부여되고, 이렇게 부여된 확률의 합이 1이 되기 때문에(예컨대, 동전 2회 던지기의 경우 0, 1, 2에 부여된 확률값의 합이 1이 됨), 기타의 점에 부여된 확률값은 당연히 0이 되어야 한다. 그런데 확률이 0인 점은 무시할 수 있으므로, 확률이 0이 되는 집합들의 역상을 구하지 않고 0보다 큰 확률값이 부여된 실수에 한정하여 그 역상을 구해도 무방하다.

$$
\begin{aligned}
&X^{-1}(0)=\{TT\}\in\mathscr{F}_A,\\
&X^{-1}(1)=\{TH,\ HT\}\in\mathscr{F}_A,\\
&X^{-1}(2)=\{HH\}\in\mathscr{F}_A
\end{aligned}
\tag{24}
$$

이다. 본장 제1.2.절에서 살펴본 바처럼, 역함수의 성질 (ii)에 의하여 치역상의 각 원소 0, 1, 2의 합집합(교집합)에 대한 역상을 구해 보면

$$
\begin{aligned}
X^{-1}(\{0\}\cup\{1\})&=X^{-1}(\{0\})\cup X^{-1}(\{1\})\\
&=\{TT\}\cup\{TH,\ HT\}\\
&=\{TT,\ TH,\ HT\}\in\mathscr{F}_A,\\
X^{-1}(\{0\}\cup\{2\})&=X^{-1}(\{0\})\cup X^{-1}(\{2\})\\
&=\{TT\}\cup\{HH\}\\
&=\{TT,\ HH\}\in\mathscr{F}_A,\\
X^{-1}(\{1\}\cup\{2\})&=X^{-1}(\{1\})\cup X^{-1}(\{2\})\\
&=\{TH,\ HT\}\cup\{HH\}\\
&=\{HH,\ TH,\ HT\}\in\mathscr{F}_A,\\
X^{-1}(\{0\}\cup\{1\}\cup\{2\})&=X^{-1}(\{0\})\cup X^{-1}(\{1\})\cup X^{-1}(\{2\})\\
&=\{TT\}\cup\{TH,\ HT\}\cup\{HH\}\\
&=\{HH,\ TT,\ TH,\ HT\}\in\mathscr{F}_A
\end{aligned}
$$

와 같다. 결국 $\mathbb{R}_X$의 부분집합들에 대한 역사상 $X^{-1}(\cdot)$들이 σ-체 $\mathscr{F}_A$의 원소가 되고 있으므로 함수 $X(\cdot)$는 확률변수이다. 그리고 함수 $X(\cdot)$는 σ-체인 $\mathscr{F}_A$-체의 사건들을 모두 포함하고 있으므로 $\mathscr{F}_A$의 사건구조를 온전히 보존하고 있음을 알 수 있다. 이 경우 함수 X는 $\mathscr{F}_A$-가측함수이다. 즉, 함수 $X(\cdot)$는 $\mathscr{F}_A$라는 σ-체에 대해서 확률변수가 되는 것이다.

이상과 같이 동전 2회 던지기라는 확률실험에 대해 함수 X를 대응시켜 본 결과 함수 X가 $\mathscr{F}_A$-체의 사건구조를 보존하고 있음을 보았는데, 이렇게 사건구조를 보존하는 함수 X를 확률변수라 부른다. 그런데 하나의 표본공간 S로부터 만들 수 있는 σ-체는 유일한 것일까? 물론 그렇지 않다. 제1장의 예 5가 이에 대한 답을 보여 주고 있는데, 주어진 표본공간 S를 $\mathbb{R}$에 대

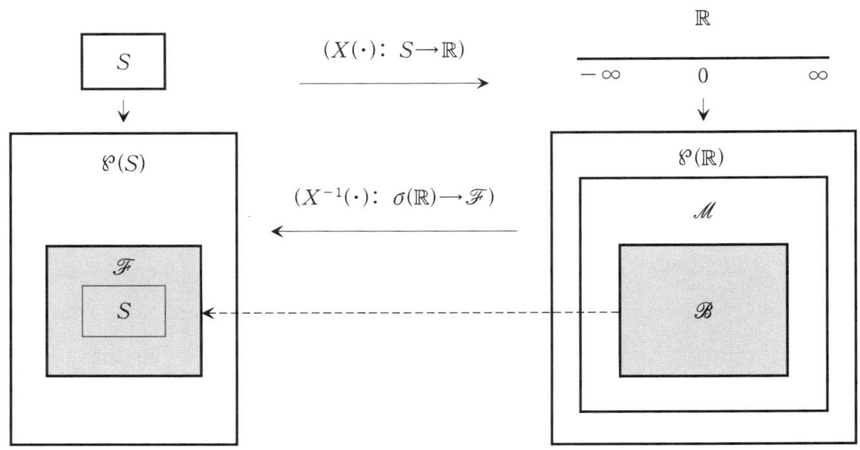

그림 2-2 확률변수

응시키는 확률변수는 유일하지 않다.[22]

[그림 2-2]는 확률변수 개념을 보여 준다. 이 그림은 표본공간 S를 실직선에 대응시키는 함수 $X(\cdot)$: $S \rightarrow \mathbb{R}_X$ 중에서, **그 역상**($X^{-1}(\cdot)$: $\sigma(\mathbb{R}) \rightarrow \mathscr{F}$)**이 반드시 사건이 되는 '잴 수 있는 함수'**가 확률변수라는 것을 보여 준다. 즉, 그림의 정의역(표본공간)부분을 보면, 표본공간 S에 대한 어떠한 σ-체 $\mathscr{F}$라도 반드시 표본공간 S 자체를 포함하고 있다. 그런데 바로 앞에서 언급한 바처럼 일반적으로 하나의 표본공간에 대하여 여러 개의 σ-체가 존재할 수 있기 때문에, 확률변수를 논의하기 위해서는 구체적으로 어떤 σ-체 위에서 확률이 정의되었는지를 명확하게 구분해 주어야 한다. 즉, 사건들의 σ-체 $\mathscr{F}$가 달라지면, 당연히 그 σ-체 $\mathscr{F}$에 대응하는 확률변수도 달라져야 한다.[23] 이를 다음과 같은 예로부터 확인해 보도록 하자.

---

22) 연속확률변수의 경우에는 (표본공간, σ-체)는 ($\mathbb{R}$, $\mathscr{B}$)이다. 이러한 측도공간에 대해 정규분포, 포아송분포 등의 다양한 확률측도가 존재한다.

23) 비록 함수 X가 표본공간 S 위에서 정의되고 있기는 하지만 확률이 부여되는 대상은 S가 아니라 S의 σ-체인 $\mathscr{F}$-체의 원소이다. 결국 확률변수 X를 고려할 때 표본공간 S보다는 $\mathscr{F}$-체를 감안하여야 한다.

예 6 집합함수 $Y(\cdot)$: $S \rightarrow \mathbb{R}$를 생각하자. 이 때 사건의 집합체는 예 5와 같다고 하자. 여기서 함수 Y는 표본공간 S의 각 원소 s_i에 대하여 다음과 같이 실수 y_i를 대응시키는 함수이다.

$$\begin{aligned} s_1 &= \{HH\} \rightarrow 1, \\ s_2 &= \{HT\} \rightarrow 1, \\ s_3 &= \{TH\} \rightarrow 0, \\ s_4 &= \{TT\} \rightarrow 0. \end{aligned} \tag{25}$$

즉, $Y(\{HH\}) = Y(\{HT\}) = 1$, $Y(\{TH\}) = Y(\{TT\}) = 0$으로 정의된다. 이 때 함수 Y를 동전을 2회 던져 첫 번째 던진 동전이 앞면을 보일 때 확률변수의 값을 1로 하는 함수로 해석할 수 있다. 예 5에서와 동일한 방법으로 함수값 0, 1, 2에 대한 역상(표본공간 s의 부분집합)을 구해 보면,

$$\begin{aligned} Y^{-1}(0) &\rightarrow \{TH,\ TT\}, \\ Y^{-1}(1) &\rightarrow \{HT,\ HH\} \end{aligned} \tag{26}$$

와 같다. 그런데

$$Y^{-1}(0) = \{TH,\ TT\} \notin \mathscr{F}_A,\ Y^{-1}(1) = \{HT,\ HH\} \notin \mathscr{F}_A \tag{27}$$

이므로 치역상의 원소 $\{0\}$, $\{1\}$에 대한 역상은 $\mathscr{F}_A$-체의 원소가 되지 않는다. 따라서 함수 Y는 $\mathscr{F}_A$-체의 사건구조를 보존하지 못하고 있다. 그러므로 함수 Y는 '$\mathscr{F}_A$-가측함수'가 아니므로 σ-체 $\mathscr{F}_A$에 대하여는 확률변수가 되지 않는다.

결국 함수 Y는 함수라는 측면에서 볼 때에는 확률변수가 될 자격을 지니고 있지만 $\mathscr{F}_A$-체의 사건구조를 보존하지 못하기 때문에 사건 σ-체인 $\mathscr{F}_A$-체에 내포된 확률현상을 설명해 주지 못한다.

이상으로 함수 X가 $\mathscr{F}_A$-체에 대하여 확률변수가 되는 반면, 함수 Y는 $\mathscr{F}_A$-체에 대하여 확률변수가 되지 못한다는 것을 보았다. 이로부터 '어떤 함수가 과연 확률변수가 되는가'를 확인하기 위해서는 확률이 부여되는 대상

인 σ-체 $\mathscr{F}$가 무엇인지를 명확하게 지정해 주어야 함을 알 수 있다.

예 7

다시 집합함수 Y를 생각해 보자. 이번에는 사건의 집합체 σ-체로서

$$\mathscr{F}_y=\{S,\ \phi,\ \{HH,\ HT\},\ \{TH,\ TT\}\} \tag{28}$$

를 고려해 보자. 그러면 함수값 0, 1에 대한 역상은

$$Y^{-1}(0)=\{TH,\ TT\}\in\mathscr{F}_y,\ Y^{-1}(1)=\{HT,\ HH\}\in\mathscr{F}_y. \tag{29}$$

그리고 치역상의 각 원소 0, 1의 합집합, 여집합 등에 대한 역상을 구해 보면,

$$\begin{aligned}
&Y^{-1}(\{0\}\cup\{1\})=\{TH,\ TT\}\cup\{HT,\ HH\}\\
&\qquad\qquad=\{HH,\ HT,\ TH,\ TT\}=S\in\mathscr{F}_y,\\
&Y^{-1}([\{0\}\cup\{1\}]^c)=S^c=\phi\in\mathscr{F}_y,\\
&Y^{-1}(\{0\}^c)=Y^{-1}(\{1\})=\{HT,\ HH\}\in\mathscr{F}_y,\\
&Y^{-1}(\{1\}^c)=Y^{-1}(\{0\})=\{TH,\ TT\}\in\mathscr{F}_y
\end{aligned}$$

이다.

이 경우 모든 역사상 $Y^{-1}(\cdot)$들이 σ-체를 구성하고 있음을 알 수 있다. 따라서 함수 $Y(\cdot)$는 $\mathscr{F}_y$-가측인 확률변수가 된다. 즉, 함수 Y는 σ-체 $\mathscr{F}_y$에 대해서는 확률변수가 된다. 따라서 Y는 $\mathscr{F}_y$가 내포한 확률현상을 설명해 줄 수 있다.

이러한 결과는 비록 함수 Y가 $\mathscr{F}_A$-체에 대해서는 확률변수가 되지 못하였지만, σ-체를 적절하게 선택(예컨대, $\mathscr{F}_y$)해 줌으로써 $\mathscr{F}_y$-체에 대해서는 확률변수가 될 수 있다는 것을 보여 준다.[24)]

지금까지는 어떤 함수가 주어진 σ-체에 대하여 확률변수가 되는지 여부에 대하여 살펴보았다. 이제 역으로 임의의 집합함수 $Y(\cdot)$: $S\rightarrow\mathbb{R}$가 있을 때, 함수 Y가 확률변수가 되도록 σ-체 $\mathscr{F}$를 지정해 주는 방법에 대해서 생

24) 함수 X는 $\mathscr{F}_y$-체에 대해서 확률변수가 되지 못한다.

각해 보자. 함수 Y가 확률변수가 되도록 $Y(\cdot)$: $S \to \mathbb{R}$의 역상을 통하여 σ-체를 생성시킬 수 있는데,[25] 이렇게 생성되는 σ-체 $\mathscr{F}$를 '확률변수 Y에 의해 생성되는 최소 σ-체(minimal σ-field generated by random variable Y)'라고 하며, $\sigma(Y)$와 같이 표기한다. 이는 정의상 함수 Y가 최소한 $\sigma(Y)$에 대해서만큼은 확률변수로 해석될 수 있음을 의미한다. 확률변수 Y에 의해 생성되는 최소 σ-체를 생성하는 방법은 다음과 같다.

(i) 먼저 역사상 $Y^{-1}(\cdot)$에 해당하는 모든 사건집합을 찾아 낸다. 예컨대, 앞선 예 7의 경우 $\{HT, HH\}(=Y^{-1}(1))$와 $\{TH, TT\}(=Y^{-1}(0))$ 등 2개의 사건집합만이 존재한다.

(ii) 다음으로, (i)에서 구한 모든 집합에 대하여 합집합, 교집합(물론 무한합집합, 무한교집합 포함) 그리고 여집합을 구한다. 그리고 그 결과를 모두 포함하는 집합을 만들면 그것이 바로 σ-체 $\sigma(Y)$이다.

이제 이에 대하여 예제를 통하여 보다 구체적으로 살펴보자.

예 8 예 6의 함수 $Y(\cdot)$: $S \to \mathbb{R}$를 생각하자. 이 때 Y에 의해 생성되는 최소 σ-체 $\sigma(Y)$를 구해 보자.

(i) 함수값 0, 1에 대한 역상을 구한다.

$$Y^{-1}(0) = s_3 \cup s_4 = \{TH\} \cup \{TT\} = \{TH, TT\},$$
$$Y^{-1}(1) = s_1 \cup s_2 = \{HH\} \cup \{HT\} = \{HH, HT\}.$$

(ii) 치역상의 각 원소 0, 1의 합집합, 여집합, 교집합 등에 대한 역상을 구한다.

$$\begin{aligned} Y^{-1}(\{0\} \cup \{1\}) &= Y^{-1}(\{0\}) \cup Y^{-1}(\{1\}) \\ &= \{s_3, s_4\} \cup \{s_1, s_2\} \\ &= \{TH, TT\} \cup \{HH, HT\} \\ &= \{HH, HT, TH, TT\} = S, \end{aligned}$$

25) 사실 $\mathscr{F}_A$-체는 함수 X에 의해 생성되는 최소 σ-체이며, 이를 $\sigma(X)$라고 표기한다는 점은 이미 제1장의 보론에서 살펴보았다. 예 5의 경우 $\sigma(X) = \mathscr{F}_A$이다.

$$Y^{-1}([\{0\}\cup\{1\}]^c)=S^c=\phi,$$
$$Y^{-1}(\{0\}^c)=Y^{-1}(\{1\})=\{HH,\ HT\},$$
$$Y^{-1}(\{1\}^c)=Y^{-1}(\{0\})=\{TH,\ TT\}.$$

이상과 같이 도출된 역상 및 역상들에 대한 집합연산 결과를 모두 모아서 새로운 집합체를 구성하면 $\mathscr{F}_B=\{S,\ \phi,\ \{HH,\ HT\},\ \{TH,\ TT\}\}$를 얻는다. 그러면 바로 $\mathscr{F}_B$가 $\sigma(Y)$이다. 즉, $\mathscr{F}_B=\sigma(Y)$가 된다.[26)]

예 8의 경우 함수 Y에 의하여 생성되는 최소 σ-체 $\sigma(Y)$와 확률변수 Y가 정의되는 σ-체 $\mathscr{F}_Y$가 일치한다. 마찬가지로 확률변수 X에 의하여 생성되는 최소 σ-체, 즉 $\sigma(X)$를 생성해 보면, $\sigma(X)$가 $\mathscr{F}_A$-체와 일치함을 확인할 수 있다. 그렇다면 여기서 한 가지 의문이 생긴다. 즉, 확률변수에 의하여 생성되는 최소 σ-체와 확률변수가 정의되는 사건 σ-체가 항상 일치할 것인가? 이에 대한 답을 먼저 언급하면 일반적으로는 그렇지 않다는 것이다. 그 이유는 표본공간과 관계된 σ-체가 여러 개 존재할 뿐만 아니라, σ-체 간에 포함관계가 형성되는 경우(예컨대, $\sigma(X_1)\subset\sigma(X)\subset\wp(S)$)가 발생할 수 있기 때문이다. 즉, 작은 σ-체의 원소는 당연히 해당 σ-체를 포함하고 있는 더 큰 σ-체의 원소가 되므로, 작은 σ-체 위에서 확률변수가 되는 함수는 당연히 큰 σ-체 위에서도 확률변수가 된다.[27)] 따라서 하나의 표본공간에 대하여 다수의 확률변수가 대응하여 존재할 수 있다. 다시 말해, 최소 σ-체 $\sigma(Y)$와 사건 σ-체 $\mathscr{F}_Y$가 일치할 필요는 없다.

예 9 함수 $X_1(\cdot)$: $S\rightarrow\mathbb{R}$, $X_1(\{HH\})=X_1(\{TH\})=X_1(\{HT\})=1$, $X_1(\{TT\})=0$을 생각하자. 이 때

$$X_1^{-1}(1)=\{HH,\ TH,\ HT\}\in\mathscr{F}_A,\ X_1^{-1}(0)=\{TT\}\in\mathscr{F}_A,$$
$$X_1^{-1}(\{0\}\cup\{1\})=\{HH,\ TH,\ HT,\ TT\}=S\in\mathscr{F}_A$$

가 된다. 즉, 함수 X_1의 역상들은 모두 $\mathscr{F}_A$-체의 원소가 된다. 따라

26) σ-체 $\mathscr{F}_B$가 바로 확률변수 Y에 의하여 생성되는 최소 σ-체 $\sigma(Y)$인데, $\mathscr{F}_B$가 $\mathscr{F}_y$와 일치한다는 것을 확인해 보라.

27) 정의에 따르면 함수의 역상이 어떤 사건 집합체의 원소가 되기만 하면 해당 집합체에 대한 확률변수가 된다는 것을 상기하라.

서 X_1은 $\mathscr{F}_A$-체에 대하여 확률변수가 된다.

그런데 확률변수 X_1에 의하여 생성되는 σ-체 $\sigma(X_1)$을 구하면 $\sigma(X_1)=\{S, \phi, \{HH, HT, TH\}, \{TT\}\}$이다. 따라서 $\sigma(X_1)$과 $\mathscr{F}_A$가 일치하지 않는다.

확률변수 X_1은 확률변수 X와는 다른 함수이지만 동일한 σ-체인 $\mathscr{F}_A$를 σ-체로 하여 정의되고 있다. 즉, 확률변수 X와 X_1은 동일한 $\mathscr{F}_A$-체 위에 정의된 서로 다른 확률변수(함수)이다.

예 9로부터 주어진 σ-체 위에 대한 확률변수는 여러 개가 존재할 수 있는 반면에 각 확률변수로부터 생성되는 최소 σ-체는 유일하게 결정된다는 것을 알 수 있다. 앞의 예에서는 $\sigma(X_1)\subset\sigma(X)$와 같은 관계가 성립한다.[28)]

위에서 논의된 '확률변수에 의해 생성되는 σ-체' 개념은 조건부 기대와 확률과정(stochastic process) 등을 논의할 때 필요한 개념이니 확실하게 이해해 둘 필요가 있다. 특히, 확률변수에 의해 생성되는 σ-체는 임의의 주어진 확률실험과 관련된 모든 사항을 일일이 다 고려하지 않고 특별히 관심을 지녀야 할 사항에 한하여 생각해도 충분하도록 해 주는 유용한 개념이다. 이러한 점에서 '어떤 σ-체에 대한 확률변수'를 정의하는 것은 확률실험의 속성 중 관심사항이 되고 있는 일정 부분(σ-체)만을 암묵적으로 취사선택하고 있는 것과 동일한 의미를 지닌다.

지금까지 이산적인 표본공간에서 정의되는 확률변수에 대하여 살펴보았다. 내용을 요약하면 확률변수는 함수이며, 특히 역상의 집합들이 특정한 σ-체의 원소가 되어야 한다는 조건, 즉 역상의 집합들이 표본공간에서의 사건(event)이 되어야만 한다는 조건을 만족하는 '잴 수 있는 함수'이다. 그리고 확률변수와 관련하여 확률이 정의되는 σ-체가 구체적으로 어떤 σ-체인지가 중요하다. 이상의 내용은 표본공간이 연속적인 경우, 즉 연속확률공간의 경우에도 마찬가지로 성립한다. 그리고 "어떤 함수 $X(\cdot)$: $S\rightarrow\mathbb{R}$가 주어진 σ-체 $\mathscr{F}$에 대한 확률변수가 되는지" 여부를 어떻게 결정해 줄 수 있을지에 대하여 간략하게 살펴보았다. 즉, 실수 $\mathbb{R}$ 위의 보렐체 $\mathscr{B}$(적어도 $\mathbb{R}$의 부분집합 $\mathbb{R}_X$ 위의 보렐체 $\mathscr{B}_X$)의 부분집합의 역상을 구하고 그 역상들이 σ-체 $\mathscr{F}$의

28) 이 때 확률변수 X_1은 X_1 자신에 의하여 생성되는 σ-체 $\sigma(X_1)$의 사건구조를 온전히 보존한다.

원소가 되는지를 확인하는 과정을 거쳐 함수 X가 $\mathscr{F}$-체에 대하여 확률변수가 되는지 여부를 결정할 수 있다.

2.2.2. 확률변수와 σ-체

치역이 유한개의 원소로 구성된 이산확률변수의 경우에는 치역의 σ-체의 원소가 되는 집합들의 역상을 구하여 그 역상이 표본공간의 σ-체의 원소가 되는지 여부를 확인하는 방식을 사용하여 확률변수인지 여부를 할 수 있다. 그런데 치역의 원소 개수가 증가하면 이러한 방식으로 확률변수 여부를 확인하는 것은 거의 불가능하게 된다. 더군다나 치역이 셀 수 있는 무한개의 원소로 구성된 이산확률변수나 셀 수 없는 무한개의 원소로 구성된 연속확률변수의 경우에는 이러한 방식을 적용하여 확률변수 여부를 확인하는 것은 아예 불가능하다. 그렇다면 주어진 함수가 확률변수인지를 따져보기 위해 다른 방식을 생각하여야 할 것이다. 아래에서는 이에 대하여 살펴보도록 하자.

먼저 본장의 [정리 1]을 상기하자. [정리 1]의 명제 (vi)에 의하면, 모든 보렐집합 $B\in\mathscr{B}$에 대해서 $f^{-1}(B)\in\mathscr{M}$이 성립하는 '잴 수 있는 함수'(즉, 확률변수)는 모든 실수 $\alpha\in\mathbb{R}$에 대해서 $\{x\in E:\ f(x)\leq\alpha\}\in\mathscr{M}$도 만족한다. 이러한 성질 때문에 어떤 함수가 확률변수인지를 판단할 때 모든 보렐집합에 대하여 그 역상을 구하는 방식을 사용할 필요가 없게 된다. 즉, 치역상의 반닫힌구간($(-\infty,\ \alpha]$)의 역상을 구하여 그 역상이 정의역의 σ-체 $\mathscr{F}$의 원소가 되는지 여부를 확인하면 된다.[29] 이 때 반열린구간을 설정할 때는 각 반열린구간에 대한 역상을 구했을 때 역상인 집합들이 반드시 서로 소가 되게끔 해 주어야 한다. 예제를 통해 이에 대하여 살펴보도록 하자.

예 10 동전 2회 던지기의 사건 σ-체 $\mathscr{F}_A$

$$\mathscr{F}_A=\{S,\ \phi,\ \{HH\},\ \{TT\},\ \{HH,\ TT\},\ \{TH,\ HT\},\ \{HT,\ TH,\ HH\},\ \{HT,\ TH,\ TT\}\} \tag{21$'$}$$

와

---

29) 이러한 확률변수는 $\mathscr{F}$-가측함수이다.

$$X(\{HH\})=2,\ X(\{HT\})=X(\{TH\})=1,\ X(\{TT\})=0$$

인 함수 $X(\cdot):\ S\to\mathbb{R}_X$를 생각하자.[30)]

이와 같은 함수에 대해서 반닫힌구간을 어떻게 설정할 것인가? 확률변수의 치역이 $\{0,\ 1,\ 2\}$이므로 구간을 $(-\infty,\ 0)$, $[0,\ 1)$, $[1,\ 2)$, $[2,\ \infty)$과 같이 서로 겹치지 않도록 나누면 된다. 그런데

$$X^{-1}((-\infty,\ x])=\{s:\ X(s)\in(-\infty,\ x],\ s\in S\}\equiv\{s:\ X(s)\le x\}$$

이므로 이들 구간에 대한 역상을 구하면 다음과 같다.[31)]

(i) $x<0$일 때,

$$X^{-1}((-\infty,\ 0))=X^{-1}\left(\bigcup_n\left(-\infty,\ 0-\frac{1}{n}\right]\right)=\phi\in\mathscr{F}_A.$$

(ii) $0\le x<1$일 때,

$$\begin{aligned}X^{-1}([0,\ 1))&=X^{-1}[(-\infty,\ 0)^c\cap(-\infty,\ 1)]\\&=X^{-1}[[0,\ \infty)\cap(-\infty,\ 1)]\\&=X^{-1}\left[[0,\ \infty)\cap\left(\bigcup_n^{\infty}\left(-\infty,\ 1-\frac{1}{n}\right]\right)\right]\\&=\phi^c\cap\{TT,\ \phi\}=S\cap\{TT,\ \phi\}=\{TT\}\in\mathscr{F}_A.\end{aligned}$$

(iii) $1\le x<2$일 때,

$$\begin{aligned}X^{-1}([1,\ 2))&=X^{-1}\left[[1,\ \infty)\cap\left(\bigcup_n^{\infty}\left(-\infty,\ 2-\frac{1}{n}\right]\right)\right]\\&=\{\phi,\ \{TT\}\}^c\cap\{HT,\ TH,\ TT,\ \phi\}\\&=\{HT,\ TH\}\cap\{HT,\ TH,\ TT,\ \phi\}=\{HT,\ TH\}\in\mathscr{F}_A.\end{aligned}$$

(iv) $2\le x$일 때,

---

30) 예 5에서는 보렐체 $\mathscr{B}$(사실상 $\mathbb{R}$의 부분집합 $\mathbb{R}_X$ 위에서 정의된 보렐체 $\mathscr{B}_X$)에 대하여 $X^{-1}(B)\in\mathscr{F}_A$인지 여부를 따져 보는 방식을 적용하여 함수 X가 확률변수인지를 확인한 바 있다.

31) 앞으로는 $\{s:\ X(s)\in(-\infty,\ a],\ s\in S\}$와 같은 집합을 $\{s:\ X(s)\le a\}$로 간단하게 표기하도록 한다. 즉, 집합 $\{s:\ X(s)\le a\}$는 함수값이 a보다 작거나 같게 되는 정의역상의 점들의 집합을 의미한다.

$$X^{-1}([2, \infty))=X^{-1}[(-\infty, 2)^c \cap (-\infty, \infty)]$$
$$=\{\phi, HT, TH, TT\}^c \cap S=\{HH\}\in\mathscr{F}_A.$$

이와 같이 각 구간에 대한 역상을 구해 본 결과 역상의 집합이 각각 사건의 집합체 $\mathscr{F}_A$의 원소가 되며, 각각의 역상이 서로 소인 집합임을 확인할 수 있다. 즉, $X^{-1}((-\infty, 0))$, $X^{-1}([0, 1))$, $X^{-1}([1, 2))$, $X^{-1}([2, \infty))$는 각각에 대해 서로 소이다. 따라서 함수 X는 σ-체 $\mathscr{F}_A$에 대하여 확률변수가 된다.[32]

예 11 사건 집합체 σ-체가 $\mathscr{F}_y=\{S, \phi, \{HH, HT\}, \{TH, TT\}\}$이고, $Y(\{HT\})=Y(\{HH\})=1$, $Y(\{TH\})=Y(\{TT\})=0$인 함수 Y를 생각하자. 이 경우 확률변수 Y의 치역이 $\{0, 1\}$이므로 구간을 $(-\infty, 0)$, $[0, 1)$, $[1, \infty)$와 같이 서로 겹치지 않게 나누어 주면 된다. 그러면

(i) $y<0$일 때,

$$Y^{-1}((-\infty, 0))=Y^{-1}\left(\bigcup_n\left(-\infty, 0-\frac{1}{n}\right]\right)=\phi\in\mathscr{F}_y.$$

(ii) $0\leq y<1$일 때,

$$Y^{-1}([0, 1))=Y^{-1}\left[[0, \infty)\cap\left(\bigcup_n\left(-\infty, 1-\frac{1}{n}\right]\right)\right]$$
$$=\{TH, TT\}\in\mathscr{F}_y.$$

(iii) $1\leq y$일 때,

$$Y^{-1}([1, \infty))=Y^{-1}[(-\infty, 1)^c\cap(-\infty, \infty)]$$
$$=\{HT, HH\}\in\mathscr{F}_y.$$

위에서와 같이 각 구간에 대한 역상을 구해 보면 역상의 집합이 각각 사건의 집합체의 원소가 되고 있음을 알 수 있다. 그리고 각각의 역상은 서로 소인 집합이다. 따라서 함수 Y는 σ-체 $\mathscr{F}_y$에 대하

32) 이런 방식은 예 5에서 사용한 방식보다 더욱 복잡해 보이지만 실제로 연속확률변수에 대해 적용하기에는 더 효율적이다.

여 확률변수가 된다.

그렇지만 $\{TH, TT\} \notin \mathscr{F}_A$, $\{HT, HH\} \notin \mathscr{F}_A$이므로 함수 Y는 $\mathscr{F}_A$에 대해 확률변수가 아님을 확인할 수 있다.

예 12

사건의 집합체 σ-체를 $\mathscr{F}_1 = \{S, \phi, \{HH, HT, TH\}, \{TT\}\}$라 하고, $X_1(\{HH\}) = X_1(\{TH\}) = X_1(\{HT\}) = 1$, $X_1(\{TT\}) = 0$인 함수 $X_1(\cdot): S \to \mathbb{R}$를 생각하자. 함수 X_1의 치역이 $\{0, 1\}$이므로 구간을 $(-\infty, 0)$, $[0, 1)$, $[1, \infty)$와 같이 나누어 보자. 그러면

(i) $x_1 < 0$일 때,

$$X_1^{-1}([-\infty, 0)) = X_1^{-1}\left(\bigcup_n \left(-\infty, 0 - \frac{1}{n}\right]\right) = \phi \in \mathscr{F}_1.$$

(ii) $0 \le x_1 < 1$일 때,

$$X_1^{-1}([0, 1)) = X_1^{-1}\left[[0, \infty) \cap \left(\bigcup_n \left(-\infty, 1 - \frac{1}{n}\right]\right)\right] = \{TT\} \in \mathscr{F}_1.$$

(iii) $1 \le x_1$일 때,

$$\begin{aligned} X_1^{-1}((1, \infty)) &= X_1^{-1}[(-\infty, 1)^c \cap (-\infty, \infty)] \\ &= \{TH, HT, HH\} \in \mathscr{F}_1. \end{aligned}$$

각 구간에 대한 역상을 구해 보면 역상의 집합이 각각 사건 집합체의 원소가 되고 있으며 역상들이 서로 소인 집합이다. 따라서 함수 Y는 σ-체 $\mathscr{F}_1$에 대하여 확률변수이다.[33)]

2.2.3. 연속확률변수

앞항에서 '어떤 함수 $X(\cdot): S \to \mathbb{R}$가 주어진 σ-체 $\mathscr{F}$에 대한 확률변수가 되는지' 여부를 결정하는 2가지 방법에 대해 살펴보았다. 그 2가지 방법은 보렐체의 부분집합의 역상을 사용하는 방법과 반닫힌구간의 역상을 이용

33) $\{TT\} \in \mathscr{F}_A$, $\{TH, HT, HH\} \in \mathscr{F}_A$가 성립하므로 함수 Y는 $\mathscr{F}_A$에 대해서도 확률변수가 된다.

하는 방법이었다. 이산확률공간의 경우에는 이들 중 어느 것을 사용하여도 주어진 함수가 확률변수인지 여부를 확인하는 데 큰 차이가 없었다. 경우에 따라서는 반닫힌구간을 사용하는 방식이 더 번거롭게 보이기도 한다.

그렇다면 연속확률변수의 경우에는 두 가지 방식 중 어떤 방식이 더 편리할 것인가? 치역상의 모든 보렐집합에 대하여 일일이 그 역상을 구하는 과정을 통하여 보렐체 위에서 확률변수가 되는지 여부를 확인하는 것이 간단할 것인가? 답은 그렇지 않다는 것이다. 그 이유는 치역상의 모든 보렐집합에 대하여 그 역상을 구하고 그 역상이 모두 정의역상의 보렐체의 원소(즉, 사건)가 되는지 여부를 확인하는 것은 거의 불가능하기 때문이다. 그렇지만 반닫힌구간의 역상을 구하는 방식을 사용하게 되면 이러한 문제는 쉽게 해결된다. 즉, 연속확률공간의 경우에는 어떤 함수 Y의 치역상의 반닫힌구간 $((-\infty,\ \alpha])$에 대한 역상 $Y^{-1}((-\infty,\ \alpha])$가 보렐체 $\mathscr{B}$의 원소가 되었을 때 함수 Y를 연속확률변수라고 판정하는 방식을 사용하는 것이 더 편리하다. 물론 이러한 조건을 만족하는 함수 Y는 $\mathscr{B}$-가측함수이다.

정의 2′ 연속확률변수

표본공간 실직선 $\mathbb{R}$에서 실직선 $\mathbb{R}$로 대응되는 함수 $X(\mathbb{R})$: $\mathbb{R} \to \mathbb{R}$가 다음 조건을 만족하면 함수 X를 연속확률변수(continuous random variable)라고 한다.

실수 α에 대하여,

$$X^{-1}((-\infty,\ \alpha]) = \{x:\ X(x) < \alpha,\ \alpha \in \mathbb{R}\} \in \mathscr{B}.$$

연속확률변수에 대해서는 [정의 2]′과 같이 반닫힌구간의 역상을 통하여 확률변수를 정의하는 방식을 이용하여 확률변수를 정의한다. 이산연속확률공간에서와 마찬가지로 연속확률공간의 경우에도 반열린구간을 설정할 때는 각 구간의 역상들이 서로 소인 집합이 되어야 한다는 점에 유의하여야 한다. 이제 주어진 함수가 연속확률변수인지를 결정하는 방법에 대하여 보다 구체적으로 살펴보자.

연속확률변수는 표본공간을 실직선 $\mathbb{R}(S=\mathbb{R})$로, σ-체를 보렐체 $\mathscr{B}$로 하

는 연속측도공간 $(\mathbb{R}, \mathscr{B})$ 위에서 정의되는 함수이다. 따라서 기본적으로 실직선 $\mathbb{R}$를 실직선 $\mathbb{R}$에 대응시키는 함수

$$X: \mathbb{R} \rightarrow \mathbb{R} \tag{30}$$

들이 연속확률변수에 대한 후보가 될 것이다. 이 때 함수 X가

$$X^{-1}: \mathscr{B} \rightarrow \mathscr{B} \tag{31}$$

라는 조건을 만족한다면, 이러한 함수를 연속확률변수라고 한다.[34)]

이러한 정의에 의하면 연속측도공간 $(\mathbb{R}, \mathscr{B})$를 $(\mathbb{R}, \mathscr{B})$로 전환시키는 함수가 바로 연속확률변수가 되는 것이다. 그런데 측도공간 $(\mathbb{R}, \mathscr{B})$를 변환시키는 함수는 무수하게 많이 존재한다. 앞서 연속함수는 수학적으로 잴 수 있는 함수에 해당한다는 점을 보았는데, 연속함수는 치역에서의 잴 수 있는 집합에 대한 역상이 잴 수 있는 함수가 된다는 성질을 보유하고 있다. 따라서 모든 연속함수가 $(\mathbb{R}, \mathscr{B})$라는 측도공간상에서 확률변수가 된다는 것을 알 수 있다.

예컨대, 대수함수, 삼각함수, 각종 다항함수 등은 모두 연속확률변수가 된다. 또한 잴 수 있는 함수의 더하기, 빼기, 곱하기, 나누기와 함수의 합성 등에 의하여 도출되는 함수도 모두 잴 수 있는 함수가 되므로, 결과적으로 확률변수의 더하기, 빼기, 곱하기, 나누기 및 합성함수에 의한 변환 등을 통해 만들어지는 함수 등도 모두 확률변수가 된다는 것을 알 수 있다.[35)]

다음은 연속확률변수의 사례이다.

예 13

(i) 실가함수 $f(x)=5x+3$은 연속확률변수이다.

(ii) 실가함수 $f(x)=e^{x}$는 연속확률변수이다.

(iii) 실가함수 $f(x)=e^{-\frac{x^2}{2}}$는 연속확률변수이다.

(iv) 실가함수 $f(x)=\dfrac{e^{x}}{(1+e^{x})^2}$는 연속확률변수이다.

34) 실직선 $\mathbb{R}$에 의해 생성되는 최소 σ-체 $\sigma(\mathbb{R})$가 보렐체 $\mathscr{B}$와 같으므로 $X^{-1}: \sigma(\mathbb{R}) \rightarrow \sigma(\mathbb{R})$와 같은 조건을 만족하는 함수를 연속확률변수라고 정의하여도 같은 의미가 된다.

35) 확률변수의 더하기, 빼기, 곱하기 그리고 나누기 등에 의하여 만들어지는 새로운 확률변수 중 중요한 예로 확률변수의 합, 즉 $\bar{X}_n=\sum_{i=1}^{n} X_i$와 같이 정의되는 확률변수 $\bar{X}_n$과 그 극한 $\lim_{n\rightarrow\infty} \bar{X}_n$를 기억할 필요가 있다. 이에 대해서는 제9장에서 살펴볼 것이다.

위에서 제시된 함수들은 모두 연속함수이므로 연속측도공간 $(\mathbb{R}, \mathscr{B})$ 위에서 확률변수가 된다. 즉, $f(x)=e^{-\frac{x^2}{2}}$와 같은 함수는 $\mathscr{B}/\mathscr{B}$-가측함수이다.

이산확률변수의 경우에는 정의역이 되는 표본공간이 일반적인 집합이므로 치역과 표본공간이 일치하지 않는다. 그렇지만 연속확률변수의 경우에는 정의역(표본공간)이 구간 또는 실직선으로 나타나기 때문에 결과적으로 정의역과 치역이 실직선 $\mathbb{R}$로 동일하다.[36] 그 이유는 연속측도공간에 대하여 확률측도를 부여하기 위하여 불가피하기 때문이다. 이에 대해 예외적인 상황도 존재하는데, 예컨대 x^2분포를 따르는 확률변수의 정의역은 $[0, \infty)$와 같다. 하지만 이 경우에도 표본공간을 제외한 확률변수가 지녀야 하는 속성은 모두 만족해야 한다. 이에 대해서는 제3장에서 좀더 자세하게 살펴보도록 하자.

36) 이는 표본공간에서 원소의 수가 셀 수 없는 무한개이기 때문에 표본공간을 자연수 $\mathbb{N}$과 1 : 1 대응시킬 수 없어 표본공간이 구간 또는 실직선과 같은 형태로만 표현될 수 있기 때문이라는 점을 제1장에서 살펴본 바 있다.

참고문헌

구자홍, 『확률론』, 민음사, 1988, 제1장.

김성기 · 계승혁, 『실해석』, 서울대학교 출판부, 1999, 제1장.

조태근, 『실해석학』(개정판), 희중각, 1987.

Billingsley, Patrick, *Probability and Measure*, 3rd ed., Wiley & Sons, 1995, Ch. 1.

Capinski, M. and E. Kopp, *Measure, Integral and Probability*, Springer, 1999, Ch. 1～2.

David, Williams, *Probability With Martingales*, Cambridge University Press, 1991, Ch. 3.

Davidson, James, *Stochastic limit theory—an introduction for econometricians*, 3rd ed., Oxford University Press, 1994, Ch. 18～25.

Gallant, A. Ronald, *An Introduction to Econometric Theory*, Princeton University Press, 1997, Ch. 2.

Halmos, P. R., *Measure Theory*, Princeton, N.J.: D. Van Nostrand, 1956, Ch. IX.

Kolmogorov, A. N., *Foundations of the Theory of Probability*, translated by N. Morrison, Chelsea Publishing Company, 1956.

Pfeiffer, Paul E., *Concepts of Probability Theory*, 2nd ed., N.Y.: Dover Publications, Inc., 1978, Ch. 3.

Spanos, Aris, *Statistical Foundations of Economic Modelling*, Cambridge University Press, 1986, Ch. 4.

______, *Probability Theory and Statistical Inference*, Cambridge University Press, 1986, Ch. 3.

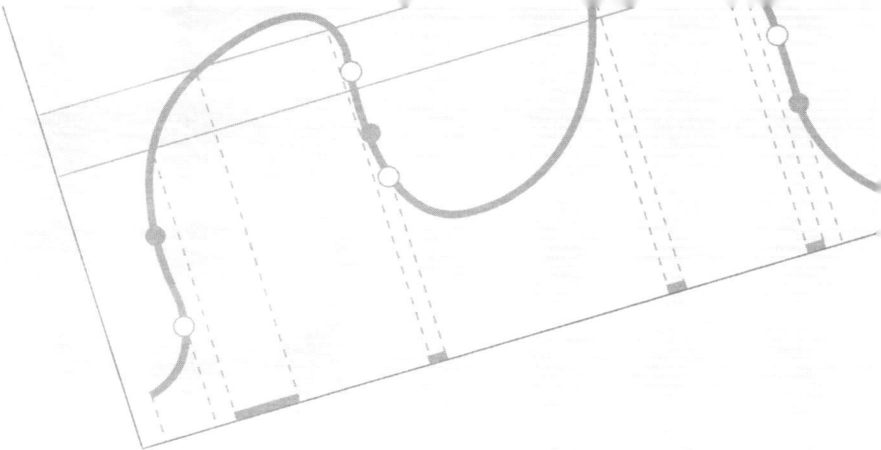

3 확률분포

확률공간은 $(S, \mathscr{F}, P)$, 즉 (표본공간 S, σ-체 $\mathscr{F}$, 확률측도 P)라는 세 쌍으로 구성된다. 제2장에서는 확률공간 $(S, \mathscr{F}, P)$ 중에서 확률변수가 정의되는 측도공간, 즉 (표본공간, σ-체)부분에 대하여 논의하였다. 즉, 확률변수는 $(S, \mathscr{F})$라는 측도공간을 $(\mathbb{R}, \mathscr{B})$라는 측도공간으로 변환해 주는 함수였으며, 특히 함수의 역상이 $\mathscr{F}$의 원소가 되어야 한다는 조건을 만족한다.

본장에서는 확률공간의 세 번째 부분, 즉 일반적인 측도공간 $(S, \mathscr{F})$ 위에서 정의되는 확률측도 P를 측도공간 $(\mathbb{R}, \mathscr{B})$에서 정의되는 측도로 전환하는 문제, 즉 $P(S) \rightarrow P_X(\cdot)$에 대하여 살펴볼 것이다. 즉, '변환된 측도공간 $(\mathbb{R}, \mathscr{B})$ 위에서 정의되는 확률측도 $P_X(\cdot)$, 즉

$$P_X: \mathscr{B} \rightarrow [0, 1]$$

을 어떻게 구축할 것인가'라는 문제에 대하여 살펴볼 것이다.

그런데 $P(\cdot)$를 $P_X(\cdot)$로 변환하면 수학적으로 다루기 편리해지는 장점이 있으나, $P_X(\cdot)$도 여전히 집합함수라는 문제를 지닌다. 따라서 점함수 $F(x)$를 도입하면 P 또는 P_X가 나타내는 확률구조를 보존하면서 보다 더 편리하게 확률을 계산할 수 있음을 살펴볼 것이다. 이러한 점함수 $F(x)$를 확률분포함수(probability distribution function)라 한다.

한편, 기대값(expectation)은 수학적으로 볼 때 '적분(integration)'에 해당하는 개념이고, 제1장에서 보았듯이 확률측도는 특정한 조건을 만족하는 함수를 적분해 준 형태로 정의되는 일종의 유도된 측도 개념과 밀접하게 연관되어 있다. 이러한 점에서 기대값이나 확률 등의 개념을 이해하기 위하여, 적분에 대하여 먼저 알아볼 필요가 있다.

3.1. 르벡적분

본절에서는 앞서 르벡측도를 이용하여 확률을 정의하였던 것과 마찬가지 논리의 연장선상에서, 특히 르벡적분(Lebesgue integration)에 대하여 살펴볼 것이다. 제1장의 보론에서 측도가 리만적분의 한계를 극복하려는 시도에서 탄생한 것이라는 점을 언급하였다. 측도를 논의하는 데에는 함수의 역상들의 집합이 잴 수 있는 집합인지 여부가 중요하였다. 이러한 개념의 연장선장에서 볼 때, 르벡적분도 역시 논의의 초점을 함수의 치역, 즉 함수값에

두고 있다.

3.1.1. 단순함수의 적분

르벡적분은 첫째 닫힌구간 $[a, b]$ 위에서 정의되면서, 둘째 주어진 구간 $[a, b]$에서 함수값이 유계되어 있고(bounded), 셋째 잴 수 있는 함수(measurable function)에 대하여 정의되는 적분이라고 간략하게 요약하여 정의할 수 있다. 그런데 위의 세 가지 조건을 만족하는 함수 중에서 가장 간단한 형태의 함수는 단순함수(simple function)이다. 따라서 르벡적분에 대한 논의를 단순함수로부터 시작하도록 하자.

단순함수는 함수의 치역이 유한한 개수의 서로 다른 값으로 구성된 함수로 정의된다.[1)] 특히, 단순함수 중에서 가장 기초적인 형태는 모든 함수값이 양의 값을 지니는 함수일 것이므로 이에 대하여 먼저 살펴보자.

양의 함수값만을 지니는 단순함수들의 집합을 S^+라고 나타내자. 그러면 영보다 큰 함수값을 지니는 단순함수(non-negative simple function)는 다음과 같이 정의된다.

정의 1 비음의 단순함수

함수 ϕ: $\mathbb{R}\rightarrow[0, \infty]$가 비음의 단순함수, 즉 $\phi\in S^+$라는 것은 함수 ϕ가 다음 조건을 만족하는 경우를 말한다.

(i) 함수 ϕ는 르벡 잴 수 있는 함수(Lebesgue measurable function)이며,
(ii) 함수값의 집합 $\phi(\mathbb{R})$가 유한한 집합이다.

이와 같이 정의된 비음의 단순함수에 대하여 좀더 구체적으로 살펴보도록 하자. 단순함수 ϕ: $\mathbb{R}\rightarrow[0, \infty]$가 있을 때, 이 함수의 음이 아닌 함수값을 a_1, a_2, ……, a_n이라고 하자. 그리고 이 함수값(치역의 원소)과 일치하는 함수값을 가지는 정의역상의 원소의 집합,

1) 통계학적 입장에서 이러한 함수의 예로는 이산확률변수를 들 수 있다.

$$E_i=\{x\in\mathbb{R}:\ \phi(x)=a_i\}\quad (i=1,\ 2,\ \cdots\cdots,\ n) \tag{1}$$

를 생각하자.

집합 E_i는 주어진 함수가 잴 수 있는 함수이므로 모두 잴 수 있는 집합이 된다. 그리고 이들 집합의 합집합은 실직선이 된다. 즉, $\bigcup_{i=1}^{n} E_i=\mathbb{R}$가 성립한다.

함수값 $a_1,\ a_2,\ \cdots\cdots,\ a_n$과 위에서 정의된 집합 $E_i(i=1,\ 2,\ \cdots\cdots,\ n)$를 이용하여 단순함수 $\phi:\ \mathbb{R}\to[0,\ \infty]$를 표준형(canonical representation) 모양으로 다음과 같이 표현할 수 있다.[2)]

$$\phi=\sum_{i=1}^{n} a_i I_{E_i}. \tag{2}$$

여기서 I_{E_i}는 제2장 예 3에서 본 바와 같은 특성함수로서, 집합 E_i에 속하면 1의 값을, 그 밖의 경우에 0을 함수값으로 하는 함수이다.

단순함수와 관련하여 한 가지 유의할 점은 비음의 단순함수를 표현하는 방법은 유일하지 않다는 점이다. 예컨대, [그림 3-1]과 같은 모양의 함수를 단순함수로 나타내면 다음과 같다.

$$\phi=a_1 I_{E_1}+a_2 I_{E_2}+a_3 I_{E_3}+a_4 I_{E_4}+a_5 I_{E_5}+a_6 I_{E_6}+a_7 I_{E_7}. \tag{3}$$

[그림 3-1]의 단순함수의 경우는 $a_1=a_7,\ a_2=a_5,\ a_3=a_6$이므로 동일한 함수값을 갖는 정의역상의 집합을 하나의 집합으로 묶어 줄 수 있다. 그러면 다음과 같이 보다 간결하게 단순함수를 나타내 줄 수 있다. 즉,

$$\phi=a_1 I_{(E_1\cup E_7)}+a_2 I_{(E_2\cup E_5)}+a_3 I_{(E_3\cup E_6)}+a_4 I_{E_4}. \tag{3$'$}$$

이처럼 단순함수를 나타내는 방법은 식 (3)이나 식 (3)′에서 볼 수 있듯이 유일하지 않다. 단순함수를 나타내는 복수의 표현 중에서 식 (3)′과 같이 치역상의 서로 다른 함수값이 단 한 번 씩만 나타나도록 표현된 단순함수를 ‘표준형’ 모양으로 나타낸 단순함수라고 부른다. 다시 말해, 단순함수의 표준

2) 단순함수의 모양과 계단함수의 모양은 동일하다. 그렇지만 계단함수는 주어진 구간 내의 함수값이 일정한 함수로서, 정의상 구간별로 1개의 함수값이 대응되는 반면에 표준형의 단순함수는 함수의 치역값, 즉 하나의 함수값에 대하여 여러 구간의 모임이 대응된다는 차이를 갖는다. 결국 단순함수와 계단함수는 결과적으로 x축을 기준으로 하는지(계단함수), 아니면 y축을 기준으로 하는지(단순함수)에 의해 구분된다.

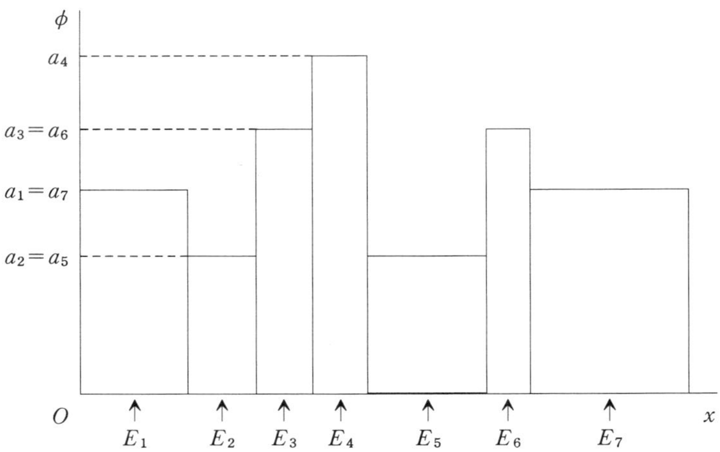

그림 3-1 단순함수 $\phi=a_1I_{E_1}+a_2I_{E_2}+a_3I_{E_3}+a_4I_{E_4}+a_5I_{E_5}+a_6I_{E_6}+a_7I_{E_7}$

형은 치역의 값이 상호간에 완전히 다른 값을 갖도록 치역을 분할한 다음 각 치역의 값에 대한 역상의 집합을 구분하여 나타낸 단순함수를 말한다. 이와 같이 단순함수를 표준형으로 나타내면 단순함수는 유일하게 표현된다.

이상과 같이 표준형의 단순함수에 대하여 살펴보았는데, 이렇게 표준형으로 표현해 준 단순함수에 대한 적분은 다음과 같이 정의된다.

정의 2 표준형 단순함수의 적분

$\phi\in S^+$인 단순함수 ϕ: $\mathbb{R}\to[0, \infty)$에 대한 적분은 다음과 같다.

$$\int\phi\, dm\equiv\sum_{i=1}^{n}a_i m(E_i).$$

[정의 2]는 비음인 단순함수의 각 함수값에 대하여, 먼저 $a_i\times m(E_i)$, 즉 높이×(해당 밑변의 길이)를 구한 후에, $a_i\times m(E_i)$를 모두 합해 준 값을 단순함수의 적분값으로 정의함을 나타낸다. 이와 같은 정의에 의하면, 모든 함수값이 0보다 클 뿐만 아니라 측도값도 0보다 크거나 같게 되므로 표준형 단순함수의 적분값은 당연히 0보다 클 것이다.

이제 단순함수의 적분에 대한 간단한 예를 살펴보자.

예 1

다음과 같은 함수를 생각하자.

$$\begin{cases} 1, & x \in \mathbb{Q} \\ 0, & x \in (\mathbb{R} - \mathbb{Q}). \end{cases}$$

즉, x가 유리수일 때 1, x가 무리수일 때 0의 값을 가지는 함수를 생각하자. 이 함수는 다음과 같이 단순함수의 표준형으로 나타낼 수 있다.

$$\phi = 1 I_{\mathbb{Q}} + 0 I_{(\mathbb{R}-\mathbb{Q})}.$$

함수 ϕ는 역상이 모두 잴 수 있는 집합이므로 잴 수 있는 함수이고 함수값이 0보다 크므로 비음함수이며, 함수값이 0과 1만으로 구성되어 있을 뿐이므로 함수값의 집합은 셀 수 있는 집합이다. 따라서 함수 ϕ는 비음인 단순함수이다. 즉, $\phi \in S^+$이다.

이제 단순함수 ϕ의 적분값을 구해 보자. 먼저 정의에 따라서 $1 \times m(\mathbb{Q})$와 $0 \times m(\mathbb{R}-\mathbb{Q})$를 계산하여야 한다. 그런데 $m(\mathbb{Q}) = 0$, $m(\mathbb{R}-\mathbb{Q}) = \infty$이므로 적분값은 다음과 같이 계산된다.[3)]

$$\int \phi \, dm = 1 \times m(\mathbb{Q}) + 0 \times m(\mathbb{R}-\mathbb{Q}) = 1 \times 0 + 0 \times \infty = 0.^{4)}$$

일반적으로 영보다 큰 두 함수가 있을 때 한 함수가 다른 함수에 비해

3) 만일 무리수와 유리수에 대한 함수값을 서로 맞바꾸어 주는 경우, 즉 함수값을 유리수일 때 0, 무리수일 때 1의 값으로 한다면 주어진 함수 ϕ의 적분값은 무한대가 된다.

4) 통상적으로 $0 \times \infty$의 형태를 부정형으로 간주하지만, 예외적으로 르벡적분에서는 $0 \times \infty = 0$과 같이 정의한다는 점에 유의할 필요가 있다. 하지만 르벡적분의 경우에도 $\infty \times 0$과 같은 부정형 형태는 그 값을 별도로 정의하지 않는다.

같은 부정형이라도 전자의 경우는 그 값을 0으로 하는 반면에 후자의 경우 값을 정의하지 않는 이유는 바로 르벡적분이 측도(즉, 길이)라는 개념에 기반하고 있어서, 정의역상의 집합이 지니는 길이에 초점을 맞추고 있기 때문이다. 즉, 함수값이 무한대일 경우($a_i = \infty$)라고 해도 그에 대응되는 정의역상의 집합의 측도(길이)가 0($m(E_i) = 0$)이면 그 곱이 0이라고 간주하는 것이다. 이는 결과적으로 함수값이 무한대이기는 하지만 길이가 0인 집합이 적분값에 기여하는 바가 없다고 간주하는 것으로 해석할 수 있다.

서 함수값이 항상 크거나 같다면 큰 함수값을 지니는 함수의 적분값이 작은 함수값을 지니는 함수의 적분값보다 클 것이라고 생각된다. 이러한 직관이 옳다는 것을 [정리 1]은 보여 준다.

• 정리 1 •

두 비음인 단순함수 ϕ, $\xi \in S^+$에 대하여, 한 함수가 다른 함수보다 항상 크거나 같은 함수값을 가진다고 하자. 즉, $\phi(x) \leq \xi(x)$. 그러면 다음이 성립한다.

$$\int \phi \, dm \leq \int \xi \, dm.$$

[정리 1]은 함수의 값이 크거나 같은 함수 $\xi(x)$의 적분값이 함수의 값이 작거나 같은 함수 $\phi(x)$의 적분값보다 크거나 같음을 나타낸다.

이와 같은 정리에 대한 따름정리로서 [보조정리 1]이 성립한다.

• 보조정리 1 •

$\phi \in S^+$인 단순함수에 대하여, 어떤 단순함수 ξ가 있어 $\xi \in S^+$이면서 $\xi(x) \leq \phi(x)$가 성립한다고 하자. 그러면 다음이 성립한다.

$$\int \phi \, dm = \sup \int \xi \, dm.$$

[보조정리 1]에 의하면 주어진 함수 ϕ보다 작거나 같은 함수의 적분값 중의 최소상계(supremum)는 주어진 함수 ϕ의 적분값과 일치함을 알 수 있는데,[5] 바로 이러한 정리를 이용하여 보다 일반적인 함수, 즉 비음이면서 르벡 잴 수 있는 함수에 대한 적분을 정의할 수 있다. 여기서 보다 '일반적'이

5) 이는 주어진 함수와 거의 일치하는 함수를 찾아 낼 수 있을 것이라는 직관을 나타낸다.

라는 용어는 음의 값이 아닌 함수값들의 개수가 무한개인 함수의 경우까지 적분을 확장할 수 있다는 것을 뜻한다.

3.1.2. 비음인 잴 수 있는 함수의 적분

본절에서는 적분대상이 되는 함수를 좀더 확대하여, 비음이면서 잴 수 있는 함수에 대한 적분을 어떻게 도출할 것인지에 대하여 살펴볼 것이다. 먼저 비음인 잴 수 있는 함수들의 집합을 M^+로 나타내자. 영보다 큰 함수값을 지니는 잴 수 있는 함수(non-negative Lebesgue measurable function)에 대한 적분은 다음과 같이 정의된다.

정의 3 비음의 잴 수 있는 함수의 적분

비음의 잴 수 있는 함수(즉, $f \in M^+$) f: $\mathbb{R} \to [0, \infty)$에 대한 적분은 다음과 같다.

$$\int f\, dm \equiv \sup \int \phi\, dm.$$

여기서 $\phi \in S^+$, $\phi \le f$이다.

[정의 3]은 함수 f가 있을 때, 비음의 단순함수 $\phi \in S^+$ 중에서 주어진 함수 f보다 작거나 같은 모든 단순함수 $\phi \le f$를 대상으로 적분값을 계산하고, 계산된 적분값의 최소상계를 함수 f에 대한 적분으로 정의함을 나타낸다.[6)]

---

6) 이와 관련하여 주어진 함수 f가 음이 아니면서 잴 수 있는 함수일 때, 즉 $f \in M^+$일 때, 증가하면서 함수 f에 수렴하는 단순함수열 $\{\phi_n\}$가 존재한다는 명제가 증명되어 있다. 즉, 함수열의 극한이 f인 수열, 특히 증가하면서 $\lim\limits_{n=1} \phi_i = f$가 성립하는 함수열이 존재한다. 이에 의하면 이러한 단순함수열의 극한함수가 곧 f이므로, $\int f\, dm = \int \left(\lim\limits_{n \to \infty} \phi_n \right) dm$이라는 식이 성립한다는 것을 알 수 있다. 이로부터 [정의 3]에서 정의된 적분이 존재할 것이라는 점을 직관적으로 이해할 수 있다.

그리고 주어진 함수가 $f \in M^+$, 즉 비음인 잴 수 있는 함수인 경우에는 상수열 $\{a_n\}$과 각 a_i $(i=1, 2, \cdots\cdots)$에 대응되는 잴 수 있는 집합 E_i가 존재하여 $f = \sum\limits_{i=1}^{\infty} a_i I_{E_i}$와 같이 표현해 줄 수 있음도 역시 잘 알려져 있다. 이러한 결과로부터 임의의 주어진 함수를 무한개의 특성함수로 구성되는 단순함수를 이용하여 표현해 줄 수 있음을 알 수

이제 위와 같이 정의된 적분개념을 통하여 '**르벡 적분가능하다**(Lebesgue integrable)'는 것이 무엇을 의미하는지에 대하여 살펴보자. 주어진 비음의 잴 수 있는 함수가 르벡 적분가능하다는 것은 [정의 3]에 의하여 계산한 적분값이 **유한한 값**이어야 한다는 것을 의미한다. 즉, $\int f\,dm<\infty$일 때 주어진 함수가 '르벡 적분가능하다' 또는 '적분이 정의된다'라고 한다. 적분가능하다는 것은 적분값이 무한대의 값이 되어서는 안 된다는 것을 의미한다.

• 보조정리 2 •

비음의 잴 수 있는 두 함수 $f\in M^+$ 및 $g\in M^+$가 있다고 하자. 이 때 $f\leq g$이면 다음이 성립한다.

$$\int f\,dm\leq\int g\,dm.$$

[보조정리 2]는 함수값 $f(x)$보다 크거나 같은 함수 $g(x)$의 적분값 $\int g\,dm$은 함수값이 작거나 같은 함수 f의 적분값 $\int f\,dm$보다 크거나 같다는 것을 나타낸다.

지금까지 0보다 크거나 같은 함수값을 지니는 함수에 대한 적분에 대해 살펴보았는데, 이를 연장하면 주어진 비음인 잴 수 있는 함수가 '잴 수 있는 집합 E 위에서' 르벡 적분가능하다는 것을 다음과 같이 정의할 수 있다. 즉, 주어진 잴 수 있는 집합 E 위에서 계산한 적분값이 유한할 때, 즉 특정한 잴 수 있는 집합 E 위에서의 적분값이 정의가능하여 유한한 적분값 $\int_E f\,dm<\infty$를 지닐 때 함수 f를 잴 수 있는 집합 E 위에서 르벡 적분가능하다고 한다.

이상과 같이 살펴본 비음인 잴 수 있는 함수에 대한 적분은 말 그대로 함수값이 0보다 크거나 같은 함수에 대하여 정의된 것이었다. 이와 같은 적분 개념은 보다 '일반적인 함수'에 대한 적분으로 쉽게 확장된다. 여기서 일반적인 함수란 함수값에 음수가 포함되어 있는 함수를 의미한다. 이에 대해

있다.

서 제3항에서 간략하게 살펴볼 것이다.

한편, 적분 개념과 관련하여 단조수렴정리(monotone convergence theorem: MCT)라는 아주 중요한 정리를 소개하자.

정리 2

단조수렴정리

각 함수가 모두 비음인 잴 수 있는 함수의 함수열 f_1, f_2, ……, 즉 $\{f_n: f_n \in M^+, n=1, 2, \cdots\cdots\}$이 있다고 하자. 그리고 함수열 $\{f_n\}$이 어떤 함수 f에 증가하면서 수렴한다고 하자. 즉, $\lim_{n\to\infty} f_n = f$ 라고 하자. 그러면 다음이 성립한다.

(i) 극한함수 f도 비음인 잴 수 있는 함수이다. 즉, $f \in M^+$.

(ii) $\lim_{n\to\infty}\left(\int f_n\, dm\right) = \int f\ dm = \int\left(\lim_{n\to\infty} f_n\right)dm$.

[정리 2]가 의미하는 바는 최소한 '비음이면서 동시에 증가하는' 잴 수 있는 함수열에 대해서는 **극한$\left(\lim_{n\to\infty}\right)$과 적분기호$\left(\int\right)$를 맞바꾸어 적용하여도 무방하다**는 것이다. 여기서 단조수렴정리가 성립하려면 반드시 함수열 $\{f_n\}$이 **증가하는 함수열**이어야만 한다는 점에 유의할 필요가 있다. 그 이유는 감소하는 함수열의 경우에는 무한집합에서 단조수렴정리가 성립하지 않는 반례[7]가 존재하기 때문이다.[8]

한편, 단조수렴정리(MCT)를 이용하면 비음의 잴 수 있는 함수로 구성된 함수열 $\{f_n\}$이 있을 때, 각 함수의 무한합 $\sum_{n=1}^{\infty} f_n$에 대한 적분값을 계산할 수 있다. 이러한 정리를 '베포-레비(Beppo-Levy)정리'라고 한다.

정리 3

베포-레비정리

각 함수 f_n이 모두 비음인 잴 수 있는 함수라고 하자. 즉, $n=1$, 2,

7) 반면, 유한집합인 경우에는 감소하는 함수열의 경우라도 단조수렴정리가 성립한다.

8) 따라서 주어진 비음인 함수열이 단조증가하는지 또는 단조감소하는지 여부를 잘 살펴볼 필요가 있다.

……에 대하여 $f_n \in M^+$라 하자. 그러면 다음이 성립한다.

$$\int\left(\sum_{n=1}^{\infty} f_n\right) dm = \sum_{n=1}^{\infty}\left(\int f_n\, dm\right).$$

베포-레비정리는 어떤 함수가 '음의 값을 가지지 않는' 잴 수 있는 함수의 무한합으로 표현될 때, 그 함수의 적분값을 어떻게 구할 것인가라는 문제에 대한 대답이다. 이 때 결과는 무한합 $\sum_{n=1}^{\infty} f_n$을 구성하고 있는 각 함수의 적분값 $\int f_n dm$을 각각 계산한 후에, 각 값을 무한히 합해 줌으로써 원하는 적분값을 계산할 수 있다는 것이다.[9)]

앞서 단조수렴정리의 경우에는 함수열이 수렴하기 위해, 즉 극한값을 가지기 위해 '함수열 $\{f_n\}$이 증가하면서' 극한함수인 f에 수렴하여야 한다는 조건이 필요하였다. 하지만 극한함수에 수렴하기는 하지만 '함수열이 증가하지 않는' 경우[10)]에도 단조수렴정리의 결과가 그대로 유지될 것인가? 이러한 질문에 대한 대답은, 그렇지 않다는 것이다. 하지만 극한함수 f의 적분값이 함수 f_n을 적분한 값의 극한값과 일치하지는 않을지라도 최소한 전자가 후자보다는 작거나 같아진다는 것이다. 이는 단조수렴정리에서 두 적분값이 일치하였던 사실과 비교하여 볼 때 그 결과가 다소 약화되었음을 의미한다. 이러한 내용은 [정리 4]에 나타나 있다.[11)]

• 정리 4 •

각 함수 $f_n(n=1, 2, \cdots\cdots)$이 모두 비음인 잴 수 있는 함수로 구성된 함수열 $\{f_n\}$이 있다고 하자. 이러한 함수열이 함수 f에 **점별로 수렴**(pointwise convergent)[12)]한다고 하자. 즉, $n=1,\ 2,\ \cdots\cdots$에 대하여 $f_n \in M^+$

9) 베포-레비정리는 비음인 함수가 아닌 일반적인 르벡 적분가능한 함수의 경우에도 역시 성립한다는 점을 지적해 둔다.
10) 이 경우 베포-레비정리와 동일한 결과를 얻기 위해서는 함수열이 증가한다는 조건을 약화시키는 대신에 함수열이 극한함수에 점별로 수렴한다는 조건을 추가하여야 한다.
11) 이 정리는 다음에 소개할 파투의 정리(Fatou's lemma)에 대한 기초형태이다.
12) 점별 수렴에 대해서는 제9장을 참조하라.

이고 $\lim_{n\to\infty} f_n = f$ 라고 하자. 이 때 $\lim_{n\to\infty}\left(\int f_n\, dm\right)$이 존재한다면 다음이 성립한다.

$$\int f\, dm \le \varliminf_{n\to\infty}\left(\int f_n\, dm\right)^{13)}.$$

[정리 4]는 함수열에 대한 극한함수 f가 존재하고 있다는 전제하에 성립하는 정리이다. 그렇다면 함수열 $\{f_n\}$에 대하여 극한함수 f마저도 존재하지 않는 경우에는 앞서의 결과가 어떻게 달라질 것인가? 이와 같이 극한함수의 적분과 관련하여 극한함수도 존재하지 않는 경우에 성립하는 수렴결과를 **'파투의 보조정리**(Fatou's lemma)'라고 부른다.

---

13) $\varliminf_{n\to\infty}$은 하극한(limit inferior)이라고 하며 다음과 같이 정의된다. 임의의 자연수 k에 대하여,

$$\varliminf_{n\to\infty} f_n \equiv \sup\{\inf\{f_n \mid n \ge k\}\} = \lim_{n\to\infty}\{\inf\{f_n \mid n \ge k\}\}.$$

하극한은 n이 커질 때 f_n이 얼마만큼 작아질 수 있는지를 나타낸다.

반면, $\varlimsup_{n\to\infty}$은 상극한(limit superior)이라고 하며 다음과 같이 정의된다. 임의의 자연수 k에 대하여,

$$\varlimsup_{n\to\infty} f_n \equiv \inf\{\sup\{f_n \mid n \ge k\}\} = \lim_{n\to\infty}\{\sup\{f_n \mid n \ge k\}\}.$$

상극한은 n이 커질 때 f_n이 얼마만큼 커질 수 있는지를 나타낸다.

수열 $\{f_n\}$이 수렴하는 경우에는 상극한과 하극한이 일치하게 된다. 즉, 극한값이 존재하는 경우에는 $\varliminf_{n\to\infty} f_n = \varlimsup_{n\to\infty} f_n = \lim_{n\to\infty} f_n$이 성립한다.

이해를 위하여 상극한과 하극한의 예를 살펴보자.

수열 $\{f_n\}$의 각 항이 $f_n = \left(1+\frac{1}{n}\right)\cos\frac{n}{2}\pi$ 와 같을 때 상극한과 하극한을 구해 보자. 이 때 $\{f_n\} = \left\{0,\ -\frac{3}{2},\ 0,\ \frac{5}{4},\ 0,\ -\frac{7}{6},\ 0,\ \frac{9}{8},\ 0,\ \cdots\cdots\right\}$와 같다.

그러면 $\sup\{f_n \mid n \ge 1\} = \sup\{f_n \mid n \ge 2\} = \sup\{f_n \mid n \ge 3\} = \sup\{f_n \mid n \ge 4\} = \frac{5}{4}$이고, $\sup\{f_n \mid n \ge 5\} = \sup\{f_n \mid n \ge 6\} = \sup\{f_n \mid n \ge 7\} = \sup\{f_n \mid n \ge 8\} = \frac{9}{8}$, 일반적으로 $k=4n-3$, $k=4n-2$, $k=4n-1$, $k=4n$에 대하여 $\sup\{f_n \mid n \ge k\} = \frac{4n+1}{4n}$이 된다. 따라서 $\inf\{\sup\{f_n \mid n \ge k\}\} = \inf\left\{\frac{4n+1}{4n} \mid n > k\right\} = 1$이므로 상극한 $\varlimsup_{n\to\infty} f_n$은 1이다.

한편, $\inf\{f_n \mid n \ge 1\} = \inf\{f_n \mid n \ge 2\} = -\frac{3}{2}$, $\inf\{f_n \mid n \ge 3\} = \inf\{f_n \mid n \ge 4\} = \inf\{f_n \mid n \ge 5\} = \inf\{f_n \mid n \ge 6\} = -\frac{7}{6}$, 일반적으로 $k=4n-1$, $k=4n$, $k=4n+1$, $k=4n+2$에 대하여 $\inf\{f_n \mid n \ge k\} = -\frac{4n+3}{4n+2}$이 된다. 따라서 $\sup\{\inf\{f_n \mid n \ge k\}\} = \sup\left\{-\frac{4n+3}{4n+2} \middle| n > k\right\} = -1$이므로 하극한 $\varliminf_{n\to\infty} f_n$은 -1이다.

정리 5

파투의 보조정리

각 함수 f_n이 모두 비음이면서 잴 수 있는 함수로 구성된 함수열 $\{f_n: f_n \in M^+, n=1, 2, \cdots\cdots\}$이 있다고 하자. 그러면 다음이 성립한다.

$$\int \underline{\lim_{n\to\infty}} f\, dm \leq \underline{\lim_{n\to\infty}} \left(\int f_n\, dm\right).$$

3.1.3. 일반 함수에 대한 적분

앞절까지는 함수값이 0보다 크거나 같은 잴 수 있는 함수에 대한 적분에 대하여 살펴보았다. 이제 이를 토대로 함수값으로 양의 값뿐만 아니라 음의 값도 가질 수 있는 보다 일반적인 함수에 대하여 적분을 어떻게 정의할 것인가에 대하여 살펴보도록 하자.

이 문제에 접근하는 기본적인 아이디어는 주어진 함수를 양의 함수값을 지니는 정의역상의 부분과 음의 함수값을 지니는 정의역상의 부분으로 분리하여 접근한다는 것이다. 그런데 지금까지의 논의에서는 음의 함수값을 가지는 부분에 대한 적분을 정의하지 않았기 때문에 먼저 이 부분에 대한 적분을 정의해 줄 필요가 있다.

이제 음의 함수값을 지니는 부분만을 별도로 분리하여 나타내 주었다고 하자. 이 부분은 모두 음의 함수값으로 구성되므로, 이에 대하여 (−)를 붙여 주게 되면 음의 함수값을 지니는 부분이 양의 값으로 전환해 줄 수 있다. 그러면 일반적인 함수의 적분을 정의하는데 이렇게 양의 함수값으로 전환된 부분에 대해서 적분값이 정의된다는 사실을 이용할 수 있게 된다.

이제 이러한 점을 상기하면 일반적인 함수에 대한 적분을 어떻게 계산할 수 있는가를 어렵지 않게 유추할 수 있다. 즉, 원래 양의 값을 지니는 부분에 대해 계산된 적분값과 음의 부분에 (−)를 붙여서 양의 값으로 전환해 준 부분에 대해 각각 적분값을 계산한 다음, 양의 부분에 대한 적분값에서 '원래 음의 부분에서 양의 부분으로 전환된 부분'에 대한 적분값을 빼 주는 방식으로 '일반적인 함수'에 대한 적분값을 계산하면 된다.

이를 보다 구체적으로 설명하면 다음과 같다. 먼저 함수 $f: \mathbb{R} \to \mathbb{R} \cup \{\pm\infty\}$

가 잴 수 있는 함수라고 하자. 그리고 잴 수 있는 함수 f들의 집합을 M으로 나타내자. 이와 유사하게 잴 수 있는 집합 E 위에서 르벡 잴 수 있는 함수 f: $E \to \mathbb{R} \cup \{\pm\infty\}$의 집합을 M_E로 나타내자.

일반적인 함수 f는 함수값이 양의 값인 부분과 음의 함수값을 가지는 부분으로 구성되어 있으므로, 이들을 분리해 주기 위하여 다음과 같이 정의하자.

$$f^+(x) \equiv \max(f(x),\ 0) = I_{f \geq 0} \cdot f, \tag{4}$$

$$f^-(x) \equiv \max(-f(x),\ 0) = -I_{f \leq 0} \cdot f. \tag{5}$$

식 (4)는 함수 f의 함수값 중 0이거나 0보다 큰 값을 지니는 부분만을 나타내고([그림 3-2]의 (b)부분), 식 (5)는 0이거나 0보다 작은 값을 지니는 부분([그림 3-2]의 (c)부분)만을 나타낸다. 그림에서 보듯이 $f^+(x)$ 및 $f^-(x)$는 모두 음이 아닌 잴 수 있는 함수이므로, $f^+(x) \in M^+$, $f^-(x) \in M^+$이다. 그러므로 [정의 3]에서 정의된 바와 같이 음이 아닌 잴 수 있는 함수의 적분을 각각 $f^+(x)$ 및 $f^-(x)$에 그대로 적용해 줄 수 있다. 따라서 [정의 3]을 이용하여 일반적인 함수에 대한 적분을 [정의 4]와 같이 정의해 줄 수 있다.[14)]

정의 4 일반적인 잴 수 있는 함수의 적분

함수 f: $\mathbb{R} \to \mathbb{R} \cup \{\pm\infty\}$가 잴 수 있는 함수(즉, $f \in M$)일 때, 함수 f의 적분은 다음과 같이 정의된다.

$$\int f\, dm \equiv \int f^+\, dm - \int f^-\, dm.$$

[정의 4]는 일반적인 함수에 대한 적분을 정의하고 있는데, 이를 [정의 3]에서 사용한 방법과 같이 단순함수를 이용하여 표현해 주면 다음과 같다.

$$\int f\, dm = \sup \int \phi\, dm - \sup \int \xi\, dm. \tag{6}$$

여기서 $\phi \in S^+$, $\phi \leq f^+$, $\xi \in S^+$, $\xi \leq f^-$이다.

14) 원래의 함수 $f(x)$는 $f(x) = f^+(x) - f^-(x)$이다.

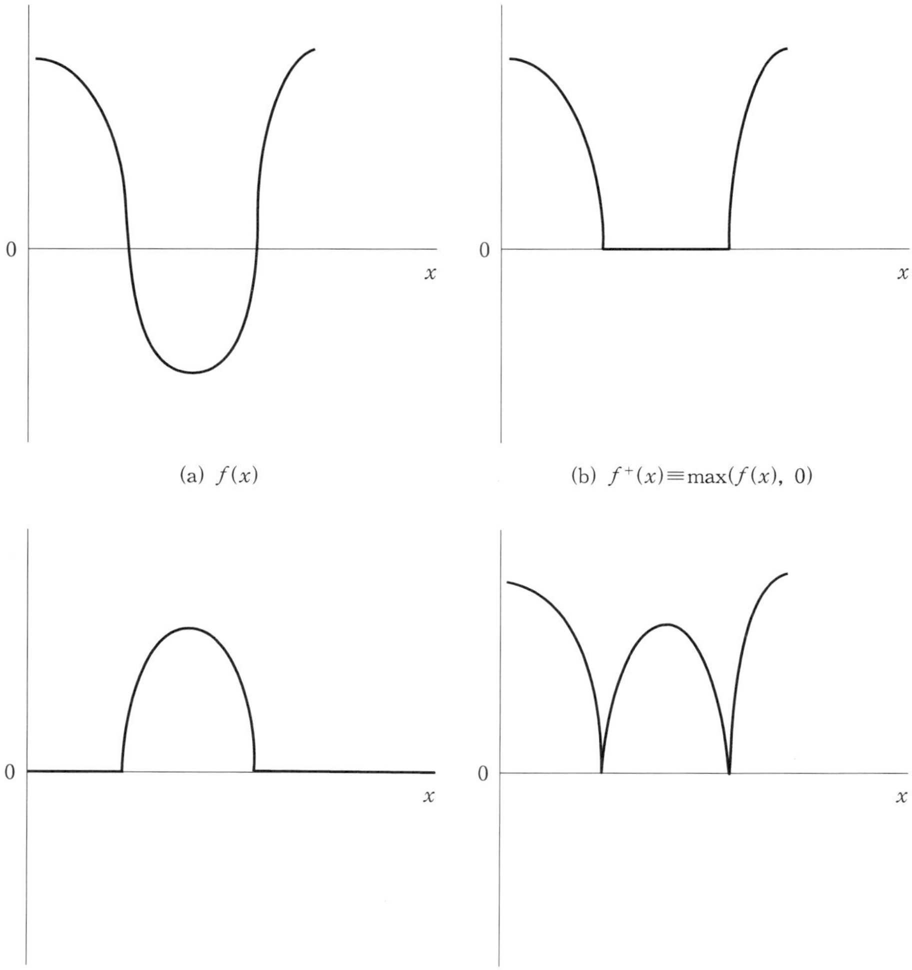

(a) $f(x)$ (b) $f^{+}(x) \equiv \max(f(x), 0)$

(c) $f^{-}(x) \equiv \max(-f(x), 0)$ (d) $|f| = f^{+}(x) + f^{-}(x)$

그림 3-2 $f(x)$, $f^{+}(x)$, $f^{-}(x)$ 및 $|f|$의 그래프

이 때 식 (6)의 우변 각 항의 적분이 정의되는 경우에는 적분값이 당연히 0보다 클 것이므로 그 적분값을 각각 계산해 줄 수 있다. [정의 4]에 의하면, 일반적인 잴 수 있는 함수 f의 적분이 정의된다는 것은 곧 함수의 절대값, 즉 $|f|$의 적분이 정의된다는 것과 같은 의미를 지닌다는 것을 알 수

있다.

일반적인 함수 $f(x)$에 대한 적분의 정의에서, 우변의 두 적분값이 모두 유한한 값일 때, 즉 $\int f^{+}dm<\infty$이고, 동시에 $\int f^{-}dm<\infty$일 때 f의 적분값이 존재한다고 한다. 한편, 이와 별도로 $\int |f|dm=\int f^{+}dm+\int f^{-}dm<\infty$이면 f가 적분가능(Lebesgue integrable)하다고 부른다.

이제 르벡 적분가능한 함수를 모아 놓은 집합을 생각하자. 통상적으로 르벡 적분가능한 함수의 집합을 $\mathscr{L}^1$ 또는 $\mathscr{L}^1(m)$으로 표현한다.

정의 5 르벡 적분가능한 함수의 집합: $\mathscr{L}^1(m)$

함수 $f: \mathbb{R}\rightarrow\mathbb{R}\cup\{\pm\infty\}$를 잴 수 있는 함수(즉, $f\in M$)이면서 르벡 적분가능한 함수라고 하자. 이러한 함수들의 집합은 $\mathscr{L}^1(m)$이라고 표시되며, 다음과 같이 정의된다.

$$\begin{aligned}\mathscr{L}^1(m)&=\{f\in M:\ f\text{가 }\mathbb{R}\text{에 대해서 르벡 적분가능하다}\}\\&=\left\{f\in M:\ \int f^{+}dm<\infty\right\}\text{ 그리고 }\left\{\int f^{-}dm<\infty\right\}\\&=\left\{f\in M:\ \int |f|dm<\infty\right\}.\end{aligned}$$

지금까지 르벡적분에 대하여 살펴보았는데, 제1장의 보론에서 언급하였듯이 르벡적분은 리만적분이 극한과 관련하여 만족하지 못하는 성질을 만족하는, 보다 진일보한 적분 개념이다. 그렇다면 르벡적분은 리만적분의 한계점을 어떻게 해소하고 있는가?

이에 대해 살펴보기에 앞서 르벡적분과 리만적분 개념 간에 어떤 관계가 성립하는지에 대하여 간략하게 알아보자. 먼저 결과만을 간략하게 언급하면 함수 $f(x)$가 주어진 구간에서 리만 적분가능하면 그 함수는 역시 르벡 적분가능하며, 이 경우 두 적분값이 일치한다. [정리 6]은 이러한 내용을 담고 있다.

정리 6

르벡적분과 리만적분의 관계

주어진 함수 f를 폐구간 $[a, b]$ 위에서 유계되어 있는 함수라 하자. 그러면 다음이 성립한다.

(i) 주어진 함수 f가 리만 적분가능하면, f는 르벡 적분가능하며, 두 적분값이 일치한다. 즉,

$$(R)\int_a^b f(x)dx^{15)} = \int_{[a,b]} f\, dm.$$

(ii) 주어진 함수 f가 폐구간 $[a, b]$ 위에서 리만 적분가능하면, 함수 f는 폐구간 $[a, b]$의 거의 모든 점에서 연속이다. 즉, 폐구간 내에서 불연속점인 점들의 르벡측도는 0이다.

[정리 6]에 의하면, 리만 적분가능한 함수가 모두 르벡 적분가능한 함수임을 알 수 있다. 그런데 이에 대한 역명제, 즉 르벡 적분가능한 함수가 리만 적분가능하다는 명제가 성립할 것인가? 이에 대한 예는 제1장에서 이미 언급한 바 있듯이 물론 성립하지 않는다.

이러한 점에서 르벡적분은 리만적분을 확장한 개념으로 볼 수도 있다. 그렇기는 하지만 반드시 그렇다고 할 수는 없다는 점에 유의할 필요가 있다. 그 이유는 리만적분의 경우에는 함수값이 유한하지 않더라도 무방하고, 특히 특이적분(improper integral)[16]이 존재하지만 특이적분과 관련하여 르벡적

15) $(R)\int_a^b f(x)dx$는 리만적분을 나타내는 표현이다.

16) 일반적인 정적분은 주어진 구간 $[a, b]$, 예컨대 $[0, 1]$에서 함수값의 상한 또는 하한이 무한대가 되는 점을 포함하지 않는 유계된 함수에 대해서 정의된다. 즉, 정적분은 $[0, 1]$ 내에서 함수값이 무한대가 되는 점이 존재하지 않는 경우에 정의된다. 그런데 $f(x)=\frac{1}{x}$, $h(x)=\frac{1}{\sqrt{x}}$와 같은 함수는 주어진 구간 $[0, 1]$ 내의 한 점 $x=0$에서 무한대의 함수값을 가진다. 즉, 두 함수 $f(x)$와 $h(x)$는 유계된 함수가 아니다. 따라서 이러한 함수는 주어진 구간 $[0, 1]$에 대한 리만적분을 이용하여 정적분을 계산할 수 없다. 또 한편으로는 주어진 구간이 유한한 구간이 아닌 경우, 예컨대 구간 $[a, \infty)$ 등에 대해서도 적분하여야 하는 경우가 있다. 이렇게 유계되지 않은 함수나 유한하지 않은 구간 등에 대해 적분하는 경우까지 적분 개념을 확장한 개념을 특이적분이라 한다.

분이 불가능한 함수가 존재한다는 것이 알려져 있기 때문이다. 따라서 특이 적분의 경우에는 리만적분값과 르벡적분값이 일치하지 않을 수 있다.

한편, [정리 6]의 두 번째 명제는 비록 함수 f 내에 불연속점이 무한개 존재하더라도 불연속점의 개수가 '셀 수 있는' 개수에 불과하다면 그러한 함수 f는 리만 적분가능하다는 것을 말한다.

리만적분의 한계점 중 주목하여야 하는 것은 극한(lim)과 적분기호$\left(\int\right)$를 맞바꿀 수 있느냐의 문제인데, 리만적분의 경우 극한과 적분을 맞바꿀 수 있기 위해서는 상당히 강한 조건이 요구된다. 이 때 요구되는 조건은 균일한 수렴(uniform convergence) 또는 일양수렴이라는 수렴성질이다. 르벡적분의 장점을 언급하기에 앞서 균일한 수렴과 점별 수렴(pointwise convergence)에 대하여 간략히 살펴보자.

먼저 점별 수렴에 대하여 정의하도록 하자. 함수열 $\{f_n(x)\}$가 있고, 이 수열의 각 부분함수 $f_n(x)(n=1, 2, \cdots\cdots)$의 정의역이 모두 동일하다고 하자. 그리고 이러한 정의역을 D_f라고 하자. 이 때 함수열 $\{f_n(x)\}$가 [정의 6]에서 제시된 조건을 만족하면, 함수열 $\{f_n(x)\}$가 공통집합 D_f(정의역) 위에서 함수 $f(x)$에 점별 수렴한다고 한다.

정의 6 점별 수렴

공통의 정의역 D_f 위에서 정의되는 함수($f_n(x)$)의 수열 $\{f_n(x)\}$가 다음과 같은 조건을 만족하는 경우에 $\{f_n(x)\}$는 집합 $A(A\subseteq D_f)$의 원소에 대하여 점별로 수렴한다고 한다.

0보다 큰 수 ε에 대해

(i) 공통 정의역 D_f의 부분집합 $A(A\subseteq D_f)$에 속한 모든 원소 $x\in A$에 대하여 부등식 $|f_n(x)-f(x)|<\varepsilon$이 성립한다.

(ii) 이 때 첨자 n은 ε과 $x(\in A)$에 의해 결정되는 $N(\varepsilon, x)$보다 크거나 같다. 즉, $n\geq N(\varepsilon, x)$에 대해 $|f_n(x)-f(x)|<\varepsilon$.

[정의 6]에 의하면 주어진 함수열 $\{f_n(x)\}$이 점별 수렴하기 위해서는 각 점 x_0에서의 함수값, 즉 $f_n(x_0)$의 극한값이 극한함수 f의 각 점에서의

함수값 $f(x_0)$에 수렴하기만 하면 된다. 점별 수렴은 더 이상의 조건을 요구하지 않고 있다. 즉, [정의 6]에 의하면 어떤 수 $N(\varepsilon)$이 모든 x값에서 동일하지 않아도 무방하다.

그런데 $N(\varepsilon, x_0)$의 값이 x_0와 무관하게 결정되도록 만들면, 모든 x에 대하여 수렴 여부가 항상 $N(\varepsilon)$에 의하여 결정될 것이다. 이 경우 수열의 수렴 여부는 항상 $N(\varepsilon)$이라는 어떤 균일한 값에 의하여 결정된다. 이러한 수렴을 점별 수렴이라고 부르지 않고, 특히 균일한 수렴(uniform convergence) 또는 일양수렴이라고 부른다. 정의상 균일한 수렴은 함수열 $\{f_n\}$에 대하여 점별 수렴보다 강한 조건을 만족할 것을 요구한다. 이와 같은 균일한 수렴은 다음과 같이 정의된다.

정의 7 균일한 수렴 또는 일양수렴

함수열 $\{f_n\}$이 유한한 구간 E에서 어떤 함수 f에 다음과 같이 수렴할 때 **함수열 $\{f_n\}$이 함수 f에 균일하게 수렴**한다고 한다.

임의의 작은 양의 수 $\varepsilon>0$에 대하여 n이 어떤 자연수 N보다 크거나 같기만 하면 집합 E의 원소인 모든 x에 대하여 함수값의 차이가 ε보다 작다. 즉,

$$\sup_{x\in E}|f_n(x)-f(x)|<\varepsilon$$

이 성립한다.

[정의 7]에 의하면, 함수열 $\{f_n\}$은 극한함수 f에 균일하게 수렴하기 위해서 함수값 $f_n(x)$이 극한함수의 함수값 $f(x)$에 모든 점에서 수렴해야 할 뿐만 아니라 추가적으로 함수값의 차이의 절대값, 즉 $|f_n(x)-f(x)|$가 모든 점에서 공통적으로 ε보다 작아야 된다는 조건을 만족하여야 한다. 즉, 점별 수렴의 경우에는 함수열 $\{f_n(x)\}$가 함수 f에 모든 점에서 수렴하기만 하면 되는 데 비하여, 균일한 수렴의 경우에는 무작정 수렴하기만 해서는 안 되고 극한에 접근하는 함수 f_n과 극한함수 f 간의 차이가 어떤 값 ε보다 작거나 같은 정도로 균일하게, 즉 고르게 수렴할 것을 요구하고 있다. 균일하

게 수렴하는 함수열은 점별 수렴하지만, 함수열이 점별 수렴한다고 해서 균일하게 수렴하지는 않는다. 따라서 균일한 수렴은 점별 수렴보다 강한 개념이다. 점별 수렴과 균일한 수렴은 제9장에서 다시 언급될 것이다.

이제 르벡적분이 리만적분의 한계점을 어떻게 극복하고 있는지 살펴보자. 제1장에서 리만적분의 경우 극한과 적분을 맞바꿀 수 있기 위해서는 균일한 수렴이라는 조건을 만족하여야 한다는 것을 언급하였다. 그렇다면 르벡적분의 경우에는 어떠한 조건을 만족하여야 극한과 적분을 맞바꿀 수 있을까? 이에 대한 답을 제시하는 것이 바로 르벡의 지배수렴정리(Lebesgue's dominated convergence theorem: LDCT)이다.

르벡의 지배수렴정리는 적분가능한 함수의 함수열에 대하여 파투의 보조정리와 유사한 결과가 성립한다는 것을 나타내는데, 이는 르벡적분과 관련하여 함수열의 극한과 연관되는 마지막 정리이다.

정리 7

르벡의 지배수렴정리(LDCT)

함수열 $\{f_n\}$이 다음 세 가지 조건을 만족한다고 하자. 첫째, 각 함수 f_n이 모두 르벡 적분가능한 함수이다. 둘째, 함수열 $\{f_n\}$이 어떤 함수 f에 **점별로 수렴**한다. 셋째, 각 $n=1, 2, \cdots\cdots$에 대하여 $|f_n| \leq g$를 만족하는 르벡 적분가능한 함수 $g \in \mathscr{L}^1(m)$이 존재한다. 그러면 다음이 성립한다.

(i) 극한함수 f는 르벡 적분가능하다. 즉, $f \in \mathscr{L}^1(m)$.

(ii) $\int f\, dm = \lim_{n\to\infty}\left(\int f_n dm\right)$.

[정리 7]에서와 같이, 르벡의 지배수렴정리가 의미하는 바는 함수열 $\{f_n\}$이 함수 f에 **점별 수렴**하면서 동시에 각 함수 f_n의 함수값에 절대값을 취한 값이 어떤 함수 g의 함수값보다 항상 작거나 같다는 주어진 조건을 만족하면, 함수 f가 함수열 $\{f_n\}$의 극한함수이므로 $\int\left(\lim_{n\to\infty} f_n\right)dm = \lim_{n\to\infty}\left(\int f_n dm\right)$이 성립한다는 것이다. 이는 바로 적분가능한 함수열에 대해서 '적분기호와 극

한기호를 맞바꾸어 줄 수 있다는 것'을 의미하는 것이다. 리만적분의 경우에는 이와 같은 성질이 성립하기 위하여 균일한 수렴이라는 강한 조건을 요구한 데 반하여, 르벡적분은 보다 약한 수렴 개념인 점별 수렴을 요구하고 있다. 이러한 점에서 르벡적분은 리만적분보다 극한이라는 측면에서 좋은 성질을 지니고 있다고 할 수 있다.

르벡적분은 이처럼 리만적분보다 진일보한 개념이라는 사실을 알 수 있지만, 리만적분에 없는 추가적인 가정을 필요로 한다. 즉, '$n=1, 2, \cdots\cdots$에 대하여 $|f_n| \leq g$를 만족하는 적분가능한 함수, 즉 $\mathscr{L}^1(m)$의 원소인 함수 $g \in \mathscr{L}^1(m)$이 존재'하여야 한다는 가정이 바로 그것이다.[17] 이 때 함수 g가 모든 f_n보다 크거나 같아야 한다는 점에서 함수 g가 모든 f_n를 지배한다(dominant)고 말하는 것이며, 이러한 의미로 지배수렴정리의 명칭에 '지배'라는 명칭이 부여된 것이다.

그런데 지금까지 살펴본 바와 같이 르벡적분에 대해 개략적으로 언급한 이론적 논의만으로는 르벡적분을 구체적으로 어떻게 계산하여야 하는지를 알 수 없다. 이를 감안하여 이하에서는 르벡적분을 구체적으로 계산하는 예제를 살펴봄으로써 독자들의 이해를 도모하고자 한다. 앞서 리만적분에서는 극한기호와 적분기호를 서로 맞바꾸는 일이 어렵다는 점에 대해 언급한 바 있다. 이에 대해 다음 예제는 리만적분과는 다르게 르벡적분에서 극한기호와 적분기호를 맞바꾸어 줌으로써 적분값을 계산하는 예를 보여 준다.

예 2 주어진 잴 수 있는 구간 $[0, 1] \in \mathscr{M}$이 있다고 하자. 다시 말해, 구간 [0, 1]은 잴 수 있는 집합이다. 이러한 잴 수 있는 집합 위에서 정의되는 다음과 같은 함수열 $f_n(x)$, $n=1, 2, \cdots\cdots$이 있다고 하자. 즉,

$$f_n(x) = \frac{nx^{n-1}}{1+x}.$$

이 때 적분값 $\lim_{n\to\infty}\int_0^1 f_n(x)dx$는 어떻게 계산할 수 있을까?

17) 이는 $\int |f_n| dm < \infty$와 같은 조건으로 대치될 수 있다. 이 조건은 곧 f_n 중 가장 큰 함수 f_i가 적분가능한지 여부가 확인되면, 지배수렴정리의 세 번째 조건이 충족되고 있는지를 자동적으로 알 수 있다는 것을 의미한다.

먼저 $\int_0^1 f_n(x)dx$에 대해 생각해 보자. $f_n(x)=\frac{nx^{n-1}}{1+x}$를 nx^{n-1}과 $\frac{1}{1+x}$이라는 두 함수의 곱으로 생각하고 이 적분에 대해 부분적분을 적용하면 다음과 같다.

$$\begin{aligned}\int_0^1 f_n(x)dx &= \frac{x^n}{1+x}\bigg|_0^1 + \int_0^1 \frac{x^n}{(1+x)^2}dx \\ &= \frac{1}{2}+\int_0^1 \frac{x^n}{(1+x)^2}dx.\end{aligned}$$

따라서 $\lim_{n\to\infty}\int_0^1 f_n(x)dx = \frac{1}{2}+\lim_{n\to\infty}\int_0^1 \frac{x^n}{(1+x)^2}dx$와 같이 나타낼 수 있다.

위에서 두 번째 등호의 첫 번째 항은 $\frac{1}{2}$이므로 문제가 없다. 하지만 통상적으로 리만적분으로는 두 번째 항을 계산할 수 없다. 이는 $\frac{x^n}{(1+x)^2}$이 균일하게 수렴하지 않아서 극한기호와 적분기호를 맞바꿔 주는 방식으로 적분값을 계산할 수 없을 뿐만 아니라, 적분 $\lim_{n\to\infty}\int_0^1 \frac{x^n}{(1+x)^2}dx$가 어느 값에 수렴하게 될지도 알 수 없기 때문이다. 그런데 만일

$$\lim_{n\to\infty}\int_0^1 \frac{x^n}{(1+x)^2}dx = \int_0^1\left(\lim_{n\to\infty}\frac{x^n}{(1+x)^2}\right)dx$$

와 같은 관계가 성립한다면 극한값 $\left(\lim_{n\to\infty}\frac{x^n}{(1+x)^2}\right)$을 계산한 후 해당 극한을 적분하는 방법을 적용할 수 있을 것이다. 그러나 증명은 생략하지만 $\frac{x^n}{(1+x)^2}$은 균일하게 수렴하지 않기 때문에 주어진 문제에서 적분과 극한의 위치를 맞바꾸어 리만적분을 적용할 수 없다. 다시 말해, 주어진 적분은 리만적분을 적용할 수 없는 경우에 해당한다.

위에 주어진 적분에 대해 비록 리만적분을 적용할 수는 없지만, 르벡적분은 적용이 가능하다. 이하에서는 위의 함수에 르벡적분을 적용할 수 있는지에 대해 살펴보자. 구간 [0, 1] 위에서 정의되는 함수열 $h_n(x)\equiv\frac{x^n}{(1+x)^2}$이 [정리 7]의 르벡의 지배수렴정리에서 요구하는 세 가지 조건을 만족하는지 확인해 보자.

먼저 $\frac{x^n}{(1+x)^2}$은 $0\leq x<1$에 대해 0에 수렴하고, 즉 $\frac{x^n}{(1+x)^2}\to 0$

이고, $x=1$에 대해서는 $\frac{1}{2}$에 수렴하므로 지배수렴정리의 두 번째 조건을 만족한다. 즉, 구간 [0, 1] 위에서 정의되는 함수열 $h_n(x) \equiv \frac{x^n}{(1+x)^2}$은 (거의 모든 점에서) $h_n(x) \to 0 \equiv h$를 만족한다.

한편, 주어진 함수에 대해 $|h_n(x)| = \left|\frac{x^n}{(1+x)^2}\right| \leq 1 \equiv g$가 성립하는 동시에 $1 \in \mathscr{L}^1([0, 1])$도 성립하므로 세 번째 조건도 적용가능하다. 마지막으로

$$h_1(x) \equiv \frac{x^1}{(1+x)^2} \in \mathscr{L}^1[0, 1],\ h_2(x) \equiv \frac{x^2}{(1+x)^2} \in \mathscr{L}^1[0, 1] \cdots\cdots$$

이 성립하므로 주어진 함수열 $\{h_n(x)\}$는 르벡의 지배수렴정리를 적용하기 위한 첫 번째 조건도 역시 만족한다.

결과적으로 주어진 함수열 $h_n(x) \equiv \frac{x^n}{(1+x)^2}$, $n=1, 2, \cdots\cdots$가 르벡의 지배수렴정리를 적용하기 위해 필요한 세 가지 조건을 모두 충족하고 있으므로 함수열 $h_n(x)$에 대해 르벡의 지배수렴정리를 적용할 수 있다. 지배수렴정리에 의하면 $0 = h \in \mathscr{L}^1([0, 1])$이며,

$$\int_0^1 h\,dm = \int_0^1 0\,dm = 0$$

이고 $\int_0^1 h\,dm = \lim_{n\to\infty}\int_0^1 \frac{x^n}{(1+x)^2}dx$ 이므로 $\lim_{n\to\infty}\int_0^1 \frac{x^n}{(1+x)^2}dx = 0$이 성립함을 알 수 있다. 따라서

$$\lim_{n\to\infty}\int_0^1 f_n(x)\,dx = \frac{1}{2} + \lim_{n\to\infty}\int_0^1 \frac{x^n}{(1+x)^2}dx = \frac{1}{2} + 0 = \frac{1}{2}$$

이 성립하므로 주어진 적분값은 $\frac{1}{2}$임을 알 수 있다.

결과적으로 함수열 $\left\{\frac{x^n}{(1+x)^2}\right\}$이 균일하게 수렴하지 않아 리만적분으로는 계산할 수 없었던 적분값 $\lim_{n\to\infty}\int_0^1 \frac{x^n}{(1+x)^2}dx$는 극한기호와 적분기호를 맞바꿀 수 있는 지배수렴정리를 적용하여 르벡적분을 이용함으로써 계산되었다. 그런데 이처럼 르벡적분을 적용하는 과정에서 실제 적분값의 산출을 위해 사실상 리만적분이 이용되고 있음을 알 수 있는데, 이는 르벡적분이나 리만적분 중에서 주어진 상황

에 적합한 적분기법을 사용하여 문제를 해결할 수 있음을 보여 주는 것이다.

3.2. 르벡-스틸체스적분

제1장의 보론에서 간략하게 살펴보았듯이 르벡측도는 주어진 구간에 대하여 구간의 양 끝점에 일정한 상수값을 더해 주어도 측도값이 변하지 않는 성질을 지니고 있다. 이와 같은 성질은 구간의 길이를 결정하는 척도, 즉 길이를 재는 자의 눈금간격이 일정하기 때문에 성립한다. 하지만 주어진 구간에 대해 길이를 재는 자의 눈금간격이 재려고 하는 구간의 각 점마다 다르게 변하는 경우에는 과연 측도를 정의할 수 있을 것이며, 그 경우 측도값은 어떻게 구할 수 있는지 등등의 의문이 생기게 된다. 이와 같은 의문은 적분개념에서 치환적분과 연관되어 있다. 이에 대한 해답을 르벡-스틸체스[18)]적분(Lebesgue-Stieltjes integration)이라 부르며, 르벡-스틸체스적분은 간단히 말해 어떤 함수의 치역, 즉 함수값을 길이의 척도로 사용하여 적분값을 계산하는 방법이라 할 수 있다.

이미 잘 알려져 있듯이 치환적분은 복잡한 함수의 꼴로 나타나는 적분대상을 적분이 쉽게 될 수 있는 모양으로 바꾸어 주기 위해 적분대상 변수를 치환하는 것을 일컫는다. 이 경우 정적분을 실제로 계산해 보면 치환된 적분의 적분구간은 원래의 적분구간과 달라진다. 이는 치환된 변수가 지니는 측도가 치환 전의 원변수가 지니는 측도와 다르기 때문이다. 한편, 르벡적분이 리만적분의 확장으로 이해될 수 있는 것과 마찬가지로 르벡-스틸체스적분[19)]은 리만-스틸체스적분을 확장한 것이다. 이러한 점에서 본절에서 다루고자 하는 내용은 리만-스틸체스적분을 측도론적 입장에서 설명하는 것으로 이해될 수 있다.

3.2.1. 구간의 측도

단조증가함수(monotonic increasing function) $H: \mathbb{R} \rightarrow \mathbb{R}$와 양 끝점이 a와 b인 구간 I가 있다고 하자. 이 때 구간 I의 H-측도 $\mu_H(I)$를 다음과 같이

18) 스틸체스적분은 네덜란드 수학자 Thomas Stieltjes의 이름에서 유래한다.
19) 리만-스틸체스적분은 본장 3.5.절을 참조하라.

정의하자.[20]

정의 8 구간 I의 H-측도

구간 I가 $[a, b]$, $(a, b]$, $[a, b)$, (a, b)일 때 I의 H-측도는 각각 다음과 같이 정의된다. $a<b$일 때,

$$\mu_H([a, b])=H(b^+)-H(a^-),$$
$$\mu_H((a, b])=H(b^+)-H(a^+),$$
$$\mu_H([a, b))=H(b^-)-H(a^-),$$
$$\mu_H((a, b))=H(b^-)-H(a^+).$$

여기서 상첨자 $+$와 $-$는 각각 우방극한과 좌방극한을 의미한다.

이와 같이 정의된 H-측도는 함수값 $H(\cdot)$를 기초로 하여 정의되고 있음에 유의할 필요가 있다. 이는, 첫째 기초가 되는 함수 $H(\cdot)$의 모양이 바뀌면 동일한 구간 $I=[a, b]$에 대해 H-측도값은 다르게 나타난다는 것을 뜻한다. 결과적으로 길이를 재는 눈금의 간격은 함수 $H(\cdot)$에 의해 결정된다. 따라서 르벡측도의 정의에서 측도가 단지 구간 I의 양 끝값들의 차이로 정의되는 것과는 명백히 다르다. 하지만 $H(x)=x$인 경우에 H-측도값은 르벡측도와 같아지므로 H-측도는 르벡측도를 확장한 개념이다.

이제 단조증가함수 H가 주어졌을 때, 위 정의로부터 H-측도 $\mu_H(I)$를 구체적으로 어떻게 계산할 수 있는지 예를 통해 살펴보도록 하자.

예 3

다음과 같이 정의되는 함수 $H: \mathbb{R}\to\mathbb{R}$를 생각하자.

$$H(x)=\begin{cases} 0, & \text{if } x<2\text{일 때} \\ x^2-2x+1, & \text{if } 2\le x<3\text{일 때} \\ 5, & \text{if } x=3\text{일 때} \\ x+3, & \text{if } x>3\text{일 때} \end{cases}$$

20) 이 때 H-측도라는 명칭을 부여한 이유는 새롭게 정의될 측도가 단조증가함수인 $H: \mathbb{R}\to\mathbb{R}$의 함수값에 의해 결정된다는 점을 반영한 것이다. 물론 함수를, 예컨대 $\alpha: \mathbb{R}\to\mathbb{R}$와 같이 정의하면 H-측도를 α-측도라고 명칭을 부여할 수 있을 것이다.

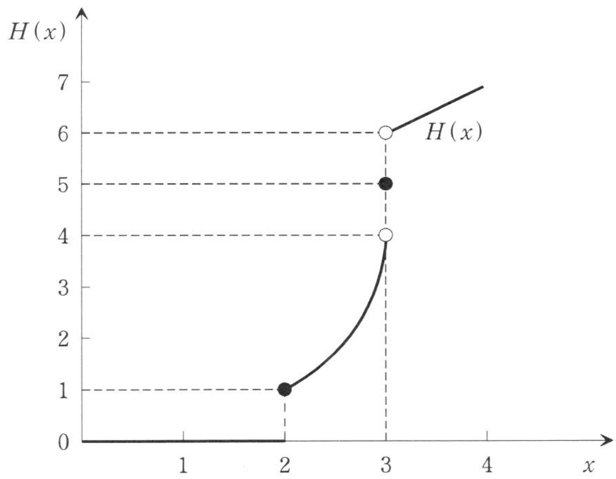

그림 3-3 단조증가함수 H의 예

이와 같은 단조함수 H는 [그림 3-3]과 같은 모양을 하고 있다. 이 때 각 구간에 대해 H-측도를 계산해 보면 다음과 같다.

$$
\begin{aligned}
&\mu_H([2,\ 3])=H(3^+)-H(2^-)=6-0=6,\\
&\mu_H((2,\ 3])=H(3^+)-H(2^+)=6-1=5,\\
&\mu_H([2,\ 3))=H(3^-)-H(2^-)=4-0=4,\\
&\mu_H((2,\ 3))=H(3^-)-H(2^+)=4-1=3,\\
&\mu_H([3,\ 4])=H(4^+)-H(3^-)=7-4=3,\\
&\mu_H((3,\ 4))=H(4^-)-H(3^+)=7-6=1,\\
&\mu_H((3,\ 3))=H(3^+)-H(3^-)=6-4=2,\\
&\mu_H((1,\ 4))=H(4^-)-H(1^+)=7-0=7,\\
&\mu_H([-1,\ 1])=H(1^+)-H(1^-)=0-0=0,\\
&\mu_H([4,\ 5])=H(5^+)-H(4^-)=8-7=1.
\end{aligned}
$$

이와 같은 계산을 살펴보면 다음을 알 수 있다.

첫째, H-측도값을 결정하는 데 있어서 구간의 양 끝점의 함수값이 직접적으로 사용되는 것이 아니라 양 끝점들의 함수값의 좌방극한($H(x^-)$) 또는 우방극한($H(x^+)$)값이 사용된다. 만약 주어진 구간의 모든 점에서 함수가 연속인 경우에는 구간 내의 모든 점에서 좌방극한과 우방극한이 일치할 뿐만 아니라 양 극한값이 함수값과도 일치하므로 H-측도값을 계산하는 데에 함수값을 직접 사용하여도 무방하다.

둘째, 구간 내의 중간 어느 점에서의 H-함수값이 불연속적으로 변하는 점, 예컨대 갑자기 뛰어 오르거나 주저앉는 점이 있더라도 양 끝단의 점에 관련된 함수값만을 고려한다. 즉, 구간 중간 어느 점에서의 함수 모양은 H-함수값을 결정하는 데 영향을 미치지 않는다. 하지만 주어진 구간의 끝점에서의 H-함수값이 불연속적으로 변하는 경우에는 H-측도의 값이 영향을 받게 된다.

셋째, 통상적으로 르벡측도의 경우에는 구간 I의 양 끝점이 무한대로 나타나는 경우, 예컨대 $I=(-\infty,\ 3]$의 경우에 르벡측도의 값은 무한대가 된다. 하지만 이러한 경우에라도 H-측도값은 반드시 무한대가 되는 것은 아니다. 예컨대, $\mu_H((-\infty,\ 3])=H(3^+)-H((-\infty)^+)=6-0=6$으로 무한대가 아니다. 반면 $[3,\ \infty)$나 $(-\infty,\ \infty)$ 등과 같은 경우, 즉 무한대를 끝점으로 하는 이 경우의 측도는 무한대가 된다.

한편, H-측도의 개념을 이용하여 제1장에서 설명하였던 확률측도를 정의할 수도 있다. 즉, H-측도의 변수 x를 확률변수로 하고, H를 확률분포함수로 하는 경우에는

$$H(x_0)=P(x\leq x_0)$$

와 같이 나타난다. 따라서 이와 같은 H-측도는 바로 확률측도로 해석된다.

3.2.2. H-측도와 계단함수

먼저 다음과 같이 단순집합(simple set)을 정의하자.

정의 9 단순집합

단순집합 S는 다음과 같이 정의된다.

$$S=\bigcup_{i=1}^{k} I_i.$$

여기서, I_1, I_2, ……, I_k: 서로 소인 구간

정의에 따르면 단순집합은 서로 소인 구간들의 유한한 모임들(collection)의 합집합이고 실직선 $\mathbb{R}$의 부분집합이다. 단순집합에 대한 H-측도는 다음과 같이 정의된다.

정의 10 단순집합의 H-측도

단순집합 S, 단조증가함수 $H: \mathbb{R} \to \mathbb{R}$에 대해 단순집합 S의 H-측도는 다음과 같이 정의된다.

$$\mu_H(S) = \sum_{i=1}^{k} \mu_H(I_i).$$

다시 말해, 단순집합의 H-측도값은 각 부분구간 I_i의 H-측도의 합으로 정의된다.

그런데 주어진 단순집합 S는 서로 소인 부분구간들을 이용하여 수없이 많은 방법으로 세분하여 나타낼 수 있다. 따라서 단순집합의 측도를 부분구간으로 나누어서 계산하였을 때 부분구간으로 나누는 방법에 무관하게 동일한 값을 지니도록 해야 한다. 물론 단순집합 S의 H-측도는 집합 S를 서로 소인 부분구간을 이용하여 서로 다른 방법으로 세분하는 경우에도 변하지 않는 성질을 지니고 있어야 할 것이다. H-측도는 이러한 성질을 지니고 있다. 과연 H-측도는 이러한 성질을 보유하고 있는지 다음의 예를 통해 확인해 보도록 하자.

예 4 예 3에서 정의된 함수 $H: \mathbb{R} \to \mathbb{R}$를 생각하자. 앞서와 마찬가지 방법으로 H-측도를 계산해 보면,

$$\begin{aligned}\mu_H([-1,\ 5]) &= H(5^+) - H(-1^-)\\ &= 8 - 0 = 8.\end{aligned}$$

그런데 $\mu_H([-1,\ 1]) = 0$, $\mu_H((1,\ 4)) = 7$, $\mu_H([4,\ 5]) = 1$임을 앞서 계산한 바 있고, $[-1,\ 5] = [-1,\ 1] \cup (1,\ 4) \cup [4,\ 5]$이므로, 단순집합

[-1, 5]의 H-측도는

$$\mu_H([-1,\ 5]) = \mu_H([-1,\ 1]) + \mu_H((1,\ 4)) + \mu_H([4,\ 5])$$
$$= 0 + 7 + 1 = 8.$$

결과적으로 구간 [-1, 5]의 양 끝점의 H-측도값과 단순집합인 구간 [-1, 5]의 부분구간들에 대한 H-측도를 구한 후 이를 모두 더해 준 값은 서로 일치한다는 것을 확인할 수 있다. 물론 다른 임의의 구간을 설정하여도 이러한 결과가 성립한다.

한편, 단순함수의 H-측도와 관련하여 다음 두 가지 사실이 성립한다.

첫째, 임의의 단순집합 S에 대해 H-측도는 항상 0보다 크거나 같다. 즉, $\mu_H(S) \geq 0$. 이 때 주어진 단순집합 E의 H-측도값이 유한한 경우 단순집합 E를 H-유한(H-finite)하다고 부른다.

둘째, 한 단순집합 S^1이 다른 단순집합 S^2의 부분집합(진부분집합일 필요는 없다)이면 작은 단순집합 S^2의 H-측도는 큰 단순집합 S^1의 H-측도보다 클 수 없다. 즉, $S^1 \subseteq S^2$에 대해 $\mu_H(S^1) \leq \mu_H(S^2)$. 이와 관련하여 서로 소인 두 단순집합의 합집합(차집합)의 H-측도는 두 집합의 H-측도의 합(또는 차)과 일치한다.

이제 이와 같은 논의를 보다 일반화하기 위해 르벡측도에서와 같이 계단함수를 정의하도록 하자. 이를 위해 단조증가함수 H: $\mathbb{R} \to \mathbb{R}$와 임의의 구간 I에 대해 정의되는 계단함수 λ: $I \to \mathbb{R}$를 생각하자. 여기서 함수 λ값이 0이 되지 않는 정의역 내의 점들의 집합을 지지대(support)라고 하는데, 이러한 지지대가 단순집합이라는 점은 명백하다. 이 때 함수 λ의 지지대에 대해 H-측도를 계산한 값이 유한한 경우, 즉 H-유한한 경우 함수 λ를 H-가합적(H-summable)인 함수라고 부른다.

이처럼 함수 λ가 H-가합적인 함수일 때 다음과 같은 값을 정의해 줄 수 있다.

$$S_H(\lambda) = \sum_{i=1}^{n} c_i \mu_H(I_i). \tag{7}$$

여기서 함수 S_H는 각 구간 I_i 위에서 0이 아닌 상수값 c_i를 함수값으로 한다. 함수 S_H를 살펴보면 함수 S_H는 적분과 관련되어 있음을 알 수 있다. 즉, 모든 $x \in \mathbb{R}$에 대해 $H(x)=x$라 하면 $\mu_H(I_i)$는 구간 I_i의 통상적인 길이와 같아진다. 이 경우 $S_H(\lambda)$는 함수 λ와 x축으로부터 생기는 도형들의 면적을 나타내게 된다. 따라서 S_H는 계단함수 λ의 면적이 된다. 그런데 $\mu_H(I_i)$는 통상적인 길이를 일반화한 개념이므로, S_H를 면적을 일반화한 개념으로 이해할 수 있다. 이렇게 일반화된 면적 개념은 특히 길이를 측정하는 지점이 어디냐에 따라 길이를 재는 척도, 즉 H-측도의 길이가 변하는 성질을 지니고 있다. 예제를 통해 이에 대해 살펴보도록 하자.

예 5 단조증가함수 H: $\mathbb{R} \to \mathbb{R}$를 예 3에서와 동일하다고 하자. 그리고 함수 λ_1: $[0, 4] \to \mathbb{R}$를 다음과 같이 정의하도록 하자.

$$\lambda_1(x)=\begin{cases} -1, & \text{if } 0 \leq x < 2 \\ 2, & \text{if } 2 \leq \leq x 4. \end{cases}$$

이 때 H-측도를 계산하면 다음과 같다.

$$\mu_H([0,\ 2))=H(2^-)-H(0^-)=0-0=0,$$
$$\mu_H([2,\ 4])=H(4^+)-H(2^-)=7-0=7.$$

따라서

$$S_H(\lambda_1)=(-1)0+2(7)=14.$$

예 6 이제 단조증가함수 H: $\mathbb{R} \to \mathbb{R}$는 예 5에서와 동일하다고 하자. 그리고 함수 λ_2: $[0, 4] \to \mathbb{R}$를 다음과 같이 정의하도록 하자.

$$\lambda_2(x)=\begin{cases} -1, & \text{if } 0 \leq x \leq 2 \\ 2, & \text{if } 2 < x \leq 4. \end{cases}$$

이 때

$$\mu_H([0,\ 2])=H(2^+)-H(0^-)=1-0=1,$$
$$\mu_H((2,\ 4])=H(4^+)-H(2^+)=7-1=6.$$

따라서

$$S_H(\lambda_2) = (-1)1 + 2(6) = 11.$$

예 5와 예 6에서 볼 수 있듯이 적분의 대상이 되는 함수 λ_1과 λ_2는 한 점 $x=2$를 제외하고는 다른 모든 점에서 동일함에도 불구하고 계산된 S_H값이 다르다. 이와 같은 차이가 발생한 이유는 두 함수의 차이가 발생한 지점, 즉 $x=2$에서 λ_2에 불연속성이 발생하고 결과적으로 그 점을 포함하는 구간의 주변에서 H-측도값이 달라졌기 때문이다.

지금까지 살펴본 함수 S_H와 관련하여 [정리 8]이 성립한다.

• 정리 8 •

(i) 함수 λ가 비음의 H-가합적인 계단함수이면 $S_H(\lambda) \geq 0$이고, 특히 $S_H(0)=0$.

(ii) 구간 I 위에서 정의되는 두 H-가합적인 계단함수 λ_1과 λ_2에 대해, 동 구간 I 위의 모든 점에서 $\lambda_1 \leq \lambda_2$가 성립한다면 $S_H(\lambda_1) \leq S_H(\lambda_2)$.

(iii) 함수 λ가 H-가합적인 계단함수이면 $|\lambda|$, λ^+, λ^- 등도 모두 H-가합적인 계단함수이다. 또한 $S_H(\lambda) = S_H(\lambda^+) + S_H(\lambda^-)$, $S_H(|\lambda|) = S_H(\lambda^+) - S_H(\lambda^-)$가 성립한다. 여기서 λ^+, λ^-는 본장 식 (4), 식 (5)의 정의를 따르는 함수이다.

(iv) $\lambda_1, \lambda_2, \cdots\cdots, \lambda_k$는 각각 구간 I 위에서 정의되는 H-가합적인 계단함수, $c_1, c_2, \cdots\cdots, c_k$는 유한한 값의 실수, $\lambda: I \rightarrow \mathbb{R}$는 모든 $x \in I$에 대해 $\lambda(x) = \sum_{i=1}^{k} c_i \lambda_i(x)$와 같이 정의되는 함수라 하자. 그러면 $\lambda(x)$는 구간 I 위에서 정의되는 H-가합적인 계단함수이고, $S_H(\lambda) = \sum_{i=1}^{k} c_i S_H(\lambda_i)$.

3.2.3. 르벡-스틸체스적분의 정의

지금까지의 논의를 바탕으로 치환적분과 관련된 르벡-스틸체스적분을 정의하도록 하자.

구간 I에서 비음의 함수값을 지니는 함수 $f: I \to \mathbb{R}$가 있다고 하자. 이때 함수열 $\lambda_1, \lambda_2, \cdots\cdots$이 다음의 세 가지 조건을 만족하면 주어진 함수열 $\{\lambda_i\}_{i=1}^{\infty}$은 함수 f에 대해 허용된다(admissible)고 한다.

(i) $i=1, 2, \cdots\cdots$에 대해 λ_i는 각각 구간 I에서 정의되는 H-가합적인 계단함수이다.

(ii) 모든 $x \in I$ 및 $i=1, 2, \cdots\cdots$에 대해 $\lambda_i(x) \geq 0$.

(iii) 모든 $x \in I$에 대해 $0 \leq f(x) \leq \sum_{i=1}^{\infty} \lambda_i(x)$.

임의의 비음인 함수 $f: I \to \mathbb{R}$에 대해, f에 대해 허용되는 함수열 $\{\lambda_i\}$이 반드시 존재한다는 것을 어렵지 않게 보일 수 있다. 그리고 f에 대해 허용되는 함수열 $\{\lambda_i\}$이 존재할 때 허용되는 함수열 $\{\lambda_i\}$의 S_H값을 이용하여 다음과 같은 확장된 실수 $L_H(f)$를 정의할 수 있다.

$$L_H(f) \equiv \inf\left\{\sum_{i=1}^{\infty} S_H(\lambda_i)\right\}. \tag{8}$$

위의 정의는 르벡측도에서 어떤 집합의 외측도를 정의하던 방식과 유사한 모양을 하고 있음을 볼 수 있는데, 이 때 최소상계(infimum)는 함수 f에 대해 허용되는 함수들인 $\lambda_1, \lambda_2, \cdots\cdots$들을 대상으로 계산된다. 특히, 비음인 임의의 함수 f에 대해 허용되는 함수들인 $\lambda_1, \lambda_2, \cdots\cdots$가 반드시 존재하기 때문에 $\sum_{i=1}^{\infty} S_H(\lambda_i)$의 집합은 공집합이 아닐 뿐만 아니라 0을 하계(lower bound)로 한다. 따라서 $L_H(f)$가 존재하게 된다. 그리고 $L_H(f) \geq 0$이 성립한다.

위와 같이 정의된 L_H와 관련하여 다음 정리들이 성립한다.

• 정리 9 •

임의의 함수 $f: I \to \mathbb{R}$에 대해,

(i) $L_H(f^+) \leq L_H(|f|)$이고 $L_H(-f^-) \leq L_H(|f|)$.

(ii) 임의의 유한한 비음의 실수 c에 대해,

$$L_H(|cf|)=|c|L_H(|f|).$$

여기서 (ii)는 $L_H(|f|)$값이 유한하다면 $c=0$인 경우에도 성립한다.

• 정리 10 •

비음인 임의의 두 함수 $f: I\rightarrow\mathbb{R}$와 $g: I\rightarrow\mathbb{R}$에 대해,

모든 $x\in I$에 대해 $0\leq f(x)\leq g(x)$라면, $L_H(f)\leq L_H(g)$.

[정리 10]은 함수값이 항상 크거나 같은 함수 g의 L_H값이 작거나 같은 함수 f의 L_H값보다 크거나 같다는 것을 말한다. 또한 다음이 성립한다.

• 정리 11 •

$i=1, 2, \cdots\cdots$에 대해 $f_i: I\rightarrow\mathbb{R}$인 함수열 $f_1, f_2, \cdots\cdots$에 대해 모든 점 $x\in I$에서 $\sum_{i=1}^{\infty}f_i(x)$가 수렴한다고 하자. 그러면 다음이 성립한다.

$$L_H\left(\left|\sum_{i=1}^{\infty}f_i(x)\right|\right)\leq\sum_{i=1}^{\infty}L_H(|f_i(x)|).$$

[정리 11]과 관련하여 $\sum_{i=1}^{\infty}L_H(|f_i(x)|)=\infty$가 될 수 있음에 유의할 필요가 있다. 한편, 모든 $i>n$에 대해 $f_i=0$인 경우에는 유한한 n항까지의 합에 대해 $L_H\left(\left|\sum_{i=1}^{n}f_i(x)\right|\right)\leq\sum_{i=1}^{n}L_H(|f_i(x)|)$가 성립한다.

• 정리 12 •

함수 f_i: $I \to \mathbb{R}(i=1, 2, \cdots\cdots)$ 각각에 대해 $L_H(|f_i|)$가 유한한 값을 지니고, n이 무한대로 증가할 때 $L_H(|f-f_n|)\to 0$을 만족하는 함수 f와 f_i가 있다고 하자. 그러면 다음이 성립한다.

(i) $L_H(|f|)$, $L_H(f^+)$, $L_H(-f^-)$ 등은 모두 유한하다.

(ii) $L_H(|f^+-f_n^+|)\to 0$, $L_H(|f^--f_n^-|)\to 0$, $L_H(||f|-|f_n^+||)\to 0$.

(iii) $L_H(|f_n|)\to L_H(|f|)$, $L_H(f_n^+)\to L_H(f^+)$, $L_H(-f_n^-)\to L_H(-f^-)$.

위와 같이 성립하는 성질을 기반으로 다음과 같이 구간 I에서 함수 H와 관련한 르벡-스틸체스적분을 정의할 수 있다. 먼저 단조증가함수 H: $\mathbb{R}\to\mathbb{R}$와 구간 I 위에서 정의되면서 H-가합적인 계단함수들의 함수열 λ_1, λ_2, $\cdots\cdots$이 $L_H(|f-\lambda_n|)\to 0$을 만족한다고 하자. 그러면 [정리 12]의 (i)에 의하여 $L_H(|f|)$, $L_H(f^+)$, $L_H(-f^-)$ 등은 모두 유한한 값을 지니게 된다. 따라서 다음과 같이 르벡-스틸체스적분을 정의할 수 있다.

정의 11 르벡-스틸체스적분

$$\int_I f\,dH = L_H(f^+) - L_H(-f^-).$$

[정의 11]에 의하면 만일 모든 $x\in\mathbb{R}$에 대해 $H(x)=x$인 경우에는 $\int_I f\,dH$ 대신 전통적인 경우처럼 $\int_I f\,dx$와 같이 나타낼 수 있다. 결국 르벡적분은 르벡-스틸체스적분 중에서 함수 H가 모든 $x\in\mathbb{R}$에 대해 $H(x)=x$인 특수한 상황, 즉 길이를 재는 척도가 항상 일정한 경우에 해당한다는 점을 확인할 수 있다.

• 정리 13 •

임의의 H-가합적인 계단함수 λ: $I \to \mathbb{R}$에 대해 다음이 성립한다.

$$\int_I \lambda dH = S_H(\lambda).$$

3.3. 확률변수에 의하여 유도되는 확률측도

지금까지 살펴본 내용은 확률분포함수를 논의하기 위해 필요로 하는 기초적인 개념에 대한 것이었다. 이하에서는 확률분포함수에 대해 논의하기에 앞서 일반적인 측도공간 $(S, \mathscr{F})$ 위에서 정의되는 확률측도 P를 측도공간 $(\mathbb{R}, \mathscr{B})$ 위에서 정의되는 확률측도 P_X로 전환하는 것에 대해 살펴보도록 하자. 이는 확률변수라는 개념을 사용함으로써 다루기 불편한 $(S, \mathscr{F}, P)$ 공간을 $(\mathbb{R}, \mathscr{B}, P_X)$라는 공간으로 전환해 주는 과정을 보여 준다.

제2장에서 새로운 확률공간 $(\mathbb{R}, \mathscr{B}, P_X(\cdot))$를 도입하는 이유가 기존 확률공간 $(S, \mathscr{F}, P)$의 확률구조를 보존하기 위한 것이었다는 점을 상기하자. 확률구조를 보존한다는 것은 표본공간 S의 원소, 즉 사건 E에 대하여 부여된 확률값 $P(E)$가, 그 사건을 변환시킨 확률변수에 새롭게 부여될 (유도된) 확률값과 일치하여야 한다는 것을 의미한다([그림 3-4] 참조). 직관적으로 볼 때 측도공간 $(\mathbb{R}, \mathscr{B})$ 위의 보렐집합 $B \in \mathscr{B}$에 부여되는 확률측도 $P_X(B)$는 측도공간 $(S, \mathscr{F})$ 위의 부분집합(보렐집합 B의 역사상이 되는 집합)에 부여된 확률측도값 P와 일치하도록 정의해 주어야 한다.

본절에서는 변환된 확률공간 위에서 새로운 확률측도 $P_X(E)$를 어떻게 설정하여야 원래의 측도공간 $(S, \mathscr{F})$ 위에서 정의된 확률측도 P를 보존해 줄 수 있는지에 대하여 살펴볼 것이다. 본절의 내용과 제2장의 내용을 종합해 보면, 확률공간 $(S, \mathscr{F}, P)$를 확률공간 $(\mathbb{R}, \mathscr{B}, P_X)$가 확률의 구조상 동일하다는 사실을 알 수 있을 뿐만 아니라 $(\mathbb{R}, \mathscr{B}, P_X)$가 수학적으로도 다루기 편리하다는 것을 알 수 있을 것이다.

직전에 살펴본 바와 같이 변환된 측도공간 $(\mathbb{R}, \mathscr{B})$ 위에서 정의되는 확

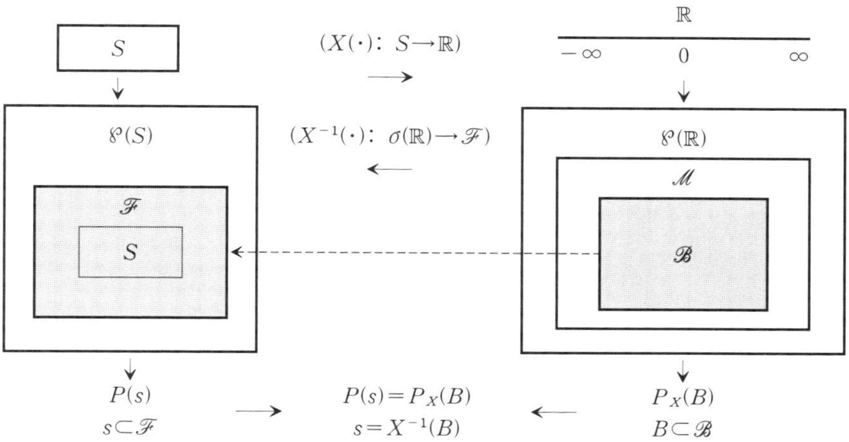

그림 3-4 확률변수에 의하여 유도되는 확률측도

률측도 P_X를 정의해 주는 방법은 모든 보렐집합 $B \in \mathscr{B}$에 대하여 부여되는 새로운 확률측도 $P_X(B)$가 확률변수 X의 역상, 즉 $X^{-1}(B) \in \mathscr{F}$에 대하여 부여되는 확률측도 P와 일치하게 해 주는 것이다. 즉,

$$P_X(B) \equiv P(X^{-1}(B)) = P(s:\ X(s) \in B,\ s \in S) \tag{9}$$

와 같이 P_X를 정의해 주는 것이 가장 합리적일 것이다.[21)]

이 때 확률측도 P_X가 확률변수 X를 통하여 확률측도 P의 성질을 그대로 보존하도록 설정되므로, 원래의 측도공간이 구체적으로 어떤 확률변수 X에 의하여 측도공간 $(\mathbb{R},\ \mathscr{B})$로 전환되었는지를 명시적으로 밝혀 줄 필요가 있다. 이러한 점에서 측도공간 $(\mathbb{R},\ \mathscr{B})$ 위에 부여되는 새로운 확률측도 P_X를 '확률변수 X에 의하여 유도되는 확률측도(probability measure induced by random variable X)'라고 부른다.

그런데 이렇게 새로운 확률측도 P_X를 부여하기 위해서는 해결해야 할 문제가 있다. 그것은 확률변수 X의 치역 $\mathbb{R}$의 부분집합인 모든 보렐집합 $B \in \mathscr{B}$

21) 유도된 확률측도 $P_X(\cdot)$는 $P_X(\cdot) = P \circ X^{-1}(\cdot)$와 같이 합성함수로 나타낼 수 있다. 즉, 확률변수 X의 역함수인 X^{-1}와 $(S,\ \mathscr{F},\ P(\cdot))$상에서 정의되는 확률측도 P의 합성함수가 바로 유도된 확률측도 $P_X(\cdot)$인 것이다.

에 대하여 일일이 확률측도 $P_X(B)$를 어떻게 설정해 줄 것인가라는 문제이다. 이러한 문제를 어떻게 해결할 것인가? 이에 대한 해답의 실마리는 보렐체 $\mathscr{B}$의 정의를 상기해 보면 도출된다. 제1장에서 보았듯이 보렐체 $\mathscr{B}$는 모든 열린집합 $\mathscr{O}$에 의하여 생성되는 가장 작은 σ-체 $\sigma(\mathscr{O})$라는 점을 기억하자. 보렐체 $\mathscr{B}$의 정의에 의하면 모든 보렐집합은 결과적으로 구간(열린구간, 닫힌구간 또는 반열린구간에 상관없이)들의 무한합집합, 무한교집합에 의하여 나타나므로, 결국 모든 보렐집합 $B\in\mathscr{B}$에 대하여 일일이 확률측도 $P_X(B)$를 정의할 필요없이 구간에 대하여 P_X를 정의해 주면 충분하다는 것을 알 수 있다. 특히, 이러한 생각은 이산확률변수의 경우를 생각해 보면 쉽게 이해된다. 그런데 구간을 설정하는 과정에서 고려하여야 할 점이 한 가지 있다. 그것은 구간이 서로 중복되지 않도록 하면서 설정된 모든 구간의 합집합이 실직선과 일치해야 하며, 각 구간의 역상을 모두 합하면 표본공간이 복원되어야 한다는 점이다. 즉, (i) 임의의 i, j에 대하여 $I_i\cap I_j=\phi$, (ii) $\bigcup_{i=1}^{\infty}I_i=\mathbb{R}$, (iii) $\bigcup_{i=1}^{\infty}X^{-1}(I_i)=S$가 성립하도록 구간 $I_i(i=1,\ 2,\ \cdots\cdots)$를 설정하여야 한다. 그 이유는 다음과 같다.

첫째, (iii)은 자명하다. 확률변수의 정의에 의하면, $P_X(I_i)=P(s:\ X(s)\in I_i)$가 성립하여야 하므로 모든 I_i의 역상들의 합집합은 표본공간 S를 복원할 수 있어야 한다. 둘째, (ii)도 자명하다. 이는 확률변수가 $X:\ S\rightarrow\mathbb{R}$와 같이 정의되는 함수라는 점을 생각하면 당연하다. 셋째, (i)은 단순사건의 확률을 계산하는 데 중복계산을 피하기 위하여 필요하다. 예컨대, 표본공간이 $S=\{a,\ b,\ c\}$와 같고 각 단순사건의 확률을 1/3이라 하자. 이 때 어떤 확률변수 $X:\ S\rightarrow\mathbb{R}$가 있어 확률변수의 치역상의 구간이 편의상 다음과 같다고 하자. 즉, $X^{-1}(I_i\cap I_j)=b$, $I_i\cup I_j=\mathbb{R}$이고 $X^{-1}(I_i)=\{a,\ b\}$, $X^{-1}(I_j)=\{b,\ c\}$라 하자. 이 경우 $P_X(X^{-1}(I_i))=P(\{a,\ b\})=2/3$, $P_X(X^{-1}(I_j))=P(\{b,\ c\})=2/3$가 성립하므로, 단순히 구간의 합집합의 확률을 계산하면 1을 초과하게 된다. 따라서 이와 같이 설정된 확률변수의 경우에 각 단순사건의 발생확률 $P(a)$, $P(b)$, $P(c)$를 계산하려면 별도로 구간의 교집합을 계산하는 과정을 거쳐야 한다. 그러므로 이와 같은 문제가 발생하지 않도록 하기 위해서 구간은 서로 중복되지 않도록 설정되어야 한다.

이제, 확률변수에 의해 유도된 확률측도의 예를 살펴보도록 하자. 먼저 이산확률변수의 경우에 유도된 확률값을 계산하여 보자.

예 7

동전 2회 던지기의 사건 σ-체 $\mathscr{F}_A$를

$$\mathscr{F}_A=\{S,\ \phi,\ \{HH\},\ \{TT\},\ \{HH,\ TT\},\ \{TH,\ HT\},\ \{HT,\ TH,\ HH\},\ \{HT,\ TH,\ TT\}\}$$

라 하고, 확률변수 $X(\cdot)$: $S \rightarrow \mathbb{R}_X$에 대한 함수값이 $X(\{HH\})=2$, $X(\{HT\})=X(\{TH\})=1$, $X(\{TT\})=0$과 같다 하자. 그러면 함수 $X(\cdot)$는 동전 2회 던지기 실험에서 앞면이 나온 횟수를 나타내는 확률변수로 해석된다. 확률변수 X의 치역은 $\mathbb{R}_X=\{0,\ 1,\ 2\}$로서, 서로 다른 이산적인 값 0, 1, 2로 구성되어 있다. 이러한 치역의 값에 대해 구간은 치역의 값이 서로 중복되지 않도록 설정되어야 한다.

먼저 측도공간 $(\mathbb{R},\ \mathscr{B})$ 위에서 확률변수의 치역이 0보다 작게 되는 사건은 동전 2회 던지기 실험에서 발생하지 않는다. 따라서 구간 $(-\infty,\ 0)$에 대응되는 표본공간상의 사건은 공집합 사건 ϕ뿐이다.

치역의 값이 0 이상이면서 1보다 작은 사건, 즉 $[0,\ 1)$은 앞면이 한 번도 나타나지 않는 사건을 나타낸다. 마찬가지로 치역의 값이 1보다 크거나 같고 2보다 작은 사건 $[1,\ 2)$는 앞면이 1회 나타나는 사건을, 치역의 값이 2 이상이 되는 사건 $[2,\ \infty)$는 앞면이 2회 나타나는 사건을 각각 의미한다. 따라서 $(-\infty,\ 0)$, $[0,\ 1)$, $[1,\ 2)$, $[2,\ \infty)$와 같이 분할된 구간에 대한 역상을 구하게 되면, 확률변수 X에 대한 역상이 도출된다.

이제 이와 같이 분할된 확률변수 X의 치역에 대한 역상 및 그 확률을 구해 보면 아래와 같다. 즉,

(i) $x \in (-\infty,\ 0)$일 때,

$$P_X((-\infty,\ 0))=P[X^{-1}((-\infty,\ 0))]=P(\phi)=0.$$

(ii) $x \in [0,\ 1)$일 때,

$$P_X([0,\ 1))=P[X^{-1}([0,\ 1))]=P(\{TT\})=\frac{1}{4}.$$

(iii) $x \in [1,\ 2)$일 때,

$$P_X([1,\ 2))=P[X^{-1}([1,\ 2))]=P(\{HT,\ TH\})=\frac{1}{2}.$$

(iv) $x \in [2, \infty)$일 때,

$$P_X([2, \infty)) = P[X^{-1}([2, \infty))] = P(\{HH\}) = \frac{1}{4}.$$

위에서 (i)은 공집합, 즉 발생이 불가능한 사건(impossible event)에 대한 확률, (ii)는 한 번도 앞면이 나타나지 않는 사건이 발생할 확률, (iii)은 적어도 한 번은 앞면이 나타나는 사건이 발생할 확률, (iv)는 두 번 모두 앞면이 나타나는 사건이 발생할 확률을 각각 나타낸다. 이렇게 설정된 구간에 대해 각 구간의 역상을 모두 합해 보면 표본공간이 된다는 것을 확인할 수 있다.

한편, 확률변수의 정의를 생각해 보면, 다양한 종류의 측도공간 $(S, \mathscr{F})$가 하나의 연속측도공간 $(\mathbb{R}, \mathscr{B})$와 대응된다는 것을 알 수 있는데, 이는 측도공간이라는 측면에서 볼 때 무한한 개수의 측도공간이 하나의 연속측도공간에 대응된다는 것을 의미한다. 이와 관련하여 측도공간 위에 정의되는 '확률측도'라는 측면에서 볼 때, 주어진 측도공간 $(S, \mathscr{F})$ 위에서 정의되는 확률측도 $P(\cdot)$에 대하여 측도공간 $(\mathbb{R}, \mathscr{B})$ 위에서 정의되는 확률측도 $P_X(\cdot)$는 유일하게 결정되지 않는다.

예 8

사건 σ-체를 앞서처럼 $\mathscr{F}_A$라 하자. 그리고 $\mathscr{F}_A$ 위에서 정의되는 확률변수 $X_0(\cdot)$를 $X_0(\{HH\})=4$, $X_0(\{HT\})=X_0(\{TH\})=2$, $X_0(\{TT\})=0$이라 하자. 그러면 이와 같이 정의된 확률변수 X_0는 동전의 앞면이 나타난 횟수에 2를 곱한 것으로 동전의 앞면이 나타난 횟수에 대해 그 2배에 해당하는 금액을 상대방에게 주기로 약속하는 경우를 묘사할 수 있는 확률변수라고 해석할 수 있다.[22)]

이제 확률변수 X_0에 의하여 유도된 확률측도 $P_{X_0}(\cdot)$를 도출하기 위해서 치역의 값이 중복되지 않도록 구간을 $(-\infty, 0)$, $[0, 2)$, $[2, 4)$, $[4, \infty)$와 같이 설정하자. 이와 같이 분할된 구간에 대한 역상을 구하고, 그에 대한 표본공간에서의 확률을 계산하게 되면 다음과 같다.

22) 이는 동전의 앞면이 나타나는 횟수라는 확률변수 x에 다시 $y=2x$라는 연속함수를 합성한 합성함수이다. 이 경우 y는 확률변수의 합성함수 변환이므로 확률변수가 된다.

(i) $x \in (-\infty, 0)$일 때,

$$P_{X_0}((-\infty, 0)) = P[X_0^{-1}((-\infty, 0))] = P(\phi) = 0.$$

(ii) $x \in [0, 2)$일 때,

$$P_{X_0}([0, 2)) = P[X_0^{-1}([0, 2))] = P(\{TT\}) = \frac{1}{4}.$$

(iii) $x \in [2, 4)$일 때,

$$P_{X_0}([2, 4)) = P[X_0^{-1}([2, 4))] = P(\{HT, TH\}) = \frac{1}{2}.$$

(iv) $x \in [4, \infty)$일 때,

$$P_{X_0}((4, \infty)) = P[X_0^{-1}((4, \infty))] = P(\{HH\}) = \frac{1}{4}.$$

앞서와 유사하게 (i)은 공집합, 즉 발생불가능한 사건에 대한 확률, (ii)는 한 번도 앞면이 나타나지 않는 사건의 발생확률, (iii)은 적어도 한 번은 앞면이 나타나는 확률, (iv)는 두 번 모두 앞면이 나타나는 사건의 발생확률을 각각 나타낸다.

함수 $X_0(\cdot)$는 함수 $X(\cdot)$와 마찬가지로 σ-체 $\mathscr{F}_A$ 위에서 정의되는 확률변수이다. 이는 하나의 (표본공간, σ-체) 쌍에 대하여, 다수의 확률변수가 존재하여 대응될 수 있음을 보여 주는 것이다. 이러한 사실은 연속확률변수의 경우에 다양한 확률분포가 존재하는 것과 직결된다. 예컨대, 정규분포나 지수분포 등을 따르는 확률변수가 하나의 (표본공간, σ-체)인 연속측도공간 $(\mathbb{R}, \mathscr{B})$[23] 위에서 정의된다. 따라서 확률변수가 어떤 확률측도를 따르는지를 구분하여 줄 필요가 발생한다. 이에 대해서는 제6절에서 설명하기로 한다.

한편, 연속확률변수의 경우에는 확률변수의 치역이 셀 수 없는 무한개의 단순사건으로 구성되므로, 확률측도를 나타내기 위해 이산확률변수의 경우처럼 구간을 설정하는 방법을 사용할 수 없다. 그렇다면 어떻게 연속확률변수에 의하여 유도되는 확률측도를 도출할 수 있을까? 연속확률변수라는 함수는 실직선 $\mathbb{R}$에서 정의되고, 그 확률이 실직선에 대한 σ-체인 보렐체 $\mathscr{B}$ 위에서 정의되기 때문에, 즉 연속확률변수의 정의역이 셀 수 없는 개수의 단순사건으로 구성되어 있으므로 각 단순사건에 대해 어떤 특정한 구간

23) 물론 이 때 연속측도공간 $(\mathbb{R}, \mathscr{B})$는 확률변수가 정의되고 있는 정의역을 의미한다.

을 대응시킬 방법이 없다. 이러한 이유로 연속확률변수의 경우에는 구간을 대응시키는 대신에 제1장에서 살펴본 바와 같이 확률밀도함수 또는 확률분포함수를 이용하여 연속확률변수에 의하여 유도된 확률측도를 정의하는 방식을 취한다.

3.4. 분포함수와 밀도함수

앞절에서 살펴본 확률계산방식은 확률변수의 치역인 구간에 대하여 그 역상을 구한 후, 표본공간상에서 역상(사건)이 지니는 확률값을 계산하는 것이었다. 그런데 제1장에서는 표본공간의 사건에 대한 확률을 구하는 방식을 사용하지 않고 단지 수치값에 대한 확률질량함수를 더하거나 주어진 구간에 대한 확률밀도함수를 적분하는 방식을 통하여 확률값을 계산한 바 있다. 이는 확률분포를 이용하여 확률을 계산하는 방식인데, 이 경우는 확률변수의 치역상의 집합, 즉 보렐집합에 대한 확률값을 계산하는 것에 초점이 맞추어져 있을 뿐이고 확률변수의 정의역상의 집합, 즉 표본공간상의 사건에는 관심을 두지 않는 것이다. 이처럼 표본공간상의 사건에 관심을 두지 않는 이유는 바로 확률분포라는 개념이 확률변수에 관해서 정의되는 개념이기 때문이다. 다시 말해, 확률분포는 확률변수에 대하여 부여되는 확률측도이므로 확률분포가 확률변수의 정의역 자체의 구조와 무관하기 때문이다. 그렇다면 확률분포를 고려하면서 왜 표본공간의 사건에는 관심을 두지 않는 것일까?

그 이유는 확률분포만을 가지고는 주어진 확률분포를 따르게 되는 표본공간에 어떠한 확률실험이 행해졌는지를 찾아 내기 어렵기 때문이다.[24] 특히, 연속확률분포의 경우에는 더욱 어렵다. 예컨대, 베르누이분포를 취하는 확률실험의 예를 들어 보면, 확률실험에서 발생할 수 있는 결과의 수가 성공 또는 실패라는 두 가지이고, 성공과 실패의 확률을 알고 있으며, 각 시행이 독립적으로 반복되는 확률실험이 있을 때, 이와 같은 확률실험이 따르게 되는 확률분포이다.

좀더 일반적인 상황에 대해서 생각해 보자. 이산확률공간의 정의역은

---

24) 이산확률분포의 경우는 베르누이분포, 이항분포, 기하분포, 음이항분포 등과 같이 수학적으로 확률실험으로부터 확률분포를 도출할 수 있다. 연속확률분포인 포아송분포는 이항분포에 대한 근사값을 찾기 위해 개발된 근사분포함수(approximated distribution)이다.

일반적인 집합이 될 수 있지만, 연속확률공간의 정의역은 실직선이라는 제한된 집합만이 가능하다. 따라서 연속확률변수의 경우에는 수치로 나타나는 집합(예컨대, 보렐집합)을 표본공간으로 할 수밖에 없다. 이산확률변수의 경우, 예컨대 동전 2회 던지기의 경우에 제2장의 예 10에서와 같이 확률변수의 치역을 구간으로 분할해서 그 역상을 구함으로써 특정한 표본공간을 찾아 낼 수 있었다는 점을 상기하자. 이는 이산확률변수의 경우 표본공간의 원소수가 아무리 많아 봐야 셀 수 있으므로, 결과적으로 표본공간의 멱집합을 대상으로 고전적인 확률정의방식을 적용할 수 있기 때문에 가능한 것이다. 즉, 사건에 대하여 일일이 경우의 수를 따져서 $P(A)=n/N$과 같이 확률을 계산하는 방식을 모순 없이 적용할 수 있다. 반면에 제1장에서 살펴보았듯이 연속측도공간의 표본공간은 셀 수 없는 무한개의 원소로 구성되어 있기 때문에 표본공간의 멱집합에 대하여 위와 같이 확률을 적용할 수 없다. 결국 멱집합의 원소인 사건에 대하여 경우의 수를 따져보는 것이 불가능하게 된다. 따라서 확률실험을 시행하였을 때 발생하는 결과의 수를 전체 표본공간의 결과의 수로 나누어 주어 확률을 정의하는 방식이 가능하지 않게 되므로, 동전던지기와 같은 확률실험의 사례를 발견할 수 없다. 따라서 확률변수의 정의역과 치역이 동일하게 된다. 결과적으로 연속확률변수는 동일한 표본공간(실직선)과 σ-체 위에서 정의되는 확률측도만 존재할 뿐이다. 그러므로 굳이 확률변수의 정의역이 무엇인지 구분할 필요가 없으므로 관심을 두지 않는 것이다.[25] 여기서 연속확률분포라는 것을 왜 생각하는 것일까라는 의문이 들 수 있다.

연속확률분포는 실제로 이산확률분포에 대한 근사값으로서 유도되는 경우가 많다. 예컨대, 정규분포함수의 경우가 이에 대한 대표적인 경우이다. 즉, 베르누이 시행에서 실행횟수가 커지면 이항분포가 정규분포에 근사하게 된다는 것은 잘 알려진 사실이다. 연속확률분포는 이산확률분포의 계산을 쉽게 수행하기 위하여 고안된 것이라는 측면이 있다. 하지만 이는 연속확률분포를 사용하는 본질적인 이유라고 할 수는 없다.

연속확률분포를 사용하는 보다 근본적인 이유는 연속확률분포를 이용하

25) 물론 이항분포와 같은 이산확률분포도 존재한다. 연속확률변수와는 다르게 이산확률분포의 경우에는 확률실험으로부터 이론적으로 확률분포를 도출할 수 있는 경우가 있다. 예컨대, 앞서 언급한 바 있는 이항분포나 베르누이분포 등이 이에 대한 예이다.

여 다양한 확률현상을 분석할 수 있다는 점에 있다. 예컨대, 임의의 확률현상이 있을 때 확률현상의 속성을 사전에 알지 못하는 경우가 많다. 당연히 이러한 경우에는 확률현상을 분석할 수 없게 될 것이다. 그런데 비록 근사값이기는 하지만 커다란 오차 없이 확률현상을 설명할 수 있는 방법이 있다면, 그러한 방법을 이용하는 것이 좋을 것이다. 확률분포는 이러한 목적에 사용할 수 있는 좋은 수단이 된다. 즉, 다양한 확률분포를 알고 있다면, 이 중에서 임의의 확률현상을 잘 설명해 줄 수 있는 확률분포를 찾아 줄 수 있을 것이며, 결과적으로 이미 알려져 있는 확률분포의 속성을 이용함으로써 확률현상의 속성을 분석해 볼 수 있게 될 것이다. **'확률변수가 정규분포를 따른다고 가정한다'**는 표현을 사용하는 것도 바로 이와 같은 이유 때문이다.

3.4.1. 확률분포

확률변수를 사용함으로써 수학적으로 다루기 불편한 $(S, \mathscr{F}, P)$라는 확률공간을 조작이 보다 편리한 $(\mathbb{R}, \mathscr{B}, P_X)$라는 확률공간으로 전환해 주는 과정에 대해 살펴보았다. 특히, 확률이 정의되는 공간이 실수의 집합으로 전환됨에 따라 확률계산이 보다 편리해짐을 알게 되었다. 그렇지만 새로운 확률측도 P_X는 확률측도 P와 마찬가지로 집합함수의 형태를 띠고 있어 여전히 다루기가 편리한 형태는 아니다. 문제는 원래의 표본공간 S와 확률측도 P나 확률변수 X에 의해 유도되는 확률측도 P_X가 집합함수라는 점에 있으므로, 확률측도를 집합함수의 형태가 아니라 점함수(point function) 형태로 나타낼 수 있다면 수학적으로 다루기가 더욱 편리해질 것이다.

그런데 집합함수 $P_X((-\infty, x])$는 $-\infty$를 출발점으로 하는 구간 $(-\infty, x]$에 대하여 확률측도를 부여한다는 속성을 지니고 있다. 따라서 이러한 성질을 이용하면, 굳이 구간 $(-\infty, x]$의 출발점인 $-\infty$를 명시적으로 감안하지 않으면서도 구간의 끝점인 x에 의해서만 함수값이 결정되는 점함수 $F(x)$를 정의할 수 있다. 즉,

$$F(x)=P\{s:\ X(s)\leq x\}=P_X((-\infty,\ x]) \tag{10}$$

와 같은 관계를 만족하는 점함수 $F(\cdot):\ \mathbb{R}\rightarrow[0,\ 1]$을 정의할 수 있다. 이러한 점함수 $F(x)$에 의하면 주어진 구간에 대한 확률측도값을 구간의 끝점에서의 함수값에서 구간의 시점에서의 함수값을 빼 줌으로써 구할 수 있다. 즉,

$$P\{s: a < X(s) \le b\} = P\{s: X(s) \le b\} - P\{s: X(s) < a\}$$
$$= P_X((a, b]) = F(b) - F(a). \quad (11)$$

여기서 $F(-\infty)=0$이라고 정의한다.

이러한 점함수 $F(x)$는 x값이 커짐에 따라 확률측도 P_X값도 커지므로 x에 대하여 비감소함수가 되며, $F(\infty)=P\{s: X(s)\le\infty\}=1$이므로 최대값이 1이다. 즉, (i) $x_1 \le x_2$에 대하여 $F(x_1)\le F(x_2)$가 성립하고, (ii) $\lim_{x\to\infty} F(x)=1$이 성립한다. 한편, (iii) 수학적인 필요에 의하여 함수 $F(x)$가 우방연속함수(right continuous function)라는 속성을 지니는 것으로 가정한다. 그리고 이처럼 (i)~(iii)의 세 가지 속성을 모두 지니는 함수를 분포함수(distribution function)라고 정의한다.[26)]

정의 12 분포함수

확률변수 X에 대하여 다음과 같이 정의되는 점함수 $F(\cdot): \mathbb{R}\to[0, 1]$을 확률변수 X의 분포함수(distribution function)라고 한다.

(i) $F(x)$는 x에 대해 비감소함수이다.

(ii) $F(-\infty)=\lim_{x\to-\infty} F(x)=0$, $F(\infty)=\lim_{x\to\infty} F(x)=1$.

(iii) 모든 $x\in\mathbb{R}$에 대하여 $\lim_{h\to 0} F(x+h)=F(x)$ (우방연속성).

이와 같은 분포함수(점함수)가 모든 확률측도(집합함수) P_X에 대하여 유일하게 정의된다는 사실이 알려져 있다. 즉, 분포함수 F는 주어진 확률변수 X의 확률구조를 그대로 보존해 준다. 이러한 이유로 확률측도 P_X보다는 수학적으로 다루기 편리한 분포함수 $F(x)$를 이용한다.

3.4.2. 이산확률분포

이산확률분포를 정의하기에 앞서 확률질량함수를 정의하도록 하자. 확

26) 수학적으로 분포함수는 르벡-스틸체스적분(Lebesgue-Stieltjes integration) 또는 리만-스틸체스적분(Riemann-Stieltjes integration)에 의하여 정의되는 함수이다.

률질량함수란 이산확률변수의 치역의 원소(유한개 또는 셀 수 있는 무한개)에 대해 확률측도값을 부여하는 함수로서 확률측도의 조건을 만족하는 함수, 즉 확률측도이다.

정의 13 확률질량함수

이산확률변수 $X(s)$, 즉 함수 $X(s): S \to \mathbb{R}_X$에 대하여, 이산확률변수의 치역상의 점 $x_i \in \mathbb{R}_X (i=1, 2, \cdots\cdots, n)$에 대하여 함수 $f(x)$가 다음과 같은 세 가지 조건을 만족하면, 함수 $f(x)$를 확률질량함수(probability mass function)라고 한다.

(i) $P_X(x_i) = f(x_i)$.

(ii) $f(x_i) \geq 0$, 즉 $P_X(x_i) \geq 0$.

(iii) $\sum_{i=1}^{n} f(x_i) = 1$, 즉 $\sum_{i=1}^{n} P_X(x_i) = 1$.

이제 이러한 확률질량함수를 이용하여 이산확률분포를 정의해 보자. 이산확률변수 X에 대하여 [정의 13]에서 정의된 확률질량함수 $f(x)$가 대응하여 구간 $(-\infty, x]$에 대한 확률측도값이 확률질량함수의 합으로 나타나는 함수 $F(x)$를 생각하자. 그러면 이러한 함수 $F(x)$는 확률분포가 만족해야 하는 조건을 모두 만족한다. 따라서 이러한 함수 $F(x)$를 이산확률분포함수(discrete distribution function)라고 정의할 수 있다. 즉,

정의 14 이산확률분포함수

이산확률변수 X에 대하여 함수 $F(x)$가 다음을 만족할 때, 함수 $F(x)$를 이산확률변수 X의 분포함수라고 한다.

$$F(x) = P\{s: X(s) \leq x\} = \sum f(x) \quad (-\infty < X \leq x)$$

여기서 $f(x)$는 확률질량함수이다.

이산확률분포에는 제1장에서 예로 들었던 베르누이분포, 이항분포, 포아송분포 등이 있다.

3.4.3. 연속확률분포

이제 연속확률분포에 대하여 살펴보자. 연속확률변수 X에 대하여 확률변수의 확률측도값이 연속함수인 f의 적분으로 표현되는 함수를 연속확률분포함수(continuous distribution function)라고 한다.

정의 15 연속확률분포함수

이산확률변수 X에 대하여, 함수 $F(x)$가 다음과 같이 적분으로 표현될 수 있을 때, 함수 $F(x)$를 연속확률변수 X의 분포함수라고 한다.

$$F(x)=P\{s:\ X(s)\leq x\}=\int_{-\infty}^{x} f(z)dz.$$

연속확률분포의 경우도 [정의 12]에서 정의된 확률분포의 성질을 모두 만족한다. 이 때 피적분함수인 함수 f를 확률밀도함수(probability density function)라고 한다. 이 때 함수 f는

(i) 모든 $x\in\mathbb{R}$에 대하여 $f(x)\geq 0$,

(ii) $\int_{-\infty}^{\infty} f(x)dx=1$,

(iii) $F(b)-F(a)=\int_{a}^{b} f(x)dx$

라는 조건을 만족하여야 한다. 미적분학의 기본 정리에 따르면, 연속분포함수와 연속밀도함수 간에는 $f(x)=d\dfrac{F(x)}{dx}$라는 관계가 성립한다. [정의 15]는 이러한 정리를 반영하고 있다.

이제 연속확률분포에 대한 예를 몇 가지 들어 보자.

예 9

(i) 실가함수 $f(x)=\frac{1}{\sqrt{2\pi}}e^{-\frac{x^2}{2}}$는 확률밀도함수이다.

(ii) 실가함수 $f(x)=\frac{e^x}{(1+e^x)^2}$는 확률밀도함수이다.

예 9의 (i)에 주어진 함수를 가우스함수라 한다. 가우스함수를 연속확률측도(즉, 연속확률밀도)로 하는 확률분포를 표준정규분포라 한다는 것은 제1장에서 살펴본 바 있다. 예 9의 (ii)에 주어진 함수를 로지스틱함수(logistic function)라고 한다. 로지스틱함수를 확률측도(확률밀도함수)로 하는 확률분포를 로지스틱분포(logistic distribution)라고 한다. 한편, 제2장 예 13의 (iii)과 (iv)에 주어진 함수는 확률변수라고 한 바 있다. 즉, 이들 함수는 확률변수인 동시에 확률분포가 된다. 반면에 제2장 예 13의 (i)과 (ii)에 주어진 함수는 확률변수이지만 (연속)확률측도는 되지 않는다. 그 이유는 주어진 함수가 $f(x)\geq 0$과 $\int_R f(x)dx=1$이라는 조건을 만족하지 못하기 때문이다. 즉, 함수 $f(x)=5x+3$은 모든 실수에 대해서 양의 값을 가지지 않으므로 첫 번째 조건을 만족하지 않고, $f(x)=e^x$는 모든 실수에 대해서 양의 값을 가지므로 첫째 조건을 만족하나, 실수상에서의 적분값이 ∞가 되기 때문에, 두 번째 조건을 만족하지 않는다. 따라서 이들 두 함수는 확률분포가 되지 못하는 것이다.

위와 같이 연속확률변수 개념이 함수 개념을 기반으로 정의되는 것이라는 점 때문에 어떤 함수는 확률변수이면서 동시에 밀도함수(density function)가 될 수 있다. 이를 보면 확률분포가 될 수 있는 함수가 무한히 존재할 수 있다는 것을 알 수 있을 것이다. 그렇지만 수학적으로 단지 몇 가지 조건만을 만족한다고 해서 확률분포라는 명칭이 붙는 것은 아니다. 가우스함수, 로지스틱함수, 다음 절에서 언급할 지수분포 등과 같이 현실적으로 다양한 확률현상을 적절하게 설명할 수 있는 함수들에 대하여 확률분포라는 명칭이 부여되어 있다.

3.5. 리만-스틸체스적분: 파생된 측도와 확률측도, 기대값

앞절에서는 잴 수 있는 함수 중에서 음수가 아닌 함수값을 지니는 함수의 적분을 어떻게 정의할 것인가에 대하여 간략하게 살펴보았다. 그런데 제

1장에 의하면 연속확률변수의 경우 확률측도를 계산하기 위해 적분을 활용함을 알 수 있다. 즉, 측도라는 정의만 놓고 보면 적분에 의하여 파생되는 측도가 바로 확률측도이다.

적분을 이용하여 만든 '파생된 측도' 중에서 특히 전체 공간에 대한 파생된 측도값, 즉 적분값이 1이 되는 경우를 확률측도라고 부른다. 예컨대, 정규분포함수 $f(x)=\frac{1}{\sqrt{2\pi\sigma^2}}e^{-\frac{(x-\mu)^2}{2\sigma^2}}$ 등과 같은 '비음의 잴 수 있는 함수'(이를 밀도함수라고 부른다)를 통하여 파생되는 측도는 확률측도이다. 물론 모든 확률측도가 파생된 측도 개념과 일치하는 것은 아니다.[27] 예컨대, 이산확률측도는 적분을 이용하지 않고도 정의된다. 일반적으로 적분을 통하여 정의되는 파생된 측도는 정의역을 연속공간으로 하는 절대연속함수의 경우에 적용될 수 있는 개념이다.

본항에서는 제1장에서 직관적으로 설명한 바 있는 확률밀도함수를 파생된 측도의 관점에서 살펴보도록 하자. 먼저, 비음인 잴 수 있는 함수 $f\in M^+$가 있다고 하자. 그리고 다음과 같이 정의되는 함수 $P(E)$를 생각하자. 즉, 모든 잴 수 있는 집합 $E(E\in\mathscr{M})$에 대하여, $P(E)$를 다음과 같이 정의하자.

$$P(E)\equiv\int_E f\, dm. \tag{12}$$

위와 같이 적분을 통해 정의된 '파생된' 함수 $P(E)$는 어떤 경우에 잴 수 있는 집합들의 모임 $\mathscr{M}$ 위에서 측도라고 인정될 수 있을까? 함수 $P(E)$가 측도가 되기 위해서는

(i) $P(E)\geq 0$,

(ii) $P(\phi)=0$,

(iii) 서로 소인 셀 수 있는 무한개의 집합 $E_i(i=1,\ 2,\ \cdots\cdots)$이 있을 때, $E=\bigcup_{i=1}^{\infty}E_i$인 집합에 대하여 $P(E)=P\left(\bigcup_{i=1}^{\infty}E_i\right)=\sum_{i=1}^{\infty}P(E_i)$

등과 같은 조건들이 만족되어야 한다. 일단 결과만을 밝히면, 식 (12)의 P와 관련하여 위의 3가지 조건은 모두 만족된다.[28]

27) 예컨대, [0, 1]에서 정의되는 르벡측도는 파생된 측도는 아니지만 확률측도의 성질을 모두 만족한다. 하지만 이 경우는 특히 구간 [0, 1]에서 정의되는 일양분포(uniform distribution)로 볼 수 있다.

28) 먼저 비음인 잴 수 있는 함수의 적분과 관련하여 (i)이 성립한다는 것은 자명하다.

결국 적분을 통하여 새로운 측도가 파생될 수 있음을 알 수 있는데, 이때 적분값이 유한한 경우, 특히 적분값이 1이 되는 경우$\left(\text{즉, } P(\mathbb{R}) \equiv \int_{\mathbb{R}} f\,dm = 1\right)$에는, 전체 공간에 대한 측도가 1이 되므로 새롭게 파생된 측도 $P(E)$를 확률측도라고 해석할 수 있다. 즉, 이처럼 정의된 파생된 측도는 유한측도, 특히 전 공간의 측도가 1이 되어야 한다는 조건뿐만 아니라 함수값이 0보다 크다는 조건도 아울러 만족한다.

제1장에서 연속확률변수에 대한 확률측도를 논의하면서, 고전적인 확률의 정의를 통해서는 연속확률변수의 확률을 정의해 줄 수 없기 때문에 공리론적 접근방법을 통하여 확률을 정의한다는 점에 대하여 언급한 바 있다. 그런데 이러한 접근방법은 확률을 어떻게 계산하여야 하는지에 대해서는 구체적으로 언급하지 않고 있다. 따라서 실제로 확률을 어떤 방법으로 계산하여야 하는지를 알 수 없다. 하지만 파생된 측도는 연속확률변수의 확률을 구체적으로 계산할 수 있는 방법을 제공하고 있다.

파생된 측도와 확률측도 간의 관계에 대해 좀더 구체적으로 살펴보도록 하자. 연속확률변수에 대한 확률밀도함수는 바로 위에서 피적분함수인 비음인 잴 수 있는 함수 $f \in M^+$에 해당한다. 예컨대, 실직선에 의하여 생성되는 보렐체 $\mathscr{B}$의 원소인 집합 E에 대하여 $P(E) = \int_E \frac{1}{\sqrt{2\pi\sigma^2}} e^{-\frac{(x-\mu)^2}{2\sigma^2}} dx$와 같이 정의되는 측도 P를 생각해 보자. 주어진 함수 $f(x) = \frac{1}{\sqrt{2\pi\sigma^2}} e^{-\frac{(x-\mu)^2}{2\sigma^2}}$는 항

ϕ의 측도가 0이므로 (ii)가 성립한다.

이제 $X_E = \sum_{i=1}^{\infty} I_{E_i}$와 같이 특성함수들로 구성된 새로운 함수를 생각하자. 그러면 $f = f \cdot X_E = f \cdot \left(\sum_{i=1}^{\infty} I_{E_i}\right) = \sum_{i=1}^{\infty} (f \cdot I_{E_i})$가 성립한다. 그런데 모든 i에 대하여 $f \cdot I_{E_i} \in M^+$이므로, 베포-레비정리를 적용할 수 있다. 즉,

$$\begin{aligned}
P(E) &= \int f\,dm = \int f \cdot X_E dm \\
&= \int \sum_{i=1}^{\infty} f \cdot I_{E_i} dm \\
&= \sum_{i=1}^{\infty} \int f \cdot I_{E_i} dm \\
&= \sum_{i=1}^{\infty} \int_{E_i} (f\,dm) = \sum_{i=1}^{\infty} P(E_i).
\end{aligned}$$

따라서 $P\left(\sum_{i=1}^{\infty} E_i\right) = \sum_{i=1}^{\infty} P(E_i)$가 성립하게 된다. 그러므로 (iii)도 성립한다.

위의 과정에서 두 번째 줄에서 세 번째 줄로 가는 과정에 베포-레비정리를 적용함으로써 적분기호와 총합기호를 서로 맞바꿀 수 있었다.

상 0보다 큰 함수값을 가지고 있으므로 $f \in M^+$이고, 셀 수 있는 무한개의 서로 소인 집합들에 대하여 적분구간을 나누어서 적분값을 계산하여도 전체 적분값이 변하지 않는다. 따라서 주어진 함수 $f(x)=\frac{1}{\sqrt{2\pi\sigma^2}}e^{-\frac{(x-\mu)^2}{2\sigma^2}}$에 의하여 정의되는 P는 파생된 측도가 만족하여야 할 조건을 모두 만족하므로 측도 P는 파생된 측도이다. 또한 이 함수를 실직선 전체에 대하여 적분하면 적분값이 1이 된다는 것을 확인할 수 있다. 따라서 결과적으로 함수 $f(x)=\frac{1}{\sqrt{2\pi\sigma^2}}e^{-\frac{(x-\mu)^2}{2\sigma^2}}$에 의하여 파생된 측도는 확률측도의 조건을 모두 만족하므로 확률측도로 해석된다.

위와 같이 주어진 함수 $f(x)=\frac{1}{\sqrt{2\pi\sigma^2}}e^{-\frac{(x-\mu)^2}{2\sigma^2}} \in M^+$에 의하여 유도되는 파생된 확률측도에 대하여 정규분포(normal distribution)라는 명칭이 부여되어 있다. 그리고 이와 같이 명명된 정규분포는 $N(\mu,\ \sigma)$와 같이 표기되고 $-\infty \leq \mu \leq \infty$, $\sigma > 0$이라는 값을 가진다. 그리고 이러한 음이 아닌 잴 수 있는 함수 $f(x)=\frac{1}{\sqrt{2\pi\sigma^2}}e^{-\frac{(x-\mu)^2}{2\sigma^2}} \in M^+$를 정규분포의 확률밀도함수라고 부른다.

위에서는 $f(x)=\frac{1}{\sqrt{2\pi\sigma^2}}e^{-\frac{(x-\mu)^2}{2\sigma^2}}$와 같은 함수에 대하여 주어진 함수를 통해 확률측도를 만들 수 있다는 점에 대하여 살펴보았는데, 위와 같이 음이 아닌 함수값을 가지는 함수 $f \in M^+$ 중에서 확률측도가 될 수 있는 경우는 무수히 존재할 수 있다. 이는 음이 아닌 함수값을 지니면서 전체 공간에 대한 적분값이 1이 되는 함수는 무수하게 만들어 낼 수 있기 때문이다.

이러한 점에서 확률측도가 만족해야 하는 조건을 만족하는 함수라면 아무 함수나 확률밀도함수가 될 것이라고 생각할 수 있다. 물론 확률측도의 정의만을 고려하면 이렇게 생각해도 전혀 문제가 없다. 하지만 이렇게 확률측도의 조건을 만족하는 함수가 실제 자료의 속성을 잘 묘사할 수 있을까? 물론 모든 함수가 실제 자료가 지닌 속성을 잘 나타낼 수 있는 것은 아닐 것이다. 따라서 현실적으로 실제 자료의 속성을 잘 나타내 주는 함수들을 구분하여 확률측도라고 부르며, 그러한 확률측도의 확률밀도함수에 대하여 구체적으로 고유한 명칭을 부여하여 확률측도로 활용하게 된다. 예컨대, 정규확률밀도함수는 수학능력시험의 성적분포의 모양을 잘 묘사하는 등 수많은 자연현상 및 사회적 현상을 상당한 정밀도로 설명할 수 있는 것으로 알려져 있다. 또 다른 예로 $f(x)=\lambda e^{-\lambda x}(\lambda > 0,\ 0 < x < \infty)$와 같은 함수는, 은행 창구에 손님이 도착한 후에 이어서 다른 손님이 도착하는 사이에 경과하는

시간에 대한 확률을 계산하는 데 사용될 수 있다는 사실이 알려져 있다. 이와 같은 비음의 잴 수 있는 함수 $f(x)=\lambda e^{-\lambda x}(\lambda>0,\ 0<x<\infty)$에 의하여 파생되는 확률측도를 지수분포(exponential distribution), 함수 $f(x)$를 지수분포의 확률밀도함수라고 부른다.

지금까지 파생된 측도가 적분에 의하여 정의되고 있음을 보았다. 즉, 파생된 측도 $P(E)$는 $P(E)\equiv\int_E f\,dm$처럼 적분으로 정의되고, 이러한 정의는 르벡측도 $m(E)$를 기반으로 한다. $P(E)$는 주어진 함수값에 대한 정의역상의 집합의 르벡측도를 그 함수값에 곱해 줌으로써 산출된다. 따라서 주어진 집합에 대한 측도(르벡측도이건 아니건 간에)가 정의되어 있어야만 해당되는 측도와 관련하여 적분이 정의될 수 있다.

앞서 파생된 측도도 역시 측도가 지녀야 할 모든 조건을 만족하고 있다는 점을 보았으므로, 르벡적분과 마찬가지로 파생된 측도, 특히 확률측도에 대한 적분을 생각할 수 있다. 즉, $\int_E dP(x)\equiv\int_E f\,dm$과 같이 확률측도의 적분을 정의해 줄 수 있다. 이 때 $dP(x)\equiv f\,dm$이다.[29)]

이러한 표현과 관련하여 한 가지 유의할 사항이 있다. 그것은 확률측도가 반드시 연속함수인 밀도함수 f가 주어져야 정의되는 것이 아니라는 점이다. 앞서 언급하였듯이 확률측도 $P(x)$는 최종적으로 확률분포함수 $F(x)$에 의해 대표될 수 있다. 그런데 연속확률분포의 경우에는 [정의 15]에서 볼 수 있듯이

$$F(x)=\int_{-\infty}^{x} f(z)dz \text{ 또는 } F(x)=\int_E f\,dm$$

처럼 확률밀도함수 f의 적분으로 확률측도를 나타낼 수 있지만, 이산확률분포의 경우에는 [정의 14]처럼

$$F(x)=\sum f(x)$$

와 같이 확률밀도함수가 아니라 확률질량함수의 합으로 확률측도를 나타낸다. 이 때 이산확률변수의 경우에는 확률분포함수 $F(x)$가 계단함수의 모양을 따르므로 연속함수인 밀도함수가 존재할 수 없다는 것은 자명하다. 즉,

---

29) x를 명시적으로 표현해 준 것은 르벡측도 $m(E)$의 정의역의 원소가 x로 표현되고 있음을 알려 주기 위한 것이다. 이는 단지 형식적으로 도입된 기호이다.

이산확률변수의 경우에는 연속확률변수의 경우처럼 $dP(x)=dF(x)=fdm$으로 나타낼 수 없다. 이러한 점에서 $\int_E dP(x)$는 구체적으로 확률측도의 유형이 무엇인지를 구분하지 않고 어떤 주어진 확률측도 P가 존재한다는 사실을 기반으로 해서 집합 E에 대한 확률을 계산하였다는 것을 나타내는 일반적인 표기 정도로 이해하면 된다.

지금까지 확률측도와 확률분포 그리고 확률밀도함수 간에 어떠한 관계가 있는지에 대하여 간략히 살펴보았다. 내용을 요약하면, 확률밀도함수는 비음의 잴 수 있는 함수이며, 확률밀도함수를 전체 공간에 대하여 적분하여 적분값을 구하면 1이 된다. 따라서 확률밀도함수를 적분해 주는 방식으로 유도되는 파생된 측도를 확률측도라고 해석할 수 있다. 그리고 어떠한 확률변수에 대한 확률을 계산할 때 특정 확률밀도함수(예컨대, 정규확률밀도함수)가 이용될 수 있다면 그 확률변수는 특정 확률밀도함수(예컨대, 정규확률밀도함수)를 기초로 하여 정의되는 확률분포(예컨대, 정규분포)를 따른다고 한다.

이제 적분대상이 되는 함수를 좀더 확장해서 $\int xf(x)dm$과 같은 적분을 고려해 보자. 즉, 지금까지 살펴본 바에 의하면 적분 $\int f(x)dm$은 확률값을 계산하기 위하여 사용되었는데, 그렇다면 $\int xf(x)dm$과 같은 적분은 무엇을 의미하는가? 이는 주어진 확률측도 P에 대하여 확률변수 X의 기대값을 나타낸다. 이 때 적분값을 어떻게 계산할 것인가? 적분값을 계산하기 위해서는 구체적으로 확률측도의 유형이 무엇인지를 알고 있어야만 한다. 예컨대, 밀도함수를 f라고 하면 위의 적분값은

$$\int X\,dP(x)\equiv\int Xf\,dm \tag{13}$$

과 같이 르벡적분으로 전환하여서 계산해 줄 수 있다.

한편, 다음과 같은 적분을 생각해 보자.

$$E[X]\equiv\int_{\infty}^{\infty}x\,dF_X(x).$$

여기서 $F_X(x)$는 확률변수 X의 분포함수이다. 이와 같은 정의에서 $dP(x)=dF_x(x)$이면 식 (13)과 일치한다. 즉, 식 (13)은 기대값을 나타내는 적분이다. 그리고 dF_x는 dP, 즉 확률측도가 절대 연속확률측도로서 구체적으로 표현됨을 나타낸다. 그리고 이러한 정의는 기대값이 리만-스틸체스적분 또는 르

벡-스틸체스적분으로 표현된다는 것을 의미한다. 위의 정의에서 볼 수 있듯이, 리만-스틸체스적분은 간단히 말하면 한 함수를 다른 함수에 대하여 적분하는 문제와 관련된 적분이다.

3.6. 이토의 적분

일반적으로 어떤 함수 $H(t)$가 도함수 $H'(t)$를 가진다고 할 때,

$$\int_a^b f(t)dH(t) = \int_a^b f(t)H'(t)dt \tag{14}$$

가 성립한다.[30)]

리만-스틸체스적분과 관련하여서 만일 함수 $H(t)$가 도함수를 지니지 않는 경우에는 이러한 적분을 어떻게 정의하고 어떻게 적분값을 계산할 것인가라는 문제가 발생하게 된다. 예컨대, 후술하게 될 브라운운동(Brownian motion)을 하는 변수는 도함수를 지니지 않는다는 사실이 잘 알려져 있는데, 함수 $H(t)$가 브라운운동을 하는 변수라면 위와 같은 적분을 어떻게 정의해야 할 것인가가 문제가 된다. 이러한 문제는 확률적분(stochastic integration)을 정의하는 문제와 직결되는데, 확률적분이란 바로 앞서 언급한 것과 같이 브라운운동을 하는 변수 또는 함수가 $H(t)$의 역할을 하는 경우이다.

확률적분을 고려하기 전에 먼저 리만-스틸체스적분에 대해 살펴봄으로써 확률적분에 대하여 어떻게 접근하여야 하는지에 대해서 생각해 보자. 리만-스틸체스적분은 다음과 같은 리만-스틸체스합(Riemann-Stieltjes sum)이라고 불리는 가중합의 극한으로 표현된다.

정의 16 리만-스틸체스합

$$S_{R-S} = \lim_{n\to\infty} S_n = \lim_{n\to\infty}\sum_{i=1}^{n} f(t_i^*)(H(t_i) - H(t_{i-1})).$$

여기서 모든 $i=1, 2, \cdots\cdots, n$에 대하여 $t_{i-1} \le t_i^* \le t_i$이다.

30) 이미 언급한 바와 같이 도함수로 표현하지 않는 이유는 주어진 확률변수에 대한 확률밀도함수가 존재하지 않는 경우가 존재하기 때문이다. 그리고 이와 같은 표현을 유도된 측도라고 부른다는 것을 상기하라.

이 때 t_i^*는 분할된 구간 $[t_{i-1}, t_i]$ 내의 한 점이다. [정의 16]에 의하면 리만-스틸체스적분을 나타내는 식 (14)는 분할된 구간의 길이가 0으로 접근할 때 리만-스틸체스합의 극한값으로 정의된다.

이와 같은 적분의 정의와 관련하여 지금 문제가 되는 것은 과연 리만-스틸체스적분이 언제 존재할 것인가, 즉 “어떠한 조건을 만족하면 리만-스틸체스적분이 존재하게 되는가?”라는 것이다. 이에 대한 대답은 다음과 같은 2가지 조건이 만족된다면 리만-스틸체스적분이 존재한다는 것이다.

첫째, 주어진 적분구간 $[a, b]$ 내의 임의의 점 c에서 두 함수 f와 H가 동시에 불연속적이지는 않다.

둘째, 두 함수가 각각 q와 r에 대하여

$$\sup_\tau \sum_{i=1}^{n} |f(t_i) - f(t_{i-1})|^q < \infty,$$

$$\sup_\tau \sum_{i=1}^{n} |h(t_i) - h(t_{i-1})|^r < \infty$$

를 만족한다. 그리고 $\frac{1}{q}+\frac{1}{r}>1$이 성립한다. 여기서 τ는 주어진 구간 $[a, b]$를 나누는 모든 분할방식을 의미하고, $q>0$, $r>0$이다. 이 때 sup는 모든 분할 τ에 대해 $\sum_{i=1}^{n} |f(t_i) - f(t_{i-1})|^q$값을 계산한 값의 상계(supremum)를 의미한다. 두 번째 조건을 만족하는 함수를 유계된 q차 변동(bounded q-variation)을 지니는 함수라고 한다. 두 번째 조건에 의하면 두 함수 f와 H의 변동차수는 적어도 각각 1차 변동 이하의 차수를 지녀서는 안 된다는 것을 알 수 있다.

이와 같은 두 가지 조건을 만족하는 경우에 두 함수 f, H를 통해 정의되는 리만-스틸체스적분

$$\int_a^b f(t)\,dH(t) \tag{14$'$}$$

가 존재한다.

그렇다면 함수 H를 브라운운동을 하는 $B_t(s)$로 대치하는 경우, 즉 $H=B_t$라면 리만-스틸체스적분은 존재할 것인가?

$$\int_a^b f(t)\,dB_t(s). \tag{15}$$

위의 적분에서 브라운운동을 하는 변수 $B_t(s)$는 임의의 주어진 적분구간상에서 $r>2$일 때 유계된 r차 변동을 가지고, $r\leq 2$라면 유계되지 않은 r차 변동을 가진다는 사실이 알려져 있다. 따라서 만일 함수 f가 $r<2$에 대하여 유계된 r차 변동을 가지는 함수라는 조건이 만족된다면 앞의 리만-스틸체스적분이 존재하게 된다는 것을 알 수 있다.

예컨대, $f(t)=t^{\alpha}$(단, $\alpha\geq 0$), $f(t)=e^t$, $f(t)=\sin(t)+\cos(t)$ 등의 함수는 모두 주어진 구간에서 유계된 함수값을 지니는 함수이므로, 이들 함수에 대해서는 리만-스틸체스적분이 존재하게 된다. 즉,

$$\int_a^b t^{\alpha} dB_t(s),\ \int_a^b e^t dB_t(s),\ \int_a^b (\sin(t)+\cos(t))dB_t(s) \tag{16}$$

와 같은 적분이 존재한다.

비록 식 (16)과 같은 적분이 존재한다는 것은 확실하지만 각각의 적분값을 브라운운동의 명시적인 함수꼴로 나타낼 수 있는 것은 아니라는 점에 유의하여야 한다. 하지만 식 (16)의 적분에서 리만-스틸체스적분이 존재할 수 있는 유형에 속하는 피적분함수는 대단히 광범위한 함수유형이 포함된다는 것을 알 수 있다.

그렇다면 $f(t)=B_t$, $H(t)=B_t$라면 적분은 존재할 것인가?

$$\int_a^b B_t(s)\, dB_t(s). \tag{17}$$

앞서 살펴본 바와 같이 식 (17)의 적분이 존재하는지 여부를 확인하기 위해서는 리만-스틸체스적분의 존재를 보장해 주는 필요조건이 만족되는지 여부를 살펴보아야 한다. 앞서 $H(t)=B_t(s)$는 임의의 주어진 적분구간상에서 $r>2$라면 유계된 r차 변동을 가지고, $r\leq 2$라면 유계되지 않은 r차 변동을 가진다고 하였다. 따라서 함수 $f(t)=B_t(s)$는 $r<2$에 대하여 유계된 r차 변동을 가져야만 한다. 그렇지만 $B_t(s)$는 $r\leq 2$에서 유계되지 않은 r차 변동을 가지므로, 결과적으로 $\int_a^b B_t(s)dB_t(s)$라는 적분은 존재하지 않는다.

이와 관련하여서 주어진 적분구간에서 모든 연속함수 f에 대하여 리만-스틸체스적분이 존재한다면 함수 H는 유계된 변동을 지니고 있는 함수이어야 한다는 사실이 잘 알려져 있다.[31] 이러한 점에서 브라운운동 $B_t(s)$는 리

만-스틸체스적분의 전제조건을 만족하지 못한다는 것을 알 수 있다. 즉, 브라운운동과 관련하여서 주어진 적분구간에서 모든 연속함수 f에 대하여 $\int_a^b f(t)dB_t(s)$와 같은 적분이 존재하기를 바라지만 브라운운동은 리만-스틸체스적분의 조건을 만족하지 않는다.

그렇다면 리만-스틸체스적분이 아닌 방식으로 적분 $\int_a^b f(t)dB_t(s)$를 계산할 수 있는 방법을 찾아야 한다. 바로 이러한 필요에 의하여 개발된 적분이 이토의 적분(Ito's integration) 또는 확률적분(stochastic integration)이다. 그러나 본서에서는 이토의 적분에 대해서는 논의하지 않을 것이다. 하지만 $\int_a^b B_t(s)dB_t(s)$와 같은 적분이 리만-스틸체스적분에서 문제가 된다는 사실을 예를 통해 살펴보도록 한다.

예 10 적분구간 $[a, b]$의 양 끝점이 $a=0$, $b=T$인 두 함수 f_1, f_2를 생각해 보자. 여기서 f_1: $[0, \infty)\times[a, b]\to\mathbb{R}$, f_2: $[0, \infty)\times[a, b]\to\mathbb{R}$이다. $s\in[a, b]$에 대해서,

$$f_1(t, s)=\sum_{i\geq 0} B_{i2^{-n}}(s)\cdot\chi_{[i2^{-n},\ (i+1)2^{-n}]}(t),$$
$$f_2(t, s)=\sum_{i\geq 0} B_{(i+1)2^{-n}}(s)\cdot\chi_{[i2^{-n},\ (i+1)2^{-n}]}(t).$$

먼저 첫 번째 함수에 기대값을 취해 보면,

$$E\left[\int_o^T f_1(t, s)dB_t(s)\right]=\sum_{i\geq 0} E\left[B_{t_i}(B_{t_{i+1}}-B_{t_i})\right]=0.$$

이는 함수열 $\{B_t(s)\}$가 독립적인 증분이기 때문에 성립한다.

한편, 두 번째 함수에 기대값을 취해 보면,

---

31) 앞서 예로 들었던 $f(t)=t^{\alpha}$(단, $\alpha\geq 0$), $f(t)=e^t$, $f(t)=\sin(t)+\cos(t)$ 등의 함수는 모두 연속함수이기는 하다. 하지만 이들 함수는 동시에 $r<2$에 대하여 유계된 r차 변동을 가지는 함수라는 조건도 만족시키고 있다. 지금 고려하고 있는 사항은 함수 $f(t)$가 연속함수이기만 하면 리만-스틸체스적분이 존재하게 되는 조건을 도출하고자 하는 것이라는 점이라는 것을 유의하기 바란다.

$$E\left[\int_o^T f_2(t,\ s)dB_t(s)\right]=\sum_{i\geq 0}E\left[B_{t_i+1}(B_{t_i+1}-B_{t_i})\right]$$
$$=\sum_{i\geq 0}E\left[(B_{t_i+1}-B_{t_i})^2\right]=T.$$

예 10에서 볼 수 있듯이 두 함수 f_1, f_2는 브라운운동 $B_t(s)$에 대한 근사값으로서 사용할 수 있는 함수들이다. 그럼에도 불구하고 두 함수의 적분값은 서로 비슷하다고 할 수 없다. 물론 이 경우 적분값은 n과 무관하므로 n이 커지더라도 상황이 바뀔 여지는 없다. 이러한 사실은 곧 B_t의 경로변동이 너무 심해서 리만-스틸체스의 의미에서 $\int_a^b B_t(s)dB_t(s)$와 같은 적분을 정의할 수 없다는 것을 나타낸다.

3.7. 확률모형

제3절에서 살펴본 확률밀도함수는 결과적으로 확률모형(probability model)과 직접적으로 연계되어 있다. 이하에서는 이에 대하여 간략하게 살펴보도록 하자.

먼저 확률밀도함수 $f(x)$는 정규분포의 경우 $f(x)=\frac{1}{\sqrt{2\pi\sigma_x^2}}e^{-\frac{(x-\mu_x)^2}{2\sigma_x^2}}$, 지수분포의 경우 $f(x)=\lambda e^{-\lambda x}$와 같이 명시적인 함수형으로 표현된다. 그런데 밀도함수가 $f(x)=\frac{1}{\sqrt{2\pi\sigma_x^2}}e^{-\frac{(x-\mu_x)^2}{2\sigma_x^2}}$와 같이 명시적인 함수형태로 표현되어 있다 하더라도 밀도함수는 결국 μ_x, σ_x, λ 등의 값에 의하여 최종적으로 모양이 결정된다. 이 때 밀도함수의 구체적인 모양을 결정하는 μ_x, σ_x, λ 등을 모수(parameter)라고 부른다. 즉, 밀도함수는 확률변수 x뿐만 아니라 특히 μ_x, σ_x, λ의 함수이기도 하다. 이러한 사실을 명시적으로 나타내기 위하여 $f(x;\ \theta)$와 같이 모수를 별도로 구분하여 표시해 주기도 한다. 여기서 θ는 μ_x, σ_x, λ 등과 같은 모수들의 벡터를 의미하며, 이 모수벡터는 특히 모수값 전체의 집합을 나타내는 모수공간(parameter space) Θ의 원소이다.[32)]

확률분포함수나 확률밀도함수는 확률변수의 확률적 구조를 보다 편리하게 나타낼 수 있도록 고안된 개념이며 확률실험이라는 추상적인 개념을 구

32) 앞서의 정규분포를 예로 들면, Θ벡터는 $\Theta=(\mu_x,\ \sigma_x)$이다. 이 때 θ는 특정한 값 $\theta=(\mu_{x0},\ \sigma_{x0})\in(\mathbb{R}\times\mathbb{R})$를 나타낸다.

체화하여 나타낸 개념이다. 즉, 어떤 확률실험이 지니고 있는 본질적인 속성은 바로 확률밀도함수 $f(x;\ \theta)$에 의하여 나타나게 된다. 어떤 확률실험에 의하여 생성된 자료를 설명하는 데 있어 확률밀도함수를 알고 있다면 주어진 확률실험에 대하여 모든 것을 알고 있다고 말하여도 무방하다. 하지만 주어진 자료를 설명할 수 있는 확률밀도함수의 형태가 무엇인지 알 수 없는 경우가 일반적이다. 그렇지만 비록 자료가 지닌 속성을 잘 설명할 수 있는 확률밀도함수가 무엇인지 알지 못하는 경우가 일반적이라고 하더라도, 다양한 형태의 확률밀도함수를 알고 있다면 자료의 속성을 잘 반영할 수 있는 확률밀도함수를 찾아 내는 것은 가능하다.

이러한 점을 염두에 두면서 확률모형에 대하여 살펴보도록 하자. 확률모형은 모수공간 Θ의 원소인 미지의 모수 θ에 의하여 구분되는 밀도함수들의 집합(Φ)으로 다음과 같이 나타낼 수 있다.

$$\Phi=\{f(x;\ \theta),\ \theta\in\Theta\}.$$

이와 같은 확률모형에는 다양한 모형이 존재한다. 예컨대, 확률밀도함수가 정규확률밀도함수 $f(x;\ \mu_x,\ \sigma_x)=\frac{1}{\sqrt{2\pi\sigma_x^2}}e^{-\frac{(x-\mu_x)^2}{2\sigma_x^2}}$인 경우에는 확률모형 Φ는

$$\begin{aligned}\Phi&=\{f(x;\ \theta),\ \theta\in\Theta)\}\\&=\left\{f(x;\ \mu_x,\ \sigma_x)=\frac{1}{\sqrt{2\pi\sigma_x^2}}e^{-\frac{(x-\mu_x)^2}{2\sigma_x^2}},\ (\mu_x,\ \sigma_x)\in\Theta\right\}\end{aligned}$$

이다. 마찬가지로 밀도함수가 지수분포형인 경우의 확률모형 Φ는

$$\Phi=\{f(x;\ \theta),\ \theta\in\Theta\}=\{f(x;\ \lambda)=\lambda e^{-\lambda x},\ \lambda\in\Theta\}$$

이다.

앞서 언급하였듯이 확률모형이 주어졌을 때 구체적인 확률밀도함수의 모양은 결과적으로 모수인 θ의 값에 의하여 결정된다. 즉, 밀도함수가 정규밀도함수의 형태로 구성된 확률모형의 경우, 모수의 값이 구체적으로 $\theta=(\mu_{x0},\ \sigma_{x0})=(2,\ 0.5)$라고 하면, 이에 해당하는 정규확률밀도함수는 $f(x)=\frac{1}{\sqrt{2\times(0.5)^2\pi^2}}e^{-\frac{1}{2}\frac{(x-2)^2}{(0.5)^2}}$가 된다. 이 때 $f(x)$는 모수의 값이 달라짐에 따라

서 구체적인 함수의 그래프도 달라진다. 이와 같이 구체적인 확률밀도함수의 모양이 모수의 값에 의하여 결정된다는 점에서 확률모형은 확률밀도함수들의 모수적 집합체(parametric family of density functions)이다.

확률모형을 구성하는 개개의 확률밀도함수는 각각 그에 부합하는 자료의 속성을 가장 간단하게 나타내 주는 수단이 된다. 즉, 어떤 자료에 대한 확률밀도함수를 알고 있으면 해당 자료에 대한 확률적인 모든 속성을 알아낼 수 있다. 따라서 어떤 자료에 대한 확률밀도함수가 알려져 있다는 것은 그 자료의 확률적 속성을 발생시킨 메커니즘(chance mechanism generating the observed data)이 알려진다는 것을 의미한다. 예컨대, 대학입시를 위한 수학능력시험 성적을 횡축에 놓고 해당 점수를 획득한 학생의 수를 종축에 그래프로 나타내면 대략적으로 종모양이 된다는 사실이 알려져 있다. 이 때 정규분포의 모수인 $\theta=(\mu_{x0},\ \sigma_{x0})$의 값이 얼마인지를 결정[33)]하게 되면 수학능력시험 성적에 내포된 확률적 정보를 모두 알아낼 수 있다. 일반적으로 어떤 확률밀도함수가 주어진 자료의 확률적 속성을 발생시켰는지는 일정한 기준을 이용하여 결정할 수 있다.[34)] 하지만 사전에 다양한종류의 확률밀도함수를 알고 있다면 주어진 자료에 적합한 확률모형을 보다 용이하게 선정하여 확률의 생성메커니즘을 밝힐 수 있을 것이다.

---

33) 자료의 확률적 속성을 발생시켰을 것으로 추측되는 모수값을 해당 자료를 이용하여 추정하거나 모수와 관련된 가설을 검정하는 작업을 통계적 추론(statistical inference)이라고 부른다.

34) 일반적으로 주어진 자료의 확률적 속성을 발생시켰을 것으로 생각되는 확률밀도함수를 찾아 내는 것은 어려운 작업이다. 왜냐하면, 어떠한 확률밀도함수를 선택할지라도 관측된 자료를 생성시켰을 가능성은 항상 존재하기 때문이다. 따라서 자료를 발생시켰을 가능성이 가장 큰 확률밀도함수를 선정하게 된다.

참고문헌

구자홍, 『확률론』, 민음사, 1988, 제1장.

김성기 · 계승혁, 『실해석』, 서울대학교 출판부, 1999, 제1장.

조태근, 『실해석학』, 희중각, 1987.

Billingsley, Patrick, *Probability and Measure*, 3rd ed., Wiley & Sons, 1995, Ch. 1.

Capinski, M. and E. Kopp, *Measure, Integral and Probability*, Springer, 1999, Ch. 1～2.

Carter, M. and B. Van Brunt, *The Lebesgue-Stilties Integral: A Practical Introduction*, Springer, 2000, Ch. 4.

David, Williams, *Probability With Martingales*, Cambridge University Press, 1991, Ch. 3.

Davidson, James, *Stochastic limit theory—an introduction for econometricians*, 3rd ed., Oxford University Press, 1994, Ch. 18～25.

Gallant, A. Ronald, *An Introduction to Econometric Theory*, Princeton University Press, 1997, Ch. 2.

Halmos, P. R., *Measure Theory*, Princeton, N.J.: D. Van Nostrand, 1956, Ch. IX.

Kolmogorov, A. N., *Foundations of the Theory of Probability*, translated by N. Morrison, Chelsea Publishing Company, 1956.

Pfeiffer, Paul E., *Concepts of Probability Theory*, 2nd ed., N.Y.: Dover Publications, Inc., 1978, Ch. 3.

Spanos, Aris, *Statistical Foundations of Economic Modelling*, Cambridge University Press, 1986, Ch. 4.

______, *Probability Theory and Statistical Inference*, Cambridge University Press, 1986, Ch. 3.

4

확률벡터와 확률분포

제3장에서는 하나의 확률변수와 관련된 확률모형에 대해 살펴보았다. 그런데 현실적으로 하나의 변수만으로 확률적 현상을 분석할 수 없는 경우가 대부분이다. 예컨대, 개인의 소비수준은 자녀수, 가족의 규모, 가족의 소득, 사회적 지위, 연령 등의 다양한 요소에 의하여 영향을 받는다. 따라서 소비행태를 분석하기 위해서는 이들 변수를 동시에 고려해야 한다. 결국 1변수 확률변수에 대한 논의를 다변수와 연관된 확률변수에 대한 논의로 확장하는 것이 필요하다. 다변수 확률변수로 확장하는 것은 확률벡터(random vector)를 이용하는 것을 의미한다. 여기서 확률벡터는 각 원소가 모두 확률변수 $X_i(i=1, 2, \cdots\cdots, n)$로 구성된 벡터 $X=(X_1, X_2, \cdots\cdots, X_n)'$이다.

확률벡터는 확률변수들로 구성된 벡터이므로 확률벡터를 구성하고 있는 확률변수들의 결합밀도함수, 한계밀도함수, 조건부 밀도함수 등의 개념이 고려되어야 한다. 본장에서는 이들 개념을 정의하는 데 기초가 되는 곱측도 등에 대하여 간략하게 살펴볼 것이다.[1] 앞서 제2장에서 살펴본 바와 같이 확률변수가 확률공간 $(\mathbb{R}, \mathscr{B}, P_X)$ 위에서 정의되듯이, 다변수로 구성된 확률벡터 또한 이와 유사한 확률공간에 기반을 두고 정의된다. 따라서 본절에서는 확률벡터와 관련하여 필요한 기초개념들, 즉 확률벡터가 정의되는 표본공간, σ-체, 그리고 그러한 σ-체 위에서 정의되는 확률측도 등에 대하여 살펴볼 것이다.

확률벡터가 정의되는 공간은 확률변수가 정의되는 확률공간을 쌓아 올린 공간, 즉 직적곱 공간(product space)이다. 즉, 일반적으로 두 집합 S_1과 S_2를 쌓아 올려 만든 곱집합 $S_1 \times S_2$를 S로 나타낼 때, 본절에서 다루고자 하는 내용은 곱집합 S에 대한 σ-체 $\mathscr{F}$가 무엇인지를 정의하고, 이처럼 정의된 σ-체 위에서 정의되는 곱측도(product measure) P를 도출하는 것이다. 이때 곱측도 P는 곱집합 S의 부분공간 $S_i(i=1, 2)$의 σ-체 $\mathscr{F}_i(i=1, 2)$ 위에서 정의되는 측도 $P_i(i=1, 2)$와 상호간에 모순이 발생해서는 안된다.[2] 여기서

1) 일반적으로 곱공간과 관련하여 관심을 두는 부분은 곱공간에서 정의되는 측도, 즉 곱측도(product measure)를 어떻게 구축할 것인지에 대한 문제이다. 이는 다중적분에서 적분순서를 맞바꿀 수 있는지, 어느 경우에 적분순서를 바꾸는 것이 가능한지 등과 관련되어 있다. 즉, 다변수로 구성된 함수와 관련하여 종종 적분의 순서를 맞바꾸어야 할 필요성이 발생하게 되는데, 바로 이러한 문제를 해결하기 위하여 도입되는 개념이 곱측도이다.

2) 이는 논리적인 측면에서 당연하게 요구되는 조건이라는 측면을 지니지만 결합분포와 한계분포라는 두 개념을 연계하기 위해서도 반드시 필요하다.

유의할 점은 측도 $P_i(i=1, 2)$를 σ-유한(σ-finite)하다고 가정하여야 한다는 점이다.[3] 측도의 σ-유한성에 대해서는 후술할 예정이다.

곱측도를 구축하는 데 있어 논의의 초점은 다중적분에서 적분의 순서를 바꾸어서 적분할 수 있는지 여부이다. 적절한 조건이 만족되는 경우에는 다변수함수의 적분순서를 바꾸어도 적분값이 동일하다. 이를 후비니의 정리(Fubini theorem)라고 한다. 본장의 초반에서는 후비니의 정리에 대해 논의한다.

4.1. 곱공간과 곱측도

본절에서는 확률벡터를 논의하는 데 필요한 곱공간과 곱측도에 대해 살펴본다.

4.1.1. 개　　요

통상적으로 2차원에 대하여 적용되는 이론은 2보다 큰 유한한 n차원에 대해서도 일반성을 상실하지 않고 그대로 적용될 수 있다. 무한차원의 경우에도 구체적인 증명과정상에서 논리를 전개하는 방식에 다소의 차이가 있기는 하지만 본질적인 결과는 대부분 동일하다.[4]

두 확률변수 X_1과 X_2가 각각 측도공간 $(S_1, \mathscr{F}_1, P_1)$과 $(S_2, \mathscr{F}_2, P_2)$ 위에서 정의되어 있다고 하자. 이제 두 확률변수들의 정의역, 즉 표본공간들의 곱집합 $S_1 \times S_2$를 정의할 수 있는데, 이렇게 정의된 $S_1 \times S_2$ 위에서 확률측도를 어떻게 부여할지에 대하여 살펴보는 것이 본절의 목적이다. 제2장에서 살펴본 바와 같이 확률측도를 부여하기 위해서는 사건집합들의 σ-체가 정의되어야 한다.[5] 이렇게 곱집합 $S_1 \times S_2$와 연관된 σ-체를 결정한 다음 결정된 σ-체 위에서 정의되는 측도를 구축하여야 한다.

---

3) 유한측도와 σ-유한한 측도는 비슷하지만 전혀 다른 용어이므로 유의하기 바란다.

4) 무한차원의 경우에 대한 자세한 논의는 제6장을 참조하기 바란다.

5) 무한개의 원소로 구성된 표본공간(즉, 실직선 $\mathbb{R}$)의 경우, 멱집합보다 작은 σ-체로는 잴 수 있는 집합들의 σ-체 $\mathscr{M}$과 보렐체 $\mathscr{B}(\mathbb{R})$가 있지만 사실상 실제로 주로 논의되는 것은 보렐체 $\mathscr{B}(\mathbb{R})$이다. n차원 확률벡터를 다루는 경우에도 마찬가지로 보렐체 $\mathscr{B}(\mathbb{R}^n)$이 중요하다.

4.1.2. 유한차원의 곱공간

두 집합 S_1과 S_2가 있을 때 두 원소 $s_1 \in S_1$, $s_2 \in S_2$의 순서쌍 (s_1, s_2)들의 전체 집합을 S_1과 S_2의 곱집합(product of S_1 and S_2)이라 부르며 $S_1 \times S_2$로 나타낸다. 두 집합 S_1과 S_2의 곱 $S_1 \times S_2$는 직적 또는 카테지안 곱(Cartesian product)이라 불리며 다음과 같이 정의된다.

정의 1 직적 또는 카테지안 곱

두 집합 S_1과 S_2의 직적(또는 카테지안 곱)은 다음과 같은 순서쌍 (s_1, s_2)들의 집합이다.

$$S_1 \times S_2 = \{(s_1, s_2) \mid s_1 \in S_1,\ s_2 \in S_2\}.$$

만일 집합 S_1과 S_2가 구간이라면 [정의 1]에서 나타낸 직적의 모양이 사각형 형태일 것이라는 점은 직관적으로 명백하다. 이제 집합 $E_1 \subset S_1$과 집합 $E_2 \subset S_2$에 대해,

$$E_1 \times E_2 = \{(s_1, s_2) \mid s_1 \in E_1,\ s_2 \in E_2\}$$

와 같이 사각형집합(rectangle)을 정의할 수 있는데, 사각형집합은 당연히 두 집합에 대한 직적 $S_1 \times S_2$의 부분집합이다. 가능하다면 이와 같은 사각형집합이 잴 수 있는 집합이기를 바란다. 따라서 다음과 같이 잴 수 있는 사각형집합(measurable rectangle)을 정의하자.

정의 2 잴 수 있는 사각형집합

두 측도공간 $(S_1, \mathscr{F}_1)$과 $(S_2, \mathscr{F}_2)$에 대해, 잴 수 있는 집합 $E_1 \in \mathscr{F}_1$과 $E_2 \in \mathscr{F}_2$가 있을 때, 잴 수 있는 사각형집합은 다음과 같은 집합이다.

$$\text{곱집합 } E_1 \times E_2.$$

잴 수 있는 사각형집합은 사각형집합을 만들되 잴 수 있는 집합인 $E_1 \in \mathscr{F}_1$과 $E_2 \in \mathscr{F}_2$들로 사각형의 대상을 제한한 것이다.

곱측도를 정의하기 위해서는, 제2장에서 살펴본 바와 같이 곱집합의 σ-체가 정의되어야 한다. 즉, 일단 곱집합 $S_1 \times S_2$와 연관된 σ-체를 결정한 다음에야, 결정된 해당 σ-체 위에서 정의될 측도를 구축할 수 있다. 이제 잴 수 있는 사각형집합 $E_1 \times E_2$의 σ-체를 정의하도록 하자. 잴 수 있는 사각형 집합 전체의 집합을

$$\mathfrak{R} = \{E_1 \times E_2 : E_1 \in \mathscr{F}_1, E_2 \in \mathscr{F}_2\} \tag{1}$$

라 하자. 이 때 $\mathfrak{R}$에 의해 생성되는 σ-체를 $\mathscr{F}_1$과 $\mathscr{F}_2$의 곱 σ-체(product σ-field of $\mathscr{F}_1$ and $\mathscr{F}_2$)라 부르고 $\mathscr{F}_1 \times \mathscr{F}_2$와 같이 나타낸다. $\mathscr{F}_1 \times \mathscr{F}_2$로 표현된 $\mathscr{F}_1$과 $\mathscr{F}_2$의 곱 σ-체는 어떤 집합체인가? 먼저 $\mathscr{F}_1 \times \mathscr{F}_2$가 어떤 집합체인지를 살펴보기 위해 유한한 개수의 잴 수 있는 사각형집합들의 합집합을 $\mathscr{E}$라 하자. 그러면 $\mathscr{E}$는 다음과 같다.

$$\mathscr{E} = \left\{\bigcup_{i=1}^{\infty} R_i : R_i \in \mathfrak{R}(i=1, 2, \cdots\cdots, n), n=1, 2, \cdots\cdots\right\}. \tag{2}$$

이 때 $\mathscr{E}$의 원소가 되는 집합 F를 기본집합(elementary set)이라고 한다. 즉,

정의 3 기본집합

기본집합은 집합 $\mathscr{E}$의 원소 F이다. 즉, $F \in \mathscr{E}$.

[정리 1]은 $\mathscr{F}_1 \times \mathscr{F}_2$로 표현된 $\mathscr{F}_1$와 $\mathscr{F}_2$의 곱 σ-체 $\mathscr{F}_1 \times \mathscr{F}_2$가 무엇인지 나타내 주고 있다.

정리 1

(i) $\mathscr{E}$의 원소, 즉 기본집합은 서로 소인 유한한 개수의 사각형집합들의 합집합으로 나타낼 수 있다.

(ii) $\mathscr{E}$는 $S_1 \times S_2$의 집합대수이며, $\mathscr{F}_1 \times \mathscr{F}_2$는 $\mathscr{E}$에 의해 생성되는 σ-체이다.

(iii) 곱집합 $E_1 \times E_2$와 $\mathscr{E}$에 의해 생성된 σ-체 $\mathscr{F}_1 \times \mathscr{F}_2$의 순서쌍 $(S_1 \times S_2, \mathscr{F}_1 \times \mathscr{F}_2)$는 잴 수 있는 공간(또는 가측공간)이다.

[정리 1]의 (ii)는 $\mathscr{F}_1$과 $\mathscr{F}_2$의 곱집합 $\mathscr{F}_1 \times \mathscr{F}_2$가 바로 잴 수 있는 사각형 $S_1 \times S_2$와 연관된 σ-체, 즉 곱집합 $S_1 \times S_2$에 대한 곱 σ-체임을 나타낸다. 한편, $\mathscr{F}_1 \times \mathscr{F}_2$는 [정리 2]에서처럼 통집합(cylinder sets 또는 stripes)의 집합체에 의해서도 생성될 수 있다.

• 정리 2 •

(i) $\mathscr{F}_1 \times \mathscr{F}_2$는 아래와 같은 집합체 $\mathfrak{C}$에 의해 생성된다.

$$\mathfrak{C} = \{E_1 \times S_2 : E_1 \in \mathscr{F}_1\} \cup \{S_1 \times E_2 : E_2 \in \mathscr{F}_2\}.$$

(ii) $\mathscr{F}_1 \times \mathscr{F}_2$는 두 사영함수 $f_{(21)} : S_1 \times S_2 \to S_1$과 $f_{(22)} : S_1 \times S_2 \to S_2$가 잴 수 있는 함수가 되도록 하는 가장 작은 σ-체이다.

여기서, $f_{(21)}(s_1 \times s_2) = s_1$, $f_{(22)}(s_1 \times s_2) = s_2$.

위에서 집합 $\{E_1 \times S_2 : E_1 \in \mathscr{F}_1\}$나 $\{S_1 \times E_2 : E_2 \in \mathscr{F}_2\}$ 같은 집합을 통집합이라 한다. 제6장에서 확률과정에 대해 살펴볼 예정인데, 이 때 무한차원의 통집합 개념이 필요하니 통집합의 개념을 기억해 두기 바란다.

통집합은 다음과 같은 사영함수의 역사상(inverse image)이다. 먼저 사영함수(projection function)는 간단히 말해, 차원이 큰 곱공간(product space)상의 집합을 보다 작은 차원을 가지는 곱공간 상의 집합에 대응시키는 함수이다. 예컨대, 실수의 2차원 직적 공간을 1차원 공간에 대응시키는 경우에는

$$f_{(21)} : \mathbb{R}^2 \to \mathbb{R},\ f_{(22)} : \mathbb{R}^2 \to \mathbb{R} \tag{3}$$

와 같이 나타낼 수 있다. 앞에서 주어진 함수의 경우에 $f_{(21)}((s_1, s_2))=s_1$, $f_{(22)}((s_1, s_2))=s_2$와 같다.

이러한 정의에 의하면 다음과 같이 역함수를 생각할 수 있다.

$$f_{(21)}^{-1}(E_1)=E_1\times S_2,\ f_{(22)}^{-1}(E_2)=S_1\times E_2. \tag{4}$$

식 (4)의 두 집합 $f_{(21)}^{-1}(E_1)=E_1\times S_2$와 $f_{(22)}^{-1}(E_2)=S_1\times E_2$를 통집합이라고 부르며 이들 통집합은 [정리 2]의 (i)에 의해 잴 수 있는 집합이다. 따라서 사영함수 $f_{(21)}: \mathbb{R}^2\to\mathbb{R}$와 $f_{(22)}: \mathbb{R}^2\to\mathbb{R}$는 각각 $\mathscr{F}_1$과 $\mathscr{F}_2$에 대해 잴 수 있는 함수이다.

집합체 $\mathfrak{E}=\{E_1\times S_2: E_1\in\mathscr{F}_1\}\cup\{S_1\times E_2: E_2\in\mathscr{F}_2\}$가 집합체

$$\mathfrak{R}=\{E_1\times E_2|E_1\in\mathscr{F}_1,\ E_2\in\mathscr{F}_2\}$$

에 포함되는 것은 명백하므로 $\mathfrak{E}$에 의해 생성되는 σ-체는 $\mathfrak{R}$에 의해 생성되는 σ-체보다 작음을 알 수 있다. 즉, $\sigma(\mathfrak{E})\subset\sigma(\mathfrak{R})$. 반면에 사각형집합은 통집합의 교집합으로 나타낼 수 있다. 즉,

$$E_1\times E_2=(E_1\times S_2)\cap(S_1\times E_2)=f_{(21)}^{-1}(E_1)\cap f_{(22)}^{-1}(E_2). \tag{5}$$

식 (5)에 의하면 [정의 2]에서 정의된 사각형집합이 통집합에 의해 생성되는 σ-체 $\sigma(\mathfrak{E})$의 원소가 된다. 결국 $\mathfrak{R}\subset\sigma(\mathfrak{E})$이다. 따라서 $\sigma(\mathfrak{R})\subset\sigma(\sigma(\mathfrak{E}))$가 성립한다. 그런데 $\sigma(\sigma(\mathfrak{E}))=\sigma(\mathfrak{E})$이므로 $\sigma(\mathfrak{R})$와 $\sigma(\mathfrak{E})$는 일치한다. 즉, $\sigma(\mathfrak{R})\subset\sigma(\mathfrak{E})$이다. 그리고 위에서 $\sigma(\mathfrak{E})\subset\sigma(\mathfrak{R})$가 성립한다고 하였으므로 $\sigma(\mathfrak{R})=\sigma(\mathfrak{E})$가 성립한다.

독자의 이해를 위해 통집합에 대해 좀더 살펴보도록 하자. 특히, $S_1=\mathbb{R}$, $S_2=\mathbb{R}$라 하자. 집합 $E_1\subseteq\mathbb{R}$에 대한 역상은 $f_{(21)}^{-1}(E_1)=E_1\times\mathbb{R}$이며, 집합 $E_2\subseteq\mathbb{R}$에 대한 역상은 $f_{(22)}^{-1}(E_2)=\mathbb{R}\times E_2$이다. 2차원의 경우와 유사하게 3차원 공간의 집합을 첫 번째 1차원 공간에 사영하는 사영함수는 $f_{(3.1)}: \mathbb{R}\times\mathbb{R}\times\mathbb{R}\to\mathbb{R}$이다. 이 때 이러한 함수의 역상을 구하게 되면 그것이 바로 3차원 실수공간 $\mathbb{R}^3$에서의 1차원 통집합이다. 즉, 치역상의 부분집합 $E_1\subseteq\mathbb{R}$에 대하여 그 역상을 구하면, $f_{(3.1)}^{-1}(E_1)=E_1\times\mathbb{R}\times\mathbb{R}$가 되는데 이것이 3차원 실수공간에서의 통집합이다.

이러한 통집합을 그림으로 나타내면 다음과 같다. (x, y, z)을 각각 좌표

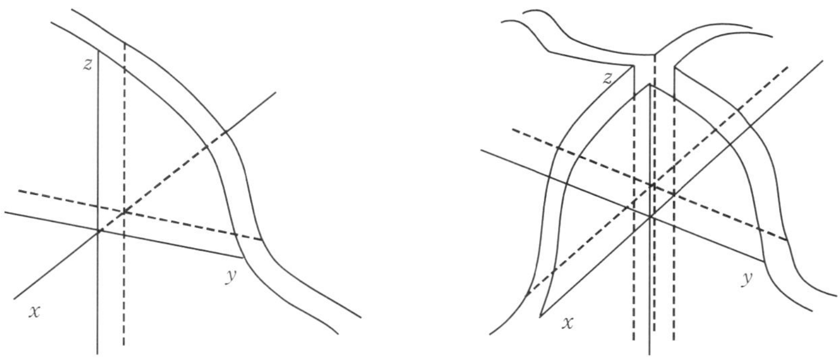

(a) 3차원 공간의 1차원 통집합 (b) 두 1차원 통집합의 합집합

그림 4-1 통집합과 통집합의 교집합

라 하면, x축상의 구간에 의하여 생성되는 1차원 통집합은 x축과 직각인 두 개의 무한평면에 의하여 경계로 나누어지는 영역으로 나타난다([그림 4-1] (a) 참조).

한편, [정리 2]로부터 다음과 같은 [따름정리]가 도출된다.

• 따름정리 •

$\mathfrak{R}$에 의해 생성되는 σ-체와 $\mathfrak{Z}=\{I_1 \times I_2 : I_1, I_2\text{는 구간}\}$에 의해 생성되는 σ-체는 같다.

[따름정리]에 의하면 $\mathscr{F}_1$과 $\mathscr{F}_2$의 곱 σ-체 $\mathscr{F}_1 \times \mathscr{F}_2$가 집합체 $\mathfrak{C}$에 의해 생성되기도 하지만 구간에 의해서도 생성된다는 것을 알 수 있다. 그런데 1차원 $\mathbb{R}$의 경우 구간에 의하여 생성되는 σ-체가 바로 보렐체 $\mathscr{B}$라는 점을 고려하면 곱 σ-체 $\mathscr{F}_1 \times \mathscr{F}_2$가 보렐체의 곱과도 밀접하게 관련이 있을 것으로 예상된다.

4.1.3. 유한차원의 곱측도

앞절에서 곱집합 $S_1 \times S_2$에 대한 σ-체를 결정하였는데 그것은 $\mathscr{F}_1 \times \mathscr{F}_2$이었다. 이제 σ-체 $\mathscr{F}_1 \times \mathscr{F}_2$ 위에서 정의되는 측도에 대해 살펴보자. 즉, 잴 수 있는 공간이면서 σ-유한한 두 측도공간 $(S_1, \mathscr{F}_1, \mu_1)$과 $(S_2, \mathscr{F}_2, \mu_2)$에 대해 곱집합 $\mathscr{F}_1 \times \mathscr{F}_2$ 위에서 정의되는 곱측도가 무엇인지에 대해 살펴보자.

사각형집합에 대한 측도가 무엇인지 살펴보는 것이 본 소절의 목적이다. 제1장에서 측도가 일반화된 길이 개념임을 보았다. 따라서 2차원 사각형집합의 측도도 역시 '길이' 개념을 내포하여야 한다. 하지만 사각형집합의 길이라는 개념보다는 어떤 영역의 면적이나 체적으로 생각하는 것이 적당하다. 흔히 사각형의 넓이는 가로길이×높이길이로 계산된다. 즉, 가로와 세로는 모두 1차원에서의 '길이'를 나타낸다. 이러한 점에서 이들 1차원 측도, 즉 '길이'를 곱해 주는 형태로 2차원 사각형집합의 측도로 삼는 것은 아주 자연스러운 선택이다. 2차원의 경우에는 사각형집합이 사각형을 의미하지만 3차원 경우에는 직육면체가 될 것이고, 4차원 이상의 경우에는 그 모양을 상상하기 어렵다. 하지만 고차원의 경우 2차원 평면에 투사한 모양이 사각형 모양이 될 것이므로 일반적으로 곱공간의 원소가 되는 집합을 사각형집합이라고 불러도 무방하다. 어쨌든 고차원 집합의 측도는 1차원 측도, 즉 '길이'의 곱형태로 나타낼 수 있다.

높은 차원 공간집합의 측도는 낮은 차원 공간에서의 측도와의 관계에서 모순이 나타나면 의미가 없다. 따라서 어떤 측도 P가 $\mathscr{F}_1 \times \mathscr{F}_2$ 위에서 정의되었다면 $\mathscr{F}_1$과 $\mathscr{F}_2$ 위에서 각각 정의된 1차원 측도 P_1 및 P_2와 논리적 일관성을 지녀야 한다.

본장 도입부에서 간략하게 언급하였듯이 곱측도를 정의하기 위해서는 각각의 측도 $P_i(i=1, 2)$가 σ-유한하다는 조건이 필요하다. 후술할 예정이지만 측도 $P_i(i=1, 2)$가 σ-유한하다는 조건이 필요한 것은 곱측도가 유일함을 보여 주기 위해 필요하기 때문이다. 이 때 측도 $P_i(i=1, 2)$가 σ-유한하다는 것은 다음을 의미한다. 주어진 측도공간 $(S_1, \mathscr{F}_1, P_1)$에서 측도 P_1이 유한측도여서 $P_1(S_1) < \infty$라 하자. 이 때 잴 수 있는 집합의 수열 $\{S_{1i}\}$가 있어서 다음과 같이 2가지 조건을 만족하면 측도 P_1을 σ-유한하다고 부른다. 첫째, 각 정수 i에 대한 집합 S_{1i}의 측도값이 모두 유한한 값을 지녀 $P_1(S_{1i}) < \infty$

$(i \in N)$가 성립하고, 둘째 $S_1 = \bigcup_{i=1}^{\infty} S_{1i}$이어서 S_{1i}들의 무한합집합이 (표본)공간 S_1을 구성한다. 예컨대, 측도 P_1이 확률측도처럼 유한한 값을 지니는 유한측도라고 하자. 그러면 $S_{11} = S_{12} = \cdots\cdots = S_1$이므로 P_1은 σ-유한하다. 제1장에서 살펴보았던 르벡측도나 보렐측도 등은 모두 σ-유한한 측도의 한 예이다.

곱측도에 대해 살펴보기 전에 곱집합 $S_1 \times S_2$의 부분집합 $E \subset S_1 \times S_2$와 $s_1 \in S_1$, $s_2 \in S_2$에 대해 절편(section)이라 불리는 두 집합을 정의하자.

정의 4 절 편

곱집합 $S_1 \times S_2$의 부분집합 $E \subset S_1 \times S_2$와 $s_1 \in S_1$, $s_2 \in S_2$에 대해 집합 E_{s_1}, E_{s_2}를 s_1, s_2에 대한 집합 E의 절편(section)이라고 한다.

$$E_{s_1} = \{s_2 \in S_2 \mid (s_1, s_2) \in E\} \quad (s_1 \in S_1),$$
$$E_{s_2} = \{s_1 \in S_1 \mid (s_1, s_2) \in E\} \quad (s_2 \in S_2).$$

[정의 4]에서 E_{s_1}은 집합 E의 s_1-절편, E_{s_2}는 s_2-절편이다. 이 때 s_1-절편 E_{s_1}과 s_2-절편 E_{s_2}에 대해 함수 $f_{s_1}: S_1 \to [0, \infty]$, $f_{s_2}: S_2 \to [0, \infty]$를 각각 다음과 같이 정의해 줄 수 있다.

$$f_{s_1}: s_1 \mapsto \mu_2(E_{s_1}) = \int_{S_2} 1_E(s_1, s_2)\, d\mu_2(s_2),$$
$$f_{s_2}: s_2 \mapsto \mu_1(E_{s_2}) = \int_{S_1} 1_E(s_1, s_2)\, d\mu_1(s_1). \tag{6}$$

만일 식 (6)과 같이 정의된 두 함수 f_{s_1}, f_{s_2}가 각각 잴 수 있는 함수이며,

$$\int_{S_1} f_{s_1} d\mu_1 = \int_{S_2} f_{s_2} d\mu_2 \tag{7}$$

를 만족한다면 식 (7)처럼 공통으로 주어진 값을 사각형집합 E의 곱측도로 정의해 주는 것이 바람직할 것이다. 이 때 어떤 측도에 대해 만일 식 (7)이 성립한다면,

$$\int_{S_1} f_{s_1} d\mu_1 = \int_{S_1}\left(\int_{S_2} 1_E(s_1,\ s_2)d\mu_2(s_2)\right)d\mu_1$$

$$= \int_{S_2}\left(\int_{S_1} 1_E(s_1,\ s_2)d\mu_1(s_1)\right)d\mu_2 = \int_{S_2} f_{s_2} d\mu_2 \tag{8}$$

가 성립하게 된다. 이는 S_1 또는 S_2 중 어느 쪽을 먼저 적분하던 상관없이, 즉 적분의 순서와 상관없이 측도의 값이 동일해야 한다는 것을 요구하는 조건이다. 따라서 식 (7)을 만족하는 곱측도는 사각형집합에 대한 측도이면서 적분값이 적분의 순서와 상관없이 결정된다. 뿐만 아니라 어떤 함수 $f(s_1,\ s_2)$가 적절한 조건을 만족할 때 이 함수 $f(s_1,\ s_2)$에 대해서도 적분의 순서를 바꾸어 계산하여도 아래와 같이 적분값이 변하지 않아야 한다.

$$\int_{S_1\times S_2} f(s_1,\ s_2)d(\mu_1\times\mu_2) = \int_{S_1}\left(\int_{S_2} f(s_1,\ s_2)d\mu_2\right)d\mu_1$$

$$= \int_{S_2}\left(\int_{S_1} f(s_1,\ s_2)d\mu_1\right)d\mu_2. \tag{9}$$

이러한 내용을 담고 있는 정리를 후비니정리(Fubini theorem)라고 한다.

식 (9)의 성질을 만족하는 어떤 곱측도를 일단 $\mu_{(2)}$라고 표기하자. 일반적으로 $\mu_{(2)}$를 $\mu_1\times\mu_2$와 같이 나타내기도 한다. 그러면 $\mu_{(2)}$는 무엇에 관한 측도가 될 것인가? 측도 $\mu_{(2)}$가 잴 수 있는 공간이면서 σ-유한한 두 잴 수 있는 공간 $(S_1,\ \mathscr{F}_1,\ \mu_1)$과 $(S_2,\ \mathscr{F}_2,\ \mu_2)$에 대해 곱집합 $\mathscr{F}_1\times\mathscr{F}_2$ 위에서 정의될 곱측도가 되기를 바란다. 실제로 $\mu_{(2)}$(또는 $\mu_1\times\mu_2$)는 곱집합 $\mathscr{F}_1\times\mathscr{F}_2$ 위에서 정의되는 곱측도이다. 이제 이에 대해 살펴보자. 먼저 다음이 성립한다.

정리 3

가측성에 대한 후비니정리

잴 수 있는 공간이면서 σ-유한한 $(S_1,\ \mathscr{F}_1,\ \mu_1)$과 $(S_2,\ \mathscr{F}_2,\ \mu_2)$에 대해 다음이 성립한다.

(i) 집합 E가 $\mathscr{F}_1\times\mathscr{F}_2$의 원소이면, 즉 $E\in\mathscr{F}_1\times\mathscr{F}_2$이면,

ⓐ 모든 s_1에 대해 $E_{s_1}\in\mathscr{F}_2$이다.

ⓑ $\mu_2(E_{s_1})$은 s_1의 $\mathscr{F}_1$-잴 수 있는 함수이다.

유사하게,

ⓒ 모든 s_2에 대해 $E_{s_2} \in \mathscr{F}_1$이다.

ⓓ $\mu_1(E_{s_2})$는 s_2의 $\mathscr{F}_2$-잴 수 있는 함수이다.

(ii) 어떤 함수 $f(s_1, s_2)$가 $\mathscr{F}_1 \times \mathscr{F}_2$-잴 수 있는 함수일 때,

ⓐ 고정된 s_1에 대해 $f(s_1, s_2)$는 s_2의 $\mathscr{F}_2$-잴 수 있는 함수이다.

ⓑ $f(s_1, s_2) \geq 0$이면 $\int_{S_2} f(s_1, s_2) d\mu_2$는 s_1의 $\mathscr{F}_1$-잴 수 있는 함수이다.

유사하게,

ⓒ 고정된 s_2에 대해 $f(s_1, s_2)$는 s_1의 $\mathscr{F}_1$-잴 수 있는 함수이다.

ⓓ $f(s_1, s_2) \geq 0$이면 $\int_{S_1} f(s_1, s_2) d\mu_1$은 s_2의 $\mathscr{F}_2$-잴 수 있는 함수이다.

[정리 3]은 후비니의 정리 중에서 가측성에 대한 부분이다. 후비니의 정리는 가측성과 관련된 [정리 3]과 함께 적분의 순서를 바꿀 수 있는지와 관련된 정리로 구성된다. 본서에서는 가측성과 적분에 대한 후비니정리를 구분하여 제시하였다.

[정리 3]에 의하면, 일단 식 (6)에서 제시한 두 함수 f_{s_1}, f_{s_2}가 각각 잴 수 있는 함수임을 나타내고 있다. 그리고 (ii)에 의하면 주어진 함수 $f(s_1, s_2)$가 $f(s_1, s_2) \geq 0$을 만족하면 $\int_{S_2} f(s_1, s_2) d\mu_2$는 항상 $\mathscr{F}_1$에 대해 잴 수 있는 함수이다. 이러한 성질은 후술할 다변수 확률밀도함수가 지녀야 하는 성질 중 하나와 일치한다. 즉, 밀도함수는 항상 함수값이 0보다 크거나 같아야 하므로 이러한 성질을 보유하고 있다. 따라서 다변수 확률밀도함수에 대해 [정리 3]을 적용할 수 있다.

그러면 식 (9)는 언제 성립하는가? 이에 대해 살펴보기 위해 다음과 같이 곱측도를 정의해 보자.

정의 5 **곱 측 도**

두 잴 수 있는 공간 $(S_1, \mathscr{F}_1, \mu_1)$과 $(S_2, \mathscr{F}_2, \mu_2)$가 σ-유한하다고 하자. 이 때 곱집합 $S_1 \times S_2$에 대한 곱 σ-체 $\mathscr{F}_1 \times \mathscr{F}_2$ 위에서 정의되는 다음을 만족하는 측도 $\mu_{(2)}$는 측도 μ_1과 측도 μ_2의 곱측도이다.

각각 유한한 측도를 지니는 $\mu_1(E_1) < \infty$, $\mu_2(E_2) < \infty$인 두 집합 E_1, E_2의 곱집합인 모든 잴 수 있는 사각형집합 $E_1 \times E_2$에 대해,

$$\mu_{(2)}(E_1 \times E_2) = \mu_1(E_1) \times \mu_2(E_2).$$

[정의 5]에서 정의된 곱측도 $\mu_{(2)}$는 $\mu_1 \times \mu_2$와 같이 표시하기도 한다. 여기서 곱측도를 두 측도 μ_1과 μ_2의 직적으로 정의하면 식 (9)에서 제시한 성질이 만족될 것인가? 다음의 정리는 $\int_{S_1} f_{s_1} d\mu_1 = \int_{S_2} f_{s_2} d\mu_2$라는 관계가 성립함을 나타낸다.

• 정리 4 •

두 잴 수 있는 공간 $(S_1, \mathscr{F}_1, \mu_1)$과 $(S_2, \mathscr{F}_2, \mu_2)$가 σ-유한하다고 하자. 그리고 곱측도 $\mu_1 \times \mu_2$가 [정의 5]와 같이 주어졌다고 하자. 그러면 다음이 성립한다.

(i) 곱측도 $\mu_1 \times \mu_2$는 유일하다.

(ii) 집합 $E(\in \mathscr{F}_1 \times \mathscr{F}_2)$의 절편 E_{s_1} 및 E_{s_2}에 대해,

$$\mu_1 \times \mu_2(E) = \int_{S_1} \mu_2(E_{s_1}) d\mu_1 = \int_{S_2} \mu_1(E_{s_2}) d\mu_2.$$

[정리 4]는 두 함수 f_{s_1}, f_{s_2}가 μ_1, μ_2인 경우 성립한다. [정리 4]의 (i)은 곱측도가 유일하게 결정된다는 것을 나타낸다.

지금까지 곱집합 $S_1 \times S_2$에 대한 곱 σ-체 $\mathscr{F}_1 \times \mathscr{F}_2$, 그리고 $\mathscr{F}_1 \times \mathscr{F}_2$ 위

에서 정의되는 곱측도 $\mu_1 \times \mu_2$에 대해 살펴보았다. 이들을 하나로 나타낸 3 순서쌍을 잴 수 있는 공간 또는 측도공간이라 한다는 점을 제1장에서 살펴보았다. 이와 유사하게 잴 수 있는 공간$(S_1 \times S_2, \mathscr{F}_1 \times \mathscr{F}_2, \mu_1 \times \mu_2)$을 잴 수 있는 공간들인 $(S_1, \mathscr{F}_1, \mu_1)$과 $(S_2, \mathscr{F}_2, \mu_2)$의 곱측도공간(product measure space)이라 한다.[6)]

이렇게 곱측도공간이 정의되었을 때 적분에 대한 후비니정리는 다음과 같다.

정리 5

적분에 대한 후비니정리

두 잴 수 있는 공간이면서 σ-유한한 $(S_1, \mathscr{F}_1, \mu_1)$과 $(S_2, \mathscr{F}_2, \mu_2)$의 곱측도공간$(S_1 \times S_2, \mathscr{F}_1 \times \mathscr{F}_2, \mu_1 \times \mu_2)$이 있다고 하자. 그리고 함수 $f(s_1, s_2)$가 $\mu_1 \times \mu_2$-적분가능함수이거나 $\mathscr{F}_1 \times \mathscr{F}_2$-잴 수 있는 함수이면서 음이 아니라고 하자. 즉, $f(s_1, s_2) \geq 0$이라 하자. 그러면 다음이 성립한다.

$$\int_{S_1 \times S_2} f(s_1, s_2)\, d(\mu_1 \times \mu_2) = \int_{S_1} \left(\int_{S_2} f(s_1, s_2)\, d\mu_2 \right) d\mu_1$$
$$= \int_{S_2} \left(\int_{S_1} f(s_1, s_2)\, d\mu_1 \right) d\mu_2.$$

[정리 5]에 의하면, 함수 $f(s_1, s_2)$가 $\mu_1 \times \mu_2$-적분가능함수이거나, 아니면 $\mathscr{F}_1 \times \mathscr{F}_2$-잴 수 있는 함수이면서 음이 아니고 $f(s_1, s_2) \geq 0$인 경우에 적분의 순서를 바꾸어도 무방하다는 것을 알 수 있다. 그런데 이처럼 후비니정리를 적용하여 적분의 순서를 바꾸어 적용할 수 있기 위해서는 적용대상 함수 $f(s_1, s_2)$가 적분가능한 함수인지를 확인하여야 한다. 즉, 함수 $f(s_1, s_2)$가 곱측도 $\mathscr{F}_1 \times \mathscr{F}_2$에 대해 잴 수 있는 함수이고

$$\int |f(s_1, s_2)|\, d(\mu_1 \times \mu_2) < \infty \tag{10}$$

6) 곱측도공간 $(S_1 \times S_2, \mathscr{F}_1 \times \mathscr{F}_2, \mu_1 \times \mu_2)$를 $(S_1, \mathscr{F}_1, \mu_1) \times (S_2, \mathscr{F}_2, \mu_2)$와 같이 나타내는 경우도 있다.

가 성립하는지를 먼저 확인하여야 한다. 그렇다면 주어진 함수 $f(s_1, s_2)$가 적분가능하지 않으면 후비니정리를 적용할 수 없는 것일까? 반드시 그런 것은 아니다. 이 경우에는 두 측도 μ_1과 μ_2가 모두 σ-유한하다는 전제하에, 주어진 함수 $f(s_1, s_2)$가 잴 수 있는 함수이면서 음이 아닌 함수라면 후비니정리를 적용할 수 있다. 이러한 사실은 토넬리(Tonelli)가 증명한 바 있다.

후비니의 정리와 관련하여 몇 가지 유의할 사항이 있다. 먼저 앞서 살펴본 여러 정리에서 σ-체인 $\mathscr{F}_1$과 $\mathscr{F}_2$가 모두 'σ-유한'하여야 한다는 조건이 붙어 있다. 동 조건은 $\mathscr{F}_1$이나 $\mathscr{F}_2$ 중 어느 하나만이라도 σ-유한하지 않으면 곱 σ-체 $\mathscr{F}_1 \times \mathscr{F}_2$ 위에서 정의될 곱측도가 유일하게 결정되지 않는 반례가 존재하기 때문에 필요하다. 결국 σ-유한하다는 가정은 유일한 곱측도가 존재하는 데 반드시 필요한 조건이다.

둘째, 함수 $f(s_1, s_2)$가 잴 수 있는 함수라는 전제하에

$$f_{s_1}:\ s_1 \mapsto \int_{S_2} f(s_1,\ s_2)\,d\mu_2(s_2),\ f_{s_2}:\ s_2 \mapsto \int_{S_1} f(s_1,\ s_2)\,d\mu_1(s_1) \tag{11}$$

가 존재한다는 결과를 도출할 수 있었다. 반대로 식 (11)에 주어진 함수가 존재하기는 하지만 $f(s_1, s_2)$가 잴 수 없는 함수인 경우도 존재한다는 사실이 알려져 있다. 따라서 함수 $f(s_1, s_2)$가 잴 수 있는 함수이어야 한다는 점이 반드시 필요한 것은 아니다.

정리 6

두 잴 수 있는 공간이면서 σ-유한한 $(S_1, \mathscr{F}_1, \mu_1)$과 $(S_2, \mathscr{F}_2, \mu_2)$가 있을 때, $(S_1 \times S_2, \mathscr{F}_1 \times \mathscr{F}_2, \mu_1 \times \mu_2)$도 잴 수 있는 공간이면서 σ-유한하다.

이상으로 곱측도에 대해 간략하게 살펴보았다. 그런데 지금까지 살펴본 방식으로 곱측도공간을 구축하는 방식은 한 가지 문제점을 지닌다. 한 가지 문제란 곱측도 $\mu_1 \times \mu_2$가 완비성(completeness)[7]을 결여하는 것이다. 즉, 측도

7) 완비성의 정의는 다음과 같다. 측도공간 $(S, \mathscr{F}, P)$의 σ-체의 원소인 집합 E와 F가

들의 단순한 곱을 곱측도로서 정의하면 곱측도는 완비성을 만족하지 않는다. 그렇다면 왜 완비성을 지니는 것이 필요한가? 대략적으로 말하면, 완비성은 어떤 큰 집합에서 성립하는 성질이 그보다 작은 집합에서도 당연히 성립하여야 한다는 것을 요구하는 조건으로, 일종의 논리적 일관성을 나타내는 조건이다. 따라서 σ-체 위에서 정의되는 곱측도가 완비성을 지니는 것이 바람직하다. 이에 대해서는 후술할 예정이다.

편의를 위해 차원 $n=2$, $S_1=S_2=\mathbb{R}$, σ-체 $\mathscr{M}(\mathbb{R}^2)$, 측도 P로는 르벡측도 $m\times m$인 경우를 생각하자. 이 때 잴 수 있는 집합 E는 측도가 0이고, 집합 F는 잴 수 없는 집합이라 하자. 예컨대, $E=a$와 같은 한 점집합 또는 단집합(singleton)을 생각하면, 단집합 $E=a$는 0 측도를 지니므로 $P(E)=0$이다. 한편, 집합 $a\times\mathbb{R}$를 보면, 집합 a와 $\mathbb{R}$이 각각 잴 수 있는 집합이어서 $a\times\mathbb{R}$가 잴 수 있는 집합일 뿐만 아니라 $(m\times m)(a\times\mathbb{R})=0$이므로[8] 측도값이 0이다. 여기서 m은 제1장에서 살펴본 르벡측도이다. 한편, $(a\times F)\subset(a\times\mathbb{R})$라는 관계가 성립함은 명백하다. 이 때 직관에 의하면, 집합 $a\times F$는 잴 수 있는 집합 $a\times\mathbb{R}$의 부분집합이고 집합 $a\times F$의 측도값이 0이라 하였으므로, 잴 수 있는 집합 $a\times\mathbb{R}$의 부분집합인 집합 $a\times F$의 측도는 0보다 클 수 없다. 그런데 측도는 정의상 0보다 크거나 같으므로 결과적으로 직관적으로 볼 때, 집합 $a\times F$의 측도값은 0이어야 할 것으로 생각된다. 그러나 이 같은 직관과는 달리, 가정에 의해 집합 F가 잴 수 없는 집합이라고 하였으므로, 집합 $a\times F$는 잴 수 없는 집합이다. 즉, $a\times F\notin\mathscr{M}(\mathbb{R}^2)$가 성립한다. 이상의 논의를 요약하면 다음과 같다. 집합 $a\times F$보다 큰 집합 $a\times\mathbb{R}$는 잴 수 있는 집합으로 구성된 집합체의 원소가 되지만, 그보다 작은 집합 $a\times F$는 잴 수 없는 집합이어서 잴 수 있는 집합으로 구성된 집합체 $\mathscr{M}(\mathbb{R}^2)$의 원소가 될 수 없다. 따라서 집합체 $\mathscr{M}(\mathbb{R}^2)$는 완비성을 지니지 않는다. 이러한 예는 보

$E\subset F\subset S$, $F\in\mathscr{F}$, $P(F)=0$일 때, $E\in\mathscr{F}$라는 조건을 만족하면, σ-체 $\mathscr{F}$는 완비성을 지니고 있다고 한다.

이는 큰 집합 $F(\in\mathscr{F})$가 어떤 성질을 만족하는 집합에 속하는 경우 F보다 작은 집합인 $E(\in\mathscr{F})$도 역시 그 성질을 만족하는 집합에 속하여야 함을 의미한다. 이러한 정의에 의하면 집합 F의 측도가 0이면서 잴 수 있는 집합들의 집합체에 속할 때 작은 집합 E도 역시 잴 수 있는 집합들의 집합체에 속하는 경우에 해당 집합체가 완비성을 가진다고 한다.

8) [정의 5]에 의하면, 곱측도 $m\times m$은 $m\times m(A\times B)=m(A)\times m(B)$와 같이 정의될 수 있다. 이러한 정의에 따르면 $(m\times m)(a\times\mathbb{R})=m(a)\times m(\mathbb{R})=0\cdot\infty=0$이다.

다 일반적인 n차원의 경우에도 마찬가지로 성립하여 집합체 $\mathscr{M}(\mathbb{R}^n)$도 완비성을 지니지 않는다.

그렇다면 어떻게 측도를 완비화할 수 있을까? 다음의 정리가 완비화에 대한 정리이다. 먼저 영집합(null set)을 정의하자.

정의 6 영 집 합

집합 $E(E \subset S)$가 잴 수 있는 공간 $(S, \mathscr{F}, \mu)$에서 다음을 만족할 때 집합 E를 영집합이라 한다.

잴 수 있는 집합이면서 측도를 0으로 하고 집합 E를 포함하는 집합 F가 존재한다. 즉,

$$F \in \mathscr{F}, \ \mu(F)=0, \ E \subset F.$$

영집합은 측도가 0인 집합의 부분집합이다. 예컨대, 실수의 임의의 두 점 a, b로 구성된 집합 $\{a, b\}$는 잴 수 있는 집합이고 그 측도는 0이다. 그리고 $\{a\}$ 또는 $\{b\}$는 $\{a, b\}$의 부분집합이다. 따라서 집합 $\{a\}$ 또는 $\{b\}$는 영집합이다.

영집합이 모두 $\mathscr{M}$에 속하는 경우, 즉 영집합이 모두 잴 수 있는 집합이 될 때 $(S, \mathscr{F}, \mu)$를 완비성을 보유한 잴 수 있는 공간이라 한다. 앞서 보았듯이 완비성을 지니지 못하는 잴 수 있는 공간이 존재한다. 따라서 완비성을 지니지 못하는 공간을 어떻게 하면 완비성을 지니도록 만들어 줄 수 있는가? 다음의 정리가 이를 가능하게 해 준다.

정리 7

잴 수 있는 공간 $(S, \mathscr{F}, \mu)$에서 잴 수 있는 집합 $F \in \mathscr{F}$와 영집합 E에 대해 다음을 정의하자.

$$\overline{\mathscr{F}}=\{F \cup E: \ F \in \mathscr{F}, \ E\text{는 영집합}\},$$

$$\overline{\mu}(F \cup E) = \mu(F).$$

그러면 $(S, \overline{\mathscr{F}}, \overline{\mu})$는 완비성을 지니는 잴 수 있는 공간이다.

[정리 7]에 의하면, 완비성을 지니는 잴 수 있는 공간은 집합 E를 포함하면서 자체의 측도가 0인 잴 수 있는 집합 F가 존재할 때, 다시 말해 $F \in \mathscr{F}$, $\mu(F)=0$, $E \subset F$가 성립할 때 반드시 $E \in \mathscr{F}$가 성립하는 성질을 보유한 잴 수 있는 공간이다.

바로 앞에서 간단히 예를 통해 완비성이 일종의 논리적 일관성을 유지하기 위해 필요한 것이라고 하였는데, 완비성이 필요한 이유를 [정의 6]과 [정리 7]에 의거하여 설명하면 다음과 같다. 어떤 성질, 예컨대 어떤 극한값이 존재한다는 성질이 집합 E의 바깥에서 성립하는 것이 알려져 있다고 하자. 즉, 집합 E의 원소들에 대해서는 극한값이 존재하지 않는다고 하자. 그리고 $\mu(E)=0$이라 하자. $\mu(E)=0$은 주어진 극한적 성질이 측도적으로 0의 값을 갖고 있는 집합 E에 대해서는 만족되지 않음을 의미한다. 따라서 해당 성질이 만족되지 않는 집합들은 결국 집합 E의 부분집합이지만 σ-체인 $\mathscr{F}$의 원소가 아니어도 상관없다. 하지만 완비성을 지니도록 $\mathscr{F}$를 확장하여 완비체인 $\overline{\mathscr{F}}$를 만들어 주면, 어떤 집합 F가 집합 E의 부분집합이면 반드시 F가 확장된 σ-체인 $\overline{\mathscr{F}}$의 원소가 된다. 따라서 어떤 성질이 큰 집합 E에서 만족되면 그보다 작은 집합 F도 반드시 그 성질을 만족하게 된다. 그리고 [정리 7]에 의해 확장된 측도 $\overline{\mu}$를 완비확장(complete extension)이라고 부른다.

이제 2차원 공간에서 완비성을 지니는 σ-체와 곱측도를 각각 $\overline{\mathscr{F}_1 \times \mathscr{F}_2}$와 $\overline{\mu_1 \times \mu_2}$라 하자. 그리고 [정리 7]에 의해 구성된 완비성을 보유한 잴 수 있는 2차원 공간을 $(S_1 \times S_2, \overline{\mathscr{F}_1 \times \mathscr{F}_2}, \overline{\mu_1 \times \mu_2})$라 하자. 그러면 완비측도공간에 대한 후비니정리가 다음과 같이 성립한다.

정리 3′

가측성에 대한 후비니정리: 완비화의 경우

두 잴 수 있는 공간이면서 σ-유한하고 완비성을 지니는 측도공간 $(S_1,\ \mathscr{F}_1,\ \mu_1)$과 $(S_2,\ \mathscr{F}_2,\ \mu_2)$의 곱측도공간 $(S_1\times S_2,\ \mathscr{F}_1\times\mathscr{F}_2,\ \mu_1\times\mu_2)$를 완비화하여 도출한 완비된 잴 수 있는 공간을 $(S_1\times S_2,\ \overline{\mathscr{F}_1\times\mathscr{F}_2},\ \overline{\mu_1\times\mu_2})$라 하자. 그러면 다음이 성립한다.

(i) 집합 E가 $\overline{\mathscr{F}_1\times\mathscr{F}_2}$의 원소이면, 즉 $E\in\overline{\mathscr{F}_1\times\mathscr{F}_2}$이면,

ⓐ 거의 모든 s_1에 대해 $E_{s_1}\in\mathscr{F}_2$이다.

ⓑ $\mu_2(E_{s_1})$은 s_1의 $\mathscr{F}_1$-잴 수 있는 함수이다.

유사하게,

ⓒ 거의 모든 s_2에 대해 $E_{s_2}\in\mathscr{F}_1$이다.

ⓓ $\mu_1(E_{s_2})$은 s_2의 $\mathscr{F}_2$-잴 수 있는 함수이다.

(ii) 어떤 함수 $f(s_1,\ s_2)$가 $\overline{\mathscr{F}_1\times\mathscr{F}_2}$-잴 수 있는 함수일 때,

ⓐ 거의 모든 점 s_1에 대해 s_1을 고정하면 $f(s_1,\ s_2)$는 s_2의 $\mathscr{F}_2$-잴 수 있는 함수이다.

ⓑ 거의 모든 점에서 $f(s_1,\ s_2)\geq 0$이면 $\int_{S_2}f(s_1,\ s_2)d\mu_2$는 s_1의 $\mathscr{F}_1$-잴 수 있는 함수이다.

유사하게,

ⓒ 거의 모든 점 s_2에 대해 s_2를 고정하면 $f(s_1,\ s_2)$는 s_1의 $\mathscr{F}_1$-잴 수 있는 함수이다.

ⓓ 거의 모든 점에서 $f(s_1,\ s_2)\geq 0$이면 $\int_{S_1}f(s_1,\ s_2)d\mu_1$은 s_2의 $\mathscr{F}_2$-잴 수 있는 함수이다.

[정리 3]과 [정리 3]′을 비교해 보면 대부분의 내용은 같지만, [정리 3]에서는 모든 점에 대해 성립하는 것으로 제시되어 있는 반면 [정리 3]′에서는 '거의 모든 점'에 대해서 성립하는 것으로 제시되어 있어 차이가 나타난다. 이러한 차이는 측도가 0인 집합, 예컨대 집합 E에 대해서는 완비성이 성립하지 않기 때문에 이들 집합을 제외하여야 하기 때문에 발생한다. '거의

모든 점'이라는 개념에 대해서는 제9장을 참조하기 바란다.

앞서 [정리 5]에서 잴 수 있는 $(S_1 \times S_2, \mathscr{F}_1 \times \mathscr{F}_2, \mu_1 \times \mu_2)$ 공간상에서의 적분에 대한 후비니정리에 대해 살펴보았는데, 완비화된 잴 수 있는 공간 $(S_1 \times S_2, \overline{\mathscr{F}_1 \times \mathscr{F}_2}, \overline{\mu_1 \times \mu_2})$에 대해서도 마찬가지로 [정리 5]와 같이 적분에 대한 후비니정리가 성립한다.

• 정리 5′ •

적분에 대한 후비니정리: 완비화의 경우

두 잴 수 있는 공간이면서 σ-유한하고 완비성을 지니는 측도공간 $(S_1, \mathscr{F}_1, \mu_1)$과 $(S_2, \mathscr{F}_2, \mu_2)$의 곱측도공간 $(S_1 \times S_2, \mathscr{F}_1 \times \mathscr{F}_2, \mu_1 \times \mu_2)$를 완비화하여 도출한 완비된 잴 수 있는 공간을 $(S_1 \times S_2, \overline{\mathscr{F}_1 \times \mathscr{F}_2}, \overline{\mu_1 \times \mu_2})$라 하자. 그리고 함수 $f(s_1, s_2)$가 $\overline{\mu_1 \times \mu_2}$-적분가능함수이거나 $\overline{\mathscr{F}_1 \times \mathscr{F}_2}$-잴 수 있는 함수이면서 음이 아니라고 하자. 즉, $f(s_1, s_2) \geq 0$이라 하자. 그러면 다음이 성립한다.

$$\int_{S_1 \times S_2} f(s_1, s_2)\, d(\mu_1 \times \mu_2) = \int_{S_1}\left(\int_{S_2} f(s_1, s_2)\, d\mu_2\right) d\mu_1$$

$$= \int_{S_2}\left(\int_{S_1} f(s_1, s_2)\, d\mu_1\right) d\mu_2.$$

4.1.4. 르벡측도의 완비화

지금까지 잴 수 있는 공간의 완비화에 대해 살펴보았다. 앞서 일종의 논리적인 일관성을 유지하기 위하여 완비화가 필요하다고 하였다. 한편, 제1장에서는 확률공간 $(S, \mathscr{F}, P)$를 르벡측도공간 $(S, \mathscr{M}, P_{\mathscr{M}})$이나 보렐측도공간 $(\mathbb{R}, \mathscr{B}, P_{\mathscr{B}})$에 대응시키는 잴 수 있는 함수가 바로 확률변수라는 점에 대해 살펴보았다. 여기서 $P_{\mathscr{M}}$, $P_{\mathscr{B}}$는 측도 P의 정의역을 잴 수 있는 집합들의 σ-체가 $\mathscr{M}$인 경우와 보렐체 $\mathscr{B}$인 경우로 구분하여 표시한 것이다.

본 소절에서는 이와 같은 르벡측도공간이나 보렐측도공간의 완비화에 대해 살펴볼 것이다. 즉, 완비화를 실수 $\mathbb{R}$, σ-체 $\mathscr{M}$, 그리고 유한차원 n에 대해 적용하여 보자. 이 때 측도 P는 르벡측도 m이라 하자. 또한 측도가 어느 σ-체에서 정의되어 있는지를 명시적으로 나타낼 필요가 없는 한 굳이 르벡측도의 정의역을 구분하여 표시하지 않도록 하자. 즉, $m_{\mathscr{M}}(=P\mathscr{M})$, $m_{\mathscr{B}}$ $(=P\mathscr{B})$를 모두 m으로 나타내자.

본격적으로 논의를 진행하기에 앞서 필요한 개념을 다시 상기해 보자. 제1장에서 언급하였듯이, 실직선의 멱집합 $\wp(\mathbb{R})$는 잴 수 없는 집합들을 포함하고 있다. 멱집합 $\wp(\mathbb{R})$ 위에서 확률측도를 정의하면 경우에 따라 모순이 발생한다. 따라서 문제가 발생하는 상황을 피하기 위해서 잴 수 있는 집합들의 σ-체인 $\mathscr{M}$으로 확률측도의 정의역을 제한하였다. 다변수 경우, 즉 확률벡터를 다루는 경우에도 이러한 기본적인 생각은 변함없이 적용된다. 즉, 곱공간에서 곱측도가 정의될 σ-체는 $\wp(\mathbb{R}^n)$이 아니라 n차원 곱공간 $\mathbb{R}^n$상에서 잴 수 있는 집합들의 σ-체이다. 이제 곱공간 $\mathbb{R}^n$상에서 잴 수 있는 집합들의 σ-체, 즉 n차원 곱공간에서의 σ-체를 $\mathscr{M}(\mathbb{R}^n)$으로 나타내자. 이와 유사하게 1차원 $\mathbb{R}$상의 잴 수 있는 집합들의 σ-체인 $\mathscr{M}(\mathbb{R})$의 카테지안 곱, 즉 $\mathscr{M}(\mathbb{R})^n=\mathscr{M}\times\mathscr{M}\times\cdots\cdots\times\mathscr{M}$을 생각할 수 있다. 일반적으로 이들 두 집합체는 서로 일치하지 않는다. 즉,

$$\mathscr{M}(\mathbb{R})^n=\mathscr{M}\times\cdots\cdots\times\mathscr{M}\neq\mathscr{M}(\mathbb{R}\times\cdots\cdots\times\mathbb{R})=\mathscr{M}(\mathbb{R}^n). \tag{12}$$

실제로는 $\mathscr{M}(\mathbb{R})$의 카테지안 곱 $\mathscr{M}(\mathbb{R})^n$이 $\mathscr{M}(\mathbb{R}^n)$과 일치하지 않고 $\mathscr{M}(\mathbb{R})^n$이 $\mathscr{M}(\mathbb{R}^n)$의 부분집합이다. 즉, $\mathscr{M}(\mathbb{R})^n\subset\mathscr{M}(\mathbb{R}^n)$이라는 관계가 성립한다. 그런데 [정리 1]에서 보았듯이, 잴 수 있는 집합들의 σ-체 $\mathscr{M}(\mathbb{R})$를 카테지안 곱하여 집합체 $\mathscr{M}(\mathbb{R}^n)=\mathscr{M}\times\mathscr{M}\times\cdots\cdots\times\mathscr{M}$을 만들게 되면, 집합체 $\mathscr{M}(\mathbb{R})^n$은 잴 수 있는 집합체가 되면서 σ-체가 된다.

이 때 $\mathscr{M}(\mathbb{R})^n$ 위에서 정의된 곱측도를 $m\times\cdots\cdots\times m$과 같이 정의할 수 있는데, 이 곱측도는 완비성을 지니는가? 일단 1차원의 경우 르벡측도는 완비성을 지닌다는 사실이 알려져 있다. 그러므로 1차원인 잴 수 있는 공간 $(\mathbb{R}, \mathscr{M}, m_{\mathscr{M}})$은 완비성을 지닌다. 반면 1차원 보렐측도 $m_{\mathscr{B}}$가 완비성을 지니지 않는다는 사실이 알려져 있다. 따라서 보렐측도공간 $(\mathbb{R}, \mathscr{B}, m_{\mathscr{B}})$는 완비성을 지니지 않는다. 보렐측도공간 $(\mathbb{R}, \mathscr{B}, m_{\mathscr{B}})$는 완비성을 지니지 않는 이유는, 칸토어집합(Cantor set)으로 알려진 집합과 관련하여, 보렐체의 원소인 칸토어집합 E가 0 측도를 지니지만 즉, $P(E)_{\mathscr{B}}=0$이지만 칸토어집합의 부분집합 중 보렐체의 원소가 되지 않는 집합이 존재함이 알려져 있기 때문이

다. 따라서 $(\mathbb{R}, \mathscr{B}, m_{\mathscr{B}})$는 완비성을 지니지 않는다.

그런데 단순하게 생각하면, 완비성을 지니는 잴 수 있는 공간 $(\mathbb{R}, \mathscr{M}, m)$을 곱하여 잴 수 있는 공간 $(\mathbb{R}\times\mathbb{R}, \mathscr{M}\times\mathscr{M}, m\times m)$을 구축하게 되면, $(\mathbb{R}\times\mathbb{R}, \mathscr{M}\times\mathscr{M}, m\times m)$은 당연히 완비성을 지닐 것으로 보인다. 하지만 앞서 간략히 예를 통해 보았듯이 $(\mathbb{R}\times\mathbb{R}, \mathscr{M}\times\mathscr{M}, m\times m)$이 자동적으로 완비성을 보유하는 잴 수 있는 공간이 되는 것은 아니다. 따라서 [정리 7]에서와 같이 $(\mathbb{R}\times\mathbb{R}, \mathscr{M}\times\mathscr{M}, m\times m)$의 완비화를 통해 $(\mathbb{R}\times\mathbb{R}, \overline{\mathscr{M}\times\mathscr{M}}, \overline{m\times m})$를 구축해 주어야만 측도공간이 완비성을 지닐 수 있다. 이러한 논리를 보다 높은 차원에 적용하면,

$$
\begin{aligned}
&(\mathbb{R}\times\mathbb{R}, \overline{\mathscr{M}\times\mathscr{M}}, \overline{m\times m})\times(\mathbb{R}\times\mathbb{R}, \overline{\mathscr{M}\times\mathscr{M}}, \overline{m\times m})\\
&=(\mathbb{R}\times\mathbb{R}\times\mathbb{R}\times\mathbb{R}, \overline{\mathscr{M}\times\mathscr{M}}\times\overline{\mathscr{M}\times\mathscr{M}}, \overline{m\times m}\times\overline{m\times m})\\
&\neq(\mathbb{R}\times\mathbb{R}\times\mathbb{R}\times\mathbb{R}, \overline{\overline{\mathscr{M}\times\mathscr{M}}\times\overline{\mathscr{M}\times\mathscr{M}}}, \overline{\overline{m\times m}\times\overline{m\times m}})
\end{aligned}
$$

이다. 즉, 완비성을 지니는 1차원 르벡측도공간 $(\mathbb{R}, \mathscr{M}, m)$의 2차원 곱공간 $(\mathbb{R}\times\mathbb{R}, \mathscr{M}\times\mathscr{M}, m\times m)$은 완비성을 지니지 않으므로 2차원 곱공간을 완비화하여 $(\mathbb{R}\times\mathbb{R}, \overline{\mathscr{M}\times\mathscr{M}}, \overline{m\times m})$와 같이 완비성을 지니도록 만들 수 있다. 다시 반복하여 이렇게 완비성을 지니는 2차원 곱공간 $(\mathbb{R}\times\mathbb{R}, \overline{\mathscr{M}\times\mathscr{M}}, \overline{m\times m})$들의 곱공간을 만들면,

$$(\mathbb{R}\times\mathbb{R}\times\mathbb{R}\times\mathbb{R}, \overline{\mathscr{M}\times\mathscr{M}}\times\overline{\mathscr{M}\times\mathscr{M}}, \overline{m\times m}\times\overline{m\times m})$$

이 되는데, 이 공간은 완비성을 지니지 않는다. 따라서

$$(\mathbb{R}\times\mathbb{R}\times\mathbb{R}\times\mathbb{R}, \overline{\overline{\mathscr{M}\times\mathscr{M}}\times\overline{\mathscr{M}\times\mathscr{M}}}, \overline{\overline{m\times m}\times\overline{m\times m}})$$

와 같이 다시 완비화를 해 주어야 한다.

그렇다면 완비성을 지니는 집합체 $\overline{\mathscr{M}\times\mathscr{M}}$는 어떤 집합체일까? 결론부터 간략히 언급하면, $\overline{\mathscr{M}\times\mathscr{M}}$는 $\mathbb{R}^2$상의 열린집합들을 포함하는 최소 σ-체인 $\mathscr{B}^2$의 완비체 $\overline{\mathscr{B}^2}$와 일치한다.

이제 이에 대해 살펴보자. 먼저 집합체 $\overline{\mathscr{B}^2}=\mathscr{B}\times\mathscr{B}$의 원소가 되는 $\mathbb{R}^2$상의 부분집합을 보렐집합(borel set)이라고 한다. 보렐집합은 제1장에서 살펴보았듯이, 닫힌집합이나, F_σ 집합, G_δ 집합, $F_{\sigma\delta}$ 집합, $G_{\delta\sigma}$ 집합, …… 등을 모두 포함한다. 이제 1차원의 경우에서처럼, 열린구간 (a_1, a_2), (b_1, b_2)의 곱집

합인 열린집합 O_2가 주어졌다고 하자. 다음과 같은 이들 열린집합의 집합모임, 즉

$$\{(a_1, a_2)\times(b_1, b_2)\subset O_2\}$$

는 셀 수 있는 모임이다. 그리고 이러한 모임의 합집합은 O_2가 된다. 이는 $O_2\in\mathscr{M}\times\mathscr{M}$임을 의미한다. 다시 말해, 임의의 열린집합은 $\mathscr{M}\times\mathscr{M}$의 원소이다. 그런데 2차원 열린집합들을 포함하는 최소의 σ-체를 $\mathscr{B}^2$라고 하였으므로, 결국 $\mathscr{B}^2$는 $\mathscr{M}\times\mathscr{M}$의 부분집합이다. 즉, $\mathscr{B}^2\subset\mathscr{M}\times\mathscr{M}$. 이로부터 $\overline{\mathscr{B}^2}\subset\overline{\mathscr{M}\times\mathscr{M}}$임을 알 수 있다. 이제 역방향으로 $\overline{\mathscr{B}^2}\supset\overline{\mathscr{M}\times\mathscr{M}}$가 성립한다면 $\overline{\mathscr{B}^2}=\overline{\mathscr{M}\times\mathscr{M}}$이 성립한다. 실제로 $\overline{\mathscr{B}^2}\supset\overline{\mathscr{M}\times\mathscr{M}}$가 성립한다는 사실이 알려져 있다.[9] 따라서 $\overline{\mathscr{M}\times\mathscr{M}}=\overline{\mathscr{B}^2}$이다. 즉, $\mathscr{M}\times\mathscr{M}$의 완비화는 바로 보렐체의 완비화인 $\overline{\mathscr{B}^2}$이다. 그리고 이렇게 도출된 완비체 $\overline{\mathscr{M}\times\mathscr{M}}=\overline{\mathscr{B}^2}$ 위에서 [정리 7]과 같이 완비측도 $\overline{m\times m}$를 구축할 수 있다. 끝으로 이러한 완비체와 완비측도를 통해 완비성을 보유한 잴 수 있는 공간

$$(\mathbb{R}\times\mathbb{R},\ \overline{\mathscr{M}\times\mathscr{M}},\ \overline{m\times m})$$

가 도출된다. 이러한 잴 수 있는 공간을 $\mathbb{R}^2$상에서의 르벡측도라고 부른다.

이러한 2차원의 논의는 바로 유한한 n차원으로 확장될 수 있다. 즉, 'n_1차원 르벡측도공간과 n_2차원 르벡측도공간의 곱측도공간의 완비화가 바로 (n_1+n_2)차원 르벡측도공간'이다.

한편, $\mathbb{R}^n$상에서의 잴 수 있는 집합들의 σ-체로서 보렐체 $\mathscr{B}(\mathbb{R})$의 카테지안 곱을 취하면 $\mathscr{M}(\mathbb{R})$에 대한 카테지안 곱의 경우와는 달리

9) 어떤 집합 E에 대해 $E_1\in\mathscr{M}$이라 하자. 그러면 $F\subset E_1\subset H$이면서 $m(G-H)=0$을 만족하는 F_σ집합과 G_δ집합인 집합 H가 존재한다. 그러면 이러한 집합 F와 H에 대해서 $F\times\mathbb{R}$ 및 $H\times\mathbb{R}$은 각각 $\mathbb{R}^2$상에서 F_σ집합과 G_δ집합이다. 따라서 $F\times\mathbb{R}\in\mathscr{B}^2$ 및 $H\times\mathbb{R}\in\mathscr{B}^2$이 각각 성립한다. 그리고 이들 집합의 곱측도를 계산해 보면,

$$\begin{aligned}(m\times m)[H\times\mathbb{R}-F\times\mathbb{R}]&=(m\times m)[(H-F)\times\mathbb{R}]\\&=m(H-F)\cdot m(\mathbb{R})=0\cdot\infty=0\end{aligned}$$

이다. 따라서 $E_1\times\mathbb{R}$는 완비체 $\overline{\mathscr{B}^2}$상의 영집합이다. 즉, $E_1\times\mathbb{R}\in\overline{\mathscr{B}^2}$. 동일한 논리를 $E_2\in\mathscr{M}$에 대해 적용하면 $\mathbb{R}\times E_2\in\overline{\mathscr{B}^2}$가 성립한다. 따라서 잴 수 있는 사각형집합 $E_1\times E_2$는 두 통집합 $E_1\times\mathbb{R}\in\overline{\mathscr{B}^2}$과 $\mathbb{R}\times E_2\in\overline{\mathscr{B}^2}$의 교집합으로 나타나므로, 즉 $E_1\times E_2=(E_1\times\mathbb{R})\cap(\mathbb{R}\times E_2)$이므로 $E_1\times E_2\in\overline{\mathscr{B}^2}$이다. 그러므로 $\mathscr{M}\times\mathscr{M}\subset\overline{\mathscr{B}^2}$이다. 따라서 $\overline{\mathscr{M}\times\mathscr{M}}\subset\overline{\mathscr{B}^2}$.

$$\mathscr{B}(\mathbb{R})^n = \mathscr{B}(\mathbb{R}^n) \tag{13}$$

과 같은 성질이 성립한다. 즉, $\mathbb{R}^n$ 위에서 정의되는 보렐집합들의 집합체에 의하여 생성되는 σ-체인 $\mathscr{B}(\mathbb{R}^n)$이 $\mathbb{R}$ 위에서 정의되는 보렐체 $\mathscr{B}(\mathbb{R})$을 n번 카테지안 곱하여 만든 $\mathscr{B}(\mathbb{R})^n$과 일치한다는 사실이 알려져 있다. 즉, 임의의 정수 k_1, k_2, ……, k_n에 대해

$$\mathscr{B}(\mathbb{R}^{k_1+k_2+\cdots\cdots+k_n}) = \mathscr{B}(\mathbb{R}^{k_1}) \times \mathscr{B}(\mathbb{R}^{k_2}) \times \cdots\cdots \times \mathscr{B}(\mathbb{R}^{k_n})$$

이 성립한다.

이상의 논의에 의하면 다음의 관계가 성립한다.

$$\begin{aligned} &\mathscr{M}(\mathbb{R}^n) \neq \mathscr{M}(\mathbb{R}) \times \cdots\cdots \times \mathscr{M}(\mathbb{R}), \\ &\mathscr{B}(\mathbb{R}^n) = \mathscr{B}(\mathbb{R}) \times \cdots\cdots \times \mathscr{B}(\mathbb{R}) = \mathscr{B}(\mathbb{R})^n, \\ &\overline{\mathscr{M}(\mathbb{R}) \times \cdots\cdots \times \mathscr{M}(\mathbb{R})} = \overline{\mathscr{B}(\mathbb{R}) \times \cdots\cdots \times \mathscr{B}(\mathbb{R})} = \overline{\mathscr{B}(\mathbb{R})^n}. \end{aligned} \tag{14}$$

이상의 내용을 그대로 n차원의 경우로 일반화할 수 있다. 따라서 일반적인 n차원 르벡측도공간에 대해 다음이 성립한다. n차원 르벡측도에 대한 적분을 n차원 르벡적분이라 하고, n차원 공간에서의 르벡측도를 m^n으로 나타내자. 그러면 [정리 8]이 성립한다.

• 정리 8 •

완비성을 지니는 잴 수 있는 n차원 곱측도공간

n_1차원 르벡측도공간 $(S_1, \mathscr{F}_1, m^{n_1})$과 n_2차원 르벡측도공간 $(S_2, \mathscr{F}_2, m^{n_2})$에 대해 다음이 성립한다.

(i) $\mathscr{B}^{n_1} \times \mathscr{B}^{n_2} = \mathscr{B}^{n_1+n_2}$.

(ii) $m^{n_1} \times m^{n_2}$와 $m^{n_1+n_2}$는 모두 $\mathscr{B}^{n_1+n_2}$ 위에서 정의되는 측도이며 동일한 측도이다.

(iii) $(\mathbb{R}^{n_1+n_2}, \mathscr{M}^{n_1+n_2}, m^{n_1+n_2})$는 $(\mathbb{R}^{n_1}, \mathscr{M}^{n_1}, m^{n_1})$과 $(\mathbb{R}^{n_2}, \mathscr{M}^{n_2}, m^{n_2})$의 곱공간인 $(\mathbb{R}^{n_1} \times \mathbb{R}^{n_2}, \mathscr{M}^{n_1} \times \mathscr{M}^{n_2}, m^{n_1} \times m^{n_2})$의 완비화와 일치한다.

$$(\mathbb{R}^{n_1} \times \mathbb{R}^{n_2}, \mathscr{M}^{n_1} \times \mathscr{M}^{n_2}, m^{n_1} \times m^{n_2})$$

$$=(\mathbb{R}^{n_1}\times\mathbb{R}^{n_2},\ \overline{\mathscr{M}^{n_1}\times\mathscr{M}^{n_2}},\ \overline{m^{n_1}\times m^{n_2}})$$
$$=(\mathbb{R}^{n_1}\times\mathbb{R}^{n_2},\ \overline{\mathscr{B}^{n_1+n_2}},\ \overline{m^{n_1}\times m^{n_2}}).$$

앞서 [정리 7]의 확장된 측도 $\overline{\mu}$를 완비확장(complete extension)이라고 부른다고 하였다. 이러한 논의를 확률측도에 대해서도 유사하게 적용할 수 있다. 즉, 모든 확률측도는 가장 작은 완비확장, 즉 르벡확장(Lebesgue extension)으로 확장될 수 있다.

$$(\mathbb{R}^{n_1}\times\mathbb{R}^{n_2},\ \overline{\mathscr{B}^{n_1+n_2}},\ \overline{P^{n_1}\times P^{n_2}}). \tag{15}$$

보렐체 위에서 정의되는 확률측도 P를 보렐확률측도(Borel probability measure)라고 부른다. 이러한 보렐확률측도 역시 완비성을 지니도록 르벡확장될 수 있다. 이렇게 르벡확장된 보렐확률측도 $\overline{P}$를 정칙확률측도(regular probability measure)라고 부른다. 그리고 보렐확률측도와 정칙확률측도는 모든 열린집합의 모임에 대해 일치한다.

4.2. 확률벡터와 결합분포함수

앞절에서는 다변수 분석의 기초가 되는 다변수 확률측도와 관련된 확률공간, 즉 표본공간 S, σ-체 $\mathscr{F}$, 측도 m에 대하여 살펴보았다. 본절에서는 보다 구체적으로 n차원 확률벡터를 정의하고 확률벡터의 모든 확률적 속성을 결정하는 측도 P_X에 대해 논의한다. 이러한 논의를 바탕으로 본절 이하에서는 확률벡터와 확률벡터의 결합분포, 한계분포 등에 대해 보다 구체적으로 살펴볼 것이다.

4.2.1. 확률벡터

제2장에서 확률변수를 이산확률변수와 연속확률변수로 구분할 수 있었듯이 확률벡터도 벡터의 원소가 이산확률변수로 구성되는 경우와 연속확률변수로 구성되는 경우로 구분할 수 있다. 먼저 확률벡터가 이산확률변수로 구성되는 경우에 대해 간략하게 논의한 후 연속확률변수의 경우에 대해 살펴보도록 한다.

먼저 동전을 2회 던지는 확률실험을 생각해 보자. 이 때 표본공간 S는 $S=\{HH, HT, TH, TT\}$가 된다. 이제 함수 $X_1(\cdot)$를 앞면이 나타난 횟수, 함수 $X_2(\cdot)$를 뒷면이 나타난 횟수를 각각 나타내는 확률변수들이라고 하자. 그러면 확률변수 X_1과 X_2는 주어진 표본공간 S를 실평면 $\mathbb{R}^2$에 각각 아래와 같이 대응시키는 벡터함수, 즉 확률벡터가 된다.

$$(X_1(\cdot),\ X_2(\cdot))(HH)=(X_1(HH),\ X_2(HH))=(2,\ 0),$$
$$(X_1(\cdot),\ X_2(\cdot))(HT)=(X_1(HT),\ X_2(HT))=(1,\ 1),$$
$$(X_1(\cdot),\ X_2(\cdot))(TH)=(X_1(TH),\ X_2(TH))=(1,\ 1),$$
$$(X_1(\cdot),\ X_2(\cdot))(TT)=(X_1(TT),\ X_2(TT))=(0,\ 2).$$

즉, 위의 2변수 함수 $(X_1(\cdot), X_2(\cdot))$: $S\rightarrow\mathbb{R}^2$는 표본공간 S의 각 원소 $s\in S$에 순서쌍 $(x_1,\ x_2)$를 대응하는 2차원 벡터함수로서 $x_1=X_1(s)$, $x_2=X_2(s)$이다. 1변수 경우와 같이, 확률벡터를 정의하기 위해서는 확률공간 (S, $\mathscr{F}$, $P(\cdot)$)의 사건구조와 확률구조를 보존할 수 있도록 특정한 조건을 만족하는 벡터함수가 정의되어야 한다.

보렐체 $\mathscr{B}$의 직적곱 $\mathscr{B}\times\mathscr{B}(\equiv\mathscr{B}^2)$의 원소가 되는 사건 $B\equiv(B_1,\ B_2)\in\mathscr{B}^2$에 대하여,

$$X^{-1}(B)=\{s:\ (X_1(s)\in B_1,\ X_2(s)\in B_2),\ s\in S\} \tag{16}$$

와 같이 정의된 사건이 사건의 σ-집합체 $\mathscr{F}$의 원소가 되는 경우 2변수 함수벡터

$$X(\cdot)\equiv(X_1(\cdot),\ X_2(\cdot)):\ S\rightarrow\mathbb{R}^2 \tag{17}$$

를 확률벡터(random vector)라 한다. 지금까지의 논의를 기초로 확률벡터를 정의하면 다음과 같다.

정의 7 확률벡터

임의의 벡터 $x\equiv(x_1,\ x_2)$에 대한 벡터함수 $X(\cdot)$: $S\rightarrow\mathbb{R}^2$가 다음을 만족하는 경우 주어진 벡터 $x\equiv(x_1,\ x_2)$를 확률벡터라 한다.

$x\equiv(x_1,\ x_2)$의 역상이 사건 집합체인 σ-체 $\mathscr{F}$의 원소가 된다.

[정의 7]에서 $x \equiv (x_1, x_2)$의 역상은 $X^{-1}((-\infty, x]) = \{s: -\infty < X_1(s) \leq x_1, -\infty < X_2(s) \leq x_2, s \in S\}$인 집합이다.

4.2.2. 결합분포함수

이제 2차원의 무한한 직사각형 집합$((-\infty, x_1], (-\infty, x_2])$을 $(-\infty, x]$와 같이 줄여서 나타내자. 확률벡터 X는 1변수의 경우와 마찬가지로 치역상의 확률공간 $(\mathbb{R}^2, \mathscr{B}^2, P_X(\cdot))$를 유도한다. 즉, 확률공간 $(\mathbb{R}^2, \mathscr{B}^2, P_X(\cdot))$는 확률벡터 X에 의하여 유도된 확률공간이다. 여기서 $\mathscr{B}^2$는 평면 위의 보렐부분집합이고, $P_X(\cdot)$는 2차원 보렐체 $\mathscr{B}^2$ 위의 사건에 대해 정의된 확률집합함수, 즉 확률측도이다. 이 때 확률측도 $P_X(\cdot)$는 원래의 확률공간 $(S, \mathscr{F}, P(\cdot))$가 지니고 있는 확률구조를 완전히 보존하는 방식으로 정의된다. 즉, 모든 보렐집합 $B \in \mathscr{B}^2$에 대하여

$$P_X(B) = P(\{s: (X_1(s), X_2(s)) \in B\}) \tag{18}$$

또는

$$P_X((-\infty, x]) = P(X_1 \leq x_1, X_2 \leq x_2) \tag{19}$$

와 같이 확률을 부여하는 방식으로 '확률벡터 X에 대한 확률측도'를 정의할 수 있다.

물론 제3장에서 살펴보았듯이, 위와 같은 구간을 정의역으로 하는 확률측도를 점함수(point function)인 $F(x_1, x_2)$로 전환하여 나타낼 수 있는데, 이러한 벡터점함수를 결합(누적)분포함수(joint (cumulative) distribution function)라고 부른다.

정의 8 결합분포함수

$X \equiv (X_1, X_2)$를 확률공간 $(S, \mathscr{F}, P(\cdot))$에서 정의된 확률벡터라 하자. 벡터함수 $F(\cdot, \cdot): \mathbb{R}^2 \to [0, 1]$이 다음을 만족할 때, 함수 F를 결합분포함수라 한다.

$$F(x) \equiv F(x_1, x_2) = P_X((-\infty, x])$$

$$= P(X_1 \leq x_1,\ X_2 \leq x_2) \equiv P(X \leq x).$$

이제 결합확률분포에 대한 예를 살펴보도록 하자.

예 1

동전 2회 던지기의 경우 확률벡터 (2, 0), (1, 1), (0, 2)가 나타날 확률은 각각 1/4, 1/2, 1/4이다. 이제 결합분포함수를 유도하기 위해서 구간형태의 사건을 정의하자. 즉, $\mathbb{R}^2$상의 모든 순서쌍 $x=(x_1,\ x_2)$에 대하여,

$$\begin{aligned} X^{-1}((-\infty,\ x]) &= \{s:\ X_1(s) \in (-\infty,\ x_1],\ X_2(s) \in (-\infty,\ x_2],\ s \in S\} \\ &= \{s:\ X(s) \in (-\infty,\ x]\} \\ &\equiv \{s:\ X(s) \leq x\} \end{aligned}$$

와 같은 사건을 정의하자. 이제 제3장에서 살펴보았던 것과 유사한 방식으로,

$x_1 < 0,\ x_2 < 0$에 대하여

$$\{s:\ X_1(s) \leq x_1,\ X_2(s) \leq x_2,\ s \in S\} = \phi \in \mathscr{F},$$

$0 \leq x_1 < 2,\ 0 \leq x_2 < 2$에 대하여

$$\{s:\ X_1(s) \leq x_1,\ X_2(s) \leq x_2,\ s \in S\} = \{HT,\ TH\} \in \mathscr{F},$$

$2 \leq x_1,\ 0 \leq x_2 < 2$에 대하여

$$\{s:\ X_1(s) \leq x_1,\ X_2(s) \leq x_2,\ s \in S\} = \{HH,\ HT,\ TH\} \in \mathscr{F},$$

$0 \leq x_1 < 2,\ 2 \leq x_2$에 대하여

$$\{s:\ X_1(s) \leq x_1,\ X_2(s) \leq x_2,\ s \in S\} = \{HT,\ TH,\ TT\} \in \mathscr{F},$$

$2 \leq x_1,\ 2 \leq x_2$에 대하여

$$\{s:\ X_1(s) \leq x_1,\ X_2(s) \leq x_2,\ s \in S\} = S \in \mathscr{F}$$

와 같이 구간을 나누어서 함수값을 정의하자. 그러면 위와 같이 정의된 함수는 $\mathbb{R}^2$상에서 결합분포함수이다.

이와 같이 확률변수가 여러 개인 경우에도 확률변수가 1개인 경우와 본

질적으로 동일한 논리를 적용하여 확률분포함수를 정의해 줄 수 있다.

그런데 위와 같이 무한 직사각형 집합을 선택하는 방법은 다소 임의적이다. 즉, 결합분포함수를

$$x_1<0,\ x_2<0\text{에 대하여 } F(x_1,\ x_2)=0,$$
$$0\le x_1<2,\ 0\le x_2<2\text{에 대하여 } F(x_1,\ x_2)=\frac{1}{2},$$
$$2\le x_1,\ 0\le x_2<2\text{에 대하여 } F(x_1,\ x_2)=\frac{3}{4},$$
$$2\le x_1,\ 2\le x_2\text{에 대하여 } F(x_1,\ x_2)=1$$

과 같이 정의하거나 또는 아래와 같이 정의할 수도 있다.

$$x_1<0,\ x_2<0\text{에 대하여 } F(x_1,\ x_2)=0,$$
$$0\le x_1<2,\ 0\le x_2<2\text{에 대하여 } F(x_1,\ x_2)=\frac{1}{2},$$
$$0\le x_1<2,\ 2\le x_2\text{에 대하여 } F(x_1,\ x_2)=\frac{3}{4},$$
$$2\le x_1,\ 2\le x_2\text{에 대하여 } F(x_1,\ x_2)=1.$$

그런데 위에서 정의한 2가지 확률분포는 모두 예 1에 주어진 확률공간의 확률구조를 온전히 유지한다. 이는 특정 확률변수들에 대한 결합확률분포함수를 정의할 때 구간을 결정하는 방식에 자의적인 면이 있음을 보여 준다. 비록 그렇다해도 구간을 적절히 선정함으로써 주어진 확률변수의 확률구조를 제대로 보존해 주기만 하면 문제는 없다.

이제 결합확률분포함수의 성질에 대해 간략하게 살펴보도록 하자.[10] 먼저 [정의 8]로부터 확률분포함수 $F(x_1,\ x_2)$가 각 확률변수에 대해 비감소함수임을 알 수 있다. 또한 $F(x_1,\ x_2)$는 다음과 같은 성질을 만족하여야 한다.

(i) $\lim_{x_1\to-\infty} F(x_1,\ x_2)=\lim_{x_2\to-\infty} F(x_1,\ x_2)=0.$ (20)

(ii) $\lim_{x_1\to\infty,\ x_2\to\infty} F(x_1,\ x_2)=1.$ (21)

[정의 8]의 결합확률분포를 확률변수가 이산적인 경우와 연속적인 경우로 나누어 보면 다음과 같다. 확률변수가 이산적인 경우의 결합확률분포를 이산확률분포(discrete distribution), 연속적인 경우의 결합확률분포를 연속확률

10) 1변수의 경우와 마찬가지로 특이분포(singular distribution)에 대해서는 고려하지 않도록 한다.

분포(continuous distribution)라 한다.

정의 9 **이산확률분포**

확률변수 X_1과 X_2의 결합분포함수 $F(\cdot, \cdot)$에 대해 다음을 만족하는 벡터함수 $f(\cdot, \cdot)$가 존재하면 분포함수 F를 이산확률변수 X_1과 X_2에 대한 이산확률분포함수라고 한다.

유한개의 점 또는 셀 수 있는 무한개의 점에서는 $P(X_1=x_1, X_2=x_2)=f(x_1, x_2)\geq 0$, $(x_1, x_2)\in\mathbb{R}^2$가 성립하고, 이들 점을 제외한 모든 점에 대해서 0의 값을 가지는 비음(non-negative)의 벡터함수 $f(\cdot, \cdot)$가 존재한다.

[정의 9]에서 정의된 벡터함수 f를 이산확률변수에 대한 결합확률밀도함수(discrete joint probability density function)라고 부른다. 그리고 1변수의 경우와 마찬가지로 결합분포함수와 결합밀도함수 간에는 다음의 관계가 성립한다.

$$F(x_1, x_2)=\sum_{x_{1_i}<x_1,}\sum_{x_{2_i}<x_2} f(x_{1_i}, x_{2_i}). \tag{22}$$

한편, 연속확률분포는 다음과 같이 정의된다.

정의 10 **(절대)연속확률분포**

확률변수 X_1과 X_2의 결합분포함수 $F(\cdot, \cdot)$가 다음을 만족하면 분포함수 F를 (절대)연속분포함수라고 한다.

$F(x_1, x_2)=\int_{-\infty}^{x_1}\int_{-\infty}^{x_2} f(u, v)du\,dv$를 만족하는 비음의 벡터함수 $f(\cdot, \cdot)$가 존재한다.

[정의 10]에 도입된 음이 아닌 함수 $f(x_1, x_2)$를 확률변수 X_1, X_2의 결합밀도함수(continuous joint probability density function)라고 한다. 이 때 밀도함수 $f(x_1, x_2)$는 다음 성질을 만족하여야 한다.

(i) $\int_{-\infty}^{\infty}\int_{-\infty}^{\infty} f(x_1, x_2)dx_1dx_2=1.$ (23)

(ii) $P(a<X_1\le b, c<X_2\le d)=\int_c^d\int_a^b f(x_1, x_2)dx_1dx_2.$ (24)

(iii) 함수 f가 점 (x_1, x_2)에서 연속이라면,

$$f(x_1, x_2)=\frac{\partial^2}{\partial x_1\partial x_2}F(x_1, x_2). \tag{25}$$

이하에서는 2변수 확률분포함수의 몇 가지 예에 대하여 살펴보도록 하자.

예 2

다음과 같은 함수를 2변수 정규(normal)분포함수라고 한다.

$(x_1, x_2)\in\mathbb{R}^2$에 대하여,

$$f(x_1, x_2; \theta)=\frac{1}{2\pi\sigma_1\sigma_2\sqrt{1-\rho^2}}\cdot \exp\left\{-\frac{1}{2(1-\rho^2)}\left[\left(\frac{x_1-\mu_1}{\sigma_1}\right)^2-2\rho\left(\frac{x_1-\mu_1}{\sigma_1}\right)\left(\frac{x_2-\mu_2}{\sigma_2}\right)+\left(\frac{x_2-\mu_2}{\sigma_2}\right)^2\right]\right\}$$

여기서 $\theta=(\mu_1, \mu_2, \sigma_1, \sigma_2, \rho)\in\mathbb{R}^2\times\mathbb{R}^2\times[0, 1]$이다.

예 3

다음과 같은 함수를 2변수 파레토(Pareto)분포함수라고 한다.

$(\lambda>0, x_1>a_1>0, x_2>a_2>0)$에 대하여,

$$f(x_1, x_2; \theta)=\lambda(\lambda+1)(a_1a_2)^{\lambda+1}(a_2x_1+a_1x_2-a_1a_2)^{-(\lambda+2)}.$$

여기서 $\theta=(\lambda, a_1, a_2)$이다.

예 4

다음과 같은 함수를 2변수 이항(binomial)분포함수라고 한다.

$x_1+x_2=1, p_1+p_2=1$에 대하여,

$$f(x_1, x_2)=\frac{n!}{x_1!x_2!}p_1^{x_1}p_2^{x_2}.$$

지금까지 살펴본 확률벡터 $X=(X_1, X_2, \cdots\cdots, X_n)$를 이용하면 확률모형 $\Phi=\{f(x;\ \theta),\ \theta\in\Theta\}$를 결합밀도함수의 모수집합으로 구성된 확률모형 $\Phi=\{f(x_1,\ x_2,\ \cdots\cdots,\ x_n;\ \theta),\ \theta\in\Theta\}$로 일반화해 줄 수 있다. 현실적으로 다양한 변수 간의 관계를 분석해야 한다는 점에서 이와 같이 모형을 확장하는 것이 중요성을 지닌다.

4.3. 한계분포함수

$X=(X_1,\ X_2)$를 확률공간 $(S,\ \mathscr{F},\ P(\cdot))$ 위에서 정의된 확률벡터라 하자. 그리고 X가 $F(x_1,\ x_2)$와 같은 결합분포함수를 가진다고 하자. 여기서 X_1과 X_2를 분리할 수 있는지 그리고 이들 변수를 개별적인 확률변수로 간주할 수 있는지라는 의문이 든다. 이러한 의문에 대한 해답은 바로 한계분포(marginal distribution) 또는 주변분포라는 개념과 연계된다.

X_1와 X_2의 한계분포함수는 다음과 같이 정의된다.

$$F_1(x_1)=\lim_{x_2\to\infty} F_1(x_1,\ x_2), \tag{26}$$

$$F_2(x_2)=\lim_{x_1\to\infty} F_1(x_1,\ x_2). \tag{27}$$

이처럼 X_1과 X_2를 분리한 이후, 이들 변수들이 동일한 확률공간 위에서 정의된 각각의 확률변수로서 기능하는지를 확인할 필요가 있다.

먼저 확률벡터를 정의하면서 다음과 같은 조건을 부과하였음을 상기하자. 즉,

$$\{s:\ X_1(s)\le x_1,\ X_2(s)\le x_2,\ s\in S\}\in\mathscr{F}.$$

이와 관련하여 한계분포함수의 경우에는 $\{s:\ X_1(s)\le x_1,\ X_2(s)\le\infty\}$와 같은 사건을 통해서 한계분포함수를 정의한다. 물론 이 때 이 같은 사건은 σ-체 $\mathscr{F}$의 원소이다. 그런데 이러한 사건은 다음과 같은 두 집합 $\{s:\ X_1(s)\le x_1\}$과 $\{s:\ X_2(s)\le\infty\}$의 교집합, 즉 $\{s:\ X_1(s)\le x_1\}\cap\{s:\ X_2(s)\le\infty\}$로 나타낼 수 있다. 그런데 집합 $\{s:\ X_2(s)\le\infty\}$는 S이다. 이는 집합

$$\{s:\ X_1(s)\le x_1,\ X_2(s)\le\infty\}=\{s:\ X_1(s)\le x_1\}$$

이 $\mathscr{F}$에 속한다는 것을 의미한다. 이는 바로 X_1이 확률변수가 되기 위해 필

요로 하는 조건이다. 이 때 X_1은 $F(X_1)$을 확률분포로 한다. X_2의 경우에도 이와 동일한 논리가 적용된다.

이하에서 한계분포함수의 예를 살펴보자.

예 5

2변수 분포함수를 다음과 같다고 하자.

$x_1>0$, $x_2>0$에 대하여,

$$F(x_1,\ x_2)=1-e^{-\theta x_1}-e^{-\theta x_2}+e^{-\theta(x_1+x_2)}.$$

그러면 한계분포함수를 구해 보면 다음과 같다.

$\lim_{n\to\infty} e^{-n}=0$이기 때문에 $x_1>0$에 대하여,

$$F_1(x_1)=\lim_{x_2\to\infty} F(x_1,\ x_2)=1-e^{-\theta x_1}.$$ [11]

마찬가지로, $x_2>0$에 대하여,

$$F_2(x_2)=\lim_{x_1\to\infty} F(x_1,\ x_2)=1-e^{-\theta x_2}.$$

앞서 제2장에서 확률모형이 결합밀도함수를 통하여 정의된다는 점에 대하여 간략하게 살펴본 바 있음을 상기하면, 이상과 같이 밀도함수를 통해 한계화(maginalization)하는 작업이 중요하다는 사실을 알 수 있다.

위에서처럼 한계분포함수를 도출한 후에 확률변수 X_1과 X_2에 대하여 각각 다음과 같이 한계밀도함수를 정의해 줄 수 있다.

$$f_1(x_1)=\int_{-\infty}^{\infty} f(x_1,\ x_2)dx_2,$$
$$f_2(x_2)=\int_{-\infty}^{\infty} f(x_1,\ x_2)dx_1. \tag{28}$$

즉, 결합밀도함수에서 확률변수 $X_j(i\neq j)$를 적분하여 제거하는 방식을 통해 각 확률변수 $X_i(i=1,\ 2)$의 한계밀도함수를 도출할 수 있다.

이산확률밀도함수의 경우에는 다른 변수에 관하여 합을 계산하는 방식

11) 이와 같은 1변수 분포함수는 지수함수(exponential distribution)이다.

으로 한계밀도함수를 도출하게 된다. 즉,

$$f_1(x_1) = \sum_{i=1}^{\infty} f(x_1, x_{2i}). \tag{29}$$

한계밀도함수는 식 (28)과 같이 적분되어지거나 또는 식 (29)와 같이 총합되어지는 변수에 대한 정보가 사라지게 된다. 따라서 한계밀도함수에는 이들 변수에 대한 정보가 전혀 포함하지 않게 된다.

지금까지 살펴본 한계밀도함수는 확률밀도함수가 만족하여야만 하는 모든 성질을 만족하여야만 한다. 즉, 한계밀도함수도 결과적으로 확률밀도함수이기 때문에, 밀도함수가 만족하여야 하는 성질을 모두 충족하여야 하는 것은 당연하다. 따라서 $f_i(x_i) \geq 0$ 및 $\int_{-\infty}^{\infty} f_1(x_1)dx_1 = 1$과 같은 조건을 만족하여야만 한다.

결합밀도함수를 알고 있으면 한계밀도함수를 도출할 수 있다는 것은 명백하다. 그렇지만 일반적으로 각 변수에 대한 한계밀도함수를 알고 있다고 해서 결합밀도함수를 항상 도출해 낼 수 있는 것은 아니다.[12)]

그런데 각 변수에 대한 한계밀도함수를 알고 있을 때 결합밀도함수를 도출해 낼 수 있는 경우가 있다. 그것은 확률변수들이 독립적인 확률변수(independent random variables)일 때 가능하다.[13)] 즉, 두 확률변수 X_1과 X_2가 독립적일 때 결합밀도함수는 다음과 같이 도출된다.

$$f(x_1, x_2) = f_1(x_1) \cdot f_2(x_2). \tag{30}$$

이러한 독립성(independence)은 분포함수를 이용하여 식 (30)과 유사하게 나타내 줄 수 있다.

$$F(x_1, x_2) = F_1(x_1) \cdot F_2(x_2). \tag{31}$$

물론 $f(x_1, x_2) \neq f_1(x_1) \cdot f_2(x_2)$일 때 두 확률변수는 독립적이지 않다고 한다.

12) 그 이유는 한계밀도함수만으로는 두 변수 간의 공분산 등과 같은 상호관계에 대한 정보를 알 수 없기 때문이다.

13) 제1장에서 살펴본 바와 같이 확률공간을 통해 독립성을 표현하면 다음과 같다. 두 사건 E와 F가 있을 때, $P(E \cap F) = P(E) \cdot P(F)$가 성립한다면 두 사건 E와 F가 서로 독립적이라고 한다.

예 5의 경우에 $F_1(x_1)=1-e^{-\theta x_1}$, $F_2(x_2)=1-e^{-\theta x_2}$이므로,

$$F_1(x_1)\cdot F_2(x_2)=(1-e^{-\theta x_1})\cdot(1-e^{-\theta x_2})=F(x_1,\ x_2)$$

가 성립한다는 것을 확인할 수 있다. 따라서 이 경우 두 확률변수 X_1과 X_2는 독립적이다.

예 6 2변수 정규(normal)밀도함수를 생각하자.

$$f(x_1,\ x_2)=\frac{1}{2\pi\sigma_1\sigma_2\sqrt{1-\rho^2}}\cdot$$
$$\exp\left\{-\frac{1}{2(1-\rho^2)}\left[\left(\frac{x_1-\mu_1}{\sigma_1}\right)^2-2\rho\left(\frac{x_1-\mu_1}{\sigma_1}\right)\left(\frac{x_2-\mu_2}{\sigma_2}\right)+\left(\frac{x_2-\mu_2}{\sigma_2}\right)^2\right]\right\}.$$

이로부터 한계밀도함수를 도출하면 다음과 같다.

$$f(x_1)=\int_{-\infty}^{\infty}f(x_1,\ x_2)dx_2=\int_{-\infty}^{\infty}\frac{1}{2\pi\sigma_1\sigma_2\sqrt{1-\rho^2}}\cdot$$
$$\exp\left\{-\frac{1}{2(1-\rho^2)}\left[\left(\frac{x_1-\mu_1}{\sigma_1}\right)^2-2\rho\left(\frac{x_1-\mu_1}{\sigma_1}\right)\left(\frac{x_2-\mu_2}{\sigma_2}\right)+\left(\frac{x_2-\mu_2}{\sigma_2}\right)^2\right]\right\}dx_2$$
$$=\frac{1}{\sqrt{2\pi}\,\sigma_1}\cdot\exp\left\{-\frac{1}{2}\left(\frac{x_1-\mu_1}{\sigma_1}\right)^2\right\}\cdot$$
$$\int_{-\infty}^{\infty}\frac{1}{\sqrt{2\pi}\,\sigma_2\sqrt{1-\rho^2}}\cdot\exp\left\{-\frac{1}{2\sigma_2^2(1-\rho^2)}\left[x_2-\mu_2-\rho\frac{\sigma_2}{\sigma_1}(x_1-\mu_1)\right]^2\right\}dx_2$$
$$=\frac{1}{\sqrt{2\pi}\,\sigma_1}\cdot\exp\left\{-\frac{1}{2}\left(\frac{x_1-\mu_1}{\sigma_1}\right)^2\right\}.$$

여기서

$$\int_{-\infty}^{\infty}\frac{1}{\sqrt{2\pi}\,\sigma_2\sqrt{1-\rho^2}}\cdot\exp\left\{-\frac{1}{2\sigma_2^2(1-\rho^2)}\left[x_2-\mu_2-\rho\frac{\sigma_2}{\sigma_1}(x_1-\mu_1)\right]^2\right\}dx_2$$
$$=1$$

이기 때문에 앞의 결과가 도출된다.

마찬가지로 다음이 성립한다.

$$f_2(x_2)=\frac{1}{\sqrt{2\pi}\,\sigma_2}\exp\left\{-\frac{1}{2}\left(\frac{x_2-\mu_2}{\sigma_2}\right)^2\right\}.$$

이상으로부터 2변수 정규확률변수에 대한 한계밀도함수는 1변수 정규밀도함수가 된다는 것을 알 수 있다. 즉, 한계밀도함수로부터 X_1이 정규분포를 따르며, 평균과 분산이 각각 μ_1, σ_1^2, 그리고 X_2도 정규분포를 따르며, 평균과 분산이 각각 μ_2, σ_2^2라는 것을 알 수 있다.

끝으로 확률모형이 결합밀도함수로 묘사될 수 있는 경우에, 원하지 않는 확률변수를 한계화하여 제거해 줌으로써 모형을 단순화해 줄 수 있다.

이상과 같이 두 변수에 대한 한계밀도함수와 한계분포함수를 살펴보았는데 이러한 개념들은 일반적으로 3변수 이상의 다변수 밀도함수와 다변수 분포함수에도 동일하게 적용할 수 있다. 즉, 일반적으로 한계화를 통해서 X_1, X_2, ……, X_k, X_{k+1}, ……, X_n과 같은 n개의 변수의 결합밀도함수 f로부터 관심의 대상이 되는 k개의 변수 X_1, X_2, ……, X_k의 한계밀도함수 $f_{1,2,\cdots\cdots,k}$를 도출할 수 있다. 이 때 한계밀도함수 $f_{1,2,\cdots\cdots,k}$는 확률변수 X_{k+1}, ……, X_n에 대하여 $n-k$회 적분을 시행함으로써 다음과 같이 도출된다.

$$f_{1,2,\cdots\cdots,k}(x_1,\ x_2,\ \cdots\cdots,\ x_k)$$
$$=\int_{-\infty}^{\infty}\int_{-\infty}^{\infty}\cdots\cdots\int_{-\infty}^{\infty}f(x_1,\ \cdots\cdots,\ x_k,\ x_{k+1},\ \cdots\cdots,\ x_n)dx_{k+1}\ \cdots\cdots\ dx_n. \qquad (32)$$

4.4. 조건부 분포함수

앞절에서는 적분이나 총합을 사용하여 한계밀도함수를 도출하는 방법, 즉 한계화(marginalization)에 대하여 살펴보았다. 한계화는 관심 있는 변수만으로 구성되는 확률모형을 구축하기 위하여 사용하는 수단이다. 그런데 결합밀도함수를 한계화하면 제거되는 확률변수에 대한 정보가 불가피하게 유실된다. 본절에서는 관심있는 변수를 통해 확률모형을 구축하는 또 다른 방법에 대하여 살펴보도록 한다. 그것은 확률변수들의 부분집합을 조건부로 하여 모형을 단순화해 주는 것이다.[14)]

한계분포와 조건부 분포라는 개념은 모두 큰 모형을 작은 모형으로 전환해서 분석하려는 수단으로 사용되는 유용한 개념들이다. 하지만 동일한 모형을 통해 계산되는 조건부 확률값과 한계 확률값은 서로 일치하지 않는다. 그 이유는 바로 위에서 언급한 바와 같이 한계화의 경우에 적분되어 제거되는 변수와 관련된 모든 정보가 소실되는 반면에, 조건부 밀도함수의 경우에는 조건부화되는 변수에 의하여 택해지는 특정 값에 대한 정보가 조건부 밀도함수에 포함되어 남아 있기 때문이다.

확률공간에서 조건부 확률을 정의하는 방식과 유사한 방법으로 확률분포함수의 경우에도 조건부 분포를 정의할 수 있다. 먼저 이산확률변수에 대하여 살펴보자. 확률변수 X가 이산확률변수일 때는 조건부 확률의 정의와 유사한 방식으로 조건부 밀도함수를 정의할 수 있다. 즉, 조건부 밀도함수를 아래와 같이 정의해 줄 수 있다.

$$\begin{aligned} f(x_1|\hat{x}_2) &= P(X_1=x_1|X_2=\hat{x}_2) \\ &= \frac{P(X_1=x_1,\ X_2=\hat{x}_2)}{P(X_2=\hat{x}_2)} = \frac{f(x_1,\ \hat{x}_2)}{f_2(\hat{x}_2)}. \end{aligned} \tag{33}$$

이산확률변수의 경우에는 조건부 확률을 정의하는 데 아무런 문제가 발생하지 않는다.[15] 그런데 연속확률변수의 경우에는 이와 같은 정의방식을 사용할 수 없게 된다. 그 이유에 대하여 간략하게 살펴보자.

먼저 $E_1=\{s:\ X_1(s)\le x_1\}$과 같은 집합을 생각하자. 이 때 집합 E_2를 조건부로 하는 분포함수를

$$F_{X_1|E_2}(x_1|E_2) = P(X_1 \le x_1 | E_2) \tag{34}$$

와 같이 정의하자. 여기서

14) 제2장에서는 확률공간에서의 조건부 확률을 논의하였다. 집합 E와 집합 F를 σ-체 $\mathscr{F}$의 원소(사건)라고 할 때, 사건 E가 발생하였다는 사실을 조건부로 하는 사건 F가 발생할 확률을 조건부 확률이라고 하며, 그 확률을 $P(F|E)=\{P(F\cap E)/P(E)\}$와 같이 계산한다. 이 때 $P(E)\neq 0$이다.

15) 제1장에서 살펴본 바와 같이 이산확률공간에 대해 확률을 정의하는 데에는 아무런 문제가 발생하지 않는다. 즉, 이산확률변수의 경우에는 치역상의 모든 값($x_i \in \mathbb{R}_X$)에 대하여 $P(x_i)\ge 0$이 성립하므로, 식 (33)과 같이 조건부 확률을 정의하여도 전혀 문제가 발생하지 않는다.

$$P(X_1 \le x_1 | E_2) = \frac{P(\{s:\ X_1(s) \le x_1\} \cap E_2)}{P(E_2)}$$

이다. 따라서 조건부 분포를 다음과 같이 정의할 수 있다.

$$F_{X_1|E_2}(x_1 | E_2) = \frac{P(\{s:\ X_1(s) \le x_1\} \cap E_2)}{P(E_2)}. \tag{35}$$

이 때 조건부로 하는 사건 E_2와 관련하여, 사건 E_2가 구간형태의 집합인지 아니면 특정 값으로 구성된 집합인지 여부를 구분하여야만 한다.

그 이유는 특정한 값 $X_2(s) = \hat{x}_2$을 조건부로 하는 경우, 확률변수 X_2가 연속확률변수이므로 한 점의 확률측도값이 0이 되기 때문에($P(s:\ E_2(s) = x_2) = 0$), 조건부 확률의 정의식에서 분모값이 0이 되어 조건부 확률이 정의될 수 없기 때문이다. 즉, 연속확률변수의 경우에 특정한 값을 조건부로 하여 조건부 확률을 계산하게 되면 $\dfrac{P(X_1 = x_1,\ X_2 = \hat{x}_2)}{P(X_2 = \hat{x}_2)} = \dfrac{0}{0}$이라는 결과가 발생하기 때문에 조건부 확률을 계산할 수 없게 되는 문제점이 발생한다. 결과적으로 식 (35)와 같은 방식으로는 조건부 확률을 정의해 줄 수 없다.

이와 같은 문제점을 어떻게 해소할 수 있을 것인가? 하나의 방법으로서, 길이가 0이 아닌 어떤 구간 E_2를 생각하고 구간의 크기(즉, 길이)를 0에 접근시키는 방법을 사용하여 조건부 확률을 정의해 주는 것이다. 이에 대해 살펴보도록 하자. 먼저 다음과 같은 두개의 사건을 정의하자.

$$\begin{aligned} E_1 &= \{s:\ X_1(s) \le x_1\} \in \mathscr{F}, \\ E_2 &= \{s:\ \hat{x}_2 - \alpha < X_2(s) \le \hat{x}_2 + \alpha\}. \end{aligned} \tag{36}$$

식 (36)에서 집합 $E_2 = \{s:\ X_2(s) \in [\hat{x}_2 - \alpha,\ \hat{x}_2 + \alpha]\}$는 보렐집합인 구간 $(\hat{x}_2 - \alpha,\ \hat{x}_2 + \alpha]$의 역상들의 집합이므로, 확률변수의 정의에 의하여 잴 수 있는 집합이다.[16] 즉, $E_2 \in \mathscr{F}$가 된다. 그리고 집합 E_2는 공집합이 아니기 때문에 당연히 확률측도값이 0이 아니다. 따라서 집합 E_2를 조건부로 하는 조건부 확률을 정의해 줄 수 있다.

$$P(\{X_1 \le x_1\} | \{\hat{x}_2 - \alpha < X_2(s) \le \hat{x}_2 + \alpha\})$$

16) 집합을 $E_2 = \{s : x_2 - \alpha \le X_2(s) < \hat{x}_2 + \alpha\}$와 같이 설정해도 무방하다. 왜냐하면, 보렐집합에 대한 역상을 생각하는 이유가 확률측도가 0이 아닌 집합을 이용하여 조건부 확률을 정의하는 것에 있으므로 연속확률변수의 한 점은 무시해도 무방하기 때문이다.

$$= \frac{P(\{X_1 \le x_1\} \cap \{\hat{x}_2 - \alpha < X_2(s) \le \hat{x}_2 + \alpha\})}{P(\{\hat{x}_2 - \alpha < X_2(s) \le \hat{x}_2 + \alpha\})}. \tag{37}$$

연속확률변수에 대해 일반적으로 구간형태의 집합을 조건부로 하는 조건부 확률을 계산한다는 점을 고려하면 위와 같은 식은 문제가 없다.

이 때 식 (37)에서 $\alpha \to 0$일 때의 극한값을 '$X_2 = \hat{x}_2$을 조건부로 하는 X_1의 조건부 분포'로 정의해 주면 한점집합 $\hat{x}_2$을 조건부 집합으로 설정함에 따라 발생하는 문제점을 해소할 수 있을 것으로 기대된다.[17] 즉,

$$\begin{aligned} F_{X_1|X_2}(x_1|x_2 = \hat{x}_2) &= \lim_{0<\alpha\to 0} P(X_1 \le x_1 | \hat{x}_2 - \alpha < X_2 \le \hat{x}_2 + \alpha) \\ &= \lim_{0<\alpha\to 0} \frac{\int_{u=\hat{x}_2-\alpha}^{\hat{x}_2+\alpha} \int_{-\infty}^{x_1} f(v, u)\,du\,dv}{\int_{u=\hat{x}_2-\alpha}^{\hat{x}_2+\alpha} f_2(u)\,du} \\ &= \int_{-\infty}^{x_1} \frac{f(v, \hat{x}_2)}{f_2(\hat{x}_2)} dv. \end{aligned} \tag{38}$$

식 (38)은 적분의 형태를 취하고 있으므로, 피적분함수를 확률밀도함수라고 간주할 수 있다. 따라서 이와 같은 사실을 이용하여, $X_2 = \hat{x}_2$이 주어졌을 때 확률변수 X_1의 조건부 밀도함수를 다음과 같이 정의할 수 있다.

모든 $x_1 \in \mathbb{R}_{X_1}$에 대하여,

$$f_{X_1|X_2}(x_1|x_2) = \frac{f(x_1, x_2)}{f_2(x_2)}. \tag{39}$$

유사하게, X_2의 조건부 밀도함수는 다음과 같다.

모든 $x_2 \in \mathbb{R}_{X_2}$에 대하여,

$$f_{X_2|X_1}(x_2|x_1) = \frac{f(x_1, x_2)}{f_2(x_2)}. \tag{40}$$

여기서 $f_1(x_1) > 0$, $f_2(x_2) > 0$이다.

지금까지 연속확률변수의 경우에 조건부 밀도함수를 정의하는 데 있어서 개념적으로 유의점이 있다는 사실에 대하여 살펴보았다. 결과적으로 조

17) 하지만 이러한 방법을 사용하는 경우에는 예기치 못하게 조건부 분포가 무한개까지 생길 수 있다. 이러한 문제점에 대해서는 제5장을 참조하기 바란다.

건부 밀도함수는 주어진 결합밀도함수를 특정한 변수에 대하여 적분하여 도출한 한계밀도함수를 이용하여 구할 수 있다.

이제 몇 가지 연속확률변수에 대하여 조건부 밀도함수를 계산하여 보도록 하자.

예 7

2변수 분포함수 $F(x_1, x_2)=\frac{1}{(1-e^{-x_1}-e^{-x_2})}$이 있다고 하자.[18)] 이 경우 $\lim_{x_1\to\infty} e^{-x_1}=0$이므로 한계분포함수는 $F_2(x_2)=\frac{1}{1-e^{-x_2}}$이다. 따라서 결합분포함수 $F(x_1, x_2)$와 한계분포함수 $F_2(x_2)$를 각각 X_1, X_2와 X_2에 대하여 미분해 줌으로써 결합밀도함수와 한계밀도함수를 아래와 같이 도출할 수 있다.

$$f(x_1, x_2)=2e^{-x_1-x_2}(1+e^{-x_1}+e^{-x_2})^{-3},$$
$$f_2(x_2)=e^{-x_2}(1+e^{-x_2})^{-2}.$$

이로부터 조건부 밀도함수 $f_{X_1|X_2}$를 다음과 같이 도출할 수 있다.

$$f_{X_1|X_2}(x_1|x_2)=\frac{f(x_1, x_2)}{f_2(x_2)}=\frac{2e^{-x_1-x_2}(1+e^{-x_1}+e^{-x_2})^{-3}}{e^{-x_2}(1+e^{-x_2})^{-2}}$$
$$=2(1+e^{-x_1})^{-1}\left(\frac{1+e^{-x_1}+e^{-x_2}}{1+e^{-x_2}}\right)^{-3}e^{-x_1}.$$

예 8

다음과 같은 2변수 분포함수가 있다고 하자.[19)]

모든 x_1, $x_2>0$, $\theta\in[0, 1]$에 대하여,

$$F(x_1, x_2)=1-e^{-x_1}-e^{-x_2}+e^{-(x_1+x_2+\theta x_1x_2)}.$$

이 경우 $F_2(x_2)=1-e^{-x_2}$이므로 예 7과 유사하게

$$f_{x_1|x_2}(x_1|x_2)=\frac{[(1+\theta x_1)(1+\theta x_2)-\theta]e^{-(x_1+x_2+\theta x_1x_2)}}{e^{-x_2}}$$
$$=[(1+\theta x_1)(1+\theta x_2)-\theta]e^{-x_1(1+\theta x_2)}$$

18) 이는 2변수 로지스틱 분포함수이다.

19) 이는 2변수 지수분포함수(exponential distribution)이다.

이다.

지금까지 조건부 밀도함수를 도출하는 방법에 대하여 간략하게 살펴보았는데, 조건부 밀도함수와 관련하여 다음과 같이 2가지 사항에 유의할 필요가 있다.

(i) 조건부 밀도함수도 결과적으로 밀도함수이기 때문에, 당연히 밀도함수가 만족해야 하는 성질을 모두 충족해야만 한다. 즉, $f_{X_1|X_2}(x_1|\hat{x}_2)\geq 0$ 및 $\int_{-\infty}^{\infty} f_{X_1|X_2}(x_1|\hat{x}_2)dx_1=1$를 만족하여야 한다.

(ii) 확률변수 X_2가 변하여 $\mathbb{R}_{X_2}$상의 모든 값을 취한다고 하자. 그러면 각 $x_1\in\mathbb{R}_{X_1}$, $x_2\in\mathbb{R}_{X_2}$에 대하여 조건부 밀도함수 $f_{X_1|X_2}(x_1|\hat{x}_2)$는 서로 다른 값을 가지게 된다.

모든 $x_1\in\mathbb{R}_{X_1}$, $x_2\in\mathbb{R}_{X_2}$에 대하여 조건부 밀도값을 알게 된다면 결합밀도함수 $f(x_1, x_2)$를 도출할 수 있다. 즉, 모든 $(x_1, x_2)\in\mathbb{R}^2$에 대하여,

$$\begin{aligned} f(x_1, x_2) &= f_{X_1|X_2}(x_1|x_2)\cdot f_2(x_2) \\ &= f_{X_2|X_1}(x_2|x_1)\cdot f_1(x_1) \end{aligned} \tag{41}$$

이 성립하므로 조건부 밀도함수와 한계밀도함수로부터 결합밀도함수를 도출할 수 있다.

2변수 정규밀도함수로부터 $f_1(x_1)$을 도출하는 방식에 대해서 다시 생각해 보면 한계밀도의 정의식에서 적분식 안에 나타난 식이 바로 $X_1=x_1$을 조건부로 하는 X_2의 조건부 밀도함수라는 것을 알 수 있다. 예컨대, 다음과 같은 예를 살펴보자.

예 9

2변수 정규분포를 생각하자.

$$f(x_1, x_2)=\frac{1}{2\pi\sigma_1\sigma_2\sqrt{1-\rho^2}}\cdot$$

$$\exp\left\{-\frac{1}{2(1-\rho^2)}\left[\left(\frac{x_1-\mu_1}{\sigma_1}\right)^2-2\rho\left(\frac{x_1-\mu_1}{\sigma_1}\right)\left(\frac{x_2-\mu_2}{\sigma_2}\right)+\left(\frac{x_2-\mu_2}{\sigma_2}\right)^2\right]\right\}.$$

계산을 간단히 하기 위하여 $v=\left(\frac{x_1-\mu_1}{\sigma_1}\right)$, $w=\left(\frac{x_2-\mu_2}{\sigma_2}\right)$라 하자. 이를 이용하여 결합밀도함수를 다시 적어 보면 다음과 같다.

$$f(x_1,\ x_2)=\frac{1}{2\pi\sigma_1\sigma_2\sqrt{1-\rho^2}}\cdot\exp\left\{-\frac{1}{2(1-\rho^2)}(v^2-2\rho vw+w^2)\right\}.$$

이제 다음과 같이 제곱 모양으로 바꾸어 주자.

$$\begin{aligned}v^2-2\rho vw+w^2&=v^2-2\rho vw+(\rho w)^2+w^2-(\rho w)^2\\&=(v-\rho w)^2+(1-\rho^2)w^2.\end{aligned}$$

이를 이용하면 결합밀도함수를 다음과 같이 나타낼 수 있다.

$$\begin{aligned}f(x_1,\ x_2)&=\frac{1}{2\pi\sigma_1\sigma_2\sqrt{1-\rho^2}}\cdot\exp\left\{-\frac{1}{2(1-\rho^2)}[(v-\rho w)^2+(1-\rho^2)w^2)]\right\}\\&=\frac{1}{\sqrt{2\pi}\,\sigma_2}\cdot\exp\left\{-\frac{1}{2}w^2\right\}\times\frac{1}{\sqrt{2\pi}\,\sigma_1\sqrt{1-\rho^2}}\cdot\exp\left\{-\frac{1}{2(1-\rho^2)}(v-\rho w)^2\right\}\\&=\frac{1}{\sqrt{2\pi}\,\sigma_2}\cdot\exp\left\{-\frac{1}{2}\left(\frac{x_2-\mu_2}{\sigma_2}\right)^2\right\}\cdot\\&\quad\frac{1}{\sqrt{2\pi}\,\sigma_1\sqrt{1-\rho^2}}\cdot\exp\left\{-\frac{1}{2}\left[\frac{x_1-\left(\mu_1+\rho\frac{\sigma^1}{\sigma^2}(x_2-\mu_2)\right)}{\sigma_1\sqrt{1-\rho^2}}\right]^2\right\}\\&=f_2(x_2)\times f_{X_1|X_2}(x_1|x_2).\end{aligned}$$

마찬가지로 유사한 방법을 이용하면,

$$\begin{aligned}f(x_1,\ x_2)&=\frac{1}{\sqrt{2\pi}\,\sigma_1}\cdot\exp\left\{-\frac{1}{2}\left(\frac{x_1-\mu_1}{\sigma^1}\right)^2\right\}\cdot\\&\quad\frac{1}{\sqrt{2\pi}\,\sigma_2\sqrt{1-\rho^2}}\cdot\exp\left\{-\frac{1}{2}\left[\frac{x_2-\left(\mu_2+\rho\frac{\sigma^2}{\sigma^1}(x_1-\mu_1)\right)}{\sigma_2\sqrt{1-\rho^2}}\right]^2\right\}\\&=f_1(x_1)\times f_{X_2|X_1}(x_2|x_1).\end{aligned}$$

결국 확률변수 X_1과 X_2는 각각 정규분포를 따른다는 것을 제2절에서 보았는데, 조건부 분포 역시 정규분포를 따르게 된다는 것을 이로부터 알 수 있다.

조건부 밀도 $f_{X_1|X_2}(x_1|x_2)$의 평균과 분산은 $\mu_1+\rho\dfrac{\sigma_1}{\sigma_2}(x_2-\mu_2)$과 $\sigma_1^2(1-\rho^2)$이고, $f_{X_2|X_1}(x_2|x_1)$의 평균과 분산은 각각 $\mu_2+\rho\dfrac{\sigma_2}{\sigma_1}(x_1-\mu_1)$과 $\sigma_2^2(1-\rho^2)$이다. 이상으로부터

$$X_1 \sim N(\mu_1,\ \sigma_1^2),\ X_2 \sim N(\mu_2,\ \sigma_2^2),$$
$$(X_1|X_2) \sim N\left(\mu_1+\rho\frac{\sigma_1}{\sigma_2}(x_2-\mu_2),\ \sigma_1^2(1-\rho^2)\right),$$
$$(X_2|X_1) \sim N\left(\mu_2+\rho\frac{\sigma_2}{\sigma_1}(x_1-\mu_1),\ \sigma_2^2(1-\rho^2)\right).$$

예 9는 2변수 경우에 대한 결과인데, 이러한 결과는 유한한 n차원의 경우로 자연스럽게 확장해 줄 수 있다. 식 (41)을 보다 일반화하면,

$$\begin{aligned} &f(x_1,\ x_2,\ \cdots\cdots,\ x_n) \\ &\quad = f(x_n|x_{n-1},\ \cdots\cdots,\ x_1)\cdot(x_{n-1}|x_{n-2},\ \cdots\cdots,\ x_1)\cdot\cdots\cdots f_1(x_1) \end{aligned} \tag{42}$$

이라는 관계가 성립한다. 이는 결합밀도함수를 분해하는 일반적인 방법이기 때문에 중요하다. 특히, 제6장 이후에 확률과정에 대하여 살펴볼 때 서로 독립적이지 않은 확률변수들의 결합밀도함수를 분석하는 데 유용하게 사용될 수 있다.[20]

한편, 두 확률변수 X_1과 X_2가 독립일 때 $f(x_1,\ x_2)=f_1(x_1)\cdot f_2(x_2)$라는 등식이 성립한다는 것을 식 (30)에서 보았는데, 이와는 달리, 독립성을 지금까지 살펴본 조건부 확률분포를 이용하여 정의해 줄 수도 있다. 즉, $x_1 \in \mathbb{R}$에 대하여 $f_{X_1|X_2}(x_1|x_2)=f_1(x_1)$이라는 등식이 성립한다면 두 확률변수 X_1과 X_2가 독립적이라고 정의하기도 한다.[21] 이와 같은 방식을 통하여 정의한 독립성을 일반적인 유한한 n차원의 경우로 확장할 수 있다. 즉, 확률변수 $X_1,\ X_2,\ \cdots\cdots,\ X_n$이 독립적일 때 다음 식이 성립하게 된다.

20) 확률벡터의 경우에는 변수의 순서를 중요하게 생각하지 않는다. 그러나 제6장에서 살펴볼 확률과정은 시간순서별로 나열된 확률변수의 수열을 다룬다. 따라서 시간에 대한 조건부 밀도를 고려하는 것이 중요하게 된다.

21) 이러한 독립성의 정의방식에 따르면, 독립적인 확률변수의 경우에는 확률변수 X_1의 확률을 부여하는 데 있어서 확률변수 X_2와 관계된 정보는 필요하지 않다.

$$f(x_1,\ x_2,\ \cdots\cdots,\ x_n)=f_n(x_n)\cdot f_{n-1}(x_{n-1})\cdot\cdots\cdots f_1(x_1)\equiv\prod_{i=1}^{n}f_i(x_i). \tag{43}$$

일반적으로 독립적인 확률밀도함수의 형태가 서로 간에 일치할 필요는 없다. 확률변수 X_1, X_2, ……, X_n에 대한 분포함수열이 서로 동일할 때, 이러한 수열을 동질적으로 분포(identically distributed)되었다고 한다.[22] 즉, 임의 $x\in\mathbb{R}$에 대하여,

$$F_1(x)=F_2(x)=\cdots\cdots=F_n(x) \tag{44}$$

일 때 확률변수열이 동질적으로 분포되었다고 한다.

지금까지 살펴본 조건부(conditioning)라는 개념을 이용하면,

(i) 결합밀도함수를 조건부 밀도함수들의 곱으로 분해해 줌으로써 통계 분석을 편리하게 만들 수 있으며,

(ii) 어떤 변수가 지니고 있는 확률적 정보에 대하여 관심이 없는 경우에, 이들 확률변수와 관련하여 관측된 값을 조건부로 하여 조건부 밀도함수를 도출함으로써 관심 없는 변수를 직접적으로 사용하지 않을 수도 있게 된다.

4.5. 확률변수의 함수와 확률분포

어떤 확률벡터 X_t의 분포가 알려져 있을 때 X_t의 함수로 표현되는 통계량 $h(X_t)$의 분포를 알아야 통계량에 대해 통계적 추론 및 검정을 실시할 수 있다. 이러한 상황은 흔하게 발생하므로 확률벡터의 함수가 따르는 분포를 밝혀 내는 일은 상당히 중요하다.

4.5.1. 확률변수의 함수

확률공간 $(S,\ \mathscr{F},\ P(\cdot))$ 위에서 정의되는 확률변수 X를 생각하자. 제2장에서 살펴보았듯이, 확률변수 X는 표본공간 S 위에서 정의되는 실가함수이다. 이제 불연속인 점을 기껏해야 셀 수 있는 개수만큼만 지니고 있는 함

22) 확률변수들의 분포가 독립적인지 여부와 동질적인지 여부는 제6장 이후 확률과정을 분석하고자 하는 때에 중요하게 활용된다.

수 $h(\cdot)$: $\mathbb{R}\to\mathbb{R}$가 있다고 하자. 이 때 확률변수, 즉 함수를 변환하여 만든 새로운 함수는 확률변수가 되어야 할 것이다. 이러한 조건을 만족하는 함수로 보렐함수를 들 수 있다. 즉, X가 확률변수, 함수 $h(\cdot)$가 보렐함수일 때 $h(X(s))$: $\mathbb{R}\to\mathbb{R}$도 역시 확률변수가 된다. 이러한 점을 감안하여 이하에서는 보렐함수에 대해 논의를 진행할 것이다.

앞서 보렐함수에 대하여 간략하게 언급한 바 있지만, 본절에서는 보다 자세하게 보렐함수(Borel function)를 정의하도록 하자.

정의 11 보렐함수

함수 $h(\cdot)$: $\mathbb{R}_X\to\mathbb{R}$가 다음을 만족하는 경우 이러한 함수 h를 보렐함수라고 한다.

임의의 실수 $a\in\mathbb{R}$와 확률변수 X의 치역상의 원소 $x\in\mathbb{R}_X$에 대해 집합 $B_h=\{x: h(x)\leq a\}$가 보렐집합이다. 즉, $B_h\in\mathscr{B}$.

[정의 11]에서 정의역이 $\mathbb{R}_X$로 설정되어 있는데, 이는 확률변수 X의 치역이 $\mathbb{R}_X$라는 점을 명시적으로 나타내기 위함이다. [정의 11]은 $h(X(s))$가 합성함수(composite function)이면서 동시에 확률변수라는 것을 의미하고 있다. 따라서 임의의 잴 수 있는 집합 $B_h\in\mathscr{B}$에 대해

$$E=\{s: h(X)(s)\in B_h\}=\{s: h(X(s))\in B_h\}\in\mathscr{F}$$

가 성립한다. 즉, $h^{-1}(B_h)=E\in\mathscr{F}$. 이와 같은 합성함수 $h(X(s))$는 새로운 확률변수가 된다. 이제 $Y=h(X(s))$라고 나타내도록 하자. 그러면 확률변수 Y로부터 유도된 확률함수 $P_Y(B_h)=P_X(B_E)=P(E)$를 얻을 수 있다. 여기서 $P_X(\cdot)$는 확률변수 X에 의해 유도된 확률측도이고, $P_Y(\cdot)$는 보렐함수 $h(\cdot)$에 의해 유도된 확률측도이다. 물론 유도된 확률측도 $P_Y(\cdot)$는 원래의 확률공간 $(S, \mathscr{F}, P(\cdot))$가 지니고 있는 확률구조를 완전하게 보존한다.[23)]

일반적으로 함수의 변환과 관련하여 다음의 정리가 성립한다.

---

23) 바로 이 점을 감안하여 본장에서 논의의 대상이 되는 함수를 굳이 보렐함수로 제한하였던 것이다. 보렐함수는 보렐체 $\mathscr{B}$의 사건구조 또는 확률구조를 보존해 준다.

정리 9

임의의 측도공간 $(S, \mathscr{F}, P)$가 있다 하자. 함수 $f(s)$를 S 위의 잴 수 있는 함수, 함수 $h(x)$를 $\mathbb{R}$상의 보렐 잴 수 있는 함수라 하자. 그러면 다음이 성립한다.

(i) 합성함수 $h(f(s))$는 S 위의 잴 수 있는 함수이다.

(ii) 만일 함수 $h(x)$가 르벡 잴 수 있는 함수이면, 합성함수 $h(f(s))$는 일반적으로 잴 수 있는 함수가 아니다.

[정리 9]의 (i)에 의하면 함수 $h(x)$가 보렐함수일 때 합성함수 $h(f(s))$가 잴 수 있는 함수가 된다는 것을 나타낸다. 반면 (ii)에 의하면 합성함수가 반드시 잴 수 있는 함수가 되지는 않는다. 일반적으로 합성함수가 잴 수 있는 함수가 되는지 여부는 다음과 같이 정리된다.

두 함수 f, h와 합성함수 $h(f(s))$에 대해,

(i) f가 보렐 잴 수 있는 함수일 때 h도 보렐 잴 수 있는 함수이면, $h(f(s))$는 보렐 잴 수 있는 함수이다.

(ii) f가 보렐 잴 수 있는 함수일 때 h가 르벡 잴 수 있는 함수이면, $h(f(s))$가 잴 수 있는 함수인지 알 수 없다.

(iii) f가 르벡 잴 수 있는 함수일 때 h가 보렐 잴 수 있는 함수이면, $h(f(s))$가 르벡 잴 수 있는 함수이다.

(iv) f가 르벡 잴 수 있는 함수일 때 h도 르벡 잴 수 있는 함수이면, $h(f(s))$는 잴 수 있는 함수인지 알 수 없다.

앞의 결과에 의하면, 최소한 함수 h가 보렐함수이어야만 합성함수 $h(f(s))$가 르벡 잴 수 있는 함수이거나 보렐 잴 수 있는 함수가 된다. 이런 점을 감안하여 함수의 전환에 대해 논의할 때 주로 보렐함수를 대상으로 하게 된다.

보렐함수를 이용해서 확률변수 X를 변환해 줌으로써 확률변수 Y를 도출할 수 있다. 이를 감안하여 이하에서는 확률변수 X의 확률분포가 알려져 있을 때 확률변수 Y가 어떠한 확률분포를 따르게 될 것인가에 대해 살펴

보자. 편의상 이산확률변수의 경우에 대해 살펴본 다음 연속확률변수의 경우를 생각하자.

예 10

동전 2회 던지기를 생각하자.

표본공간 S는 $S=\{HH, HT, TH, TT\}$이다.

확률변수 X를 동전을 2회 던져서 앞면이 나온 횟수를 나타낸다고 정의하자. 그러면 $\mathbb{R}_X=\{0, 1, 2\}$가 되며,

$$P(x=2)=\frac{1}{4},\ P(x=1)=\frac{1}{2},\ P(x=0)=\frac{1}{4}.$$

이제 앞면이 나온 횟수의 제곱당 100원을 받되 앞면이 한 번도 나타나지 않는 경우에는 정해진 금액 400원을 받는 사건을 Y라 하면,

$$X=1,\ 2\text{일 때},\ Y\equiv h(X)=100X^2,$$
$$X=0\text{일 때},\ Y\equiv h(X)=400$$

이 된다. 위와 같이 주어진 함수 $h(X)$는 보렐함수이다. 따라서 Y도 확률변수이다. 이 때 $\mathbb{R}_Y=\{100, 400\}$이 되고

$$P(y=400)=\frac{1}{2},\ P(y=100)=\frac{1}{2}.$$

위의 예는 변환되기 전의 확률변수 X가 이산확률변수인 경우에는 변환 후의 새로운 확률변수 $Y=h(X(s))$도 또한 이산확률변수가 된다는 것을 보여 준다.

보다 일반적인 경우에 대해 변환된 새로운 확률변수 Y의 분포함수를 정의하면 다음과 같다.

$$F(y)=P(s:\ Y(s)\le y)=P(s:\ X(s)\in h^{-1}((-\infty,\ y])). \tag{45}$$

이 때 역함수 h^{-1}이 유일하게 존재할 필요는 없다.

변환 전의 확률변수 X가 연속확률변수인 경우에는 변환을 통해 만들어진 새로운 확률변수의 분포를 도출하는 것이 이산확률변수의 경우처럼 쉽지

않다. 왜냐하면, 변환 후의 확률변수 Y가 항상 연속확률변수가 되는 것이 아닐 뿐더러 Y의 확률분포를 도출할 수 있을지 여부가 보렐함수 $h(\cdot)$ 자체에 달려 있기 때문이다. 물론 변환 전의 확률변수 X가 연속확률변수일 때 확률변수 Y도 연속확률변수가 될 수 있다면 바람직할 것이다. 그렇다면 함수 h가 어떠한 조건을 만족하면 연속확률변수가 될 것인가? 이에 대한 해답을 제시하는 것이 [정리 10]인데, [정리 10]은 확률변수 Y가 연속확률변수가 될 충분조건이다.

• 정리 10 •

확률변수 X가 연속확률변수라고 하자. 그리고 X의 모든 치역상의 원소 $x \in \mathbb{R}_X$에 대해 함수 $h: \mathbb{R}_X \rightarrow \mathbb{R}$가 미분가능하며, 정의역 $\mathbb{R}_X$에서 h가 항상 증가하거나 항상 감소한다고 하자. 즉,

모든 $x \in \mathbb{R}_X$에 대하여, $\frac{dh(x)}{dx} > 0$ 또는 $\frac{dh(x)}{dx} < 0$.

그러면 $Y = h(x)$의 확률밀도함수는 다음과 같다.

$\min_y < y < \max_y$에 대해

$$f_Y(y) = f_X(h^{-1}(y)) \left| \frac{dh^{-1}(y)}{dy} \right|.$$

여기서 $\min_y$, $\max_y$는 Y가 취할 수 있는 최소값, 최대값이다.

[정리 10]은 함수 h가 단조함수(monotone function)라면 확률변수 Y가 항상 연속확률변수가 됨을 의미한다. 이와 같은 내용을 간단한 예를 통해 살펴보자.

예 11 확률변수 X가 정규분포를 따르며 $X \sim N(\mu, \sigma^2)$라고 하자. 즉, X의 확률밀도함수는 다음과 같다.

$$f_X(x)=\frac{1}{\sqrt{2\pi}\,\sigma_X}\cdot e^{\left(-\frac{1}{2}\left(\frac{x-\mu_X}{\sigma_X}\right)^2\right)}.$$

확률변수 X를 함수 변환해서 표준화해 준 $Y\equiv h(X)=\dfrac{(X-\mu_X)}{\sigma_X}$의 분포를 구해 보자. 먼저 $X=h^{-1}(Y)=(\sigma_X Y+\mu_X)$이므로, $\dfrac{dh^{-1}(y)}{dy}=\sigma_X$이다.

[정리 10]에 의하면,

$$\begin{aligned}f_Y(y)&=f_X(h^{-1}(y))\left|\frac{dh^{-1}(y)}{dy}\right|\\&=\frac{1}{\sigma_X\sqrt{2\pi}}\cdot e^{\left[-\frac{1}{2}\left(\frac{(\sigma_X y+\mu_X)-\mu_X}{\sigma_X}\right)^2\right]}|\sigma_X|\\&=\frac{1}{\sqrt{2\pi}}\cdot e^{\left(-\frac{1}{2}y^2\right)}\end{aligned}$$

이다. 따라서 확률변수 X를 표준화해 준 확률변수 Y는 표준정규분포를 따른다.

[정리 10]은 유도된 확률측도를 도출할 수 있게 하는 유용한 정리임에는 틀림없지만, [정리 10]이 요구하는 조건을 충족하지 못하는 경우가 흔히 발생한다는 점에서 활용상에 제약을 지니고 있다. 그렇다면 이러한 경우에는 유도된 확률측도 P_Y를 어떻게 도출할 것인가? 이 경우에는 밀도함수를 이용하지 않고 다음과 같이 직접 분포함수로부터 유도된 확률측도를 도출하는 방법을 사용할 수 있다.

$$F_Y(y)=P(h(x)\leq y)=P(X\in h^{-1}((-\infty,\ x])). \tag{46}$$

즉, 함수 h의 역상을 찾아 내는 방법을 사용하여 유도된 확률측도 P_Y를 계산할 수 있다. 그렇다면 어떻게 식 (46)에서 제시된 방법을 이용하여 함수 변환된 확률변수의 분포를 구할 수 있는지를 예를 통해 살펴보도록 하자.

예 12 표준정규분포를 따르는 확률변수 $Z\sim N(0,\ 1)$과 함수 $Y=Z^2$를 생각하자. 주어진 함수 $h(z)=z^2$는 단조함수가 아니다. 즉, h를 z에 대해 미분하면 $h'(z)=2z$이므로 $z=0$을 중심으로 좌우에서 도함수의 부호가 다르다. 그러므로 함수 h는 [정리 10]에 제시된 조건을 만족하지 않는다.

따라서 식 (46)을 적용하여 유도된 확률측도를 계산해 보자. 만약 $y>0$에 대하여,

$$\begin{aligned}F_Y(y)&=P(h(z)\le y)=P(Z\in h^{-1}((-\infty,\ z]))\\&=P(-\sqrt{y}\le Z\le\sqrt{y})=F_Z(\sqrt{y})-F_Z(-\sqrt{y})\end{aligned}$$

이다. 주어진 함수 h의 경우에는 $z>0$인 구간과 $z<0$인 구간을 분리해서 생각하면 분리된 구간별로 h는 각각 감소함수와 증가함수가 된다. 그렇다면 이제는 [정리 10]을 적용할 수 있게 된다.

구분된 구간별로 $Z=h^{-1}(Y)=\sqrt{y}$이므로 $\dfrac{dh^{-1}(y)}{dy}=\dfrac{1}{2\sqrt{y}}$이다. 따라서 $y>0$에 대하여,

$$\begin{aligned}f_Y(y)&=f_Z(\sqrt{y})\left|\frac{1}{2\sqrt{y}}\right|+f_Z(-\sqrt{y})\left|\frac{1}{2\sqrt{y}}\right|\\&=\frac{1}{2\sqrt{y}}\left(\frac{1}{\sqrt{2\pi}}e^{-\frac{y}{2}}+\frac{1}{\sqrt{2\pi}}e^{-\frac{y}{2}}\right)\\&=\frac{1}{\sqrt{y}}\left(\frac{1}{\sqrt{2\pi}}e^{-\frac{y}{2}}\right).\end{aligned}$$

이처럼 표준정규분포를 따르는 확률변수 Z를 제곱해서 얻은 확률변수 Y의 확률밀도함수는 $f_Y(y)=\dfrac{1}{\sqrt{y}}\left(\dfrac{1}{\sqrt{2\pi}}e^{-\frac{y}{2}}\right)$이며, 이 때 확률변수 y는 카이제곱(chi-square)분포를 따른다고 한다.

지금까지 1변수의 경우에 대해, 확률변수의 함수꼴로 나타나는 새로운 확률변수의 확률분포를 도출하는 방법에 대해 간략하게 살펴보았다. 이하에서는 이와 같은 논의를 확장하여 확률벡터의 함수꼴로 나타나는 확률벡터의 확률분포를 도출하는 방법에 대해 살펴보자.

4.5.2. 확률벡터의 함수

본 소절에서는 확률벡터의 함수변환을 통해 창출된 새로운 확률벡터의

분포에 대해 살펴볼 것이다. 벡터의 경우 분포를 구하는 것은 1변수의 경우에 비해 일반적으로 훨씬 어렵다. 따라서 특수한 예로서 2변수의 경우에 대해, 특히 두 변수의 합, 나누기, 최소값 등과 관련하여 확률분포를 구하는 방법에 대해 간략하게 살펴보자.

(1) 두 확률변수의 합과 차의 분포

벡터함수 $h(X)$: $\mathbb{R}^2 \to \mathbb{R}$, $Y=h(X)=X_1+X_2$와 같다고 하자. 그러면 확률변수 Y의 분포함수는 다음과 같다.

$$\begin{aligned} F_Y(y) &= P(X_1+X_2 \leqq y) \\ &= \int_{-\infty}^{\infty}\int_{-\infty}^{y-x_2} f(x_1, x_2)dx_1 dx_2 \\ &= \int_{-\infty}^{\infty}\int_{-\infty}^{\infty} f(w-x_2, x_2)dwdx_2. \end{aligned}$$

따라서 모든 $y \in \mathbb{R}$에 대해 $f_Y(y)=\int_{-\infty}^{\infty} f(y-x_2, x_2)dx_2$.

만일 두 확률변수 X_1과 X_2가 독립적인 경우에는, 대칭성에 의해

$$f_Y(y)=\int_{-\infty}^{\infty} f_1(y-x_2)f_2(x_2)dx_2=\int_{-\infty}^{\infty} f_1(x_1)f_2(y-x_1)dx_1$$

이 성립한다.

두 확률변수 차 X_1-X_2의 경우는 두 확률변수의 합과 유사한 결과가 도출된다. 즉, $h(X)=X_1-X_2$의 경우,

$$f_Y(y)=\int_{-\infty}^{\infty} f(y+x_2, x_2)dx_2=\int_{-\infty}^{\infty} f(x_1, x_1-y)dx_1$$

이 성립하고, 두 확률변수 X_1과 X_2가 독립적인 경우에는, 대칭성에 의해

$$f_Y(y)=\int_{-\infty}^{\infty} f_1(y+x_2)f_2(x_2)dx_2=\int_{-\infty}^{\infty} f_1(x_1)f_2(x_1-y)dx_1$$

이 성립한다.

(2) 확률변수를 나누는 경우의 분포

벡터함수 $h(X): \mathbb{R}^2 \to \mathbb{R}$, $Y = h(X) = \frac{X_1}{X_2}$과 같다고 하자. 이 경우 확률변수 Y의 분포는 다음과 같다.

모든 $y \in \mathbb{R}$에 대해,

$$F_Y(y) = \int_0^{\infty} \int_{-\infty}^{yx_2} f(x_1, x_2) dx_1 dx_2 + \int_{-\infty}^{0} \int_{yx_2}^{\infty} f(x_1, x_2) dx_1 dx_2.$$

이 때 $w = \frac{x_1}{x_2}$을 정의하면, x_2가 고정되어 있을 때 $dx_1 = x_2 dw$가 성립하므로, 치환적분을 통해 다음을 얻을 수 있다.

$$F_Y(y) = \int_0^{\infty} \int_{-\infty}^{y} f(wx_2, x_2) x_2 dw dx_2 + \int_{-\infty}^{0} \int_{y}^{\infty} f(wx_2, x_2) x_2 dw dx_2.$$

따라서 모든 $y \in \mathbb{R}$에 대해 $f_y(y) = \int_{-\infty}^{\infty} |x_2| f(yx_2, x_2) dx_2$.

두 확률변수 X_1과 X_2가 독립적인 경우에는, 모든 $y \in \mathbb{R}$에 대해

$$f_y(y) = \int_{-\infty}^{\infty} |x_2| f_1(yx_2) f_2(x_2) dx_2$$

가 성립한다.

확률변수의 나누기 형태로 표현되는 확률변수의 분포로서 대표적인 분포로는 t분포와 코시분포(Cauchy distribution)를 들 수 있다. 정규분포를 따르는 확률변수 X_1과 자유도가 n인 카이제곱분포를 따르는 확률변수 X_2 간의 다음과 같은 확률변수 $Y = \frac{X_1}{\sqrt{X_2/n}}$은 t분포를 따르고, 서로 독립적이면서 정규분포를 따르는 두 확률변수 X_1과 X_2 간의 비율 $Y = \frac{X_1}{X_2}$은 코시분포를 따른다는 사실이 잘 알려져 있다.

(3) 최소함수 경우의 분포

벡터함수 $h(X): \mathbb{R}^2 \to \mathbb{R}$, $Y = h(X) = \min(X_1, X_2)$와 같다고 하자. 이 때 $\min(X_1, X_2) \le y$가 나타날 사건은 $\min(X_1, X_2) > y$가 나타날 사건과 서로 배반되는 사건이다. 그리고 $\min(X_1, X_2) > y$는 X_1과 X_2 모두 y보다 클

때 성립한다. 따라서 이 경우 확률변수 Y의 분포는 다음과 같다.

$$F_Y(y)=P(\min(X_1,\ X_2)\le y)=1-P(\min(X_1,\ X_2)>y)$$
$$=1-P(X_1>y,\ X_2>y).$$

두 확률변수 X_1과 X_2가 독립적인 경우에는, 모든 $y\in\mathbb{R}$에 대해

$$f_Y(y)=1-(1-F_1(x_1))(1-F_2(x_2)).$$

지금까지 2변수의 경우에 한정하여 확률벡터의 함수전환으로 생성된 확률변수 Y의 분포를 비교적 쉽게 도출할 수 있는 경우를 살펴보았다. 이제 2변수 이상의 일반적인 확률벡터 $x=(x_1,\ x_2,\ \cdots\cdots,\ x_n)'$의 결합확률밀도함수 f_x가 알려져 있을 때 확률벡터 x를 1 : 1 변환하여 생성된 확률벡터 y에 대한 결합확률밀도함수 f_y를 도출하여 보자.

먼저 다음과 같은 1 : 1 변환이 있다고 가정하자.

$$y_1=h_1(x_1,\ x_2,\ \cdots\cdots,\ x_n),$$
$$y_2=h_2(x_1,\ x_2,\ \cdots\cdots,\ x_n),$$
$$\vdots$$
$$y_n=h_n(x_1,\ x_2,\ \cdots\cdots,\ x_n).$$

여기서 이들 함수의 역함수 $h_i^{-1}(\cdot)=g_i(\cdot)(i=1,\ 2,\ \cdots\cdots,\ n)$가 다음과 같다고 하자.

$$x_1=g_1(y_1,\ y_2,\ \cdots\cdots,\ y_n),$$
$$x_2=g_2(y_1,\ y_2,\ \cdots\cdots,\ y_n),$$
$$\vdots$$
$$x_n=g_n(y_1,\ y_2,\ \cdots\cdots,\ y_n).$$

이제 이들 함수에 대해 다음과 같이 가정하도록 하자.

(i) $h_i(\cdot)$와 $g_i(\cdot)$는 연속함수이다.

(ii) 도함수 $\dfrac{\partial x_i}{\partial y_j}(i,\ j=1,\ \cdots\cdots,\ n)$가 존재하고, 이들 도함수는 모두 연속함수이다.

(iii) 역변환의 자코비안은 0이 아니다. 즉, $J \equiv \left| \frac{\partial(x_1,\ x_2,\ \cdots\cdots,\ x_n)}{\partial(y_1,\ y_2,\ \cdots\cdots,\ y_n)} \right| \neq 0.$

이상과 같은 가정하에서 결합밀도함수 $f_Y(y_1,\ y_2,\ \cdots\cdots,\ y_n)$는 다음과 같이 도출할 수 있다.

$$\begin{aligned} & f_Y(y_1,\ y_2,\ \cdots\cdots,\ y_n) \\ & = f_X(g_1(y_1,\ y_2,\ \cdots\cdots,\ y_n),\ g_2(y_1,\ y_2,\ \cdots\cdots,\ y_n),\ \cdots\cdots,\ g_n(y_1,\ y_2,\ \cdots\cdots,\ y_n)) \cdot |J|. \end{aligned}$$

일반적으로 함수변환에 의하여 생성된 새로운 확률변수 벡터의 분포를 도출하는 것이 그리 간단하지 하지 않을 것이라는 점을 위의 식으로부터 짐작할 수 있다.

지금까지 $Y_i(i=1,\ \cdots\cdots,\ n)$에 대한 결합밀도함수 $f_Y(y_1,\ y_2,\ \cdots\cdots,\ y_n)$를 도출하는 방법에 대해 살펴보았다. 그렇다면 이처럼 확률벡터의 결합밀도함수를 도출한 후 한계밀도함수는 어떻게 도출하여야 하는가? 본장 제2절에서 보았듯이 한계밀도함수는 결합밀도함수를 적분해 줌으로써 도출할 수 있다. 예컨대, 2변수의 경우는 다음과 같다.

$$f_1(y_1) = \int_{-\infty}^{\infty} f(y_1,\ y_2)dy_2,$$

$$f_2(y_2) = \int_{-\infty}^{\infty} f(y_1,\ y_2)dy_1.$$

2변수의 경우에 대해 결합밀도함수와 한계밀도함수를 산출하는 예를 들어 보면 다음과 같다.

예 13 표준정규분포를 따르는 두 확률변수 $Z_i \sim N(0,\ 1)(i=1,\ 2)$가 서로 독립적이라고 하자. 이 때 Z_1과 Z_2를 변환시키는 두 함수,

$$Y_1 = h_1(Z_1,\ Z_2) = Z_1 + Z_2,$$

$$Y_2 = h_2(Z_1,\ Z_2) = \frac{Z_1}{Z_2}$$

를 생각하자. 이들 함수의 역함수를 구해 보면,

$$z_1=g_1(y_1,\ y_2)=\frac{y_1y_2}{1+y_2},$$

$$z_2=g_2(y_1,\ y_2)=\frac{y_1}{1+y_2}.$$

이제 자코비안 $J\equiv\left|\frac{\partial(z_1,\ z_2)}{\partial(y_1,\ y_2)}\right|$를 계산하면,

$$J\equiv\begin{vmatrix}\frac{y_2}{1+y_2} & \frac{y_1}{(1+y_2)^2}\\ \frac{1}{1+y_2} & -\frac{y_1}{(1+y_2)^2}\end{vmatrix}=\frac{-y_1}{(1+y_2)^2}.$$

이로부터,

$$f(y_1,\ y_2)=\frac{1}{2\pi}e^{-\frac{1}{2}\left(\frac{(y_1y_2)^2+y_1^2}{(1+y_2)^2}\right)}\frac{|y_1|}{(1+y_2^2)}$$

를 도출할 수 있다.

이러한 결합밀도함수에 대해 적분을 취하고 약간의 계산을 통해 한계밀도함수를 구해 보면,

$$f_1(y_1)=\int_{-\infty}^{\infty}f(y_1,\ y_2)dy_2=\frac{1}{\sqrt{2\pi}}e^{\frac{1}{2}y_1^2},$$

$$f_2(y_2)=\int_{-\infty}^{\infty}f(y_1,\ y_2)dy_1=\frac{1}{\pi}\frac{1}{1+y_2^2}$$

을 도출할 수 있는데, $f_1(y_1)$은 정규분포의 확률밀도함수이고, $f_2(y_2)$는 코시분포의 확률밀도함수이다. 즉, 앞서 (1)항과 (2)항에서 도출한 결과와 동일한 결과를 얻을 수 있다.

이상의 예는 단지 2변수의 경우라 할지라도 결합밀도함수를 도출하는 작업이 그리 간단한 일만은 아니라는 점을 보여 준다.

참고문헌

Ito, Kiyosi, *Introduction to Probability Theory*, Cambridge University Press, 1978, Ch. 2.

Pfeiffer, Paul E., *Concepts of Probability Theory*, 2nd ed., Dover Publications, Inc., N.Y., 1978, Ch. 3.

Spanos, Aris, *Statistical Foundations of Economic Modelling*, Cambridge University Press, 1986, Ch. 5～6.

______, *Probability Theory and Statistical Inference*, Cambridge University Press, 1986, Ch. 4.

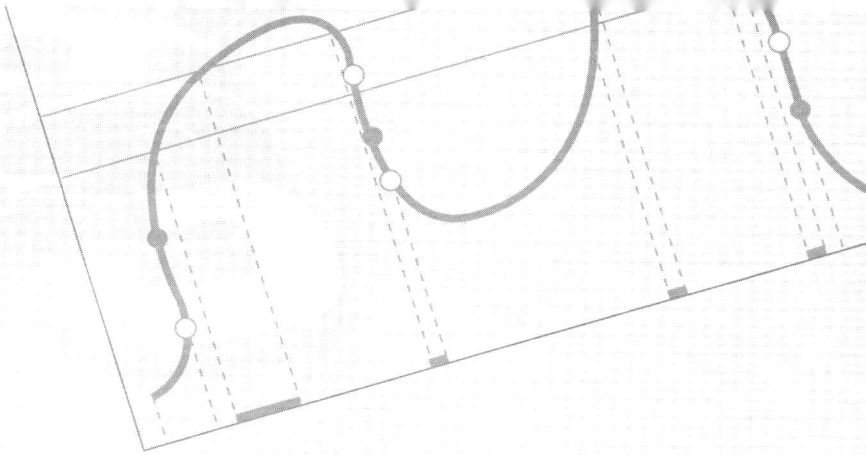

5 조건부 기대

조건부 기대는 회귀분석과 직접적으로 연결되어 있을 뿐만 아니라 마팅게일 등의 확률과정을 분석하는 데에도 기본이 되는 개념이다. 특히, 확률과정을 분석하는 경우에는 확률변수의 무한수열을 조건부로 하기 때문에 보렐체 $\mathscr{B}$를 조건부로 하는 조건부 기대에 대하여 이해할 필요가 있다. 이는 확률과정, 특히 시계열모형을 다루고자 하는 경우에 과거를 조건부로 하는 조건부 기대를 고려하여야 하기 때문이다. 본장에서는 이러한 점에 초점을 맞추어 논의를 진행할 것이다.

한편, 조건부 기대와 관련하여 유의하여야 할 점이 있다. 제2장에서 살펴보았듯이 조건부 확률을 정의하는 전통적 방식은 이산적인 변수를 대상으로 하는 상황에서는 아무런 문제를 발생시키지 않는다. 그렇지만 발생확률이 0인 사건을 조건부로 하는 경우에 대해 전통적인 조건부 확률정의방식을 적용하고자 하면, 조건부 확률 자체가 정의되지 않게 된다는 문제점이 나타난다.[1] 즉, 연속확률변수의 경우 단순사건이 발생할 확률이 0이 된다는 점 때문에 전통적인 방식을 적용할 수 없다. 따라서 조건부 확률 또는 조건부 기대에 대한 정의를 확장해 줄 필요가 생긴다. 이러한 상황은 근본적으로 콜모고로프가 연속확률변수를 고려하면서 발생하는 문제점과 논리적으로 맥을 같이 한다.

5.1. 조건부 기대

확률과정이 독립적인 경우에는 특정 확률벡터를 조건부로 하는 조건부 기대만을 다루어도 충분하다. 따라서 이 경우는 상대적으로 조건부 기대라는 개념을 정의하기가 쉽다. 그렇지만 독립적이지 않은 확률과정의 조건부 기대를 정의하기 위해서는 σ-체를 조건부로 하는 조건부 기대의 개념을 도입하여야 한다. 이러한 점을 감안하여 본절과 이하에서는 특정한 사건을 조건부로 하는 가장 단순한 경우로부터 출발하여, 확률변수를 조건부로 하는 경우로 개념을 확장하고, 최종적으로 σ-체를 조건부로 하는 조건부 기대를 어떻게 정의할 것인지에 대해서 살펴볼 것이다.

1) 이는 제2장에서 살펴본 바처럼 연속확률변수에 대해서는 원자(atom)가 되는 원소(사건)가 존재하지 않고 모든 단순사건에 대한 확률측도가 0이 되기 때문이다.

5.1.1. 고정된 사건을 조건부로 하는 조건부 기대

가장 간단한 형태의 조건부 기대는 고정된 사건 F를 조건부로 하는 확률변수 X의 조건부 기대 $E[X|F]$라 할 수 있다. 이 경우의 조건부 기대는 통상적으로 다음과 같이 정의된다.

정의 1 고정된 사건을 조건부로 하는 조건부 기대

X를 임의의 적분가능한 확률변수라 하자. 이 때 확률이 0이 아닌 (즉, $P(F)\neq 0$) 임의의 사건 $F\in\mathscr{F}$를 조건부로 하는 확률변수 X의 조건부 기대 $E[X|F]$는 다음과 같이 정의된다.

$$E[X|F]=\frac{1}{P(F)}\int_F X\,dP.$$

특정 사건을 조건부로 하는 조건부 기대는 [정의 1]에서 정의된 바와 같이 도출할 수 있는데, 이에 대하여 간단한 예를 들어 보자.

예 1

3개의 동전을 던지는 확률실험에 대해 생각하자. 동전은 1원, 5원, 그리고 10원짜리 등 세 가지라고 하자. 각 동전의 앞면(H)이 나오는 경우에만 동전의 액면에 해당하는 금액을 받을 수 있다고 하자. 그리고 앞면이 나왔는지 여부를 편의상 액면순으로 나타내도록 하자. 예컨대, 첫째 동전은 1원짜리 동전을 나타낸다.

이제 세 동전 중에 2개의 동전이 앞면인 경우를 조건부로 하였을 때, 액면(이를 확률변수 X라고 하자)상 얼마를 받을 것으로 기대할 수 있는지에 대해 살펴보자. 즉, $E[X|F]$를 구해 보자.

2개의 동전에서 앞면이 나타날 사건을 F라고 하자. 그러면 $F=\{HHT, HTH, TTH\}$와 같다. 이 때 F의 각 원소, 즉 단순사건이 발생할 확률은 각각 $\frac{1}{8}$이므로, $P(F)=\frac{3}{8}$이다. 한편,

$$X(HHT)=1+5=6,\ X(HTH)=1+10=11,\ X(THH)=5+10=15$$

이다. 따라서

$$
\begin{aligned}
E[X|F] &= \frac{1}{P(F)}\int_F X\,dP \\
&= \frac{1}{P(F)}\{6\cdot P(X=6)+11\cdot P(X=11)+15\cdot P(X=15)\} \\
&= \frac{1}{\left(\frac{3}{8}\right)}\left(\frac{6}{8}+\frac{11}{8}+\frac{15}{8}\right)=\frac{32}{3}
\end{aligned}
$$

이다.

위의 예에서 볼 수 있듯이 특정한 사건을 조건부로 하는 조건부 기대값은 하나의 특정한 값으로 나타난다. 이와 같이 조건부 기대값이 확정적인 값으로 나타나게 되는 경우 조건부 기대값은 확률적인 속성을 지니지 않는다.

하지만 특정한 사건을 조건부로 하지 않는 경우, 즉 어떤 사건이 발생하였는지를 사전에 알 수 없는 상황을 조건부로 하는 경우에는 조건부 사건 자체가 확률적이므로 조건부 기대값도 어떤 값을 가질지 알 수 없게 될 것이다. 결국 이렇게 조건부 사건이 확률변수인 경우에는 조건부 기대도 하나의 확정적인 값을 가지지 않고 확률변수적인 속성을 지니게 된다. 아래에서는 이와 같이 확률변수를 조건부로 하는 조건부 기대에 대하여 살펴보자.

5.1.2. 확률변수를 조건부로 하는 조건부 기대

확률변수는 이산확률변수와 연속확률변수로 나누어 볼 수 있으므로, 이를 구분하여 살펴보도록 하자. 이렇게 확률변수를 이산확률변수와 연속확률변수로 나누어서 생각하는 이유는 제1장에서 살펴본 바와 같이, 확률(측도)이 정의되는 방식이 이산적인 표본을 대상으로 정의되는가, 아니면 연속적인 표본을 대상으로 정의되는가에 따라서 근본적으로 달라지기 때문이다. 즉, 이산확률변수의 경우에는 조건으로 삼을 이산적인 사건의 발생확률이 0보다 크기 때문에 [정의 1]에서 정의한 내용을 그대로 확장하여 정의할 수 있다. 하지만 연속확률변수의 경우에는 각 단순사건이 발생할 확률이 0이므로 [정의 1]과 같은 정의방식을 적용할 수 없게 된다. 표본공간이 연속인 경우에는 전통적인 방식으로 확률을 정의할 수 없고 공리론적인 방식을 통하여 확률을 정의할 수밖에 없다. 이와 유사하게 연속확률변수를 조건부로 하는 조건부 기대도 [정의 1]과 같은 전통적인 방식으로 정의되지 않고 새로운 정의방식을 통해 정의된다.

먼저 상대적으로 간단한 경우, 즉 이산확률변수를 조건부로 하는 조건부 기대의 경우에 대하여 살펴보도록 하자. 이 때 조건부의 대상인 확률변수는 이산적이지만, 기대값을 구하고자 하는 대상은 이산적인 확률변수일 필요가 없다. 셀 수 있는 개수의 단순사건(이산적 사건)으로 구성되어 있는 이산확률변수를 Y라 하자. 이제 Y를 조건부로 하는 확률변수 X의 조건부 기대 $E[X|Y]$를 어떻게 구할 것인가에 대하여 살펴보도록 하자. 이제 이산확률변수 Y의 정의역, 즉 표본공간이 n개의 사건으로 구성되어 있다고 하자. 즉, $S=\{Y_1, Y_2, \cdots\cdots, Y_n\}$이라 하자. 여기서 각 사건의 발생확률은 0이 아니다. 즉, 모든 i에 대해 $P(Y=Y_i)\neq 0$이다. 이 때 확률변수 Y를 조건부로 하면, 앞서 말한 바와 같이 조건부의 대상과 관련하여 어떤 사건이 발생하였는지를 사전에 알 수 없다. 이러한 문제를 해결하기 위해서 모든 $i=1, 2, \cdots\cdots, n$에 대한 조건부 기대 $E[X|\{Y=Y_i\}]$를 포함하는 가능한 모든 경우를 고려해 보는 방안을 생각할 수 있다. 그렇다면 이러한 문제를 해결할 수 있는 방안은 구체적으로 무엇일까? 가능한 방법은 발생가능한 사건들을 모두 찾아 내서 그 사건들에 대한 조건부 기대를 전부 나타내 주는 것이다. [정의 2]는 바로 이를 나타낸다.

정의 2 이산확률변수를 조건부로 하는 조건부 기대

임의의 적분가능한 확률변수 X와 이산확률변수 Y가 있다고 하자. 그러면 이산확률변수 Y를 조건부로 하는 확률변수 X의 조건부 기대는 다음과 같이 정의되는 확률변수 $E[X|Y]$이다.

임의의 $i=1, 2, \cdots\cdots, n$에 대하여 $Y(s)=Y_i$일 때,

$$E[X|Y](s)=E[X|\{Y=Y_i\}]=E[X|F_i].$$

여기서 $F_i=\{s:\ Y(s)=Y_i\}$.

[정의 2]는 조건부로 하는 확률변수 Y의 역상, 즉 집합 $F_i=\{s: Y(s)=Y_i\}$를 구하고, 이러한 표본공간의 부분집합, 즉 F_i를 조건부로 하여 확률변수 X의 기대값을 구하면 그것이 바로 이산확률변수 Y를 조건부로 하는 조건부 기대 $E[X|Y]$가 됨을 의미한다. 결과적으로 이산확률변수 Y를 조건부로 하는 조건부 기대는 어떠한 사건 Y_i가 발생하였는지를 사전에 알고 있지 못한 상황에서의 조건부 기대이므로 확률변수가 된다. 특히, 주어진 확률변수 Y가 이산확률변수이기 때문에 그 역상인 집합 $F_i=\{s: Y(s)=Y_i\}$도 기껏해야 셀 수 있는 개수만큼 존재한다. 따라서 이산확률변수를 조건부로 하는 '조건부 기대'라는 확률변수는 이산확률변수가 된다.

여기서 유의할 점은 만일 확률변수 X가 정의되는 표본공간과 확률변수 Y가 정의되는 표본공간이 서로 다른 경우, 따라서 두 확률변수가 서로 독립적인 경우에는 조건부 기대를 고려할 필요가 없다는 점이다. 이러한 점에서 조건부 기대가 적절하게 정의되기 위해서는 확률변수들이 정의되는 표본공간이 동일하여야 한다. 따라서 조건부 기대 $E[X|Y]$가 정의될 수 있으려면 이산적 확률변수 $Y(s)$가 정의되는 표본공간(이를 S_Y라 나타내자)과 확률변수 $X(s)$가 정의되는 표본공간 S_X가 일치하여야 한다. 즉, $S_Y=S_X$가 성립하여야 한다.

예 2 확률변수 $X(s)$가 표본공간 $S=[0, 1]$에서 정의되고 $X(s)=2s^2$와 같으며, 주어진 표본공간에 대한 확률측도로는 르벡측도가 정의된다고 하자. 그리고 이산확률변수 $Y(s)$가 $s\in\left[0, \frac{1}{3}\right]$일 때, $Y(s)=1$, $s\in\left(\frac{1}{3}, \frac{2}{3}\right)$일 때 $Y(s)=2$, $s\in\left[\frac{2}{3}, 1\right]$일 때 $Y(s)=0$과 같다고 하자. 즉, $Y_1=1$, $Y_2=2$, $Y_3=0$이라 하자. 이러한 확률변수들에 대하여 조건부 기대 $E[X|Y](s)$, 즉 $E[X|\{Y=Y_i\}]$를 구해 보자.

$Y=1$일 때 $\{s: Y=1\}=\left[0, \frac{1}{3}\right]$이므로, $P\left(\left[0, \frac{1}{3}\right]\right)=\frac{1}{3}$이다. 따라서 $s\in\left[0, \frac{1}{3}\right]$에 대하여

$$E[X|\{Y=Y_1\}]=E\left[X\middle|\left[0, \frac{1}{3}\right]\right]=\frac{1}{\left(\frac{1}{3}\right)}\int_0^{\frac{1}{3}}2x^2dx=\frac{2}{27}.$$

$Y=2$일 때 $\{s: Y=2\}=\left(\frac{1}{3}, \frac{2}{3}\right)$이므로, $P\left(\left(\frac{1}{3}, \frac{2}{3}\right]\right)=\frac{1}{3}$이다. 따라서 $s\in\left(\frac{1}{3}, \frac{2}{3}\right)$에 대하여

$$E[X|\{Y=Y_2\}]=E\left[X\middle|\left(\frac{1}{3}, \frac{2}{3}\right)\right]=\frac{1}{\left(\frac{1}{3}\right)}\int_{\frac{1}{3}}^{\frac{2}{3}}2x^2dx=\frac{14}{27}.$$

$Y=0$일 때 $\{s: Y=0\}=\left[\frac{2}{3}, 1\right]$이므로, $P\left(\left[\frac{2}{3}, 1\right]\right)=\frac{1}{3}$이다. 따라서 $s\in\left[\frac{2}{3}, 1\right]$에 대하여

$$E[X|\{Y=Y_3\}]=E\left[X\middle|\left[\frac{2}{3}, 1\right]\right]=\frac{1}{\left(\frac{1}{3}\right)}\int_{\frac{2}{3}}^{1}2x^2dx=\frac{38}{27}.$$

임의의 적분가능한 확률변수 X와 이산확률변수 Y에 대하여 뒤에서 소개될 [정리 1]에 주어진 성질이 만족된다는 것을 보일 수 있다. 즉, 조건부 기대 $E[X|Y]$는 $\sigma(Y)$에 대해 잴 수 있는 함수이어야 하고, 임의의 사건 $F\in\sigma(Y)$에 대해 $\int_F E[X|Y]dP=\int_F XdP$를 만족해야 한다. 이러한 성질은 일반적인 임의의 확률변수를 조건부로 하는 기대값을 정의하는 데 있어서 직접적으로 이용된다.

예 3

X를 지수분포를 따르며, 평균이 1인 확률변수라 하자. 그리고 Y를 X의 정수부분이라고 하자. 이 때 조건부 기대 $E[X|Y]$를 구해보자.

확률변수 Y가 이산확률변수이므로, $E[X|Y]$도 역시 이산적이다. 그리고 $C_i=\{Y=i\}=\{i\leq X<i+1\}$가 된다. 그러면 C_i 위에서 다음이 성립한다. 즉,

$$E[X|Y]=\frac{1}{P(i\leq X<i+1)}\int_i^{i+1}xe^{-x}dx=i+\frac{e-2}{e-1}.$$

따라서 거의 확실하게 $(a.s.)$[2] $E[X|Y]=Y+\frac{e-2}{e-1}$가 성립한다.

2) 확률적으로 1이 되는 경우를 의미한다. 이에 대해서는 제9장을 참조할 것.

위에서는 이산확률변수 Y를 조건부로 하는 조건부 기대에 대해 살펴보았다. 이산확률변수 Y는 Y_1, Y_2, ……, Y_n과 같이 서로 소인 단순사건들로 구성되어 있다. 그리고 이산확률변수 Y에 의해 생성되는 σ-체 $\sigma(Y)$의 모든 원소, 즉 사건집합들인 임의의 집합 $G \in \sigma(Y)$는 이와 같은 단순사건 $\{Y=Y_1\}$, $\{Y=Y_2\}$, ……, $\{Y=Y_n\}$들의 셀 수 있는 합집합들로 구성된 집합이다. 예컨대, $Y_1 \cap Y_2$, $Y_1 \cup Y_n$ 등이 모두 $\sigma(Y)$의 원소가 되는 집합들이다. 앞서 살펴보았듯이 이산확률변수를 조건부로 하는 조건부 기대 $E[X|Y]$는 [정의 2]와 같이 각 단순사건 $\{Y=Y_1\}$, $\{Y=Y_2\}$, ……, $\{Y=Y_n\}$들에 대해 $E[X|Y](s)=E[X|\{Y=Y_i\}]$와 같이 정의되기 때문에 $\sigma(Y)$에 대하여 잴 수 있어야만 한다. 이는 σ-체 $\sigma(Y)$의 모든 원소인 집합 $G(\in \sigma(Y))$는 단순사건 $\{Y=Y_1\}$, $\{Y=Y_2\}$, ……, $\{Y=Y_n\}$들의 셀 수 있는 합집합들로 구성된 집합이므로 조건부 기대 $E[X|G]$도 제3장의 역함수에 대한 성질 (ii)에 의해 $E[X|\{Y=Y_i\}]$들의 셀 수 있는 합집합으로 구성되기 때문이다. 이제 $E[X|\{Y=Y_i\}] \equiv Z_i$라 정의하자.

한편, Y는 $\{Z=z_j\}$라는 원자(atom) 위에서 y_j라는 상수값으로 나타나기 때문에

$$
\begin{aligned}
\int_{\{Y=Y_i\}} E[X|Y]dP &= Z_i P(Y=y_i) \\
&= \sum_j x_j P(X=x_j|Y=y_i) \cdot P(Y=y_i) \\
&= \sum_j x_j P(X=x_j,\ Y=y_i) = \int_{\{Y=Y_i\}} XdP
\end{aligned} \tag{1}
$$

가 성립한다. 이와 동일하게 집합 $G \in \sigma(Y)$는 단순사건 $\{Y=Y_1\}$, $\{Y=Y_2\}$, ……, $\{Y=Y_n\}$들의 셀 수 있는 합집합들로 구성된 집합이므로, 집합 $G \in \sigma(Y)$에 대해 조건부 기대 $E[X|Y]$를 적분하면

$$
\int_{G \in \sigma(Y)} E[X|Y]dP = \int_{G \in \sigma(Y)} XdP \tag{2}
$$

가 성립함을 알 수 있다. 이러한 성질을 다음과 같이 [정리 1]에 나타냈다.

• 정리 1 •

X를 적분가능한 확률변수, 확률변수 Y를 이산확률변수라 하자. 그러면 다음이 성립한다.

(i) $E[X|Y]$는 $\sigma(Y)$-잴 수 있는 확률변수이다.

(ii) 임의의 사건 $F\in\sigma(Y)$에 대하여 $\int_F E[X|Y]dP=\int_F XdP$가 성립한다.

예 4

예 3에서 도출한 조건부 기대를 다시 한 번 고려하자. 그리고 이번에는 확률변수 Z를 {Y의 값이 짝수}인 집합이라고 하자. 이 때 조건부 기대 $E[X|Z]$를 구해 보자.

앞서 거의 확실하게($a.s.$) $E[X|Y]=Y+\frac{e-2}{e-1}$가 성립함을 보았다. 이제

$$\int_Z E[X|Y]dP=\int_Z\left(Y+\frac{e-2}{e-1}\right)dP_Y$$
$$=\sum_{i=0}^{\infty}2iP(Y=2i)+\frac{e-2}{e-1}P(Y=\text{짝수})=\left(\frac{e}{e+1}\right)^2$$

가 성립한다. 그런데

$$\int_Z XdP=\sum_{i=0}^{\infty}\int_{2i}^{2i+1}xe^{-x}dx=\left(\frac{e}{e+1}\right)^2$$

가 성립하므로 [정리 1]의 (ii)가 성립한다는 것을 확인할 수 있다.

앞서 간략하게 살펴보았듯이 [정리 1]의 (i)에서 조건부 기대 $E[X|Y]$가 $\sigma(Y)$에 대해 잴 수 있는 확률변수가 되어야 한다는 조건은 $E[X|Y]^{-1}\in\sigma(Y)$가 된다는 것을 의미한다. 이산확률변수의 경우에는 모든 단순사건 Y_i ($i=1, 2, \cdots\cdots, n$)에 대해 양의 확률 $P(Y_i)(i=1, 2, \cdots\cdots, n)$가 부여된다. 따라서 이산확률변수를 조건부로 하는 경우에는 단순사건들의 유한합집합이나

셀 수 있는 합집합, 예컨대 $G \equiv \left\{ \bigcup_{i=1}^{k} Y_i \right\}$, $G \in \sigma(Y)$에도 양의 확률 $P(G)$가 부여된다. 그러므로 [정의 1]을 이용하여 조건부 기대를 다음과 같이 계산할 수 있다.

$$
\begin{aligned}
E[X|G] &= E\left[X \middle| \bigcup_{i=1}^{k} \{Y = Y_i\} \right] \\
&= \frac{\int_{\bigcup_{i=1}^{k}\{Y=Y_i\}} X dP}{P\left(\bigcup_{i=1}^{k} \{Y = Y_i\} \right)} \\
&= \frac{\int_{\{Y=Y_1\}} X dP + \cdots\cdots + \int_{\{Y=Y_k\}} X dP}{P(\{Y=Y_1\}) + \cdots\cdots + P(\{Y=Y_k\})}.
\end{aligned} \tag{3}
$$

이제 조건부로 하는 확률변수가 연속확률변수인 경우에 대하여 생각해 보자. 누누이 언급한 바와 같이 연속확률변수의 단순사건 s_0에 부여되는 확률측도값은 0이다. 즉, $P(s_0) = 0$. 따라서 연속확률변수를 조건부로 하는 조건부 기대 중 특정한 단순사건을 조건부로 하는 조건부 기대는 [정의 1]과 같은 방식으로 정의될 수 없다. 마찬가지 논리로 연속확률변수를 조건부로 하는 조건부 기대는 [정의 2]와 같은 방식으로도 정의될 수 없다. 이는 연속확률변수의 개개의 단순사건에 대해 조건부 기대를 [정의 2]와 같이 나열하여 나타내 줄 수 없기 때문이기도 하다. 그렇다면 어떤 방식을 사용하여야 연속확률변수 Y를 조건부로 하는 X의 조건부 기대를 정의해 줄 수 있을까?

먼저 조건부 기대와 관련하여 다음의 성질이 있음을 살펴보자. 즉, [정리 1]에 의하면 이산확률변수를 조건부로 하는 조건부 기대는 (i) $\sigma(Y)$-잴 수 있는 확률변수이며, (ii) 임의의 사건 $G \in \sigma(Y)$에 대해 $\int_G E[X|Y] dP = \int_G X dP$라는 관계를 만족한다. 즉, [정리 1]은 이산확률변수를 조건부로 하는 조건부 기대는 결과적으로 $\sigma(Y)$를 조건부로 하는 조건부 기대와 조건부로 하는 대상이 '확률변수 Y 자체냐, 아니면 $\sigma(Y)$냐'라는 차이가 있을 뿐 다른 모든 면에서 근본적으로 차이를 지니지 않는다는 것을 의미한다. 만일 조건부 기대가 [정리 1]의 (i)을 만족하지 않아서 $\sigma(Y)$-잴 수 있는 확률변수가 아니라고 하자. 즉, 조건부 기대 $E[X|Y]$의 역상이 $\sigma(Y)$의 원소가 되지 않아서 $E[X|Y]^{-1} \notin \sigma(Y)$가 된다고 하자. 이는 주어진 조건부 기대가 확률변수 Y에

따라 발생한 사건이 아닌 사건, 즉 확률변수 Y와는 상관없는 사건을 조건부로 하고 있음을 의미한다. 이는 주어진 조건부 기대 $E[X|Y]$가 확률변수 Y를 조건부로 하고 있다는 전제와 모순이 된다. 이로부터 이산확률변수 Y를 조건부로 하는 조건부 기대 $E[X|Y]$와 이산확률변수 Y에 의해 생성되는 σ-체인 $\sigma(Y)$를 조건부로 하는 조건부 기대 $E[X|\sigma(Y)]$가 일치하여야만 한다는 것을 알 수 있다.

따라서 연속확률변수를 조건부로 하는 조건부 기대를 정의하는 문제에 대해, 해결의 실마리로서 '사건의 집합체'를 조건부로 하는 경우로 정의를 확장해 보는 것을 생각해 볼 수 있다. 즉, [정리 1]에서 성립하는 성질을 역으로 조건부 기대를 정의하기 위한 하나의 조건으로 활용해 보는 것이다. 다시 말해, 연속확률변수 Y를 조건부로 하는 조건부 기대를 [정리 1]에서와 동일하게 [정의 3]과 같이,

(i) $\sigma(Y)$-잴 수 있고,

(ii) 임의의 사건 $G \in \sigma(Y)$에 대해 $\int_G E[X|Y]dP = \int_G XdP$

라는 관계가 만족되는 확률변수 $E[X|Y]$라고 정의해 볼 수 있다.

이렇게 정의하게 되면 조건부 기대 $E[X|Y]$를 정의할 때, 확률변수 Y 자체를 조건부로 하는 대신 $E[X|Y]$와 등가물이라 할 수 있는 $E[X|\sigma(Y)]$를 이용하여 정의하게 되므로, 셀 수 없는 무한개의 단순사건 개개에 대해 조건부 기대값을 대응시킬 필요가 없어진다. 또한 이산확률변수에 대한 논리와 동일하게 연속확률변수를 조건부로 하는 경우에도 조건부 기대 $E[X|Y]$의 역상이 $\sigma(Y)$의 원소가 되지 않고 $E[X|Y]^{-1} \notin \sigma(Y)$가 되는 상황이 존재하는 경우는 조건부 기대 $E[X|Y]$가 확률변수 Y를 조건부로 한다는 전제와 일관성을 지니지 않게 된다. 즉, 연속확률변수의 경우에도 조건부 기대 $E[X|Y]$는 $\sigma(Y)$-잴 수 있는 확률변수이어야만 한다. 이러한 성질은 연속확률변수를 조건부로 하는 조건부 기대를 [정의 3]과 같이 정의해 줄 수 있음을 의미한다.

그렇다면 연속확률변수의 경우 확률변수 Y에 의해 생성되는 최소 σ-체인 $\sigma(Y)$는 무엇일까? 제1장에서 살펴보았듯이, 실직선 $\mathbb{R}$에 의해 생성되는 σ-체 중 $\wp(\mathbb{R})$는 너무 큰 집합체이어서, $\wp(\mathbb{R})$ 위에서 측도(확률)를 정의하면

문제가 발생할 수 있다. 이러한 이유로 측도의 정의역을 잴 수 있는 집합들로 구성된 집합체 $\mathscr{M}$ 또는 열린구간에 의해 생성되는 보렐체 $\mathscr{B}$로 제한하여야 한다. 즉, 연속확률변수의 경우 $\sigma(Y)$는 $\mathscr{M}$ 또는 보렐체 $\mathscr{B}$이다.

한편, 앞에서 이산확률변수 Y를 조건부로 하는 조건부 기대 $E[X|Y]$와 이산확률변수 Y에 의해 생성되는 최소 σ-체인 $\sigma(Y)$를 조건부로 하는 조건부 기대 $E[X|\sigma(Y)]$가 서로 일치한다는 점에 대해 살펴보았다. 연속확률변수의 경우에도 이러한 성질이 만족될 것인가? 만일 $\sigma(Y)$가 $\mathscr{M}$ 또는 보렐체 $\mathscr{B}$와 일치하는 경우라면 아무런 문제 없이 $E[X|Y]=E[X|\sigma(Y)]$라는 관계가 성립한다.

정의 3 확률변수를 조건부로 하는 조건부 기대

X를 적분가능한 확률변수, 확률변수 Y를 임의의 확률변수라고 하자. 그러면 임의의 확률변수 Y를 조건부로 하는 확률변수 X의 조건부 기대는 다음이 성립하는 확률변수 $E[X|Y]$로 정의된다.

(i) $E[X|Y]$는 $\sigma(Y)$-잴 수 있는 확률변수이다.
(ii) 임의의 사건 $G \in \sigma(Y)$에 대하여 $\int_G E[X|Y]dP = \int_G XdP$가 성립한다.

일단 [정의 3]과 같이 조건부 기대(함수)를 정의할 수 있는데, 여기서 의문이 하나 생긴다. 즉, 이렇게 정의하여 도출되는 조건부 기대는 과연 유일하게 결정되는가? 다시 말해, 위에서 언급한 두 가지 조건이 만족되기만 하면 조건부 기대는 과연 유일하게 결정되는가? 아주 엄밀한 의미에서는 유일하다고 할 수는 없지만, 확률측도라는 기준으로 볼 때 유일하다고 할 수 있다. 즉, 만일 두 확률변수 X_1과 X_2가 거의 확실하게($a.s.$) 같다면,[3] 확률변수 Y를 조건부로 하는 조건부 기대들인 $E[X_1|Y]$와 $E[X_2|Y]$는 거의 확실

3) 이는 확률변수 X_1과 X_2가 표본공간상의 셀 수 있는 개수의 단순사건에 대해서만 함수값이 다른 경우를 나타낸다. 엄밀한 의미에서 두 확률변수는 다른 확률변수이다. 그렇지만 확률변수의 값이 다른 표본공간에 있는 단순사건의 확률측도값이 0이 되는 경우에는 확률측도적인 측면에서 두 확률변수는 거의 같은 것으로 보는 것이다.

하게 같아지게 된다. 달리 말해, 이는 거의 확실하게 같지 않은 두 확률변수에 대한 조건부 기대값은 거의 확실하게 일치하지 않는다는 것을 나타낸다. 따라서 확률측도라는 관점에서 조건부 기대는 유일하다고 할 수 있다. 이러한 내용을 담고 있는 정리는 '라돈-니코딤정리'라 불리며 제3절 [정리 3]에 제시되어 있다.

그런데 [정의 3]에서 제시된 조건부 기대 정의방식은 실제로 조건부 기대를 도출하는 데 그다지 유용하지 못하다는 현실적인 문제점을 지닌다. 위와 같이 주어진 정의만을 가지고서는 조건부 기대를 구체적으로 어떻게 도출할 것인지에 대하여 알 수 없다는 점이 문제이다. 이러한 문제가 발생하는 이유는 조건부 기대를 획일적으로 도출할 수 있는 기계적인 방법이 존재하지 않기 때문이다. 실제로 정의에서 요구하고 있는 두 가지 조건을 모두 만족하는 조건부 기대를 쉽게 도출하기 어려운 경우가 많다. 하지만 몇 가지 예를 통하여 조건부 기대를 어떻게 도출할 수 있는지에 대하여 살펴보도록 하자.

5.1.3. 임의의 σ-체를 조건부로 하는 조건부 기대

앞서 확률변수 Y를 조건부로 하는 조건부 기대 $E[X|Y]$와 Y에 의해 생성되는 최소 σ-체인 $\sigma(Y)$를 조건부로 하는 조건부 기대 $E[X|\sigma(Y)]$에 대해 논의하였는데, 제2장에서 살펴보았듯이 σ-체 사이에서도 포함관계가 나타날 수 있다. 따라서 조건집합을 보다 일반화하여 임의의 σ-체 $\mathscr{T}\subset\mathscr{F}$를 조건부로 하는 조건부 기대 $E[X|\mathscr{T}]$를 생각해 볼 수 있다. [정의 3]과 유사하게 임의의 σ-체 $\mathscr{T}(\subset\mathscr{F})$를 조건부로 하는 조건부 기대 $E[X|\mathscr{T}]$는 [정의 4]와 같이 정의된다.

정의 4　σ-체를 조건부로 하는 조건부 기대

X를 확률공간 $(S,\ \mathscr{F},\ P)$ 위에서 정의되는 적분가능한 확률변수 $\mathscr{T}$를 $\mathscr{F}$에 포함되어 있는 임의의 σ-체라고 하자. 그러면 σ-체 $\mathscr{T}$를 조건부로 하는 확률변수 X의 조건부 기대는 다음이 성립하는 확률변수 $E[X|\mathscr{T}]$로 정의된다.

(i) $E[X|\mathscr{T}]$는 $\mathscr{T}$-잴 수 있는 확률변수이다.

(ii) 임의의 사건 $G\in\mathscr{T}$에 대하여,

$\int_G E[X|\mathscr{T}]dP=\int_G XdP$가 성립한다.

[정의 4]는 조건부 기대를 정의할 때 σ-체 $\mathscr{T}$가 $\sigma(Y)$와 일치할 필요가 없고 확률공간 $(S, \mathscr{F}, P)$의 σ-체 $\mathscr{F}$의 부분집합인 σ-체이기만 하면 조건부 기대 $E[X|\mathscr{T}]$를 정의해 줄 수 있음을 나타낸다. 앞서의 논의와 동일하게 임의의 σ-체 $\mathscr{T}(\subset\mathscr{F})$를 조건부로 하는 조건부 기대 $E[X|\mathscr{T}]$는 σ-체 $\mathscr{T}$에 대해 잴 수 있어야 할 것이며, 임의의 사건 $G\in\mathscr{T}$에 대하여

$$\int_{G\in\mathscr{T}} E[X|\mathscr{T}]dP=\int_{G\in\mathscr{T}} XdP \tag{4}$$

를 만족하여야 한다.

예 5 σ-체를 $\mathscr{T}=\{\phi, S\}$라 하자. 그러면 거의 확실하게(*a.s.*) $E[X|\mathscr{T}]=E[X]$가 성립한다. 이렇게 조건부로 하는 σ-체 $\mathscr{T}$가 자명한(trivial) σ-체, 즉 $\mathscr{T}=\{\phi, S\}$일 때는 확률변수가 상수함수이어야만 $\{\phi, S\}$와 같은 집합에 대해 잴 수 있다. 이는 다음과 같은 이유 때문이다. 확률변수는 수학적으로 잴 수 있는 함수이므로, 제2장의 정의에 따라 집합 S가 잴 수 있는 집합일 때 모든 실수 $\alpha\in\mathbb{R}$에 대해 $\{x\in E: X(x)\geq\alpha\}\in\mathscr{M}$이 성립한다. 그런데 $\{x\in E: X(x)\geq\alpha\}$를 만족하는 집합이 공집합 ϕ와 전체집합 S뿐인 함수로는 $X(x)=\alpha_0$와 같은 상수함수가 있다. 즉, $\alpha>\alpha_0$일 때 $\{x\in E: X(x)\geq\alpha\}=\phi$가, $\alpha\leq\alpha_0$일 때는 $\{x\in E: X(x)\geq\alpha\}=S$가 각각 성립하게 된다. 따라서 상수함수는 조건부 기대의 첫 번째 조건을 만족한다는 사실을 알 수 있다.

그렇다면 상수함수가 두 번째 조건도 만족할 것인가? $\mathscr{T}$의 원소가 되는 사건은 ϕ와 S뿐이므로 이들 사건에 대하여 [정의 3]의 조건 (ii)가 만족되는지 살펴보자. 결론을 먼저 제시하면,

$$\int_\phi XdP=0=\int_\phi E[X|\phi]dP,$$

$$\int_S XdP = E[X] = \int_S E[X|S]dP$$

가 성립한다. 그 이유는 다음과 같다. 먼저 첫 번째 적분은 어떠한 상수함수라도 만족한다. 두 번째 적분이 성립하는지를 알아보기 위해 먼저 첫 번째 등호를 생각하자. $\int_S XdP$는 표본공간 전체에 대한 적분이므로 당연히 $\int_S XdP = E[X]$와 같다. 그리고 정의에 의하면 $\int_S XdP = \int_S E[X|S]dP$가 성립하여야 하므로, $\int_S E[X|S]dP = E[X]$가 되어야 한다. 그런데 이 경우 조건부 기대는 상수이므로 적분기호 밖으로 빼낼 수 있다. 따라서 $\int_S E[X|S]dP = E[X|S]\int_S dP = E[X]$가 성립한다. $\int_S dP = 1$이라는 사실로부터 마지막 등호가 성립한다. 이상으로부터 거의 확실하게(*a.s.*) $E[X|\mathscr{T}] = E[X]$[4]가 성립함을 알 수 있다.

예 6 확률변수 X가 σ-체 $\mathscr{T}$에 대해 잴 수 있는 확률변수라 하자. 그러면 거의 확실하게 $E[X|\mathscr{T}] = X$가 성립한다.

먼저 σ-체 $\mathscr{T}$의 원소인 임의의 집합 A에 대하여 $\int_A XdP = \int_A XdP$가 성립하는 것은 쉽게 알 수 있다. 그리고 이 경우 확률변수 X는 σ-체 $\mathscr{T}$에 대해 잴 수 있는 확률변수이므로, 확률변수 X가 그 자체로서 [정의 3]에서 요구하는 2가지 조건을 만족하고 있다. 따라서 거의 확실하게 $E[X|\mathscr{T}] = X$가 성립한다.

5.2. 조건부 확률

제4장에서 조건부 분포함수와 조건부 밀도함수에 대해 간략하게 살펴본 바 있다. 확률측도, 즉 확률분포함수가 주어질 때 적분 등을 통해서 기대값을 계산하는 것이 일반적이다. 그런데 조건부 기대의 경우에는 이와는 반대

4) '거의 확실하게'라는 수식이 붙는 이유는 주어진 조건이 적분으로 표현되어 있고 단집합(singleton set) 또는 단집합의 셀 수 있는 합집합은 확률측도가 0이므로 적분값에 영향을 미치지 않기 때문에 결과적으로 이들 집합에서 확률변수값이 다르더라도 무시할 수 있기 때문이다.

로 조건부 기대 개념을 이용하여 조건부 확률을 나타낼 수도 있다. 이하에서는 이에 대해 간략하게 살펴보도록 하자.

먼저 조건부 기대와 연관된 조건부 확률에 대하여 논의하자. 집합 F에 대한 지표함수 $1_F(s)$를 생각하자. $1_F(s)$는 표본공간 S의 원소 s가 집합 F에 속하면 1, 아니면 0을 부여하는 함수이다. 즉,

$$1_F(s)=\begin{cases}1 & \forall s\in F\\ 0 & \forall s\notin F.\end{cases} \tag{5}$$

지표함수 1_F에 대해 조건부 기대 $E[1_F|G]$를 구하면 $E[1_F|G]=P[F|G]$가 성립한다. 여기서 $P[F|G]=\dfrac{P(F\cap G)}{P(G)}$이며 조건부 확률이다. 따라서 조건부 확률은 조건부 기대에 의해 유도될 수도 있다.

이와 같은 관계가 성립하는 이유는 다음과 같다. 먼저 [정의 1]에 의하면 함수 1_F가 적분가능한 함수이므로 식 (6)이 성립한다.

$$E[1_F|G]=\frac{1}{P(G)}\int_G 1_F dP. \tag{6}$$

그런데 $s\in G$ 중에서 $s\in F$인 사건들의 집합을 $s_{(G\cap F)}$라고 하면, $s_{(G\cap F)}=(G\cap F)\subset F$이므로, 이러한 사건 $s_{(G\cap F)0}\in(G\cap F)$에 대해서는 $1_F(s_{(G\cap F)0})=1$이 성립한다. 반면 $s\in G$ 중 $s_1\notin s_{(G\cap F)}$는 $s_1\notin F$이므로 $1_F(s_1)=0$이 성립한다. 따라서

$$\int_G 1_F\,dP=\int_{G\cap F}1_F\,dP=\int_{G\cap F}1\,dP=\int_{G\cap F}f(s)\,ds=P(G\cap F)$$

가 성립한다. 그러므로 식 (7)이 성립한다.

$$E[1_F|G]=\frac{1}{P(G)}\int_G 1_F\,dP=\frac{P(G\cap F)}{P(G)}=P(F|G). \tag{7}$$

이제 [정의 3]을 이용하여 확률변수 Y를 조건부로 하는 사건 $F\in\mathscr{F}$의 조건부 확률을 정의하면 다음과 같다.

정의 3′ 확률변수를 조건부로 하는 조건부 확률

집합 F를 $F \in \mathscr{F}$라 하고, 확률변수 Y를 임의의 확률변수라고 하자. 그러면 임의의 확률변수 Y를 조건부로 하는 집합 F의 조건부 확률 $P(F|Y)$는 다음과 같이 정의된다.

$$P(F|Y) = E[1_F|Y].$$

여기서 1_F는 집합 F에 대한 지표함수를 나타낸다.

또한 [정의 3]′과 유사하게 [정의 4]와 관련하여 σ-체 $\mathscr{T}$를 조건부로 하는 사건 $F \in \mathscr{F}$의 조건부 확률을 다음과 같이 정의할 수 있다.

정의 4′ σ-체 $\mathscr{T}$를 조건부로 하는 조건부 확률

집합 F를 $F \in \mathscr{F}$라 하고, $\mathscr{T}$를 $\mathscr{F}$에 포함되어 있는 σ-체라고 하자. 그러면 σ-체 $\mathscr{T}$를 조건부로 하는 집합 F의 조건부 확률 $P(F|\mathscr{T})$는 다음과 같이 정의된다.

$$P(F|\mathscr{T}) = E[1_F|\mathscr{T}].$$

여기서 1_F는 집합 F에 대한 지표함수를 나타낸다.

제4장에서 연속확률변수를 조건부로 하는 경우에는 확률측도가 0인 집합을 조건부로 하게 되므로 문제가 발생할 수 있고, 로피탈의 정리를 이용하여 이러한 문제점을 해소할 수 있다고 간략하게 언급한 바 있다. 이하에서는 확률측도가 0인 집합을 조건부로 하였을 때 발생하는 문제점에 대해 보다 좀더 살펴보도록 하자.

이제 $E = [a_1, a_2)$, $F = [b, b+h)$ $(h > 0)$라고 할 때 F를 조건부로 하는 E의 조건부 확률 $P(E|F)$을 구해 보도록 하자. 제4장에서와 같이 조건부 확률 $P(E|F)$를 계산하면 다음과 같다.

$$P(a_1 \le X \le a_2 | b \le Y < b+h) = \frac{P(a_1 \le X \le a_2,\ b \le Y < b+h)}{P(b \le Y < b+h)}$$

$$= \int_{a_1}^{a_2} \left(\frac{\int_b^{b+h} f_{X,Y}(u,\ v)dv}{\int_b^{b+h} f_Y(v)dv} \right) du. \tag{8}$$

그런데 이 때 두 확률, 즉 $P(a_1 \le X \le a_2,\ b \le Y < b+h)$나 $P(b \le Y < b+h)$가 $h \downarrow 0$일 때 모두 0에 접근[5)]하게 되므로, $P(a_1 \le X \le a_2 | b \le Y < b+h) = \frac{0}{0}$꼴의 형태가 되어 조건부 확률을 계산할 수 없다. 하지만 이런 경우 제4장에서 살펴본 바처럼 로피탈의 정리(L'hopital's rule)를 활용하여 조건부 확률을 계산할 수 있다.

$$P(a_1 \le X \le a_2 | Y=b) = \lim_{h \to 0} P(a_1 \le X \le a_2 | b \le Y < b+h)$$

$$= \lim_{h \to 0} \int_{a_1}^{a_2} \left(\frac{\frac{1}{h}\int_b^{b+h} f_{X,Y}(u,\ v)dv}{\frac{1}{h}\int_b^{b+h} f_Y(v)dv} \right) du$$

$$= \int_{a_1}^{a_2} \frac{f_{X,Y}(u,\ b)}{f_Y(b)} du. \tag{9}$$

이제 이 같은 결과를 기초로 하여 일단 조건부 확률밀도함수를 다음과 같이 정의할 수 있다.

정의 5 조건부 확률밀도함수

두 확률변수 X와 Y에 대한 결합밀도함수를 $f_{X,Y}(x,\ y)$라 하고, X와 Y에 대한 주변확률밀도함수를 각각 $f_X(x)$와 $f_Y(y)$라고 하면, $Y=b$를 조건부로 하는 조건부 확률밀도함수 $f_{X|Y}(u|b)$는 다음과 같이 정의된다.

---

5) $\lim_{h \to 0} P(a_1 \le X \le a_2,\ b \le Y < b+h) = P(a_1 \le X \le a_2,\ Y=b)$,
$\lim_{h \to 0} P(b \le Y < b+h) = P(Y=b)$가 되기 때문이다.

$$f_{X|Y}(u|b)=\begin{cases}\dfrac{f_{X,Y}(u,\ b)}{f_Y(b)}, & f_Y(b)>0\\ \alpha, & f_Y(b)=0.\end{cases}$$

[정의 5]에서 α는 0보다 큰 임의의 수이다. 이는 $f_Y(b)=0$이면 $f_Y(b)=\int_{-\infty}^{\infty} f_{X,Y}(u,\ b)=0$이 되므로 거의 모든 u에 대해 $f_{X,Y}(u,\ b)=0$이 성립하여 b에서 $f_{X,Y}(u,\ b)$가 결정되지 않기 때문에 $f_Y(b)=0$에 대해서는 조건부 확률밀도함수값으로 임의의 α값을 부여한 것이다. 이렇게 특정한 한 점에서의 확률밀도함수값으로 임의의 값 α를 부여하더라도 확률분포는 영향을 받지 않는다.

그런데 이와 같이 로피탈의 정리를 기반으로 하여 조건부 확률밀도함수를 도출하는 경우 역설적인 상황에 빠질 가능성이 존재한다. 예컨대, 다음과 같이 확률측도가 0인 사건을 조건부로 하는 조건부 확률밀도함수를 계산하는 경우를 생각하여 보자.

예 7

두 확률변수 X와 Y가 서로 독립적이면서 다음과 같이 동일한 확률분포를 따른다고 하자.

$$P(X<a)=P(Y<a)=\begin{cases}1-e^{-a}, & a>0\\ 0, & a\le 0.\end{cases}$$

이제 주어진 상수 $c>0$에 대하여 $Z=\dfrac{(X-c)}{Y}$를 정의하자. 앞과 같이 정의된 Z가 확률변수임은 명확하다. 그리고 실수 α에 대하여 $N_Z=\{s:\ Z(s)=\alpha\}$를 만족하는 집합이 있다고 하면, 집합 N_Z의 확률은 0이 된다. 즉, $P(N_Z)=0$이다. 이제 확률측도가 0인 집합 N_Z를 조건부로 하여 집합 $E=\{s:\ Y(s)<d\}$에 대한 조건부 확률 $P(E|N_Z)$를 계산해 보자.

먼저 조건부 확률밀도를 도출하기 위하여 다음과 같이 변수를 변환하자.

$$y=y,\ x=c+zy.$$

이 경우 함수변환을 위한 야코비안은 y가 되므로, Y와 Z 간의 변환된 결합밀도함수 $f_{Y,Z}$는 다음과 같이 도출된다.

$$f_{Y,Z}(y,\ z)=\begin{cases} ye^{-(yz+c)-y}, & y>0,\ yz>-a \\ 0, & \text{기타}. \end{cases}$$

이로부터 $f_Z(z)=\int_{\mathbb{R}} f_{Y,Z}(y,\ z)dy$를 계산한 후에 조건부 확률밀도함수 $f_{Y|Z}(y|z)=\dfrac{f_{Y,Z}(y,\ z)}{f_Z(z)}$를 도출하면 다음과 같다. $c>0$, $y>0$ (따라서 $\alpha y>-c$)에 대하여, 조건부 확률밀도 $f_{Y|Z}(y|\alpha)$는

$$f_{Y|Z}(y|\alpha)=\begin{cases} y(1+\alpha)^{-2}e^{-y(1+\alpha)}, & y>0 \\ 0, & \text{기타} \end{cases}$$

와 같이 계산된다.

이제 $f_{Y|Z}(y|\alpha)$를 이용해서 조건부 확률 $P(E|N_Z)$를 계산하면, $x>0$에 대해서

$$\begin{aligned} P(E|N_Z) &= \int_0^x f_{Y|Z}(y|\alpha)dy \\ &= (1+\alpha)^4\left(1-\frac{1}{e^{x(1+\alpha)}}[1+x(1+\alpha)]\right). \end{aligned} \tag{10}$$

한편, Z 대신에 $N_Z=\{s:\ Z(s)=\alpha\}=\{s:\ X-Y\alpha=c\}$와 같다는 점에 착안하여, $W=X-\alpha Y$를 정의하자. 그러면 앞의 조건부 확률을 도출하는 작업은 $W=c$를 조건부로 하는 Y의 조건부 확률밀도를 계산하는 것과 같다. 앞서와 유사한 방식으로 계산하여 Y와 W 간의 결합밀도함수 $f_{Y,U}$를 계산하면 다음과 같다.

$$f_{Y,U}(y,\ u)=\begin{cases} e^{-y(1+\alpha)-u}, & y>0,\ \alpha y+u>0 \\ 0, & \text{기타}. \end{cases}$$

따라서 이로부터 $c>0$, $\alpha\geq 0$에 대해서

$$f_{Y|U}(y|c)=\begin{cases} (1+\alpha)e^{-y(1+\alpha)}, & y>0 \\ 0, & \text{기타} \end{cases}$$

와 같이 조건부 확률밀도 $f_{Y|U}(y|c)$를 계산할 수 있다. 그리고 이 $f_{Y|U}(y|c)$를 이용해서 계산한 조건부 확률 $P(E|N_Z)$는 $x>0$에 대하여 다음과 같이 계산된다.

$$P(E|N_Z)=\int_0^x f_{Y|U}(y|c)dy=1-\frac{1}{e^{x(1+\alpha)}}. \tag{11}$$

이러한 예는 조건부 확률 $P(E|N_Z)$를 계산하는 데 있어 조건부 확률밀도함수로서 $f_{Y|Z}$를 쓰느냐 아니면 $f_{Y|U}$를 쓰느냐에 따라서 완전히 다른 결과가 나타날 수 있음을 보여 주고 있다.

지금까지 확률이 0인 사건을 조건부로 하는 조건부 기대를 두 가지 방법을 이용하여 도출하여 보았는데, 조건부 확률 $P(E|N_Z)$는 계산하는 방법에 따라서 그 값이 다르게 나타났다. 이는 하나의 결합밀도함수로부터 도출되는 조건부 밀도함수가 유일하지 않고 거의 모든 점에서 다르게 나타나는 역설적인 상황이 존재한다는 것을 보여 주는 예이다.

본질적으로 위의 예제가 의미하는 바는 확률이 0이 되는 사건을 조건부로 하여 조건부 확률을 계산하게 되면 예기치 못하게 2개 이상의 조건부 기대가 도출될 가능성이 존재한다는 것이다. 그렇다면 앞서 살펴본 바처럼 확률이 0이 되는 사건을 조건부로 하는 경우에 이용할 수 있는 로피탈의 정리를 적용하여 조건부 확률을 계산하면 위와 같은 문제를 회피할 수 있지 않을까? 이에 대한 대답은 그렇지 않다는 것이다. 로피탈정리를 사용하는 것은 앞서의 역설적 상황보다 더 심각한 문제가 발생하는 원인을 제공하기도 한다. 즉, 하나의 단순사건을 조건부로 하는 조건부 확률을 계산하면, 계산하는 방법에 따라 셀 수 없는 무한개의 조건부 확률이 도출되는 상황이 벌어질 수도 있다.

예컨대, 확률이 0인 사건 F가 있을 때, 확률값이 0이 아니면서 F에 수렴($\lim_{i\to\infty} F_i=F$)하는 사건 수열 $\{F_i\}$을 이용하여 근사적으로 조건부 확률을 계산하는 경우를 생각하자. 예를 들면,

$$P(E|F)=\lim_{i\to\infty}P(E|F_i)=\lim_{i\to\infty}\frac{P(E\cap F_i)}{P(F_i)} \text{ (단, } P(F_i)\neq 0) \tag{12}$$

와 같은 방식으로 조건부 확률을 도출할 수 있다. 문제는 이 경우에 로피탈의 정리를 이용하여 조건부 확률을 계산하면 경우에 따라서 무한개의 조건부 확률이 도출될 수 있다는 점이 알려져 있다는 것이다.[6)]

한편, 모든 조건부 확률이 확률과 관련된 모든 속성을 항상 만족하는 것은 아니라는 점에 유의하여야 한다. 예컨대, 조건부 확률이 확률로서 기능하기 위해서는 확률측도가 0인 사건, 즉 $P(N)=0$인 사건 N을 표본공간에서 제외한 집합 $(S-N)$의 각 원소, 다시 말해 $s \in (S-N)$에 대하여 조건부 확률이 확률측도가 지녀야 할 세 가지 조건을 반드시 만족하여야 한다. 그렇지만 조건부 확률의 경우에는 이러한 조건이 만족되지 않는 경우가 발생할 수 있다. 결과적으로 조건부 확률이 경우에 따라서 '확률'의 자격을 갖추지 못하는 경우가 존재한다.

이렇게 조건부 확률이 확률로서 기능하지 못하는 경우를 방지하기 위하여 특정한 조건이 제시되었으며, 그 조건을 만족하는 경우에는 조건부 확률이 확률로서 기능할 수 있는데, 이러한 조건부 확률을 정칙조건부 확률(regular conditional probability)이라고 한다.[7)] 제4장에서 간략하게 살펴본 바 있듯이, 정칙조건부 확률을 생각하는 근본 이유는 다음과 같다. 연속확률변수를 조건부로 한 조건부 확률은 확률측도가 0인 사건을 조건부로 하게 되는데, 앞서 언급한 바와 같이 조건부 확률을 계산하기 위하여 로피탈의 정리를 사용하게 되면 조건부 확률분포가 복수개 심지어는 무한개가 나타날 수 있다. 이러한 문제점을 해결할 수 있는 방법으로는 '미분이론(differential theory)'을 이용하는 것이 있는데 본서에서는 이를 다루지 않는다. 어찌되었든 간에 문제의 핵심은 조건부 확률이 확률로서 정의되는 대상, 즉 σ-체가 적절한 요건을 갖추지 못하기 때문에 문제가 발생한다는 점이다. 이러한 문제를 해소할 수 있는 방안으로 제안된 것이 정칙성(regularity)이며, 이는 기본적으로 확률이 정의되는 σ-체를 어떻게 구성하여야 하는가에 대하여 가해지는 제약과 연관되어 있다. 만일 조건부 기대가 정의되는 대상인 σ-체가 정칙성을 만족하는 경우에는 로피탈의 정리를 이용하여 조건부 확률을 계산하여도 복수의

---

6) 문제의 근본 원인은 각 사건열 F_i가 속해 있는 σ-체가 동일하지 않고 제각각이라는 점에 있다는 것을 간략하게 지적하고자 한다.

7) 흔히 '정규'라는 용어는 정규(normal)분포를 나타낼 때 사용된다. 하지만 본서에서는 'regular'라는 용어를 '정칙'이라는 용어로 나타냈다. 정칙확률측도에 대해서는 제4장 제1절을 참조하라.

해가 나타나는 일이 발생하지 않는다.[8)]

이하에서는 몇 가지 사례를 통하여 조건부 기대를 실제로 어떻게 도출할 수 있는지 살펴보도록 한다. 결론부터 말하면 주어진 확률변수에 따라서 조건부 기대를 도출하는 방법이 달라져야 한다. 조건부 기대를 도출하고자 할 때 항상 염두에 두어야 할 것은 조건집합이 된 확률변수에 의하여 생성될 σ-체가 무엇인가를 생각하여야 하고, 어떤 함수가 이와 같은 σ-체에 대하여 잴 수 있는 함수가 될 것인가를 찾아 내야 한다는 점이다. 이는 조건부 기대를 찾아 낼 때 가장 먼저 확인하여야 할 사항이다.

예 8 확률공간을 $(S, \mathscr{F}, P)=([0, 1], \mathscr{B}, m)$이라 하자. 즉, 표본공간은 $S=[0, 1]$이고, 주어진 표본공간에 대한 σ-체는 보렐체 $\mathscr{B}$이며, 보렐체 위에서 정의되는 확률측도는 르벡측도이다. 이제 확률변수 $Y(s)=1-|2s-1|$을 조건부로 하는 다음과 같은 확률변수 $X(s)=2s^2$의 조건부 기대 $E[X|Y](s)$를 구해 보자.

먼저 확률변수 Y의 치역이 생성하는 σ-체 $\sigma(Y)$가 어떻게 구성되는지에 대하여 살펴보자. 주어진 확률변수(즉, 잴 수 있는 함수) Y의 치역 $\mathbb{R}_Y$는 $[0, 1]$이다. 따라서 확률변수 Y의 치역이 생성하는 σ-체 $\sigma(Y)$는 표본공간에 대한 보렐체와 일치한다.

주어진 확률변수 $Y(s)$가 $\frac{1}{2}$에 대하여 대칭성을 지니고 있으므로 임의의 $s\in[0, 1]$에 대하여 $Y(s)=Y(1-s)$가 성립한다.[9)] 이로부터 $\sigma(Y)$는 $\frac{1}{2}$에 대하여 대칭성을 지니는(보렐집합 $A\subset[0, 1]$에 대하여 $A=(1-A)$가 성립하는) $A\subset[0, 1]$ 형태의 집합으로 구성된다는 것을 알 수 있다. 만일 집합 A가 이러한 집합이라면, A는

$$A=\left\{Y\in\left\{2S:\ S\in A\cap\left[0, \frac{1}{2}\right]\right\}\right\}$$

인 보렐집합이고, 따라서 $A\in\sigma(Y)$가 된다.

8) 이에 대한 보다 자세한 논의는 Rao(1993)를 참조하기 바란다.

9) $y_0=y(s_0)$를 만족하는 $s_0\in\left[0, \frac{1}{2}\right)$에 대해 $Y_0=Y(s_1)=Y(1-s_0)$가 성립하는 $s_1\in\left(\frac{1}{2}, 1\right]$이 존재하며, $Y_0=Y(s_0)$를 만족하는 $s_0\in\left(\frac{1}{2}, 1\right]$에 대해 $Y_0=Y(s_1)=Y(1-s_0)$가 성립하는 $s_1\in\left[0, \frac{1}{2}\right)$도 역시 존재한다. 따라서 $Y(s)=Y(1-s)$가 성립한다.

한편, $A\in\sigma(Y)$라면 $A=\left\{Y\in\left\{2S:\ S\in A\cap\left[0,\ \frac{1}{2}\right]\right\}\right\}$이 성립하면서 동시에 보렐집합이 되는 $\left\{2S:\ S\in A\cap\left[0,\ \frac{1}{2}\right]\right\}$과 같은 집합이 존재한다. 그러면

$$
\begin{aligned}
s\in A &\Leftrightarrow Y(s)\in\left\{2S:\ S\in A\cap\left[0,\ \frac{1}{2}\right]\right\} \\
&\Leftrightarrow Y(1-s)\in\left\{2S:\ S\in A\cap\left[0,\ \frac{1}{2}\right]\right\}\Leftrightarrow 1-s\in A
\end{aligned}
$$

가 성립한다. 그러므로 이러한 성질을 만족하는 집합 A에 대해서는 $A=(1-A)$라는 관계가 성립함을 알 수 있다. 조건부 기대를 계산하는 과정에서 이러한 정보를 반영하는 것이 중요하다.[10)]

이제 이상과 같은 정보를 바탕으로 하여 $E[X|Y](s)$를 어떻게 결정할 것인가 생각해 보자. 정의상 조건부 기대 $E[X|Y](s)$는 $\sigma(Y)$에 대하여 잴 수 있어야 하므로, 앞서 살펴본 바와 같이 $\frac{1}{2}$에 대하여 대칭적이어야 한다. 즉, 임의의 $s_0\in[0,\ 1]$에 대하여

$$E[X|Y](s_0)=E[X|Y](1-s_0)$$

를 만족하여야 한다.

그리고 이러한 조건이 만족되도록 조건부 기대의 정의에서 나타나는 피적분함수를 $\frac{1}{2}$에 대하여 대칭성이 나타나도록 바꾸어 줄 수 있다면, 그 결과는 조건부 기대가 만족해야 하는 두 가지 조건을 모두 만족하게 될 것이다. 이 같은 점을 감안하여 임의의 집합 $A\in\sigma(Y)$에 대하여,

$$
\begin{aligned}
\int_A 2s^2ds &= \int_A s^2ds+\int_A s^2ds=\int_A s^2ds+\int_{(1-A)}(1-s)^2ds \\
&= \int_A s^2ds+\int_A(1-s)^2ds=\int_A(s^2+(1-s)^2)ds \\
&= \int_A E[X|Y](s)ds
\end{aligned}
$$

10) 다시 한 번 강조하지만 조건부 기대는 Y의 치역이 생성하는 σ-체에 대하여 잴 수 있는 함수이어야 한다는 조건이 반드시 만족되어야 한다. 조건부 기대를 도출할 때에는 이 점을 항상 기억할 필요가 있다.

라는 식을 도출할 수 있다. 따라서 $E[X|Y](s)=s^2+(1-s)^2$라는 조건부 기대가 도출된다. 그리고 이처럼 도출된 조건부 기대는 [정의 3]의 2가지 조건을 모두 만족하고 있음이 명백하다.

예 8은 조건부로 하게 될 연속확률변수 Y가 절대값으로 정의된 경우이다. 이 때 조건부 기대의 도출과정에서 핵심적인 사항은 조건부 기대 $E[X|Y]$가 조건부로 하는 확률변수 Y에 의하여 생성되는 σ-체 $\sigma(Y)$에 대하여 잴 수 있어야 한다($\sigma(Y)$-measurable)는 점이었다. 이러한 점을 다시 한 번 확인하기 위하여, 이번에는 조건부 기대를 도출하려는 확률변수 $X(s)$를 그대로 둔 상태에서 조건부로 하게 되는 확률변수 $Y(s)$만을 바꾸어 보자. 이렇게 조건부로 하게 되는 확률변수 Y가 변경되는 경우에는 조건부 기대라는 확률변수의 각 원소(즉, 사건)가 속할 σ-체 $\sigma(Y)$도 당연히 변경되어야 한다.

예 9

앞의 예제와 같이 확률공간을 $(S, \mathscr{F}, P)=([0, 1), \mathscr{B}, m)$이라 하자. 확률변수 Y가 $s\in\left[0, \frac{1}{2}\right)$에 대하여 $Y=2s$, $s\in\left[\frac{1}{2}, 1\right)$에 대하여 $Y=2s-1$로 각각 정의된다고 하자. 이 때 Y를 조건부로 하는 확률변수 $X(s)=2s^2$의 조건부 기대 $E[X|Y](s)$를 도출해 보자. 확률변수 Y의 치역 $\mathbb{R}_Y$은 $[0, 1)$과 동일하다.

확률변수 Y의 치역이 생성하는 σ-체 $\sigma(Y)$는 표본공간에 대한 보렐체와 일치할 것이다.[11)] 하지만 $\sigma(Y)$에 대하여 잴 수 있는 함수를 도출하는 과정은 앞의 예제와는 상당히 다르다.

주어진 함수 $Y=2s-1$의 치역상의 한 점 r_0를 생각하자. 주어진 한 점 r_0에 대한 역상을 $s_0(s_0=Y^{-1}(r_0))$라 하면, s_0는 $s_0\in\left[0, \frac{1}{2}\right)$과 $\left(s_0+\frac{1}{2}\right)\in\left[\frac{1}{2}, 1\right)$이 된다. 따라서 임의의 집합 $A\subset\left[0, \frac{1}{2}\right)$에 대하여 집합 $A\cup\left(A+\frac{1}{2}\right)$ 형태의 집합이 대응되어 $\sigma(Y)$가 구성된다. 이러한 이유로 $A\subset\left[0, \frac{1}{2}\right)$에 대하여 성립하는 성질은 $\left(A+\frac{1}{2}\right)$이라는 집합에 대해서도 성립한다.

11) 보다 정확하게 말하면 예 8에서는 1이 표본공간의 원소이었으나 본 예에서는 1이 표본공간에서 제외되어 있다. 하지만 연속확률공간에서 하나의 사건에 대한 확률측도는 0이어서 무시할 수 있다.

따라서 조건부 기대 $E[X|Y]$는 정의에 의하여 $\sigma(Y)$의 부분집합인 임의의 집합 $A\subset\left[0,\ \frac{1}{2}\right)$에 대하여,

$$\int_{A\cup\left(A+\frac{1}{2}\right)} XdP=\int_{A\cup\left(A+\frac{1}{2}\right)} E[X|Y]dP$$

를 만족하여야 한다. 이로부터

$$\begin{aligned}\int_{A\cup\left(A+\frac{1}{2}\right)} XdP&=\int_A XdP+\int_{\left(A+\frac{1}{2}\right)} XdP=\int_A 2s^2ds+\int_{\left(A+\frac{1}{2}\right)} 2s^2ds\\&=\int_A 2s^2ds+\int_A 2\left(s+\frac{1}{2}\right)^2 ds=2\int_A\left(s^2+\left(s+\frac{1}{2}\right)^2\right)ds.\end{aligned}$$

여기서 $E[X|Y](s)$는 $\sigma(Y)$에 대하여 잴 수 있어야 하므로, $s\in\left[0,\ \frac{1}{2}\right)$에 대하여 $E[X|Y](s)=E[X|Y]\left(s+\frac{1}{2}\right)$을 만족하여야 한다. 그러므로

$$\begin{aligned}\int_{A\cup\left(A+\frac{1}{2}\right)} E[X|Y](s)ds&=\int_A E[X|Y](s)ds+\int_{A+\frac{1}{2}} E[X|Y](s)ds\\&=\int_A E[X|Y](s)ds+\int_A E[X|Y]\left(s+\frac{1}{2}\right)ds\\&=\int_A E[X|Y](s)ds+\int_A E[X|Y](s)ds=2\int_A E[X|Y](s)ds.\end{aligned}$$

그런데 $s\in\left[0,\ \frac{1}{2}\right)$에 대하여 $\int_{A\cup\left(A+\frac{1}{2}\right)} XdP=\int_{A\cup\left(A+\frac{1}{2}\right)} E[X|Y]dP$가 성립하여야 하므로, 위의 두 결과로부터

$$2\int_A\left(s^2+\left(s+\frac{1}{2}\right)^2\right)ds=2\int_A E[X|Y](s)ds$$

가 만족되어야 한다. 따라서 $s\in\left[0,\ \frac{1}{2}\right)$에 대하여 $E[X|Y](s)=s^2+\left(s+\frac{1}{2}\right)^2$가 성립하여야 한다.

한편, $s\in\left[\frac{1}{2},\ 1\right)$의 경우는 $E[X|Y](s)=E[X|Y]\left(s+\frac{1}{2}\right)$이라는 관계로부터 도출할 수 있다. 결과적으로 조건부 기대 $E[X|Y]$는

$$s \in \left[0,\ \frac{1}{2}\right) \text{에 대하여는 } E[X|Y](s) = s^2 + \left(s + \frac{1}{2}\right)^2,$$

$$s \in \left[\frac{1}{2},\ 1\right) \text{에 대하여는 } E[X|Y](s) = \left(s - \frac{1}{2}\right)^2 + s^2$$

이다.

예 9에서 도출된 조건부 기대는 확률변수의 정의역 전체에 대하여 일관된 하나의 함수로 표현되지 않고 나누어진 두 개의 구역에 대하여 서로 다른 조건부 기대로 표현되고 있다. 이처럼 조건부 기대는 어떤 틀에 의해 정해진 절차를 따라 도출될 수 있는 것이 아니다.

한편, 이상으로부터 하나의 확률변수에 대한 조건부 기대라 할지라도 조건부로 하는 확률변수가 다른 경우에는 조건부 기대도 다르다는 사실을 확인할 수 있는데, 여기서 중요한 사실은 조건부 기대를 계산하고자 할 때 조건부로 하는 확률변수에 의하여 생성되는 σ-체 $\sigma(Y)$가 무엇인지 생각하여야 한다는 점이다.

5.3. 조건부 기대의 속성

지금까지 조건부 기대의 정의와 조건부 기대를 구체적으로 어떻게 계산할 것인가에 대하여 살펴보았다. 이산적이며 고정된 사건이나 이산확률변수를 조건부로 하는 조건부 기대는 전통적인 확률론에 입각한 직관과 부합하는 반면에 연속확률변수를 조건부로 하는 조건부 기대는 기존의 이산적인 경우에서 사용하던 방식을 조금 수정하는 방식으로는 정의할 수 없으며, 결과적으로 직관적인 이해가 쉽지 않은 형태의 수학을 필요로 하였다. 연속확률변수를 조건부로 하는 경우에는 라돈-니코딤정리(Radon-Nikodym theory)에 의해 조건부 기대가 존재한다는 사실은 알 수 있지만 조건부 기대를 어떻게 계산할 것인지는 구체적으로 알 수 없다. 또한 연속확률변수를 조건부로 하는 경우에는 기본적으로 확률측도가 0이 되는 단순사건을 조건부로 하기 때문에 복수개[12]의 조건부 기대가 도출되는 상황이 발생할 수도 있다.

이처럼 연속확률변수를 조건부로 하는 조건부 기대가 이해하기 난해한

12) 함수의 형태와 관련하여 무한개의 조건부 기대가 도출될 수도 있음을 상기하라.

측면을 지니고 있기는 하지만, 현실적으로 조건부 기대를 활용하는 입장에서는 이러한 개념상의 어려움이 조건부 기대를 실제로 활용하는 데 지장을 주지는 않는다. 이는 현실적으로 조건부 기대를 이용하는 마팅게일(martingale) 과정과 이토확률적분(Ito's stochastic integration) 등과 같은 분야에서는 정의를 직접적으로 활용하여 조건부 기대를 계산하는 경우는 없으며, 조건부 기대에 대한 제반 속성을 이용함으로써 이러한 문제를 우회하고 있기 때문이다.

이를 고려하여 이하에서는 조건부 기대가 지니고 있는 성질에 대하여 간략하게 설명하고자 한다. 조건부 기대는 다음과 같은 성질을 만족한다.

첫째, $E[aX+bY|\mathscr{T}]=aE[X|\mathscr{T}]+bE[Y|\mathscr{T}]$.

이는 조건부 기대가 선형성(linearity)을 지닌다는 것을 의미한다. 이 때 선형성이란 여러 변수를 선형 결합함으로써 도출된 확률변수(예컨대, $Z\equiv aX+bY$)에 대한 조건부 기대는 선형 결합을 구성하고 있는 각 확률변수(X와 Y)의 조건부 기대로 분리하여 나타낼 수 있다는 것을 의미한다.

둘째, $E[E[X|\mathscr{T}]]=E[X]$.

이 성질은 조건부 기대에 대하여 다시 무조건부 기대를 취하게 되면, 조건부 기대에서 조건부로 하는 조건부 집합과는 무관하게, 조건부 기대와 무조건부 기대가 같아진다는 것을 나타낸다. 이 경우에는 조건부 집합을 고려할 필요가 없다는 것을 알 수 있다.

셋째, 확률변수 X에 의하여 생성되는 σ-체 $\sigma(X)$가 σ-체 $\mathscr{F}$에 포함되어 있다면, 즉 $\sigma(X)\subset\mathscr{F}$라면, $E[X|\mathscr{F}]=X$가 성립한다. 특히, X가 Y의 함수인 경우 $\sigma(X)\subset\sigma(Y)$이므로, $E[X|Y]=X$가 성립한다.

이 성질은 확률변수 X에 대한 모든 정보를 의미하는 $\sigma(X)$가 이미 σ-체 $\mathscr{F}$에 포함되어 있기 때문에 모두에게 알려져 있는 정보를 조건부로 하여 확률변수 X에 대한 조건부 기대를 구하면, 조건부 기대는 추가적인 정보가 제공되지 않는 한 X와 달라지지 않는다는 것을 의미한다.

넷째, X가 σ-체 $\mathscr{T}$에 대해 잴 수 있는 확률변수이면,

$$E[XY|\mathscr{T}]=XE[Y|\mathscr{T}].$$

확률변수 X가 σ-체 $\mathscr{T}$에 대해 잴 수 있다는 것은 확률변수 X의 모든 원소(사건)에 대하여, 그 역상(inverse image)이 $\mathscr{T}$라는 σ-체의 원소가 되는지 아닌지 여부를 알 수 있다는 것을 의미한다. 이는 $\mathscr{T}$라는 σ-체의 각 원소를

확률변수 X의 모든 원소(사건)에 대응시켜 봄으로써 확인할 수 있다. 이러한 의미에서 네 번째 성질은 '어떤 사건 또는 확률변수 X가 조건부 집합인 σ-체 $\mathscr{T}$에 대하여 이미 알려져 있다'라는 명제로 바꾸어 나타내 줄 수 있다.[13)]이러한 점을 상기하면, 조건부 기대의 네 번째 성질은 조건부로 하게 될 조건부 집합(σ-체 $\mathscr{T}$)과 관련하여 그 집합에 대하여 이미 알려져 있는 사건(또는 확률변수)은 조건부 기대를 계산하는 데 있어 무관하다는 것을 뜻한다. 따라서 주어진 식에서 확률변수 X가 조건부 집합인 σ-체 $\mathscr{T}$에 대하여 이미 알려져 있다고 하였으므로 해당 변수는 더 이상 확률변수로 간주할 필요가 없다는 것을 의미한다.

다섯째, X가 σ-체 $\mathscr{T}$에 대해 독립적인 확률변수이면,

$$E[X|\mathscr{T}]=E[X].$$

이 성질은 독립적인 두 사건이 있을 때 한 사건을 조건부로 하는 조건부 확률이 무조건부 확률과 일치한다는 결과가 조건부 기대에서도 마찬가지로 성립한다는 것을 말하고 있다.

여섯째, σ-체 $\mathscr{C}$가 $\mathscr{T}$의 부분집합일 때(즉, $\mathscr{C}\subset\mathscr{T}$),

$$E[E[X|\mathscr{T}]|\mathscr{C}]=E[X|\mathscr{C}].$$

이러한 성질을 탑 성질(tower property)[14)] 또는 축차적 기대법칙(law of iterated expectation)이라고 부른다. 이러한 성질은 큰 집합을 조건부로 하는 조건부 기대 $E[X|\mathscr{T}]$가 있을 때, 이 조건부 기대에 대하여 그보다 작은 집합 $\mathscr{C}$를 조건부로 하여 조건부 기대 $E[E[X|\mathscr{T}]|\mathscr{C}]$를 도출하게 되면, 그 결과는 작은 집합을 조건부로 하는 조건부 기대 $E[X|\mathscr{C}]$와 같아진다는 것을 나타낸다.

13) X를 관측한다는 것은 다음과 같은 의미를 지닌다. 일반적으로 확률변수 X라는 것은 확률공간 $(S, \mathscr{F}, P)$를 수학적으로 보다 편리한 공간이라고 할 수 있는 잴 수 있는 공간(또는 측도공간) $(\mathbb{R}, \mathscr{B})$로 전환해 주는 함수이다. 따라서 관측자가 X의 값을 관측하였다는 것은 임의의 사건 $A\in\mathscr{B}$가 발생하였는지 아닌지 여부를 알 수 있게 됨을 의미한다. 그리고 사건 $A\in\mathscr{B}$가 발생하였는지 여부를 알 수 있다는 것은 그 역상 $X^{-1}(\mathscr{B})$인 부분 σ-체인 $\mathscr{F}_0=\{E\in\mathscr{F}: E=X^{-1}(A), A\in\mathscr{B}\}$에 포함된 임의의 사건이 발생하였는지 여부를 알 수 있다는 것을 의미한다.

14) 다보탑을 생각해 보면 이러한 성질을 쉽게 이해할 수 있다. 다보탑을 보면 탑의 상층부로 올라갈수록 올려놓는 받침대가 점점 작아지는 모습을 볼 수 있는데, 탑의 성질은 이러한 모양을 상기시키고 있다.

일곱째, 확률변수 X의 사건이 모두 0보다 크거나 같다면,

$$E[X|\mathscr{T}] \geq 0.$$

이는 당연한 결과라고 할 수 있다. 직관적으로 볼 때, 주어진 확률변수가 항상 0과 같거나 0보다 큰 값을 지닌다면 그 확률분포가 어떠한 모양이건 간에 상관없이 그 기대값이 항상 0보다 커야 할 것이다. 그런데 조건부 기대가 정의상 확률변수라는 점을 상기한다면 조건부 기대 역시 기대값의 속성을 지니고 있어야 할 것이다. 이러한 점에서 일곱 번째 성질이 성립하는 것은 자연스럽다.

여덟째, 만일 확률변수 X가 σ-체 $\mathscr{F}$와 독립적이고, $\mathscr{F}$에 포함된 확률변수, 확률벡터 또는 확률과정인 G에 포함된 정보와 독립적이라면, 임의의 함수 $g(x, y)$에 대해서

$$E[g(X, G)|\mathscr{F}] = E[E_X[g(X, G)]|\mathscr{F}]$$

가 성립한다. 이 때 $E_X[g(X, G)]$는 G를 고정시킨 후 X에 대하여 기대값을 취하였음을 의미한다.

예 10 두 확률변수 X와 Y가 독립적이라고 하자. 그러면 다음이 성립한다.

$$\begin{aligned} E[XY|Y] &= E[E_X[XY]|Y] \\ &= E[YE[X]|Y] = YE[X]. \end{aligned}$$

그리고

$$\begin{aligned} E[X+Y|Y] &= E[E_X[X+Y]|Y] \\ &= E[E[X]+Y|Y] \\ &= E[E[X]|Y] + E[Y|Y] \\ &= E[X]+Y \end{aligned}$$

가 성립한다.

이상과 같은 기본적인 특성 이외에도 조건부 기대와 관련하여 젠센의 부등식(Jensen's inequality)이 성립한다.

• 정리 2 •

조건부 기대와 관련된 젠센의 부등식

함수 h: $\mathbb{R} \rightarrow \mathbb{R}$를 볼록함수[15]라 하자. 그리고 확률변수 X는 확률공간 $(S, \mathscr{F}, P)$ 위에서 정의되며 적분가능하다고 하자. 이 때 함수 $h(X)$도 적분가능하다고 하자. 그러면 다음이 성립한다.

$\mathscr{F}$의 임의의 부분 σ-체 $\mathscr{T}$에 대하여, 거의 확실하게(*a.s.*)

$$h(E[X \mid \mathscr{T}]) \leq E[h(X) \mid \mathscr{T}].$$

$h(E[X]) \leq E[h(X)]$와 같은 부등식을 젠센의 부등식이라고 부른다는 점을 상기하면, [정리 2]를 조건부 기대와 관련된 젠센의 부등식이라고 부르는 이유를 잘 알 수 있다. 이와 같은 젠센의 부등식은 다양한 함수 $h(\cdot)$에 대하여 적용가능하다. 예컨대, 지수함수 $h(x)=e^{-x}$나 최대값 함수 $h(x)=\max(0, x)$ 또는 절대값 함수 $h(x)=|x|$ 등의 볼록함수가 포함된 경우 유용하게 사용된다.

• 정리 3 •

라돈-니코딤정리

확률공간 $(S, \mathscr{F}, P)$과 $\mathscr{F}$의 부분 σ-체 $\mathscr{T}$가 있다고 하자. 그러면 임의의 확률변수 X에 대하여 다음 등식을 만족하는 $\mathscr{T}$-잴 수 있는 확률변수 Z가 존재한다.

15) 볼록함수는 다음과 같은 등식이 성립하는 실가함수 h: $\mathbb{R} \rightarrow \mathbb{R}$로 정의된다. 임의의 두 실수 x, y와 임의의 상수 $\lambda \in [0, 1]$에 대하여

$$h(\lambda x+(1-\lambda)y) \leq \lambda h(x)+(1-\lambda)h(y).$$

위 조건을 만족하는 볼록함수 $h(\cdot)$의 그래프는 좌표상의 두 점 $(x, h(x))$ 및 $(y, h(y))$를 연결하는 직선의 아래에 놓이게 된다.

σ-체 $\mathscr{T}$의 원소가 되는 임의의 집합 $A \in \mathscr{T}$에 대하여,

$$\int_A X\,dP = \int_A Z\,dP.$$

위에서 소개한 라돈-니코딤정리는 조건부 기대의 존재를 증명해 주는 중요한 정리이다. 그 이유는 바로 라돈-니코딤정리의 확률변수 Z를 $E[X|Y]$로 대체하면 그 값이 바로 조건부 기대로 해석되기 때문이다. 그런데 라돈-니코딤정리에 의거하여 조건부 기대가 존재한다는 점은 명확하지만, 현실적으로 조건부 기대를 도출하는 데 있어서 위의 정의를 직접적으로 활용할 방법은 없다. 이는 라돈-니코딤정리가 조건부 기대의 존재를 나타내고 있기는 하지만 구체적으로 조건부 기대를 어떻게 도출할 것인지에 대해서는 어떠한 내용도 포함하지 않고 있기 때문이다.

참고문헌

Brzezniak, Zdzislaw and Zastawniak Tomasz, *Basic Stochastic Processes*, Springer, 1999, Ch. 2.

Galambos, Janos, *Advanced Probability Theory*, Marcel Dekker, Inc., 1988, Ch. 7.

Rao, M. M., *Conditional Measures and Applications*, Marcel Dekker, Inc., 1993, Ch. 1～3.

Spanos, Aris, *Statistical Foundations of Economic Modelling*, Cambridge University Press, 1986, Ch. 5.

______, *Probability Theory and Statistical Inference*, Cambridge University Press, 1999, Ch. 4.

Williams, David, *Porbability with Martingales*, Cambridge University Press, 1991, Ch. 9.

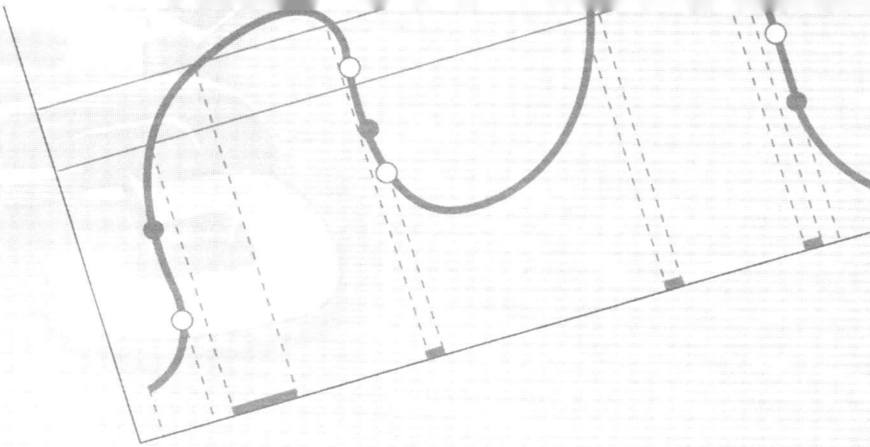

6 확률과정과 확률공간

확률변수와 확률벡터가 확률공간 $(\mathbb{R}, \mathscr{B}, P_X)$에 기초하고 있듯이, 확률과정 또한 위와 같은 확률공간에 기초한다. 본장에서는 확률과정을 논의하기 위해 필요한 기초 개념에 대하여 살펴볼 것이다. 특히, 확률과정이 정의되는 표본공간, σ-체, 그리고 σ-체 위에서 정의되는 확률측도 등에 대하여 살펴볼 것이다.

6.1. 확률과정과 측도공간

확률과정(stochastic process)은 확률변수라는 개념을 시간적으로 확장한 것이다. 따라서 시간을 어떠한 방식으로 도입할 것인가를 생각하여야 한다. 하나의 방법으로 확률변수의 정의역에 시간이라는 새로운 차원을 추가하는 것을 생각할 수 있다. 또 하나의 방법은 치역을 확장하여 시간차원이 도입되도록 하는 것이다. 이제 본장에서는 확률변수 개념에 시간을 도입하는 두 가지 방법에 대하여 간략하게 살펴볼 것이다. 이들 두 가지 방법은 수학적인 측면에서 볼 때 이질적인 접근방법이라고 할 수 있으나 결과적으로 이들이 함의하고 있는 확률과정에 대한 직관적인 의미는 본질적으로 동일한 것이다.

6.1.1. 확률과정과 측도공간

확률변수를 논의할 때 확률변수가 정의되는 확률공간에 대하여 살펴본 것과 마찬가지로, 확률과정이 정의될 확률공간이 무엇인지에 대하여 살펴볼 필요가 있다. 이제 확률변수에 시간을 도입하는 방법 중 첫 번째 방법에 대하여 간략하게 살펴보도록 하자.

확률변수 $X(S)$는 $X(\cdot)$: $S \to \mathbb{R}_X$와 같이 정의되는 실가(가측)함수이다. 따라서 확률변수(수학적으로는 가측함수이므로)의 정의역을 $S \times T$(표본공간×시간)와 같이 확장[1)]하는 새로운 함수를 생각하면, 시간차원이 포함된 확률과정 개념을 만들어 낼 수 있다. 즉, X: $S \times T \to \mathbb{R}$와 같이 정의되는 2변수 함수를 확률과정이라고 정의할 수 있다.[2)]

---

1) 첨자 T를 시간으로 한정하여 정의하였는데, 반드시 그럴 필요는 없다. 이에 대해서는 뒤에서 간략히 언급할 예정이다.

2) 이러한 정의방식은 곱측도(product measure) 개념을 필요로 한다. 반면 이후에 살펴볼

이렇게 확률변수 개념을 확장한다는 것은 곧 확률과정을 확률변수들의 임의의 집합체라고 볼 수 있음을 의미하고 있다. 즉, 확률과정의 표본공간 부분을 명시적으로 표현하지 않는 대신에 시간 개념을 강조하기 위하여 $\{X_t,\ t\in T\}$[3)]라고 표기하고, 이를 확률과정으로 정의할 수도 있다. 간단히 말하여, 확률과정이란 확률변수가 첨자 t(또는 시간)에 따라 정렬된 확률변수의 수열 $\{X(\cdot,\ t):\ t\in T\}$를 말한다. 이제 확률과정을 아래와 같이 좀더 자세히 정의하도록 하자.

정의 1 확률과정

확률공간을 $(S,\ \mathscr{F},\ P(\cdot))$라 하고, T를 (실수인) 첨자집합이라 할 때, 확률과정 $X(t,\ s)$는 다음과 같이 두 변수의 함수이다.

$$X:\ S\times T\rightarrow\mathbb{R}.$$

여기서 s는 표본공간의 원소, 즉 사건이고, t는 첨자집합 T의 원소가 되는 모수이다.

[정의 1]로부터 다음과 같은 사실을 알 수 있다.

(i) 확률과정 $x=X(s,\ t)$는 $S\times T$(표본공간×시간) 위에 정의된 함수이다. 즉, $X:\ S\times T\rightarrow\mathbb{R}$이다. 수학적인 입장에서 보면 확률과정은 확률변수와 마찬가지로 함수이다.

(ii) 확률과정은 확률변수들의 집합체인데, 확률과정은 $\{X(\cdot,\ t):\ t\in T\}$와

정의방식, 즉 확률과정을 사상 $x:\ S\rightarrow\mathbb{R}^T$(여기서 $x(s)=\{X_t(s),\ t\in T\}$)와 같이 정의하는 경우는 곱측도를 필요로 하지 않는다. 물론 두 가지 정의방식은 수학적인 측면에서 볼 때 완전히 동일한 대상은 아니다. 그렇지만 두 정의방식이 내포하고 있는 확률과정과 관련된 직관적인 의미는 동일한 것이다.

3) 확률과정 $X(S,\ t)$ 또는 $X_t(S)$를, 표본공간 S에 대한 표현은 생략한 채 $X(t)$ 또는 X_t와 같이 표현하는 경우가 대부분이다. 이처럼 많은 경우에 표본공간이 명시적으로 나타나지 않는 표기방법을 사용하는데, 그 이유는 확률과정을 다룰 때 사실상 표본공간이 별다른 역할을 하지 않기 때문이다. 한편, 경우에 따라 $X(t)$는 연속확률변수, X_t는 이산확률변수일 때를 각각 나타내는 데 사용하기도 하는데, 본서에서는 이들을 굳이 구분하지 않고자 한다.

같이 표현될 수 있다. [정의 1]에서 첨자집합 T의 원소인 t(시간을 의미하는 것으로 보자)를 고정시키면, 확률과정은 표본공간을 S로 하는 확률변수가 된다. 이는 매 시점 t마다 X_t가 어떤 확정된 값을 가지는 것이 아니라 확률변수처럼 그 값이 무엇인지 알 수 없다는 것을 의미한다.

(iii) 확률과정은 T 위에 정의된 함수들의 집합체이다. 따라서 확률과정을 $\{X(s, \cdot): s \in S\}$와 같이 나타낼 수 있다. 이 때 표본공간의 원소, 즉 사건 s를 고정시키면, t의 함수 $X(s, \cdot)$가 된다. 이렇게 s를 고정시킨 후 얻게 되는 시간 t의 함수를 확률과정의 표본경로(sample path)(이산시간의 경우에는 표본수열(sample sequence)) 또는 실현값(realization)이라 한다. 표본공간의 모든 원소 s_0에 대하여 함수 $X(t, s_0)$를 확률과정의 표본경로 또는 실현값이라고 부르는 것이다.

이제 확률변수의 치역을 확장함으로써 확률과정을 정의하는 두 번째 방식에 대하여 살펴보도록 하자.

첨자집합 T를 임의의 집합이라고 하고, 실수집합 $\mathbb{R}$를 쌓아 올려 만든 곱공간(product space) $\mathbb{R}^T = \mathbb{R} \times \mathbb{R} \times \cdots\cdots = \mathbb{R}^\infty$를 생각하자. [정의 1]′에서는 이와 같은 곱공간을 치역으로 하여 정의되는 확률과정을 나타내고 있다.

정의 1′ 확률과정

$(S, \mathscr{F}, P(\cdot))$를 확률공간, T를 (실수인) 첨자집합이라 할 때, 확률과정은 $X: S \to \mathbb{R}^T$와 같이 정의되는 잴 수 있는 사상(measurable mapping)이다.[4)]

이 때 각 시점 t에서의 확률변수 $X_t(s)$를 확률과정의 좌표(coordinate)라 한다. [정의 1]에서처럼 확률과정을 $X: S \times T \to \mathbb{R}$와 같이 정의되는 사상으로 정의하는 경우는 확률과정의 가측성을 논의하기 위하여 곱측도가 잴 수 있는지 여부를 살펴보아야 한다는 점에서 수학적으로 다루기에 다소 불편한 측면이 있다. 반면에 [정의 1]′에서처럼 확률과정을 정의하면 확률과정의 가

4) 확률과정을 $X(s) = \{X_t(s), t \in T\}$, $\{X_t\}_{t=0}^{\infty}$ 또는 보다 간단하게 $\{X_t\}$로 표기한다.

측성 여부는 단지 모든 t에 대하여 확률변수 X_t가 잴 수 있는 함수인지 여부만을 확인하면 충분하므로 다루기 편리하다.

[정의 1]′의 경우 표본공간의 고정된 한 점 s_0에 대하여 $\{X_t(s_0)\}_{t=0}^{\infty}$를 얻을 수 있는데, 이를 확률과정의 실현치(realization)라고 한다. 즉, 실현치는 표본공간으로부터 결과가 하나 추출되었을 때 생성되는 실수의 집합이다. 실현치는 정의역과 치역과의 관계를 보여 주고 있는데, 여기서 한 가지 의문점이 생기게 된다. 즉, '표본공간의 한 점이 어떻게 무한차원의 수열과 1 : 1로 대응될 수 있는가'라는 의문이 바로 그것이다. 그렇지만 수학적으로 이러한 대응관계가 존재한다.

예 1 동전던지기를 무한히 반복하는 확률실험을 생각하자. 이 경우 확률실험을 무한반복하므로 실험의 결과로 길이가 무한한 수열이 생성될 것이다. 앞면을 1, 뒷면을 0이라고 나타내 보자. 그러면 확률실험에 의하여, 예컨대 0100010111……과 같이 0과 1로 구성된 무한수열이 발생하게 된다. 그런데 이렇게 생성된 수열이 실수를 2진수로 바꾸어 표현한 것과 동일하다는 사실이 증명되어 있다. 이것은 바로 실직선상의 한 점과 무한반복되는 동전던지기의 결과가 1 : 1로 대응된다는 것을 의미한다.[5)]

제1장 보론에서 르벡측도를 논의할 때 이론적인 이유로 확률측도가 σ-체 위에서 정의되고, 확률변수가 이러한 σ-체에 대하여 가측(잴 수 있음)이라고 가정되어 있다는 점을 보았다. 이와 마찬가지로, 확률과정 $\{X_t\}$는 정의역이 $(S, \mathscr{F})$이고, $(\mathbb{R}^T, \mathscr{B}(\mathbb{R}^T))$ 또는 $(\mathbb{R}^\infty, \mathscr{B}(\mathbb{R}^\infty))$라는 측도공간으로 사상되는 확률변수들의 집합체이다.[6)]

제1장에서 모든 보렐집합으로 구성된 집합체는 자동적으로 σ-체가 되

5) 함수 $f(x)=\pi x-\frac{\pi}{2}$에 의하여 구간 (0, 1)이 구간 $\left(-\frac{\pi}{2}, \frac{\pi}{2}\right)$와 1 : 1 대응되고, $g(x)=\tan x$와 같은 함수에 의하여 구간 $\left(-\frac{\pi}{2}, \frac{\pi}{2}\right)$는 실직선에 대응된다. 따라서 이들 함수의 합성함수를 생각하면 구간 (0, 1)이 실직선 $\mathbb{R}$과 1 : 1 대응된다는 것을 알 수 있다.

6) 뒤에서 확률과정이 정의되는 σ-체에 대하여 좀더 자세히 살펴볼 예정이지만, 확률과정을 정의할 때 통상적으로 확률과정의 구성원인 각 확률변수가 $\mathscr{F}/\mathscr{B}(\mathbb{R})$-가측함수라고 가정하게 된다.

기 때문에 보렐집합들에 대하여 셀 수 있는 무한번 집합연산을 시행한 결과도 역시 보렐집합이 된다는 점에 대해 언급한 바 있다. 보렐체는 실직선상의 모든 열린집합들의 집합족에 의하여 생성되는 σ-체라고 정의되고, 이는

$$\{[a,\ b]\},\ \{[a,\ b)\},\ \{(a,\ b]\},\ \{(a,\ b)\},\ \{[a,\ \infty)\},\ \{(a,\ \infty)\},\ \{(\infty,\ b]\},\ \{(\infty,\ b)\}$$

등의 구간집합족에 의해서 생성되는 어떠한 σ-체와도 같다. 또한 어떠한 형태의 구간을 이용하더라도 동일한 보렐체를 얻을 수 있기 때문에, 이들을 구분하지 않고 보렐체를 통상 $\mathscr{B}$라고 표시한다.

제4장에서 언급하였듯이 1차원 공간의 경우와 마찬가지로 다차원 공간에서 확률을 정의할 때에도 확률이 정의되는 대상은 σ-체이다. 따라서 확률과정이 정의되는 대상도 $\mathscr{B}(\mathbb{R}^T)$ 또는 $\mathscr{B}(\mathbb{R}^\infty)$와 같은 보렐체가 된다. 그런데 현실적으로 확보할 수 있는 자료는 유한하므로 무한차원과 관련된 논의를 하기 어렵다.[7)] 이러한 현실적인 상황을 고려한다면 유한차원의 공간에서 얻어지는 성질과 무한차원의 공간에서 도출될 성질이 결과적으로 1 : 1 대응관계에 있어야만 한다. 따라서 이하에서는 어떠한 방식으로 무한차원공간을 유한차원공간과 대응시킬 수 있는지에 대하여 살펴보도록 하자.

확률과정 $\{X_t\}$가 주어졌다고 할 때, 무한차원에서 정의되는 확률과정을 유한차원을 지니는 좌표에 사영하는 함수(projection)를 생각해 보자. 제4장에서 보았듯이 사영함수는 차원이 큰 곱공간(product space)상의 집합을 보다 작은 차원을 가지는 곱공간상의 집합에 대응시키는 함수이다. 이를 구체적으로 나타내면 아래와 같다.

모든 정수 $k \in N$에 대하여,

$$\pi_k(\{X_t\}):\ \mathbb{R}^\infty \rightarrow \mathbb{R}^k. \tag{1}$$

즉, $\pi_k(\{X_t\}) = (X_1,\ \cdots\cdots,\ X_k)$로 정의되는 함수를 사영함수라고 한다. 예컨대, 함수 $\pi_1:\ X \times Y \rightarrow X$와 함수 $\pi_2:\ X \times Y \rightarrow Y$와 같은 사영함수를 생각하자. 이들 함수는 2차원 공간을 1차원 공간에 사영하는 함수이다. 따라서 $\pi_1(x,\ y) = x$와 $\pi_2(x,\ y) = y$를 얻을 수 있다. 그리고 집합 $A \subseteq X$에 대한 역상을 구하면 $\pi_1^{-1}(A) = A \times Y$, 집합 $B \subseteq Y$에 대한 역상은 $\pi_2^{-1}(B) = X \times B$가

7) 이러한 측면에서 무한차원에서 정의되는 확률과정을 다루는 작업은 유한한 자료를 이용하여 무한공간에서 정의되는 존재의 성질을 유추하는 작업이라고 할 수 있다.

된다는 것을 알 수 있다. 이 때 $A\times B=\pi_1^{-1}(A)\cap\pi_2^{-1}(B)$가 성립한다는 것도 알 수 있다.

이제 $X=\mathbb{R}$, $Y=\mathbb{R}$라 하자. 그러면 집합 $A\subseteq\mathbb{R}$에 대한 역상은 $\pi_1^{-1}(A)=A\times\mathbb{R}$가 되며, 집합 $B\subseteq\mathbb{R}$에 대한 역상은 $\pi_2^{-1}(B)=\mathbb{R}\times B$가 된다. 이와 같이 사영함수의 역상이 되는 집합을 통집합이라고 한다.

제4장에서 언급한 바 있는 통집합에 대하여 좀더 자세히 살펴보자. 예컨대, π_1: $\mathbb{R}\times\mathbb{R}\times\mathbb{R}\to\mathbb{R}$는 3차원 공간의 집합을 1차원 공간에 사영하는 사영함수이다. 이 때 함수 π_1의 역상을 구하면 그것이 바로 3차원 실수공간 $\mathbb{R}^3$에서의 1차원 통집합이다. 즉, 치역상의 부분집합 $A\subseteq\mathbb{R}$에 대하여, 그 역상을 구하면 $\pi_1^{-1}(A)=A\times\mathbb{R}\times\mathbb{R}$가 되는데, 바로 $\pi_1^{-1}(A)$가 통집합이다. 즉, 사영함수의 원상(preimage)을 통집합이라고 하는데, 이는 유클리드공간의 구간에 해당하는 개념이다. 제4장에서 살펴본 통집합의 사례를 [그림 6-1]에 다시 한 번 제시하였다. 이제 무한차원 공간의 유한차원 통집합(cylinder sets)의 집합체를 $\mathscr{C}$라고 나타내자. 1차원 공간의 경우와 마찬가지로 통집합이 구간에 해당하는 개념이기 때문에 통집합에 의하여 생성되는 최소 σ-체는 바로 보렐체다. 바로 이러한 점 때문에 통집합에 대하여 살펴볼 필요가 있다.

집합 C를 집합체 $\mathscr{C}$의 원소라 할 때, C는 모든 k차원 보렐집합 $E\in\mathscr{B}(\mathbb{R}^k)$에 대한 사영함수의 역상, 즉 $C=\pi_k^{-1}(E)$와 같은 형태를 지닌다. 이 때 $\mathscr{C}$의 원소는 기껏해야 유한개의 좌표만이 제약되어 있는 형태가 된다.

통집합 C는 구체적으로 다음과 같이 정의된다.[8)]

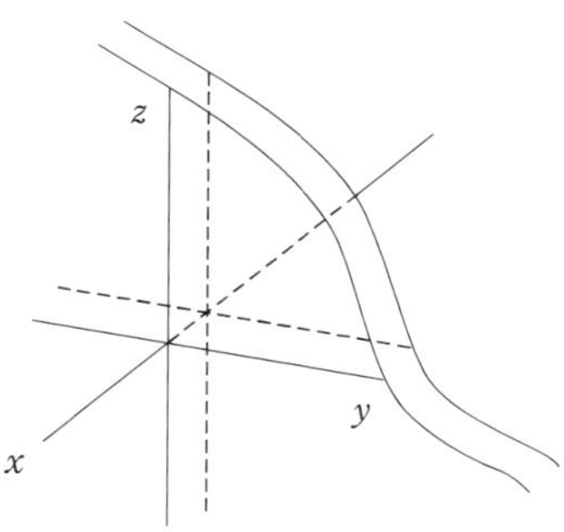

(a) 3차원 공간의 1차원 통집합

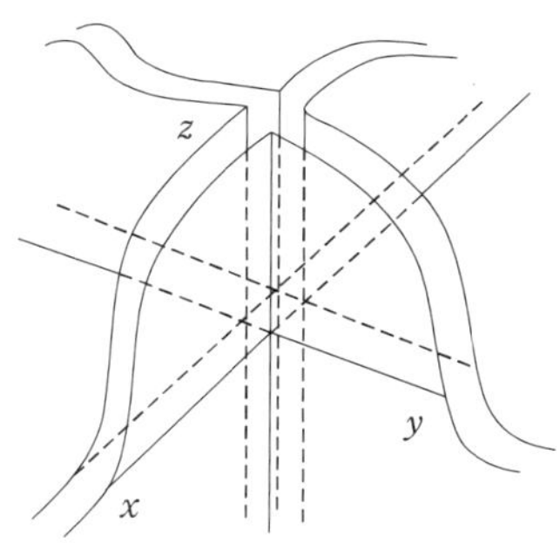

(b) 두 통집합의 교집합

그림 6-1 통집합과 통집합의 교집합

$$C=\{\{X_t\}\in\mathbb{R}^\infty:\ \pi_k(\{X_t\})\in E,\ E\in\mathscr{B}(\mathbb{R}^k),\ k\in N\}. \tag{2}$$

k를 유한한 차원이 지닐 수 있는 가장 큰 값이라고 하면, 보렐체 $\mathscr{B}(\mathbb{R}^k)$의 원소(즉, 보렐집합)에 대한 역상, 즉 $\pi_k^{-1}(E)(E\in\mathscr{B}(\mathbb{R}^k))$ 형태를 지니는 통집합과 임의의 유한차원 통집합이 (위상적으로) 같은 집합이 된다는 사실이 알려져 있다.[9] 이러한 집합 $\mathscr{C}$는 체(field)(또는 집합대수(algebra))를 형성한다.[10] 뿐만 아니라 집합체 $\mathscr{C}$는 합집합 연산을 (셀 수 있는) 무한회만큼 실시하는 경우에도 체를 이룬다. 즉, 집합 $\mathscr{C}$가 σ-체를 이루고 있다는 것도 알려져 있다.[11] 그런데 σ-체 $\sigma(\mathscr{C})$는 식 (2)의 형태를 취하는 모든 통집합들

8) 제2장에서 보렐체를 구간이 형성하는 σ-체와 동일하다는 점을 이용하여 보다 편리하게 확률변수에 대한 확률분포함수를 도출한 바 있음을 상기하기 바란다. 확률과정에서 통집합을 대상으로 논의하는 이유도 확률변수에 대해 구간을 대상으로 논의하는 것과 동일한 의미를 지닌다.

9) 이를 수학적으로 $\pi_k^{-1}(E)(E\in\mathscr{B}(\mathbb{R}^k))$ 형태를 지니는 통집합에 임의의 유한차원 통집합이 매장(embeded)된다고 표현한다. 집합 A가 집합 B의 부분집합과 위상동형인 관계일 때 집합 A가 집합 B에 매장된다고 한다. 매장이라는 관계는 위상동형인 두 집합의 원소, 열린집합 및 닫힌집합(그리고 그 근방집합) 사이에 1 : 1 관계가 존재한다는 것으로, 대강 말하면 두 집합이 동일한 집합이라는 것을 의미한다.

10) 집합들의 어떤 집합체가 체를 형성한다는 것은, 첫째 여집합이 체의 원소가 되고, 둘째 **유한한 횟수만큼 교집합 연산**을 시행하면 그 결과가 체의 원소가 됨을 의미한다. 이에 대하여 제1장에서 살펴본 바 있다. 먼저, 통집합의 여집합에 대하여 살펴보자.

집합 $C=\{\{X_t\}\in\mathbb{R}^\infty:\ \pi_k(\{X_t\})\in E,\ E\in\mathscr{B}(\mathbb{R}^k),\ k\in N\}$의 여집합, 즉

$$\begin{aligned}C^c&=\{\{X_t\}\in\mathbb{R}^\infty:\ \pi_k(\{X_t\})\in E^c,\ E\in\mathscr{B}(\mathbb{R}^k)\}\\&=\{\{X_t\}\in\mathbb{R}^\infty:\ \pi_k(\{X_t\})\in(\mathbb{R}^k-E),\ E\in\mathscr{B}(\mathbb{R}^k)\}\\&=\pi_k^{-1}(E^c)=\mathbb{R}^\infty-C\in\mathscr{C}.\end{aligned}$$

즉, C^c도 통집합이므로 $C^c\in\mathscr{C}$이다.

두 번째로, 보렐집합 E와 E'에 대하여 각각 통집합을 구하면, 집합 $C=\pi_k^{-1}(E)$와 $C'=\pi_k^{-1}(E')$이 모두 $\mathscr{C}$의 원소이다. 따라서 두 집합의 합집합을 구해 보면 합집합 $C\cup C'$도 역시 $C\cup C'=\pi_k^{-1}(\cdot)$ 형태를 지닌다. 따라서 $C\cup C'\in\mathscr{C}$가 성립한다.

이로부터 차원이 동일한 집합들 간의 유한한 합집합(여집합을 생각하면 교집합도)이 $\mathscr{C}$의 원소가 되므로 주어진 집합체 $\mathscr{C}$는 체(또는 집합대수)를 형성한다는 것을 알 수 있다.

그렇다면 차원이 다른 집합에 대한 통집합들도 체를 구성할 것인가? 물론 이 경우도 체를 이룬다.

이제 두 집합의 차원이 달라서 $E\in\mathscr{B}(\mathbb{R}^k)$, $E\in\mathscr{B}(\mathbb{R}^m)(m>k)$와 같다고 하자. 이 경우 차원이 차이나는 만큼을 보충해 준 집합, 즉 $E\times\mathbb{R}^{m-k}$을 생각하면, $E\times\mathbb{R}^{m-k}$ 집합은 $\mathscr{B}(\mathbb{R}^m)$의 원소가 된다. 즉, $E\times\mathbb{R}^{m-k}\in\mathscr{B}(\mathbb{R}^m)$이 성립한다. 따라서 이러한 집합을 가지고 앞서 첫 번째와 두 번째에서 적용하였던 논리를 그대로 적용해 줄 수 있다. 따라서 유한차원의 $\pi_k^{-1}(\cdot)$ 형태로 주어진 집합은 체를 이룬다.

11) 그렇지만 유한한 차원의 통집합이 이루는 집합체는 체를 구성하지 못한다. 예컨대,

을 포함한다. 결과적으로 **$\sigma(\mathscr{C})$가 보렐체 $\mathscr{B}(\mathbb{R}^\infty)$와 같다**는 사실을 알 수 있다.

제1장 및 제4장에서 보렐체가 열린집합에 의하여 생성되는 가장 작은 σ-체이고, 이는 또한 구간의 집합족에 의하여 생성되는 σ-체와 같다는 사실을 언급한 바 있다. 이러한 사실을 상기하면 $\sigma(\mathscr{C})$가 보렐체 $\mathscr{B}(\mathbb{R}^\infty)$와 일치하는 이유를 직관적으로 쉽게 이해할 수 있다. $\sigma(\mathscr{C})$가 보렐체 $\mathscr{B}(\mathbb{R}^\infty)$와 같게 되는 이유를 대략적으로 설명하면 다음과 같다.

먼저 1변수 보렐체를 $\mathscr{B}(\mathbb{R})$라 할 때, 곱공간 $\mathscr{B}(\mathbb{R})^\infty$는 1변수 보렐체를 쌓아 올려 만든 공간이다. 그런데 이러한 공간 $\mathscr{B}(\mathbb{R})^\infty$는 $\mathscr{B}(\mathbb{R}^\infty)$에 포함된다는 것은 명백하다. 즉, $\mathscr{B}(\mathbb{R})^\infty \subset \mathscr{B}(\mathbb{R}^\infty)$가 성립한다. 한편, $\mathscr{B}(\mathbb{R}^\infty)$는 $\mathbb{R}^\infty$의 열린부분집합에 의하여 생성된다. 그런데 모든 열린부분집합은 구간 (a_i, b_i) 형태를 가지는 집합들의 직적곱, 즉

$$\prod_{1 \le i \le \infty} (a_i,\ b_i) \in \mathscr{B}(\mathbb{R})^\infty$$

의 형태(따라서 통집합)를 하고 있는 열린집합의 셀 수 있는 무한개의 합집합으로 나타난다. 즉, $\mathscr{B}(\mathbb{R})^\infty$의 원소인 통집합을 통해서 $\mathbb{R}^\infty$의 열린집합이 만들어지고, 다시 이 열린집합에 의하여 $\mathscr{B}(\mathbb{R}^\infty)$가 생성되므로 결과적으로 $\sigma(\mathscr{C}) \supset \mathscr{B}(\mathbb{R}^\infty)$가 성립한다. 따라서 $\sigma(\mathscr{C}) = \mathscr{B}(\mathbb{R}^\infty)$가 성립하는 것이다. 결국 무한차원에서 정의되는 확률측도를 $\sigma(\mathscr{C})$ 위에서 구축해 줄 수 있다.

이상으로 확률과정이 정의되는 무한차원의 σ-체에 대하여 살펴보았다. 유한한 n차원의 경우에서 살펴본 바와 같이 확률변수의 정의상 n차원 확률벡터의 역상은 σ-체의 원소가 되어야만 한다. 마찬가지로 무한차원 확률벡터에 해당하는 확률과정의 경우에도 역시 확률과정이 확률과정과 관련된 σ-체에 대하여 잴 수 있는 함수이어야만 한다. 이제 이하에서 확률과정이 잴 수 있다는 개념에 대하여 살펴보도록 하자.

[그림 6-1]의 (a)를 보면 x통집합의 합집합은 역시 x통집합이 된다는 것을 알 수 있다. 그러나 [그림 6-1]의 (b)를 보면, x통집합과 y통집합의 합집합 및 교집합은 2차원 통집합이 된다. 이로부터 유한차원 $\mathbb{R}^k$의 통집합의 집합체가 체(field)가 되지 않는다는 것을 알 수 있다. 즉, $\mathbb{R}^3$상의 서로 직교하는 세 담장모양의 집합들에 대하여 교집합을 구하면, 그 모양은 크기가 제한된 직육면체 형태를 하고 있어 통집합이 되지 않는다. 이는 유한차원 통집합의 집합은 합집합이나 여집합(이로부터 교집합) 등의 연산에 대하여 닫혀 있지 않다는 것을 의미한다.

6.1.2. 확률과정의 가측성

확률과정은 (s, t)쌍의 함수이므로 결합가측(joint measurable), 즉 '결합적으로 잴 수 있다'고 가정하는 것이 편리할 때가 있다.

정의 2 확률과정의 가측성(measurability of stochastic process)

확률과정 $\{X_t\}$가 다음을 만족할 때 $\{X_t\}$를 잴 수 있다(measurable)고 한다.

모든 보렐집합 $E \in \mathscr{B}(\mathbb{R})$에 대하여, 집합 $\{(s, t);\ X_t(s) \in E\}$가 곱(product) σ-체 $\mathscr{F} \otimes \mathscr{B}([0, \infty))$의 원소가 된다.

[정의 2]는 아래와 같은 사상(mapping)이 $\mathscr{F} \otimes \mathscr{B}$라는 곱 σ-체에 대하여 잴 수 있을 때, 확률과정 $\{X_t\}$가 **'잴 수 있다'**고 함을 의미한다. 이 때 사상은 다음과 같다.

$$(s, t) \to X_t(s):\ (S \times [0, \infty),\ \mathscr{F} \otimes \mathscr{B}([0, \infty))) \to (\mathbb{R},\ \mathscr{B}(\mathbb{R})).$$

이러한 정의는 제4장에서 살펴본 후비니의 정리(Fubini's theorem)에 따른 것이다.[12] 그런데 이렇게 '잴 수 있음'을 정의하는 방식은 시간의 흐름에 따른 정보변화를 적절하게 묘사하는 데에 한계를 지닌다. 이는 원칙적으로 σ-체 $\mathscr{F}$가 모든 t시점에서의 확률변수 X_t에 대하여 전부 동일할 필요가 없기 때문이다.

그렇다고 해도 σ-체를 적절히 제한하여 주면 시간의 흐름에 따른 정보변화를 적절하게 나타낼 수 있다. 특히, 시간에 따른 정보변화를 파악하는 것은 시간상으로 나열된 확률변수열, 즉 시계열(time series)이 시간순으로 배열

12) 후비니의 정리에 의하면, 확률과정의 실현치가 $t \in [0, \infty)$의 보렐가측함수들이며, 확률과정 $\{X_t\}$의 각 원소(즉, 각 시점 t에서의 확률변수)가 확률측도 P에 관하여 기대값을 가지면, 확률과정 자체도 역시 기대값을 가지게 된다. 더욱이 확률과정이 실직선 $\mathbb{R}$에서 값을 가지고, 구간 $[0, \infty)$의 부분구간 I의 거의 모든 점에서$(a.s.)$ $\int_I E|X_t|dt < \infty$가 성립한다면, 거의 모든 점에서 $\int_I |X_t|dt < \infty$와 $\int_I E(X_t)dt = E\left[\int_I X_t dt\right]$가 성립한다.

된 확률과정이라는 점에서 더욱 중요하다. 예컨대, 시계열의 경우 시간이 흐름에 따라 X_t를 관측함으로써 과거에 무슨 일이 발생하였는지에 대한 정보가 점차 증가하게 된다. 따라서 이렇게 정보가 증가하는 상황에 대하여 적절하게 적용할 수 있는 '잴 수 있음' 또는 '가측성' 개념을 도입할 필요가 있다.[13]

다음에서 설명하게 될 여과체(filtration)라는 개념은 바로 이러한 상황에서 적절하게 적용되는 개념이다.[14] 이제 측도공간 $(S, \mathscr{F})$에 대한 여과체를 정의하자. 여과체는 측도공간의 σ-체 $\mathscr{F}$에 대한 부분 σ-체로서, 첨자집합이 증가하면 그에 따라서 증가하는 집합체(따라서 비감소하는 집합체)이다. 즉,

$$\text{모든 } 0 \leq r < t < \infty \text{ 에 대하여 } \mathscr{F}_r \subseteq \mathscr{F}_t \subseteq \mathscr{F} \tag{3}$$

가 성립하는 σ-체들의 집합체(family)를 여과체라고 한다. 이 때 $\mathscr{F}_\infty = \sigma\left(\bigcup_{t \geq 0} \mathscr{F}_t\right)$라고 정의한다.[15] 이러한 여과체라는 개념은 t시점에서의 표본공간에 대한 정보가 모든 $\mathscr{F}$-가측 확률변수의 값으로 구성되어 있음을 의미한다. 간단하게 말하면 $\mathscr{F}_t$가 t시점에서의 정보를 나타내므로, 결과적으로 여과체는 시간이 지남에 따라 정보가 증가하는 상황을 나타내 준다고 하겠다. 즉, $\mathscr{F}_t$는 사건 E가 있을 때, 이러한 사건이 t시점에서 발생하는지 아닌지 여부를 판단할 수 있는 정보를 제공하는 역할을 한다.

그렇다면 확률과정이 주어졌을 때, 주어진 확률과정에 대한 여과체를 어떻게 선택하여야 할 것인가? 가장 간단한 방법은 확률과정 자체에 의하여 생성되는 여과체를 택하는 것이다.[16] 즉,

$$\mathscr{F}_t^X \equiv \sigma(X_\tau;\ 0 \leq \tau \leq t) \tag{4}$$

와 같이 여과체를 택할 수 있다. 이러한 자체적인 여과체 $\mathscr{F}_t^X$는 시점 $\tau \in [0, \infty)$에 대하여 잴 수 있는 확률변수 X_τ와 관련하여 생성된 가장 작은 σ-

---

13) 뿐만 아니라 통상적으로 시계열자료의 분석은 순차적으로 과거 사건을 조건부로 하여 모형이 구축되는 경우가 많다는 점에서 이러한 성질이 요구된다.

14) 본서에서 여과체라는 명칭을 사용한 이유는 다만 filtration이라는 개념이 체(field) 중에서 특정 성질을 지니도록 걸러내 주는 기능을 하기 때문이다.

15) $\mathscr{F}_\infty$는 $\bigcup_{t \geq 0} \mathscr{F}_t$를 포함하는 가장 작은 σ-체이다.

16) 이러한 여과체를 자연여과체(natural filtration)라고 부른다. 이는 확률과정에 관한 여과체 중에서 가장 자연스럽게 고려할 수 있는 여과체 개념이다.

체이다. $A \in \mathscr{F}_t^X$ 라는 표현은 t 시점까지의 확률과정 $\{X_t\}$를 관찰하면 집합 A가 발생하였는지 여부를 알 수 있다는 것을 의미한다.

예 2 동전을 무한번 던지는 확률실험을 생각하자. 이러한 확률실험으로부터 $X_t=1$ 또는 $X_t=0$과 같은 확률변수로 구성된 확률과정 $\{X_t\}$가 생성된다고 하자. 그리고 $\mathscr{F}_n^X \equiv \sigma(X_1, \cdots\cdots, X_n)$을 $X_1, \cdots\cdots, X_n$에 의하여 생성되는 가장 작은 σ-체라고 하자.

이제 동전을 5회 던져서 앞면이 적어도 2회 나타나는 사건을 A라고 하자. 그러면 $t=5$시점에서 사건 A가 발생하였는지 여부는 $A \in \mathscr{F}_5^X$인지 여부를 살펴봄으로써 판단할 수 있다.

반면에 $t=4$시점에서는 사건 A가 발생하였는지 여부가 항상 결정되는 것은 아니다. 즉, 만일 4회까지의 동전던지기에서 결과가 H, T, T, T로 나타났다면, 반드시 한 번 더 동전을 던져 보아야만 사건 A가 발생하는지 여부를 판단할 수 있다. 따라서 $A \notin \mathscr{F}_4^X$이다.

예 3 다시 바로 위의 확률실험을 생각하자. 이제 4회의 동전던지기에서 H, H, T, T와 같은 결과를 얻었다고 하자. 이 경우에 나머지 한 번의 동전던지기를 추가로 시행하지 않더라도 이미 $t=4$시점에서 사건 A가 발생하였다고 말할 수는 있다. 그러나 $A \in \mathscr{F}_5^X$라고 할 수는 없다. 그 이유는 처음 4회의 결과가 어떻게 나타났든지 간에, 4회까지의 던지기를 시행한 이후에 사건 A가 나타났는지 여부를 판단하여야만 하기 때문이다. 즉, 이러한 경우는 공교롭게도 처음 두 번의 시도에서 앞면이 나타났기 때문에 마지막 시도를 할 필요가 없었을 뿐이다. 마지막으로 한 번 더 동전을 던져야 한다.

예 4 다시 예 1을 생각하자. 사건 A를 X_1, X_2, ……에서 뒷면이 100회 이상 나타나지 않고 첫 번째 앞면이 나오는 사건, 사건 B를 적어도 두 번의 앞면이 나타나는 사건, 사건 C를 100번째까지의 던지기에서 모두 동일한 결과가 발생하는 사건, 사건 D를 5회의 던지기까지에서 앞면이 2회, 뒷면이 2회만 나타나는 사건이라고 하자.

그러면 이러한 사건들에 대한 가장 작은 여과체를 찾아보면 다음과 같음을 알 수 있다.

$A \in \mathscr{F}_{101}^X$이지만 $A \notin \mathscr{F}_{100}^X$,
모든 t에 대하여 $B \notin \mathscr{F}_t^X$(던지기를 무한 번 시행해야만 함),
$C \in \mathscr{F}_{100}^X$이지만 $A \notin \mathscr{F}_{99}^X$,
사건 D는 불가능한 사건이므로, 즉 $D=\phi$이다. 그런데 공집합은 당연히 σ-체의 원소가 되므로, 결국 모든 t에 대해서 $D \in \mathscr{F}_t^X$이다.

여과체 $\{\mathscr{F}_t;\ t \geq 0\}$에서 여과체 $\mathscr{F}_{t-}=\sigma\left(\bigcup_{s<t}\mathscr{F}_s\right)$와 $\mathscr{F}_{t+}=\bigcap_{\epsilon>0}\mathscr{F}_{t+\varepsilon}$을 정의하자. 이들 여과체는 각각 $t>0$시점의 바로 직전까지의 사건으로 구성된 σ-체로 정의되는 여과체$\left(\mathscr{F}_{t-}=\sigma\left(\bigcup_{s<t}\mathscr{F}_s\right)\right)$와 $t \geq 0$시점의 바로 직후 사건으로 구성된 σ-체로 정의되는 여과체$\left(\mathscr{F}_{t+}=\bigcap_{\epsilon>0}{}_{t+\varepsilon}\right)$를 의미한다.[17] 이러한 개념과 관련하여 $\mathscr{F}_{0-} \equiv \mathscr{F}_0$, 즉 0시점의 바로 직전까지의 사건으로 구성된 σ-체로 정의되는 여과체는 0시점까지의 사건으로 구성된 σ-체와 같다고 정의하자.

모든 시점 $t \geq 0$에 대하여 여과체 $\mathscr{F}_t$가 바로 직후까지의 여과체 $\mathscr{F}_{t+}$(또는 직전까지의 여과체 $\mathscr{F}_{t-}$)와 같은 경우에, 여과체 $\mathscr{F}_t$가 우방(또는 좌방) 연속(right[or left] continuous)이라 한다. 즉, 이는 $\mathscr{F}_t=\mathscr{F}_{t+}$(또는 $\mathscr{F}_t=\mathscr{F}_{t-}$)가 성립하는 경우를 말한다. 참고로 이러한 개념들은 이산확률과정보다는 연속확률과정을 분석하고자 할 때 유용한 도구들임을 지적하고자 한다.

예 5

확률과정 $\{X_t\}$의 모든 실현치 또는 표본경로가 구간 $[0, \infty)$ 위의 **모든 점에서** 우방연속이고, 구간 $(0, \infty)$ 위에서 유한한 좌방극한을 지닌다고 하자. 그리고 사건 A를 시간구간 $[0, t_0)$ 위에서 확률과정 $\{X_t\}$가 연속이 되는 사건이라고 하자.

그러면 사건 A는 여과체 $\mathscr{F}_{t_0}^x$의 원소가 된다. 즉, $A \in \mathscr{F}_{t_0}^x$가 성립한다.

17) 제1장에서 살펴본 바와 같이 일반적으로 σ-체의 교집합은 σ-체가 되지만 σ-체의 합집합이 σ-체가 되지는 않는다. 따라서 통상적으로 σ-체의 합집합이 σ-체를 구성한다는 가정을 하게 된다. 이렇게 가정하는 이유는 확률과정이 정의되는 사건의 집합체가 σ-체가 되도록 하기 위하여 필요하기 때문이다.

예 6

확률과정 $\{X_t\}$의 모든 표본경로가 구간 $[0, \infty)$ 위의 **거의 모든 점**($a.s.$)**에서** 우방연속이고, 구간 $(0, \infty)$ 위에서 유한한 좌방극한을 지닌다고 하자. 그리고 사건 A를 시간구간 $[0, t_0)$ 위에서 확률과정 $\{X_t\}$가 연속이 되는 사건이라고 하자. 이 때 사건 A가 여과체 $\mathscr{F}_{t_0}^{x}$의 원소가 되지 않는 경우가 존재한다. 그렇지만 여과체 $\{\mathscr{F}_t;\ t\geq 0\}$이 $t\geq 0$에 대해서 $\mathscr{F}_t^X \subseteq \mathscr{F}_t$이고 $\mathscr{F}_{t_0}$가 확률측도 P 하에서 완비성(completeness)[18)]을 지니고 있다면, 사건 A는 여과체 $\mathscr{F}_{t_0}^{x}$의 원소가 된다.

앞서 간략히 언급한 바와 같이 [정의 2]에서 정의된 확률과정의 가측성(잴 수 있음)은 확률과정에 대해 실제로 적용하기에는 번거로운 측면이 있다. 따라서 보다 현실적으로 적용하기 편리한 형태의 가측성 개념을 도입하여야 한다. 새로이 도입될 가측성 개념은 적합성(adaptation)이라고 불리는데, 특히 앞서 살펴본 여과체와 직접적으로 연관되어 있다.

정의 3 확률과정의 적합성

확률과정 $\{X_t\}$가 다음을 만족할 때, $\{X_t\}$를 여과체 $\{\mathscr{F}_t\}$에 적합(adapted)하다고 한다.

모든 시점 $t\geq 0$에 대하여 확률과정 $\{X_t\}$의 각 원소인 각 X_t가 여과체 $\{\mathscr{F}_t\}$의 원소인 σ-체 $\mathscr{F}_t$에 대하여 확률변수가 된다.

[정의 3]에 따르면, 확률과정의 구성원인 각 확률변수 X_t가 각각 σ-체 $\mathscr{F}_t$에 대하여 잴 수 있는 함수가 되는 경우에 확률과정 $\{X_t\}$가 적합하다고 말할 수 있다. 앞서 여과체에서 살펴본 바와 같이, 이는 확률변수 $X_t(s)$가 t 시점에서 이미 알려져 있다는 것을 의미한다.

18) 제5장에서 살펴본 바와 같이, 완비성이란 어떠한 사건에 대해서도 확률측도가 정의될 수 있게 해 주기 위하여 필요한 성질이라고 할 수 있다. 본서에서는 이러한 확률측도의 완비성을 가정하고 있다. 예를 들어, 사건 A_0가 사건 A의 부분집합이라고 하자. 그러면 확률측도의 성질에 의하여 $P(A_0)\leq P(A)$가 성립한다. 따라서 $P(A)=0$이 성립한다면, $P(A_0)=0$이 성립하여야 할 것이다. 그런데 확률측도가 완비되지 않은 경우에는 $P(A)=0$일 때 사건 A_0에 대한 확률측도가 정의되지 않을 수도 있게 된다.

적합성의 정의와 확률과정의 정의를 비교해 보면 적합성이 의미하는 바를 쉽게 이해할 수 있다. 먼저 확률과정 $\{X_t\}$를 구성하는 각 좌표 X_t들이 확률변수라는 점을 상기하자. 매 시점의 각 확률변수는 그 자체로서 하나의 표본공간 및 σ-체 $\mathscr{F}_t$와 연결되어 있다. 그리고 여과체 $\{\mathscr{F}_t\}$는 이들 σ-체가 점차 증가하는 형태를 따르도록 제한된다.

따라서 여과체의 정의에 따르면 바로 앞 시점 $t-1$까지의 정보를 현 시점 t의 σ-체가 포함하게 된다. 결과적으로 각 시점의 확률변수가 점차로 증가하는 σ-체에 대하여 잴 수 있는 함수라고 정의해 주면, 시간이 지나면서 정보가 추가되는 상황을 자연스럽게 묘사해 줄 수 있다. 예컨대, 어떤 시점 t 이전에 발생한 사건은 그 시점 이후의 모든 σ-체 $\mathscr{F}_{t+i}(i>0)$ 안에 포함되어 있으므로 현재 시점에서 과거에 발생한 모든 사건을 알 수 있게 되고, 특정 시점 t 이후에 발생한 사건은 미래 시점의 σ-체에는 포함되지만 그 시점의 과거 시점의 σ-체 $\mathscr{F}_{t-i}(i>0)$에는 포함되지 않기 때문에 현재 시점에서 미래 시점에 발생하게 될 사건을 미리 알 수는 없게 된다. 결국 적합성이라는 개념은 시간의 흐름에 따른 정보의 변화를 보다 현실성 있게 묘사해 주기 위하여 고안된 개념이다.

[정의 3]에 의하면 모든 확률과정은 확률과정 자신에 의하여 생성되는 최소 σ-체에 대하여 적합하다는 것이 명백하다. 확률과정 $\{X_t\}$가 여과체 $\{\mathscr{F}_t\}$에 적합할 때, 만일 다른 확률과정 $\{Y_t\}$가 확률과정 $\{X_t\}$와 서로 확장관계[19]에 있다면(따라서 대략적으로 말해 두 확률과정이 서로 거의 동일하다면) 확률과정 $\{Y_t\}$도 역시 여과체 $\{\mathscr{F}_t\}$에 대하여 적합한 확률과정이 된다. 이때 $\mathscr{F}_0$는 확률측도값이 0이 되는 $\mathscr{F}$의 모든 집합을 포함하고 있어야 한다는 조건을 만족해야 하다.[20]

적합성 개념보다 보다 강한 가측성 개념으로 이를 누진적 가측성(progressive measurability)이 있다.[21]

---

19) 확장관계(modification)라는 개념은 확률과정이 서로 거의 같다는 것을 의미한다. 이에 대해서는 제9장을 참조하기 바란다.

20) 그렇지만 이러한 조건이 $\mathscr{F}_0$가 완비라는 것을 의미하는 것은 아니다. 왜냐하면, 확률측도값이 0인 $\mathscr{F}$상의 집합 중 일부가 완비인 $\mathscr{F}_0$상에는 존재하지 않을 수도 있기 때문이다.

21) 누진적 가측성은, 특히 확률과정의 확률적분과 관련하여 필요한 개념이다. 본서에서는 이에 대해 구체적으로 살펴보지 않도록 한다.

정의 4 **누진적 가측성**

확률과정 $\{X_t\}$가 다음을 만족할 때, $\{X_t\}$를 여과체 $\{\mathscr{F}_t\}$에 대하여 누진적으로 잴 수 있다고 한다.

모든 시점 $t\geq 0$ 및 보렐집합 $E\in\mathscr{B}(\mathbb{R})$에 대하여
집합 $\{(s, t);\ s\in S,\ 0\leq\tau\leq t,\ X_\tau(s)\in E\}$이 곱(product) σ-체
$\mathscr{F}_t\otimes\mathscr{B}([0, \infty))$의 원소가 된다.

[정의 4]에 의하면 모든 $t\geq 0$에 대해, 아래와 같은 사상이 $\mathscr{F}\otimes\mathscr{B}([0, \infty))$라는 곱 σ-체에 대하여 잴 수 있을 때, 확률과정 $\{X_t\}$를 '**누진적으로 잴 수 있다**'고 부를 수 있다.

$$(s,\ t)\rightarrow X_\tau(s):\ (S\times[0,\ t],\ \mathscr{F}_t\otimes\mathscr{B}([0,\ \infty]))\rightarrow(\mathbb{R},\ \mathscr{B}(\mathbb{R})).$$

'누진적으로 잴 수 있다'는 개념은 앞서 살펴본 확률과정의 가측성과 적합성을 모두 지니는 개념이다.

이상과 같이 살펴본 여러 가측성 개념 간에는 어떤 관계가 있을까? 임의의 누진적으로 잴 수 있는 확률과정은 잴 수 있으며, 더불어 적합적이다. 그러나 그 역이 항상 성립하지는 않는다. 그렇지만 확률과정이 잴 수 있고 여과체 $\{\mathscr{F}_t\}$에 적합하다면, 그러한 확률과정에 대하여 서로 간에 확장관계(modification)에 있는 다른 확률과정이 존재하여, 확장관계에 있는 확률과정이 누진적으로 잴 수 있는 확률과정이 된다. 한편, 확률과정 $\{X_t\}$가 여과체 $\{\mathscr{F}_t\}$에 대해 적합하고, 모든 표본경로가 우방연속(또는 좌방연속)이면 확률과정 $\{X_t\}$는 누진적으로 잴 수 있다. 이러한 사실은 대부분의 주요한 연속확률과정이 우방연속 또는 좌방연속인 확률과정이라는 점에서 중요하다. 그렇지만 확률과정 $\{X_t\}$가 여과체 $\{\mathscr{F}_t\}$에 대해 적합하지는 않더라도, 우방연속(또는 좌방연속)이라면 확률과정 $\{X_t\}$는 잴 수 있다.

6.2. 확률과정과 확률측도

앞절에서는 확률과정에 대한 정의와 확률과정이 정의되는 표본공간 및

표본공간에 대한 σ-체, 즉 측도공간 $(\mathbb{R}^{\infty},\ \mathscr{B}(\mathbb{R}^{\infty}))$에 대하여 살펴보았다.[22] 여기에서는 이러한 측도공간 위에서 정의되는 확률측도에 대하여 논의할 것이다.

6.2.1. 개 요

第7장에서 구체적으로 살펴볼 예정이지만, 확률과정 $\{X(\cdot,\ t):\ t\in T\}$의 원소가 되는 확률변수 X_t 간에 존재하는 종속성은 확률벡터의 경우와 유사성을 갖고 있다. 즉, 확률변수 X_t 간의 종속성은 확률과정의 결합확률분포에 의하여 결정된다. 그런데 통상 첨자집합 T가 셀 수 있는 무한개의 원소를 가지고 있으므로, 결과적으로 확률과정의 결합확률분포를 계산하기 위해서는 무한대의 확률변수들의 결합확률분포, 즉 무한차원의 결합확률분포함수를 도입하여야 한다는 문제점이 발생하게 된다.

이러한 문제에 대한 해답을 콜모고로프(Kolmogorov)가 제시하였다. 즉, 확률과정의 확률구조(예컨대, 종속성)를 분석할 때, 확률분포함수가 특정하게 정해진 통상적인 조건들을 만족한다면 무한차원의 결합확률분포함수 자체를 알아야 할 필요가 없다는 사실을 콜모고로프가 증명하였다.[23] 이러한 콜모고로프의 결과에 의하여 오로지 유한차원의 결합분포함수만을 가지고도 확률과정의 확률적 구조를 묘사할 수 있다. 이에 대한 증명은 뒤에서 하도록 하고, 우선 간략하게 결과만을 요약해서 제시하면 다음과 같다.

첨자집합 T의 유한한 부분집합$(t_1<t_2<\cdots\cdots<t_n)$이 있다 하자. 이 때 부분첨자집합에 대해서 결합확률분포는

$$
\begin{aligned}
&F(X_{t_1},\ X_{t_2},\ \cdots\cdots,\ X_{t_n})\\
&\quad =P(X_{t_1}\le x_1,\ X_{t_2}\le x_2,\ \cdots\cdots,\ X_{t_n}\le x_n)
\end{aligned}
$$

과 같이 정의된다. 이제 위와 같이 정의한 결합확률분포함수가 아래의 통상적인 두 가지 조건[24]을 만족한다고 하자. 즉,

---

22) 본서에서는 첨자집합 T를 셀 수 있는 무한집합, 즉 $\mathbb{N}$이라고 간주한다. 따라서 이 장에서 논의할 측도공간은 $(\mathbb{R}^{\infty},\ \mathscr{B}(\mathbb{R}^{\infty}))$가 될 것이다. 여기서 유의할 점은 무한대 ∞가 '셀 수 있는' 무한대라는 점이다.

23) 이를 콜모고로프의 일관성 정리(consistency theorem)라고 부른다.

24) 이러한 조건을 일관성(consistency) 조건이라고 부른다. 이에 대해서는 다음 항에서 좀 더 자세하게 살펴볼 것이다.

(i) 분포함수에 대해 첨자의 순서를 바꾸어도 분포가 변하지 않아야 한다. 즉, 변수의 순서와 관련하여 대칭성이 성립하여야 한다. 결과적으로 이는 확률분포에 대하여 다음이 성립해야 함을 의미한다.

$$F(X_{t_1},\ X_{t_2},\ \cdots\cdots,\ X_{t_n}) = F(X_{t_{j_1}},\ X_{t_{j_2}},\ \cdots\cdots,\ X_{t_{j_n}}).$$

(ii) 결합분포함수의 확률변수가 무한대의 값을 가질 때[25] $\lim_{x_i \to \infty} F(X)$, 즉 극한값을 취하였을 때 그 결과가 무한대인 확률변수를 뺀 나머지 확률변수들의 결합확률분포함수와 같아져야 한다. 이는 고차원 공간의 확률분포함수로부터 이와 같은 한계화를 통하여 저차원 공간의 확률분포함수를 도출할 수 있다는 것을 의미한다. 그리고 이러한 성질은 확률분포함수에 대하여 다음과 같이 나타낼 수 있다.

$$\lim_{x_{t_n} \to \infty} F(X_{t_1},\ X_{t_2},\ \cdots\cdots,\ X_{t_{n-1}},\ X_{t_n}) = F(X_{t_1},\ X_{t_2},\ \cdots\cdots,\ X_{t_{n-1}}).$$

유한차원 확률분포함수가 이러한 두 조건을 만족하면 이러한 유한차원 결합확률분포함수를 가지는 확률과정 $\{X_t\}$가 존재하게 된다. 즉, 이는 무한차원 확률과정의 확률적 구조가 유한차원의 결합분포에 의하여 묘사될 수 있음을 의미한다.[26] 이것이 바로 확률과정에 대한 속성을 논의할 때, 무한차원의 결합확률분포함수를 사용하지 않고, 유한차원의 결합확률분포함수를 이용하게 해 주는 근거이다. 확률과정의 이러한 특성이 중요한 또 다른 이유는 통상적으로 확률과정의 실현값이 무한한 것이 아니라 유한하다는 점이다. 즉, 실현값(realization)은 모집단에 대한 표본 개념으로 볼 수 있는데, 유한한 개수의 표본(즉, 실현값 또는 표본경로)을 통해서 모집단인 확률과정에 대한 논의를 진행할 수 있다는 점에서 실용성이 크기 때문이다.[27]

25) 이를 한계화(marginalization)라고 한다.

26) 그렇지만 유한차원 분포함수가 확률과정의 모든 속성을 완전하게 결정하는 것은 아니다. 예컨대, 포아송과정을 생각하자. 포아송과정은 표본경로가 계단함수의 형태를 취한다. 그런데 포아송과정이 지니는 유한차원 확률분포함수와 동일한 유한차원 분포함수를 가지면서도 표본경로가 계단함수의 형태를 취하지 않는 포아송과정이 아닌 확률과정을 만들 수 있다. 따라서 유한차원 분포함수만으로는 확률과정의 모든 속성이 결정되지는 않는다.

27) 이 밖에도 핵심적인 사항은 아니지만, 확률과정의 수학적 속성을 이해하는 데에 앞서 살펴보았던 확률벡터의 수학적 구조를 그대로 원용할 수 있게 된다는 이점을 생각할 수 있다.

이상과 같이 무한차원의 확률과정을 유한차원의 결합분포에 의해서 설명할 수 있음을 살펴보았는데, 결국 이러한 결과는 단 한 개의 실현값(표본)만을 관측할 수 있다는 현실을 감안하여, 아주 최소한의 정보를 통하여 모집단을 설명하고자 하는 시도를 통해서 도출된 것이라 할 수 있다.

6.2.2. 확률과정에 대한 확률측도

이상으로부터 확률과정이 논의되는 표본공간과 그로부터 생성되는 σ-체, 즉 측도공간이 바로 $(\mathbb{R}^\infty, \mathscr{B}(\mathbb{R}^\infty))$임을 살펴보았다. 제2장에서 분포함수를 이용하면 확률변수의 확률적 속성을 그대로 유지하면서도 수학적으로 편리성을 도모할 수 있음에 대해 살펴보았다. 이러한 점은 확률과정의 경우에도 동일하게 적용된다. 따라서 확률과정의 분포함수에 대하여 살펴보는 것이 필요하다. 그런데 확률과정의 분포함수를 논의하기 위해서는 확률과정이 정의되는 측도공간 위에서 정의되는 확률측도가 무엇인지에 대하여 살펴볼 필요가 있다. 즉, 확률과정에 대해 확률측도가 존재하여야 분포함수에 대해 논의할 수 있다. 따라서 이하에서는 측도공간 $(\mathbb{R}^\infty, \mathscr{B}(\mathbb{R}^\infty))$ 위에서 정의되는 확률측도에 대하여 살펴보도록 하자. 이러한 확률측도를 찾아 내는 것은 바로 무한차원 $\mathbb{R}^\infty$공간에서 정의되는 확률변수의 분포를 찾아 내는 것과 동일한 것이다.

이제 첨자가 무한차원인 확률과정의 분포를 어떻게 정의할 것인가를 생각해 보자. 앞서 간략하게 언급한 바와 같이, 확률과정에 대한 결합분포가 현실적으로 유용성을 지니기 위해서는 유한차원과 관련된 결과가 도출되어야 한다. 이는 현실적으로 확률과정에 대하여 얻을 수 있는 정보가 단지 유한한 표본뿐이므로, 결과적으로 유한차원을 통하여 무한차원에 대하여 살펴보는 방식을 따를 수밖에 없기 때문이다. 결국 유한차원의 좌표들에 확률을 부여해 주는 방법을 발견하는 것이 중요하다.

이제 측도공간 $(\mathbb{R}^\infty, \mathscr{B}(\mathbb{R}^\infty))$ 위에서 정의되는 확률측도를 어떻게 구축할 것인가에 대하여 구체적으로 살펴보도록 하자. 이를 위해서 먼저 집합체 $\mathscr{C}$의 원소들에 확률을 부여하는 작업을 먼저 생각하여야 한다.

확률변수와 관련된 확률적 속성은 통상적으로 확률분포함수로 묘사될 수 있음은 주지하는 바와 같다. 확률과정 $\{X_t\}$의 n차원의 확률벡터 $(X_1, X_2, \cdots\cdots, X_n)$은 보렐집합 $E \in \mathscr{B}(\mathbb{R}^n)$에 대하여,

$$F_{t_1\cdots\cdots t_n}(E)=P[(X_{t_1},\ X_{t_2},\ \cdots\cdots,\ X_{t_n})\in E]$$

가 성립하는 확률분포함수를 가지게 된다. 즉, 주어진 사건 E에 대한 집합함수인 확률측도를 점함수(point function)로 전환해 주어 결과적으로 사건 E에 대한 확률측도값이 확률분포값과 일치하는 확률분포가 존재한다.

이러한 확률분포 $F_{t_1\cdots\cdots t_n}(\cdot)$는 확률과정 $\{X_t\}$의 유한차원 분포함수이다. 그런데 이러한 유한차원 분포함수는 다음과 같은 두 가지 일관성(consistency)을 만족해야 한다.

먼저 좌표를 변환해 주는 다음과 같은 치환(permutation)을 생각하자.

$$H=\begin{pmatrix}1 & 2 & \cdots\cdots & n\\ i_1 & i_2 & \cdots\cdots & i_n\end{pmatrix}.$$

그리고 이러한 치환에 의하여 곱공간의 좌표순서를 바꾸어 보자. 곱공간상의 한 집합 $A=A_1\times\cdots\cdots\times A_n(A_i\in\mathscr{B}(\mathbb{R}))$을 치환 H에 의하여 좌표변환하면 집합 $A'=A_{i_1}\times\cdots\cdots\times A_{i_n}$을 얻게 된다.

어찌되었든 간에 두 사건 A와 A'은 동일한 사건을 나타내므로, 결과적으로 좌표순서를 바꾸어도 확률구조가 근본적으로 바뀌지 않아야 할 것이다. 즉, 집합 $(X_{t_1},\ X_{t_2},\ \cdots\cdots,\ X_{t_n})\in(A_1\times\cdots\cdots\times A_n)$과 이에 대해 단지 좌표순서만이 바뀐 집합 $(X_{t_{i_1}},\ X_{t_{i_2}},\ \cdots\cdots,\ X_{t_{i_n}})\in(A_{i_1}\times\cdots\cdots\times A_{i_n})$은 확률공간상에서 동일한 사건을 나타낸다. 따라서 이들 집합의 확률측도를 계산하면,

$$F_{t_1\cdots\cdots t_n}(A_1\times\cdots\cdots\times A_n)=F_{t_{i_1}\cdots\cdots t_{i_n}}(A_{i_1}\times\cdots\cdots\times A_{i_n})\tag{5}$$

이라는 관계가 성립하여야 한다. 이것이 확률분포함수가 만족해야 하는 첫 번째 일관성이다.

둘째, 확률벡터 $(X_1,\ X_2,\ \cdots\cdots,\ X_{n-1})$이 $A_1\times\cdots\cdots\times A_{n-1}$의 원소가 된다는 것은 확률벡터 $(X_1,\ X_2,\ \cdots\cdots,\ X_{n-1},\ X_n)$이 $A_1\times\cdots\cdots\times A_{n-1}\times\mathbb{R}$의 원소가 된다는 것과 동일한 것이다. 따라서 동일한 사건에 대해서 같은 확률측도가 부여되고, 확률측도는 확률분포로 나타낼 수 있으므로, 결국 이는

$$F_{t_1\cdots\cdots t_{n-1}}(A_1\times\cdots\cdots\times A_{n-1})=F_{t_1\cdots\cdots t_{n-1}t_n}(A_1\times\cdots\cdots\times A_{n-1}\times\mathbb{R})\tag{6}$$

가 성립하여야 한다는 것을 의미한다. 이것이 확률분포함수가 만족해야 하는 두 번째 일관성이다. 두 번째 일관성은 낮은 차원의 확률분포함수를 높은 차원의 확률분포함수로부터 도출할 수 있다는 것을 의미한다.[28)]

이러한 두 가지 성질은 확률분포함수가 확률공간에 대하여 일관성 있게 만족하여야 할 속성이다. 이러한 점에서 이러한 두 가지 성질을 일관성이라고 부르는 것이다.

두 번째 일관성을 보다 넓게 보면

$$F_{t_1 \cdots\cdots t_k}(A_1 \times \cdots\cdots \times A_k) = F_{t_1 \cdots\cdots t_n}(A_1 \times \cdots\cdots \times A_k \times \mathbb{R}^{(n-k)}) \tag{7}$$

라는 식이 성립하여야 한다는 것을 알 수 있다. 이는 확률벡터 $(X_1, X_2, \cdots\cdots, X_k)$가 $A_1 \times \cdots\cdots \times A_k$의 원소가 된다는 것이 확률벡터 $(X_1, X_2, \cdots\cdots, X_n)$이 $A_1 \times \cdots\cdots \times A_k \times \mathbb{R}^{n-k}$의 원소가 되는 것과 동일한 것이기 때문에 성립하여야 하는 성질이다.

그런데 사영함수 π_k: $\mathbb{R}^n \to \mathbb{R}^k$, 즉 $\pi_k[(X_1, X_2, \cdots\cdots, X_n)] = (X_1, \cdots\cdots, X_k)$를 이용하게 되면, n차원 벡터를 보다 작은 차원인 $k(k<n)$차원 벡터에 사상해 주는 함수로 나타낼 수 있다. 따라서 식 (7)을 다음과 같이 표현해 줄 수 있다. $E \in \mathscr{B}(\mathbb{R}^k)$에 대해서,

$$F_{t_1 \cdots\cdots t_k}(E) = F_{t_1 \cdots\cdots t_n}(\pi_k^{-1}(E)). \tag{8}$$

한편, $(r_1, r_2, \cdots\cdots, r_m)$을 첨자집합의 서로 다른 m개의 원소로 구성된 첨자모임이라고 하고, $(t_1, t_2, \cdots\cdots, t_k)$를 $(r_1, r_2, \cdots\cdots, r_m)$의 원소로 구성된 첨자모임이라고 하자. 그러면 $(t_1, t_2, \cdots\cdots, t_k)$는 $(r_1, r_2, \cdots\cdots, r_m)$을 치환하여 재구성한 어떤 첨자모임 $(t_1, t_2, \cdots\cdots, t_k, t_{k+1}, \cdots\cdots, t_m)$에 대한 부분첨자모임이 된다. 이는 m개 첨자를 먼저 치환한 후에, 이에 대해 다시 첫 k개의 좌표로 사영하여 주면 위와 같은 부분첨자집합을 도출할 수 있기 때문에 성립한다.

확률분포함수가 지니는 이러한 일관성 조건은

$$\begin{aligned} &F_{X_{i_1} X_{i_2} \cdots\cdots X_{i_n}}(a_{i_1}, a_{i_2}, \cdots\cdots, a_{i_n}) = F_{X_1 X_2 \cdots\cdots X_n}(a_1, a_2, \cdots\cdots, a_n), \\ &F_{X_1 X_2 \cdots\cdots X_k}(a_1, a_2, \cdots\cdots, a_k) \end{aligned} \tag{9}$$

28) 이것이 바로 한계화가 지니는 의미라고 할 수 있다.

$$=F_{X_1X_2\cdots\cdots X_n}(a_1,\ a_2,\ \cdots\cdots,\ a_k,\ +\infty,\ \cdots\cdots,\ +\infty) \tag{10}$$

와 같이 달리 나타내 줄 수 있다.

확률과정의 유한차원 벡터에 대한 확률분포함수는 두 가지 일관성을 만족해야 한다. 그렇다면 역으로 '어떤 확률측도가 존재하여 그 측도가 두 가지 일관성 조건을 만족하고 있을 때, **일관성을 만족하는 이러한 유한확률분포함수를 가지는 무한차원 확률과정 $\{X_t\}$가 존재할 것인가?**'라는 문제에 대하여 생각해 보자. 콜모고로프의 일관성 정리는 바로 이러한 문제에 대한 해답이 된다. 즉, 일관성 정리는 그러한 확률과정이 존재한다는 것을 보장해 주는 정리이다. 이러한 정리를 기초로 무한차원 확률과정에 대한 확률측도를 유한차원의 확률측도로 대체하여 활용할 수 있다.

확률과정은 $(S,\ \mathscr{F},\ P)$와 같은 확률공간(표본공간, σ-체, 확률측도) 위에서 정의되는데, 이러한 점을 감안하여 일관성 정리를 제시하면 다음과 같다.[29)]

• 정리 1 •

일관성 정리

확률분포 $F_{t_1t_2\cdots\cdots t_n}$이 일관성 조건을 만족한다고 하자. 그러면 확률공간 $(S,\ \mathscr{F},\ P)$ 위에 확률분포 $F_{t_1t_2\cdots\cdots t_n}$을 확률과정의 유한차원 확률분포로 갖는 무한차원 확률과정 $\{X_t\}_{\mathbb{N}}$이 존재한다.

[정리 1]은 표본공간과 그에 대한 σ-체 위에서 정의되는 확률과정을 생각하는 방식이다. 그런데 사실상 연속확률변수의 경우에는 표본공간을 굳이 강조할 필요가 없으며, 단지 확률변수의 치역상의 집합, 즉 보렐집합에 대하여 생각하는 것이 보다 편리하다. 이러한 관점에서 [정리 1]과 동치인 다음과 같은 일관성 정리가 존재한다.[30)]

29) 여기서 제시된 일관성 정리는 셀 수 있는 무한개의 좌표로 구성된 확률과정에 대한 것인데, 사실상 셀 수 없는 무한개의 좌표로 구성된 확률과정에 대해서도 위의 정리가 마찬가지로 성립한다. 이렇게 첨자집합 T를 셀 수 있는 집합에 한정하여 살펴본 이유는 현실적으로 경제현상을 설명하기 위해 고려되는 확률과정은 셀 수 있는 무한개의 좌표를 가지는 확률과정이기 때문이다. 따라서 본서에서는 셀 수 있는 경우에 한정하여 논의하도록 한다.

30) 측도공간은 (표본공간, σ-체) 순서쌍으로 정의된다. 측도공간의 표본공간을 확률변수

이하에서는 두 번째 유형의 일관성 정리를 증명할 것이지만 어느 형태의 정리를 증명하여도 결과적으로 다른 한 쪽의 정리가 증명되는 것이다.[31)]

• 정리 1′ •

일관성 정리

확률분포 $F_{t_1 t_2 \cdots\cdots t_n}$이 일관성 조건을 만족한다고 하자. 그러면 $\mathbb{R}^\infty$ 위에서 정의되는 확률측도 P가 존재하고, 이러한 확률측도에 대하여 확률공간 $(\mathbb{R}^\infty, \mathscr{B}(\mathbb{R}^\infty), P)$ 위에서 정의되는 확률과정 $\{X_t\}_\mathbb{N}$이 존재하여, 이에 대한 유한차원 벡터 $(X_1, \cdots\cdots, X_n)$이 확률분포 $F_{t_1 t_2 \cdots\cdots t_n}$을 유한차원 분포함수로 한다.

증명

주어진 확률분포함수 $F_{t_1 t_2 \cdots\cdots t_n}$이 2가지 일관성 조건을 만족한다고 하자. 확률분포함수는 $\mathbb{R}^n$의 모든 보렐집합의 확률측도 $P_{t_1 t_2 \cdots\cdots t_n}$을 유일하게 정의해 준다는 것을 상기하면, $\mathbb{R}^n$ 위의 보렐집합과 보렐 통집합에 국한하여 논의를 진행할 수 있다.

모든 정수 $n \in \mathbb{N}$에 대하여, $\pi_{t_1 t_2 \cdots\cdots t_n}$: $\mathbb{R}^\infty \to \mathbb{R}^n$과 같은 사영함수를 생각하자. 즉, $\pi_{t_1 t_2 \cdots\cdots t_n}(\{X_t\}) = (X_{t_1}, \cdots\cdots, X_{t_n})$이다.

$A = \pi^{-1}_{t_1 t_2 \cdots\cdots t_n}(A')$과 같은 모든 통집합에 대하여 그 확률측도를 다음과 같이 정의하자.

$$P(A) = P_{t_1 t_2 \cdots\cdots t_n}(A'). \tag{11}$$

여기서 $A' \in \mathbb{R}^n$에 대해 $A \in (A' \times \mathbb{R} \times \mathbb{R} \times \cdots\cdots)(\subset \mathbb{R}^\infty)$이다.

① **이상과 같이 정의된 확률측도 $P(\cdot)$가 잘 정의(well defined)되어 있는지 확인하자.**

의 치역(실직선)으로 하고, 사건의 σ-체를 보렐체($\mathscr{B}$)로 하는 측도공간을 상태공간이라고 한다. [정리 1]′은 상태공간에 초점을 맞춘 일관성 정리이다.

31) [정리 1]′이 성립하면 [정리 1]이 성립한다는 것은 명백하다. 반대로 [정리 1]이 성립할 때 [정리 1]′이 성립한다는 점도 알려져 있다.

확률측도 P가 잘 정의되어 있는지를 확인해야 하는 이유는 여러 개의 집합 A'에 의하여 하나의 통집합 A가 정의될 수 있기 때문이다. 확률측도가 잘 정의된다는 것을 보여 주는 것은 식 (11)과 같이 설정되는 확률측도가 항상 동일한 확률값 $P(A)$를 도출하게 된다는 것을 보여 주는 것으로 충분하다.

$(X_{t1}, X_{t2}, \cdots\cdots, X_{tn})$을 확률변수 X_t들의 유한차원 확률벡터라고 하자. 그러면 가정에 의해 확률변수들의 확률측도 $P_{t_1 t_2 \cdots\cdots t_n}$이 일관성 조건을 만족하므로 임의의 $k \leq n$에 대하여, 유한차원 벡터 $(X_{t_{i_1}}, X_{t_{i_2}}, \cdots\cdots, X_{t_{i_k}})$에 대한 확률측도 $P_{t_1 t_2 \cdots\cdots t_n}$을 일관성 있게 정의해 줄 수 있다.

두 집합 E'과 E''에 대하여 통집합 $E = \pi^{-1}_{t_{i_1} t_{i_2} \cdots\cdots t_{i_k}}(E')$과 통집합 $E = \pi^{-1}_{t_{j_1} t_{j_2} \cdots\cdots t_{j_n}}(E'')$을 생각하자. 여기서 모든 좌표(확률변수)들 X_{t_i}와 X_{t_j}는 $(X_{t1}, X_{t2}, \cdots\cdots, X_{tn})$을 구성하는 확률변수 중의 하나이고, $E \in \mathbb{R}^n$, $E' \in \mathbb{R}^k$, $E'' \in \mathbb{R}^m$이다.

그러면 $(X_{t_{i_1}}, X_{t_{i_2}}, \cdots\cdots, X_{t_{i_k}}) \subset E'$와 $(X_{t_{j_1}}, X_{t_{j_2}}, \cdots\cdots, X_{t_{j_n}}) \subset E''$라는 사건은 동일한 통집합 E에 대응되므로 동일한 사건이다. 다시 말해, 사건 E'이나 사건 E''이 발생하는 것은 둘다 통집합 E가 발생하는 것을 의미한다. 따라서 일관성 조건에 의하여

$$
\begin{aligned}
P_{t_{i_1} t_{i_2} \cdots\cdots t_{i_k}}(E') &= P_{t_1 t_2 \cdots\cdots t_n}(\pi^{-1}_{t_{i_1} t_{i_2} \cdots\cdots t_{i_k}}(E')) \\
&= P_{t_1 t_2 \cdots\cdots t_n}(E) \\
&= P_{t_1 t_2 \cdots\cdots t_n}(\pi^{-1}_{t_{j_1} t_{j_2} \cdots\cdots t_{j_m}}(E'')) \\
&= P_{t_{j_1} t_{j_2} \cdots\cdots t_{j_m}}(E'')
\end{aligned}
$$

이 성립한다. 즉, $P_{t_{i_1} t_{i_2} \cdots\cdots t_{i_k}}(E') = P_{t_{j_1} t_{j_2} \cdots\cdots t_{j_m}}(E'')$이 성립한다. 이는 동일한 사건에 대해서는 항상 동일한 확률이 부여된다는 것을 의미하고 있다. 따라서 확률측도 $P(A)$가 유일하게 잘 정의된다.

② **확률측도 $P(\cdot)$가 유한가법성(finite additivity)을 만족한다는 것을 보이도록 하자.**

$A=\pi^{-1}_{t_{i_1}t_{i_2}\cdots\cdots t_{i_k}}(A')$과 $B=\pi^{-1}_{t_{j_1}t_{j_2}\cdots\cdots t_{j_m}}(B')$이라는 두 통집합을 생각하자. 그리고 $(X_{t_{i_1}}, X_{t_{i_2}}, \cdots\cdots, X_{t_{i_k}})\subset A'$과 $(X_{t_{j_1}}, X_{t_{j_2}}, \cdots\cdots, X_{t_{j_m}})\subset B'$인 X_{ti}들과 X_{tj}들이 모두 $(X_{t_1}, X_{t_2}, \cdots\cdots, X_{t_n})$을 구성하는 변수 중의 하나라고 하자. 이 때 $A\in\mathbb{R}^n$인 집합 A와 $B\in\mathbb{R}^n$인 집합 B가 서로 소(disjoint)라면, $A'\in\mathbb{R}^k$인 집합 $(X_{i_1}, X_{t_2}, \cdots\cdots, X_{i_k})\subset A'$과 $B'\in\mathbb{R}^m$인 집합 $(X_{t_{j_1}}, X_{t_{j_2}}, \cdots\cdots, X_{t_{j_m}})\subset B'$은 서로 소가 된다.

따라서 서로 소인 두 집합에 대한 확률측도는

$$\begin{aligned}P(A\cup B)&=P_{t_1t_2\cdots\cdots t_n}(A'\cup B')\\&=P_{t_1t_2\cdots\cdots t_n}(A')+P_{t_1t_2\cdots\cdots t_n}(B')\\&=P(A)+P(B).\end{aligned}$$

따라서 확률측도 $P(\cdot)$는 유한가법성을 충족한다.

③ **확률측도 $P(\cdot)$가 가산가법성**(countable additivity)**을 만족한다는 것을 보이도록 하자.**

확률측도가 가산가법성을 충족시킨다는 것을 보여 주기 위하여 주어진 확률측도 P가 [보론]에서 제시된 [보조정리 A1]을 만족한다는 것을 증명하도록 하자. 즉, 확률측도 P가 유한가법성을 지니고 있으므로 P가 연속성을 지내고 있음을 보이자.

먼저 측도 P가 연속적(continuous)이라는 것은 집합 $A(\in\mathscr{F})$에 수렴하는 집합들의 수열 $A_i(\in\mathscr{F})(i=1, 2, \cdots\cdots)$에 대하여 $\lim_{i\to\infty}P(A_i)=P(A)$가 성립하는 것을 말한다. 그런데 증가하는 집합의 수열이 있을 때, 각 집합의 여집합의 수열은 감소하는 수열이 되고 여집합의 확률측도를 $1-P(A^c)$와 같이 구할 수 있으므로, 증가하는 수열이나 감소하는 수열 중 하나의 경우에 대하여 연속성을 보이면 충분하다. 이제 집합들의 수열 $\{A_i\}$이 감소하는 수열이라고 하자. 그러면 $i=1, 2, \cdots\cdots$에 대해서 $B_i=A_i-A$와 같은 수열은 공집합 ϕ에 수렴한다. 따라서 $i=1, 2, \cdots\cdots$에 대해서 일반적으로 감소하는 수열 A_i가 ϕ에 수렴한다고 가정해도 일반성을 잃지 않는다. 그러므로 $\lim_{i\to\infty}A_i=\phi$라 가정하면, 확률측도가 연속성을 지닌다는 것은 $\lim_{i\to\infty}P(A_i)=P(\phi)=0$이 성립한다는 것을 의미한다.

따라서 감소하는 집합들의 수열 $A_1 \supset A_2 \supset \cdots\cdots \supset A_n \supset \cdots\cdots$에 대하여 $\bigcap_{i=1}^{\infty} A_i = \phi$일 때 $\lim_{i \to \infty} P(A_i) = 0$이 성립함을 보이면, 주어진 확률측도가 [보조정리 A1]에 의하여 가산가법성을 지니고 있음을 보여 준 것과 같다.

확률측도 P가 연속이라는 것을 증명하기 위하여 귀류법을 사용하자. 즉, $\bigcap_{i=1}^{\infty} A_i = \phi$이면 $\lim_{i \to \infty} P(A_i) = 0$을 보여 주기 위해 이의 대우명제, 즉 $\lim_{i \to \infty} P(A_i) \neq 0$이면 $\bigcap_{i=1}^{\infty} A_i \neq \phi$가 성립한다는 것을 보여 주도록 하자. 이제 $\lim_{i \to \infty} P(A_i) = \delta(>0)$과 같은 조건을 만족하는 통집합의 감소수열 $A_1 \supset A_2 \supset \cdots\cdots \supset A_n \supset \cdots\cdots$이 있다고 하자. 이 때 모든 A_i 집합들의 곱$\left(\bigcap_{i=1}^{\infty} A_i\right)$이 공집합이 아니라는 것을 보여 주면 된다.

첫째, $(X_{t_1}, X_{t_2}, \cdots\cdots, X_{t_n}, \cdots\cdots)$ 가운데에서 편의상 $(X_{t_1}, X_{t_2}, \cdots\cdots, X_{t_n})$으로 사영하는 함수를 생각하자.[32] 즉, $(X_{t_1}, X_{t_2}, \cdots\cdots, X_{t_n})$이라는 사건만이 발생하는 경우를 생각해 보자. 이러한 집합을 $A_n = \pi^{-1}_{t_1 t_2 \cdots\cdots t_n}(B_n)$이라 나타내자. 여기서 $A_n \in \mathbb{R}^{\infty}$, $B_n \in \mathbb{R}^n$이다. 그러면 일관성 가정에 따라서 $P_{t1 t_2 \cdots\cdots t_n}(B_n) = P(A_n) \geq L > 0$이 성립한다.

한편, 각 집합 B_n이 유계되어 있고 확률측도 $P_{t_1 t_2 \cdots\cdots t_n}(\cdot)$가 유한측도이므로, [보조정리 A2]를 적용하면,

$$P_{t_1 t_2 \cdots\cdots t_n}(B_n - C_n) \leq \frac{\varepsilon}{2^n} \tag{12}$$

을 만족하는 닫힌유계집합(compact set) $C_n(\subset \mathbb{R}^n)$을 찾아 낼 수 있다. 그리고 부등식 (12)로부터 $C_n(\subset \mathbb{R}^n)$의 역상이 되는 통집합 $D_n = \pi^{-1}_{t_1 t_2 \cdots\cdots t_n}(C_n)$에 대하여

$$P(A_n - D_n) \leq \frac{\varepsilon}{2^n} \tag{13}$$

이 성립한다. 여기서 $D_n(\subset \mathbb{R}^{\infty})$이다.

32) 물론 반드시 처음 n개의 좌표만을 대상으로 할 필요는 없다. 왜냐하면, 보다 일반적인 n개의 좌표를 대상으로 해도 이에 대한 치환을 시행하게 되면 처음 n개 좌표로 전환해 줄 수 있기 때문이다.

둘째, 이제 $D_i(\subset\mathbb{R}^\infty)$들의 교집합 $G_n=\bigcap_{i=1}^{n}D_i$를 생각하고, $\delta=2\varepsilon$이 되는 양의 실수를 선택하자. 그러면 D_n은 A_n의 부분집합이고, G_n은 감소하는 D_n들의 공통집합(교집합)이므로, 결국 $G_n\subset D_n\subset A_n$이라는 관계가 성립한다.

따라서 부등식 (13)으로부터, $P(A_n-G_n)<\varepsilon$이 성립한다는 것을 알 수 있다.[33] 이러한 결과로부터

$$P(G_n)\geq P(A_n)-\varepsilon\geq(\delta-\varepsilon)=(2\varepsilon-\varepsilon)=\varepsilon \tag{14}$$

이 성립하게 되므로 $P(G_n)>0$이 성립한다는 결과를 얻게 된다.[34] 그러므로 확률측도값이 0이 아닌 $G_n(\subset\mathbb{R}^\infty)$은 공집합이 아니다. 이러한 결과는 모든 n에 대하여 성립한다.

셋째, 이제 본격적으로 $\bigcap_{i=1}^{\infty}A_i$가 공집합이 아니라는 것을 보이도록 하자. 즉, $\bigcap_{i=1}^{\infty}A_i$의 원소가 되는 집합 A가 존재한다는 사실을 보이도록 하자.

집합 $G_n(\subset\mathbb{R}^\infty)$으로부터 각 좌표가 $X_t^{(n)}$인 $Y^{(n)}$을 선택하자. 즉, $Y^{(n)}=(X_1^{(n)},\ X_2^{(n)},\ \cdots\cdots)\in G_n(G_n\subset\mathbb{R}^\infty)$이다.

그런데 n 이후의 첨자, 즉 모든 $r=1,\ 2,\ \cdots\cdots$에 대해 $D_n\supset D_{n+r}$가 성립하므로, G_{n+r}의 원소인 $Y^{(n+r)}$는 집합 D_n의 원소가 된다. 즉, $Y^{(n+r)}\in D_n(D_n\subset\mathbb{R}^\infty)$이다.

따라서 $Y^{(n+r)}$가 D_n에 속하므로, $Y^{(n+r)}$를 사영한 집합, 즉 $\pi_{t_1t_2\cdots\cdots t_n}(Y^{(n+r)})$는 C_n에 속하게 된다. 그러므로

---

33) $$\begin{aligned}P(A_n-G_n)&=P(A_n\cap G_n^c)=P\left(A_n\cap\left(\bigcap_{i=1}^{n}D_i\right)^c\right)\\&=P\left[A_n\cap\left(\bigcup_{i=1}^{n}D_i^c\right)\right]=P[(A_n\cap D_1^c)\cup(A_n\cap D_2^c)\cup\cdots\cdots(A_n\cap D_n^c)]\\&=P[(A_n-D_1)\cup(A_n-D_2)\cup\cdots\cdots\cup(A_n-D_n)]\\&\leq\sum_{i=1}^{n}P(A_n-D_i)\leq\sum_{i=1}^{n}P(A_i-D_i)<\varepsilon\left(\frac{1}{2}+\frac{1}{2^2}+\cdots\cdots+\frac{1}{2^n}\right)\\&<\varepsilon\ \ (\because A_1\supset A_2\supset\cdots\cdots\supset A_n).\end{aligned}$$

34) $$\begin{aligned}P(A_n-G_n)&=P(A_n\cap G_n^c)=1-P[(A_n\cap G_n^c)^c]\\&=1-P[A_n^c\cup G_n]\geq1-[(P(A_n^c)+P(G_n)]\\&=1-[1-P(A_n)+P(G_n)]\\&=P(A_n)-P(G_n).\end{aligned}$$

즉, $\varepsilon\geq P(A_n-G_n)\geq P(A_n)-P(G_n)$이다. 따라서 $\varepsilon\geq P(A_n)-P(G_n)$이므로, 결국 $P(G_n)\geq-\varepsilon+P(A_n)$. 그리고 $A_n\supset\lim_{i\to\infty}A_i$이므로 $P(A_n)\geq\lim_{i\to\infty}P(A_i)=\delta$가 성립한다.

$$(X_{t_1}^{(n+r)},\ X_{t_2}^{(n+r)},\ \cdots\cdots,\ X_{t_n}^{(n+r)}) = \pi_{t_1 t_2 \cdots\cdots t_n}(Y^{(n+r)}) \subset C_n (C_n \subset \mathbb{R}^n)$$

이 성립한다.

그런데 모든 n에 대하여 집합 C_n이 각각 유계되어 있고 확률측도가 유한측도(finite measure)이기 때문에, [보조정리 A3]을 적용할 수 있다. 즉, 수열 $\{Y^{(n)}\} = (Y^{(n+1)},\ Y,^{(n+2)}\ \cdots\cdots)$를 생각하자. 이는 다음과 같이 나타낼 수 있다.

$$\begin{array}{llllll}
C_n \rightarrow Y^{(n)} & = (X_{t_1}^{(n)}, & X_{t_2}^{(n)}, & X_{t_3}^{(n)}, & \cdots\cdots, & X_{t_n}^{(n)}) \\
C_{n+1} \rightarrow Y^{(n+1)} & = (X_{t_1}^{(n+1)}, & X_{t_2}^{(n+1)}, & X_{t_3}^{(n+1)}, & \cdots\cdots, & X_{t_n}^{(n+1)}) \\
C_{n+2} \rightarrow Y^{(n+2)} & = (X_{t_1}^{(n+2)}, & X_{t_2}^{(n+2)}, & X_{t_3}^{(n+2)}, & \cdots\cdots, & X_{t_n}^{(n+2)}) \\
\vdots \quad \vdots & \vdots & \vdots & \vdots & \cdots\cdots & \vdots
\end{array}$$

그런데 C_n이 유계되어 있기 때문에 $C_{n+r}(r=1,\ 2,\ \cdots\cdots)$도 유계되어 있다. 따라서 첨자별로 다음과 같은 수열이 유계되어 있다.

$$\begin{array}{l}
(X_{t_1}^{(n+1)},\ X_{t_1}^{(n+2)},\ X_{t_1}^{(n+3)},\ \cdots\cdots) \\
(X_{t_2}^{(n+1)},\ X_{t_2}^{(n+2)},\ X_{t_2}^{(n+3)},\ \cdots\cdots) \\
\quad \vdots \qquad\quad \vdots \qquad\quad \vdots \\
(X_{t_n}^{(n+1)},\ X_{t_n}^{(n+2)},\ X_{t_n}^{(n+3)},\ \cdots\cdots).
\end{array} \tag{15}$$

그러므로 배열 (15)에 대하여 [보조정리 A3]을 적용하면, 모든 t_k $(k=1,\ 2,\ \cdots\cdots,\ n)$에 대해서 수열 $X_{t_k}^{(n+r)}$이 극한값 $\lim_{r\to\infty} X_{t_k}^{(n+r)}$를 가지게 하는 $n+i$값들을 선택해 줄 수 있다. 이제 선택된 $n+i$첨자를 순서대로 나열하여 n_i라고 하자. 그러면

$$\begin{array}{l}
(X_{t_1}^{(n_1)},\ X_{t_1}^{(n_2)},\ X_{t_1}^{(n_3)},\ \cdots\cdots) \\
(X_{t_2}^{(n_1)},\ X_{t_2}^{(n_2)},\ X_{t_2}^{(n_3)},\ \cdots\cdots) \\
\quad \vdots \qquad\quad \vdots \qquad\quad \vdots \\
(X_{t_n}^{(n_1)},\ X_{t_n}^{(n_2)},\ X_{t_n}^{(n_3)},\ \cdots\cdots).
\end{array} \tag{16}$$

이처럼 나열된 배열 (16)에서 각 열로 구성된 벡터를 생각하면, 다음과 같은 무한수열을 얻게 된다.

$$
\begin{array}{l}
(X_{t_1}^{(n_1)},\ X_{t_2}^{(n_1)},\ \cdots\cdots,\ X_{t_n}^{(n_1)}) \in C_{n_1} \subset C_n \\
(X_{t_1}^{(n_2)},\ X_{t_2}^{(n_2)},\ \cdots\cdots,\ X_{t_n}^{(n_2)}) \in C_{n_2} \subset C_n \\
(X_{t_1}^{(n_3)},\ X_{t_2}^{(n_3)},\ \cdots\cdots,\ X_{t_n}^{(n_3)}) \in C_{n_3} \subset C_n \\
\quad \vdots \qquad\quad \vdots \qquad \cdots\cdots \qquad \vdots
\end{array} \tag{17}
$$

$t_k(k=1,\ 2,\ \cdots\cdots,\ n)$에 대하여 수열 $X_{t_k}^{(n_j)}$는 수렴한다. 이 때 극한값을 $\lim_{n_j \to \infty} X_{t_k}^{(n_j)} \equiv X_{t_k}^0$와 같이 나타내자.

그런데 식 (17)의 극한값 $(X_{t_1}^0,\ X_{t_2}^0,\ \cdots\cdots,\ X_{t_n}^0)$도 역시 C_n의 원소가 된다. 즉,

$$
\begin{array}{l}
(X_{t_1}^{(n_1)},\ X_{t_2}^{(n_1)},\ \cdots\cdots,\ X_{t_n}^{(n_1)}) \in C_n \\
\quad\ \downarrow \qquad\ \downarrow \qquad\ \downarrow \qquad\ \downarrow \\
(X_{t_1}^0,\quad X_{t_2}^0,\quad \cdots\cdots,\quad X_{t_n}^0) \in C_n.
\end{array}
$$

따라서 식 (17)의 원상을 구해 보면, $Y^{(n1)}$, $Y^{(n2)}$, $\cdots\cdots$, $Y^{(ni)}$, $\cdots\cdots$와 같은 부분수열임을 알 수 있다. 물론 $Y^{(ni)}(i=1,\ 2,\ \cdots\cdots)$는 극한값 $\lim_{n_i \to \infty} X_{t_k}^{(n_i)} = X_{t_k}^0(k=1,\ 2,\ \cdots\cdots,\ n)$에 수렴하는 수열 (17)을 한 부분으로서 포함하게 된다.

이제 $(X_{t_1}^0,\ X_{t_2}^0,\ \cdots\cdots,\ X_{t_n}^0)$에 대한 원상 Y^0를 생각하자. 즉, Y^0를 다음과 같이 정의하자. Y^0의 좌표 t_1, $\cdots\cdots$, t_n가 대해서는 극한값 $X_{t_k}^0$를 부여하고(즉, $X_{t_k} = X_k^0$), t_1, $\cdots\cdots$, t_n가 아닌 좌표에 대해서는 $X_t=0$을 부여하자. 그러면 n_1, n_2, $\cdots\cdots$, n_i, $\cdots\cdots$에 대하여 수열 $(X_{t_1}^{(n_i)},\ X_{t_2}^{(n_i)},\ \cdots\cdots,\ X_{t_n}^{(n_i)})$의 극한인 $(X_{t_1}^0,\ X_{t_2}^0,\ \cdots\cdots,\ X_{t_n}^0)$가 C_n에 속하므로, Y^0는 C_n의 역상 $A_n \subset D_n = \pi_{t_1 t_2 \cdots\cdots t_n}^{-1}(C_n)$에 속한다. 그리고 이러한 성질은 모든 n에 대하여 성립하므로, Y^0는 모든 A_n에 속한다. 따라서 Y^0는 $\bigcap_{i=1}^{\infty} A_i$에 속하게 된다. 이로부터 $\bigcap_{i=1}^{\infty} A_i$가 공집합이 아니라는 사실을 알 수 있다.

결국 $\lim_{i \to \infty} P(A_i) = \delta > 0$이라면 $\bigcap_{i=1}^{\infty} A_i$는 공집합이 아니라는 사실을 증명하였다. 이러한 결과의 대우를 생각하면, $\bigcap_{i=1}^{\infty} A_i = \phi$이면, $\lim_{i \to \infty} P(A_i) = 0$이 성립한다는 것을 알 수 있다. 따라서 [보조정리 A1]에 따라서 주어진 확률측도 $P(\cdot)$는 가산가법성을 만족한다. □

그리고 [정리 1]′에 대하여 다음과 같은 따름정리가 존재한다.

따름정리

따름정리 1

집합체 $\mathscr{C}$가 보렐체 $\mathscr{B}(\mathbb{R}^\infty)$의 부분집합(즉, $\mathscr{C}\subseteq\mathscr{B}(\mathbb{R}^\infty)$)이고, $\mathscr{B}(\mathbb{R}^\infty)$ 위에 정의되는 확률측도 P와 $\tilde{P}$가 있다고 하자.

만일 모든 집합 $A\in\mathscr{C}$에 대하여 두 측도가 일치하게 되면(즉, $P(A)=P(A)$), 두 측도 P와 $\tilde{P}$는 보렐체 $\mathscr{B}(\mathbb{R}^\infty)$에 대하여 같은 측도(즉, $P=\tilde{P}$)가 된다.

[따름정리 1]이 의미하는 바는 P와 $\tilde{P}$가 측도공간 $(\mathbb{R}^\infty, \mathscr{B}(\mathbb{R}^\infty))$ 위에서 정의된 확률측도이고, 모든 유한한 k에 대하여 $P_k=\tilde{P}_k$가 성립한다면, 두 확률측도는 같은 측도라는 것이다.

지금까지 시간 개념이 내포된 경제현상을 잘 설명할 수 있는 확률모형을 어떻게 구축할 수 있을 것인가와 관련하여 기초가 되는 확률공간에 대하여 논의를 진행하였다. 그런데 원칙적으로 확률법칙에 의하여 통제되면서 시간에 따라 움직이기만 한다면 그것은 확률과정이라고 부를 수 있다. 그 이유는 확률과정을 단순하게 확률변수들의 임의의 집합으로 정의할 수 있기 때문이다. 즉, 원칙적으로 첨자집합 T는 순서상으로 정렬될 필요가 없는 임의의 집합이어도 무방하기 때문이다. 또한 임의의 집합이라는 것은 바로 첨자집합 T가 반드시 시간을 의미할 필요도 없다는 것을 의미할 뿐만 아니라, 첨자집합 T가 반드시 실수값일 필요도 없다는 것을 의미한다.

그렇지만 경제현상을 다루고자 할 때는 첨자집합 T를 시간으로 해석하고 T의 원소 t가 실수값, 특히 정수값을 갖는다고 보는 것이 현실적으로 합당하다고 할 수 있다. 이러한 이유로 확률과정을 논의할 때 첨자집합 T를 편의상 시간으로 간주하는 것이다.[35] 한편, 수학적인 측면에서 보면 X_t도 반드시 숫자를 의미하는 대상으로 제한할 논리적 이유도 없다.

35) 경제학 이외의 분야에서는 종종 T를 보다 광의의 집합으로 확대하여 논의를 전개하기도 한다.

그런데 이런 식으로 생각하게 되면 확률과정이라는 개념이 너무 광범위하게 설정되므로 현실적으로 경제적 확률현상을 설명하는 데 부적절하게 될 것이다. 따라서 현실적인 실용성을 위하여 확률과정을 수학적으로 편리하게 활용할 수 있는 확률변수들의 집합으로 제한하여 정의하게 된다. 즉, 현실적인 유용성이 크거나, 다루기 편리한 수학적 속성을 지니고 있거나, 또는 분석자가 관심을 가지고 있는 기준 또는 목적에 부합하는 속성을 지니는 것 등으로 확률과정을 제한하는 것이다. 본서에서도 이러한 성질을 지니고 있는 확률과정을 대상으로 논의를 진행할 것이다.

어쨌든 간에 지금까지 간략하게 살펴본 확률과정에 대해 간략히 요약하면 다음과 같다. **확률과정은 확률변수들을 시간순서에 따라 모아 놓은 집합체이고, 확률과정의 표본공간(S)의 원소 s_0, 즉 사건을 고정시키면 실현값(관측값 또는 표본경로)이 발생하며 확률과정의 시간첨자 t를 고정시키면 확률변수가 발생한다.**

한편, 첨자집합 T가 이산적인 집합인지, 아니면 연속적인 집합인지에 따라서 명칭을 달리하여 확률과정을 구분하기도 한다. 첨자집합 T가 이산적이면서 무한한 값일 때, 확률과정 X_t는 무한수열이 되는데, 이러한 유형의 확률과정을 이산(모수)확률과정 또는 확률렬(stochastic sequence)이라고 부른다. 첨자집합 T가 연속적인 경우(예로서 T가 구간 [0, 1])인 경우에는 확률과정 X_t를 연속(모수)확률과정이라고 부른다.

시계열(time series)이라는 용어는 경제변수나 회귀모형의 오차항 등의 관측값들이 시간순서상으로 정렬된 경우의 확률과정 또는 확률렬을 지칭하는 용어라는 점을 기억해 두기 바란다. 본서에서는 대부분 시간순서상으로 정렬된 경우로 제한된 확률과정에 대하여 논의를 진행할 것이므로 특별히 확률과정, 확률렬 또는 시계열 등을 별도로 구분하지 않고 논의를 진행할 것이다.

이상과 같이 여러 측면에서 확률과정과 관련된 여러 개념을 소개하였는데, 이해를 위하여 표본공간의 원소의 수가 유한한 경우에 대한 간단한 예를 살펴보도록 하자.

예 7

동전을 2회 던지는 실험을 생각하면, 표본공간은

$$S=\{(HH),\ (HT),\ (TH),\ (TT)\}$$

이다. 그런데 네 가지 결과, 즉 표본공간의 원소를 $s_1=1(HH)$, $s_2=2(HT)$, $s_3=3(TH)$, $s_4=4(TT)$와 같이 나타내자. 그러면 각 사건 s_i가 발생할 확률은 1/4이 된다. 이제 확률과정을 아래와 같이 정의하자.

$$X(t,\ s):\ T\times S\to\mathbb{R} \text{ 또는 } X_t:\ T\times S\to\mathbb{R}$$

$$X_t(s_i)=X(t,\ s_i)=\frac{1}{s_i}\sin\left(s_i\frac{t}{\pi}\right).$$

이렇게 정의된 확률과정 $X(t,\ s)$에 대해 사건 s_i를 고정시키게 되면, 각 사건에 대해서

$$X_t(s_1)=\sin\left(\frac{t}{\pi}\right),\ X_t(s_2)=\frac{1}{2}\sin\left(\frac{2t}{\pi}\right),$$

$$X_t(s_3)=\frac{1}{3}\sin\left(\frac{3t}{\pi}\right),\ X_t(s_4)=\frac{1}{4}\sin\left(\frac{4t}{\pi}\right)$$

와 같이 네 가지 시간 t의 함수들을 얻을 수 있다. 즉, 4개의 표본경로 또는 실현치를 구할 수 있다.

한편, 확률과정 $X(t,\ s)$에 대해 시간 t를 고정시키면,

$$s=s_1\text{일 때 } X_{t_0}(s_1)=\sin\left(\frac{t_0}{\pi}\right),$$

$$s=s_2\text{일 때 } X_{t_0}(s_2)=\frac{1}{2}\sin\left(\frac{2t_0}{\pi}\right),$$

$$s=s_3\text{일 때 } X_{t_0}(s_3)=\frac{1}{3}\sin\left(\frac{3t_0}{\pi}\right),$$

$$s=s_4\text{일 때 } X_{t_0}(s_4)=\frac{1}{4}\sin\left(\frac{4t_0}{\pi}\right)$$

와 같은 확률변수를 얻을 수 있다. 다시 말해, X_{t_0}는 $\sin(t_0/\pi)$, $1/2\sin(2t_0/\pi)$, $1/3\sin(3t_0/\pi)$, $1/4\sin(4t_0/\pi)$ 중 어느 하나의 값을 갖

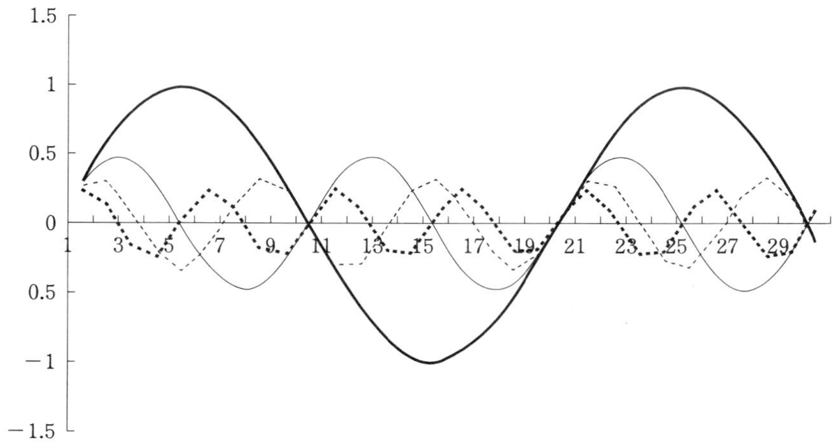

그림 6-2 확률과정의 예: $X_t=\frac{1}{s_i}\sin\left(s_i\frac{t}{\pi}\right)$

는 확률변수가 된다. $t\in[1, 30]$에 대하여 주어진 확률과정에 대한 4가지 표본경로를 그림으로 나타낸 것이 [그림 6-2]이다.

예 8

4개의 원소로 구성된 표본공간 $S=\{s_1, s_2, s_3, s_4\}$를 생각하자. 각 원소가 나타날 확률이 각각 $P(s_i)=\frac{i}{10}(i=1, 2, 3, 4)$라고 하자. 이러한 표본공간과 관련하여 4개의 표본경로가 [그림 6-3]과 같다고 할 때, 이러한 확률과정의 결합확률분포를 구하여 보자.

먼저 $t=t_1$시점에 대해서 생각하자. x_1 이하의 값을 지니는 표본경로는 없다. 따라서 $F_{t_1}(x_1)=P(X\leq x_1)=0$. x_2 이하 값을 지니는 표본경로는 $X_t(s_1)$ 하나이다. 따라서 $F_{t_1}(x_2)=P(s_1)=\frac{1}{10}$. 마찬가지로 $F_{t_1}(x_3)=P(X\leq x_3)=\sum_{i=1}^{4}P(s_i)=\sum_{i=1}^{4}\frac{i}{10}=1$을 얻을 수 있다. 따라서 $t=t_1$시점에서의 확률분포는 다음과 같다.

$$F_{t_1}(x_1)=0,\ F_{t_1}(x_2)=\frac{1}{10},\ F_{t_1}(x_3)=1.$$

동일한 방법으로 시점 $t=t_2$, $t=t_3$에서의 확률분포를 다음과 같

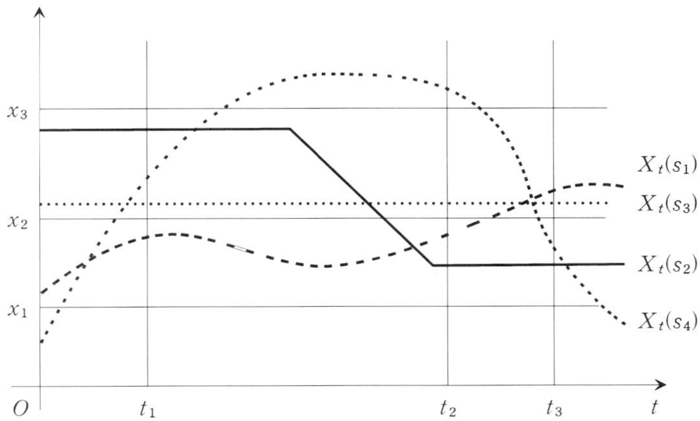

그림 6-3 확률과정의 예

이 도출할 수 있다.

$$F_{t_2}(x_1)=0,\ F_{t_2}(x_2)=\frac{1}{10}+\frac{2}{10}=\frac{3}{10},\ F_{t_2}(x_3)=\frac{1}{10}+\frac{2}{10}+\frac{3}{10}=\frac{6}{10},$$

$$F_{t_3}(x_1)=0,\ F_{t_3}(x_2)=\frac{2}{10}+\frac{4}{10}=\frac{6}{10},\ F_{t_3}(x_3)=1.$$

이제 $t=t_1$, t_2, t_3에 대한 결합분포를 도출해 보자. 먼저, $t=t_1$과 $t=t_2$의 경우에 대해서 생각하자. 두 시점 모두에서 x_1 이하인 표본경로는 없다. 따라서 $F_{t_1t_2}(x_1,\ x_1)=0$. t_1에서 x_2 이하이고 동시에 t_2에서 x_2 이하인 표본경로는 $X_t(s_1)$ 하나이다. 따라서, $F_{t_1t_2}(x_2,\ x_2)=\frac{1}{10}$. t_1에서 x_2 이하이고 동시에 t_2에서 x_3 이하인 표본경로는 $X_t(s_1)$ 하나이다. 따라서 $F_{t_1t_2}(x_2,\ x_2)=\frac{1}{10}$. t_1에서 x_3 이하이고 동시에 t_2에서 x_2 이하인 표본경로는 $X_t(s_1)$과 $X_t(s_2)$이다. 따라서 $F_{t_1t_2}(x_3,\ x_2)=\frac{1}{10}+\frac{2}{10}=\frac{3}{10}$. t_1에서 x_3 이하이고 t_2에서 x_3 이하인 표본경로는 $X_t(s_1)$, $X_t(s_2)$, $X_t(s_3)$ 등 3개이다. 따라서 $F_{t_1t_2}(x_3,\ x_2)=\frac{1}{10}+\frac{2}{10}+\frac{3}{10}=\frac{6}{10}$. 나머지의 경우는 모두 0의 값을 가진다(다음 표 참조).

기타 $(t_1,\ t_3)$, $(t_2,\ t_3)$ 등에 대한 2차원 결합분포도 위와 같은 방법을 통해서 도출할 수 있다. 물론 보다 고차원의 시점에 대해서도 결합분포를 도출할 수 있음은 당연하다.

t_1 \ t_2	x_1	x_2	x_3
x_1	0	0	0
x_2	0	1/10	1/10
x_3	0	(1/10)+(2/10)=3/10	(1/10)+(2/10)+(3/10)=6/10

보 론 일관성 정리 증명을 위한 보조정리

보론에서는 콜모고로프의 정리를 증명하는 데 필요한 보조정리를 증명하고자 한다.

• 보조정리 A1 •

음이 아닌 함수값을 가지는 집합함수 P가 유한가법성(finite additivity)을 가지면서 연속적이라 하자. 그러면 다음이 성립한다.

집합함수 P는 σ-가법성(σ-additivity)을 지닌다.

증명

집합함수 P가 유한가법적이라고 하자. 즉, 유한한 개수의 서로 소인 집합 $A_i(i=1,\ 2,\ \cdots\cdots,\ n)$에 대해서 $P\left(\bigcup_{i=1} A_i\right)=\sum_{i=1}^{n} P(A_i)$가 성립한다고 하자. 그리고 집합함수가 연속이라고 하자. 즉, A_i들이 증가하거나 감소하는 수열을 이루면서 A에 수렴할 때, $P\left(\lim_{i\to\infty} A_i\right)=\lim_{i\to\infty} P(A_i)$가 성립한다고 하자.

서로 소인 집합들의 셀 수 있는 수열을 $\{B_i\}$라고 하자. 만일 $A_n=\bigcup_{i=1}^{n} B_i$라고 정의하면, 이러한 수열 $\{A_i\}$는 증가하는 수열이 되고 $B_n \cap A_{n-1}=\phi$가 성립한다.

모든 n에 대해 $A_n = A_{n-1} \cup B_n$이므로 P가 유한가법성을 만족한다는 가정으로 인하여 $P(A_n) = P(A_{n-1}) + P(B_n)$이 성립하게 된다. 그런데 집합함수(확률측도) P가 비음의 값을 가지므로 집합함수의 수열 $\{P(A_n)\}$은 단조증가한다. 즉, $P(A_{n-1}) \leq P(A_n)$.

이제 극한값을 $\lim_{n\to\infty} A_n = \bigcup_{n=1}^{\infty} B_n \equiv A$라 하면, P의 연속성에 의하여

$$P\left(\bigcup_{n=1}^{\infty} B_n\right) \equiv P(A) = P\left(\lim_{n\to\infty} A_n\right) = \lim_{n\to\infty} P(A_n)$$
$$= \lim_{n\to\infty} P\left(\bigcup_{i=1}^{n} B_i\right) = \lim_{n\to\infty} P\left(\sum_{j=1}^{n} B_j\right) = \sum_{i=1}^{\infty} P(B_i).$$

여기서 세 번째 등호가 성립하여 P와 $\lim_{n\to\infty}$을 맞바꿀 수 있는 것은 집합함수의 연속성에 의한 것이며, 다섯 번째 등호가 성립하는 것은 유한가법성이 성립하기 때문이다. 결국 $P\left(\bigcup_{n=1}^{\infty} B_n\right) = \sum_{i=1}^{\infty} P(B_i)$. 따라서 집합함수 P는 σ-가법성을 갖는다. □

• 보조정리 A2 •

유계된 집합 A가 있을 때 그 측도값이 유한한 값($P(A) < \infty$)을 가지게 되는 $\mathscr{B}(\mathbb{R}^k)$상의 측도 $P(\cdot)$가 있다고 하자.

이 때 보렐집합 $A \in \mathscr{B}(\mathbb{R}^k)$와 0보다 큰 $\varepsilon > 0$에 대하여, $C \subset A \subset G$라는 관계와 $A(G-C) < \varepsilon$이라는 식이 성립하게 되는 닫힌집합 C와 열린집합 G가 존재한다.

증명

유계된 직사각형 형태의 집합 $A = \{X:\ a_i < X_i \leq b_i,\ i \leq k\}$를 생각하자. 이와 관련하여 집합 $G_n = \left\{X:\ a_i < X_i < \left(b_i + \frac{1}{n}\right),\ i \leq k\right\}$는 열린집합이며, 이러한 집합은 작아지면서 집합 A에 수렴한다. 그런데 가정에서 $P(G_1)$값이 유한하다고 하였으므로, 1보다 큰 모든 정수 $i > j$에 대하여 $P(G_i) \leq P(G_j) \leq P(G_1)$이 성립한다. 따라서 충분히 큰 n이

존재하여 $P(G_n-A)<\varepsilon$이 성립하게 된다. 이는 곧 유계된 직사각형 형태의 집합은 열린집합에 의하여 바깥으로부터 좁혀 들어가면서 근사(approximation)해 줄 수 있다는 것을 의미한다.

이러한 직사각형 형태의 집합은 반환(semi-ring)을 형성하는데, 이 경우 $\mathscr{B}(\mathbb{R}^k)$상의 임의의 집합 A에 대하여, 집합 A를 덮으면서(즉, $A\subset\bigcup_k A_k$) 동시에 집합 A와의 차이에 대한 측도값이 임의의 ε보다 작게 되는(즉, $P\left(\bigcup_k A_k-A\right)<\varepsilon$) 유계된 직사각형들 A_k가 존재하게 된다는 것이 증명되어 있다.

이제 집합 A에 대한 덮개를 구성하는 집합 A_k를 포함하면서(즉, $A_k\subset G_k$), 동시에 $P(G_k-A_k)<\frac{\varepsilon}{2^k}$을 만족하는 열린집합 G_k를 선택하자. 그러면 $G=\bigcup_k G_k$는 열린집합의 합집합이므로 역시 합집합이 되고 $P(G-A)<2\varepsilon$이 성립한다. 이는 열린집합을 가지고 바깥으로부터 일반적인 k차원 보렐집합을 근사시켜 줄 수 있다는 것을 나타내고 있다.

유사하게 닫힌집합을 내부로부터 근사시켜 주기 위해서는 여집합을 생각하면 된다. □

• 보조정리 A3 •

대각선법 (diagonal method)

다음과 같은 배열에서 각각의 행이 유계된 실수의 수열이라고 하자.

$$\begin{matrix} X_1^{(1)} & X_2^{(1)} & X_3^{(1)} & \cdots \\ X_1^{(2)} & X_2^{(2)} & X_3^{(2)} & \cdots \\ X_1^{(3)} & X_2^{(3)} & X_3^{(3)} & \cdots \\ \vdots & \vdots & \vdots & \vdots \end{matrix} \tag{A3-1}$$

그러면 모든 $n=1, 2, \cdots\cdots$에 대하여 각 수열 $X_{t_k}^{(n)}$이 극한값 $\lim_k X_{t_k}^{(n)}$을 가지게 되는 첨자로 구성된 수열 $t_1, t_2, \cdots\cdots$가 존재하며, 이러한 수열은 증가하는 수열이다.

증명

각 행이 모두 유계된 실수의 수열이므로 반드시 수렴하는 부분수열을 갖는다.[36] 특히, 제1행의 수열도 유계된 수열이므로, 이로부터 다음과 같이 수렴하는 부분수열을 선택할 수 있다.

$$X^{(1)}_{t_{1,1}},\ X^{(1)}_{t_{1,2}},\ X^{(1)}_{t_{1,3}},\ \cdots\cdots. \qquad \text{(A3-2)}$$

여기서 $\{t_{1,k}\}$는 증가하는 정수값을 가지는 수열이 된다. 그리고 수열 (A3-2)가 수렴하므로 극한값 $\lim_{k\to\infty} X^{(1)}_{t_{1,k}}$이 존재한다.

이제 위에서 선택된 첨자 $t_{1,1}$, $t_{1,2}$, ……에 일치하게 식 (A3-1)의 제2행으로부터

$$X^{(2)}_{t_{1,1}},\ X^{(2)}_{t_{1,2}},\ X^{(2)}_{t_{1,3}},\ \cdots\cdots \qquad \text{(A3-3)}$$

와 같은 수열을 선택할 수 있다. 제2행의 수열이 유계되어 있으므로 그 부분수열인 수열 (A3-3)도 당연히 유계되어 있다. 따라서 이로부터 다시 수렴하는 부분수열 $X^{(2)}_{t_{2,1}}$, $X^{(2)}_{t_{2,2}}$, $X^{(2)}_{t_{2,3}}$, ……를 선택할 수 있다. 이 때 $\{t_{2,k}\}$는 첨자수열 $\{t_{t,k}\}$로부터 선택한 부분수열이며, 증가하는 정수의 수열이다. 그리고 수열 (A3-3)이 수렴하므로 극한값 $\lim_{k\to\infty} X^{(2)}_{t_{2,k}}$가 존재한다.

이와 같은 작업을 계속하게 되면, 다음과 같이 첨자들의 수열로 구성되는 배열을 얻을 수 있다.

$$\begin{matrix} t_{1,1} & t_{1,2} & t_{1,3} & \cdots \\ t_{2,1} & t_{2,2} & t_{2,3} & \cdots \\ t_{3,1} & t_{3,2} & t_{3,3} & \cdots \\ \vdots & \vdots & \vdots & \vdots \end{matrix} \qquad \text{(A3-4)}$$

이러한 배열은 다음과 같은 세 가지 성질을 만족하고 있다.

첫째, 식 (A3-4)의 각 행은 증가하는 정수의 수열이다.

둘째, 임의의 n번째 행은 $(n-1)$번째 행의 부분수열이다.

36) 예컨대, 원래 수열이 0, 1, 0, 1, 0, 1, ……과 같이 유계된 수열이라고 하자. 이러한 수열 자체는 수렴하지 않지만, 0, 0, 0, …… 또는 1, 1, 1, ……과 같은 부분수열을 선택할 수 있는데, 이들 부분수열들은 당연히 0과 1에 각각 수렴한다.

셋째, 각 n에 대하여 극한값 $\lim_{k\to\infty} X_{t_{n,k}}^{(n)}$이 존재한다. 당연히 수열

$$X_{t_{n,1}}^{(n)},\ X_{t_{n,2}}^{(n)},\ X_{t_{n,3}}^{(n)},\ \cdots\cdots \tag{A3-5}$$

는 식 (A3-1)의 n번째 행의 수렴하는 부분수열이 된다.

이제 $t_k = t_{k,k}$라고 놓자. 즉, t_k는 첨자로 구성된 행렬 (A3-4)의 대각선 원소이다. 그러면 식 (A3-4)의 각 행이 증가하고 바로 앞행에 포함되어 있으므로 t_1, t_2, t_3, ……(즉, $t_{1,1}$, $t_{2,2}$, $t_{3,3}$, ……)는 증가하는 정수의 수열이 된다. 특히 t_n, t_{n+1}, t_{n+2}, ……는 식 (A3-4)의 n번째 부분수열이 된다. 그러므로 $X_{t_n}^{(n)}$, $X_{t_{n+1}}^{(n)}$, $X_{t_{n+2}}^{(n)}$, ……과 같은 수열은 식 (A3-5)의 부분수열이 되고 수렴한다. 그러므로 $\lim_{k\to\infty} X_{t_k}^{(n)}$이 존재한다. □

참고문헌

김재희, 『확률미분방정식』, 민음사, 1997, 제2장.

Billingsley, Patrick, *Probability and Measure*, 3rd ed., Wiley & Sons, 1995, Ch. 7 Section 36.

Davidson, James, *Stochastic limit theory—an introduction for econometricians*, 3rd ed., Oxford University Press, 1994, Ch. 12.

Doob, J. L., *Stochastic Process*, N.Y.: John Wiley and Sons, 1953, Ch. II.

Karatzas, Ioannis and Steven E. Shreve, *Brownian Motion and Stochastic Calculus*, Springer-Verlag, 1991, Ch. 1.

Kolmogorov, A. N., *Foundations of the Theory of Probability*(translated by N. Morrison), Chelsea Publishing Company, 1956, Ch. II~III.

Pfeiffer, Paul E., *Concepts of Probability Theory*, 2nd ed., N.Y.: Dover Publications, Inc., 1978, Ch. 7.

Spanos, Aris, *Statistical Foundations of Economic Modeling*, Cambridge University Press, 1986, Ch. 8.

______, *Probability Theory and Statistical Inference*, Cambridge University Press, 1999, Ch. 8.

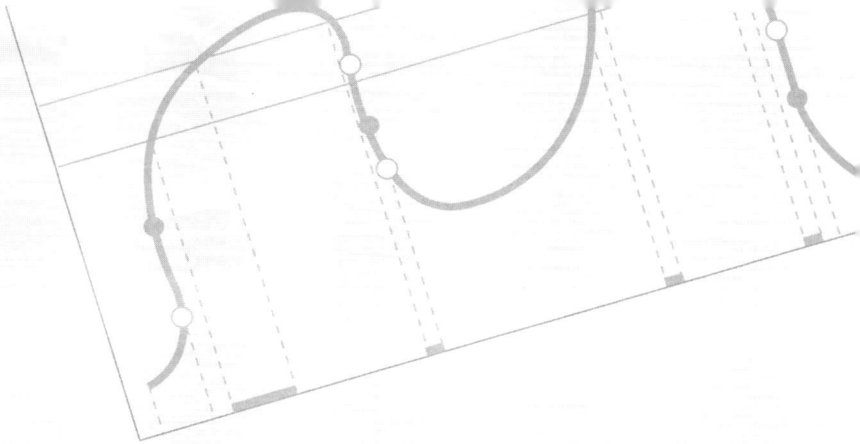

7 확률과정의 종속성과 동질성 및 안정성

제6장에서 확률과정이 정의되는 확률공간에 대하여 살펴보았다. 본장에서는 이를 기초로 하여 확률과정을 분석하는 데 있어 기본적으로 알아야 하는 개념에 대해 살펴볼 것이다. 특히, 본장에서는 본격적으로 확률과정의 독립성 또는 종속성과 동질성, 안정성 등에 대하여 논의할 것이다.

확률과정은 확률변수들의 모임으로 정의된다. 제6장의 [정의 1]에서 확률과정에서 시간부분의 시점을 특정 시점으로 고정시키는 경우 해당 시점에서 확률변수를 얻게 된다는 점에 대해 언급하였다. 그리고 유사하게 표본공간상의 점 s를 고정시키는 경우에는 하나의 실현치를 얻게 된다. 예컨대, 이를 그림으로 나타내 보면 [그림 7-1]과 같다.

X_1, X_2, X_3, X_4, ……와 같이 확률변수를 시간상으로 나열한 확률과정을 시계열이라고 부른다. 확률과정의 정의에 의하면 주어진 시점마다 X_t가 확률변수이므로 각 X_t에 대해 확률분포 $f(X_t)$가 주어진다. 이 때 주어진 시점 $t=t_1$에서 하나의 표본값 $X_1(s_1)$이 나타날 수 있다. 마찬가지로 시점 $t=t_1$에서 다른 표본값 $X_1(s_2)$가 나타날 수도 있다. $t=t_2$에 대해서도 마찬가지로 하나의 표본값 $X_2(s_1)$이 나타나거나 다른 표본값 $X_2(s_2)$가 나타날 수도 있다. 이 때 표본공간상의 한 점 $s=s_1$으로 고정시킨 값들, 예컨대 $X_1(s_1)$, $X_2(s_1)$, $X_3(s_1)$, ……을 실현치(realization)라고 한다. [그림 7-1]에서는 표본공

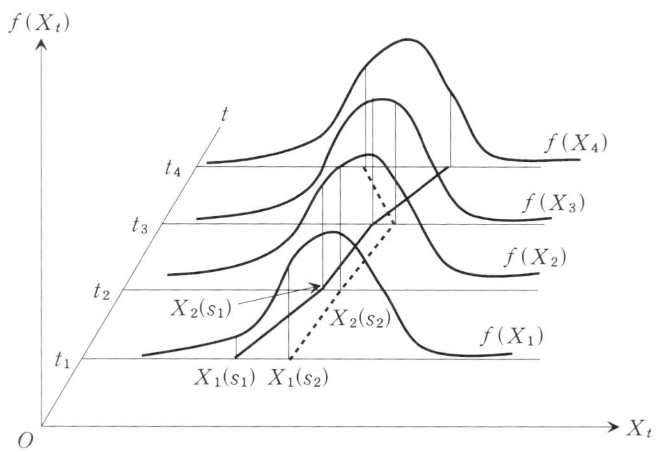

그림 7-1 확률과정의 예

간의 원소들인 s_1과 s_2에 대한 실현치가 제시되어 있다. 그런데 표본공간상에서 어떤 원소가 선택되어 실제로 어떤 실현치가 실제값으로 관측될지는 미리 알 수 없다. 만일 동일한 조건이 항상 만족되는 상황 아래에서 반복실험이 가능하다면 여러 개의 실현치를 구할 수 있을 것이다. 하지만 어떤 현상에 대해 동일한 조건하에서 반복실험을 할 수 없는 상황이라면 어떨까? 이러한 상황은 사회과학, 특히 경제학의 경우에 흔히 발견된다. 예를 들어, 거시변수 예컨대 실질GDP를 생각해 보자. 이미 지나버린 과거의 실질GDP 값은 변하지 않는다. 이는 경제현상을 되돌려 반복실험할 수 없기 때문이다.

실질GDP에 대한 자료는 매 분기마다 실질GDP의 값이 얼마인가를 나타내는 실제 관측치이다. 실질GDP에 대한 관측자료값은 매 분기마다 발표되므로 여러 개의 관측된 값이 존재한다. 그렇지만 시계열의 경우에는 이렇게 서로 다른 시점에서 관측된 값들을 여러 개의 표본점으로 보지 않고 한 개의 표본으로 간주한다. 이러한 해석은 시계열이 시간순서상으로 나열된 확률변수들의 모임으로 정의되기 때문에 가능하다. 다시 말해, 이는 $t=t_1$, $t=t_2$, $t=t_3$, …… 등 매 시점마다 해당 시점에서 실질GDP를 생성해 내는 어떤 보이지 않는 확률변수 X_t가 존재하고, 그 확률변수의 사건, 즉 표본공간 S 상의 한 원소 $s_i \in S$가 나타난 것으로 보는 것이다. 즉, $X_t(s_i)(t=1,\ 2,\ \cdots\cdots,\ i \in S)$를 바로 매 시점에서의 확률변수의 실질GDP 관측치로 보는 동시에 이들 각각의 확률변수에 대한 관측치들을 모아 놓은 것을 확률과정, 이 경우 시계열에 대한 하나의 표본점이라고 해석하는 것이다.

여러 시점에서 모아진 관측치를 하나의 표본점이라고 해석하는 것은 무엇을 의미하는 것일까? 단순한 예로서 한 학급의 수학시험 평균을 계산하려고 한다면 여러 학생의 수학시험 성적이 있어야 한다. 물론 한 학생을 선택해서 그 학생의 수학시험 성적을 그 반의 평균점수라고 주장할 수도 있을 것이다. 하지만 이러한 주장에 대해 동의하는 사람은 거의 없을 것이다. 통상적인 의미에서 평균은 복수의 어떤 값을 평준화해서 대표값을 제시하기 위해 사용하는 것이기 때문이다. 이러한 점을 고려하면 실질GDP 시계열에 대한 관측치가 하나라는 점이 의미하는 바를 유추할 수 있다. 즉, 실제로 관측된 실질GDP 관측치는 하나의 실현치에 불과하기 때문에 실제로 하나의 표본과 동일한 의미를 지닌다. 결국 실질GDP 관측치는 한 개의 표본에 불과하므로 이를 가지고 통계적 논의를 진행한다는 것은 거의 무의미하다고 할 수 있다.

그렇다면 하나의 표본을 가지고 무한개의 원소로 구성된 모집단에 대해 통계적 추론을 어떻게 실시할 수 있을까? 하나의 방법은 확률과정이 확률변수들의 집합체이고 각 확률변수들은 확률분포에 의하여 나타내진다는 점을 이용하는 것이다. 즉, 제6장에서 살펴본 바와 같이 확률과정을 결합확률분포로서 나타낼 수 있다면 그 결합확률분포에 대해 적절하게 가정을 추가해 줌으로써 하나의 실현치를 가지고도 통계적인 분석이 가능하도록 만들어 줄 수 있다. 이러한 목적으로 도입된 가정이 바로 확률분포에 대한 동질성 가정과 독립성 가정이다. 다시 말해, 확률과정의 동질성 가정과 독립성 가정은 확률과정의 결합확률분포에 대한 가정으로서, 관측된 하나의 표본(실현치)을 이용하여 분석대상인 시계열을 분석하려는 목적에 의하여 도입된 것이다.

대략적으로 확률과정의 독립성(independence 또는 종속성(dependence))과 동질성(identically distributed)은 다음과 같은 개념이다. 첫째, 독립성은 시점이 다른 확률변수 간의 상관관계가 어느 정도인지와 관련되어 있다. 확률변수 간에 상관관계가 전혀 없는 경우에 확률변수들이 독립적이라고 하며, 그렇지 않은 경우 종속적이라고 한다. 확률과정과 관련하여 문제는 확률과정을 구성하고 있는 확률변수들이 서로 완전하게 독립되어 있지 않아 종속성이 존재하는 경우이다. 이 경우 시간상으로 서로 떨어져 있는 확률변수들이 어느 정도 종속되어 있는지를 나타내는 것이 중요하게 된다. 하지만 반드시 이러한 직관적인 개념이 항상 적용되는 것은 아니다. 경우에 따라서는 확률변수들이 종속성을 가지고 있지 않은 시계열도 존재할 수 있다. 그렇지만 종속성이 없는 확률과정은 시간상으로 인접하거나 멀리 떨어져 있거나 간에 각 시점의 확률과정이 보유하고 있는 과거 상태에 대한 정보가 존재하지 않는다는 것을 의미하며 독립적인 확률실험 결과를 모아 놓고 아무렇게나 시간첨자를 붙여 놓은 것과 같다. 어찌되었든 간에 대부분의 경우에 확률과정, 특히 경제시계열의 경우에는 시간에 대한 순서가 중요성을 지니고 있다.

둘째, 동질성은 확률과정을 구성하고 있는 확률변수들에 대해 한 시점에서의 확률변수(예컨대, X_1)의 확률분포가 다른 시점 확률변수(예컨대, X_4)의 확률분포와 동일한 형태인지 여부와 관련된다. 두 확률변수 X_i와 X_j의 확률분포함수가 동일할 때 X_i와 X_j가 동질적이라고 하고 그렇지 않은 경우 이질적이라고 한다. 예컨대, X_1은 평균이 0이고 분산이 1인 표준정규분포를 따르는 데 비하여 X_2는 평균이 1이고 분산이 10인 정규분포를 따르며, X_3는 정규분포가 아닌 다른 유형의 분포를 따른다고 하자. 이들 세 확률변수는 동질적으로 분포하지 않는다. 한편, 이와 유사하게 안정성(stationarity) 개념이 있는데, 이에 대해서는 다음 절에서 살펴보도록 하자.[1)]

7.1. 확률과정의 독립성

먼저 독립성 또는 종속성에 대해 살펴보자. 종속성은 확률과정 $\{X_t\}$의 좌표인 확률변수 $X_i(i=1, 2, \cdots\cdots)$들이 시간순서상에서 인접한 좌표 $X_{i+\tau}(\tau \neq 0)$들과 어느 정도의 상관관계를 지니고 있는지를 의미한다. 특히, 시계열에 대해서는 시계열의 종속성을 기억력 또는 메모리(memory)라고 부른다. 현실적으로 경제현상, 특히 거시경제적 현상을 분석하기 위해서는 시간상으로 관측된 자료, 즉 시계열에 대한 이해가 필수적이다. 그런데 시계열자료는 독립성을 만족하지 않는 경우가 대부분이다. 이러한 점에서 확률과정(특히, 시계열)이 지니고 있는 메모리 또는 종속성에 대한 분석이 아주 중요하다.

확률변수들이 시간상으로 나열되어 있는 경우, 시간이 지나면서 더 많은 정보가 축적될 수 있으므로, 시간상으로 나중에 관측되는 확률변수가 지니는 정보의 양이 이전에 관측된 확률변수가 지니고 있는 정보의 양보다 많을 것이다. 실제로 시계열자료의 분석은 이러한 직관에 기초하고 있다.

확률과정 $\{X_t\}$를 구성하는 각 확률변수 X_t들의 시간순서가 형식적으로만 존재하는 확률과정을 '시계열적으로 독립적인(serially independent)' 확률과정이라고 한다. 즉, 확률과정 $\{X_t\}$가 모든 $k>0$에 대하여 확률과정 $\{X_{t+k}\}$와 독립적일 때, 확률과정 $\{X_t\}$가 시계열적으로 독립적이라고 한다. 이는 확률과정의 각 좌표들의 모든 유한한 집합체가 완전히 독립적이라고 하는 것과 동등한 말이 된다. 독립성을 한 마디로 표현하면 결합분포를 한계분포들의 곱으로 분해해서 나타낼 수 있다는 것을 의미한다. 결국 독립성이 존재하는 경우 복잡하게 결합분포를 생각할 필요 없이 개별 확률변수의 (한계)분포만을 알고 있으면 결합분포에 대해 모든 것을 알아 낼 수 있다. 시계열적

1) 이들은 확률과정에 대한 가장 잘 알려진 제약이지만 가장 엄격한 형태이다. 물론 이들 조건은 뒤에서 살펴볼 예정이지만 완화될 수 있다. 그렇지만 확률론과 극한이론에서의 많은 고전적인 정리들이 안정성 조건을 만족하는 확률과정을 대상으로 한다는 점에서 여전히 중요하다. 따라서 이들 개념에 대해 충분히 이해할 필요가 있다.

독립성은 메모리에 대한 가장 간단한 가정이라고 할 수 있다. 어찌되었든 독립성은 결합분포에 대하여 가해지는 제약이다.

이하에서는 확률변수와 확률과정의 독립성에 대해 간략하게 살펴보도록 하자. 일반적으로 두 사건 E와 F는 다음이 성립할 때 독립적인 사건이라고 한다.

$$P(E \cap F) = P(E) \cdot P(F). \tag{1}$$

즉, 어떤 사건과 다른 사건이 동시에 발생할 확률 $P(E \cap F)$가 개별 사건들이 발생할 확률인 $P(E)$와 $P(F)$의 곱으로 분해될 수 있는 경우 두 사건을 독립적이라고 한다. 이하에서 살펴볼 확률변수의 독립성이나 확률과정의 독립성도 이와 일맥상통하는 방식으로 정의할 수 있다. 확률과정의 독립성을 살펴보기 전에 먼저 확률변수의 독립성에 대해 살펴보자.

먼저 확률변수가 확률공간 $(S, \mathscr{F}, P)$ 위에서 정의된다는 점을 상기하자. S는 표본공간, $\mathscr{F}$는 σ-체, 그리고 P는 σ-체 $\mathscr{F}$ 위에서 정의된 확률측도를 각각 나타낸다. 편의를 위해 두 확률변수 X_1과 X_2의 독립성에 대해 살펴보자.

정의 1 두 확률변수의 독립성

두 확률변수 X_1과 X_2는 다음이 성립할 때 독립적이라 한다.

모든 임의의 두 (보렐)집합 $B_1 \in \mathscr{B}(\mathbb{R})$, $B_2 \in \mathscr{B}(\mathbb{R})$에 대해 다음이 성립한다.

$$P_{X_1 X_2}(X_1 \in B_1,\ X_2 \in B) = P_{X_1}(X_1 \in B_1) \cdot P_{X_2}(X_2 \in B_2).$$

[정의 1]이 의미하는 바는, 두 확률변수 X_1과 X_2 간에 독립성이 존재하는 경우에 $P_{X_1 X_2}(B_1 \cap B_2) = P_{X_1}(B_1) \cdot P_{X_2}(B_2)$가 성립한다는 것이다. 이는 두 확률변수 X_1과 X_2의 결합확률 $P_{X_1 X_2}$가 한계확률인 P_{X_1}과 P_{X_2}의 곱으로 나타내질 때 두 확률변수 X_1과 X_2가 독립적임을 나타낸다.

[정의 1]에서는 확률변수의 치역인 $\mathbb{R}$와 보렐체 $\mathscr{B}(\mathbb{R})$를 이용하여 확률

변수의 독립성을 정의하였다. 즉, 확률변수 X_1과 X_2에 의하여 유도된 확률측도 P_{X_1}과 P_{X_2}를 이용하여 결합확률측도를 나타내었다. 이러한 정의를 표본공간상의 σ-체 $\mathscr{F}_1$과 $\mathscr{F}_2$로 전환하여 다음과 같이 나타낼 수도 있다. 즉, '임의의 두 집합 $E_1 \in \mathscr{F}_1$과 $E_2 \in \mathscr{F}_2$가 서로 독립일 때 X_1과 X_2가 독립적'이라고 한다. 여기서 E_1 및 E_2와 B_1 및 B_2의 관계는 각각 $E_1 = X_1^{-1}(B_1)$, $E_2 = X_2^{-1}(B_2)$이다. 이 때 $B_1 \in \mathscr{B}_1(\mathbb{R})$, $B_2 \in \mathscr{B}_2(\mathbb{R})$이며 $\mathscr{B}(\mathbb{R})$는 보렐체이다.

이와 같은 확률변수 간의 독립성 개념을 두 개 이상의 확률변수들에 대해서도 유사하게 확장하여 정의할 수 있다.

정의 2 유한한 n개 확률변수들의 독립성

n개의 유한한 확률변수들 $X_i(i=1, \cdots\cdots, n)$과 보렐 σ-체들인 $\mathscr{B}_i(\mathbb{R})$ $(i=1, \cdots\cdots, n)$가 있다고 하자. 확률변수 $X_i(i=1, \cdots\cdots, n)$들은 다음을 만족할 때 독립적이라고 한다.

$$P_X(X_1 \in B_1, \cdots\cdots, X_n \in B_n) = P_{X_1}(X_1 \in B_1) \cdots\cdots P_{X_n}(X_n \in B_n).$$

여기서 $B_i \in \mathscr{B}_i(\mathbb{R})(i=1, \cdots\cdots, n)$이다.

두 확률변수의 경우와 마찬가지로, 유한개의 확률변수들 간에 독립성이 존재하면 결합확률을 개별적인 확률변수 $X_i(i=1, \cdots\cdots, n)$들의 한계확률들의 곱으로 나타낼 수 있다.

만일 n개의 유한한 확률변수들 $X_i(i=1, \cdots\cdots, n)$ 사이에 독립성이 존재하면, 선택된 임의의 n개의 확률변수 중에서 다시 n보다 작은 k개의 유한한 확률변수들을 임의로 선택하여도 이들 선택된 확률변수들은 독립성을 유지한다. 즉, 다음이 성립한다.

$$\begin{aligned} &P_{X_k}(X_1 \in B_1, \cdots\cdots, X_k \in B_k) \\ &\quad = P_{X_k}(X_1 \in B_1, \cdots\cdots, X_k \in B_k, X_{k+1} \in \mathbb{R}, \cdots\cdots, X_n \in \mathbb{R}) \\ &\quad = P_{X_1}(X_1 \in B_1) \cdots\cdots P_{X_k}(X_n \in B_k). \end{aligned} \tag{2}$$

따라서 n개의 확률변수를 선택해서 선택된 확률변수들 간에 독립성이 존재함을 확인하였다면 선택된 n개의 확률변수 내에서 $k(<n)$개의 확률변수를 선택하였을 때 굳이 독립성을 확인하지 않아도 된다.

지금까지 확률측도를 이용하여 확률변수의 독립성을 논의하였다. 제2장에서 확률분포함수 f_X는 확률측도 P_X가 지니고 있는 확률구조에 대한 정보를 완전하게 보존하면서도 수학적으로도 편리한 수단임을 살펴보았다. 즉, 확률측도 P_X가 지니고 있는 확률구조를 확률분포함수 f_X를 이용하여 완벽하게 재현할 수 있으므로 다음이 성립한다.

$$P_X(X_1 \leq x_1,\ \cdots\cdots,\ X_n \leq x_1) = F_X(x_1,\ x_2,\ \cdots\cdots,\ x_n). \tag{3}$$

여기서 P_X는 확률변수들에 의하여 유도된 확률측도, $F_X(\cdot)$는 n개의 유한한 확률변수들 $X_i(i=1,\ \cdots\cdots,\ n)$에 대한 결합확률분포함수를 각각 나타낸다.

이러한 관계를 생각하면 독립성을 확률분포함수를 이용하여 다음과 같이 나타낼 수 있다.

• 정리 1 •

유한한 n개 확률변수들의 독립성

n개의 유한한 확률변수들 $X_i(i=1,\ \cdots\cdots,\ n)$와 각각의 확률변수에 대한 확률분포함수 $F_{X_i}(i=1,\ \cdots\cdots,\ n)$가 있다고 하자. 확률변수 $X_i(i=1,\ \cdots\cdots,\ n)$들은 다음을 만족할 때 독립적이라고 한다.

$$F_X(x_1,\ x_2,\ \cdots\cdots,\ x_n) = F_{X1}(x_1)\cdot\cdots\cdots\cdot F_{X_n}(x_n).$$

[정리 1]은 다음과 같이 설명된다. 앞서 n개의 유한한 확률변수 $X_i(i=1,\ \cdots\cdots,\ n)$가 독립적이면 [정의 2]에 따라서

$$P_X(X_1 \leq x_1,\ \cdots\cdots,\ X_n \leq x_n) = P_{X_1}(X_1 \leq x_1)\cdot\cdots\cdots\cdot P_{X_n}(X_n \leq x_n) \tag{4}$$

이 성립함을 보았다. 이에 의하면

$$\begin{aligned} F_X(x_1,\ x_2,\ \cdots\cdots,\ x_n) &= P_X(X_1 \leq x_1,\ \cdots\cdots,\ X_n \leq x_1) \\ &= P_{X_1}(X_1 \leq x_1)\cdot\cdots\cdots\cdot P_{X_n}(X_n \leq x_n) \end{aligned}$$

$$=F_{X_1}(x_1)\cdot\cdots\cdots\cdot F_{X_n}(x_n) \tag{5}$$

이 성립한다.

확률변수의 독립성은 이처럼 분포함수를 이용하여 나타낼 수도 있다. 그런데 확률분포함수가 밀도함수를 적분해 준 것이라는 점을 생각하면 확률변수의 독립성을 밀도함수를 이용하여 나타낼 수도 있다. 즉, $X=(X_1, \cdots\cdots, X_n)$의 밀도함수를 f_X, $X_i(i=1, \cdots\cdots, n)$의 밀도함수를 f_{X_i}라 하자. 이 때 르벡측도가 0인 보렐부분집합을 제외한 거의 모든 점, 즉 거의 모든 $(x_1, \cdots\cdots, x_n)$에 대해

$$f_X(x_1, \cdots\cdots, x_n)=f_{X_1}(x_1)\cdot\cdots\cdots\cdot f_{X_n}(x_n) \tag{6}$$

이 성립하면 n개의 유한한 확률변수들이 독립적이라고 한다.

위의 결과에 대해 그 역명제도 성립할 것인가? 그렇지는 않다. 비록 확률변수 $X_1, \cdots\cdots, X_n$에 대해 개별적으로 각각 확률밀도함수가 존재하더라도 $X_1, \cdots\cdots, X_n$ 전체에 대한 결합확률밀도함수는 항상 존재하는 것이 아니다. $X_1, \cdots\cdots, X_n$이 독립성을 지니고 있으면서 각 확률변수들이 밀도함수를 지니고 있다면 전체에 대한 결합밀도함수를

$$f_X(x_1, \cdots\cdots, x_n)=f_{X_1}(x_1)\cdot\cdots\cdots\cdot f_{X_n}(x_n)$$

과 같이 (한계)밀도함수들의 곱을 통해 복원할 수 있다.

이제 이러한 논의를 바탕으로 첨자집합을 이산적인 무한집합 ℕ으로 하는 확률과정 $\{X_t\}_{t=1}^{\infty}$의 독립성을 정의해 보면 다음과 같다.

정의 3 확률과정의 독립성

다음을 만족할 때 확률과정 $\{X_t\}_{t=1}^{\infty}$가 독립적이라고 한다.

확률과정 $\{X_t\}_{t=1}^{\infty}$를 구성하는 확률변수들 중 임의의 유한한 n개의 확률변수들 $X_{t_1}, X_{t_2}, \cdots\cdots, X_{t_n}(t_i\in\mathbb{N})$을 선택하였을 때 선택된 확률변수 $X_{t_1}, X_{t_2}, \cdots\cdots, X_{t_n}$이 독립성을 지닌다.

즉, 확률과정의 구성원소인 확률변수들 중 임의의 유한한 n개의 확률변수들을 선택하였을 때,

$$P_X(X_1 \leq x_1, \cdots\cdots, X_n \leq x_n) = P_{X_1}(X_1 \leq x_1) \cdots\cdots P_{X_n}(X_n \leq x_n)$$

또는

$$F_X(x_1, x_2, \cdots\cdots, x_n) = F_{X_1}(x_1) \cdots\cdots F_{X_n}(x_n)$$

이 성립하면 확률과정 $\{X_t\}_{t=1}^{\infty}$가 독립적이라고 한다. 결국 유한한 확률변수를 어떻게 선택하더라도 선택된 모든 유한한 확률변수들의 조합이 독립성을 지니는 경우 확률과정이 독립적이라고 한다.

[정의 3]에서 정의된 확률과정의 독립성은 실제 시계열이 보이는 속성을 감안할 때 너무 강한 성질을 요구하고 있다. 예컨대, 쌀생산량을 예로 들면 올해의 쌀생산량이 작년의 쌀생산량과 독립적이기보다는 어느 정도 종속되어 있다고 볼 수 있다. 그 이유는 기후, 경제상황, 농업기술수준 등을 포함하는 제반 여건이 급격하게 변하지 않는 한 올해의 쌀생산량이 작년의 쌀생산량에 비해 턱없이 증가하거나 감소하지 않을 것으로 예상되기 때문이다. 하지만 올해와 100년 전의 쌀생산량과의 관계는 어떨까? 아주 관련이 없을 수는 없겠지만, 100년 전에 비해 현재의 농업기술과 수요여건, 기후 등 여러 가지 농업여건이 크게 변하였다는 점을 감안하면 현재의 쌀생산량과 100년 전의 쌀생산량 간의 상관관계는 그다지 높지 않을 것으로 생각된다. 따라서 확률과정의 결합확률분포가 시간간격이나 시점과 상관없이 완전히 독립적이라고 가정하는 것은 너무 강하다.

그렇다면 독립성이라는 개념을 조금 완화해 줄 필요가 있다. 독립성을 완화하는 방법은 확률변수들 간의 상관관계가 시간이 지남에 따라서 점차 약해지도록 만드는 것이다.

이러한 독립성 개념에는 점근적인 독립성(asymptotic independent)이나 점근적 무상관성(asymptotic uncorrelatedness) 등이 있다. 먼저 확률과정의 점근적인 독립성을 정의하자.

정의 4 확률과정의 점근적 독립성

확률과정 $\{X_t\}_{t=1}^{\infty}$를 구성하는 확률변수들 중 임의의 유한한 n개의 확률변수들 X_{t_1}, X_{t_2}, ……, $X_{t_n}(t_i \in \mathbb{N})$을 선택하자. 선택된 확률변수 X_{t_1}, X_{t_2}, ……, X_{t_n}들이 다음을 만족하면 확률과정 $\{X_t\}_{t=1}^{\infty}$가 점근적으로 독립적이라고 한다.

τ가 무한대로 커짐에 따라서 $\beta(\tau)$가 0에 수렴한다.

여기서 $\beta(\tau)$는 다음과 같이 정의된다.

$$\begin{aligned}&|F(X_{t_1}, \cdots\cdots, X_{t_n}, X_{t_1+\tau}, \cdots\cdots, X_{t_n+\tau})\\&\quad -F(X_{t_1}, \cdots\cdots, X_{t_n})\cdot F(X_{t_1+\tau}, \cdots\cdots, X_{t_n+\tau})| \leq \beta(\tau).\end{aligned}$$

[정의 4]에서 확률과정이 독립적이면

$$\begin{aligned}&F(X_{t_1}, \cdots\cdots, X_{t_n}, X_{t_1+\tau}, \cdots\cdots, X_{t_n+\tau})\\&\quad =F(X_{t_1}, \cdots\cdots, X_{t_n})\cdot F(\mathrm{X}_{t_1+\tau}, \cdots\cdots, \mathrm{X}_{t_n+\tau})\end{aligned} \tag{7}$$

가 성립하므로 독립적인 확률과정에 대해서 점근적 독립성도 성립함을 알 수 있다. 점근적 독립성은 시간이 무한히 흐르면 확률과정을 이루는 서로 다른 시점에서의 확률변수들 간의 종속성이 사라지는 성질을 의미한다. 예컨대, $n=1$인 경우를 생각해 보자. 두 확률변수 X_1과 $X_{1+\tau}(\tau>0)$에 대해 $F(X_1, X_{1+\tau}) \neq F(X_1)\cdot F(X_{1+\tau})$이면 X_1과 인접한 $X_{1+\tau}$는 서로 독립적이지 않다. 시간이 흘러 τ가 무한대가 되면 X_1과 $X_{1+\tau}$는 시간상으로 점점 멀어진다. 그런데 확률과정이 점근적 독립성을 지니도 있다면 이렇게 시간이 흘러갈 때

$$F(X_1, X_{1+\tau})=F(X_1)\cdot F(X_{1+\tau}) \tag{8}$$

가 성립하여 두 확률변수 X_1과 $X_{1+\tau}$는 독립성을 지니게 된다.

[정의 4]에서 $\beta(\tau)$는 독립성과 괴리된 정도를 나타내는

$$\begin{aligned}&|F(X_{t_1}, \cdots\cdots, X_{t_n}, X_{t_1+\tau}, \cdots\cdots, X_{t_n+\tau})\\&\quad -F(X_{t_1}, \cdots\cdots, X_{t_n})\cdot F(X_{t_1+\tau}, \cdots\cdots, X_{t_n+\tau})|\end{aligned} \tag{9}$$

에 대한 상한선인 상계(upper bound)로 정의된다. 여기서 한 가지 의문이 생긴다. [정의 4]에서 점근적 독립성을 정의할 때 식 (7)처럼 등식으로 나타내지 않고 $\beta(\tau)$라는 상계를 두고 부등식으로 나타낸 것일까? 그 이유는 점근적 독립성을 정의하면서 등호를 이용하는 경우 독립성뿐만 아니라 후술할 개념인 동질성 또는 안정성 개념도 내포하게 되어 독립성 이외의 요소를 고려해 주어야 하기 때문이다. 이에 대해서는 본장 제3절에서 간략하게 설명할 예정이다. 어찌되었든 $\beta(\tau)$는 τ가 무한대로 커짐에 따라서 $\beta(\tau)$값이 0으로 수렴하는 경우 독립성으로부터 괴리된 정도도 역시 0에 수렴하여야 한다는 것을 나타낸다.

점근적 독립성은 τ가 무한대로 접근할 때에 비로소 독립성이 발생한다는 것을 의미하고 있는데, 이와 비슷하게 어떤 값 m보다 큰 모든 τ에 대해 독립성을 유지하도록 $\beta(\tau)$에 제약을 가할 수도 있다. 이는 시간차이가 무한대라는 조건보다 유한한 값인 m기간보다 시간차이가 넘어서는 경우에 독립성이 발생하도록 하자는 것이다. 이러한 점근적인 독립성 개념을 m-종속성(m dependence)이라고 부른다.

[정의 4]에서 제시한 독립성 개념은 결합확률분포로 나타낸 독립성 개념이다. 후술하겠지만 독립성이나 동질성 등의 개념을 결합확률분포함수에 대해 직접 적용하는 것은 실제로 활용하기에 어렵다. 실제로는 이를 감안해서 적률에 대해 제약을 가하는 방식의 독립성 또는 동질성 정의방식이 많이 활용된다.

7.2. 확률과정의 동질성과 안정성

이제 확률과정의 동질성에 대해 살펴보자. 앞서 확률변수의 동질성을 확률과정 $\{X_t\}$를 구성하고 있는 각 확률변수 X_t의 한계분포가 모든 t에 대하여 동일할 때, 확률과정 $\{X_t\}$가 동질적으로 분포(identically distributed)되어 있다고 하였다. 이는 [그림 7-1]에서 각 확률변수 X_1, X_2, X_3, X_4들이 개별적으로 어떤 분포를 따르는가와 연관되어 있는 개념이다. 즉, $X_i(i=1,\ 2,\ \cdots\cdots)$들의 한계분포(marginal distribution)들이 동일한 분포를 따르는 경우에 확률과정 $\{X_t\}$가 동질적으로 분포되어 있다고 한다.

정의 5 **확률과정의 동질성**

n개의 유한한 확률변수들 $X_i(i=1, \cdots\cdots, n)$와 각각의 확률변수에 대한 확률분포함수 $F_{X_i}(i=1, \cdots\cdots, n)$가 있다고 하자. 그리고 F를 확률분포라 하자. 확률과정 $\{X_t\}_{t=1}^{\infty}$는 다음을 만족할 때 동질적이라고 한다.

모든 t에 대하여 $F_{X_t}(X_t)=F(X_t)$.

[정의 5]에서 보듯이 동질성 개념은 독립성 개념과 마찬가지로 결합확률분포함수에 가해지는 제약이기는 하지만, 특히 한계분포함수에 대하여 부과되는 제약조건이다.

동질성과 유사한 개념으로 안정성(stationarity) 개념이 있다. 안정성은 동질분포라는 조건을 보다 확장하고 보다 엄격화한 개념이다. 예컨대, 동질성은 확률변수들의 한계분포에 대해 가해지는 제약인 반면에 안정성은 결합분포에 대하여 가해지는 제약이다. 안정성에는 강한 안정성, 즉 엄밀한 안정성(strict stationarity) 또는 협의의 안정성 개념과 약안정성(weak stationarity) 또는 광의의 안정성(wide sense stationarity)으로 구분할 수 있다. 먼저 강한 안정성 개념에 대해 살펴보자.

정의 6 **확률과정의 (엄밀한) 안정성**

확률과정 $\{X_t\}_{t=1}^{\infty}$의 원소인 확률변수들 중 임의로 n개의 확률변수 $X_{ti}(i=1, \cdots\cdots, n)$를 선택하자. 이 때 $\{X_t\}_{t=1}^{\infty}$는 다음을 만족할 때 엄밀안정적이라고 한다.

모든 τ에 대하여 $F(X_{t_1}, \cdots\cdots, X_{t_n})=F(X_{t_1+\tau}, \cdots\cdots, X_{t_n+\tau})$.

여기서 $F(X_{t_1}, \cdots\cdots, X_{t_n})$는 결합확률분포함수이다.

[정의 6]은 확률과정의 결합분포함수가 시간상으로 임의의 값인 τ만큼 이동하여도 변하지 않아야 엄밀한 안정성이 만족된다는 것을 의미한다. 즉, 안정성은 유한한 확률변수들의 결합확률분포함수에 대해 시간이 지나도 불

변하여야 한다는 제약조건이다. [정의 6]에서 동질성이 모든 시점에서 한계확률분포함수가 동일할 것을 요구하는 제약조건임을 보았다. 언뜻 보면 확률과정의 동질성과 안정성은 동일한 성질같이 보인다. 그렇다면 이러한 안정성 개념과 동질성은 어떤 관계일까? 확률과정이 안정적이면 확률과정 $\{X_t\}$와 $\{X_{t+k}\}$가 모든 $k>0$에 대하여 동일한 결합분포를 지니므로

$$F(X_{t_1}, \cdots\cdots, X_{t_n})=F(X_{t_1+\tau}, \cdots\cdots, X_{t_n+\tau}) \tag{10}$$

가 성립하여야 한다. 그런데 이러한 관계는 임의의 n에 대해 성립하여야 하므로 $n=1$인 경우에도 성립하여야 한다. 따라서 모든 τ에 대하여 $F(X_t)=F(X_{t+\tau})$가 성립하여야 한다. 이는 결국 동질성을 의미한다. 따라서 동질성은 안정성 조건의 특별한 경우라고 볼 수 있다.

한편, 안정성 조건은 확률변수 간의 결합분포에 대하여 제약을 가하는 조건이므로, 각 시점에서의 한계분포가 동질성을 유지함에도 불구하고 시간이 지나면서 다른 결합분포가 나타나게끔 해 줄 수 있다. 즉, 한계분포함수들이 동질성을 지니지만 결합분포함수는 안정성 조건을 만족하지 않는 경우가 존재한다.[2)] 이러한 점에서 안정성 조건은 동질성 조건을 보다 확장하고 엄격화한 개념으로 볼 수 있다. 안정성 개념은 확률과정의 종속성에 관해서는 구체적인 조건을 제시하고 있지 않다. 따라서 독립적인 확률과정과 종속적인 확률과정 모두 안정적인 확률과정이 될 수 있다.

그렇다면 이러한 독립성과 동질성 또는 안정성 조건들은 서로 배타적인 개념들일까? 물론 그렇지 않다. 시계열적으로 독립적이면서 동시에 동질적으로 분포된 확률과정이 존재하는데, 이러한 확률과정을 i.i.d.(independent and identically distributed) 확률과정이라고 부른다. i.i.d. 가정을 안정성 가정과 비교해 보면, 안정성 가정이 i.i.d. 가정보다 약한 가정임을 알 수 있다. 그 이유는 i.i.d. 가정을 만족하는 확률과정은 안정성 조건을 만족하지만 역으로 안정적 확률과정이 반드시 독립적일 필요는 없기 때문이다.[3)] 즉, 안정성 조

2) 이에 대한 사례는 본장의 예 1을 참조하라.

3) 확률과정이 동질성을 만족하는 경우, $P(X_1)=\cdots\cdots=P(X_n)$과 $P(X_{1+\tau})=\cdots\cdots=P(X_{n+\tau})$가 성립한다. 또한 확률과정이 독립적이라면, $P(X_1, \cdots\cdots, X_n)=P(X_1)\cdots\cdots P(X_n)$이 성립한다. 따라서

$$P(X_1, \cdots\cdots, X_n)=P(X_1)\cdots\cdots P(X_n)=P(X_{1+\tau})\cdots\cdots P(X_{n+\tau})=P(X_{1+\tau}, \cdots\cdots, X_{n+\tau})$$

가 성립한다. 하지만 이처럼 결합분포가 한계분포의 곱형태로 분해되어 표현되지 않더

건은 확률변수들의 결합분포가 시간에 따라 변하지 않을 것을 요구하고 있을 뿐 구체적으로 결합분포가 한계분포로 분해되어 표시될 것을 요구하는 독립성 조건에 대하여는 아무런 제약을 두지 않기 때문이다. i.i.d. 가정은 확률과정에 대해 종속성을 전혀 지니지 않을 것을, 다시 말해 독립적일 것을 요구하고 있다는 점에서 아주 강한 안정성 조건이라고 할 수 있다.

이상으로 살펴본 내용을 요약해 보면 다음과 같다. 어떤 시계열에 대하여 관측된 관측치들, 즉 실현치는 해당 시계열에 대한 하나의 표본에 불과하고, 결국 실현치를 이용하여 시계열에 대해 확률적 추론을 감행하는 것은 무의미하다. 따라서 현실적으로 하나의 표본만 습득할 수밖에 없는 상황에서 통계적 추론을 실시할 수 있도록 하기 위한 방책을 마련할 필요가 있다. 이를 위해 확률과정의 결합확률분포에 대하여 제약을 가해 주게 되는데, 이때 결합확률분포에 대해 가해지는 제약 중 대표적인 것이 바로 동질성과 독립성에 대한 제약이다.

그런데 동질성과 독립성이라는 측면에서 결합확률분포에 대해 제약을 가해 줌으로써 시계열에 대해 통계적 추론이 가능하도록 만드는 것은 실제로 적용하기 어려운 측면이 많다. 이는 결합확률분포를 대상으로 논의하는 것이 생각보다 쉽지 않기 때문이다. 그렇다면 다른 측면에서 접근할 필요가 있다. 이러한 요구에 대하여 하나의 해답으로서 결합확률분포를 대상으로 제약을 가하는 강한 방법보다는 평균, 분산 또는 공분산 등과 같이 적률에 대하여 제약을 가하는 보다 완화된 방법을 이용하는 것을 생각할 수 있다.

이렇게 시계열의 독립성, 동질성, 안정성 등에 대한 가정 중 적률을 이용하는 경우를 약안정성 또는 광의의 안정성 조건이라고 구분한다. 확률과정의 성질을 정의하고 분석하는 수단으로 확률분포함수를 이용하는 방식을 분포함수적 견해(distributional viewpoint)라 부른다. 이러한 방식은 확률과정을 분석할 때 확률분포를 이용하기 때문에 확률과정의 확률적 속성을 비교적 명확하게 이해할 수 있다는 장점을 지닌다. 하지만 앞서도 언급한 바 있지만 실제적으로 분포함수적 견해를 통해서 실증분석모형을 구축하기는 쉽지 않다. 실증분석 측면에서 보다 편리한 구조주의적 견해가 이에 대한 대안으로 제시될 수 있다. 구조주의적 견해는 독립·동질적(i.i.d.) 확률과정이라는

라도 $P(X_1, \cdots\cdots, X_n)=P(X_{1+\tau}, \cdots\cdots, X_{n+\tau})$라는 관계가 성립할 수 있다. 즉, 확률과정이 안정적이라고 해서 독립적일 필요는 없다.

가장 단순한 형태의 확률과정을 이용하여 순차적으로 새로운 확률과정을 구축해 나가는 정의방식이다. 예컨대, 제8장에서 살펴볼 AR(1)과정 $X_t = \alpha X_{t-1} + \varepsilon_t$는 i.i.d. 과정인 $\{\varepsilon_t\}_{t=1}^{\infty}$에 의하여 속성이 결정된다.[4)]

이제 적률에 대해 가해지는 안정성 개념에 대하여 살펴보자. 적률에 제약을 가하여 안정성을 정의하는 방식에서는 특정 적률, 예컨대 평균, 분산 또는 공분산 등 1, 2차 적률이 존재한다는 가정하에 동 적률이 시간에 상관없이 일정할 때 확률과정이 안정성을 지니는 것으로 정의한다.

정의 7 확률과정의 평균 안정성(1차 안정성)

확률과정 $\{X_t\}_{t=1}^{\infty}$는 다음을 만족할 때 평균 안정적 또는 1차 안정적이라고 한다.

모든 τ에 대하여 $E[X_t] = E[X_{t+\tau}] = \mu$.

여기서 μ는 상수이다.

[정의 7]에 의하면 결국 모든 시점의 평균값이 μ로 동일하여야 한다. 1차 안정성이라는 명칭이 붙은 것은 평균이 1차 적률이기 때문이다. 여기서 유의할 점은 평균안정성이 모든 시점에서 평균값이 동일하다는 것을 의미할 뿐 확률분포의 형태에 대해서는 고려하지 않는다는 것이다. 예컨대, 확률과정을 구성하는 각 확률변수들의 평균이 모두 동일하지만 분산값이 서로 달라도 평균 안정성을 지닌다. 이러한 점을 감안하면 안정성을 논의하는 데 있어 2차 이상의 적률을 통해 안정성을 정의할 필요가 있다. 실제로 2차 적률인 분산과 공분산을 통해 안정성을 정의하는 경우가 많은데, 이러한 안정성을 공분산 안정성 또는 2차 안정성이라고 부른다.

정의 8 확률과정의 공분산 안정성(2차 안정성)

확률과정 $\{X_t\}_{t=1}^{\infty}$는 다음을 만족할 때 공분산 안정적 또는 2차 안정적이라고 한다.

4) 이에 대해서는 Spanos(1986)이나 본서의 제8장을 참조하기 바란다.

모든 t와 τ에 대하여,

(i) $E[X_t]=E[X_{t+\tau}]=\mu$,

(ii) $\text{Cov}(X_t,\ X_{t+\tau})=C_{|\tau|}$

가 성립한다.

[정의 8]에 의하면 주어진 확률과정이 공분산 안정적이기 위해서는 모든 시점에서 평균값이 μ로 동일하여야 한다. 또한 특정한 시점 t와 무관하게 두 확률변수 X_t와 $X_{t+\tau}$의 시점차이, 즉 τ가 일정하게 유지되기만 하면 X_t와 $X_{t+\tau}$의 공분산이 $C_{|\tau|}$로 상수값을 지녀야 한다. 예컨대,

$$\text{Cov}(X_{t-2},\ X_{t-1})=\text{Cov}(X_t,\ X_{t+1})=\text{Cov}(X_{t+3},\ X_{t+4})=C_1 \tag{11}$$

이 성립한다. 여기서 C_1은 상수이다.

평균 안정성과 마찬가지로 분산, 공분산은 모두 2차 적률이므로, 공분산 안정성을 2차 안정성이라고 부른다. 이와 같이 2차 적률을 이용하여 정의되는 안정성 개념을 약안정성 또는 광의의 안정성이라고도 한다. 광의의 안정성은 시계열 분석시에 흔히 사용된다. 특히, 오차항이 공분산 안정성을 지니는 것으로 가정하는 경우가 많다. 이와 같은 광의의 안정성 개념을 일반적인 차수의 적률까지로 확장해 볼 수 있다.

정의 9 k차 적률 안정성(kth order stationarity)

확률과정 $\{X_t\}_{t=1}^{\infty}$의 원소인 확률변수들 중 임의로 n개의 확률변수 $X_{t_i}(i=1,\ \cdots\cdots,\ n)$를 선택하자. 그리고 $F(X_{t_1},\ \cdots\cdots,\ X_{t_n})$을 결합확률분포함수라 하자. 이 때 $\{X_t\}_{t=1}^{\infty}$는 다음을 만족할 때 k차 적률 안정적이라고 한다.

모든 τ에 대하여,

$$E[X_{t_1}^{k_1},\ X_{t_2}^{k_2},\ \cdots\cdots,\ X_{t_n}^{k_n}]=E[X_{t_1+\tau}^{k_1},\ X_{t_2+\tau}^{k_2},\ \cdots\cdots,\ X_{t_n+\tau}^{k_n}].$$

여기서 $k_1+k_2+\cdots\cdots+k_n\leq k$이다.

[정의 9]에서 $n=1$, $k=1$인 경우 평균 안정성이 되고, $n=1$, $k=1$, 2인 경우에는 공분산 안정성이 된다. 특히, 평균 안정성과 공분산 안정성은 실제로 시계열을 모형화하는 데 있어서 매우 중요하게 이용되는 성질이다. 그 이유는 $X_t=\alpha X_{t-1}+\varepsilon_t$와 같은 AR(1) 과정에서부터 ARMA($p$, q) 과정을 포함하는 많은 다양한 확률과정들이 i.i.d. 과정인 $\{\varepsilon_t\}_{t=1}^{\infty}$에 의하여 속성이 결정되는데, 이 때 $\{\varepsilon_t\}_{t=1}^{\infty}$의 각 ε_t가 정규분포를 따르는 경우 공분산 안정성이 곧 엄밀 안정성과 동일하게 되기 때문이다. 즉, 정규분포의 형태는 1, 2차 적률인 평균과 분산 및 공분산에 의하여 완전하게 결정되기 때문에 평균과 분산 및 공분산 등이 시간이 지나도 변하지 않는다면 정규분포의 확률밀도함수의 모양도 시간이 지나도 변하지 않게 된다. 그러므로 확률과정 $\{X_t\}$의 원소인 확률변수들 $X_t(t=1, \cdots\cdots)$가 정규분포를 따르는 경우에는 1, 2차 적률 안정성을 나타내는 광의의 안정성 또는 공분산 안정성이 곧 엄밀 안정성과 일치한다.

공분산 안정성과 관련하여 한 가지 언급할 사항이 있다. 공분산 안정성 조건이 만족되면 시계열을 분석하는 데 편리한 점이 많다. 하지만 제8장의 후반부에 간략하게 언급하였듯이 경제시계열 중 안정성을 지니지 않고 불안정(non-stationary)한 시계열로 보이는 경우가 상당수 발견된다. 불안정한 시계열은 곧 평균이나 분산 및 공분산 등 1, 2차 적률이 시간이 지나면서 점차 커지거나 변한다. 이러한 경우에는 적절한 변환을 통하여 시계열을 안정화시킨 다음에 분석을 실시하여야 한다.[5)]

한편, 앞서 점근적으로 성립하는 독립성에 대하여 살펴보았는데 점근적 독립성 개념은 결합확률분포함수에 대해 가해지는 독립성 제약이다. 점근적인 독립성 개념도 안정성 개념과 마찬가지로 적률을 이용하여 정의할 수 있다. 즉, 상관계수(correlation coefficients)와 유사하게 2차 적률인 분산과 공분산으로 표현된 $\rho(\tau)$를 이용하여 점근적으로 성립하는 독립성을 나타내기도 한다. [정의 10]을 만족하는 확률과정을 점근적 무상관성(asymptotic uncorrelatedness)을 지니는 확률과정이라 한다.

5) 최근에는 불안정성을 지니는 시계열을 안정화시키지 않고 그대로 시계열분석을 실시하는 기법들이 개발되어 이용되고 있다.

정의 10 **점근적 무상관성**

$\rho(\tau)$가 모든 t에 대하여, $\left|\frac{\text{Cov}(X_t,\ X_{t+\tau})}{\sqrt{\text{Var}(X_t)\text{Var}(X_{t+\tau})}}\right| \leq \rho(\tau)$와 같이 정의된다고 하자. 확률과정 $\{X_t\}_{t=1}^{\infty}$는 상수수열 $\{\rho(\tau)\}_{t=1}^{\infty}$가 존재하고 다음을 만족하는 경우 점근적 무상관성을 지닌다고 한다.

(i) $0 \leq \rho(\tau) \leq 1$.
(ii) $\sum_{\tau=1}^{\infty}\rho(\tau) < \infty$.

상관계수

$$r_{t,\,t+\tau} = \frac{\text{Cov}(X_t,\ X_{t+\tau})}{\sqrt{\text{Var}(X_t)\text{Var}(X_{t+\tau})}} \tag{12}$$

는 -1보다 크거나 같고 1보다 작거나 같다. 즉, $-1 \leq r_{t,\,t+\tau} \leq 1$. 따라서 상관계수에 절대값을 취하면 0보다 크거나 같고 1보다 작거나 같게 된다. 시차가 τ만큼 차이가 나는 두 확률변수 X_t와 $X_{t+\tau}$ 간의 상관계수값은 $\rho(\tau)$를 초과하지 못한다. 즉, $\rho(\tau)$는 상관계수의 절대값에 대한 상한선, 즉 상계가 된다.[6)]

그런데 [정의 10]에 의하면 상관계수 절대값의 상계 $\rho(\tau)$들로 구성된 무한수열의 무한합 $\sum\rho(\tau)$가 유한한 값을 지닐 때 확률과정 $\{X_t\}_{t=1}^{\infty}$가 점근적으로 무상관성을 지니는 것으로 정의되는데, 무상관성을 지니기 위한 조건은 $\sum_{\tau=1}^{\infty}\rho(\tau) < \infty$이다. 이 조건은 무한수열의 합이 유한하게 될 조건을 의미하는데, 상관계수의 절대값에 대한 상한선을 의미하는 $\rho(\tau)$ 자체가 τ가 무한대로 커짐에 따라서 0에 수렴하면 만족되는 조건이다. 즉, $\rho(\tau) \to 0$이면 $\sum_{\tau=1}^{\infty}\rho(\tau) < \infty$가 성립한다. 결과적으로 확률변수 X_t와 $X_{t+\tau}$ 간의 시간차가 커져서 시간상으로 서로 간에 멀어질수록 상관관계가 점차 작아지고 무한대로 멀어진 두 확률변수는 서로 독립적이게 된다.[7)]

---

6) 점근적 무상관성의 경우에도 점근적 독립성과 마찬가지로 [정의 10]에서도 부등식을 만족하는 상계를 이용하여 정의되고 있다.

7) $\sum_{\tau=1}^{\infty}\rho(\tau) < \infty$가 성립할 필요조건은 $\rho(\tau) \to 0$이고, 충분조건은 0보다 큰 $\delta > 0$에 대해서 $\rho(\tau) < \tau^{-(1+\delta)}$이다.

지금까지 살펴본 내용을 간략하게 요약하면 다음과 같다. 확률과정의 독립성과 동질성 및 안정성 등은 결합확률분포라는 개념을 토대로 정의된다. 그런데 현실적으로 결합확률분포를 직접 이용하여 확률과정의 독립성과 안정성 등을 다루는 것은 수학적으로 간단하지 않은 것이 대부분이다. 따라서 적률을 이용함으로써 이러한 어려움을 우회하는 경우가 많다. 공분산 안정성 등이 이에 대한 대표적인 경우라 할 수 있다.

지금까지 살펴본 내용에 의하면 확률과정의 점근적 독립성질은 시간상으로 멀리 떨어져 있는 두 확률변수들 간의 독립성이 점차로 약해질 것이라는 직관을 나타낸 개념이고, 점근적 독립성이나 점근적 무상관성 등이 이에 해당한다. 뒤에서 살펴볼 예 1~3을 보면 정규분포를 따르는 확률과정에 대해서는 두 점근적인 독립성을 나타내는 두 개념이 서로 일치할 것이라는 점을 유추할 수 있다. 왜냐하면, 두 확률변수 X_{t_i}와 X_{t_j}가 각각 정규분포를 따르는 경우에는 X_{t_i}와 X_{t_j} 간에 나타나는 종속성이 자기상관함수, 다시 말해 $r_{t_i, t_j} \equiv \frac{\text{Cov}(X_{t_i}, X_{t_j})}{\sqrt{\text{Var}(X_{t_i})\text{Var}(X_{t_j})}}$에 의하여 완전하게 결정되고 이러한 자기상관함수가 결국 1, 2차 적률에 의해 완전하게 나타내지기 때문이다.

그런데 이들 독립성 정의들과 관련하여 한 가지 유의할 점이 있다. 즉, 점근적 독립성 개념은 모두 확률과정의 기억력 또는 메모리에 가해지는 제약일 뿐 제약이 가해지는 확률과정이 안정적인 확률과정이 될 것을 요구하지는 않는다. 다시 말해, 동질성이나 안정성을 만족하지 않는 확률과정일지라도 점근적인 독립성을 만족할 수 있다. 바로 이러한 점 때문에 [정의 4]와 [정의 10]에서 부등호를 이용하고 상계를 설정하였던 것이다. 이를 좀더 자세하게 설명하면 다음과 같다. 점근적 독립성을 생각해 보자. [정의 4]에서처럼 점근적 독립성이 성립하면 확률과정 $\{X_t\}_{t=1}^{\infty}$를 구성하는 확률변수들 중 임의의 유한한 n개의 확률변수들 X_{t_1}, X_{t_2}, ……, $X_{t_n}(t_i \in \mathbb{N})$을 선택하였을 때, 선택된 확률변수 X_{t1}, X_{t_2}, ……, X_{t_n}들이 τ가 무한대로 커짐에 따라서

$$\begin{aligned}&|F(X_{t_1}, \cdots\cdots, X_{t_n}, X_{t_1+\tau}, \cdots\cdots, X_{t_n+\tau})\\&\quad -F(X_{t_1}, \cdots\cdots, X_{t_n})\cdot F(X_{t_1+\tau}, \cdots\cdots, X_{t_n+\tau})| \le \beta(\tau) \to 0\end{aligned} \tag{13}$$

이 성립하여야 한다. 이 때 부등호를 등호로 대체하면,

$$|F(X_{t_1}, \cdots\cdots, X_{t_n}, X_{t_1+\tau}, \cdots\cdots, X_{t_n+\tau})$$

$$-F(X_{t_1}, \cdots\cdots, X_{t_n})\cdot F(X_{t_1+\tau}, \cdots\cdots, X_{t_n+\tau})|=\beta(\tau) \quad (14)$$

이다. 이는 임의로 선택된 확률변수 X_{t_1}, X_{t_2}, ……, X_{t_n}들에 대해 τ가 일정하기만 하면 한계확률분포함수의 곱과 결합확률분포함수 사이의 차이가 $\beta(\tau)$로 동일하다는 것을 의미하게 된다.

그런데 [정의 4]에서 보듯이 임의의 유한한 n개의 확률변수들인 X_{t_1}, X_{t_2}, ……, X_{t_n}($t_i \in \mathbb{N}$)은 임의로 선택된 변수들이다. 따라서

$$F(X_{t_1}, \cdots\cdots, X_{t_n}, X_{t_1+\tau}, \cdots\cdots, X_{t_n+\tau}) \quad (15)$$

라는 결합밀도함수와 시간상으로 1시차 떨어져 있는

$$F(X_{t_1+1}, \cdots\cdots, X_{t_n+1}, X_{(t_1+1)+\tau}, \cdots\cdots, X_{(t_n+1)+\tau}) \quad (16)$$

는 엄밀한 안정성을 만족하지 않는 한 같아지지 않는다. 즉,

$$\begin{aligned} &F(X_{t_1}, \cdots\cdots, X_{t_n}, X_{t_1+\tau}, \cdots\cdots, X_{t_n+\tau}) \\ &\quad \neq F(X_{t_1+1}, \cdots\cdots, X_{t_n+1}, X_{(t_1+1)+\tau}, \cdots\cdots, X_{(t_n+1)+\tau}). \end{aligned} \quad (17)$$

만일 확률과정 $\{X_t\}_{t=1}^{\infty}$가 점근적 독립성을 지니고 있다면 이렇게 서로 다른 두 결합분포함수들은 각각 다음과 같이 한계분포함수들의 곱으로 분해될 수 있다.

$$\begin{aligned} &F(X_{t_1}, \cdots\cdots, X_{t_n}, X_{t_1+\tau}, \cdots\cdots, X_{t_n+\tau}) \\ &\quad =F(X_{t_1}, \cdots\cdots, X_{t_n})\cdot F(X_{t_1+\tau}, \cdots\cdots, X_{t_n+\tau}), \end{aligned} \quad (18)$$

$$\begin{aligned} &F(X_{t_1+1}, \cdots\cdots, X_{t_n+1}, X_{(t_1+1)+\tau}, \cdots\cdots, X_{(t_n+1)+\tau}) \\ &\quad =F(X_{t_1+1}, \cdots\cdots, X_{t_n+1})\cdot F(X_{(t_1+1)+\tau}, \cdots\cdots, X_{(t_n+1)+\tau}). \end{aligned} \quad (19)$$

그런데 식 (17)과 동일한 논리로서, 이들 한계결합확률분포함수에 대해서도

$$F(X_{t_1}, \cdots\cdots, X_{t_n}) \neq F(X_{t_1+1}, \cdots\cdots, X_{t_n+1})$$

과

$$(X_{t_1+\tau}, \cdots\cdots, X_{t_n+\tau}) \neq F(X_{(t_1+1)+\tau}, \cdots\cdots, X_{(t_n+1)+\tau})$$

가 성립한다. 따라서

$$F(X_{t_1}, \cdots\cdots, X_{t_n})\cdot F(X_{t_1+\tau}, \cdots\cdots, X_{t_n+\tau}) \\ \neq F(X_{t_1+1}, \cdots\cdots, X_{t_n+1})\cdot F(X_{(t_1+1)+\tau}, \cdots\cdots, X_{(t_n+1)+\tau}) \tag{20}$$

이다. 결국

$$|F(X_{t_1}, \cdots\cdots, X_{t_n}, X_{t_1+\tau}, \cdots\cdots, X_{t_n+\tau}) \\ -F(X_{t_1}, \cdots\cdots, X_{t_n})\cdot F(X_{t_1+\tau}, \cdots\cdots, X_{t_n+\tau})| \equiv \beta_t(\tau)$$

와

$$|F(X_{t_1+1}, \cdots\cdots, X_{t_n+1}, X_{(t_1+1)+\tau}, \cdots\cdots, X_{(t_n+1)+\tau}) \\ -F(X_{t_1+1}, \cdots\cdots, X_{t_n+1})\cdot F(X_{(t_1+1)+\tau}, \cdots\cdots, X_{(t_n+1)+\tau})| \equiv \beta_{t+1}(\tau)$$

는 같은 값이 되지 않는다. 즉, 일반적으로 $\beta_t(\tau) \neq \beta_{t+1}(\tau)$. 결국 독립성으로부터 괴리된 정도를 나타내는 $\beta_t(\tau)$의 값이 시점별로 모두 같아지지 않는다. 즉, 시간상 τ만큼 떨어져 있는 확률벡터들 간의 종속성을 나타내는 $\beta_t(\tau)$가 시점을 어디에서 고정시켜서 계산하느냐에 따라, 즉 $t=t_i$, $t=t_{i+1}$, …… 등 특정한 시점별로 달라진다. 그렇지만 시점 $t(t=1, 2, \cdots\cdots)$별로 다른 $\beta_t(\tau)$들 중 상한값은 매 시점마다 존재한다. 이렇게 매 시점마다 존재하는 $\beta_t(\tau)$의 상한값 중 가장 큰 값을 $\beta(\tau)$로 나타내면

$$\beta_t(\tau) \leq \beta(\tau) \tag{21}$$

가 성립한다. 즉, [정의 4]에서와 같이 부등식을 이용하여 점근적 독립성을 정의해 줄 수 있다. 결국 등호가 아닌 부등호를 이용하여 점근적 독립성을 정의한 이유는 바로 주어진 확률과정 $\{X_t\}_{t=1}^{\infty}$에 대해 안정성을 만족한다는 제약조건을 별도로 부과하지 않았기 때문에 식 (17)에서와 같이 $\{X_t\}_{t=1}^{\infty}$에 대해 시점이 서로 다른 결합확률분포함수가 일치하지 않기 때문이라 할 수 있다. 점근적 무상관성도 역시 마찬가지 논리가 적용된다. 즉, 공분산 안정성이 충족되지 않으면

$$r_{t,\,t+\tau} = \frac{\mathrm{Cov}(X_t,\ X_{t+\tau})}{\sqrt{\mathrm{Var}(X_t)\mathrm{Var}(X_{t+\tau})}} = \frac{\sigma_{t,\,t+\tau}}{\sigma_t \sigma_{t+\tau}}$$

$$\neq \frac{\sigma_{t+1,\,(t+1)+\tau}}{\sigma_{t+1}\sigma_{(t+1)+\tau}} = r_{t+1,\,(t+1)+\tau} \tag{22}$$

가 성립한다. 따라서 $\rho_t(\tau) \neq \rho_{t+1}(\tau)$이다. 결국 시점을 어느 시점으로 하느냐에 따라서 $\rho_t(\tau)$값이 달라진다. 따라서 $\rho_t(\tau)$의 상한값을 $\rho(\tau)$로 나타내면 점근적 독립성과 동일한 논리로

$$\rho_t(\tau) \leq \rho(\tau) \tag{23}$$

가 성립해야 한다.

이제 지금까지 살펴본 확률과정의 독립성, 동질성, 안정성 등이 실제 확률과정에서 어떻게 나타나는지 살펴보자. 이를 위해 확률과정을 구성하는 확률변수들이 모두 정규분포를 따르는 확률과정을 예로 들도록 한다. 정규확률분포는 1, 2차 적률인 평균, 분산 및 공분산을 알고 있으면 그 형태가 완전하게 결정된다. 특히, 만일 확률과정 $\{X_t\}_{t=1}^{\infty}$의 구성원이 되는 확률변수 $X_t(t=1,\ 2,\ \cdots\cdots)$들이 정규분포를 따르는 경우에는 확률분포함수 또는 확률밀도함수를 이용하여 독립성, 동질성 및 안정성 등을 분석하는 것과 1, 2차 적률을 이용하여 독립성, 동질성 및 안정성 등을 분석하는 것이 전혀 차이가 없게 된다는 특징이 있다.

앞서 언급하였듯이 유한한 확률변수들의 결합확률밀도함수에 대해 독립성과 안정성 등을 살펴봄으로써 확률과정의 독립성과 안정성 등을 판정할 수 있다. 이를 위해 먼저 유한차원 다변량 정규확률벡터의 확률밀도함수에 대해 간략하게 살펴보도록 하자. 제4장에서 보았듯이 1변수 정규분포의 (한계)밀도함수와 2변수 정규분포의 결합밀도함수는 각각 다음과 같다.

$$f(X_i) = \frac{1}{\sqrt{2\pi}\,\sigma_i} \cdot \exp\left\{-\frac{1}{2}\left(\frac{X_i-\mu_i}{\sigma_i}\right)^2\right\},$$

$$f(X_j) = \frac{1}{\sqrt{2\pi}\,\sigma_j} \cdot \exp\left\{-\frac{1}{2}\left(\frac{X_j-\mu_j}{\sigma_j}\right)^2\right\},$$

$$f(X_i,\ X_j) = \frac{1}{2\pi\sigma_i\sigma_j\sqrt{1-\rho_{ij}^2}} \cdot \exp\left\{-\frac{1}{2(1-\rho_{ij}^2)}\left[\left(\frac{X_i-\mu_i}{\sigma_i}\right)^2 - 2\rho_{ij}\left(\frac{X_i-\mu_i}{\sigma_i}\right)\left(\frac{X_j-\mu_j}{\sigma_j}\right) + \left(\frac{X_j-\mu_j}{\sigma_j}\right)^2\right]\right\}.$$

여기서 μ_i와 μ_j는 평균, σ_i^2와 σ_j^2는 분산, $\rho_{ij}=\dfrac{\mathrm{Cov}(X_i,\ X_j)}{\sqrt{\mathrm{Var}(X_i)\mathrm{Var}(X_j)}}=\dfrac{\sigma_{ij}}{\sigma_i\sigma_j}$로 두 확률변수 간의 상관계수이다.

일반적으로 정규분포를 따르는 2개 이상의 확률변수로 구성된 다변량 확률밀도함수는 다음과 같다. 먼저

$$\boldsymbol{X}=\begin{pmatrix} X_{t_1} \\ X_{t_2} \\ \vdots \\ X_{t_n} \end{pmatrix},\quad \boldsymbol{\mu}=\begin{pmatrix} \mu_{t_1} \\ \mu_{t_2} \\ \vdots \\ \mu_{t_n} \end{pmatrix},\quad \boldsymbol{\Sigma}=\begin{pmatrix} \sigma_{t_1}^2, & \cdots & \sigma_{t_1t_i} & \cdots & \sigma_{t_1t_n} \\ \vdots & \ddots & \vdots & & \vdots \\ \sigma_{t_it_1} & \cdots & \sigma_{t_i}^2 & \cdots & \sigma_{t_it_n} \\ \vdots & & \vdots & \ddots & \vdots \\ \sigma_{t_nt_1} & \cdots & \sigma_{t_nt_i} & \cdots & \sigma_{t_n}^2 \end{pmatrix}$$

와 같이 정의하자. 여기서 $\boldsymbol{X}$는 $(n\times 1)$차원 정규확률벡터, $\boldsymbol{\mu}$는 $(n\times 1)$차원 정규확률벡터 $\boldsymbol{X}$의 평균 벡터, 그리고 $\boldsymbol{\Sigma}$는 $(n\times n)$차원 분산 및 공분산행렬이다. 그러면 $(n\times 1)$차원 정규확률벡터 $\boldsymbol{X}$의 다변량 정규밀도함수는 다음과 같다.

$$f(\boldsymbol{X})=\frac{1}{\sqrt{(2\pi)^n|\boldsymbol{\Sigma}|}}\cdot\exp\left(-\frac{1}{2}(\boldsymbol{X}-\boldsymbol{\mu})'\boldsymbol{\Sigma}^{-1}(\boldsymbol{X}-\boldsymbol{\mu})\right). \tag{24}$$

여기서 $|\boldsymbol{\Sigma}|$는 분산 및 공분산 행렬의 행렬식이다.

위와 같은 다변량 정규밀도함수에서 임의로 2 확률변수 X_i와 X_j를 선택하면 다음과 같이 2변수 정규확률밀도함수를 얻을 수 있다. 즉, $\boldsymbol{X}=\begin{pmatrix} X_{t_i} \\ X_{t_j} \end{pmatrix}$, $\boldsymbol{\mu}=\begin{pmatrix} \mu_{t_i} \\ \mu_{t_j} \end{pmatrix}$, $\boldsymbol{\Sigma}=\begin{pmatrix} \sigma_{t_i}^2, & \sigma_{t_it_j} \\ \sigma_{t_jt_i}, & \sigma_{t_j}^2 \end{pmatrix}$를 다변량 정규밀도함수에 적용하면,

$$f(X_{t_i},\ X_{t_j})=\frac{1}{2\pi\sigma_{t_i}\sigma_{t_j}\sqrt{1-\left(\dfrac{\sigma_{t_it_j}}{\sigma_{t_i}\sigma_{t_j}}\right)^2}}\cdot$$

$$\exp\left[-\frac{1}{2\left(1-\left(\dfrac{\sigma_{t_it_j}}{\sigma_{t_i}\sigma_{t_j}}\right)^2\right)}\left[\left(\frac{X_{t_i}-\mu_{t_i}}{\sigma_{t_i}}\right)^2-2\left(\frac{\sigma_{t_it_j}}{\sigma_{t_i}\sigma_{t_j}}\right)\left(\frac{X_{t_i}-\mu_{t_i}}{\sigma_{t_i}}\right)\left(\frac{X_{t_j}-\mu_{t_j}}{\sigma_{t_j}}\right)+\left(\frac{X_{t_j}-\mu_{t_j}}{\sigma_{t_j}}\right)^2\right]\right].$$

위 식에서 $\rho_{t_it_j}=\left(\dfrac{\sigma_{t_it_j}}{\sigma_{t_i}\sigma_{t_j}}\right)$이므로 앞서 제시한 2변수 정규확률밀도함수를 얻을 수 있다.

한편, 2변수 정규분포밀도함수는 1변수 정규분포밀도함수에 비하여 상관계수 또는 공분산항이 추가된다는 차이점을 지닌다. 바로 공분산 항의 존재 여부에 따라서 정규분포를 따르는 확률변수로 구성된 확률과정이 독립성을 지니는지 아닌지 여부가 결정된다. 즉, $\rho_{ij}=0$이면 결합밀도함수는

$$\begin{aligned}
f(X_i,\ X_j) &= \frac{1}{2\pi\sigma_i\sigma_j}\cdot\exp\left\{-\frac{1}{2}\left[\left(\frac{X_i-\mu_i}{\sigma_i}\right)^2+\left(\frac{X_j-\mu_j}{\sigma_j}\right)^2\right]\right\} \\
&= \frac{1}{\sqrt{2\pi}\,\sigma_i}\cdot\frac{1}{\sqrt{2\pi}\,\sigma_j}\cdot\exp\left\{-\frac{1}{2}\left(\frac{X_i-\mu_i}{\sigma_i}\right)^2\right\}\cdot\exp\left\{-\frac{1}{2}\left(\frac{X_j-\mu_j}{\sigma_j}\right)^2\right\} \\
&= \frac{1}{\sqrt{2\pi}\,\sigma_i}\cdot\exp\left\{-\frac{1}{2}\left(\frac{X_i-\mu_i}{\sigma_i}\right)^2\right\}\cdot\frac{1}{\sqrt{2\pi}\,\sigma_j}\cdot\exp\left\{-\frac{1}{2}\left(\frac{X_j-\mu_j}{\sigma_j}\right)^2\right\} \\
&= f(X_i)\cdot f(X_j)
\end{aligned}$$

와 같이 한계밀도함수의 곱으로 분해된다는 속성을 지닌다. 반면 두 확률변수들이 독립성을 지니지 않아 $\rho_{ij}\neq 0$인 경우에는 한계밀도함수를 곱해서 결합확률밀도함수를 복원할 수 없음을 알 수 있다.

예 1

확률과정 $\{X_t\}$가

$$\{X_t\}\sim N\left(\begin{pmatrix}\mu\\ \mu\\ \mu\\ \mu\\ \vdots\end{pmatrix},\ \begin{pmatrix}\sigma^2 & \sigma_{12} & \sigma_{13} & \sigma_{14} & \cdots\cdots \\ \sigma_{12} & \sigma^2 & \sigma_{23} & \sigma_{24} & \cdots\cdots \\ \sigma_{13} & \sigma_{23} & \sigma^2 & \sigma_{34} & \cdots\cdots \\ \sigma_{14} & \sigma_{24} & \sigma_{34} & \sigma^2 & \cdots\cdots \\ \vdots & \vdots & \vdots & \vdots & \vdots\end{pmatrix}\right)$$

와 같은 다변량 정규분포를 따른다고 하자. 이와 같은 다변량 정규분포의 경우 매 시점 한계분포가 동일하다. 즉, 각 확률변수 X_i($i=$

1, 2, ……)는 평균이 μ, 분산이 σ^2인 정규분포를 따르고 있다. 따라서 확률과정 $\{X_t\}$는 동질적이다. 이 때 $\{X_t\}$로부터 임의의 두 확률변수 X_i와 X_j를 선택하면,

$$(X_i,\ X_j) \sim N\left(\begin{pmatrix}\mu\\ \mu\end{pmatrix}, \begin{pmatrix}\sigma^2 & \sigma_{ij}\\ \sigma_{ij} & \sigma^2\end{pmatrix}\right)$$

와 같은 2변수 정규분포를 따른다.

그렇다면 동질성을 지니는 확률과정 $\{X_t\}$는 안정성을 지니고 있는가? 시간첨자 i와 j가 모두 일치하지 않는 한 두 변수 간의 공분산은 같은 값을 가지지 않는다. 즉, $\sigma_{ij} \neq \sigma_{kj} \neq \sigma_{im} \neq \sigma_{km}$이 성립한다. 따라서 시간이 변함에 따라서, 다시 말해 모든 n에 대하여,

$$F(X_i,\ X_j) \neq F(X_{i+n},\ X_{j+n}),$$

즉

$$P(X_i,\ X_j) \neq P(X_{i+n},\ X_{j+n})$$

이 성립하게 된다. 따라서 확률과정 $\{X_t\}$는 동질적이기는 하지만 안정적이지는 않음을 알 수 있다.

예 1에서 볼 수 있듯이 안정성은 확률과정이 독립적일 것을 요구하는 조건은 아니라는 것을 알 수 있다. 다음의 예를 통하여 이러한 사실을 확인해 보자.

예 2 확률과정 $\{X_t\}$가

$$\{X_t\} \sim N\left(\begin{pmatrix}\mu\\ \mu\\ \mu\\ \mu\\ \vdots\end{pmatrix}, \begin{pmatrix}\sigma^2 & \sigma_1 & \sigma_2 & \sigma_3 & \sigma_4 & \cdots\cdots\\ \sigma_1 & \sigma^2 & \sigma_1 & \sigma_2 & \sigma_3 & \cdots\cdots\\ \sigma_2 & \sigma_1 & \sigma^2 & \sigma_1 & \sigma_2 & \cdots\cdots\\ \sigma_3 & \sigma_2 & \sigma_1 & \sigma^2 & \sigma_1 & \cdots\cdots\\ \vdots & \vdots & \vdots & \vdots & \vdots & \vdots\end{pmatrix}\right)$$

와 같은 정규분포를 따른다고 하자. 이러한 다변량 정규분포는 예 1에서와 마찬가지로, 각 확률변수 $X_i(i=1,\ 2,\ \cdots\cdots)$가 평균이 μ, 분산이 σ^2인 정규분포를 따르는 동질적 분포이다. 따라서 확률과정 $\{X_t\}$는 동질적이다. 이제 $\{X_t\}$로부터 임의의 두 확률변수 X_i와 X_j를 선택하면,

$$(X_i,\ X_j)\sim N\left(\begin{pmatrix}\mu\\ \mu\end{pmatrix}, \begin{pmatrix}\sigma^2 & \sigma_{|i-j|}\\ \sigma_{|j-i|} & \sigma^2\end{pmatrix}\right)$$

와 같은 2변수 정규분포를 따른다. 이러한 확률분포를 생각하면, 시점이 다른 두 확률변수의 쌍이 있을 때, 즉 X_i와 X_j 그리고 ($k\neq 0$에 대하여) X_{i+k}와 X_{j+k}가 있을 때, 두 확률변수의 시간첨자의 차이값의 절대값, 즉 $|i-j|$와 $|(i+k)-(j+k)|$가 같으면, 공분산의 값이 동일하다는 것을 알 수 있다. 즉,

$$\sigma_{|i-j|}=\sigma_{|(i+k)-(j+k)|}$$

가 성립한다. 따라서 시간이 변하더라도, 즉 모든 n에 대하여

$$F(X_i,\ X_j)\neq F(X_{i+n},\ X_{j+n}),$$

즉

$$P(X_i,\ X_j)=P(X_{i+n},\ X_{j+n})$$

이 성립하게 된다. 이는 확률과정 $\{X_t\}$가 동질적이지만 독립적이지 않아도 안정적인 확률과정이 될 수 있음을 보여 준다. 이 때 확률과정 $\{X_t\}$는 엄밀 안정적이다. 또한 동시에 평균과 분산 및 공분산 등은 2차 적률 안정성 조건을 만족한다. 따라서 $\{X_t\}$는 공분산 안정적이기도 하다.

끝으로 다음의 예는 독립적이면서 동질적인 확률과정의 예를 보여 주고 있다.

예 3

확률과정 $\{X_t\}$가

$$\{X_t\} \sim N\left(\begin{pmatrix}\mu\\ \mu\\ \mu\\ \vdots\end{pmatrix}, \begin{pmatrix}\sigma^2 & 0 & 0 & 0 & \cdots\cdots\\ 0 & \sigma^2 & 0 & 0 & \cdots\cdots\\ 0 & 0 & \sigma^2 & 0 & \cdots\cdots\\ \vdots & \vdots & \vdots & \vdots & \vdots\end{pmatrix}\right)$$

와 같은 정규분포를 따른다고 하자. 이러한 다변량 정규분포에서 각 확률변수 $X_i(i=1,\ 2,\ \cdots\cdots)$는 평균이 μ, 분산이 σ^2인 정규분포를 따른다. 따라서 확률과정 $\{X_t\}$는 동질적이다. 그리고 $\{X_t\}$로부터 임의의 두 확률변수 X_i와 Y_j를 선택하면,

$$(X_i,\ X_j) \sim N\left(\begin{pmatrix}\mu\\ \mu\end{pmatrix}, \begin{pmatrix}\sigma^2 & 0\\ 0 & \sigma^2\end{pmatrix}\right)$$

와 같은 2변수 정규분포를 따른다. 이러한 결합확률분포를 지니는 두 확률변수 X_i와 X_j는 독립적이다. 따라서 시간이 변하더라도, 모든 n과 모든 i 및 모든 j에 대하여

$$F(X_i,\ X_j) = F(X_{i+n},\ X_{j+n}),$$

즉

$$P(X_i,\ X_j) = P(X_{i+n},\ X_{j+n})$$

이 성립하게 된다. 즉, 확률과정 $\{X_t\}$는 동질적이고 독립적이다. 그리고 안정적인 확률과정이기도 하다.

이하에서는 이상과 같이 간략하게 설명한 여러 개념을 보다 구체적으로 설명하는 데 필요한 기초 개념에 대하여 살펴볼 것이다.

7.3. 확률과정의 에르고드성질과 혼합성질

앞서 독립적이고 동질적으로 분포하는(i.i.d.) 확률과정이 엄밀 안정적(strict

stationary) 확률과정이라는 사실을 언급한 바 있다. 이처럼 주어진 확률과정이 실제로 독립·동질적이라면 여러 가지 정리들을 쉽게 응용할 수 있다. 그렇지만 현실적으로 주어진 자료가 독립·동질적 가정을 실제로 만족하는지 여부는 불확실하다. 예컨대, 횡단면자료(cross section data)는 한계분포가 동질적이지 않을 가능성이 높고, 시계열자료(time series data)는 독립성을 만족하지 않을 가능성이 높다.[8] 따라서 동질적으로 분포되지 않은 확률과정이나 종속적이면서 동질적으로 분포하지 않는 확률과정을 분석할 수 있어야 한다. 에르고드[9]성질과 혼합성질은 바로 이러한 요구에 대한 수단을 제공하는 개념이다.

간략하게 말해, 에르고드성질(ergodicity)은 안정적인 확률과정의 종속성에 가해지는 제약으로서 하나의 표본경로(즉, 실현치)만을 이용하여 해당 확률과정에 대한 분포의 적률을 추정할 수 있도록 해 주는 안정적인 확률과정의 속성을 일컫는다. 후술하겠지만, 시간평균의 극한값이 앙상블평균 또는 분포평균에 수렴할 때 해당 확률과정이 에르고드성질을 지닌다고 한다.

혼합성은 에르고드성질과 거의 비슷한 개념이다. 하지만 에르고드성질이 독립적이지만 동질적으로 분포된(independent identically distributed) 확률과정의 분석에 활용되는 가정인 반면, 혼합성은 종속적이면서 이질적으로 분포된(dependent heterogeneously distributed) 확률과정의 분석에도 활용될 수 있는 가정이다. 따라서 혼합성은 에르고드성질을 의미하지만 에르고드성질이 혼합성을 뜻하지는 않는다. 이러한 점은 혼합성이 에르고드성질보다 더욱 강한 가정이라는 것을 의미한다. 주어진 변환(잴 수 있는 함수)이 측도공간(따라

---

8) 현실에서 구할 수 있는 확률과정에 대한 관측치의 수는 무한개가 될 수 없다. 따라서 유한한 개수의 관측치만을 가지고서 무한대의 원소에 의하여 정의되고 있는 확률과정의 성질을 논할 수는 없다. 그렇지만 제6장 [정리 1]의 일관성 정리에 의하면 유한차원 확률측도와 동일한 확률측도를 가지는 무한차원 확률측도가 존재할 뿐만 아니라 여러 가지 상황들을 통하여 확률과정이 지니는 속성을 유추해 볼 수 있다.

예컨대, 타자칠 때 발생하는 오타수를 생각해 보자. 시간이 경과함에 따라서 숙련도가 높아지게 되므로 오타가 발생할 확률이 낮아지고 시간당 타자수도 증가할 것이다. 이 경우 시간이 증가함에 따라서 평균적으로 오타율이 감소하게 될 것이라는 것을 알 수 있다. 따라서 오타율을 측정하였을 때, 오타의 평균과 분산이 모든 시점에서 동일하지 않게 될 가능성이 높다. 이러한 자료는 안정성을 만족하지 않을 가능성이 높을 수 있다.

9) 이 개념은 물리학자 볼츠만(Boltzman)이 열역학상의 문제를 분석하면서 1887년에 창안한 개념으로서, 일과 경로를 뜻하는 그리스어가 결합되어 만들어졌다.

서 확률공간)의 구조를 보존해 줄 수 있는지 여부를 논의하는 것으로부터 에르고드이론이 출발하고 있으므로, 먼저 이에 대하여 간략하게 살펴보도록 하자.

7.3.1. 측도보존적 변환과 에르고드성질

본 소절에서 살펴볼 에르고드성질이나 혼합성질 등의 개념은 모두 측도보존적 변환을 통하여 정의되는 개념들이다. 따라서 먼저 측도보존적 변환이 무엇인지에 대해 살펴보자. 측도보존적 변환은 아래와 같은 예를 통해서 이해할 수 있다.

외부에서 힘이 작용함에 따라서 어떤 유체(예컨대, 물)의 입자들이 움직이는 경우를 생각하자. 만일 외부에서 가해지는 힘이 시간에 대해 독립적이라 하자. 예컨대, 매 시점 가해지는 힘의 크기나 방향이 동일하다 하자. 이는 매 시점 유체에 동일한 어떤 변환(또는 함수) T가 가해지는 상황이라고 볼 수 있다. 이제 변환 T를 시간이 한 단위 흐르는 변환[10]이라 하고, F를 주어진 직사각형 내의 한 부분영역이라고 하자. 그러면 TF[11]는 원래 한 부분영역인 F영역에 자리하고 있었던 입자가 한 단위의 시간이 지나고 바로 다음 시점에 위치하게 될 자리를 의미할 것이다. 이러한 해석에 의하면, $T^2F=T(TF)$는 영역 F의 두 단위 시간 이후의 위치를 뜻하게 된다. 반대로 E를 직사각형 내의 점들의 잴 수 있는 집합(즉, 영역)이라고 하면, $T^{-1}(E)$는 변환 T를 한 번 적용하여 영역 E에 위치하게 될 (T변환을 시행하기 전의) 입자들의 집합을 의미한다. 이에 의하면, 당연히 $T^{-2}(E)$는 변환 T를 2회 적용하여 영역 E에 포함될 입자들의 집합을 나타낸다([그림 7-2] 참조). 이 때 변환된 집합 TF와 T^2F가 변환되기 전의 집합 F와 (거의) 같은 집합이 된다면 이러한 변환 T를 측도보존적 변환(measure preserving transformation)이라고 한다.

원래의 집합과 변환된 집합이 거의 일치하는 경우에 두 집합의 측도값이 동일하게 된다는 것은 주지하는 바이다. 따라서 측도보존적 변환을 다음과 같이 정의할 수 있다. 주어진 집합에 대하여 변환을 시행하여 도출한 집

10) 이를 이동변환(shift)이라고 한다. 예 2를 참조할 것.
11) $T(F)$를 편의상 간략하게 TF와 같이 나타내도록 하자. 그러면 T^2F는 $T(T(F))$를 나타낸다.

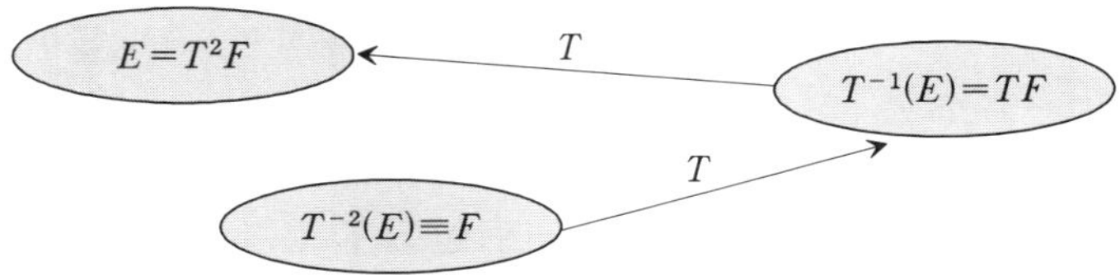

그림 7-2 측도보존적 변환

합, 예컨대 TF의 (확률)측도값과 변환을 적용하기 이전의 집합, 예컨대 F에 대하여 계산한 (확률)측도값이 다르지 않고 같을 때, 그러한 변환을 측도보존적 변환이라 한다.[12)]

정의 11 측도보존적 변환

T: $(S, \mathscr{F})\rightarrow(S, \mathscr{F})$를 확률공간 $(S, \mathscr{F}, P)$ 위에서 잴 수 있는 변환이라고 하자. 이 때 변환 T가 다음을 만족하면 변환 T를 측도보존적 변환이라고 한다.[13)]

모든 집합 $E\in\mathscr{F}$에 대하여 $P(T^{-1}E)=P(E)$가 성립한다.

모든 집합 $E\in\mathscr{F}$에 대하여 측도보존적 변환을 반복해서 적용하면 $k=1, 2, \cdots\cdots$에 대해 $P(T^{-k}E)=P(E)$가 성립한다. 이 때 $T^kE=\{s: T^ks\in E\}$이며, T^k는 변환 T를 k회 합성하는 것(T 변환을 k회 연속 적용하는 것)을 의미한다.

이제 측도보존적인 변환의 예를 들어 보면 다음과 같다.

---

12) 측도보존적 변환을 고려하는 이유 중의 하나는 확률과정을 설명하는 중요한 수단으로서 결합분포를 사용한다는 점이다. 즉, 확률변수들의 결합분포함수가 곧 확률측도를 뜻하므로, 확률변수들을 시간이동시켰을 때 확률측도가 변하지 않는다면, 이는 결과적으로 결합분포가 시간에 따라서 변하지 않는다는 것을 의미하게 된다. 이로부터 측도보존적 변환이 안정성 개념과 직접적으로 연관되어 있음을 알 수 있다.

13) 이를 '변환 T가 P-측도보존적이다'라고 하거나 또는 '변환 T가 측도 P를 보존한다'고 하기도 한다.

예 4 표본공간을 $S=\mathbb{R}$, σ-체를 $\mathscr{F}=\mathscr{B}(\mathbb{R})$, $\mathscr{F}$ 위에서 정의되는 측도를 르벡측도 m^*라 하자. 그리고 변환 T: $(S, \mathscr{F}) \to (S, \mathscr{F})$를 $x'=x+c$ (여기서 c는 실수인 상수)와 같이 정의하자. 그러면 제1장에서 살펴보았듯이 르벡측도는 이와 같은 측도를 보존한다. 즉, $m^*(x)=m^*(T(x)) \equiv m^*(Tx) \equiv m^*(x+c)$가 성립한다.

예 5 표본공간을 $S=\mathbb{R}^\infty$, σ-체를 $\mathscr{B}(\mathbb{R}^\infty)$, 즉 실수 수열의 집합체 $s=(s_0, s_1, \cdots\cdots)$이라 하고, P를 제6장에서 살펴본 바와 같이 $\mathscr{B}(\mathbb{R}^\infty)$ 위에서 정의된 확률측도라고 하자. 여기서 s_i는 수열 s의 i번째 좌표를 나타낸다.

변환 T를 이동변환(shift transformation)이라고 하자. 이 때 이동변환은 $T(s_0, s_1, \cdots\cdots)=(s_1, s_2, \cdots\cdots)$와 같이 시간첨자를 하나씩 뒤로 이동시키는 변환으로 정의되는 변환이다. 이동변환에 의해 보존되는 측도를 안정적 측도(stationary measure)라고 부른다.

통상적으로 계량경제학에서 관심의 초점을 두고 있는 측도보존적인 변환은 예 5에서 살펴본 이동변환이다. 이후에 살펴보게 될 여러 개념들이 일반적인 변환에 적용되는 내용들이기는 하지만, 특히 이를 이동변환에 적용할 수 있다는 점을 기억하기 바란다. 위에서 예로든 안정적인 측도는 중요한 개념이므로 이를 보다 구체적으로 정의해 보도록 하자.

정의 12 확률측도의 안정성

측도 P를 $(\mathbb{R}^\infty, \mathscr{B}(\mathbb{R}^\infty))$ 위에서 정의되는 확률측도라고 하자. 다음이 성립하면 확률측도 P가 안정적이라고 한다.

모든 집합 $n, k=1, 2, \cdots\cdots$와 모든 n차원 보렐집합 B_n에 대하여,

$$P(r: (r_0, r_1, \cdots\cdots, r_{n-1}) \in B_n)$$
$$=P(r: (r_k, r_{1+k}, \cdots\cdots, r_{n-1+k}) \in B_n).$$

[정의 12]로부터 변환 T가 확률측도 P를 보존한다면 확률측도 P는 안정적이며, 반대로 확률측도 P가 안정적이면 변환 T가 확률측도 P를 보존한다는 것을 보일 수 있다.[14)]

제6장에서 두 가지 형태의 콜모고로프의 일관성 정리에 대하여 살펴본 바 있다. 하나는 확률공간 $(S, \mathscr{F}, P)$에 대한 것이며, 다른 하나는 확률공간 $(\mathbb{R}^\infty, \mathscr{B}(\mathbb{R}^\infty), P_X)$에 대한 것이다. 이 때 두 확률공간 사이의 관계는 확률변수 X에 의해 결정된다. 즉, 확률변수 X에 의하여 $(S, \mathscr{F})$가 $(\mathbb{R}^\infty, \mathscr{B}(\mathbb{R}^\infty))$[15)]로 사상되며, 확률측도 P는 확률변수 X에 의하여 유도되는 '유도된 확률측도' P_X로 전환된다. 이러한 개념의 연장선에서 확률측도의 안정성에 대하여 살펴보도록 하자.

[정의 6]′에서처럼, $\{X_t\}$를 확률공간 $(S, \mathscr{F}, P)$ 위에서 정의되는 확률과정이라 할 때, 확률공간 $(\mathbb{R}^\infty, \mathscr{B}(\mathbb{R}^\infty))$ 위에서 정의되는 확률측도 P_x를 다음과 같이 정의해 줄 수 있다. 즉, B_n을 n차원 보렐집합이라고 할 때,

$$\begin{aligned} &P_{X_n}(r: (r_0, r_1, \cdots\cdots, r_{n-1}) \in B_n) \\ &\quad = P(s: (X_0(s), X_1(s), \cdots\cdots, X_{n-1}(s)) \in B_n) \end{aligned} \tag{25}$$

이다. 여기서 $r_i = X_i(s_0)$이다.

이와 같은 확률측도 P_{X_n}은 콜모고로프의 확장정리에서 볼 때 일관성을 지니고 있다. 따라서 콜모고로프의 확장정리에 입각하여 $(\mathbb{R}^\infty, \mathscr{B}(\mathbb{R}^\infty))$ 위에서 정의되는 확률측도 P_X를 아래와 같이 확장하여 정의할 수 있다.

$$\begin{aligned} &P_X(r: (r_0, r_1, \cdots\cdots, r_{n-1}) \in B_n) \\ &\quad = P(s: (X_0(s), X_1(s), \cdots\cdots, X_{n-1}(s)) \in B_n). \end{aligned} \tag{26}$$

위에서 정의한 바와 같이, 확률측도 P_X를 $\mathbb{R}^\infty$ 위에서 안정적인 확률측도(stationary probability measure)라 하면, 주어진 확률과정 $\{X_t\}$가 안정적인 확률과정이며, 그 역도 성립하게 된다.

제2장에서 보았듯이 확률측도는 확률분포와 같은 의미이다. 따라서 확

14) $P(T^{-1}E) = P(E)$라는 관계를 만족하는 집합 $E \in \mathscr{F}$는 잴 수 있는 통집합(cylinder set)을 포함하는 단조집합(monotone class)이다. 따라서 [정의 12]의 관계를 만족하는 집합은 $\mathscr{F}$와 일치하게 된다.

15) 실직선과 그에 대한 σ-체인 보렐체의 쌍으로 구성되는 측도공간을 상태공간(state space)이라고 부른다.

률측도가 안정성을 지닌다는 것은 곧 확률분포가 안정성을 지녔음을 나타낸다. 따라서 [정의 6]'에서 정의된 바와 같이 확률과정을 정의해 줄 수 있다.

정의 6' **확률과정의 (엄밀한) 안정성**

확률과정 $\{X_t\}_{t=1}^{\infty}$의 원소인 확률변수들 중 임의로 n개의 확률변수 $X_{t_i}(i=1, 2, \cdots\cdots, n)$를 선택하자. 이 때 $\{X_t\}_{t=1}^{\infty}$는 다음을 만족할 때 엄밀 안정적이라고 한다.

모든 τ에 대하여

$$F(X_{t_1}, \cdots\cdots, X_{t_n})=F(X_{t_1+\tau}, \cdots\cdots, X_{t_n+\tau}).$$

여기서 $F(X_{t_1}, \cdots\cdots, X_{t_n})$은 결합확률분포함수이다.

위에서 측도보존적 변환에 대하여 살펴보았는데, 측도보존적 변환을 시행하였을 때 어떠한 집합들이 측도가 변하지 않는 집합이 되는지에 대하여 생각해 보자. 측도보존적 변환을 시행하였을 때, 측도가 보존되는 집합을 불변집합(invariant set)이라고 부른다.

정의 13 **집합의 불변성**

T를 확률공간 $(S, \mathscr{F}, P)$ 위에서 정의되는 측도보존적 변환이라고 하자. 이 때 어떤 집합 $E \in \mathscr{F}$가 변환 T 아래에서 불변적이라 함은 다음이 성립할 때이다.

$$E=T^{-1}E.$$

그리고 어떤 집합 $E \in \mathscr{F}$가 거의 불변적(almost invariant)이라 함은 $P(E \Delta T^{-1}E)=0$[16]이 성립하는 때를 말한다.

---

16) Δ는 대칭차(symmetric difference)를 나타내는 기호인데, 그 정의는 $A \Delta B \equiv (A-B) \cup (B-A)$와 같다. 정의에 의하면, A집합에서 B집합과 중복되는 교집합부분을 빼 준 영역과 B집합에서 A집합과 중복되는 교집합부분을 빼 준 영역의 합집합을 두 집합의 대칭차라고 한다. 대칭차 집합의 크기가 작을수록 두 집합이 중복되는 부분이 크다는 것을 알 수 있다.

이와 같은 불변성 개념은 주어진 집합과 변환에 대하여 정의된 개념이다. 그런데 불변집합과 거의 불변인 집합(almost invariant set)은 σ-체 $\mathscr{T}$를 형성한다.[17] 이러한 사실로부터 함수, 잴 수 있는 함수 특히 확률변수에 대해서도 불변성을 적용할 수 있다.[18] 즉, $X: (S, \mathscr{F}) \to (\mathbb{R}, \mathscr{B}(\mathbb{R}))$와 같은 함

이러한 정의에 의하면, 두 집합의 대칭차가 지니는 확률측도값이 0이라는 것은 집합 E와 집합 $T^{-1}E$ 간에 차이가 존재하지만, 그 차이의 크기가 단지 측도상으로(즉, 확률상으로) 0이 되는 것을 의미한다. 즉, 대칭차 집합의 측도값이 작다는 것은 두 집합이 거의 모든 부분에서 중복되어 있어 확률적으로 구분되지 않는다는 것을 의미한다. 따라서 두 집합의 대칭차 집합의 확률측도가 0이라는 것은 두 집합이 확률적인 의미에서 거의 같은 집합이라는 것을 나타낸다.

이를 다음 예를 통해 생각하자. $E=[0, 1)$, $T^{-1}E=(0, 1]$이라고 하자. 그리고 집합 $[0, 1]$ 위에서 정의된 측도를 르벡측도 m^*라고 하자. 이러한 집합에 대하여 대칭차를 구하면 다음과 같다.

$$E \Delta T^{-1}E \equiv (E-T^{-1}E) \cup (T^{-1}E-E) = \{0\} \cup \{1\}.$$

따라서 $m^*(E \Delta T^{-1}E) = m^*(\{0\}) + m^*(\{1\}) = 0$. 그러므로 두 집합의 대칭차 집합의 측도값은 0이 된다. 즉, 집합 E와 집합 $T^{-1}E$는 거의 같은 집합이다.

17) 증명은 다음과 같다.

첫째, $S \in \mathscr{T}$가 성립함을 보이자. 변환 T가 전사함수이므로, 표본공간 S는 당연하게 불변집합이다. 따라서 $S \in \mathscr{T}$.

둘째, $E^c \in \mathscr{T}$가 성립함을 보이자. 먼저, 집합 E가 불변집합이라 하자. 변환 T가 $1-1$함수이므로, $TE^c \Delta E^c = (TE)^c \Delta E^c = TE \Delta E$가 성립한다. 즉, 집합 E가 불변집합이면 E^c도 불변집합이다.

셋째, $i=1, 2, \cdots\cdots$에 대하여 $E_i \in \mathscr{T}$이면 $\bigcup_{i=1}^{\infty} E_i \in \mathscr{T}$가 성립함을 보이자. $\{E_n \in \mathscr{T}, n \in N\}$과 각 n에 대하여

$$P(TE_n \Delta E_n) = P(TE_n - E_n) + P(E_n - TE_n) + P[(TE_n - E_n) \cap (E_n - TE_n)] = 0$$

이 성립한다. 왜냐하면, $(TE_n - E_n) \cap (E_n - TE_n) = \phi$이므로

$$P[(TE_n - E_n) \cap (E_n - TE_n)] = 0 \text{과 } P[TE_n - E_n] = P[E_n - TE_n] = 0$$

이 성립하기 때문이다. 한편,

$$\bigcup_n TE_n - \bigcup_n E_n = \bigcup_n \left(TE_n \cap \left(\bigcap_n E_n^c \right) \right) \subseteq \bigcup_n (TE_n - E_n)$$

이 성립한다. 또한

$$T\left(\bigcup_n E\right) \Delta \bigcup_n E_n = \bigcup_n TE_n \Delta \bigcup_n E_n \text{이고, } \bigcup_n E_n - \bigcup_n TE_n \subseteq \bigcup_n (E_n - TE_n)$$

이 성립한다. 따라서 위로부터

$$P\left(T\left(\bigcup_n E_n\right)\right) \Delta \left(\bigcup_n E_n\right)\Big) = 0$$

이 성립함을 알 수 있다. 즉, 집합 $\bigcup_n E_n$은 불변집합이다. □

거의 불변인 집합의 경우도 마찬가지로 증명된다. 여기서 한 가지 유의할 점은 σ-체 $\mathscr{T}$가 σ-체 $\mathscr{F}$의 부분집합이 된다는 점이다.

18) 어떤 함수가 확률변수가 되려면 함수의 치역이 σ-체를 구성하여야 한다는 점을 상기하기 바란다.

수를 생각하자. 이 때 주어진 함수(특히, 확률변수) X가 불변(거의 불변)이라 함은, 모든(또는 거의 모든) s에 대하여 $X(Ts)=X(s)$가 성립하고, 또 그 역이 성립하는 경우를 말한다.[19)]

이제 측도불변성과 불변집합 등의 개념을 기초로 하여 에르고드성질에 대하여 살펴보도록 하자.

정의 14 변환의 에르고드성질

측도보존적인 변환 T가 에르고드성질을 지니고 있다는 것은 다음이 성립할 때를 말한다.

모든 불변인 집합 $E\in\mathscr{T}$에 대하여, $P(E)=0$이 성립하거나 또는 $P(S-E)=0$이 성립하는 것을 말한다.[20)]

여기서 S는 전체집합을 나타낸다.

[정의 14]에 의하면, 측도가 정의되는 측도공간을 확률공간이라고 보는 경우, 모든 불변집합이 지니는 확률값이 0 또는 1이 될 때, 주어진 변환이 에르고드적(ergodic)이라고 한다는 것을 알 수 있다.[21)]

측도보존적인 변환 T가 있을 때, 다음 정리가 성립한다.

정리 2[22)]

(i) 집합 E가 거의 불변인 집합이라 하자. 그러면 집합 E와의 대칭차집합($(E-F)\cup(F-E)$)의 측도 P가 0인 (엄밀)불변집합(F)이 존재한다.

(ii) 측도보존적 변환 T가 에르고드성질을 지니면, 모든 거의 불변인 집

19) 여기서 유의할 점은 주어진 집합의 지표함수가 불변(거의 불변)하다면 주어진 집합이 불변(거의 불변)이며, 그 역도 성립한다는 것이다.

20) 이는 $P(E)=0$ 또는 $P(E)=1$을 의미한다.

21) 에르고드성질을 정의할 때 불변집합을 거의 불변인 집합으로 대체하여 정의하는 경우도 가능하다.

22) 에르고드성질을 정의하는 방식에는 여러 가지가 있는데, 다음은 하나의 예이다.

합 E에 대하여, $P(E)=0$ 또는 $P(S-E)=0$이 성립한다. 여기서 S는 전체집합이다.

[정리 2]는 첫 번째는 불변집합 E와 거의 일치하는 집합 F가 존재하여 $P((E-F)\cup(F-E))=0$이 성립하고, 아울러 집합 F는 불변집합임을 나타낸다. 두 번째는 변환 T가 측도보존적 변환이라면 거의 불변인 집합 E는 불가능집합이거나 확실한 집합이라는 것을 보여 준다. 간단히 말해, [정리 2]가 의미하는 것은 측도보존적 변환에 의해 측도가 보존되는 집합은 불가능집합이나 확실한 집합이라는 것이다. 이와 같은 정리는 무한 또는 유한측도 모두에 대해 적용할 수 있는 정리이다. 다음의 [정리 3]은 특히 확률측도와 같은 유한측도에 의해 적용할 수 있는 정리이다.

• 정리 3 •

T를 측도보존적인 변환이라고 하자. 그리고 P를 유한측도(finite measure)라 하자. 이 때,

집합 $E\in\mathscr{F}$가 거의 불변적인 집합이라면, $P(T^{-1}E-E)=0$ 또는 $P(E-T^{-1}E)=0$이 성립한다.[23]

그리고 위 명제의 역도 역시 성립한다.

• 정리 2′ •

확률공간 $(S, \mathscr{F}, P)$ 위에서 정의되는 측도보존적인 변환 T가 있을 때, 다음 명제들은 서로 동등하다.

(i) 변환 T가 에르고드성질을 지닌다.
(ii) 모든 거의 불변인 함수는 거의 모든 점에서 상수이다.
(iii) 모든 불변인 함수는 거의 모든 점에서 상수이다.

23) 즉, $Ts\in E$라는 사건은 필요적으로 $s\in E$라는 사건을 의미하고, 역으로 $s\in E$라는 사건은 필요적으로 $Ts\in E$라는 사건을 의미한다.

[정리 3]에 의하면 측도보존적인 변환에 의하여 측도가 보존되는 집합은 발생할 확률이 0인 사건, 즉 불가능사건(impossible event) 또는 발생할 확률이 1인 사건(sure event), 즉 확실한 사건들이라는 것은 알 수 있다. 하지만 불가능사건이나 확실한 사건은 너무 자명하다. 그렇다면 불변집합이 아닌 경우에 대해서도 측도가 보존될 것인가? 다시 말해, 불가능사건이나 확실한 사건이 아닌 집합에 대해서도 측도보존적 변환을 시행하면 변환된 집합의 측도가 그대로 보존될 것인가?

측도를 보존하는 변환이라 할지라도 불변사건집합이 아닌 집합, 예컨대 G에 대해서는 집합 G에 속하는 결과(outcomes)와 그러한 집합의 여집합 G^c에 속하는 결과를 섞어 놓는 기능을 수행하게 된다.[24] 결과적으로 측도보존적인 변환에 의해 주어진 집합이 그 집합의 진부분집합에 사상되는 일은 나타나지 않는다. 즉, $TG \cap G^c$와 같은 집합이 공집합이 아니게 해 준다.[25] 그리고 이러한 변환을 계속해서 시행할 때마다, 불변집합이 아닌 집합 G의 원소와 G^c의 원소가 섞이는 정도가 달라질 것으로 예상할 수 있다.[26]

한편, 독립적이지 않는 두 사건 E와 F에 대하여 다음과 같은 사실이

---

24) 즉, 불변집합의 경우에는 $E=T^{-1}E$가 성립하므로 $T^{-1}E-E=\phi$가 성립한다. 따라서 $T^{-1}E \cap E^c=\phi$가 성립한다. 불변집합이 아닌 경우에는 $T^{-1}G-G \neq \phi$이므로 $T^{-1}G \cap G^c \neq \phi$가 성립한다. 그러므로 불변집합이 아닌 집합 G를 T변환시킨 집합은 집합 G^c의 원소를 포함하게 된다. 이는 바로 변환 T를 가함에 따라서 점차로 집합 G의 원소와 집합 G^c의 원소가 뒤섞이게 된다는 것을 의미한다.

25) 변환 T가 집합 E를 집합 $T^{-1}E$로 사상시킬 때, $T^{-1}E \subseteq E$가 성립한다고 하자. 즉, 집합 E를 그에 대한 진부분집합인 $T^{-1}E$에 사상한다고 하자. 그러면 $T^{-1}E-E=\phi$가 성립하므로 $T^{-1}E \cap E^c=\phi$가 성립하게 된다. 이는 곧 집합 E를 T변환시킨 집합이 집합 E^c의 원소를 포함하지 않는다는 것을 의미하게 된다.

반면, 집합 E를 진부분집합이 아닌 집합으로 사상하는 경우에는 $T^{-1}E-E \neq \phi$가 성립할 것이므로 바로 앞의 각주에서 언급한 것처럼 두 집합의 원소가 혼재하게 된다. 이로부터 '측도를 보존해 준다'는 성질은 어떤 집합을 그 자신의 진부분집합으로 사상하는 일이 발생하지 않도록 해 주는 역할을 수행한다는 사실을 알 수 있다.

26) 하지만 계속적으로 변환을 가해도 집합들이 반드시 골고루 섞인다고 할 수는 없다. 예컨대, 측도보존적 변환 T에 의해 $TE \equiv E'$이 생성되었을 때 E'은 E^c의 일부를 포함하므로 $E' \cap E^c \neq \phi$. 이어서 $E' \neq E$이고, 다시 E'에 T를 작용하면 $TE' \equiv E''$이 되는데 $E'' \cap (E')^c \neq \phi$이고 $E'' \neq E'$이다. 이 때 $E'' \neq E'$과 $E' \neq E$가 성립한다고 해서 $E'' \neq E$가 성립한다는 보장이 없다. 즉, E'은 E^c의 일부를 포함하여야 하지만 동시에 E의 일부를 버려야 하는 경우를 생각하면, 포함되고 배제되는 집합들이 반복되어 나타난다면 지속적으로 변환 T가 실시될 때 $E''=E$, $E'''=E'$, $E''''=E$, $E'''''=E'$, ……이 되어 섞인 결과 E', E'', E''', ……는 모두 E 또는 E' 중의 하나가 되면서 반복해서 나타난다. 따라서 변환이 지속적으로 가해져도 두 집합의 원소가 충분히 섞이지 않는 경우가 발생할 가능성이 배제되지는 않는다. 뒤의 예 6을 참조하라.

성립한다. 즉, 임의 두 집합 E와 F가 있을 때 집합 E가 집합 F에 대하여 양의 종속성을 지니면, 집합 E^c는 집합 F에 대하여 음의 종속성을 지니게 된다. 즉, $P(E\cap F)>P(E)P(F)$이면, $P(E^c\cap F)<P(E^c)P(F)$가 성립하게 된다.[27] 따라서 직관적으로 볼 때, 뒤섞는 작용이 계속됨에 따라서(즉, T^{-k}에서 k가 증가함에 따라서), 집합 E와 집합 E^c 간의 혼합집합(두 집합의 원소로 구성된 집합)과 집합 F 간의 평균종속성이 0에 접근할 것이라는 점을 알 수 있다. 즉, 집합의 원소들이 섞이는 과정이 되풀이되면서 E와 F 간의 양의 종속성(음의 종속성)이 약화되는 동시에 E와 F^c 간의 음의 종속성(양의 종속성)도 약화된다. 이러한 직관을 엄밀하게 정리로서 나타내면 다음과 같다.

• 정리 4 •

확률공간 $(S, \mathscr{F}, P)$ 위에서 정의되는 측도보존적 이동변환 T가 에르고드성질을 지니고 있으면 모든 사건집합 $E, F\in\mathscr{F}$의 쌍에 대하여

$$\lim_{N\to\infty}\frac{1}{N}\sum_{t=1}^{N}P(T^tE\cap F)=P(E)P(F)$$

가 성립하며, 그 역도 역시 성립한다.

[정리 4]는 $P(T^tE\cap F)$들의 평균값이 $P(E)P(F)$값과 일치함을 나타낸다. 여기서 유의할 점은 $P(E)P(F)$와 일치하는 값이 $P(T^tE\cap F)$들의 평균의 극한값이지 $P(T^tE\cap F)$ 자체의 극한값은 아니라는 점이다.[28]

이와 같은 정리는 확률측도를 이용하여 도출되는 정리이다. 즉, 엄밀한 안정성 개념에 입각하여 정의되는 개념인 것이다. 그런데 현실적으로 적률

27) 이는 $P(E^c\cap F)>P(F)-P(E\cap F)<P(F)-P(E)P(F)=P(E^c)P(F)$가 성립하기 때문이다.

28) $\lim_{N\to\infty}\frac{1}{N}\sum_{t=1}^{N}P(T^tE\cap F)=P(E)P(F)$가 성립하면 변환 T가 에르고드성질을 만족한다는 점을 쉽게 증명할 수 있는 반면에, 그 역명제를 증명하기 위해서는 변환 T가 에르고드성질을 지닌다는 가정하에 성립하는 에르고드정리가 요구된다. 따라서 변환 T가 에르고드성질을 만족한다는 사실만으로는 개별적인 $P(T^tE\cap F)$항이 $P(E)\times P(F)$와 같아진다는 점을 보일 수 없다.

을 이용하여 정의되는 광의의 안정성(wide sense stationarity) 개념이 주로 이용된다. 이러한 점을 감안할 때 위의 정리를 적률을 이용하여 나타낼 수 있으면 유용하다. 바로 이러한 요구에 부합하는 정리가 바로 [따름정리 1]이다.

• 따름정리 1 •

$\{X_t\}$를 안정적이고, 에르고드성질을 지니고 있으며, 2차 적분가능한 확률과정이라 하자. 그러면 다음이 성립한다.

$$\lim_{N\to\infty}\frac{1}{N}\sum_{t=1}^{N}\mathrm{Cov}(X_1,\ X_t)=0.$$

[따름정리 1]에 의하면, 안정적 확률과정의 에르고드성질이 종종 공분산의 '세자로합(Cesaro sum)'[29)]이 0에 수렴하는 것과 관련되어 있음을 알 수 있다.[30)] [따름정리 1]에서 2차 적분가능하다는 조건이 필요한 것은 공분산이 2차 적률이고 2차 적률이 반드시 존재하여야 하기 때문이다.

한편, [따름정리 1]의 결과를 보면 $\lim_{t\to\infty}\mathrm{Cov}(X_1,\ X_t)=0$이 성립하면 $\lim_{N\to\infty}\frac{1}{N}\sum_{t=1}^{N}\mathrm{Cov}(X_1,\ X_t)=0$이 성립한다는 것을 알 수 있으므로, 에르고드성질이 확률과정에 대한 일종의 점근적 독립성을 의미하지 않을까 하는 의문이 들 수 있다. 하지만 예 6과 같이, 에르고드성질을 만족하는 확률과정에 대하여 점근적 독립성이 성립하지 않는 예가 존재하므로 그렇지 않다.

예 6 확률공간 $(S,\ \mathscr{F},\ P)$에 대해서, $S=\{0,\ 1\}$, $\mathscr{F}=(\{\phi\},\ \{0\},\ \{1\},\ \{0,\ 1\})$이라 하고, $s=0$과 $s=1$에 대하여 $P(s)=0.5$라고 하자. 그리고 변환

29) 세자로가합성(Cesaro summation)은 무한수열의 합을 정의해 주는 방식의 하나이다. 주어진 수열 $\{a_n\}$이 있을 때, $S_k=a_1+\cdots\cdots+a_n$를 무한합 $\sum_{n=1}^{\infty}a_n$의 부분합이라 한다. 이러한 부분합 S_k에 대해 $\lim_{n\to\infty}\frac{S_1+\cdots\cdots+S_n}{n}=A$와 같이 세자로평균($k$th Cesaro mean)의 극한 A가 존재할 때, 수열 $\{a_n\}$을 세자로가합적(Cesaro summable)이라 한다. 여기서 세자로평균 또는 세자로합은 $\frac{1}{n}(S_1+\cdots\cdots+S_n)$과 같이 정의된다.

30) 실제로 가우스 확률과정의 경우에는 에르고드조건과 공분산의 세자로합이 0에 수렴한다는 조건이 일치하게 된다.

T에 의해서 $T(0)=1$과 $T(1)=0$이 성립한다고 하자. 이 때 $X_1(s)=s$라 놓고, 변환 T를 반복 적용함으로써 확률과정 $\{X_t\}$를 생성할 수 있다. 이러한 확률과정은 항상 0과 1이 교대로 바뀌는 모양을 취하게 된다. 이 때 초기 값은 동일한 확률에 따라 무작위적으로 선택된다고 가정하자.

변환 T가 측도보존적임을 알 수 있다. 따라서 표본공간 S와 공집합 ϕ는 모두 자명한 불변집합이다. 따라서 [정리 2]에 의하여 주어진 확률과정은 에르고드성질을 만족한다.

그리고 [정리 4]에 의해 모든 사건집합 $E,\ F\in\mathscr{F}$의 쌍에 대하여,

$$\lim_{N\to\infty}\frac{1}{N}\sum_{t=1}^{N}P(T^tE\cap F)=P(E)P(F)$$

가 성립한다.[31)]

예컨대, $E=\{0\}$, $F=\{1\}$이라 하자. 그러면 $P(E)=\frac{1}{2}$, $P(F)=\frac{1}{2}$이고, $P(E)P(F)=\frac{1}{4}$이다. 한편,

$$\begin{aligned}
&P(E\cap F)=P(\{0\}\cap\{1\})=P(\phi)=0,\\
&P(TE\cap F)=P(\{1\}\cap\{1\})=P(\{1\})=\frac{1}{2},\\
&P(T^2E\cap F)=P(T(T_0)\cap\{1\})=P(T_1\cap\{1\})=P(\{0\}\cap\{1\})=0,\\
&\qquad\vdots
\end{aligned}$$

이로부터 짝수인 t에 대하여 $P(T^tE\cap F)=0.5$, 홀수인 t에 대하여 0이 성립함을 알 수 있다. 따라서 모든 짝수인 N에 대하여 항상

$$\sum_{t=1}^{N}P(T^tE\cap F)=\frac{N}{2}\left(\frac{1}{2}\right)=\frac{N}{4},\ \sum_{t=1}^{N+1}P(T^tE\cap F)=\frac{N}{2}\left(\frac{1}{2}\right)=\frac{N}{4}$$

이므로,

$$\lim_{N\to\infty}\frac{1}{(N+1)}\sum_{t=1}^{N+1}P(T^tE\cap F)=\lim_{N\to\infty}\frac{1}{(N+1)}\frac{N}{2}\left(\frac{1}{2}\right)=\frac{1}{4}.$$

31) $F=\{1\}$이라 하면 짝수인 t에 대하여 $P(T^tE\cap F)=0.5$, 홀수인 t에 대하여 0이 성립하므로, 실제로 그 극한값이 요구되는 바대로 0.25이다.

즉, $\frac{1}{N}\sum_{t=1}^{N}P(T^tE\cap F)=\frac{1}{4}=P(E)P(F)$가 성립하므로, 확률과정 $\{X_t\}$는 에르고드성질을 만족한다. 나머지의 E, $F\in\mathscr{F}$쌍에 대해서도 이와 같은 성질이 성립한다는 것을 독자가 직접 확인해 보기 바란다.

예 6에서 살펴본 확률과정 $\{X_t\}$의 경우, X_1을 알고 있으면, 모든 t에 대해서 X_t값을 완벽하게 예측할 수 있게 된다. 이러한 사실은 에르고드성질을 만족하는 확률과정 $\{X_t\}$가 있을 때, 비록 좌표함수 간의 시간간격이 증가하더라도 $\{X_t\}$의 서로 다른 좌표들이 독립적이지 않다는 것을 나타낸다. 따라서 이 경우는 에르고드성질을 만족하는 확률과정 $\{X_t\}$가 점근적인 독립성을 지니지 않을 수 있음을 보여 준다. 결국 에르고드성질만으로는 점근적인 측면에서 독립성이 보장되지 않는다는 점이 확인되므로, 점근적인 측면에서 독립성이 성립하기 위해서는 추가적인 조건이 필요하다는 것을 알 수 있다. 이 때 추가되는 조건을 혼합성(mixing) 가정이라고 하며, 혼합성 가정을 도입함으로써 안정적인 확률과정이 비로소 점근적 독립성을 만족하게 된다. 이에 대해서는 7.3.3.에서 설명하도록 한다.

7.3.2. 에르고드정리

이하에서는 에르고드정리에 대하여 살펴보도록 하자. 먼저 제7장에서 언급하였듯이 시계열 관측치는 하나의 사건(표본공간의 원소)에 대한 실현값이라는 점을 상기하자. 이제 확률과정 $\{X_t\}$에 대하여 시간평균(time average)을 특정 사건 s_0에 대하여 $\frac{1}{n}\sum_{k=0}^{n-1}X_k(s_0)$(또는 측도보존적인 이동변환에 의하면 $X_k(s_0)=X_0(T^ks_0)$이므로, $\frac{1}{n}\sum_{k=0}^{n-1}X_0(T^ks_0)$와 같이 정의하자. 여기서 $X_0(s_0)$, $X_1(s_0)$, ……는 특정한 사건(표본공간의 원소)과 관련된 확률과정 $\{X_t\}$에 대한 실현값이다.

한편, 각 시점 t마다 X_t는 확률변수이므로 각 시점 t에서의 기대값 $E[X_t]$($t=1$, 2, ……)를 생각할 수 있는데, 이 때 기대값이 존재한다면 매 시점의 기대값 $E[X_t]$를 해당 시점에서의 앙상블평균(ensemble average)이라고 하며, $E[X_0]=\int_S X_0dP$와 같이 정의할 수 있다.

시간평균과 앙상블평균에 대한 이해를 위하여 다음과 같은 예를 생각하자. S지방의 A, B, C, D, E, F라는 인접지역들의 강우량에 대한 자료가

표 7-1

시점 \ 지역	A	B	……	F
$t=1$	X_{1A}	X_{1B}	……	X_{1F}
$t=2$	X_{2A}	X_{2B}	……	X_{2F}
$t=3$	X_{3A}	X_{3B}	……	X_{3F}
$t=4$	X_{4A}	X_{4B}	……	X_{4F}
……	……	……	……	……

[표 7-1]과 같다고 하자. 거리상으로 근접한 이들 지역은 지역의 특성, 예컨대 기후조건 및 기타 다양한 날씨관련 여건들이 거의 유사하다고 보아도 무방하다. 이제 j지역의 i시점에서의 강우량을 $X_{i,j}(i=1,\ 2,\ \cdots\cdots,\ j=A,\ B,\ C,\ D,\ E,\ F)$와 같이 표시하자.

이러한 상황에서 평균강우량을 어떤 방식으로 계산할지 생각해 보자. 평균강우량을 재는 방법으로 2가지를 생각할 수 있는데, 한 가지는 특정 시점을 고정시킨 후 해당 시점에서 각 지역의 강우량을 평균하는 방법이고, 다른 하나는 특정 지역을 고정한 후 매 시점마다의 해당 지역 강우량을 평균하는 방법이다. 두 번째의 방법은 각 지역의 특성이 거의 유사하다는 점을 고려하여 특정한 한 지역을 골라 해당 지역만을 대상으로 매 시점에서의 강우량 평균을 구하려는 의도를 나타낸다.

이와 같이 정의된 두 가지 평균값은 우연한 경우를 제외하면 일반적으로 서로 일치하지 않을 것으로 생각된다. 그렇다면 시간평균과 앙상블평균이 일치하는 경우는 전혀 존재하지 않을까? 그렇지는 않다. 만일 $\frac{1}{n}\sum_{k=0}^{n-1}X_0(T_s^k) \to \int_s X_0 dP$라는 조건이 만족된다면 시간평균과 앙상블평균이 일치하게 될 것이다. 이와 같은 조건을 만족하는 확률과정을 평균에르고드성(mean ergodicity)을 지니는 확률과정이라고 한다.

이러한 성질을 좀더 일반화하여 적분가능한 함수 f에 대해 $\frac{1}{n}\sum_{k=0}^{n-1}f(T^k s) \to \int_s f\, dP$라는 관계가 성립할지 여부를 생각할 수 있다. 여기서 유의할 점은 주어진 확률과정이 평균에르고드성질을 만족하려면 반드시 안정성을, 특히 동질성을 만족하여야 한다는 점이다. 즉, 모든 $i,\ j$에 대하여 $E[X_i]=$

$E[X_j]$가 성립하여야 한다. 따라서 에르고드성질은 '시간평균의 극한값이 앙상블평균과 일치하게 하도록 해 주는 안정적인 확률과정에 부여되는 가정'으로 이해할 수 있다.

에르고드성질을 좀더 엄밀하게 사건의 불변집합의 확률로서 정의할 수 있다. 즉, 안정적인 확률과정 $\{X_t\}$가 에르고드성질을 지닌다는 것은 측도보존적 변환 T가 에르고드적일 때, 에르고드적 변환 T를 확률과정 $\{X_t\}$의 모든 t에 대하여 적용하면 $X_t(s)=X_1(T^{t-1}s)$가 성립함을 나타낸다.[32]

직관적으로, 안정성과 에르고드성질은 모두 시간평균과 앙상블평균이 동일한 극한값으로 수렴하는 것을 보장하는 충분조건처럼 보인다. 그렇지만 안정성은, 예컨대 $\mu=E[X_1(s)]$가 X_1만의 평균일 뿐만 아니라 모든 X_i의 평균임을 의미한다. 반면에 시간평균은 하나의 실현값 중 특정 시점 n까지의 합을 n으로 나누어 준 값의 극한값이다. 따라서 시간평균은 각 시점에서의 좌표 X_i에서 관측된 $X_i(s)$들의 합으로 정의되고 있으므로, 결과적으로 모든 시점에서의 관측값을 바탕으로 하여 도출된 값이다.

이제까지의 논의를 간략하게 정리해 보자. 측도보존적인 변환 T가 에르고드성질을 지닌다고 하는 것은, 변환 T하에서 측도가 변하지 않는 집합(즉, 불변사건)들의 σ-체인 $\mathscr{T}$의 원소가 되는 모든 집합 E(즉, 불변집합)에 대한 측도가 $P(E)=1$ 또는 $P(E)=0$이 될 때를 말한다. 이렇게 변환 T가 측도보존적이면서 에르고드성질을 만족하는 경우를 전제로, 안정적인 확률과정 $\{X_t\}_{-\infty}^{\infty}$가 에르고드성질을 지닌다는 것은 모든 t에 대해 $X_t(s)=X_1(T^{t-1}s)$가 성립하는 것을 말한다. 이러한 경우 결과적으로 에르고드성질은 안정적인 확률과정에 대한 성질의 하나이며, 안정적인 확률과정이 에르고드성질을 만족하는 경우 시간평균의 극한값이 앙상블평균과 일치하게 된다.

그렇다면 에르고드성질이 만족되면 왜 시간평균과 앙상블평균이 일치하게 되는 것일까? 그 이유를 직관적으로 설명하면 다음과 같다. 먼저 시간이 흐르면서 확률과정 $\{X_t\}_{-\infty}^{\infty}$에 대한 실현치가 지속적으로 관측된다는 점을 상기하자. 그런데 앞서 살펴본 바와 같이 이동변환하에서 불변사건이 존재한다는 것은 표본공간상의 특정한 원소, 즉 $s_0\in S$에 대응되는 특정한 실현치, 즉 $\{X_t(s_0)\}_{-\infty}^{\infty}$값이 한 번도 나타나지 않게 되는 표본공간상의 영역이 존재한다는 것을 나타낸다. 다시 말해, [정리 3]에서 $P(TE\Delta E)=0$이 성립하

32) Doob(1953)는 'ergodicity'라는 용어 대신에 'metrical transitivity'라는 용어를 사용하였다.

면 집합 E가 불변집합이라고 하였는데, 만일 $P(TE\Delta E)=0$이 성립하여 실현치에서 불변집합 E가 나타나게 되면 그 여집합 E^c는 실현치에서 0의 확률로 나타난다. 따라서 이러한 경우에는 아무리 시간이 흘러도 E^c 내의 원소값이 실현치로 나타나지 않게 되므로 시간평균은 앙상블평균과 일치하지 않는다. 왜냐하면, 앙상블평균은 표본공간에 포함되어 있는 모든 원소들의 평균인데 시간이 아무리 흘러도 나타난 실현치에 포함되지 않는 표본공간의 부분집합, 예컨대 E^c의 원소가 존재하므로 시간평균에는 E^c의 원소가 반영되지 않기 때문이다. 그렇지만 이 같은 불변집합 E들을 모두 제외해 주면 $\{X_t(s_0)\}_{-\infty}^{\infty}$값이 한 번도 나타나지 않게 되는 일은 발생하지 않는다. 다시 말해, 실현치가 무한히 증가하게 되면 표본공간에 포함된 모든 원소가 1의 확률로 나타나므로, 결과적으로 실현치의 평균값을 구한 값이 표본공간의 평균인 앙상블평균과 일치할 수 있게 된다.

이와 같은 내용의 정리를 에르고드정리(ergodic theorem)라고 부른다. 그런데 이에 앞서 조건부 기대에 대하여 성립하는 두브(Doob)의 정리를 살펴보자. 두브의 정리는 조건부 기대와 연관되어 있는 반면, 에르고드정리는 주어진 확률과정이 에르고드성질을 만족하고 있다고 가정함으로써 조건부 기대를 무조건부 기대로 대체해 준 것이다. 따라서 에르고드정리가 성립하기 위해서는 측도보존적인 변환이 에르고드성질을 만족하여야만 한다.

• 정리 5 •

두브의 정리[33)]

안정적인 확률과정 $\{X_t\}$가 잴 수 있는 사상(함수) $X_1(s)$, 그리고 $X_t(s)=X_1(T^{t-1}s)$가 성립하도록 해 주는 측도보존적인 (이동(shift))변환 T에 의하여 정의된다고 하자. 이 때 $E[|X_1|]<\infty$, 즉 X_1의 절대값의 기대값이 유한하면, 다시 말해 적분가능하면 거의 확실하게($a.s.$)

$$\lim_{N\to\infty}\frac{1}{N}\sum_{t=1}^{N}X_t(s)=E[X_1|\mathscr{T}]$$

가 성립한다. 여기서 $\mathscr{T}$는 불변집합들의 σ-체이다.

33) 이 정리는 Doob(1953)에 기인하는 정리이다.

[정리 5]는 시간평균의 극한이 불변사건집합의 σ-체를 조건부로 할 때의 앙상블평균값과 일치한다는 것을 의미한다. 그렇다면 '조건부'라는 조건을 사용하지 않으면서 이와 같은 정리가 성립한다는 것을 증명할 수는 없겠는가? 물론 '조건부'라는 조건이 완화되는 반대급부로서 정리의 가정부분에 추가적으로 어떤 조건을 부과하여야 한다. 이 때 추가되는 조건이 바로 측도보존적 변환이 에르고드성질을 지닌다는 가정이다. 따라서 두브의 정리에 이러한 가정이 추가되면 [정리 6]과 같이 에르고드정리가 도출된다.

• 정리 6 •

에르고드정리[34]

$\{X_t\}$를 안정적이고, 에르고드성질을 지니고 있으며, 적분가능한 확률과정이라고 하자. 그러면 다음이 성립한다.

거의 확실하게$(a.s.)$[35] $\lim_{N\to\infty}\frac{1}{N}\sum_{t=1}^{N}X_t(s)=E[X_1]$.

두브의 정리와 관련해서 $E[X_1|\mathscr{T}]=E[X_1]$을 만족한다는 것을 보이면 에르고드의 정리가 증명된다는 것을 알 수 있다. 그런데 주어진 확률과정이 에르고드성질을 만족한다는 가정으로부터 $X_t(s)=X_1(T^{t-1}s)$가 성립하게 된다. 즉, 에르고드성질을 지니는 확률과정의 경우에는 거의 확실하게 $E[X_1|\mathscr{T}]=E[X_1]$이 성립하게 되므로 [정리 6]이 증명된다.

이와 같은 정리를 직관적으로 이해하기 위하여 [그림 7-3]을 보자. 그림 (a)에서는 동질적인 분포를 볼 수 있는데, 이는 확률과정이 엄밀한 안정성(strict stationarity)을 만족한다는 가정 곧 동질적인 분포를 의미한다. 이 그림에서 표본경로의 시간평균, 즉 실현값들의 시간평균값은 점 x_1, x_2, ……의 합으로 계산되는데, 에르고드성질은 이러한 시간평균이 바로 앙상블평균과 일치하게 된다는 것을 의미한다.

34) 에르고드정리는 제11장에서 살펴볼 큰 수의 법칙 중 하나이다.
35) 거의 확실한 수렴에 대해서는 제10장을 참조할 것.

예 7

예 6에서 살펴보았던 확률과정을 다시 생각해 보자. 이제 $s=1$에 대한 실현값을 고려해 보자. 이 때 확률과정의 실현값은 $\{X_t(s=1)\}=\{0, 1, 0, 1, 0, \cdots\cdots\}$와 같다. 이러한 실현값의 시간평균을 구해 보면, 짝수인 N에 대하여

$$\lim_{N\to\infty}\frac{1}{N}\sum_{t=1}^{N}X_t(T^{-t}s)=\lim_{N\to\infty}\frac{1}{N}=\frac{1}{2},$$

홀수인 N에 대하여

$$\lim_{N\to\infty}\frac{1}{N}\sum_{t=1}^{N}X_t(T^{-t}s)=\lim_{N\to\infty}\frac{1}{N}\left(\frac{N}{2}-1\right)=\frac{1}{2}$$

이 성립한다. 따라서 실현값 $\{X_t(s)\}=\{0, 1, 0, 1, 0, \cdots\cdots\}$에 대한 시간평균은 $\lim_{N\to\infty}\frac{1}{N}\sum_{t=1}^{N}X_t(T^{-t}E)=\lim_{N\to\infty}\frac{1}{N}\left(\frac{N}{2}-1\right)=\frac{1}{2}$이다.

한편, 앙상블평균을 계산해 보면 $E[X_t]=0\times P(\{0\})+1\times P(\{1\})=0\times\frac{1}{2}+1\times\frac{1}{2}=\frac{1}{2}$이다. 따라서 이 경우에는 시간평균과 앙상블평균이 일치한다는 것을 알 수 있다.

나머지의 E, $F\in\mathscr{F}$ 쌍에 대해서도 이와 같은 성질이 성립한다는 것을 독자가 직접 확인해 보기를 바란다.

그림 (a)와 같은 3차원 그림을 $(f(x_t), x)$ 평면에 대한 평면도로 나타내면 그림 (b)와 같이 나타날 것인데, 비록 각 실현값들이 발생한 시점은 다르지만 $(f(x_t), x)$ 평면도를 통해 보면, 서로 다른 시점의 분포로부터 추출되었음에도 불구하고 하나의 분포에서 발생한 표본값으로 간주될 수 있을 것이다. 따라서 이러한 표본점이 무한대로 증가하면 결과적으로 그 평균값이 하나의 분포에서 무한대의 표본을 추출하는 것과 같아질 수 있음을 직관적으로 이해할 수 있다. 이것이 바로 에르고드성질이 지니고 있는 의미이다. 여기서 유의할 점은 이러한 표본점이 기껏해야 셀 수 있는 표본점들이 셀 수 없는 무한개의 표본공간을 대표하고 있다는 점이다.[36)]

36) 이는 셀 수 있는 집합이 셀 수 없는 집합과 1 : 1 대응이 되지 않는다는 속성이 있기 때문이다.

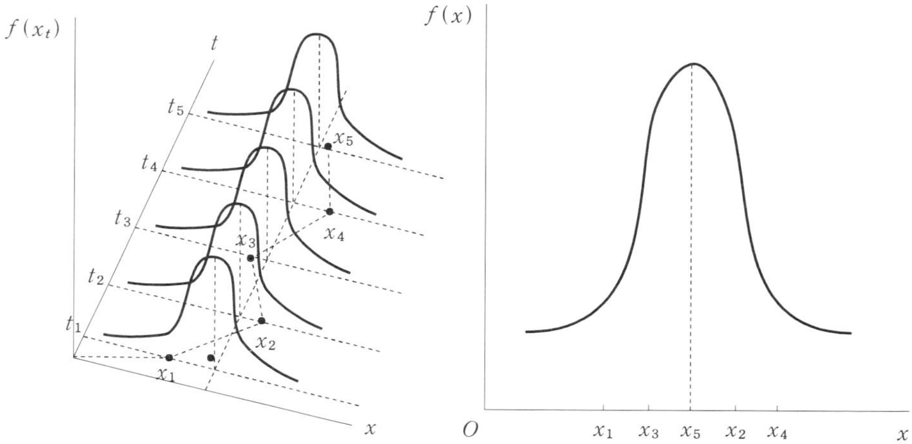

(a) 한계밀도함수　　　　(b) 한계밀도함수

그림 7-3 에르고드정리

이상으로 에르고드성질과 에르고드정리에 대하여 살펴보았는데, 이를 간략하게 요약하면 다음과 같다. 확률과정이 안정적 확률과정[37)]이면서 동시에 에르고드성질을 지니고 있다면, 단지 하나의 표본경로(즉, 하나의 실현값)만을 사용하여 확률과정이 따르는 확률분포에 의해 나타난 적률을 추정할 수 있다. 즉, 하나의 실현값을 사용하여 확률분포의 적률값을 추정할 수 있다.[38)]

에르고드정리는 좀더 일반적인 경우에 적용할 수 있도록 확장될 수 있다. 잘 정의된 (보렐)함수 $h(\cdot)$: $\mathbb{R}\to\mathbb{R}$가 있을 때, 이러한 함수값들의 평균값도 잘 정의된다고 하자. 즉, $E[|h(X_t)|]<\infty$라고 하자. 그러면 안정적 확률과정 $\{X_t\}$가 다음을 만족할 때, 확률과정 $\{X_t\}$가 에르고드성질을 지닌다고 한다.

37) 안정적 확률과정이라는 가정이 중요하다. 그 이유는 에르고드성질이 안정적이지 못한 확률과정에는 적용할 수 없는 성질이기 때문이다.

38) 이는 한 개의 표본을 가지고 모집단의 모수를 추정할 수 있다는 것을 의미한다. 즉, 하나의 확률변수를 생각할 때, 해당 확률변수의 평균을 주어진 하나의 관측치만으로 추정할 수 있다고 주장하는 것과 동일한 것이다. 이러한 주장이 성립하기 위한 조건이 바로 안정적 확률과정의 에르고드성질인 것이다.

$$\lim_{T\to\infty}\frac{1}{T}\sum_{t=1}^{T}h(X_t(s)) = \int_{x\in\mathbb{R}_X} h(X_t(s))f(X_t(s))dX(s)$$
$$\equiv E[|h(X_t)|]. \qquad (27)$$

즉, 식 (27)의 좌변은 시간평균을 의미하고, 우변은 앙상블평균[39]을 의미하므로, 결과적으로 안정적 확률과정이 에르고드성질을 보유한다는 것은 시간평균과 앙상블평균이 일치한다는 것을 뜻한다. 이 때 T는 측도불변적 변환을 나타내는 것이 아님에 유의하자.

물론 이 경우에도 시간평균과 앙상블평균이 일반적으로 일치하지는 않는다.[40] 따라서 이러한 성질이 만족되도록 어떤 가정을 추가적으로 설정하게 되는데, 그러한 조건은 바로 측도보존적 변환이 에르고드성질을 지닌다는 것이다.

에르고드정리는 다음의 두 가지 조건과 관련된다. 첫째는 시간평균이 존재한다는 가정이고, 둘째는 시간평균이 앙상블평균과 일치한다는 조건이다. 이에 대하여 예를 들어 보자.

예 8

2차 안정적 확률과정 $\{X_t\}$의 적률이 다음과 같다고 하자.

(i) $t=1, 2, \cdots\cdots$에 대하여 $E[X_t]=\mu$.

(ii) $k, t=1, 2, \cdots\cdots$에 대하여 $\text{Cov}(X_t, X_{t-k})=c_{|k|}$.

그리고 함수 $h(X_t)=X_t$라 하고 앙상블평균을 $E[h(X_t)]=E[X_t]=\mu$라 하자.

이제 이 같은 확률과정 $\{X_t\}$가 어떤 조건을 만족하여야 에르고드성질이 성립할 것인지 살펴보자. 에르고드성질이 성립한다면, 확률과정의 실현값의 시간평균, 즉 $\frac{1}{T}\sum_{t=1}^{T}X_t$가 존재하여 유한한 값을 지녀야 하고, 동시에 시간평균과 앙상블평균(이 경우 μ)이 서로 일치하

39) 이를 분포평균(distribution average)이라고도 한다.

40) 여기서 유의할 점은 시간평균이 정의되는 것은 첨자집합의 부분집합인 반면 분포의 평균은 표본공간에 대하여 정의된다는 점이다. 이는 바로 시간평균을 계산할 때 이용하는 정보가 기껏해야 셀 수 있는 개수만큼의 자료인 반면에 표본공간이 실직선이 되는 확률변수에 대한 분포의 평균은 셀 수 없는 개수의 정보를 필요로 한다는 점에서 중요하다. 이러한 문제는 콜모고로프의 일관성 정리와 연관성을 가지는 것이라고 볼 수 있다.

여야 한다. 여기서 수렴 여부는 확률수렴(convergence in probability)으로 판정하도록 한다.

체비셰프부등식(Chebyshev's inequality)에 의하면 $\lim_{T\to\infty}\mathrm{Var}\left(\frac{1}{T}\sum_{t=1}^{T}X_t\right)=0$이 성립하면 $\frac{1}{T}\sum_{t=1}^{T}X_t$가 유한한 값을 지니고 $\frac{1}{T}\sum_{t=1}^{T}X_t=\mu$가 성립한다. 결국 $\mathrm{Var}\left(\frac{1}{T}\sum_{t=1}^{T}X_t\right)=0$이 성립하면 에르고드성질이 성립함을 알 수 있다. 그런데 $\mathrm{Var}\left(\frac{1}{T}\sum_{t=1}^{T}X_t\right)=\frac{1}{T^2}\left(\sum_{t=1}^{T}c_0+2\sum_{t>s}^{T}c_{|t-s|}\right)$라는 관계가 성립하고, $\lim_{T\to\infty}\frac{1}{T^2}\sum_{t=1}^{T}c_0=0$[41]이 성립하므로, $\lim_{t\to\infty}\frac{2}{T^2}\sum_{t>s}^{T}c_{|t-s|}=0$이 성립하여야 $\lim_{T\to\infty}\mathrm{Var}\left(\frac{1}{T}\sum_{t=1}^{T}X_t\right)=0$이 성립함을 알 수 있다. 그런데

$$\lim_{\tau\to\infty}c_\tau=0 \tag{28}$$

이 성립한다면 $\lim_{T\to\infty}\frac{2}{T^2}\sum_{t>s}^{T}c_{|t-s|}=0$이 성립하게 된다. 이는 좌표 간의 시차거리가 늘어날수록 관측치들의 종속성이 사라진다는 조건이 만족되어야 한다는 것을 의미한다. 결과적으로 식 (28)이 만족되면 확률과정 $\{X_t\}$가 에르고드성질을 지니게 된다는 것을 알 수 있다. 이는 [따름정리 1]에서 살펴본 내용과 일치하는 것이다. 결국 식 (28)이 성립한다는 가정을 추가하면 확률과정 $\{X_t\}$가 에르고드성질을 지니게 된다.

이와 관련하여

$$\lim_{T\to\infty}\frac{1}{T}\sum_{\tau=0}^{T-1}c_\tau=0 \tag{29}$$

이 성립하는 경우를 평균에르고드성질(mean ergodic)이라고 하는데,[42] 식 (28)이 성립하면 식 (29)가 성립한다.

평균에르고드성질을 일반화하면 다음과 같다. 2차 안정적 확률과정 $\{X_t\}$의 적률이 다음과 같다고 하자.

---

41) 가정상 주어진 확률과정의 분산값이 유한한 값으로 일정하다. 따라서 이를 무한대로 나누어 주면 0이 된다.

42) 이 조건은 부분합의 수열의 평균이 수렴할 때, 그 극한값은 원래 수열의 극한값과 동일하게 되는 것을 보증해 준다.

(i) $t=1, 2, \cdots\cdots$에 대하여 $E[X_t]=\mu$.

(ii) $t, s=1, 2, \cdots\cdots$에 대하여 $\mathrm{Cov}(X_t, X_s)\leq c_0$.[43)]

이제 모든 $t=2, 3, \cdots\cdots$에 대하여 $m_t=\frac{1}{t}\sum_{i=1}^{t}X_k$와 X_t 간의 공분산을 정의하자. 그러면 $\mathrm{Cov}(m_t, X_t)=\frac{1}{t}\sum_{i=1}^{t}E[X_kX_t]$이다.

이제 평균에르고드성질이 성립하기 위한 필요충분조건은

$$\lim_{t\to\infty}\mathrm{Cov}(m_t, X_t)=0 \tag{30}$$

이라는 사실이 알려져 있다. 이러한 조건은 시간이 지남에 따라서 표본평균과 확률과정의 마지막 원소 간의 공분산의 정도가 약해져야 함을 의미한다.

이러한 사실로부터 에르고드성질의 중요한 성질을 이해할 수 있다.

첫째, 적률 등이 어떠한 값으로 수렴하는지 여부에 대하여 논의하기 위해서는 주어진 확률과정이 처음부터 적어도 '점근적으로 안정성을 만족하고 있다'는 조건을 부과하여야 한다는 것이다.

만일 $\lim_{t\to\infty}\mathrm{Var}(X_t)=\mathrm{Cov}(m_0, X_0)\leq c_0$가 성립한다면, 모든 $t, s=1, 2, \cdots\cdots$에 대하여 $\mathrm{Cov}(X_t, X_s)\leq c_0$가 성립한다. 따라서 공분산이 유계되어야 한다는 조건은 곧 점근적인 2차 안정성에 해당한다. 이는 분산이 공분산을 압도하기 때문인데, 결국 양의 항을 지니는 유계된 수열이 수렴한다.

둘째, 안정성과 에르고드성질은 비록 위와 같이 관련되어 있기는 하나 완전히 다른 개념들이다. 예컨대, 평균에르고드성질이 성립하기 위한 충분조건, 즉 $\lim_{\tau\to\infty}c_\tau=0$은 안정성 개념과는 아무 상관이 없고 종속성에 대한 제약의 의미를 지니고 있을 뿐이다.

7.3.3. 혼합성질

7.3.1.에서는 측도보존적인 변환의 에르고드성질에 대하여 살펴보았다. 에르고드성질을 만족하는 확률과정은 시간이 무한히 흐르면서 평균이라는 측면에서 볼 때 점근적 독립성을 만족하지만, 시점별로 볼 때는 점근적 독립성이 만족되지 않음을 보았다. 이러한 한계에 대하여 혼합성질은 시간이 무한히 흐르면, 즉 섞는 과정을 무한히 시행하면 혼합과정에 의하여 혼합된 어떤 집합이 점근적으로 독립성을 얻도록 보증해 주는 조건이다.

43) 이러한 조건은 2차 적률이 어떤 값에 의해서 유계되어 있다는 것을 의미한다.

정의 15 **변환의 혼합성(mixing)**[44)]

T를 확률공간 $(S, \mathscr{F}, P)$ 위에서 정의되는 측도보존적 변환이라고 하자. 그러면 변환 T가 다음을 만족할 때 혼합적이라고 한다.

집합 $E, F \in \mathscr{F}$에 대하여, $\lim_{n \to \infty} P(T^k E \cap F) = P(E)P(F)$.

[정의 15]는 변환의 혼합성질에 대한 정의이다. 이제 확률과정에 대해서도 다음과 같이 혼합성질을 정의할 수 있다.[45)]

정의 16 **확률과정의 혼합성**

변환 T를 혼합적 변환이라고 하자. 확률과정 $\{X_t\}$는 다음을 만족할 때 혼합적(mixing)이라고 한다.

모든 시간 t에 대하여 $X_t(s) = X_1(T^{t-1}s)$.

혼합적인 변환에 대한 이해를 위하여 다음의 두 가지 예를 살펴보도록

44) 여기서 혼합성이 정의되기 위해서는 주어진 측도가 유한측도(예컨대, 확률측도)이어야 한다는 점을 지적하고자 한다. 그 이유는 다음과 같다.

$E = S = F$라고 놓자. 이제 변환 T가 일반적인 측도 μ에 대하여 혼합성을 지닌다고 하면, $\mu(S) = \mu(S)^2$가 성립하게 된다. 이 때 주어진 측도가 유한측도라면 $\mu(S)$가 유한하므로, $\mu(S) = 1$이 성립하여야 한다.

그런데 측도가 유한측도가 아니고(예컨대, 주어진 측도가 확률측도가 아니고) 무한측도라면 정의상 $\mu(S) = \infty$가 성립하고 또한 집합 E가 $\mathscr{F}$의 원소(즉, $E \in \mathscr{F}$)이면서 유한하므로, 영보다 큰 양의 측도를 지녀야 한다. 이 때 $F = S$라 하면, $\mu(E \cap T^{-n}F) = \mu(E) < \infty$가 성립하여야 한다. 하지만 $\mu(E) = \mu(F) = \mu(S) = \infty$이므로 $\mu(E)\mu(F) = \infty$가 성립하여야 한다. 결과적으로 각 측도값이 유한한 값이지만, 이렇게 유한한 값들을 곱한 값은 무한대가 되는 모순이 발생하게 된다.

이러한 모순은 주어진 측도가 유한측도가 아니기 때문에 발생한 것이다. 결과적으로 이러한 모순이 혼합성질에서 발생하는 것을 방지하기 위해서는 주어진 측도가 유한측도(예컨대, 확률측도)라는 가정이 요구된다.

45) [정의 15]와 [정리 4]를 비교하면, [정리 4]는 $\{P(T^k E \cap F)\}$ 수열의 세자로합(Cesaro sum)이 수렴할 것을 요구하는 반면, [정의 15]에서는 $\{P(T^k E \cap F)\}$ 수열 자체가 수렴할 것을 요구하고 있다. 따라서 [정의 15]의 조건이 만족되면 [정리 4]의 조건이 자동으로 만족된다. 따라서 안정적이고 혼합적인 확률과정은 안정적이며 에르고드성질을 지니는 확률과정이 된다.

하자.

예 9

예 6에서 살펴보았던 확률과정에 대하여 다시 생각해 보자. 앞서 보았듯이, 모든 짝수인 t에 대하여 $P(T^t E \cap F)=0.5$가 성립한다. 따라서 $\lim_{t\to\infty} P(T^t E \cap F) \neq 0$이 성립한다는 것을 알 수 있다. 이러한 사실은 에르고드성질이 성립한다고 해서 혼합성질이 성립하는 것이 아님을 보여 준다.

예 10

초간장을 만드는 과정에 대해 생각해 보자. 주어진 간장종지의 95% 밑부분에 간장이 있고 식초가 나머지 5%를 차지하면서 간장층의 바로 위에 놓여 있다고 하자. 즉, 주어진 간장종지는 표본공간 S를 형성하고, S의 95%가 간장이며 나머지 5%는 식초이다. 이러한 상태를 초기상태 X_0라 하자. 그러면 간장종지 안의 부피를 측도 $P(\cdot)$로 나타낼 경우 $P(S)=1$이 되고, 이러한 전체 공간의 측도는 변하지 않는다. 즉, 모든 t에 대해 $P_t(S)=1$이다.

이제 T를 막대기로 천천히 간장종지(S) 속의 간장과 식초를 360도 주기적으로 한 번씩 휘저어 주는 변환을 나타낸다고 하자. 그러면 t시점의 상태 X_t는 $X_t=TX_{t-1}=T^2X_{t-2}=\cdots\cdots$로서 t번 휘저어 준 뒤의 상태를 나타낸다. 이와 같은 변환 T는 결국 간장종지 내의 간장과 식초를 뒤섞어 놓게 될 것이므로 이러한 변환의 결과 초간장이 생성될 것이다. 이러한 변환은 간장종지의 부피를 바꾸지 못하므로 모든 t에 대해 $P_t(S)=1$이어서 측도보존적 변환이라는 것을 알 수 있다.

충분한 시간 동안 흘러 액체를 휘저어 준 후 서로 다른 시점에서 간장종지의 일부에서 뒤섞인 액체의 표본을 추출해 보자. 이 때 간장종지의 일부인 임의의 영역 $F \subset S$에서 표본을 추출하였을 때, F는 수학적으로 임의의 잴 수 있는 집합으로 해석할 수 있다.

E를 간장, F를 간장종지 내의 임의의 아주 작은 영역(잴 수 있는 집합)이라고 하면 $E \cap F$는 F영역 내에 포함된 간장의 부피를 의

미한다. 이 때 간장이 차지하는 부피는 $P(E)=0.95$이고, $\frac{P(E\cap F)}{P(F)}$는 F영역 안에 있는 간장의 비중을 나타낸다. 여기서 $t=0$시점에서는 간장이 밑부분에 놓이고 식초가 그 윗층에 놓여 있도록 설정하였으므로, F가 간장종지의 아랫부분 어느 지점이었다면 $\frac{P(E\cap F)}{P(F)}=1$일 것이고, 간장종지의 윗부분 어느 부분이었다면 $\frac{P(E\cap F)}{P(F)}=0$일 것이다.[46] 이제 T를 적용하여, 막대기로 간장-식초액을 휘저어 주면, $\frac{P(T^kE\cap F)}{P(F)}$는 막대기를 k회 휘저어 준 후에 F영역 안에 있는 간장의 비중을 의미하게 된다. 이 때 막대기를 휘저어 줌에 따라서 간장이나 식초가 압축되지 않는다(incompressible)고 가정하면, 막대기를 휘젓는 행위에도 불구하고 모든 k에 대하여 $P(T^kF)=P(F)$가 성립한다. 즉, 앞서 언급하였듯이 T는 측도보존적 변환이다.[47]

이제 휘젓는 행위로 인해 식초와 간장이 혼합된다면 $T^kF=F$ 영역 안에 있는 간장의 비중, 즉 $\frac{P(T^kE\cap F)}{P(F)}$는 $P(E)$에 수렴할 것으로 기대된다. 즉, 변환의 혼합성질에 의하면 다음이 성립한다.

$$\begin{aligned}\lim_{n\to\infty} P(T^k(E\cap F)) &= \lim_{n\to\infty} P((T^kE)\cap(T^kF)) \\ &= \lim_{n\to\infty} P((T^kE)\cap F) = P(E)P(F).\end{aligned}$$

따라서

$$\frac{P(T^kE\cap F)}{P(F)} = \frac{P(E)P(F)}{P(F)} = P(E).$$

그러므로 간장과 식초가 혼합된 초간장의 각 영역 F는 결국 95%가 간장으로 구성된다.

위의 예는 [정의 15]가 의미하는 바를 잘 보여 주고 있다. 즉, 사건 E에 혼합변환을 반복 적용하여 결국 E에 포함되는 원소, 즉 결과(outcomes)와 E에 포함되지 않는 원소, 즉 E^c에 포함되는 원소인 결과가 서로 혼합된다.

46) 간장과 식초는 비중이 달라서 가만히 놓아 두면 서로 섞이지 않고 간장 위에 식초가 떠 있는 상태가 유지된다고 가정하자. 그러면 외부에서 이들을 섞어 놓지 않는 한 최초의 상태, 즉 간장 위에 식초가 떠 있는 상태가 지속될 것이다.

47) 측도가 보존되는 대상이 F(임의의 작은 영역)라는 점에 유의하기 바란다.

그런데 아주 충분히 큰 k회 동안 섞는 변환을 계속 시행하게 되면 혼합된 집합 T^kE는 원래의 집합 E에 대한 정보를 점차 잃어버리게 된다. 바로 이 점이 혼합성이 지니는 의미이다. 즉, 혼합성질은 결과적으로 시간이 흐르게 되면 원래집합과 변환된 집합 간에 점근적인 독립성이 생기게 됨을 의미한다.

실제로 혼합성을 지니는 측도보존적 변환 T를 계속 적용하여 k가 무한대로 증가함에 따라서, 사건 $E=\{s : X_t(s) \le x_0\}$와 사건 $T^kE=\{s : X_{t+k}(s) \le x_0\}$는 서로 독립적이게 된다는 것을 의미한다. 앞서 에르고드성질을 만족하는 예 6에서는 k가 증가하더라도 독립성이 만족되지 않는 것을 보았는데, 혼합성을 만족하는 위의 예에서는 k가 증가함에 따라서 점근적인 독립성이 성립함을 볼 수 있다.

결국 안정적이고 에르고드성질을 지니는 확률과정에 대하여는 [따름정리 1]에서 $\lim_{n\to\infty}\frac{1}{N}\sum_{t=1}^{N}\text{Cov}(X_1,\ X_k)=0$이 성립하였던 반면에 혼합성을 지니는 변환의 경우에는 $\lim_{n\to\infty}\text{Cov}(X_1,\ X_k)=0$이 성립한다. 즉, 공분산의 세자로 합이 0에 수렴하는 것이 공분산 자체 값이 0으로 수렴하는 것으로 대체된다.

이상과 같이 살펴본 에르고드성질과 혼합성질 간의 관계는 [정리 7]과 같이 나타나는데, 혼합성질이 에르고드성질보다 강한 개념임을 보여 준다.

정리 7

T를 확률공간 $(S,\ \mathscr{F},\ P)$ 위에서 정의되는 혼합적인 변환(mixing transformation)이라고 하자. 그러면 다음이 성립한다.

변환 T는 에르고드성질을 만족한다.

한편, 혼합조건을 만족하는지 여부를 확인하기 위해서는 모든 집합 E, $F\in\mathscr{F}$에 대하여 혼합조건이 성립하는지를 확인해 보아야만 한다. 그러나 실제로는 σ-체인 $\mathscr{F}$를 최소 σ-체로 지니는 체($\mathscr{F}_0$)의 원소인 E, $F\in\mathscr{F}_0$에 국한해서 위 조건이 만족되는지 여부를 확인해 주면 혼합조건이 충족되는지 여부를 충분히 판단할 수 있다. 이는 다음의 정리에 근거하고 있다.

정리 8

T를 확률공간 $(S, \mathscr{F}, P)$ 위에서 정의되는 측도보존적인 변환이라고 하자. 그리고 $\mathscr{F}$를 $\mathscr{F}_0$에 의하여 생성되는 σ-체라 하고, $\mathscr{F}_0$를 집합 S의 부분집합의 체라고 하자. 그러면,

모든 집합 E, $F \in \mathscr{F}_0$에 대하여 혼합조건이 성립하면, 모든 집합 E, $F \in \mathscr{F}$에 대해서도 혼합조건이 성립하고, 변환 T는 혼합적이다.

이상으로 에르고드성질을 보다 강화한 혼합성질에 대하여 살펴보았는데, 혼합성질은 보다 세분화되어 정의될 수 있다. 지금까지 안정적인 확률과정을 전제로 논의를 진행하였다. 그런데 측도보존적(즉, 안정적인) 확률과정이 아닌 경우에도 적용할 수 있도록 내용을 확장하기 위해, 이하에서는 확률과정에 의해 생성되는 사건들의 부분 σ-체(σ-subfield)의 집합체에 대해 논의하도록 하자.

이제 다음과 같이 안정적일 필요는 없는 (이중무한) 시계열 $\{X_t\}_{t\in\mathbb{Z}}$를 생각하자. 그리고 이러한 시계열에 대해 부분 σ-체들의 모임 $\{\mathscr{F}_\tau^t\}_{s\le t}$을 정의하자. 여기서 $\mathscr{F}_\tau^t = \sigma(X_\tau, \cdots\cdots, X_t)$이며, $\mathscr{F}_\tau^t$는 좌표시점이 τ에서 t까지의 잴 수 있는 확률변수열의 최소 σ-체로 정의된다. 대략적으로 말해 $\mathscr{F}_\tau^t$는 τ 시점에서 t 시점까지의 정보가 포함된 집합으로 해석된다. $\mathscr{F}_\tau^t = \sigma(X_\tau, \cdots\cdots, X_t)$의 원소가 되는 집합들은 $\mathscr{B}^\infty$에 대한 $(t-\tau)$차원 통집합의 역상이라고 생각할 수 있다. 이 때 τ가 음의 무한대로 멀어지는 경우의 수열, 즉

$$\mathscr{F}_{-\infty}^t = \sigma(\cdots\cdots, X_{t-1}, X_t) \tag{31}$$

의 수열 $\{\mathscr{F}_{-\infty}^t\}_{t\in\mathbb{Z}}$는 t 시점까지 포함된 정보들의 수열을 나타내는 것으로 해석된다.

이제 몇 가지 σ-체를 정의하도록 하자. 전체 수열이 잴 수 있는 경우의 최소 σ-체를 $\mathscr{F} \equiv \mathscr{F}_{-\infty}^\infty = \vee_t \mathscr{F}_{-\infty}^t$와 같은 극한으로 나타낼 수 있다. 한편, 원격 σ-체 또는 말미 σ-체(remote σ-field or tail σ-field)는 $\mathscr{F}_{-\infty} = \bigcap_t \mathscr{F}_{-\infty}^t$와 같이 정의되는 σ-체로서 확률변수열의 임의의 좌표시점까지의 사건에 대한

정보를 포함한다. 이러한 σ-체뿐만 아니라 $\bigcap_t \mathscr{F}_t^{\infty}$나 $\bigcap_t \mathscr{F}_{-t}^{t}$ 등도 유사하게 정의할 수 있다. 임의의 서로 소인 부분 σ-체들의 쌍, 예컨대 $\mathscr{F}_{t_1}^{t_2}$와 $\mathscr{F}_{3}^{t_4}$ 간의 독립성이 성립하는지 여부를 논의함으로써 이러한 확률변수열들에 대한 독립성을 논의할 수 있다.

이제 확률변수열 $\{X_t\}_{t\in\mathbb{Z}}=\{X_t\}_{-\infty}^{\infty}$가 있다고 하자. 이 때 모든 말미 사건의 발생확률이 0 또는 1이 되면 $\{X_t\}_{-\infty}^{\infty}$는 정칙적(regular) 또는 혼합적(mixing)이라고 한다.[48] 다음의 정리가 나타내는 바와 같이 정칙성에 의하면, 말미 사건은 σ-체인 $\mathscr{F}$의 원소인 모든 사건과 독립적이어야 한다.

정리 9

확률변수열 $\{X_t\}_{-\infty}^{\infty}$는 $\mathscr{F}$의 원소인 모든 $E\in\mathscr{F}$에 대해

$$\lim_{t\to\infty}\sup_{F\in\mathscr{F}_{t}^{\infty}}|P(E\cap F)-P(E)P(F)|=0$$

이 성립하면 정칙적이다.

역으로 $\{X_t\}_{-\infty}^{\infty}$가 정칙이면

$$\lim_{t\to\infty}\sup_{F\in\mathscr{F}_{t}^{\infty}}|P(E\cap F)-P(E)P(F)|=0$$

이 성립한다.

[정리 9]에 의하면 미래 시점 t의 값을 가급적 크게 설정함으로써

$$|P(E\cap F)-P(E)P(F)| \tag{32}$$

의 최소상계(supremum)를 작게 해 줄 수 있다. 이는 사건 E가 아주 먼 과거에 발생한 사건, 즉 말미 사건 F에 대해서 독립적이라는 것을 의미한다. 오로지 말미 사건만이 자명할 때, 부분 σ-체인 $\mathscr{F}_{-\infty}^{k}$($k$는 고정된 값)에 포함된 과거 사건과 X_{t+k} 간의 종속성은 시간이 흘러 t가 증가함에 따라서 결국 감소해야만 한다.

48) 정칙성은 이브라기모프(Ibragimov)와 리닉(Linnik)에 의해 제안된 용어이다.

이상으로 살펴본 바에 의하면, 말미 사건과 불변성 개념은 서로 연관되어 있다. 즉, T를 측도보존적인 이동변환이라고 할 때, $E \in \mathscr{F}_{-\infty}^{t}$라면 $TE \in \mathscr{F}_{-\infty}^{t+1}$이 될 것이므로, $T^{-1}E \in \mathscr{F}_{-\infty}^{t-1}$이 성립한다. 이 때 $TE=E$라 하면 $T^{-1}E=E$가 될 것이므로 $E \in \left(\bigcap_{\tau=t}^{\infty} \mathscr{F}_{-\infty}^{\tau}\right) \cap \left(\bigcap_{\tau=-\infty}^{t} \mathscr{F}_{-\infty}^{\tau}\right) = \mathscr{F}_{-\infty}$가 된다.

• 정리 10 •

변환 T가 측도보존적인 이동변환이라 하자. 그리고 $TE=E$가 성립한다고 하자. 즉, 집합 E를 불변집합이라 하자.

그러면 $E \in \mathscr{F}_{-\infty}$이다.

그렇다면 정칙성과 에르고드성질 간의 관계는 무엇인가? 다음 정리에서 볼 수 있듯이 안정적인 확률변수열 $\{X_t\}$가 정칙성을 지니고 있으면, 안정적인 확률변수열 $\{X_t\}$는 에르고드성질을 지닌다.

• 정리 11 •

확률변수열 $\{X_t\}_{-\infty}^{\infty}$가 안정적이고 동시에 정칙적이라고 하자.

그러면 $\{X_t\}_{-\infty}^{\infty}$는 에르고드성질을 지닌다.

그런데 정칙성은 시계열에 직접 적용하기는 한계점을 지닌다. 즉, 정칙성이 성립하는지 여부를 살펴보는 것은 사실상 관심사항이 발생시점상 멀리 떨어져 있는 서로 다른 임의의 두 사건에 대해서만 관심을 주목하고 있을 뿐 말미 사건 자체에는 크게 관심을 두지 않는다. 이는 지금까지의 논의가 높은 활용성을 지니려면 사건들의 부분 σ-체들 간에 나타나는 종속성을 측정할 수 있어야 함을 의미한다. 이를 위해 이하에서는 시계열 간에 나타나는 종속성을 측정하는 개념 중에서 극한이론에서 많이 사용하는 개념인 강한 혼합성질과 균일한 혼합성질에 대해 살펴보도록 하자.

7.3.4. 강한 혼합(α-혼합)과 균일한 혼합(ϕ-혼합)

본항에서는 사건들의 부분 σ-체들 간에 나타나는 종속성을 측정할 수 있는 수단에 대해 살펴볼 것이며, 이를 위해 시계열 간에 나타나는 종속성을 측정하는 개념 중 강한 혼합성질과 균일한 혼합성질에 대하여 논의할 것이다.[49)]

앞의 항에서 살펴본 바와 같이 혼합성질은 기본적으로 결합분포에 대하여 가해지는 제약이다. 그런데 앞장들에서 언급한 바와 같이 분포를 통하여 정의된 개념을 실제로 활용하는 것은 쉽지 않다. 따라서 에르고드성질에서 살펴본 바와 같이, 분포를 통하여 정의된 개념을 적률로 표현되는 개념으로 전환하여 생각하는 것이 편리하며 통상적이다. 실제로 적률을 이용하는 방식이 일반적으로 사용되는 방식이다. 그렇다면 분포를 통하여 정의된 혼합성질이 적률과 어떤 관계를 가질 것인가? 먼저 결론만 간략하게 제시하면, 혼합성질은 예측, 즉 $E[X_{t+k}|\mathscr{F}]$와 같은 적률과 관련된 개념이다.[50)] 이하에서는 혼합성질에 대하여 살펴보도록 하자.

예측과 관련하여 일반적으로 관심의 대상이 되는 것은 조건부 예측이라고 할 수 있다. 즉, $E[X_{t+k}|\mathscr{F}]$와 같이 정보 $\mathscr{F}$가 주어진 상황에서 미래값에 대한 예측치를 도출하는 것이 관심사인 것이다. 이제 현재까지의 지식 또는 정보를 조건부로 하여 확률과정의 미래 경로를 예측하려는 상황에 처해 있다고 하자. 이러한 상황에서 혼합성질이 의미하는 바는, 예측하고자 하는 미래가 현재에서 점차 멀어질수록 현재 시점까지의 정보를 바탕으로 하여 도출된 예측치, 즉 $E[X_{t+k}|\mathscr{F}^{t}_{-\infty}]$는 전체적인 확률과정의 확률분포만을 통해 산출되는 예측치, 즉 무조건부 예측치인 $E[X_{t+k}]$보다 개선된 결과를

---

49) 이 밖에도 $\beta(\mathscr{G}, \mathscr{H})$나 $\rho(\mathscr{G}, \mathscr{H})$ 등의 개념이 종속성을 측정하는 수단으로 제시된 바 있다. 이들은 각각 다음과 같이 정의된다.

$$\beta(\mathscr{G}, \mathscr{H}) \equiv \sup_{G\in\mathscr{G},\ H\in\mathscr{H},\ P(G)>0,\ P(H)>0}\left|\frac{P(G\cap H)}{P(G)P(H)}-1\right|,$$

$$\rho(\mathscr{G}, \mathscr{H}) \equiv \sup\frac{|E[XY]|}{\|X\|_2\|Y\|_2}.$$

여기서 X는 $\mathscr{G}$-가측, Y는 $\mathscr{H}$-가측인 확률변수이다.

50) 주지하다시피 현재 시점이 t라고 할 때, $E[X_{t+k}]$는 k시점 이후의 확률변수에 대한 예측값이다. 이러한 예측값은 당연히 적률 개념이다.

보여 주지 않는다는 것이다. 다시 말해, 결론부터 언급하면 혼합성질을 만족하는 확률과정은

$$\lim_{k\to\infty}(E[X_{t+k}|\mathscr{F}_{-\infty}^{t}]-E[X_{t+k}])=0 \tag{33}$$

과 같은 적률과 관련된 관계식을 만족하게 되고, 시간이 무한히 흐르면서 조건부 예측은 무조건부 예측과 일치하게 된다.

이제 혼합성질을 논의하기에 앞서 먼저 혼합계수를 정의하자. $\mathscr{H}$와 $\mathscr{G}$를 각각 σ-체인 $\mathscr{F}$의 부분 σ-체라고 하자. 즉, $\mathscr{H}\subset\mathscr{F}$, $\mathscr{G}\subset\mathscr{F}$. 그러면 강한 혼합계수 $\alpha(\mathscr{G}, \mathscr{H})$와 균일한 혼합계수 $\phi(\mathscr{G}, \mathscr{H})$는 다음과 같이 정의된다.

정의 17 강한 혼합계수(α-혼합계수)와 균일한 혼합계수(ϕ-혼합계수)

$$\alpha(\mathscr{G}, \mathscr{H})\equiv\sup_{G\in\mathscr{G},\ H\in\mathscr{H}}|P(G\cap H)-P(G)P(H)|,$$
$$\phi(\mathscr{G}, \mathscr{H})\equiv\sup_{G\in\mathscr{G},\ H\in\mathscr{H};\ P(G)>0}|P(H|G)-P(H)|.$$

[정의 17]에 의하면 두 부분 σ-체 $\mathscr{H}$와 $\mathscr{G}$가 서로 독립이면 강한 혼합계수 $\alpha(\mathscr{G}, \mathscr{H})$와 균일한 혼합계수 $\phi(\mathscr{G}, \mathscr{H})$는 각각 0이 된다. 반대로 균일한 혼합계수가 0일 때 $\mathscr{H}$와 $\mathscr{G}$는 서로 독립이다. 하지만 강한 혼합계수가 0이라 해서 $\mathscr{H}$와 $\mathscr{G}$는 서로 독립이라고 할 수는 없다.

그런데 모든 $G\in\mathscr{G}$, $H\in\mathscr{H}$에 대해

$$\begin{aligned}|P(G\cap H)-P(G)P(H)| &= \left|P(G)\frac{P(G\cap H)-P(G)P(H)}{P(G)}\right| \\ &= \left|P(G)\left(\frac{P(G\cap H)}{P(G)}-P(H)\right)\right| \\ &= |P(G)[P(H|G)-P(H)]|\end{aligned}$$

가 성립하고 $0<P(G)\le 1$이므로,

$$\begin{aligned}|P(G\cap H)-P(G)P(H)| &= |P(G)[P(H|G)-P(H)]| \\ &\le |[P(H|G)-P(H)]|\le\phi(\mathscr{G}, \mathscr{H})\end{aligned} \tag{34}$$

가 성립하므로 강한 혼합계수가 균일한 혼합계수보다 작다는 것을 알 수 있다. 한편, 강한 혼합계수는 앞서 살펴보았던 통상적인 정칙성(ordinary regularity) 개념보다 강한 성질이다.

한편, 혼합성질의 정의에 의하면 절대값이 혼합계수의 정의에서 사용되고 있음을 볼 수 있는데, 이는 0이라는 값에서 벗어나 양의 값이 되거나 음의 값이 되거나 간에, 벗어난 방향과는 상관없이 벗어난 정도로만 혼합의 정도를 측정하려는 의도를 담고 있는 것이다.

그런데 이와 같이 정의된 두 혼합계수, 즉 α-혼합계수와 ϕ-혼합계수 간에는 차이점이 없을 것같이 생각된다. 하지만 이들 두 정의는 모두 사건들의 집합에 대한 종속성의 최소상계(suprema)로 정의되기 때문에 두 혼합계수 간에 차이가 발생하기도 한다. 다음은 이에 대한 하나의 사례이다.

예 11 부분 σ-체들의 수열 $\{\mathcal{G}_k\}_{k=1}^{\infty}$과 $\mathcal{H}$에 대해 강한 혼합계수 $\alpha(\mathcal{G}_k, \mathcal{H})$를 생각하자. 이 때 극한값을 $\lim_{k\to\infty}\alpha(\mathcal{G}_k, \mathcal{H})=0$이라 하자. 이러한 조건 하에서 $P(G_k)=\frac{1}{k}$과 $c\neq P(H)$에 대해 $P(G_k\cap H)=\frac{c}{k}$가 만족되는 $G_k \in\mathcal{G}_k$와 $H\in\mathcal{H}$가 존재할 수 있다. 모든 $k\geq 1$에 대하여 $\phi(\mathcal{G}_k, \mathcal{H})\geq |P(H|G_k)-P(H)|=|c-P(H)|$가 성립한다. 그런데 $P(H)\neq c$라 하였으므로 $|c-P(H)|\neq 0$이다. 결과적으로 부분 σ-체 $\mathcal{G}_k$와 $\mathcal{H}$는 극한에서 독립적이지 않게 된다.

지금까지 살펴본 바처럼 강한 혼합계수는 명백히 점근적인 독립성을 의미하는 개념이다. 하지만 정의상 발생확률이 0이기는 하지만 절대로 공집합이 아닌 집합, 즉 무시가능 집합(negligible sets)들이 존재하는데, 이들 무시할 수 있는 집합들 간에 종속성이 발생하는 것까지 배제해 줄 수는 없다.

이제 시계열, 즉 확률과정 혼합성에 대해 정의하도록 하자. 주어진 시계열 $\{X_t\}$에 대해 다음과 같은 두 σ-체

$$\mathcal{F}_{-\infty}^{t}=\sigma(\cdots\cdots, X_{t-2}, X_{t-1}, X_t) \tag{35}$$

와

$$\mathcal{F}_{t+k}^{\infty}=\sigma(X_{t+k}, X_{t+(k+1)}, X_{t+(k+2)}, \cdots\cdots) \tag{36}$$

를 생각하자. $\mathscr{F}^{t}_{-\infty}$는 t시점과 동 시점 이전의 모든 과거 시점에서 발생한 모든 사건에 대한 정보를 담고 있는 사건집합체, 즉 부분 σ-체이고, $\mathscr{F}^{\infty}_{t+k}$는 $t+k$시점과 동 시점 이후의 모든 미래 시점에서 발생하는 사건에 대한 정보를 포함하고 있는 부분 σ-체이다. 이와 같은 정의 아래 시계열 $\{X_t\}^{\infty}_{-\infty}$는 다음을 만족하면 강하게 혼합된 시계열 또는 α-혼합된(α-mixing) 시계열이라고 한다.[51)]

정의 18 시계열의 강한 혼합(α-혼합)성질

확률과정 $\{X_t\}$에 대해 정의되는 σ-체 $\mathscr{F}^{t}_{-\infty}$와 $\mathscr{F}^{\infty}_{t+k}$에 대해 $\alpha_k \equiv \sup_t \alpha(\mathscr{F}^{t}_{-\infty}, \mathscr{F}^{\infty}_{t+k})$를 다음과 같이 정의하자.

$$\alpha_k(\mathscr{F}^{t}_{-\infty}, \mathscr{F}^{\infty}_{t+k}) = \sup_t[\sup_{E \in \mathscr{F}^{t}_{-\infty},\ F \in \mathscr{F}^{\infty}_{t+k}} |P(E \cap F) - P(E)P(F)|].$$

그러면 $\lim_{k \to \infty} \alpha_k \equiv \lim_{k \to \infty} \sup_t \alpha(\mathscr{F}^{t}_{-\infty}, \mathscr{F}^{\infty}_{t+k}) = 0$이 성립한다.

정의 19 시계열의 균일한 혼합(ϕ-혼합)성질

확률과정 $\{X_t\}$에 대해 정의되는 σ-체 $\mathscr{F}^{t}_{-\infty}$와 $\mathscr{F}^{\infty}_{t+k}$에 대해 $\phi_k \equiv \sup_t \phi(\mathscr{F}^{t}_{-\infty}, \mathscr{F}^{\infty}_{t+k})$를 다음과 같이 정의하자.

$$\phi_k(\mathscr{F}^{t}_{-\infty}, \mathscr{F}^{\infty}_{t+k}) = \sup_t[\sup_{E \in \mathscr{F}_{-\infty},\ F \in \mathscr{F}^{\infty}_{t+k};\ P(E)} |P(F|E) - P(F)|].$$

그러면 $\lim_{k \to \infty} \phi_k \equiv \lim_{k \to \infty} \sup_t \phi(\mathscr{F}^{t}_{-\infty}, \mathscr{F}^{\infty}_{t+k}\} = 0$이 성립한다.

강한 혼합성이나 균일한 혼합성은 모두 X_t 및 X_t와 적어도 시간상 k기간만큼 떨어져 있는 사건 간의 종속성 정도를 측정해 주는 척도이다.[52)]

51) 제10장에서 큰 수의 법칙에 대해 살펴볼 예정이지만 확률과정은 분포함수의 종속성이나 동질성에 따라 ① 독립적이고 동질적인 확률과정, ② 독립적이고 이질적인 확률과정, ③ 종속적이고 동질적인 확률과정, ④ 종속적이고 이질적인 확률과정으로 구분된다. 이 중 종속적이고 이질적인 확률과정의 경우가 가장 일반적이고 포괄적인 경우라 할 수 있는데, 이러한 확률과정에 대한 큰 수의 법칙을 맥리쉬(McLeish)가 처음으로 제안한 바 있다. 맥리쉬는 종속적이면서 이질적인 확률과정에 성립하는 큰 수의 법칙을 제시하면서 혼합성질을 이용하였다.

사건 간에 떨어진 정도, 즉 k가 무한대로 커지게 될 때 강한 혼합이나 균일한 혼합이 0에 수렴하면 $\{X_t\}$는 점근적인 독립성을 나타내게 된다. 처음에 **혼합 개념은 액체의 입자의 위치가 시간이 흐름에 따라 최초의 위치로부터 점점 종속되지 않는다는 것을 나타내는 데** 사용되었다. 이는 결과적으로 시간이 흐르면서 먼 미래가 현재 및 과거와 사실상 독립적이도록 해 주는 제약이 바로 혼합성질이라는 것을 의미한다. 추후에 설명할 것이지만, 혼합성질은 또한 시계열의 기억력에 대해 가해지는 제약이다. 결국 혼합성질이 유용한 이유는 확률과정의 이질성에 대해 제약을 가하지 않더라도 종속성을 허용할 수 있다는 점에 있다. 한편, 혼합 개념이 제안된 초기에는 주로 안정적인 과정 위에 혼합성을 부과하였다. 하지만 안정적인 확률과정에 한하여 혼합성질을 부여한 것은 편의적인 것일 뿐 혼합성을 반드시 안정적인 확률과정에 국한하여 적용할 필요는 없다.

확률과정 $\{X_t\}$가 강한 혼합성질 또는 균일한 혼합성질을 지니는 경우에는 시간상으로 멀리 떨어져 있는 두 사건 σ-체들이 점근적으로 독립적이게 된다. 이러한 측면에서 강한 혼합성질이나 균일한 혼합성질이 거의 흡사한 성질을 지니는 것으로 보인다. 하지만 이 경우에도 양자 간에는 차이가 존재한다. 강한 혼합계수와 균일한 혼합계수 간에 존재하는 차이점은 직관적으로 이해하기에 곤란한 점이 있지만, 시계열에 대해 적용되는 강한 혼합성질과 균일한 혼합성질은 각기 시간과 관련이 있기 때문에 양자 간에 존재하는 차이점을 이해할 수 있다. 균일한 혼합성질, 즉 ϕ-혼합성질은 조건부 확률에 의해 정의되고 있으므로, 어떤 집합을 조건부로 하는가에 의해 ϕ-계수가 다르게 된다. 예컨대,

$$\sup_t \ \phi(\mathscr{F}^{\,t}_{-\infty},\ \mathscr{F}^{\infty}_{t+k}) \neq \sup_t \ \phi(\mathscr{F}^{\infty}_{t+k},\ \mathscr{F}^{\,t}_{-\infty}) \tag{37}$$

이다. 이는 일반적으로

$$\begin{aligned} &\sup_{E\in\mathscr{F}^{\,t}_{-\infty},\ F\in\mathscr{F}^{\infty}_{t+k};\ P(E)} |P(F|E)-P(F)| \\ &\quad = \sup_{E\in\mathscr{F}^{\,t}_{-\infty},\ F\in\mathscr{F}^{\infty}_{t+k};\ P(F)} |P(E|F)-P(E)| \end{aligned} \tag{38}$$

라는 관계가 성립하지 않기 때문이다. 즉, 과거 사건 E를 조건부로 하여 미

52) 강한 혼합성과 균일한 혼합이라는 명칭은 Rosenblatt(1956), Billingsley(1968)에 의해 각각 부여되었다.

래에 발생할 사건 F의 발생확률을 구한 결과와 미래 사건 F를 조건부로 하여 과거 사건 E의 발생확률을 구한 결과는 일반적으로 일치하지 않는데, 균일한 혼합성질이 지니고 있는 이러한 성질을 시간적 비가역성(time irreversibility)이라고 부른다. 반면에 강한 혼합성질, 즉 α-혼합성질은 과거 사건과 미래 사건의 자리를 바꾸어 놓더라도 영향을 받지 않으므로 시간에 대해 가역성을 지니고 있다. 따라서 주어진 시계열 $\{X_t\}$가 강한 혼합성질, 즉 α-혼합성질을 지니고 있다면 $\{X_t\}$는 시간가역적이므로, $Y_t = X_{-t}$와 같이 정의되는 시계열 $\{Y_t\}$도 역시 α-혼합성질을 지니고 시간가역적이다.

한편, 강한 혼합성질을 지니는 시계열은 결과적으로 k가 무한대로 커짐에 따라 자기공분산 $\gamma_t = E[X_t X_{t-k}]$가 0에 수렴하여야만 한다. 이와 관련하여 콜모고로프와 로자노프(Rozanov)는 안정적인 정규분포를 따르는 확률변수열은 강한 혼합성질을 지닌다는 사실을 보여 주었다.

지금까지 α-혼합성질과 ϕ-혼합성질에 대해 살펴보았는데, 이들 혼합성질 간의 관계는 어떠한가? 이는 [정리 12]에 제시되어 있는데, 이에 의하면 균일한 혼합성질(ϕ-혼합)이 성립하면 강한 혼합성질(α-혼합)이 성립한다.

정리 12

(i) 모든 k에 대하여 $\alpha_k \leq \phi_k$가 성립한다.

(ii) $\{\phi_k\} \downarrow 0$이면 $\{\alpha_k\} \downarrow 0$이다.

이처럼 강한 혼합성질이나 균일한 혼합성질 등의 개념은 확률변수열의 종속성을 나타내는 척도로서, 극한에서 성립하는 것으로 정의된다. 따라서 수열이 강한 혼합성질을 지니고 있어서 혼합계수가 0에 수렴하는 경우라 할지라도 수렴하는 정도가 어느 정도 빠른지는 상황에 따라 각각 다르게 나타날 수 있다.

이제 이에 대해 간략하게 살펴보자. 먼저 두 집합체 $\mathscr{F}_{-\infty}^{t}$와 $\mathscr{F}_{t+k}^{\infty}$는 단조집합이다. 즉, $\mathscr{F}_{-\infty}^{t}$는 현재와 과거의 모든 사건들의 집합체이므로 시간 t가 증가함에 따라서 감소할 수는 없다. 따라서 $\mathscr{F}_{-\infty}^{t}$는 시간 t에 대해 비감

소(non-decreasing)한다. 마찬가지로 $\mathscr{F}_{t+k}^{\infty}$는 시간 t가 커질수록 감소한다. 그 이유는 $t=t+m(m>0)$인 미래 시점에서의 $\mathscr{F}_{(t+m)+k}^{\infty}$에는 현재 시점에서의 사건이 포함되지 않는 데 반해 $\mathscr{F}_{t+k}^{\infty}$는 $t'=t+m$기 이후에 발생하는 미래의 사건뿐만 아니라 현재 시점에서 발생하는 사건도 포함하므로 $\mathscr{F}_{(t+m)+k}^{\infty} \subset \mathscr{F}_{t+k}^{\infty}$가 성립하기 때문이다. 또한 $\mathscr{F}_{t+k}^{\infty}$는 미래의 $t+k$시점 이후 미래에서 발생할 사건들의 집합체이므로, 더 먼 미래 시점 $t''=(t+k)+n(n>0)$ 이후의 사건들의 집합체보다 클 수밖에 없다. 즉, $\mathscr{F}_{(t+n)+k}^{\infty} \subset \mathscr{F}_{t+k}^{\infty}$이므로 $\mathscr{F}_{t+k}^{\infty}$는 k에 대해 감소(decreasing)한다. 따라서 $\mathscr{F}_{t+k}^{\infty}$는 시간 t와 k에 대해 모두 감소한다. 이러한 점을 감안하면 혼합계수의 수열 $\{\alpha_k\}$이나 $\{\phi_k\}$는 단조적(monotone)일 것임을 알 수 있다. 즉, $\alpha_k \equiv \sup_t \alpha(\mathscr{F}_{-\infty}^{t}, \mathscr{F}_{t+k}^{\infty})$에서 t가 일정할 때, k가 계속 커지면 $\mathscr{F}_{t+k}^{\infty}$가 지속적으로 작아지므로 $P(E \cap F)$와 $P(E)P(F)$ 간의 차이(즉, $|P(E \cap F)-P(E)P(F)|$)가 발생하는지 여부를 결정하게 되는 대상집합 자체가 감소하게 된다. 따라서 $|P(E \cap F)-P(E)P(F)|$의 최소상계(대략적으로 최대값)는 작아질 수밖에 없다.

혼합계수의 수열 $\{\alpha_k\}$이나 $\{\phi_k\}$가 0에 수렴하는 경우에 어느 정도 빠르게 수렴하는지 여부를 구분하고자 할 때 혼합성질의 혼합규모(size) 개념을 이용한다. 이 때 혼합규모가 의미하는 바는 무엇인가? 간략하게 언급하면, 혼합규모는 기억력 또는 메모리가 소멸하는 빠르기라고 할 수 있다.

정의 20 혼합규모

확률과정 $\{X_t\}$가 α-혼합적(또는 ϕ-혼합적)이라고 하자. 이 때 혼합성질을 지니는 확률과정 $\{X_t\}$의 혼합규모 $-\varphi$는 다음을 만족한다.

모든 $\varphi<-\varphi_0$에 대해 $\alpha_k=O(k^{\varphi})$가 성립한다. 즉, 모든 k에 대해 실수 M이 존재하여 $\frac{\alpha_k}{k^{-\varphi}} \leq M$이 성립[53]하는 어떤 $\varphi(\varphi>\varphi_0)$가 존재한다.

그리고 혼합규모와 관련된 확률과정 $\{X_t\}$를 $-\varphi_0$를 혼합규모로 갖는 강한 혼합(또는 균일한 혼합)과정이라고 한다.

어떤 경우에는 0에 수렴하는 수열 $\{\alpha_k\}$나 $\{\phi_k\}$에 대해 $\sum_{k=1}^{\infty} \alpha_k^{1/\varphi} < \infty$와 같

53) 이 조건을 제9장에서 살펴보게 될 큰 O로 나타낸 것이 $\alpha_k=O(k^{-\varphi})$이다.

은 총합조건을 만족하는 φ를 혼합규모로 정의하기도 한다. 그런데 [정의 20]에서 제시된 조건이 만족되면 $\sum_{k=1}^{\infty}\alpha_k^{1/\varphi}<\infty$와 같은 총합조건이 성립하므로 [정의 20]의 조건이 이보다 강한 조건임을 알 수 있다.

혼합성질은 확률변수열 $\{X_t\}$ 자체의 성질이 아니라 확률변수열 $\{X_t\}$에 의해 생성되는 σ-체들의 수열, 즉 $\{\mathscr{F}_t\}$가 지니는 성질이다. 따라서 확률변수열 $\{X_t\}$에 의해 생성되는 σ-체들에 대해 잴 수 있는 임의의 확률변수들은 모두 혼합성질을 지니고 있음을 알 수 있다. 즉, 다음의 정리가 성립한다.

정리 13

유한한 시차 τ에 대해 $Y_t=h(X_t,\ X_{t-1},\ X_{t-2},\ \cdots\cdots,\ X_{t-\tau})$와 같은 잴 수 있는 함수 h가 있다고 하자. 그리고 $\{X_t\}$를 혼합규모가 $-\varphi$인 강한 혼합(또는 균일한 혼합)성질을 지닌 확률과정이라 하자. 그러면 다음이 성립한다.

확률과정 $\{Y_t\}$는 혼합규모가 $-\varphi$인 강한 혼합(또는 균일한 혼합)성질을 지닌다.

지금까지 살펴본 바와 같이 혼합성질은 확률과정의 결합분포에 대해 제약을 가하는 개념이라는 것을 보았다. 이하에서는 혼합성질이 혼합된 과정의 적률과 어떻게 연관되어 있는지를 알아봄으로써 혼합성질의 실제적 의미에 대해 살펴보도록 하자.

대략적으로 말해 확률과정이 혼합성질을 지니고 있다면 먼 과거부터 현재 시점까지 발생한 사건들의 집합과 아주 먼 미래에 발생하게 될 사건들의 집합은 서로 점근적으로 독립적이게 된다. 현재 시점에서의 정보를 이용하여 미래 시점의 상황에 대해 예측하고자 할 때 흔히 확률과정으로부터 계산되는 적률을 이용하게 되는데, 혼합성질은 결국 예측과 밀접하게 연관된다. 예컨대, 예측목적으로 활용되는 대표적인 모형으로 ARMA(p, q)모형 등의 시계열모형이 있는데, 이들 모형에서의 예측은 결과적으로 현재 시점의 확률변수와 미래 시점의 확률변수 간의 종속성에 의존하게 된다.

앞서 언급한 바 있듯이, 예측과 관련하여 일반적으로 관심대상이 되는 것은 조건부 예측이다. 그런데 혼합성질을 만족하는 확률과정은

$$\lim_{k\to\infty}(E[X_{t+k}|\mathscr{F}_{-\infty}^{t}]-E[X_{t+k}])=0 \tag{39}$$

과 같은 적률과 관련된 관계식을 만족한다. 따라서 혼합성질을 만족하는 확률과정의 경우는 시간이 무한히 흐르면서 조건부 예측값이 무조건부 예측값과 일치하게 된다. 이와 같은 내용은 구체적으로 다음과 같은 정리를 통하여 알 수 있다.

정리 14

$r\geq p\geq 1$이고, 확률과정 $\{X_t\}$가 강한 혼합성질을 지닌다고 하자. 그러면 다음이 성립한다.

$$\|E[X_{t+k}|\mathscr{F}_{-\infty}^{t}]-E[X_{t+k}]\|_p\leq 2\left(2^{\frac{1}{p}}+1\right)\alpha_k^{\frac{1}{p}-\frac{1}{r}}\|X_{t+k}\|_r.$$

[정리 14]에 따르면 k가 무한대로 증가함에 따라서 α_k가 0에 수렴하게 되므로, 즉, $\lim_{k\to\infty}\alpha_k\equiv\alpha=0$이 성립한다. 따라서 만일 주어진 확률과정 $\{X_t\}$가 α-혼합적이라면 $\lim_{k\to\infty}\|E[X_{t+k}|\mathscr{F}_{-\infty}^{t}]-E[X_{t+k}]\|_p=0$이 성립한다는 것을 알 수 있다. 이는 결과적으로 k기 미래를 예측하고자 할 때 먼 미래, 즉 k가 아주 큰 경우에 대한 예측은 현재까지의 정보를 이용하거나 무조건부 예측을 실시하거나 간에 예측력에 있어서 차이가 없다는 것을 의미한다. 강한 혼합성질과 마찬가지로 균일한 혼합성질의 경우에도 아래와 같이 거의 동일한 결과가 성립한다는 것이 알려져 있다. 즉, 균일한(ϕ) 혼합의 경우에도, k가 무한대로 증가함에 따라 ϕ_k가 0에 수렴하게 되므로, 즉 $\lim_{k\to\infty}\phi_k\equiv\phi=0$이 성립하므로 균일하게 혼합적인 확률과정에 대하여 $\lim_{k\to\infty}\|E[X_{t+k}|\mathscr{F}_{-\infty}^{t}]-E[X_{t+k}]\|_p=0$이 성립한다는 것을 알 수 있다. 이 때 두 정리 간에는 혼합규모가 조금 다르다는 정도의 차이점이 있을 뿐이다.

• 정리 15 •

$r \geq p \geq 1$이고, 확률과정 $\{X_t\}$가 균일한 혼합성질을 지닌다고 하자. 그러면 다음이 성립한다.

$$\|E[X_{t+k}|\mathscr{F}_{-\infty}^{t}]-E[X_{t+k}]\|_p \leq 2\phi_k^{1-\frac{1}{r}}\|X_{t+k}\|_r.$$

[정리 14]와 [정리 15]는 1차 적률에 대해 성립하는 성질인데, 이와 유사하게 공분산, 즉 2차 적률에 대해서 아래와 같은 관계가 성립한다는 것이 알려져 있다.

• 정리 16 •

$p>1$과 $r \geq \dfrac{p}{(p-1)}$라 하자. 그리고 확률과정 $\{X_t\}$가 강한 혼합성질을 지닌다고 하자. 그러면 다음이 성립한다.

$$|\mathrm{Cov}(X_t,\ X_{t+k})| \leq 2\left(2^{1-\frac{1}{p}}+1\right)\alpha_k^{1-\frac{1}{p}-\frac{1}{r}}\|X_t\|_p\|X_{t+k}\|_r.$$

[정리 16]에 의하면 확률과정 $\{X_t\}$가 α-혼합적이면 $\lim\limits_{k\to\infty}|\mathrm{Cov}(X_t,\ X_{t+k})| = 0$이 성립한다. 즉, 혼합성질을 지니는 시계열에 대해 현재 시점 확률변수와 미래 시점 확률변수 간의 자기공분산이 결국 0이 된다. 따라서 이로부터 혼합성질을 지니는 시계열은 점근적으로 독립성을 지닌다는 것을 알 수 있다.

균일한 혼합의 경우에도 [정리 16]과 마찬가지 결과를 [정리 17]과 같이 얻을 수 있는데, 이 때 두 정리에는 혼합규모가 조금 다르다는 정도의 차이점이 있다.

정리 17

$r>1$이라 하자. 그리고 확률과정 $\{X_t\}$가 균일한 혼합성질을 지닌다고 하자. 그러면 다음이 성립한다.

$$|\mathrm{Cov}(X_t,\ X_{t+k})| \leq 2\cdot\phi_k^{\frac{1}{r}}\|X_t\|_r\|X_{t+k}\|_{\frac{r}{(r-1)}}.$$

위에서 살펴본 혼합적 확률과정의 성질 중에서 기억하여야 할 점은 혼합적 확률과정이 이른바 평균회복(mean reversion)적인 속성을 지니고 있다는 점이다. 평균회복적 속성은 $X_t-E[X_t]$값이 0을 중심으로 그 부호가 자주 교차해야 한다는 것을 의미한다. 만일 $X_t-E[X_t]$가 계속해서 양(음)의 값을 지니면 k가 커짐에 따라서 $|E[X_{t+k}|\mathscr{F}_{-\infty}^t]-E[X_{t+k}]|$값이 증가(감소)하게 될 것이다. 그러므로 $|E[X_{t+k}|\mathscr{F}_{-\infty}^t]-E[X_{t+k}]|$가 0에 가까워지기 위해서는 예측 못할 정도로 $X_t-E[X_t]$의 부호가 변해야 할 것이다.

혼합성질은 평균회복성을 의미하지만, 역으로 평균회복성질은 혼합성질을 의미하지는 않는다는 점에 유의하여야 한다.

한편, 1차 적률, 즉 평균과 관련된 성질뿐만 아니라 2차 적률, 즉 분산에 대한 성질도 생각할 수 있는데,

$$\|\mathrm{Var}(X_{t+k}|\mathscr{F}_{-\infty}^t)-\mathrm{Var}(X_{t+k})\|_p>0 \tag{40}$$

과 같은 성질을 만족하는 확률과정 $\{X_t\}$가 있을 때, $\{X_t\}$가 조건부 이분산성(conditionally heteroscadastic)을 지닌다고 한다. 혼합성질을 만족하는 확률과정 $\{X_t\}$는 k가 무한대로 증가함에 따라서 조건부 이분산성을 만족하여야 한다.[54] α-혼합성질과 ϕ-혼합성질을 비교해 보면, 강한 혼합성질보다 균일한 혼합성질이 적률의 존재 여부와 관련하여 더 완화된 개념이라는 것을 알 수 있다.

54) X_t의 잴 수 있는 함수에 대해서도 이와 유사한 성질을 만족하여야 한다.

참고문헌

Capinski, M. and E. Kopp, *Measure, Integral and Probability*, Springer, 1999, Ch. 1～2.

Davidson, James, *Stochastic limit theory—an introduction for econometricians*, 3rd ed., Oxford University Press, 1994, Ch. 18～25.

Dhrymes, P. J., *Distributed Lags: Problems of Estimation and Formulation*, Oliver & Boyd, 1971.

Halmos, P. R., *Measure Theory*, Princeton, N.J.: D. Van Nostrand, 1956.

Ibragimov, I. A. and Y. V. Linnik, *Independent and Stationary Sequences of Random Variables*, Nolters-Noordhoff, 1971.

McLeish, D. L., "A Maximal Inequality and Dependent Strong Laws," *Annals of Probability*, 3, 1975, pp. 826～836.

Ronald, Gallant A. and Halbert White, *A Unified Theory of Estimation and Inference for Nonlinear Dynamic Models*, Basil Blackwell, 1988.

Spanos, Aris, *Statistical Foundations of Econometric Modelling*, Cambridge University Press, 1986, Ch. 8.

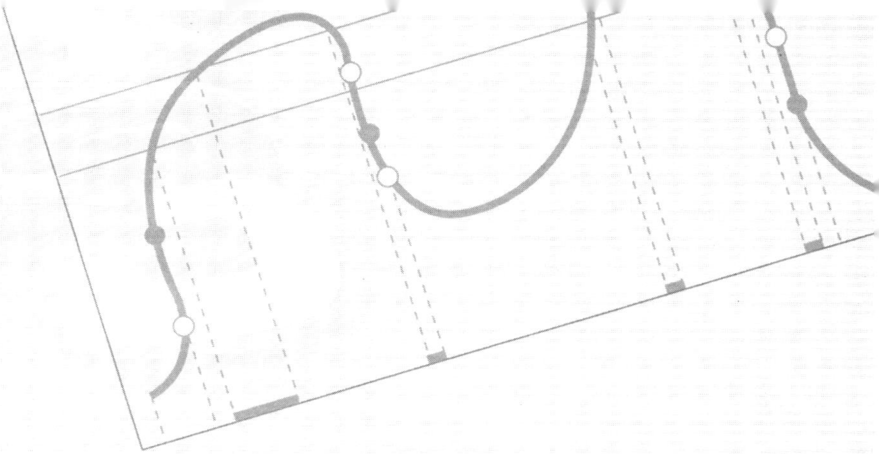

8 주요 확률과정

본장에서는 제7장의 논의를 바탕으로 주요한 확률과정에 대해 간략하게 살펴볼 것이다. 먼저 확률과정은 모수적 확률과정과 비모수적 확률과정으로 구분할 수 있다. 모수적 확률과정은 AR, MA, ARMA, ARIMA 등과 같은 확률과정으로 자기회귀모수나 이동평균모수 등과 같이 모수(parameter)에 의하여 확률과정이 표현되는 확률과정을 의미한다. 한편, 비모수적 확률과정은 특정한 모수로 표현되지는 않지만 특정한 성질을 만족하는 확률과정이다. 이하에서는 먼저 비모수적인 확률과정에 대해 간략하게 소개하도록 한다.

8.1. 비모수적 확률과정

8.1.1. 마팅게일과정

경험적으로 시간이 역으로 흐르는 현상은 관찰된 바가 없다. 이러한 사실은 시간이 과거에서 미래를 향해 한 방향으로만 흐른다는 직관에 부합한다. 시간이 과거에서 미래로 한 방향으로 흐르는 사실에 의하면, 현재는 과거에 발생한 사건들에 의해 영향을 받으며 결정되고, 과거는 알려져 있는 반면 미래는 알 수 없다. 이러한 점을 감안하면 어떤 확률변수 X_t의 미래값을 예측하기 위해 과거의 $X_{t-k}(t=1, 2, \cdots\cdots)$를 이용하려는 생각은 자연스럽다. 또한 과거에 발생한 사건에 대한 정보가 온전하게 보존될 수 있다면 시간이 흐름에 따라서 매 시점 t마다 얻을 수 있는 정보의 양이 줄어들 수 없다고 생각할 수 있다.

확률론적인 의미에서, 확률변수 X_t가 어떤 σ-체에 대해 잴 수 있다면 해당 σ-체는 확률변수 X_t와 관련된 모든 정보를 포함하는 것으로 해석된다. t시점의 σ-체 내에는 확률변수 X_t에 대한 과거의 모든 정보, 즉 $\cdots\cdots$, X_{t-2}, X_{t-1}들에 대한 정보가 모두 포함되어 있다. 이 때 σ-체 $\mathscr{F}_t$는 $\cdots\cdots$, X_{t-2}, X_{t-1}, X_t에 대한 σ-체 중에서 가장 작은 σ-체로 정의된다. 즉,

$$\mathscr{F}_t=\sigma(\cdots\cdots, X_{t-2}, X_{t-1}, X_t) \text{ 또는 } \mathscr{F}_t=\sigma(X_\tau, -\infty<\tau\leq t). \tag{1}$$

이러한 σ-체는 시간이 흐름에 따라 변하게 될 것이므로, 변하는 σ-체를 $\{\mathscr{F}_t\}$와 같이 수열로 나타낼 수 있다. 이제 이처럼 수열로 표현되는 σ-체를 통해 위에서 언급한 사항들을 어떻게 표현할 수 있는지 생각해 보자. $\{\mathscr{F}_t\}_{-\infty}^{\infty}$를 이러한 σ-체의 수열이라고 하면 시간이 흐르면서 X_t와 관련된 정보량이

점차 증가한다는 것은 다음과 같이 나타낼 수 있다. 먼저 시간이 무한히 흐른 극한 상황의 정보집합을 $\mathscr{F}$로 나타내자. 그러면 시간이 흐름에 따라서 정보집합이 점차로 커져야 하므로,

$$\cdots\cdots \subseteq \mathscr{F}_{-2} \subseteq \mathscr{F}_{-1} \subseteq \mathscr{F}_{0} \subseteq \mathscr{F}_{1} \subseteq \mathscr{F}_{2} \cdots\cdots \subseteq \mathscr{F} \tag{2}$$ [1]

가 성립하여야 한다. 여기서 $\{\mathscr{F}_t\}_{-\infty}^{\infty}$가 $\{X_t\}_{-\infty}^{\infty}$와 관련된 모든 정보를 포함하기 위해서는, 확률변수 X_t가 매 시점마다 σ-체인 $\mathscr{F}_t$에 대해 '잴 수 있는 확률변수(measurable random variable)'이어야 한다. 이러한 가정이 필요한 이유는 다음과 같다. 만일 X_t가 σ-체인 $\mathscr{F}_t$에 대해 잴 수 없다고 하면, $\mathscr{F}_t$가 $X_t(s)$의 사건 중 어떤 부분집합에 대한 정보를 포함하지 않고 있다는 것을 의미한다. 그런데 이는 $\mathscr{F}_t$가 확률변수 $X_t(s)$에 대한 정보를 빠짐없이 전부 보유하고 있다는 생각에 부합하지 않는다. 이러한 조건은 'σ-체 $\{\mathscr{F}_t\}_{-\infty}^{\infty}$가 확률변수열 $\{X_t\}_{-\infty}^{\infty}$에 대해 적합(adapted)해야 한다'는 조건과 동일하다. 간단히 정리하면, **확률변수 $X_t(s)$는 매 시점마다 σ-체인 $\mathscr{F}_t$에 대해 잴 수 있어야 하고, 반대로 σ-체 수열인 단조증대하는 σ-체 $\{\mathscr{F}_t\}_{-\infty}^{\infty}$는 확률변수열 $\{X_t\}_{-\infty}^{\infty}$에 대해 적합해야 한다.** 이러한 단조증대 σ-체 $\{\mathscr{F}_t\}_{-\infty}^{\infty}$와 이에 적합한 확률변수열 $\{X_t\}_{-\infty}^{\infty}$의 쌍을 한꺼번에 $\{X_t, \mathscr{F}_t\}_{-\infty}^{\infty}$로 나타낼 수 있는데, 이 때 $\{X_t, \mathscr{F}_t\}_{-\infty}^{\infty}$를 적합한 수열(adapted sequence)이라고 한다. 이제 적합한 수열 $\{X_t\}$가 있을 때, 수열에 적당한 조건을 부여하여 그 적합한 수열이 마팅게일(martingales)이라고 불릴 수 있도록 정의하자. 즉, 마팅게일은 다음과 같이 정의된다.

정의 1 마팅게일과정

확률공간 $(S, \mathscr{F}, P)$ 위에서 정의된 수열 $\{X_t, \mathscr{F}_t\}_{-\infty}^{\infty}$가 적합한 수열이고, 특히 $\{\mathscr{F}_t\}_{-\infty}^{\infty}$는 단조증가하는 수열이라 하자. 이 때 모든 t에 대해, 아래 두 조건을 만족하는 수열 $\{X_t, \mathscr{F}_t\}_{-\infty}^{\infty}$를 마팅게일과정이라 한다.

(i) $E[|X_t|] < \infty$, 즉 X_t는 모든 시점에서 적분가능하다.

---

1) 이와 같은 수열 $\{\mathscr{F}_t\}_{-\infty}^{\infty}$를 단조증대 σ-체(filtration)라 한다.

(ii) 거의 확실하게($a.s.$) $E[X_t|\mathscr{F}_{t-1}]=X_{t-1}$.[2)]

[정의 1]에서 주어진 각 조건이 의미하는 바가 무엇일까? 확률과정 $\{X_t\}$가 주어지고 현재 시점 τ에서 주어진 정보 $\mathscr{F}_\tau$를 보유하고 있다고 하자. 이때 주어진 정보 $\mathscr{F}_\tau$는 X_t의 미래값의 행태에 대한 정보에 어떠한 영향을 미칠까? 만일 정보집합 $\mathscr{F}_\tau$와 X_t가 종속적이라면 주어진 정보가 미래 시점에서의 X_t값에 대한 불확실성을 줄여 줄 것이라고 기대할 수 있다. 특히, 과거에 특정한 사건이 발생하였다는 정보를 지니고 있다면 X_t값을 예측하고자 할 때에 이러한 정보를 이용할 수 있다. 즉, 과거정보 $\mathscr{F}_\tau$를 X_t 예측에 사용함으로써 보다 나은 예측값을 얻을 수 있을 것이다. 이러한 정보상의 이익이 발생할 수 있음을 묘사하는 수학적인 수단을 제공하는 것이 바로 $\mathscr{F}_\tau$가 주어졌을 때의 X_t에 대한 조건부 기대인 것이다. 즉,

$$E[X_t|\mathscr{F}_\tau],\ 0\leq\tau<t.$$

이와 같은 점을 상기하자. 조건 (ii)는 X_t의 과거에 대해 무한히 정보가 알려져 있더라도 바로 다음 기의 값 X_t를 예측하는 데에는 바로 직전 기의 정보만으로 충분함을 의미한다. 즉, 조건 (ii)는 주어진 정보 $\mathscr{F}_\tau$하에서 X_t의 최량예측치(best predictor) $E[X_t|\mathscr{F}_\tau]$가 바로 현재 시점의 정보 X_{t-1}임을 나타낸다. 하지만 유의할 점은 X_t를 예측하고자 할 때 어떤 정보를 주어진 정보집합으로 하느냐에 따라서 $E[X_t|\mathscr{F}_\tau]$값이 달라질 수 있다는 점이다.

한편, 조건 (i)이 의미하는 바가 무엇인지는 직관적으로 이해하기 어렵다. 조건 (i)은 수학적인 의미에서 **'마팅게일은 1차 적분가능해야 한다'**는 것을 나타내는데, 왜 이 조건이 필요한지에 대해서는 의문이 생긴다. 이에 대해 잠시 뒤에서 살펴보도록 하자.

마팅게일의 정의와 관련하여, 경우에 따라서는 $\{X_t,\ \mathscr{F}_t\}_{-\infty}^{\infty}$를 $\{X_t,\ \mathscr{F}_t\}_1^{\infty}$로 대체하되, 최초시점 $t=1$에서 X_1은 임의의 적분가능한 확률변수라고 마팅게일을 정의하기도 한다. 이제 마팅게일의 예를 들어 보도록 하자.

---

2) 이 조건은 다음과 같은 조건으로 대체하여 나타낼 수 있다.

(ii)′ 모든 집합 $E\in\mathscr{F}_{t-1}$에 대해 $\int_E X_t dP=\int_E X_{t-1}dP$.

예 1

모든 $t=1, 2, \cdots\cdots$에 대해 확률변수 X_t가 적분가능하고 독립적이며 평균이 0이라 하고 $Y_t=X_1+\cdots\cdots+X_t$라 하자. 그러면 $Y_1=X_1$이다. 그리고 σ-체를 $\mathscr{F}_t=\sigma(X_1, \cdots\cdots, X_t)$와 같이 정의하면 $\mathscr{F}_t$는 단조증가 σ-체가 된다.

이렇게 정의된 Y_t는 마팅게일일까? Y_t는 다음에서 보듯이 마팅게일의 2가지 조건을 모두 만족한다.

(i) $E[|Y_t|]=E[|X_1+\cdots\cdots+X_t|]$
$$\le E[|X_1|]+E[|X_2|]+\cdots\cdots+E[|X_t|]<\infty.$$

(ii) $E[Y_t|\mathscr{F}_{t-1}]=E[X_t|\mathscr{F}_{t-1}]+X[Y_{t-1}|\mathscr{F}_{t-1}]$
$$\le E[X_t|\mathscr{F}_{t-1}]+Y_{t-1}=Y_{t-1}.$$

따라서 Y_t는 마팅게일이다.

한편, 마팅게일의 정의를 이용하여 마팅게일 차분과정(martingale difference process)을 정의할 수 있는데, 대략적으로 말하면 마팅게일 차분과정은 안정적인 확률과정과 여러 모로 유사한 속성을 지니고 있다.

정의 2 마팅게일 차분과정

확률공간 $(S, \mathscr{F}, P)$ 위에서 정의된 확률과정 $\{W_t, \mathscr{F}_t\}_{-\infty}^{\infty}$가 적합한 수열이라 하자. 이 때 모든 t에 대해 아래 두 조건을 만족하는 수열 $\{W_t, \mathscr{F}_t\}_{-\infty}^{\infty}$를 마팅게일 차분과정이라 한다.

(i) $E[|W_t|]<\infty$.

(ii) 거의 확실하게(*a.s.*) $E[W_t|\mathscr{F}_{t-1}]=0$.

확률과정 $\{X_t\}$가 마팅게일이고 $W_t=X_t-X_{t-1}$이라 하자. 그러면 이처럼 마팅게일의 차분형태로 정의된 확률과정 $\{W_t\}$는 마팅게일 차분과정임을 알 수 있다. 다시 말해, $\{W_t\}$는 마팅게일 차분과정이 만족해야 할 성질을 모두 충족한다. 즉,

$$E[|W_t|]=E[|X_t-X_{t-1}|]\leq E[|X_t|]+E[|X_{t-1}|]<\infty$$

이므로, $\{W_t\}$는 마팅게일 차분과정의 첫 번째 조건, 즉 적분가능조건을 만족한다. 둘째로,

$$\begin{aligned}E[W_t|\mathscr{F}_{t-1}]&=E[X_t-X_{t-1}|\mathscr{F}_{t-1}]\\&=E[X_t|\mathscr{F}_{t-1}]-E[X_{t-1}|\mathscr{F}_{t-1}]\\&=E[X_t|\mathscr{F}_{t-1}]-X_{t-1}\\&=X_{t-1}-X_{t-1}=0\end{aligned}$$

이므로 $\{W_t\}$는 마팅게일 차분과정의 두 번째 조건도 역시 만족한다. 두 번째 조건이 만족됨을 보이는 과정에서 $E[X_{t-1}|\mathscr{F}_{t-1}]=X_{t-1}$이라는 사실과 마팅게일의 조건 (ii), 즉 $E[X_t|\mathscr{F}_{t-1}]=X_{t-1}$을 이용하였다.

직관적으로 생각해 보면, 이렇게 마팅게일을 차분한 확률과정이 마팅게일 차분과정이 된다는 사실로부터 역으로 마팅게일을 '마팅게일 차분과정의 부분적인 합으로서 정의할 수 있지 않을까?'라고 생각해 볼 수 있다. 즉, $W_t=X_t-X_{t-1}$을 만족하는 X_t를 마팅게일로 정의해 주는 것이 가능할 것으로 보인다. 그러나 이는 일반적으로는 옳지 않다. 왜냐하면, 이처럼 정의된 X_t는 $X_t=\sum_{i=-\infty}^{t}W_i$와 같이 나타낼 수 있는데, 이 경우

$$E[|X_t|]=E\left[\left|\sum_{i=-\infty}^{t}W_i\right|\right]<0 \tag{3}$$

이 만족된다는 보장이 없기 때문이다. 즉, 마팅게일의 첫 번째 조건인 적분가능조건이 만족되지 않을 수도 있다. 예컨대, W_t가 표준정규분포로부터 추출된 독립적인 확률표본인 경우에는 $E[|X_t|]=\infty$가 된다. 이러한 이유로 하여 마팅게일을 정의할 때 적분가능조건을 추가하는 것이다.

그런데 $t\geq 1$에 대해 $W_t=X_t-X_{t-1}$, $t<1$에 대해서는 $X_t=0$이라고 X_t에 제약을 주면 $X_t=\sum_{i=1}^{t}W_i$이므로 $E[|X_t|]<\infty$가 되어 X_t가 적분가능조건을 만족한다. 따라서 마팅게일을 마팅게일 차분과정의 합으로 정의하고자 하는 경우에는 시간첨자에 제약을 추가적으로 가해 주어야 한다. 한편, 예 2를 보면 마팅게일 차분과정에 대한 충분조건 없이도 마팅게일과정이 만족하여야 하는 조건들을 모두 충족하는 확률과정이 존재한다.

예 2

임의의 확률변수 X_t가 적분가능하고, 평균이 0이며, $\mathscr{F}/\mathscr{B}$-잴 수 있다 하자. 또한 $\{\mathscr{F}_t\}_{-\infty}^{\infty}$는 σ-체들의 증가하는 수열이고, $\lim_{t\to\infty}\mathscr{F}_t=\mathscr{F}$이며, $W_t=E[X_t|\mathscr{F}_t]$라 하자. 그러면 다음이 성립한다.

(i) $E[W_t|\mathscr{F}_{t-1}]=E[E[X_t|\mathscr{F}_t]|\mathscr{F}_{t-1}]=E[X_t|\mathscr{F}_{t-1}]=W_{t-1}$.
즉, $E[W_t|\mathscr{F}_{t-1}]=W_{t-1}$이 성립한다.

그리고

(ii) $E[|W_t|]\le E[|X_t|]<\infty$이다.

따라서 X_t는 마팅게일이 만족하여야 하는 성질을 모두 충족한다. (i)에서 가정에 의해 $\mathscr{F}_{t-1}\subseteq\mathscr{F}_t$이므로 제5장에서 살펴본 조건부 기대의 성질 중에서 여섯 번째 성질을 적용하면 $E[E[X_t|\mathscr{F}_t]|\mathscr{F}_{t-1}]=E[X_t|\mathscr{F}_{t-1}]$이 성립한다는 사실을 이용하였다.

마팅게일 차분과정 $\{W_0,\ \mathscr{F}_t\}_{-\infty}^{\infty}$는 자기 자신의 과거시차변수를 임의의 잴 수 있는 함수로 변환해 주는 방식으로 만들어진 확률과정, 즉

$$\{h(\cdots\cdots,\ W_{t-2},\ W_{t-1})\}$$

과 서로 상관되지 않는 성질을 지닌다.

• 정리 1 •

$\{W_t,\ \mathscr{F}_t\}_{-\infty}^{\infty}$를 마팅게일 차분과정이라 하자. 그러면 다음이 성립한다.

$$\mathrm{Cov}(W_t,\ h(\cdots\cdots,\ W_{t-2},\ W_{t-1}))=0.$$

여기서 $h(\cdots\cdots,\ W_{t-2},\ W_{t-1})$은 임의의 함수로서 적분가능하며 보렐-잴 수 있는(Borel measurable) 함수이다.

[정리 1]에서 $h(\cdots\cdots,\ W_{t-2},\ W_{t-1})=W_{t-1}$이라 놓고, $k<0$에 대해 $\tau=t-k$, $\tau-|k|=t$로 놓으면 다음과 같은 [정리 2]를 도출할 수 있다.

• 정리 2 •

$\{W_t, \mathscr{F}_t\}_{-\infty}^{\infty}$를 마팅게일 차분과정이라 하면 다음이 성립한다.

모든 t와 0이 아닌 k에 대해 $E[W_t W_{t-k}]=0$.

[정리 1] 또는 [정리 2]에서 볼 수 있는 바와 같이, 마팅게일 차분과정 W_t가 지니는 종속성의 정도는 '상관관계가 없음(무상관관계)'이라는 성질, 즉 $\text{Cov}(\cdot, \cdot)=0$과 시계열이 '서로 독립되어 있음(독립성)'이라는 성질의 중간 정도에 해당된다. 이러한 점에서 마팅게일 차분과정은 시계열의 종속성 개념과 연관되어 있다고 할 수 있다. 그렇지만 마팅게일 차분과정은 무상관관계 또는 독립성과는 차이점을 지니고 있다. 즉, 마팅게일 차분과정은 시간대칭성에서 차이를 지닌다. 예컨대, 독립적인 시계열의 시간순서를 거꾸로 하면 또 다른 독립적인 시계열을 만들 수 있으며, 상관관계가 없는 시계열의 경우도 시간순서를 거꾸로 하면 상관관계가 없는 다른 시계열이 된다. 반면 마팅게일 차분시계열의 경우에는 시간순서를 바꾸게 되면 일반적으로 마팅게일 차분시계열이 되지 않는다.

이제 적분가능한 시계열 $\{X_t, \mathscr{F}_t\}_{-\infty}^{\infty}$에 대한 두브분해(Doob decomposition)에 대해 알아보자.

정의 3 시계열의 두브분해

$\{X_t, \mathscr{F}_t\}_{-\infty}^{\infty}$를 적분가능한 수열이라 하자. 그러면 임의의 적합한 확률과정 $\{X_t, \mathscr{F}_t\}_{-\infty}^{\infty}$는 다음과 같이 예측가능요소 V_t와 Z_t의 합으로 분해하여 나타낼 수 있다.

$$X_t=Z_t+V_t.$$

여기서 $V_0=0$, $Z_0=X_0$이고, $Z_t=Z_{t-1}+X_t-E[X_t|\mathscr{F}_{t-1}]$, $V_t=V_{t-1}+E[X_t|\mathscr{F}_{t-1}]-X_{t-1}$이다.

[정의 3]에서 예측가능요소 V_t는 $\mathscr{F}_{t-1}$에 대해 잴 수 있는 부분이다. 즉, $\mathscr{F}_{t-1}$이 $t-1$기까지의 정보집합을 나타내므로, V_t는 결과적으로 과거의 사건으로만 구성되어 있고 t시점에서 이미 알려져 있는 사건이다. 이러한 점에서 V_t를 예측가능하다고 한다.

이제 $\Delta X_t=Y_t$, $\Delta Z_t=U_t$로 바꾸어 표기하자. 그리고 $\Delta V_t=E[X_t|\mathscr{F}_{t-1}]-X_{t-1}$이다. 그러면 $E[X_t|\mathscr{F}_{t-1}]-X_{t-1}=E[X_t-X_{t-1}|\mathscr{F}_{t-1}]=E[\Delta X_t|\mathscr{F}_{t-1}]=E[Y_t|\mathscr{F}_{t-1}]$이다. 따라서 $\Delta V_t=E[Y_t|\mathscr{F}_{t-1}]$이다. 그런데 $X_t=Z_t+V_t$이고,

$$Y_t=\Delta X_t=\Delta Z_t+\Delta V_t=U_t+\Delta V_t=U_t+E[Y_t|\mathscr{F}_{t-1}] \tag{4}$$

이 성립하므로, $U_t=Y_t-E[Y_t|\mathscr{F}_t]$임 알 수 있다. 이 때 U_t를 시계열 X_t의 이노베이션(innovation) 시계열 또는 중심화된 시계열(centered sequence)이라고 부른다. 여기서 이노베이션은 t기까지 알려져 있는 정보를 바탕으로 Y_t에 대해 예측한 값과 실제 값 간의 차이로서 t기에서는 알 수 없는 부분이라는 의미를 담고 있다.

이 때 수열 $\{Y_t, \mathscr{F}_t\}_0^\infty$가 적합한 수열이면 $\{U_t, \mathscr{F}_t\}_0^\infty$도 역시 적합한 수열이다. 그리고 가정에 의해 $E[|Y_t|]<\infty$이기 때문에, 민코프스키부등식을 적용하고 축차기대법칙을 적용하면,

$$\begin{aligned}E[|U_t|]&\leq E[|Y_t|]+E[|E[Y_t|\mathscr{F}_{t-1}]|]\\&\leq E[|Y_t|]+E[E[|Y_t||\mathscr{F}_{t-1}]]\\&=2E[|Y_t|]<\infty\end{aligned}$$

를 도출할 수 있다. 결과적으로 $\{U_t, \mathscr{F}_t\}_0^\infty$는 마팅게일 차분과정이 만족하여야 하는 조건을 만족하므로 마팅게일 차분과정이다. 즉, 식 (4)와 같은 이노베이션 시계열은 마팅게일 차분과정이다.

이상과 같이 마팅게일 차분과정에 대해 간략하게 살펴보았는데, 마팅게일 차분과정도 여타의 확률변수들과 마찬가지로 벡터 개념으로 확장된다.

정의 4 벡터 마팅게일 차분과정

$\{X_t, \mathscr{F}_t\}_{-\infty}^\infty$를 적합한 수열이라 하자. 그러면 $\{X_t, \mathscr{F}_t\}_{-\infty}^\infty$는 다음 조건을 만족할 때 벡터 마팅게일 차분과정이라고 한다. 역으로 벡터 마

팅게일 차분과정은 다음의 조건을 만족한다.

모든 0이 아닌 상수벡터 γ에 대해 수열 $\{\gamma' X_t, \mathscr{F}_t\}_{-\infty}^{\infty}$가 스칼라인 마팅게일 차분과정이다.

[정의 4]와 같은 벡터 마팅게일 차분과정은 벡터의 원소들이 각각 마팅게일 차분과정(vector of martingale difference process)으로 구성되어 있는 경우와는 다르다는 점에 유의하여야 한다. 이는 다음과 같은 반례로부터 명백하다.

예 3 X_t, X_{t-1}이 각각 마팅게일 차분과정인 2차원 벡터 $X_t=(X_t, X_{t-1})'$이 있고 γ_1, $\gamma_2 \neq 0$인 상수라 하자. 그러면 $\gamma_1 X_t$, $\gamma_2 X_{t-1}$은 각각 σ-체인 $\mathscr{F}_t=\sigma(\cdots\cdots, X_{t-2}, X_{t-1}, X_{t-2})$에 대해 잴 수 있다. 따라서 $\gamma_1 X_t+\gamma_2 X_{t-1}$도 $\mathscr{F}_t$에 대해 잴 수 있는 확률변수이다. 그러므로 $\{(\gamma_1 X_t+\gamma_2 X_{t-1}), \mathscr{F}_t\}$는 적합한 수열이다. 그런데

$$
\begin{aligned}
E[(\gamma_1 X_t+\gamma_2 X_{t-1})|\mathscr{F}_{t-1}] &= E[\gamma_1 X_t|\mathscr{F}_{t-1}]+E[\gamma_2 X_{t-1}|\mathscr{F}_{t-1}] \\
&= E[\gamma_1 X_t|\mathscr{F}_{t-1}]+\gamma_2 X_{t-1} \\
&= \gamma_1 E[X_t|\mathscr{F}_{t-1}]+\gamma_2 X_{t-1} \\
&= \gamma_2 X_{t-1} \neq 0
\end{aligned}
$$

이므로 $\{\gamma_1 X_t+\gamma_2 X_{t-1}\}$는 마팅게일 차분과정의 조건 (ii)를 만족하지 않는다.

이제 다음과 같은 확률벡터 $Y_t=(X_t, X_{t+1})'$을 생각하자. 이 확률벡터의 경우는

$$
\begin{aligned}
E[\gamma_1 X_t+\gamma_2 X_{t+1}|\mathscr{F}_{t-1}] &= E[\gamma_1 X_t|\mathscr{F}_{t-1}]+E[\gamma_2 X_{t+1}|\mathscr{F}_{t-1}] \\
&= \gamma_1 E[X_t|\mathscr{F}_{t-1}]+E[\gamma_2 X_{t+1}|\mathscr{F}_{t-1}]=0
\end{aligned}
$$

이 성립한다. 따라서 Y_t는 마팅게일 차분과정의 조건 (ii)를 만족한다. 하지만 X_{t+1}이 $\mathscr{F}_t$에 대해 잴 수 있는 확률변수가 아니므로 $(\gamma_1 X_t+\gamma_2 X_{t+1})$은 $\mathscr{F}_t$에 대해 잴 수 있는 확률변수가 아니다. 그러므로 $\{(\gamma_1 X_t+\gamma_2 X_{t+1}), \mathscr{F}_t\}$는 적합한 수열이 아니다.

마팅게일과 관련하여 열마팅게일(submartingale), 우마팅게일(supermartingale), 정지시간(stopping time) 등 중요한 기초 개념들이 있으나 본서에서는 이를 다루지 않도록 한다.

이상과 같이 마팅게일의 정의와 마팅게일이 되는 간단한 확률과정에 대해 살펴보았다. 이하에서는 마팅게일과 관련된 극한정리를 증명하는 데 필요한 사항에 대해 간략하게 살펴보자. 특히, 극한정리를 증명하는 데 필요한 것은 콜모고로프부등식과 같은 부등식이다.

• 정리 3 •

콜모고로프의 부등식

적합한 수열 $\{X_t, \mathscr{F}_t\}_1^\infty$가 마팅게일과정이라고 하자. 그러면 임의의 $p \geq 1$에 대해 다음의 부등식이 성립한다.

$$P(\max_{1 \leq k \leq t} |X_k| > \varepsilon) \leq \frac{E[|X_t|^p]}{\varepsilon^p}.$$

[정리 3]은 확률측도와 적률 간에 성립하는 부등식이므로 실제로 이를 활용하기가 용이하지 않다. 따라서 확률을 적률로 대체하는 결과가 제시될 필요가 있다. 콜모고로프부등식의 확률을 적률로 전환하여 나타낸 결과가 [정리 4]에 제시된 두브의 부등식이라 불리는 정리이다. 이를 증명하기 위해서는 다음과 같은 소정리가 필요하다.

• 소정리 1 •

X와 Y가 모두 비음의 확률변수라 하자. 이 때 모든 $\varepsilon > 0$에 대해 $P(X > \varepsilon) \leq \frac{E[|TI_{\{X>\varepsilon\}}|]}{\varepsilon}$이 성립한다고 하자. 그러면 다음의 부등식이 성립한다.

임의의 $p > 1$에 대해 $E[X^p] \leq \left(\frac{p}{p-1}\right) E[Y^p]$.

[소정리 1]을 이용하여 다음의 두브의 부등식을 증명할 수 있다.

• 정리 4 •

두브의 부등식

적합한 확률과정 $\{X_t, \mathscr{F}_t\}_1^\infty$가 마팅게일과정이라고 하자. 그러면 임의의 $p>1$에 대해 다음의 부등식이 성립한다.

$$E[\max_{1\le k\le t}|X_k|^p]\le\left(\frac{p}{p-1}\right)^p E[|X_t|^p].$$

한편, 마팅게일의 차분값들은 서로 직교하는 성질을 지니고 있으므로, $E[X_t^2]=E\left[\sum_{i=1}^{t}W_t^2\right]$가 성립한다. 여기서 $X_0=0$, $W_t=X_t-X_{t-1}$이다. 이와 같은 부등식은 $p\in(0, 2)$에 대해서도 성립한다.

• 정리 5 •

적합한 확률과정 $\{W_t, \mathscr{F}_t\}_1^\infty$가 마팅게일 차분과정이라 하자. 그리고, $X_t=\sum_{i=1}^{t}W_i$라 하자. 그러면 $0<p\le2$에 대해 다음의 부등식이 성립한다.

$$E[|X_t|^p]\le2\sum_{i=1}^{t}E[|W_i|^p].$$

8.1.2. 혼합된 마팅게일

앞서 살펴본 바와 같이 마팅게일 차분과정은 상당히 특수한 성질을 지니고 있다. 즉, 마팅게일 차분과정의 조건 (ii), 거의 확실하게 $E[W_t|\mathscr{F}_{t-1}]=0$이 성립한다는 조건이 의미하는 것은 바로 한 기 앞의 예측도 불가능하다는 것이다. 그런데 실제로 어느 정도 예측가능한 모형이 요구되는 게 현실이라는 것을 감안하면 이는 예측이라는 측면에서 너무 지나친 가정이다. 한

편, 너무 먼 미래를 예측하는 것이 불가능하다손 치더라도 가까운 미래에 대해서는 어느 정도 예측이 가능하도록 해 줄 필요가 있다. 이러한 점과 연관하여 본 소절에서는 점근적인 예측불가능성(asymptotic unpredictability)에 대해 살펴볼 것이다.

먼저 믹싱게일(mixingable), 즉 혼합된 마팅게일을 정의하자.

정의 5 믹싱게일(혼합된 마팅게일)

확률공간 $(S, \mathscr{F}, P)$ 위에서, 확률변수 X_t와 σ-체인 $\mathscr{F}_t$ 쌍의 수열 $\{X_t, \mathscr{F}_t\}_{-\infty}^{\infty}$가 있고 $\{\mathscr{F}_t\}$는 σ-체 $\mathscr{F}$의 부분 σ-체의 수열로서 증가수열이라 하자. 그러면 다음을 만족하는 적분가능한 X_t는 L_p-혼합된 마팅게일(L_p mixingable)이라 한다.

모든 $p\geq1$에 대해 음이 아닌 상수의 수열 $\{c_t\}_{-\infty}^{\infty}$와 다음을 만족하면서 수렴하는 $\{\zeta_k\}_0^{\infty}$가 존재하여 $\lim_{k\to\infty}\zeta_k=0$일 때, 모든 t와 $k\geq0$에 대해,

(i) $\|E[X_t|\mathscr{F}_{t-k}]\|_p\leq c_t\zeta_k$,

(ii) $\|X_t-E[X_t|\mathscr{F}_{t+k}]\|_p\leq c_t\zeta_{k+1}$

이 성립한다.

왜 '믹싱게일' 또는 '혼합된 마팅게일'을 고려해야 할까? '믹싱게일', 즉 '혼합된 마팅게일'을 도입하는 이유는 시간 t가 증가함에 따라 σ-체 수열 $\{\mathscr{F}_t\}$가 누진적으로 확률변수 X_t의 정보를 함유하여야 한다는 점을 반영한 것이다. 이는 [정의 5]의 두 조건을 살펴보면 알 수 있다. 즉, [정의 5]의 조건 (i) $\|E[X_t|\mathscr{F}_{t-k}]\|_p\leq c_t\zeta_k$는 k가 증가하여 무한대가 되어 점점 먼 과거가 될수록 $\lim_{k\to\infty}\zeta_k=0$이므로 $\|E[X_t|\mathscr{F}_{t-k}]\|_p\leq c_t\zeta_k\to0$이 성립함을 의미한다. 이는 무한히 먼 과거에 대해서는 알려진 사실이 없다는 것을 의미한다. 결과적으로 조건 (i)은 시계열의 '기억'에 대한 조건임을 알 수 있다. 그리고 ζ_k가 0에 수렴하는 속도가 결국 기억이 소멸하는 속도(rate of memory decay)가 됨을 의미한다. 이러한 논의에 의하면, ζ_k가 0에 얼마나 빨리 수렴하는지를 나타내기 위해 혼합계수와 유사하게 큰 오(O)를 이용할 수 있다. 모든 $\delta<-r$에

대해 $\zeta_k=O(k^\delta)$가 성립하면 그 경우 ζ_k의 혼합규모가 $-r$라고 말한다. 이렇게 적합한 확률과정인 혼합된 마팅게일 $\{X_t, \mathscr{F}_t\}_{-\infty}^{\infty}$에 대해 일종의 혼합계수와 유사한 성질이 나타나는 점을 고려하여, $\{X_t, \mathscr{F}_t\}_{-\infty}^{\infty}$를 혼합규모를 $-r$로 하는 '혼합된 마팅게일(또는 믹싱게일)'이라고 부른다.

한편, 조건 (ii)는 $E[X_t]=0$임을 의미하고, k가 무한대로 증가해서 $k\to\infty$가 되어 먼 과거의 정보집합을 조건부로 하게 될 때에는 X_t의 조건부 기대가 X_t의 무조건부 기대에 접근함을 의미한다.

그렇다면 조건 (ii)가 의미하는 바는 무엇인가? 조건 (ii) $\|X_t-E[X_t|\mathscr{F}_{t+k}]\|_p \le c_t\zeta_{k+1}$은 k가 증가하여 시간이 흐를수록 $\|X_t-E[X_t|\mathscr{F}_{t+k}]\|_p\le c_t\zeta_{k+1}\to 0$이 되어 미래의 모든 것에 대해 알 수 있음을 나타낸다.

혼합된 마팅게일을 마팅게일 차분과정과 비교하여 보면, 혼합된 마팅게일의 경우 과거의 정보집합, 즉 σ-체 $\mathscr{F}_{t-k}$를 조건부로 하는 기대값의 노옴(norm)이 미래 시점이 극한으로 정의된 시점에서는 0이 되지만 짧은 미래에 대해서는 0이 되지 않는다. 이상의 논의로부터 마팅게일 차분과정은 모든 k에 대해 $\zeta_k=0$이 성립하는 마팅게일이라는 것을 알 수 있다.

혼합된 마팅게일은 마팅게일과는 달리 상당히 광범위한 확률과정을 포함하는 확률과정이다. 그리고 어떤 확률과정이 혼합된 마팅게일 성질을 보유한 것이 알려져 있다면, 혼합된 마팅게일에 대해 성립하는 다양한 극한정리를 적용할 수 있다. 이 때 일반적으로 혼합된 마팅게일은 σ-체 $\mathscr{F}_t$에 대해 적합(not adapted)하지 않다는 점에 유의해야 한다. 즉, 확률변수 X_t가 실제로는 $\mathscr{F}_t$-가측적이라 해도 혼합된 마팅게일을 논의하는 과정에서는 X_t가 $\mathscr{F}_t$-가측적이라고 가정할 필요는 없고, 모든 $k\ge 0$에 대해 [정의 5]의 (ii)부분이 성립한다고 가정하게 된다. 다시 말해서, 혼합된 마팅게일을 정의하는 과정에서 $\{X_t, \mathscr{F}_t\}_{-\infty}^{\infty}$가 적합한 수열인지 아닌지 여부는 명시적으로 포함되지 않는다. 만일 $\{X_t, \mathscr{F}_t\}_{-\infty}^{\infty}$가 적합한 수열이라면 혼합된 마팅게일의 정의 (ii)가 자동적으로 만족된다. 그러므로 이 경우에는 사실상 조건 (i)이 혼합된 마팅게일을 정의하는 조건으로 기능하게 된다. 반면 $\{X_t, \mathscr{F}_t\}_{-\infty}^{\infty}$가 적합하지 않은 수열인 경우에는 당연히 조건 (ii)는, k가 충분히 커지면 X_t가 $\mathscr{F}_t$에 대하여 결국 '거의' 잴 수 있도록(almost measurable) 해 주는 역할을 하게 된다. 더불어서 조건 (ii)는 σ-체가 확률변수열 $\{W_t\}$의 전체 역사(history)에 의해 생성된 σ-체일 경우일 때 X_t가 확률변수열 $\{W_t\}$의 함수가 됨을 보증

해 주는 역할도 수행한다. 한편, 혼합된 마팅게일의 정의와 관련하여 상수 c_t는 ζ_t를 선택하기 위해 도입된 규모조정요인으로서 스케일과 무관하다. 통상적으로 c_t로는 $\|X_t\|_p$를 선택한다.

어떤 확률과정 $\{X_t\}$와 관련하여 모든 k와 어떤 실수 M에 대해 $\frac{|\alpha_k|}{k^{-\varphi}} \leq M$이 성립[3]되도록 해 주는 어떤 $\varphi(\varphi > \varphi_0)$가 존재할 때 $\{X_t\}$를 혼합규모가 $-\varphi_0$인 혼합확률과정으로 정의하였다. 이와 같은 혼합된 마팅게일에 대한 정의는 적분가능한 이중수열에 대해서도 마찬가지로 적용될 수 있다.

정의 6 이중수열의 믹싱게일(혼합된 마팅게일)

확률공간 $(S, \mathscr{F}, P)$ 위에서, 확률변수 X_{nt}와 σ-체인 $\mathscr{F}_{nt}$의 쌍의 수열 $\left\{\{X_{nt}, \mathscr{F}_{nt}\}_{t=-\infty}^{\infty}\right\}_{n=1}^{\infty}$가 있고 $\{\mathscr{F}_{nt}\}$는 σ-체 $\mathscr{F}$의 부분 σ-체의 수열로서 증가수열이라 하자. 그리고 X_{nt}를 적분가능한 확률변수라 하자. 그러면 X_{nt}가 다음을 만족할 때 L_p-혼합된 마팅게일이라고 부른다.

모든 $p \geq 1$에 대해 음이 아닌 상수의 수열 $\{c_{nt}\}_{-\infty}^{\infty}$와 다음을 만족하면서 수렴하는 수열 $\{\zeta_k\}_0^{\infty}$가 존재한다. 즉, $\lim_{k\to\infty} \zeta_k = 0$.

모든 n, t 및 $k \geq 0$에 대해,

(i) $\|E[X_{nt} | \mathscr{F}_{n,\, t-k}]\|_p \leq c_{nt}\zeta_k$.

(ii) $\|X_{nt} - E[X_{nt} | \mathscr{F}_{n,\, t+k}]\|_p \leq c_{nt}\zeta_{k+1}$.

[정의 5]와 [정의 6]을 비교해 보면 알 수 있듯이 첨자지표를 하나인 수열의 형태로 하건 둘인 이중수열의 형태로 하건 간에, 혼합된 마팅게일의 정의에는 아무런 차이가 없다.

한편, 혼합된 마팅게일이 지니는 문제점은 혼합된 마팅게일 확률과정 $\{X_t\}$를 함수변환($h(\{X_t\})$)하였을 때 변환된 확률과정이 일반적으로 [정의 5]에서 제시된 혼합된 마팅게일의 성질을 보존하지 못한다는 점이다. 일반적으로 혼합된 마팅게일은 앞서 살펴본 혼합성질(mixing) 가정과 연계되어야 유용성이 발휘될 수 있다. 즉, 혼합된 마팅게일은 혼합성 가정을 추가하여야, 해당

3) 이 조건을 제9장에서 살펴보게 될 큰 O로 나타내면 $\alpha_k = O(k^{-\varphi})$이다.

혼합된 마팅게일을 함수변환해 주었을 때 혼합된 마팅게일 성질을 유지할 수 있다.

한편, 혼합된 마팅게일 이론은 상당히 교묘한 근사적 접근법을 적용할 수 있다는 점 때문에 유용성을 지닌다. 예컨대, 혼합된 마팅게일의 합은 마팅게일과정과 거의 유사한 속성을 지닌다. 즉, 다음 정리가 성립한다.

• 정리 6 •

확률변수 X_t와 σ-체인 $\mathscr{F}_t$의 쌍의 수열 $\{X_t, \mathscr{F}_t\}_{-\infty}^{\infty}$가 안정적인 L_1-혼합된 마팅게일이고, 혼합규모가 -1이라고 하자. 그러면 X_t는 다음과 같이 분해할 수 있다.

$$X_t = W_t + Z_t - Z_{t-1}.$$

여기서 $E[|Z_t|] < \infty$, $\{W_t, \mathscr{F}_t\}_{-\infty}^{\infty}$는 안정적인 마팅게일 차분과정이다.

8.2. 모수적 확률과정

8.2.1. 1차 자기회귀과정

확률과정 $\{X_t\}_0^{\infty}$는 다음과 같은 확률차분방정식을 만족하는 경우 1차 자기회귀(AR(1))과정이라고 한다. 이 때 $t \in \{0, 1, 2, \cdots\cdots\}$라 가정한다.

$$X_t = \alpha X_{t-1} + \varepsilon_t. \tag{5}$$

여기서 α는 상수이며, ε_t는 백색잡음과정이다.

자기회귀과정에 대해 설명하기에 앞서 백색잡음(white noise)과정에 대해 간략히 살펴보자. 백색잡음과정 $\{\varepsilon_t\}_{-\infty}^{\infty}$는 확률과정을 구축하는 데 있어 기초가 되는 확률과정이다. $\{\varepsilon_t\}_{-\infty}^{\infty}$는 평균이 0이고 분산이 σ^2이며, 다른 시점 간의 상관관계가 0인 확률과정이다. 즉, $E[\varepsilon_t]=0$, $\mathrm{Var}(\varepsilon_t)=\sigma^2$, $E[\varepsilon_t\varepsilon_\tau]=0(t \neq \tau)$. 경우에 따라서는 $t \neq \tau$에 대해 ε_t와 ε_τ는 서로 독립이라고 강하게 제약을 부과하기도 한다. 즉, 서로 독립이면 $E[\varepsilon_t\varepsilon_\tau]=0$이 성립하지만 $E[\varepsilon_t\varepsilon_\tau]$

$=0$이 성립한다고 해서 독립성이 만족되지는 않기 때문에 독립성은 $E[\varepsilon_t\varepsilon_\tau]=0$이라는 조건보다 강한 조건이다. 이렇게 강한 조건을 만족하는 백색잡음과정 $\{\varepsilon_t\}$를 독립적인 백색잡음(independent white noise)과정이라고 한다. 이러한 조건 이외에 ε_t에 대한 분포의 형태도 가정할 수 있는데, ε_t가 정규분포를 따른다고 가정하면, $\varepsilon_t \sim N(0,\ \sigma^2)$와 같이 나타내고, 이를 정규백색잡음(Gaussian white noise)과정이라고 한다.

앞서 제시한 확률차분방정식은 간단한 반복적 대입에 의해 다음과 같이 나타낼 수 있다. 즉,

$$
\begin{aligned}
X_t = \alpha X_{t-1} + \varepsilon_t &= \alpha(\alpha X_{t-2} + \varepsilon_{t-1}) + \varepsilon_t \\
&= \alpha^2 X_{t-2} + \alpha\varepsilon_{t-1} + \varepsilon_t \\
&= \alpha^2(\alpha X_{t-3} + \varepsilon_{t-2}) + \alpha\varepsilon_{t-1} + \varepsilon_t \\
&= \alpha^3 X_{t-3} + \alpha^2\varepsilon_{t-2} + \alpha\varepsilon_{t-1} + \varepsilon_t \\
&\ \ \vdots
\end{aligned}
$$

$$X_t = \alpha^t X_0 + \sum_{i=0}^{t-1} \alpha^i \varepsilon_{t-i}. \tag{6}$$

위의 식에 의하면 1차 자기회귀과정 $\{X_t\}$를 초기값 X_0와 백색잡음과정 $\{\varepsilon_t\}$의 선형함수로 나타낼 수 있다. 따라서 위의 식으로부터 X_t에 대한 기대값 $E[X_t]$과 자기공분산 $E[X_t\ X_{t-i}]$를 다음과 같이 도출할 수 있다.

$$
\begin{aligned}
&E[X_t] = \alpha^t E[X_0], \\
&E[X_t X_{t+i}] = \alpha^{2t+i}\, E[X_0^2] + \sigma_\varepsilon^2(\alpha^i + \alpha^{i-2} + \cdots\cdots + \alpha^{i+2(t-1)}),\ i \geq 0.
\end{aligned}
$$

이 식에 의하면 초기값 X_0나 모수 α에 대하여 가정 또는 제약이 부과되지 않는다면 1차 자기회귀과정 $\{X_t\}$는 공분산 안정성이나 점근적 독립성을 만족하지 않는다는 것을 알 수 있다. 즉, 기대값이 α^t에 의해 결정되므로 시간이 지남에 따라서 변하게 될 뿐만 아니라 공분산값도 역시 유사한 논리로 시간에 따라서 달라지게 된다. 이러한 점으로부터 모수적인 표현을 지니는 확률과정도 해당 확률과정의 모수를 추정하기 위해서는 모종의 제약이 가해져야 한다는 것을 알 수 있다. 그렇다면 1차 자기회귀과정에 어떠한 제약을 가하여야만 주어진 확률과정이 안정성 또는 점근적 독립성을 지니게 될 것인가? 여기서 ε_t가 정규분포를 따른다고 가정하면 공분산 안정성과 엄

밀 안정성이 동일한 의미를 지닌다는 점을 다시 한 번 상기하기 바란다.

먼저 초기값 X_0에 대한 제약을 고려하여 보자. 가장 쉽게 고려할 수 있는 가정은 초기값 X_0가 0이라는 가정이다. $X_0=0$이라는 가정하에서는

$$E[X_t]=0,$$
$$E[X_t\ X_{t+i}]=\begin{cases}\sigma_\varepsilon^2 t, & |\alpha|=1\\ \sigma_\varepsilon^2\alpha^i\left(\dfrac{1-\alpha^{2t}}{1-\alpha^2}\right), & |\alpha|\neq 1,\ i\geq 0\end{cases} \tag{7}$$

이 성립한다. 위에서 볼 수 있듯이, 비록 초기값 X_0가 0이라고 가정하더라도 1차 자기회귀과정 $\{X_t\}$는 분산과 공분산이 시점 t에 따라 달라지므로 여전히 공분산 안정성을 지니지 않고, 점근적 독립성도 지니지 않는다.

그런데 초기치에 대한 가정에 더하여, $|\alpha|<1(-1<\alpha<1)$이라고 하는 가정을 모수 α에 대하여 추가하게 되면 안정성은 지니지 않지만 점근적인 독립성은 지니게 된다. 즉,

$$\lim_{i\to\infty}E[X_tX_{t+i}]=\lim_{i\to\infty}\sigma_\varepsilon^2\alpha^i\left(\frac{1-\alpha^{2t}}{1-\alpha^2}\right)=0.$$

반면 $|\alpha|>1$이라고 가정하게 되면 확률과정 $\{X_t\}$는 안정성 및 점근적 독립성을 지니지 않게 된다. 그렇다면 어떠한 가정을 도입하여야만 1차 자기회귀과정 $\{X_t\}$가 안정성을 지니게 될 것인가?

초기값과 모수에 대한 제약만으로는 안정성을 보장해 주지 못한다는 사실을 앞에서 보았으므로 다른 방도를 찾아보아야 한다. 이제 주어진 확률과정이 정의되는 첨자집합을 음의 값을 지니는 정수집합까지 포함하도록 확장해 보자. 즉, $t\in\{\cdots\cdots,\ -2,\ -1,\ 0,\ 1,\ 2,\ \cdots\cdots\}$라 하자. 이는 아주 먼 무한대의 과거 시간에서부터 확률과정이 생성되어 왔다고 가정하는 것이다.[4)]

이와 같은 가정에 의하면 주어진 확률과정은 다음과 같이 나타낼 수 있다.

$$X_t=\alpha^\infty X_0+\sum_{i=0}^{\infty}\alpha^i\varepsilon_{t-i}=\sum_{i=0}^{\infty}\alpha^i\varepsilon_{t-i}.$$

위의 식에서 첨자를 변경하여 $t-i\equiv j$라 하면 $i=t-j$가 되므로 주어진

4) 이와 같은 가정의 현실성 여부는 논외로 하자.

확률과정을 다음과 같이 동일하게 나타낼 수 있다.

$$X_t = \sum_{-\infty}^{t} \alpha^{(t-j)} \varepsilon_j.$$

이제 추가적으로 음의 무한대 X_t 값이 0, 즉 $\lim_{j \to -\infty} X_j = 0$이라 가정하게 되면,

$$E[X_t] = 0,$$
$$E[X_t X_{t+i}] = \alpha^i \sigma_\varepsilon^2 \left(\sum_{k=0}^{\infty} \alpha^{2k} \right) = \alpha^i \left(\frac{\sigma_\varepsilon^2}{1-\alpha^2} \right),\ i \geq 0 \tag{8}$$

을 얻는다. 그런데 $E[X_t] = 0$이므로 $E[X_t X_{t+i}] = \mathrm{Cov}(X_t,\ X_{t+i})$가 된다. 즉, 공분산함수도 다음과 같이 시점과는 무관하게 오로지 두 확률변수 간의 시차길이에 의해서만 결정된다.

$$\mathrm{Cov}(X_t,\ X_{t+i}) = \alpha^i \left(\frac{\sigma_\varepsilon^2}{1-\alpha^2} \right). \tag{9}$$

따라서 $|\alpha| < 1$이라는 가정과 마지막으로 추가한 가정, 즉 1차 자기회귀과정의 첨자집합이 음의 정수까지로 확장되어 있다고 가정하는 경우에는 1차 자기회귀과정이 점근적인 독립성뿐만 아니라 2차 안정성도 지니게 된다. 반면에 $|\alpha| \geq 1$인 경우에는 $\left(\sum_{k=0}^{\infty} \alpha^{2k} \right)$값이 무한대로 발산하여 공분산 및 분산값이 무한대가 되어 버린다. 따라서 $|\alpha| \geq 1$인 경우에는 1차 자기회귀과정은 2차 안정적이지 않으며, 점근적 독립성도 보유하지 않는다.

이상과 같이 간단한 1차 자기회귀과정이 점근적 독립성과 안정성을 지니기 위해 요구되는 여러 가정에 대하여 살펴보았다. 초기값 X_0에 대한 가정, 모수 α에 대한 가정, 그리고 첨자집합에 대한 가정을 모두 충족시키는 경우에 한하여 1차 자기회귀과정 AR(1)이 안정성을 지니게 된다는 것을 알게 되 었다.

그렇다면 이들 가정은 현실성을 지니고 있을까? 먼저 가정 중에서 첨자집합에 대한 가정, 즉 첨자집합이 음의 값을 포함하는 정수집합 $\mathbb{Z}$라는 가정은 수학적으로는 문제가 없고 편리한 가정이기는 하지만 현실적인 가정이라고 볼 수는 없다. 즉, 어떤 시작점이 존재하고 이후부터 모든 사건이 발생한

다고 보는 것이 자연스럽다. 따라서 {0, 1, 2, ……}와 같은 첨자집합하에서 확률과정을 논의하는 것이 직관적인 의미에 보다 부합한다. 이러한 점을 감안하면, 첨자집합을 음의 값을 지니는 집합으로 확장하는 것은 문제를 지니고 있다. 하지만 현실적으로 보다 자연스럽다고 생각되는 가정을 도입하게 되면, 앞서 살펴본 바와 같이 초기치와 모수에 대하여 제약을 가하더라도 1차 자기회귀과정이 (비록 점근적 독립성을 지니기는 하겠지만) 안정성을 지니지 못하는 문제점이 발생하게 된다.

둘째, 초기값이 0이라는 가정($X_0=0$)은 직관적으로 일견 아무 문제가 없는 가정인 것처럼 보인다. 하지만 사실은 이 또한 문제를 내포하고 있다. 즉, 특정 시점, 예컨대 0기의 확률변수값이 0이라는 특정한 값을 지니고 있다고 가정하는 것은 확률변수 X_0가 사실상 확률변수로서의 속성을 지니지 않는다는 것을 의미한다. 한편, $X_{-\infty}$가 0이라고 하는 가정도 마찬가지의 문제를 지니고 있다.[5] 이상으로 단순한 1차 자기회귀과정이 안정성을 지니게 되는 제약조건에 대하여 살펴보았다. 위의 논의에 의하면 3가지 제약조건이 만족되는 경우에야 비로소 1차 자기회귀과정이 안정성을 확보하게 되지만, 안정성을 확보하기 위하여 제시한 가정은 만족할 만한 현실성을 지니고 있다고 할 수는 없다는 사실을 알 수 있었다.

지금까지는 주어진 확률과정이 1차 자기회귀과정 AR(1)을 따른다고 선험적으로 가정한 이후에 추가적으로 여러 가정을 도입하는 형태로 1차 자기회귀과정의 안정성을 논의하는 방식으로 논의를 진행하였다. 이와 같이 현실성이 다소 떨어지는 가정에 입각하여 1차 자기회귀과정의 안정성을 논하는 대신에 임의의 확률과정에 대하여 확률과정의 구조에 제약을 가함으로써 자기회귀과정을 도출할 수도 있다.

이제 이에 대해 살펴보자. 임의의 확률과정 $\{X_t\}$가 다음을 만족한다고 가정하자. 첫째, 주어진 확률과정이 정규분포를 따르며, 둘째 마코프 속성을 지니고, 셋째 안정성을 지니며, 넷째 점근적으로 독립적이라고 하자. 그러면 다음이 성립하게 된다.

$$E[X_t|\mathscr{T}_{t-1}]=E[X_t|\sigma(X_{t-1})]=\alpha X_{t-1}.$$

5) 그렇지만 이 가정을 도입함으로써 결과적으로 확률과정 X_t를 모수값에 상관없이 $X_t=\sum_{i=0}^{\infty}\alpha^i\varepsilon_{t-i}$와 같이 나타낼 수 있게 된다.

여기서 $\mathscr{T}_{t-1}=\sigma(X_{t-1}, X_{t-2}, \cdots\cdots, X_0)$이다. $\mathscr{T}_{t-1}$은 과거 시점의 확률변수들에 의해 생성되는 σ-체로서 $t-1$까지의 정보집합으로 해석된다.

위 식에서 첫 번째 등호는 마코프 속성에 의한 것이다. 즉, $X_0, \cdots\cdots, X_{t-1}$에 내포된 정보 중에서 X_{t-1}을 제외한 나머지 과거 정보는 필요 없음을 뜻한다. 두 번째 등호가 성립하는 것은 안정성 조건에 의하여 모수인 α 값이 시간이 지나도 변하지 않을 뿐만 아니라 확률과정이 정규분포성질을 지니고 있다는 조건으로 인해 조건부 기대값이 선형성을 지니게 되기 때문이다. 끝으로 네 번째 조건에 의하면 $|\alpha|<1$이 성립하게 된다. 이제 다음과 같은 확률과정 ε_t를 정의하도록 하자.

$$\varepsilon_t=X_t-E[X_t|\mathscr{T}_{t-1}], \quad \varepsilon_0=X_0. \tag{10}$$

그러면 이로부터

$$X_t=\alpha X_{t-1}+\varepsilon_t$$

와 같이 1차 자기회귀과정을 도출할 수 있다.[6] 이 때 확률과정 ε_t는 마팅게일 차분과정이라 부른다.[7]

8.2.2. p차 자기회귀과정

p차 자기회귀과정은 1차 자기회귀과정의 시차를 p차로 확장해 줌으로써 도출할 수 있는데, p차 자기회귀과정은 다음과 같이 정의된다. 즉, 확률과정 $\{X_t\}_0^\infty$는 다음과 같은 확률차분방정식을 만족하는 경우 p차 자기회귀(AR(p))과정이라 부른다. 이 때 $t\in\{0, 1, 2, \cdots\cdots\}$라 가정한다.

$$X_t=\alpha_1X_{t-1}+\alpha_2X_{t-2}+\cdots\cdots+\alpha_pX_{t-p}+\varepsilon_t. \tag{11}$$

여기서 $\alpha_i(i=1, 2, \cdots\cdots, p)$는 각각 상수이며, ε_t는 백색잡음과정이다.

위와 같은 정의식에서 차분연산자(operator) $LX_t=X_{t-1}$과 같이 정의하면 $L^iX_t=X_{t-i}$가 성립하므로,[8]

6) $\varepsilon_t=X_t-E[X_t|\mathscr{T}_{t-1}]$으로부터 $X_t=E[X_t|\mathscr{T}_{t-1}]+\varepsilon_t=\alpha X_{t-1}+\varepsilon_t$가 도출된다.

7) ε_t는 $\mathscr{T}_{t-1}$과 서로 직교(독립)하고 있다.

8) $L^2X_t=L(LX_t)=L(X_{t-1})=X_{t-2}$가 성립한다. 마찬가지 논리로 $L^iX_t=L(L^{i-1}X_t)=LL\cdots\cdots LX_{t-1}=X_{t-i}$.

$$X_t = \alpha_1 L X_t + \alpha_2 L^2 X_t + \cdots\cdots + \alpha_p L^p X_t + \varepsilon_t$$

와 같이 나타낼 수 있다. 이로부터

$$X_t - \alpha_1 L X_t - \alpha_2 L^2 X_t - \cdots\cdots - \alpha_p L^p X_t = \varepsilon_t.$$

이제 $\alpha(L) = (1 - \alpha_1 L - \alpha_2 L^2 - \cdots\cdots - \alpha_p L^p)$로 정의하면 앞의 식을 다음과 같이 나타낼 수 있다.

$$\alpha(L) X_t = \varepsilon_t.$$

잘 알려진 바대로 p차 차분방정식의 일반해는 다음과 같은 형태를 지닌다.[9)]

$$X_t = a_1 \lambda_1^t + a_2 \lambda_2^t + \cdots\cdots + a_p \lambda_p^t + \alpha^{-1}(L) \varepsilon_t.$$

여기서 $a_1 \lambda_1^t + a_2 \lambda_2^t + \cdots\cdots + a_p \lambda_p^t$는 주어진 차분방정식에 대한 일반해로서, λ_1, λ_2, ……, λ_p는

$$(\lambda^p - \alpha_1 \lambda^{p-1} - \cdots\cdots - \alpha_p) = 0 \tag{12}$$

의 근이다. 그리고 상수항인 a_1, a_2, ……, a_p는 초기조건 X_{p-1}, X_{p-2}, ……, X_1, X_0에 의하여 결정된다. 한편, $\alpha^{-1}(L)\varepsilon_t$는 주어진 차분방정식에 대한 특이해이다. 이 때 특이해를 다음과 같이 나타낼 수 있음은 잘 알려져 있다.

$$\alpha^{-1}(L) \varepsilon_t = \sum_{j=0}^{\infty} \gamma_j \varepsilon_{t-j}. \tag{13}$$

여기서 계수인 γ_j는 다음과 같은 관계를 만족한다.

$$\begin{aligned}
&\gamma_0 = 1 \\
&\gamma_1 + \alpha_1 \gamma_0 = 0 \\
&\gamma_2 + \alpha_1 \gamma_1 + \alpha_2 \gamma_0 = 0 \\
&\qquad\quad \vdots \\
&\gamma_p + \alpha_1 \gamma_{p-1} + \cdots\cdots + \alpha_p \gamma_0 = 0
\end{aligned}$$

9) 이 경우 첨자집합은 {0, 1, 2, ……}가 아니라 {……, −2, −1, 0, 1, 2, ……}로 확장된 집합이다.

$$\gamma_{p+k}+\alpha_1\gamma_{p+k-1}+\cdots\cdots+\alpha_p\gamma_k=0, \quad k=1,\ 2,\ \cdots\cdots.$$

1차 자기회귀과정 AR(1)이 안정성을 지니기 위하여 요구되었던 조건 중 모수에 대한 제약조건은 $|\alpha|<1$이었음을 상기하자. 이와 유사하게 p차 자기회귀과정 AR(p)에 대해서는 (12)와 같은 방정식에서의 근인 λ_1, λ_2, ……, λ_p값의 절대값이 모두 1보다 작아야 할 것을 요구한다. 즉, 다항식 (12)의 근이 모두 단위원 내부(within the unit circle)에 놓여 있어야 한다. 즉, $|\lambda_i|<1$ ($i=1,\ 2,\ \cdots\cdots,\ p$)이 성립하여야 한다. AR($p$)에 대해 식 (12)의 근이 모두 단위원 내부에 있어야 하는 이유는 다음과 같다. 모든 근이 단위원 내부에 있는 경우에는 시간이 지남에 따라서 일반해의 값이 0에 수렴하게 된다. 즉,

$$\lim_{t\to\infty}(a_1\lambda_1^t+a_2\lambda_2^t+\cdots\cdots+a_p\lambda_p^t)=0 \tag{14}$$

이 성립한다. 그런데 만일 근의 일부, 예컨대 어느 하나가 단위원 내부에 존재하지 않는 경우에는 위의 식에서 $(a_1\lambda_1^t+a_2\lambda_2^t+\cdots\cdots+a_p\lambda_p^t)$항 중 어느 하나의 항의 값이 양의 무한대 또는 음의 무한대로 발산하게 될 것이다. 따라서 하나의 항을 제외한 모든 항의 값이 0에 수렴하더라도 발산하는 하나의 항 때문에 결과적으로 전체 항의 합은 무한대로 발산하게 된다. 그러므로 근이 모두 단위원 내부에 있지 않는 경우에는 일반해가 0에 수렴하지 않게 된다. 그런데 이 같은 일반해가 시간에 따라서 변하기 때문에 시간이 변하더라도 p차 자기회귀과정이 최소한 점근적 독립성을 만족하려면 일반해의 값이 시간이 지남에 따라서 0에 수렴할 필요가 있다. 결국 p차 자기회귀과정이 점근적 독립성을 지니기 위해서는 최소한 식 (12)에 대한 근의 값이 단위원 내에 존재하여야 한다는 조건이 충족되어야 한다.

이제 이 같은 결과를 바탕으로 차분방정식

$$X_t=\alpha_1X_{t-1}+\alpha_2X_{t-2}+\cdots\cdots+\alpha_pX_{t-p}+\varepsilon_t$$

에 대한 해를

$$X_t=\alpha^{-1}(L)\varepsilon_t$$

와 같이 나타낼 수 있다.

이제 식 (12)를 이용하여 p차 자기회귀과정 $\{X_t\}_0^\infty$에 대하여 다음과 같이 1차 및 2차 적률을 구할 수 있다.

$$E[X_t]=0,$$

$$E[X_tX_{t+i}]=\sigma_\varepsilon^2\left(\sum_{k=0}^{\infty}\gamma_k\gamma_{k+i}\right). \tag{15}$$

여기서 λ_1, λ_2, ……, λ_p의 절대값이 모두 1보다 작은 경우에는 $\left(\sum_{k=0}^{\infty}\gamma_k\gamma_{k+i}\right)<\infty$가 성립한다는 사실이 알려져 있으므로 결국 $E[X_tX_{t+i}]$의 값이 유한한 값을 지니게 되며, 특정 시점에 따라 값이 달라지는 것이 아니라 시차값에 의하여만 값이 달라지게 된다. 또한 $i=0$이면 $\left(\sum_{k=0}^{\infty}\gamma_k^2\right)<\infty$이므로, $E[X_t^2]=\text{Var}(X_t)=\sigma_\varepsilon^2\left(\sum_{k=0}^{\infty}\gamma_k^2\right)<\infty$가 성립한다.

이로부터 λ_1, λ_2, ……, λ_p의 절대값이 모두 1보다 작아야 한다는 조건은 차분방정식의 특이해 부분과 관련된 항에도 영향을 미치는 조건이라는 것을 알 수 있다. 결과적으로 다항식 (12)에 대한 근이 모두 단위원 내부에 존재한다는 조건은 p차 자기회귀과정 AR(p)가 점근적 독립성과 안정성을 지니게 되는 데 있어서 필요한 조건이 된다는 것을 알 수 있다.

여기서 한 가지 유의할 점은 p차 자기회귀과정 AR(p)가 안정성을 만족하기 위해서는 첨자집합이 {0, 1, 2, ……}가 아니라 {……, −2, −1, 0, 1, 2, ……}이라고 가정하여야 한다는 점이다. 하지만 p차 자기회귀과정의 첨자집합을 {0, 1, 2, ……}라 하여도 1차 자기회귀과정과 마찬가지로 p차 자기회귀과정은 점근적 독립성을 지니게 된다. 뿐만 아니라 1차 자기회귀과정과 마찬가지로 p차 자기회귀과정의 구조에 대하여 특정한 가정을 추가함으로써 문제 없이 p차 자기회귀과정을 유도할 수 있다.

8.2.3. 이동평균과정

확률과정 $\{X_t\}_0^\infty$는 다음과 같이 백색잡음과정의 선형결합형태로 표현될 수 있을 때 q차 이동평균(MA(q))과정이라 부른다.

$$X_t=\varepsilon_t+\beta_1\varepsilon_{t-1}+\beta_2\varepsilon_{t-2}+\cdots\cdots+\beta_q\varepsilon_{t-q}. \tag{16}$$

여기서 $\beta_0=1$, β_1, β_2, ……, β_q는 상수이며, ε_t는 백색잡음과정이다.

q차 이동평균과정 $\{X_t\}_0^\infty$가 무상관된 확률변수들인 백색잡음과정 $\{\varepsilon_t\}$의 ε_t들의 선형결합으로 표현되므로 1차 및 2차 적률을 다음과 같이 구할 수 있다.

$$E[X_t]=0,$$

$$E[X_tX_{t+i}]=\begin{cases}\sigma_\varepsilon^2(\beta_i+\beta_{i+1}\beta_1+\cdots\cdots+\beta_q\beta_{q-i}), & 0\le i\le q\\ 0, & i>q,\end{cases} \tag{17}$$

$$\mathrm{Cov}(X_t,\ X_{t+i})=\mathrm{Cov}(X_{t-i},\ X_t)=\begin{cases}\dfrac{\sum_{j=i}^{q}\beta_j\beta_{j-i}}{\sum_{j=0}^{q}\beta_j^2}, & 0\le i\le q\\ 0, & i>q.\end{cases}$$

이러한 결과로부터 다음을 알 수 있다. 첫째, MA(q)과정은 β_1, β_2, ……, β_q 값과 상관없이 2차 안정적인 확률과정이다. 즉, 공분산 안정적 확률과정이다. 둘째, 시차가 q를 넘어서게 되면 자기공분산함수 및 자기상관함수는 0이 된다. MA(q)과정은 확률과정의 이질성 및 기억력과 관련하여 상당히 제약적인 과정이다. 한편, 임의의 2차 안정적이고 점근적으로 독립적인 확률과정 $\{X_t\}$는 다음과 같이 MA(∞)과정으로 표현될 수 있음이 알려져 있다.[10] 즉,

$$X_t=\sum_{j=0}^{\infty}\beta_j\varepsilon_{t-j}.$$

이 때 $\sum_{j=0}^{\infty}\beta_j^2<\infty$이고, $\{\varepsilon_t\}$는 이노베이션과정 또는 마팅게일 차분과정이다. 자기회귀과정에서와 마찬가지로 임의의 확률과정 $\{X_t\}$의 확률구조, 즉 확률과정의 안정성과 독립성에 제약을 가함으로써 이동평균과정을 유도해 보자.

확률과정 $\{X_t\}$가 2차 안정적이고, 점근적으로 상관되어 있지 않은 확률과정이라고 가정하자. 그러면 다음과 같이 이노베이션 확률과정인 $\{\varepsilon_t\}$를 정의할 수 있다.

$$\varepsilon_t=X_t-E[X_t|\mathscr{T}_{t-1}],\ t\in\{0,\ 1,\ 2,\ \cdots\cdots\}.$$

여기서 $\mathscr{T}$는 확률변수 X_0, ……, X_t에 의하여 생성되는 σ-체이다. 즉, $\mathscr{T}_{t-1}=\sigma(X_t,\ X_{t-1},\ \cdots\cdots,\ X_0)$이다.

한편, 점근적 독립성에 의하면 $\mathscr{T}_{t-1}=\sigma(\varepsilon_t,\ \varepsilon_{t-1},\ \cdots\cdots,\ \varepsilon_0)$로 바꾸어 나타낼 수 있고, 확률변수 X가 $(S,\ \mathscr{F},\ P)$에서 정의될 때, 제5장에서 보았듯이 조건부 기대의 세 번째 성질에 의해 $E[X|\mathscr{T}]=X$가 성립하므로 다음이

10) 이러한 결과를 월드분해(Wold decomposition)정리라 부른다.

성립한다.

$$X_t = E[X_t | \mathscr{T}_{t-1}]. \qquad (18)$$

$\{\varepsilon_t\}$는 이노베이션 과정, 즉 마팅게일 차분과정이면서 정규직교하는 확률과정(orthogonal process)이라는 전제하에, $\mathscr{T}_{t-1}$에 대한 정규직교 기저로 이해된다. 따라서 $\mathscr{T}_{t-1}$ 내의 모든 벡터는 $\{\varepsilon_t\}$의 선형결합으로 표현될 수 있다. 결과적으로 $E[X_t | \mathscr{T}_{t-1}]$은 다음과 같이 ε_{t-j}의 선형결합으로 다음과 같이 표현된다.

$$E[X_t | \mathscr{T}_{t-1}] = \sum_{j=0}^{\infty} \beta_j \varepsilon_{t-j}.$$

이는 바로 MA(∞)과정이다.

끝으로 MA(q)과정은 MA(∞)과정의 특수한 예로 볼 수 있는데, 특히 MA(∞)과정이 점근적으로 상관되어 있지 않다는 가정이 k차수까지만 상관되어 있다는 점으로 제한되는 형태이다. 결과적으로 MA(q)과정은 ε_t, ε_{t-1}, ……, ε_{t-q}의 선형함수로 표현된다.

8.2.4. 자기회귀이동평균과정

앞서 보았듯이 2차 안정적이고 점근적으로 상관관계를 지니지 않는 확률과정은 MA(∞)로 표현할 수 있다. 그런데 실제로 무한대의 항을 포함하는 정의는 실제로 활용하기에 적당하지 않다. 이러한 상황에서 확률과정을 보다 단순한 형태로 전환하여 나타낼 수 있는 방법이 있다. 이렇게 표현된 확률과정을 자기회귀이동평균과정, 즉 ARMA(p, q)과정이라 한다.

확률과정 $\{X_t\}_0^{\infty}$는 다음과 같이 표현될 수 있을 때 p, q차 자기회귀이동평균(ARMA(p, q))과정이라 부른다.

$$\begin{aligned} X_t = {} & \alpha_1 X_{t-1} + \cdots\cdots + \alpha_{t-p} X_{t-p} + \varepsilon_t + \beta_1 \varepsilon_{t-1} \\ & + \beta_2 \varepsilon_{t-2} + \cdots\cdots + \beta_q \varepsilon_{t-q}. \end{aligned} \qquad (19)$$

여기서 α_1, α_2, ……, α_p, β_1, β_2, ……, β_p 등은 모두 상수이며, $\{\varepsilon_t\}$는 백색잡음과정이다.

그렇다면 어떻게 ARMA(p, q)과정이 MA(∞)과정에 대한 대안으로 활용될 수 있을까? 다음과 같은 무한대의 다항식 $\beta^*(L)=1+\beta_1 L+\beta_2 L^2+\cdots\cdots+\beta_q L^q+\cdots\cdots$가 있다고 하자. 그러면 MA(∞)과정을 다음처럼 나타낼 수 있다.

$$X_t=\beta^*(L)\varepsilon_t. \tag{20}$$

여기서 드라임스(Dhrymes, 1971)에 의하면, 적절한 정칙조건에 의하여 $\beta^*(L)$을 다음과 같이 두 개의 유한한 시차길이를 지니는 다항식의 비율로 근사시켜 나타내 줄 수 있다.

$$\beta^*(L)=\frac{\beta_q(L)}{\alpha_p(L)}=\frac{(1+\beta_1 L+\beta_2 L^2+\cdots\cdots+\beta_q L^q)}{(1+\alpha_1 L+\alpha_2 L^2+\cdots\cdots+\alpha_p L^p)},\ p\geq q.$$

이 때 충분하게 큰 수 p, q를 잡으면 $\beta^*(L)$을 임의의 정밀도까지 근사시켜 줄 수 있다. 따라서 $X_t=\beta^*(L)\varepsilon_t=\dfrac{\beta_q(L)}{\alpha_p(L)}\varepsilon_t$로 나타낼 수 있고, 결과적으로 $\alpha_p(L)X_t=\beta_q(L)\varepsilon_t$로 나타낼 수 있다. 이것은 바로 ARMA($p$, q)과정이다. 이러한 이유로 하여 2차 안정적인 확률과정을 간결하게 ARMA(p, q)로 표현할 수 있게 되며, 바로 이와 같은 성질을 이용하여 박스와 젠킨스(Box and Jenkins, 1976)는 시계열분석에 ARMA(p, q)모형을 제안하였다.

ARMA(p, q)과정의 점근적인 독립성은 AR(p)과정 부분이 점근적 독립성을 지니는지 여부에 의해 결정되어 ARMA(p, q)과정의 AR(p)과정 부분이 점근적 독립성을 지니면 ARMA(p, q)과정이 점근적 독립성을 지니게 된다. 즉, ARMA(p, q)과정의 점근적 독립성은 AR(p)과정 부분에 대한 다항식인

$$\alpha_p(\lambda)=\lambda^p+\alpha_1\lambda^{p-1}+\cdots\cdots+\alpha_{p-1}\lambda+\alpha_p=0 \tag{21}$$

의 근이 모두 단위원 안에 놓일 때 성립한다. 그런데 ARMA(p, q)과정이 점근적 독립성을 만족하는지를 판정할 조건을 의미하는 식 (21)은 AR(p)과정이 점근적 독립성을 만족하는지를 판정할 조건과 일치한다. 특히, 다항식 $\beta_q(L)$의 근이나 계수들이 어떤 값을 지녀야 하는지는 ARMA(p, q)과정이 점근적 독립성을 지니는지에 대해 전혀 영향을 미치지 않는다. 이와 같은 점에서 볼 때, ARMA(p, q)과정을 AR(p)과정에다 MA(q)를 덧붙인 것으로 볼 수 있기 때문에 ARMA(p, q)과정을 AR(p)과정에 대한 확장으로 이해할 수도 있다.

그렇다면 MA(q)부분에는 전혀 제약이 가해지지 않아도 무방할까? 그렇

지는 않다. 경우에 따라서는 ARMA(p, q)과정을 AR(p)과정으로 전환하여 나타낼 수도 있는데, 이 때

$$\beta_q(\lambda)=\lambda^q+\beta_1\lambda^{q-1}+\cdots\cdots+\beta_{q-1}\lambda+\beta^q=0 \tag{22}$$

과 같은 MA(q)부분 다항식의 모든 근이 단위원 내에 놓여야 한다. 즉,

$$X_t=\alpha_1X_{t-1}+\cdots\cdots+\alpha_{t-p}X_{t-p}+\varepsilon_t+\beta_1\varepsilon_{t-1}+\beta_2\varepsilon_{t-2}+\cdots\cdots+\beta_q\varepsilon_{t-q}$$

인 ARMA(p, q) 확률과정을

$$X_t=\alpha_1'X_{t-1}+\cdots\cdots+\alpha_p'X_{t-p}+\cdots\cdots+\varepsilon_t$$

로 전환하기 위해서는 식 (22)의 근이 모두 단위원 안에 놓여야 한다.

모수에 대한 제약 중 AR부분의 다항식 $\alpha_p(\lambda)$에 대한 제약을 안정성(stability) 조건이라 하고, MA부분의 다항식 $\beta_q(\lambda)$에 대한 제약을 가역성(invertibility) 조건이라고 부른다.

지금까지 살펴본 AR, MA, ARMA 등의 확률과정은 모두 안정적인 확률과정에 대해 적용할 수 있는 것들이다. 그렇다면 안정적이지 않고 불안정적(nonstationary)인 확률과정에 대해서는 AR, MA, ARMA 개념을 적용할 수 없는 것일까? 그렇지는 않다. 먼저 불안정성을 지니는 확률과정 Z_t를 적절하게 안정적인 확률과정으로 변환시켜 준 후, 변환되어 안정성을 확보하게 된 확률과정에 대해 AR, MA, ARMA 등의 개념을 적용해 주면 된다. 그렇다면 불안정적인 확률과정을 어떻게 안정적인 확률과정으로 전환해 줄 수 있을까? 방법은 바로 확률과정 Z_t를 차분하는 것이다. 예컨대, 다음과 같이 불안정한 확률과정 Z_t를 d회 차분해 주어 안정적인 확률과정 X_t로 전환해 주면 된다.

$$X_t=(1-L)^dZ_t.$$

여기서 d는 정수이다.[11)]

이처럼 차분을 통해서 안정적인 확률과정으로 전환된 확률과정에 대해 AR(p), MA(q), ARMA(p, q)를 적용한 확률과정을 각각 ARI(p, d), IMA(q, d),

---

11) 예컨대, $d=1$이면 $X_t=Z_t-Z_{t-1}$, $d=2$이면 $X_t=(1-L)^2Z_t=(1-2L+L^2)Z_t=Z_t-2Z_{t-1}+Z_{t-2}$이다.

ARIMA(p, d, q)라 부른다. 여기서 ARIMA과정을 적분된(integrated: I) 자기회귀(autoregressive: AR) 이동평균(moving average: MA) 확률과정이라고 한다. 이와 같이 차분하여 ARMA분석을 실시하면 불안정적인 확률과정을 전통적인 시계열분석방법 내에서 분석할 수 있다. 그렇지만 원래의 확률과정을 불가피하게 차분하게 되면 확률과정에 대한 장기정보를 유실하게 된다. 이러한 점을 고려하여 최근에는 차분을 하지 않으면서도 확률과정을 분석할 수 있는 시계열분석기법들이 개발되어 널리 이용되고 있다.

8.3. 혼합성질과 모수적 확률과정

앞서 비모수적 확률과정이 지니고 있는 혼합성질에 대해 간략히 언급하였다. 이하에서는 모수적 확률과정이 혼합성질과 어떤 관계를 지니는지에 대해 살펴보자. 이브라기모프와 리니크(Ibragimov and Linnik, 1971)는 ARMA(p, q)과정의 혼합성질에 대해 살펴보았다. 이들은 오차항이 정규분포를 따를 때 ARMA(p, q)과정은 사건 간의 시간차이, 즉 k가 증가함에 따라서 강한 혼합계수가 0에 수렴한다는 것을 밝혔다. 하지만 이 경우에도 균일한 혼합계수는 0에 수렴하지 않는다. 이 때 강한 혼합은 기하급수적으로 0에 수렴한다. 이러한 사실로부터 정규분포를 따르는 ARMA(p, q)과정이 임의의 큰 값인 $-\varphi$를 혼합규모로 하는 강한 혼합과정임을 알 수 있다. 유사하게 오차항이 정규분포를 따르지 않는 ARMA(p, q)과정도 적절한 조건이 추가되는 경우 임의의 큰 값인 $-\varphi$를 혼합규모로 하는 강한 혼합과정이 된다는 사실도 알려져 있다. 이러한 점은 팜과 트란(Pham and Tran, 1980)이 증명하였다.

이하에서는 혼합과정의 예에 대하여 살펴보자.

예 14

(i) 확률변수열 $\{X_t\}$가 독립적이고 $X_t \overset{A}{\sim} N(0, \sigma_t)$라 하자. 그러면 $\{X_t\}$는 혼합규모가 -1인 ϕ-혼합과정, 즉 균일한 혼합과정이다.

(ii) 수열 $\{X_t\}$가 비확률변수열이라고 하자. 그러면 $\{X_t\}$는 독립적인 수열이 되므로, 모든 $k>0$에 대하여 $\phi_k=\alpha_k=0$이다.

(iii) X_t가 오차항 $\{\varepsilon_t\}$가 정규분포를 따르는 AR(1)과정이라고 하

자. 즉, $X_t = \alpha_1 X_{t-1} + \varepsilon_t$(단, $|\alpha_1| < 1$). 그러면 혼합계수 α_k가 k가 증가함에 따라서 지수함수적으로 감소하기 때문에 $\{X_t\}$는 임의의 실수 $r \in \mathbb{R}$에 대해, 혼합규모가 $-r$인 α-혼합과정, 즉 강한 혼합과정이다. 그렇지만 ϕ-혼합과정은 아니다.

(iv) 확률변수열 $\{X_t\}$의 오차항 $\{\varepsilon_t\}$가 독립·동질적인 MA(q)과정이라 하자. 즉,

$$X_t = \varepsilon_t + \beta_1 \varepsilon_{t-1} + \beta_2 \varepsilon_{t-2} + \cdots\cdots + \beta_q \varepsilon_{t-q}.$$

그러면 $k > q+1$인 모든 k에 대해 혼합계수 ϕ_k는 0이 된다. 이 경우 MA(q)는 ϕ-혼합과정이다.

제7장의 [정리 13]에서 보았듯이, 하난(Hannan, 1970)에 따르면, 혼합과정의 장점은 잴 수 있는 함수로 혼합과정을 변환하여도 여전히 혼합성질을 지니는 확률과정이 된다는 것이다. 그런데 어떤 확률과정이 혼합성을 만족하려면, 주어진 함수가 유한한 시차길이를 가지고 있는 시차변수들의 함수이어야 한다는 조건이 붙어야 한다. 그럼에도 불구하고 어떤 확률과정 Y_t가 근본적인 확률과정인 X_t의 일부 시차변수만이 아니라 전체 과거 변수(history)에 의존하도록 만들어 주고 싶을 경우도 생긴다. 이러한 목적을 위해서라면 반드시 혼합 개념이 요구될 필요는 없다.

더욱이 아주 간단한 AR(1)과정조차도 강한 혼합이나 균일한 혼합성질을 지니지 않는 경우가 존재한다는 사실이 알려져 있다.[12] 이러한 이유로 단순히 혼합과정만을 고려하는 것은 충분하지 않게 된다. 그렇기는 하지만 주어진 함수가 근본적인 확률과정인 X_t의 먼 과거 또는 먼 미래 변수에 의존하는 정도를 적절하게 조절해 준다면, 근본적인 혼합적인 확률과정의 무한시차변수의 함수에 대해 적용할 수 있는 정리들을 도출할 수 있다. 혼합된 마팅게일, 즉 믹싱게일은 바로 이러한 결과의 기초를 제공하는 역할을 수행한다. 앞서 살펴보았듯이 혼합된 마팅게일은 마팅게일과 점근적으로 유사한(analogue) 확률과정이다.

---

12) 선형확률과정에 대한 혼합성질의 충분조건에 대한 보다 자세한 논의는 Davidson (1994)을 참조하기 바란다.

참고문헌

Capinski, M. and E. Kopp, *Measure, Integral and Probability*, Springer, 1999, Ch. 1～2.

Davidson, James, *Stochastic limit theory—an introduction for econometricians*, 3rd ed., Oxford University Press, 1994, Ch. 18～25.

Dhrymes, P. J., *Distributed Lags: Problems of Estimation and Formulation*, Oliver & Boyd, 1971.

Halmos, P. R., *Measure Theory*, Princeton, N.J.: D. Van Nostrand, 1956.

Ibragimov, I. A. and Y. V. Linnik, *Independent and Stationary Sequences of Random Variables*, Nolters-Noordhoff, 1971.

McLeish, D. L., "A Maximal Inequality and Dependent Strong Laws," *Annals of Probability*, 3, 1975, pp. 826～836.

Ronald, Gallant A. and Halbert White, *A Unified Theory of Estimation and Inference for Nonlinear Dynamic Models*, Basil Blackwell, 1988.

Spanos, Aris, *Statistical Foundations of Econometric Modelling*, Cambridge University Press, 1986, Ch. 8.

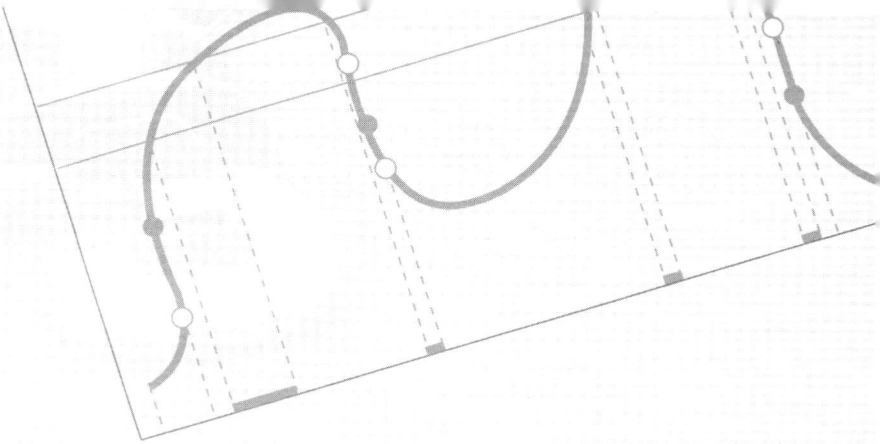

9

점근이론

점근이론 또는 대표본이론[1])은 확률변수 자체 또는 확률변수의 분포함수, 확률변수의 함수(예컨대, 적률 등의 통계량) 등에 대한 근사치 도출에 이용되는 이론이다. 통상적으로 추정량과 검정통계량 등의 점근적 속성을 조사하면서 점근이론을 사용한다. 이는 추정량과 검정통계량 등의 성질을 정확히 파악하거나 그에 대한 소표본 특성을 알아 낼 수 없는 경우가 대부분이기 때문이다. 하지만 비록 추정량 등의 정확한 성질을 밝혀 낼 수는 없더라도 점근이론을 이용하게 되면 추정량 등에 대해 충분한 정도의 근사값을 도출할 수 있다. 또한 근사값을 이용하면 원하는 값을 훨씬 쉽게 계산할 수 있다. 물론 근사값 계산은 원래의 정확한 식과 비교하여 오차를 수반한다는 단점도 지닌다. 하지만 계산이 불가능한 상황에서 근사값을 계산할 수 있게 해 주는 장점은 단점에 비해 훨씬 크다. 직접적으로 접근하기 불가능한 대상이 있을 때 근사치 계산을 통하여 그에 대한 이해를 증진할 수 있도록 해 주는 수단이 바로 점근이론(또는 대표본이론)이다.[2])

9.1. 점근이론 개요

점근이론은 근사이론에 불과하다. 따라서 유한표본에 대한 결과가 알려져 있다면 근사이론을 이용할 필요가 없다. 이는 이미 알려져 있는 유한표본 결과를 이용하면 되므로 점근이론을 이용할 필요가 없기 때문이다. 그렇지만 현실적으로 유한표본에 대한 결과들이 알려져 있지 못한 상황이 대부분이어서 점근이론은 대단히 유용하게 활용되는 수단이 된다. 예를 들어, 확률변수의 합으로 정의되는 통계량 $\sum_{t=1}^{T} X_t$에 대해 큰 수의 약한(강한) 법칙(weak(strong) law of large numbers)과 중심극한정리(central limit theorem) 등이 성립함을 보여 주는 과정에서, 확률변수열 $\{X_t\}$를 구성하는 각 확률변수 X_t

---

1) 용어와 관련하여 대표본이론은 표본의 수가 증가하면서 통계량 등의 확률변수의 속성이 어떻게 되는지를 분석하는 이론이라는 의미를 함축하는 반면, 점근이론은 표본이라는 개념과는 다소 거리가 있다. 예컨대, 시계열 분석의 경우에는 표본이라는 개념이 사실상 존재하지 않는다. 다만 시계열의 경우 시간이 흐르면서 관측치가 증가하는데, 이런 경우를 분석하는 데 이용되는 이론을 점근이론이라고 한다. 본서에서는 대표본이론이나 점근이론을 굳이 구분하지 않고 동일한 의미로 사용하였다.

2) 뿐만 아니라 실제로 각종 검정통계량의 임계값, 검정력, 추정량의 분산, 계산에 필요한 표본규모, 서로 다른 방법을 통해 도출된 값 사이의 상대적인 효율성 등을 비교적 용이하게 계산할 수 있도록 해 주기도 한다.

$(t=1,\ 2,\ \cdots\cdots)$에 의해 압도적(dominant)인 영향을 받지 않는다는 조건 등과 같은 제약조건이 추가적으로 필요하기는 하지만, 본장에서 살펴볼 점근이론 또는 극한정리를 이용하게 된다.[3]

바로 위에서 언급한 큰 수의 법칙은 확률변수의 단순한 시간 합에 대한 극한이론과 관련된다. 그런데 계량이론에서 논의되는 각종 통계량은 확률변수들의 단순한 합 형태로 나타나는 경우도 있으나 이보다 훨씬 복잡한 형태를 지니는 경우가 많다. 이처럼 복잡한 함수형태를 다루기 위해서는, 특히 확률벡터 $X=(X_1,\ \cdots\cdots,\ X_T)'$의 함수, 예컨대 보렐함수 $h(\cdot)$로 표현된 확률변수가 어떤 확률분포를 따르는지를 도출하여야 한다. 이는 결국 확률벡터 X의 확률분포로부터 '확률벡터 X의 보렐함수 $h(X)$의 분포함수

$$F_T(y)=P(h(X_1,\ \cdots\cdots,\ X_T)\leq y),\ y\in\mathbb{R}$$

를 도출하는 문제와 직결된다. 그런데 이러한 문제를 해결하는 것은 아주 단순한 함수의 경우라 할지라도 절대로 쉽지 않다.

그렇지만 임의의 복잡한 보렐함수에 대해 확률변수의 단순 합에서 유도된 결과와 유사한 결과를 도출할 수 있다면 대단히 유용할 것이다.[4] 다음 장에서 살펴볼 극한정리를 이용하면 비록 근사적이기는 하나 이러한 문제에 대한 해결책을 찾아 낼 수 있다. 이러한 문제는 결과적으로 추정량과 검정통계량을 도출하고 그 성질을 분석하는 작업과 직결되는바, 다음 장에서 OLS 추정량의 점근적 속성에 대해 구체적으로 다루고자 한다. 본장에서는 이러한 분석에서 기초가 되는 확률수렴(stochastic convergence)에 대해 살펴보도록 한다.

9.2. 수렴양태

9.2.1. 개 념

본절에서는 확률변수의 수렴을 논의하기에 앞서 함수의 수렴에 대해 살펴보고자 한다. 이는 제2장에서 언급한 바 있듯이 확률변수가 일종의 함수이기 때문에 함수에 적용되는 정리들이 확률변수에도 마찬가지로 적용된다

3) 이에 대해서는 제10장을 참조하기 바란다.
4) 사실 실제의 경우 좋은 결과가 도출되는 사례는 그리 많지 않다.

는 점을 고려한 것이다. 본절의 내용은 이미 제3장에서 간략하게 살펴본 바 있지만 독자들의 이해를 위하여 간략하게 한 번 더 살펴보도록 한다.

먼저 점근이론을 이용하여 근사값을 계산할 때 사용되는 것이 바로 극한정리이며 극한정리는 표본의 규모 n이나 시간 t가 무한대가 될 때 통계량의 속성이 어떻게 나타나는지를 분석하는 기본적인 수단이라는 점을 생각하자. 이제 어떤 수열(sequence)이 수렴한다는 것이 무엇인지에 대해 정의를 내려 보면 다음과 같다. 어떤 수열 $\{a_t\}$는 다음 조건을 만족할 때 극한값 a에 수렴한다고 한다.

정의 1 수열의 수렴

수열 $\{a_t\}(t=1, 2, \cdots\cdots)$는 다음 조건을 만족할 때 극한값 a에 수렴한다고 하고 $\lim_{t\to\infty} a_t = a$ 또는 $a_t \to a$와 같이 표기한다.

임의의 작은 양수 $\varepsilon(>0)$이 있을 때, ε에 대하여 ε의 함수인 어떤 수 t_0(즉, $t_0=t_0(\varepsilon)$)가 대응하여 존재하고, 이러한 t_0보다 큰 수 t를 첨자로 하는 모든 항 a_t가 부등식 $|a_t - a| < \varepsilon$을 만족한다.

수열이 수렴하는 경우에도 극한값으로 수렴하는 속도에 차이가 발생할 수 있다. 예컨대, 다음의 간단한 예를 살펴보자.

$$a_{1t} = a - \frac{1}{t},\ a_{2t} = a - \frac{1}{t^2}.$$

t가 증가함에 따라서 $a_{it}(i=1, 2)$ 값이 a에 접근하므로 두 수열의 극한값은 모두 a이다. 그렇지만 극한값으로 수렴하는 속도는 $\frac{1}{t}$보다 $\frac{1}{t^2}$이 빨리 0에 수렴하므로 두 수열 중에서 a_{2t}의 수렴속도가 a_{1t}의 수렴속도보다 빠르다.[5)] 그렇다면 수렴속도가 서로 다른 일반항을 다음과 같이 교대로 사용해

5) 수렴속도는 뒤에서 살펴볼 '추정량의 분포수렴' 여부를 결정하는 데 있어 중요하다. 추정량이 어떤 분포함수에 수렴하여야만 하는데, 추정량의 분포를 알아 내기 위해서는 그 분포가 무엇인지 알아 내기 위해서 추정량을 어떤 값으로 곱해 주게 된다. 그런데 곱해 주는 값의 크기에 따라서 추정량이 어떤 분포함수에 수렴할 수도 있고 수렴하지 않게 되기도 한다.

서 만든 수열의 경우는 어떨까?

$$t\text{가 짝수일 때: } b_t = a - \frac{1}{t},$$

$$t\text{가 홀수일 때: } b_t = a - \frac{1}{t^2}.$$

이와 같은 수열 $\{b_t\}$도 t가 커짐에 따라 극한값 a에 수렴하게 된다. 그렇지만 수열 $\{b_t\}$의 경우는 다음 항의 값이 바로 앞항의 값보다 반드시 클 필요는 없다. 극한값이 존재한다는 사실은 그 수열이 극한값에 한없이 접근한다는 것을 의미하는 것이지 직전 항보다 다음 항이 더 극한값에 가까워지고 있다는 사실을 뜻하지 않는다.

한편, [정의 1]에서처럼 경우에 따라 수열은 극한값에 수렴하지 않고, 계속 커지거나 작아져서 ∞나 $-\infty$값을 가지기도 한다. 이 경우 주어진 수열을 발산(diverge)한다고 부른다.

정의 2 수열의 발산

수열 $\{a_t\}(t=1, 2, \cdots\cdots)$는 아래 조건을 만족할 때 발산한다고 하고 $\lim_{t\to\infty} a_t = \infty$ 또는 $a_t \to \infty$와 같이 나타낸다.

주어진 임의의 상수 M이 있을 때, M의 함수 t_0, 즉 $t_0 = t_0(M)$이 존재하고 t_0보다 큰 모든 t에 대하여 $a_t > M$이 성립한다.

[정의 2]에 따르면 어떤 수열이 수렴하는지를 증명하려면 단지 $|a_t - a| < \varepsilon$이 성립하도록 해 주는 첨자 $t_0(\in \mathbb{N})$가 존재한다는 것을 보여 주면 되고, 수열이 발산하는지 여부를 증명하려면 주어진 상수 M에 대하여 $a_t > M$이 성립하도록 해 주는 첨자 $t_0(\in \mathbb{N})$가 존재한다는 것을 보여 주면 된다.

복잡한 형태의 수열 $\{a_t\}$가 있을 때 $\{a_t\}$보다 단순한 형태의 수열 $\{b_t\}$를

한편, 수렴속도는 결과적으로 곱해지는 어떤 값의 크기에 의하여 결정되므로 결국 어떤 분포함수로의 수렴을 보장하는 값의 크기를 의미하고 있다. 이 때 '속도'라는 용어를 사용하는 이유는 추정량에 곱해 주는 값이 흔히 표본의 크기 t와 관련되어 있기 때문이다. 예로서 곱해지는 값이 t라면 곱해지는 값이 $\sqrt{t}$인 경우보다 상대적으로 '빠르게' 분포수렴하게 된다. 이러한 점에서 수렴속도라는 용어를 사용한다.

이용하여 주어진 수열 $\{a_t\}$에 대한 근사값을 얻게 되는 경우가 많다. 예컨대, $\lim_{t\to\infty}(1+(1/t))^t=e\cong 2.718$이 성립하는데 t가 대략 30보다 크게 되면 $(1+(1/t))^t$ 값이 e에 상당한 정도로 근접하게 된다. 즉, $t>30$일 때 $(1+(1/t))^t$는 상수 e에 대한 좋은 근사값이 된다.

이제 극한값과 관련된 몇 가지 성질에 대해 간략히 살펴보자. 먼저 $a_t\to a$이고 $b_t\to b$라 하자. 즉, 두 수열 a_t와 b_t가 각각 a와 b로 수렴한다고 하자. 그러면 수렴하는 두 수열 a_t와 b_t에 대하여 다음이 성립한다.

(i) $c_t=a_t\pm b_t\to a\pm b$.

(ii) $c_t=a_t\cdot b_t\to a\cdot b$.

(iii) $c_t=\dfrac{a_t}{b_t}\to\dfrac{a}{b}$ (단, $b\neq 0$).

즉, 두 수열을 더하거나, 빼 주거나, 곱하거나, 0을 극한값으로 하지 않는 수열로 나누어 준 수열 c_t의 극한값은 각 수열의 극한값을 더하거나, 빼 주거나, 곱하거나, 나누어 준 값과 각각 일치한다. 물론 이 같은 성질은 a 또는 b값이 $\pm\infty$일 때에도 성립하게 된다.[6)]

이제 수렴하거나 발산하는 수열의 예를 들어 보자.

예 1

$$\left(1+\frac{a}{t}\right)^t\to e^a \text{이고, } \left(\frac{1+\frac{b}{t}}{1+\frac{c}{t}}\right)^t=\frac{\left(1+\frac{b}{t}\right)^t}{\left(1+\frac{c}{t}\right)^t}\to\frac{e^b}{e^c}=e^{(b-c)}\text{이다.}$$

예 2

주어진 t와 임의의 a에 대하여 $t^a\to\infty$이다. 그리고 임의의 t에 대하여 $e^t\to\infty$이다.

예 3

t가 커지더라도 $(-1)^t$는 수렴하지 않는다. 이러한 수열은 1과 -1의 값이 교대로 나타난다.[7)]

6) 그렇지만 $\infty-\infty$, $\infty\cdot 0$, ∞/∞와 같은 계산은 예외이다.
7) 이러한 수열을 진동하는 수열이라고 한다.

앞에서 수렴하는 수열에도 수렴하는 속도에 차이가 존재한다는 점에 대해 살펴보았다. 경우에 따라서는 두 수열의 비율이 어떤 값에 수렴할 수 있다. 이런 경우 두 수열이 점근적으로 동등(asymptotically equivalent)하다고 한다. 수열의 점근적 동등성은 상당히 큰 t에 대하여 두 수열의 값이 대략적으로 같다는 것을 의미하는 것으로 이해할 수 있다.

정의 3 수열의 동등성(equivalence of sequence)

두 수열 $\{a_t\}$와 $\{b_t\}$가 아래 조건을 만족할 때 $\{a_t\}$와 $\{b_t\}$를 서로 동등하다고 하고 $a_t \sim b_t$와 같이 표기한다.

$\lim_{t\to\infty}\left(\frac{a_t}{b_t}\right)\to 1$ 또는 $\left(\frac{a_t}{b_t}\right)\to 1$이 성립한다.

수열 $\{b_t\}$가 0이 아닌 유한한 극한값 b에 수렴하는 경우 $\{b_t\}$와 동등한 수열 $\{a_t\}$는 동일한 극한값 b를 가지게 된다. 한편, 수열의 동등성을 따지고자 할 때 두 수열이 0에 수렴하거나 $\pm\infty$로 발산하는 경우 추가적으로 고려할 사항이 있다.

예 4

(i) $a_t=\frac{1}{t}+\frac{1}{t^2}+\frac{1}{t^3}$, $b_t=\frac{1}{t}$이라 하자. 그러면 두 수열은 각각 0에 수렴한다. 그리고 이들의 비율은 1에 수렴한다. 따라서 두 수열 $\{a_t\}$와 $\{b_t\}$는 동등한 수열이다.

(ii) $a_t=\frac{1}{t^2}$이고, $b_t=\frac{1}{t}$이라 하자. 그러면 이들 수열은 각각 0에 수렴한다. 그리고 이들 수열의 비율도 0에 수렴한다. 그러나 두 수열은 동등한 수열이 아니다.

예 5

(i) $a_t=t+t^2$, $b_t=t^2$라 하자. 두 수열 $\{a_t\}$와 $\{b_t\}$는 각각 무한대로 발산하지만, 이들 수열의 비율은 1에 수렴한다. 즉, 두 수열은 점근적으로 동등한 수열이다.

(ii) $a_t=t+t^2$, $b_t=t$ 라 하자. 두 수열은 각각 무한대로 발산한다. 그런데 이들 수열의 비율 a_t/b_t 도 무한대로 발산한다. 따라서 두 수열은 동등한 수열이 아니다.

예 4의 (i)은 수열 $\{a_t\}$와 같은 복잡한 수열을 $\{b_t\}$처럼 단순하기는 하지만 점근적으로 동등한 수열로 대체할 수 있다는 것을 보여 주고 있다. 바로 이 점이 점근이론(또는 대표본이론)의 핵심이라 할 수 있다.[8] 그런데 복잡한 수열을 단순한 수열로 대체하게 되면 오차가 발생하는 것은 거의 필연적이다. 예컨대, 예 4에서 $t=100$일 때 $a_{100}=10{,}100$, $b_{100}=10{,}000$이므로 오차는 100이 된다. 하지만 원 수열과 비교하여 볼 때 상대적 오차는 0.01보다 작은 0.009에 지나지 않는다. 즉, 비록 절대적인 오차의 크기는 크지만 상대적인 오차의 크기는 작게 나타나는 경우도 존재한다.

이제 수렴의 개념을 보다 확장하여 수렴하는 대상이 어떤 함수의 형태를 취하는 경우, 즉 함수열의 수렴에 대해 생각하자. 함수열의 수렴은 [정의 4]와 같이 정의된다. 즉, 어떤 함수열 $\{f_t(x)\}$가 적절하게 주어진 조건을 만족하면 x가 x_0에 접근함에 따라서 극한값 $f(x_0)$에 수렴한다고 한다.

정의 4 함수열의 수렴(convergence of sequence of function)

함수열 $\{f_t(x)\}(t=1, 2, \cdots\cdots)$가 다음 조건을 만족하면 x가 x_0에 접근할 때 함수 f에 수렴한다고 하고 $\lim_{t\to\infty} f_t(x)=f(x)$ 또는 $f_t(x)\to f(x)$와 같이 나타낸다.

모든 임의의 작은 양수 $\varepsilon>0$에 대해서, 어떤 수 $\delta(\varepsilon)>0$이 대응하여 부등식 $0<|x-x_0|<\delta(\varepsilon)$을 만족하는 모든 x에서 x의 함수식으로 나타나는 부등식 $|f_t(x)-f(x)|<\varepsilon$을 만족한다.

[정의 4]에서 제시된 함수의 극한 개념은 $x=x_0$라는 한 점에서 생각한

8) 주어진 추정량의 분포를 구할 수 없지만, 경우에 따라서는 어떤 분포에 수렴하면서 주어진 추정량과 점근적으로 동등한 수열이 존재할 수 있다. 그러면 결과적으로 점근적으로 동등한 수열이 수렴하는 분포함수를 주어진 추정량의 분포로 간주할 수 있게 된다.

함수의 극한 개념이다. 한 점에서 성립하는 함수열의 수렴 개념을 일반적으로 확장하여, 주어진 구간 I에 대해 함수 $f_t(x)(t=1, 2, \cdots\cdots)$가 구간 I의 원소가 되는 점 x에서 그에 상응하는 극한함수 f에 수렴하는 것이 무엇인지 정의하자. 이처럼 주어진 구간 I 내의 모든 점에서 함수열 $\{f_t\}$가 극한함수 f에 수렴하는 경우 주어진 함수열 $\{f_t\}$가 극한함수 f에 점별 수렴(pointwise convergence)한다고 말한다.[9)]

정의 5 점별 수렴(pointwise convergence)

공통의 정의역을 지니고 있는 함수열 $\{f_t(x)\}$가 다음과 같은 조건을 만족하는 경우에 집합 $A(A \subseteq D_f)$의 원소에 대하여 극한함수 $f(x)$에 (각) 점별로 수렴한다고 한다.

모든 임의의 작은 수 $\varepsilon > 0$에 대해서 어떤 수 $T(\varepsilon, x)$가 대응하여 $T(\varepsilon, x)$보다 큰 수 $t \geq T(\varepsilon, x)$를 첨자로 하는 모든 함수 $f_t(x)$에 대하여 공통 정의역 D_f의 부분집합 $A(\subseteq D_f)$의 모든 원소 $x \in A$가 부등식 $|f_t(x) - f(x)| < \varepsilon$을 만족한다.

[정의 5]는 결과적으로 함수열 $\{f_t(x)\}$가 수렴하되 주어진 공통적인 정의역 집합 D_f 내의 모든 점 $x_0 \in D_f$에서의 함수값 $f_t(x_0)$가 함수값 $f(x_0)$에 수렴할 때, 주어진 함수열 $\{f_t(x)\}$가 함수 $f(x)$에 '(모든) 점별로 수렴'한다고 정의함을 나타낸다. 간단히 말해, 집합 $A(A \subseteq D_f)$에 속하는 모든 원소 x에 대해 $\lim_{t \to \infty} f_t(x) = f(x)$가 성립하면 함수열 $\{f_t\}$가 f에 점별 수렴한다고 하는 것이다.

점별 수렴의 정의에서 유의할 점은 어떤 수 $T(\varepsilon, x)$가 x값에 따라서 다를 수 있다는 점이다. 이는 함수열 $\{f_t(x)\}$가 주어진 공통 정의역 내에서 수렴하기는 하지만 그 수렴하는 모양은 각 점별로 균일하지 않을 수 있음을 의미한다. 점별 수렴에 대한 예를 하나 들어 보자.

9) 점별 수렴에 대해서는 이미 제3장에서 간략하게 살펴본 바 있다.

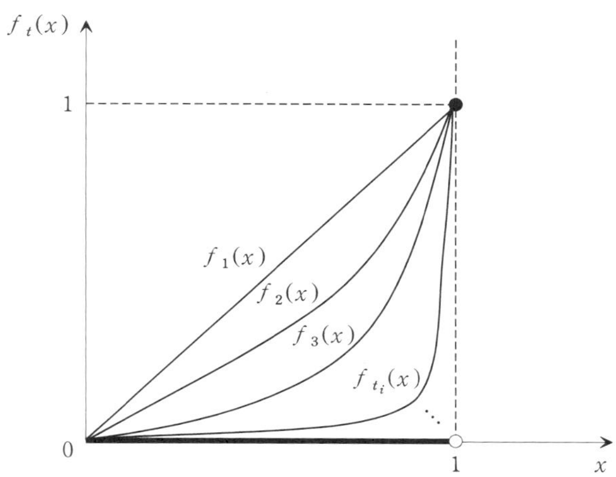

그림 9-1 함수열 $\{f_t(x)\}$의 그래프

예 6 구간 [0, 1]에 속하는 모든 x에 대해 $f_t(x)=x^t$라 하자. 그러면 t값이 커짐에 따라서 $f_1(x)=x$(선형함수), $f_2(x)=x^2$(2차 함수), ……, $f_t(x)=x^t$(t차 함수)와 같다. 따라서 x의 함수 $f_t(x)$는 구간 [0, 1]에서 곡선의 모양이 점차로 'L'자를 거울에 비춘 형태로 접근한다. 즉, $f_t(x)$는 함수의 모양이 점점(시작점과 끝점은 그대로인 채로) 오른쪽으로 이동하게 된다([그림 9-1] 참조).

결과적으로 극한함수는 다음과 같게 된다.

$$f(x)=\begin{cases}0, & x\in[0,\ 1)\\ 1, & x=1.\end{cases}$$

그런데 위의 예는 함수열 $\{f_t(x)\}$의 각 함수 $f_t(x)$가 모두 연속함수이지만 극한함수인 $f(x)$는 연속함수가 아닐 수도 있음을 보여 준다. 즉, '점별수렴'이라는 조건은 함수열에 속하는 각각의 함수 $f_t(t=1,\ 2,\ \cdots\cdots)$가 지니고 있는 '연속함수'라는 성질을 보존해 주지 않는다.[10] 그렇다면 어떤 경우에

10) 함수의 연속성은 [정의 5-1]과 같이 정의된다.

함수열 $\{f_t(x)\}$의 각 함수 $f_t(x)$가 모두 연속함수일 때 극한함수인 $f(x)$도 연속함수가 될까?

각 함수별로 수렴하는 모양이 모든 점에서 고르게 나타나도록 수렴조건을 강화해 주면 함수의 연속성을 보존해 줄 수 있다. 즉, $T(\varepsilon,\ x)$ 대신에 $T(\varepsilon)$처럼 x에 의해 영향을 받지 않는 어떤 값으로 대체하면 된다. 이러한 방식을 이용하여 주어진 함수열이 어떤 함수열에 수렴하게 되는 것으로 판단되는 경우 주어진 함수열을 균일하게 수렴(uniform convergence) 또는 일양수렴한다고 한다.

정의 6 균일한 수렴(또는 일양수렴)

공통의 정의역을 지니고 있는 함수열 $\{f_t(x)\}$가 다음과 같은 조건을 만족하는 경우에 집합 $A(A\subseteq D_f)$의 원소에 대하여 균일하게 수렴(일양수렴)한다고 한다.

모든 임의의 작은 수 $\varepsilon>0$에 대해서 어떤 수 $T(\varepsilon)$이 대응하여 $T(\varepsilon)$보다 큰 수 $t\geq T(\varepsilon)$을 첨자로 하는 모든 함수 $f_t(x)$에 대하여 공통 정의역 D_f의 부분집합 $A(\subseteq D_f)$의 모든 원소 $x\in A$가 부등식 $|f_t(x)-f(x)|<\varepsilon$을 만족한다.

수렴조건이라는 측면에서 볼 때 균일한 수렴은 점별 수렴보다 강한 조건을 요구한다[11] 즉, 점별로는 수렴하지만 균일하게는 수렴하지 않는 함수

정의 5-1 함수의 연속성(continuity of functions)

함수 $f(x)$가 점 x_0에서 다음 조건을 만족하면, 점 x_0에서 연속(continuous)이라고 하며 $\lim_{x\to x_0} f(x)=f(x_0)$와 같이 나타낸다.

모든 임의의 작은 수 $\varepsilon>0$에 대해서, 어떤 수 $\delta(\varepsilon)>0$이 대응하여, 부등식 $|x-x_0|<\delta(\varepsilon)$을 만족하는 모든 x에 대하여 부등식 $|f(x)-f(x_0)|<\varepsilon$이 성립한다.

[정의 5-1]에서 정의된 연속성 개념은 정의역의 원소인 주어진 한 점 x_0에서 정의되고 있다. 이와 같은 정의는 주어진 영역에 속하는 모든 점으로 확장해 줄 수 있다. 즉, 주어진 영역의 모든 점에서 연속인 함수를 정의할 수 있는데, 이러한 함수를 (주어진 영역에서) 연속함수라고 한다.

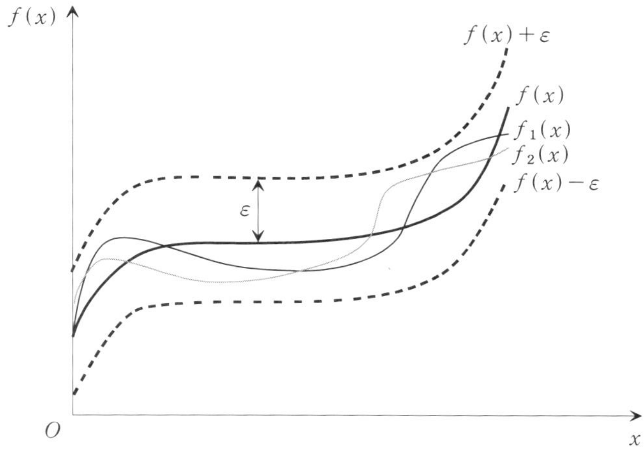

그림 9-2 균일하게 수렴하는 함수열

열이 존재한다. 반면 균일하게 수렴하는 함수열은 반드시 점별로 수렴한다.

[그림 9-2]에 균일하게 수렴하는 함수열의 사례를 제시하였다. 그림에서 보면 균일하게 수렴하는 함수열 $\{f_t(x)\}(t=1, 2, \cdots\cdots)$의 각 함수 $f_t(x)$는 극한함수 $f(x)$의 $\pm\varepsilon$구간 내에, 즉 $[f(x)-\varepsilon, f(x)+\varepsilon]$ 내에 항상 놓인다.

다음의 정리는 균일수렴하는 함수열의 경우 함수의 연속성을 보존할 수 있음을 보여 준다.

정리 1

공통의 정의역을 지니고 있는 함수열 $\{f_t(x)\}$가 다음과 같은 조건을 만족하고 집합 $A(A\subseteq D_f)$의 원소에 대하여 균일하게 수렴한다고 하자. 그러면 다음이 성립한다.

공통정의역 D_f의 부분집합 $A(\subseteq D_f)$의 모든 원소 $x\in A$에 대해 각

11) 제3장에서 보았듯이, 극한(limit)과 총합(summation)기호를 맞바꾸기 위해 필요한 조건이 리만적분의 경우에는 균일한 수렴이었던 반면, 르벡적분의 경우에는 점별 수렴이었다. 결과적으로 르벡적분에서의 조건은 리만적분에서의 조건보다 완화된 것이다.

함수 $f_t(x)$가 연속이면, 극한함수 $f(x)$도 $x \in A$에 대해 연속이다.

예 7 구간 [0, 1]에서 $f_t(x)=x^t(t=1, 2, \cdots\cdots)$라 하자. 그러면 예 1에서 보았듯이 극한함수는 다음과 같다.

$$f(x)=\begin{cases}0, & x\in[0,\ 1)\\ 1, & x=1.\end{cases}$$

이제 $f_t(x)$는 $c<1$에 대해 구간 $[0, c]$의 각 점에서 0에 균일하게 수렴하지만, 구간 [0, 1)에서는 균일하게 수렴하지 않는다.

증명

$f_t(x)$는 [0, 1)의 각 점에서 0에 점별 수렴한다는 것은 앞서 보았다. 이제 $c<1$이라 하자. 그리고 주어진 $\varepsilon>0$에 대해 어떤 수 t가 주어진 수 $T(\varepsilon)$보다 크면, 즉 $t>T(\varepsilon)$이면, $c^t<\varepsilon$이 성립하도록 $t\in\mathbb{N}$을 선택하자. 그러면 $x\in[0, c]$에 대해 $t>T(\varepsilon)$이기만 하면, $|f_t(x)-f(x)|=(x^t-0)=(c^t-0)<\varepsilon$이 성립한다. 즉, $f_t(x)$는 $c<1$에 대해 구간 $[0, c]$의 각 점에서 0에 균일하게 수렴한다.

이제 구간 [0, 1)에서는 f_t가 균일하게 수렴하지 않음을 보이자. 이를 위해 [0, 1)에서 함수열 $\{f_t(x)\}$가 균일하게 수렴한다고 가정하자. 그러면 $0<\varepsilon<\frac{1}{2}$로 ε을 설정할 때도 $x\in[0, 1)$에 대해서 $t>T(\varepsilon)$이기만 하면 $|x^t|<\varepsilon$이 성립하도록 해 주는 $t\in\mathbb{N}$이 존재하여야 한다. 한편, x가 1보다 작은 값에서 1에 접근할 때 극한값은 $\lim_{x\to1^-}x^t=1$이므로 구간 (0, 1) 내에서 $x_0^t>\varepsilon$이 되는 $x_0\in(0, 1)$을 선택할 수 있다. 그러므로 $\varepsilon<x_0^t<\varepsilon$이 성립하여야 한다. 이는 명백히 모순이다. 따라서 [0, 1)에서 함수열 $\{f_t(x)\}$가 균일하게 수렴한다고 한 가정에 모순이 생겼으므로 함수열 $\{f_t(x)\}$는 균일하게 수렴하지 않는다. □

지금까지 수렴, 함수의 수렴, 점별 수렴, 균일한 수렴 등의 여러 수렴 개념에 대하여 살펴보았다. 이러한 함수관련 제 수렴 개념은 특히 중요하다.

그 이유는 제3장에서 살펴본 바와 같이 확률변수라는 개념이 수학적으로 바로 함수이기 때문에 확률변수와 확률변수의 함수에 대한 이해를 위해서 이들 개념이 필요하기 때문이다.

9.2.2. 확률적 수렴: 수렴양태

앞서 살펴본 함수열의 수렴은 임의의 함수 $X_t(s)$가 다른 임의의 함수 $X(s)$에 수렴할 때 함수의 정의역 S상의 모든 원소에 대하여 각 점별로 또는 균일하게 수렴할 것을 요구한다. 그런데 제1장에서 언급한 바 있듯이 (확률)측도와 관련하여 어떠한 성질을 만족하지 않는 부분이 존재하더라도 그 부분의 (확률)측도가 0인 경우에는 해당 성질을 만족하지 않는 부분을 무시해도 무방하다. 이로부터 확률적인 입장에서 무시할 만한 부분, 즉 확률(측도)이 0이 되는 집합에 대해서는 수렴조건인 $|X_t(s)-X(s)|<\varepsilon$과 같은 관계가 성립하지 않아도 되지 않을까라는 생각이 든다. 이러한 직관에 의하면 함수 $X_t(s)$와 $X(s)$가 확률변수일 경우에는 확률변수의 수렴을 논할 때 점별수렴이나 균일한 수렴에서 요구하는 엄격한 수렴조건을 완화해도 될 것으로 보인다. 즉, $|X_t(s)-X(s)|<\varepsilon$이라는 수렴조건이 모든 큰 수 $t>T(\varepsilon,\ s)$에 대해서 만족되어야 한다는 것은 어떠한 사건 또는 결과 $s\in S$(정의역상의 모든 점)가 나타나더라도 항상 수렴조건이 만족되어야 함을 의미한다. 그런데 이러한 수렴조건은 확률변수의 입장에서 불필요하게 강한 조건이 될 수 있다. 따라서 확률변수에 대해서는 정의역상의 모든 점에서 어떠한 성질이 만족되어야 한다는 조건을 완화해 줄 필요가 있다. 이하에서 이러한 직관적인 생각을 구체적으로 나타낸 확률수렴 개념에 대해 살펴볼 것이다.

확률수렴의 양태(modes of convergence)에는 ① 거의 확실한 수렴(almost sure convergence), ② 확률수렴(convergence in probability), ③ r차 평균수렴(convergence in rth mean), ④ 분포수렴(convergence in distribution) 등이 있다. 이들 수렴 개념은 확률변수 자체의 수렴 또는 확률분포의 수렴과 관련되어 있으므로 함수의 수렴 개념과 유사한 차원에서 이해할 수 있다.

(1) 거의 확실한 수렴

거의 확실한 수렴(almost sure convergence 또는 $a.s.$ convergence)[12]은 거의

12) 이는 추후 논의될 예정인 강한 큰 수의 법칙(strong law of large numbers: SLLN)과

모든 점에서 수렴(almost everywhere convergence 또는 *a.e.* convergence)이라고도 불리는데 [정의 7]에서와 같이 정의된다.

정의 7 거의 확실한 수렴

확률변수열 $\{X_t(s)\}$는 다음을 만족하는 경우, X에 거의 확실하게 수렴한다 하고 $X_t \xrightarrow{a.s.} X$ 또는 $\lim_{t\to\infty} X_t = X(a.s.)$와 같이 표기한다.

$$P\left(s:\ \lim_{t\to\infty} X_t(s) = X(s)\right) = 1.$$

[정의 7]에 주어진 '거의 확실한 수렴'은 점별 수렴을 확률 개념에 부합하도록 확장한 개념이다. 즉, 점별 수렴의 경우 정의상 $\lim_{t\to\infty} X_t(s) = X(s)$라는 조건을 만족하는 s들은 확률변수 X_t라는 함수의 정의역 그 자체인 S가 된다. 따라서 점별 수렴을 만족하는 함수열 $X_t(s)$에 대해 $P\left(s:\ \lim_{t\to\infty} X_t(s) = X(s)\right) = 1$이라는 조건이 당연히 만족된다. 따라서 함수열 $X_t(s)$는 $X(s)$에 거의 확실하게 수렴한다.

이제 '거의 확실한 수렴' 개념이 지니는 의미를 측도론적인 입장에서 자세하게 살펴보도록 하자. 먼저 확률변수가 수학적으로 함수 개념에 해당하며, 확률은 측도 개념에 해당한다는 사실을 상기하기 바란다. [정의 7]에서 s는 표본공간의 원소(즉, 사건)이다. 따라서 $P(s : \cdot)$라는 표현은 어떠한 성질(즉, '·'부분)을 만족하는 표본공간상의 원소(사건) s가 발생할 확률(측도값, 즉 추상화된 길이)을 나타낸다. 이를 함수 개념을 빌어 표현하면 '함수값이 일치하는 정의역상의 점들을 모아 놓은 집합을 구하여 그 길이를 계산한다'는 것을 뜻한다. 그런데 [정의 7]에서 그러한 (측도)값이 1이라고 하였으므로 어떠한 성질을 만족하지 않는 사건(s)들의 집합이 지니는 확률측도는 당연히 0이 되어야 한다.[13]

이제 이와 같은 맥락에서 [정의 7]을 설명하면 다음과 같다. 먼저 $\lim_{t\to\infty} X_t(s) = X(s)$가 의미하는 바는 $X_t(s)$라는 확률변수가, t가 무한히 커짐

관련되어 있다.

13) 이는 여사상의 확률이 1−(원래 사상의 확률)로서 계산된다는 확률측도의 성질에 따른 것이다.

에 따라서 주어진 확률변수 $X(s)$에 수렴한다는 것이다. 이는 곧 s의 함수 $X_t(s)$가 s의 함수 $X(s)$에 수렴한다는 것을 의미한다. 다시 말하면, 함수 $X_t(s)$가 점별로[14] 함수 $X(s)$에 수렴한다는 것을 뜻하게 된다. 따라서 '$\left(s : \lim_{t\to\infty} X_t(s) = X(s)\right)$'라는 표현은 함수 $X_t(s)$가 함수 $X(s)$에 수렴하게 되는 사건(s점)들의 집합을 의미하는 것이다. 결국 $P\left(s : \lim_{t\to\infty} X_t(s) = X(s)\right) = 1$이라는 표현은 그러한 점들의 집합이 가지는 확률측도(즉, 길이)가 1이 되어야 한다는 것을 나타낸다.[15]

만일 A라는 성질을 만족하지 않는 s의 집합이 존재하지 않는다면, 모든 s에서 A라는 성질이 만족되므로, A라는 성질을 만족하는 s들의 집합이 지니는 확률측도는 1이 될 것이다. 이는 모든 점에서 s의 함수 $X_t(s)$가 s의 함수 $X(s)$에 수렴하는 경우, 즉 점별 수렴과 동일한 의미를 지닌다. 그런데 반드시 모든 s들이 A라는 성질을 만족하지 않는 경우에도 A라는 성질을 만족하는 s들의 집합은 1이라는 확률측도값을 지닐 수 있다. 예컨대, 단집합(singleton set) 또는 단집합의 유한 합집합들의 경우를 생각해 보자. 비록 이들 단집합인 점 s에서 함수값 $X_t(s)$가 $X(s)$에 수렴하지 않더라도 어차피 단집합 s들의 확률측도값이 0이기 때문에 A라는 성질을 만족하는 s들의 집합이 비록 공집합이 아니지만 그 집합의 확률측도값은 1이 된다. 다시 말해서, 확률측도의 값이 0이 되는 s의 집합의 원소에 대해서는 $X_t(s)$가 $X(s)$에 수렴하지 않더라도 확률측도값은 1이 될 수 있다. 여기서 $\lim_{t\to\infty} X_t(s) = X(s)$를 만족하는 집합을 S_X라고 하면, $S_X \subseteq S$가 성립한다. 그리고 $P(S_X) = P(S) = 1$이다.

---

14) 이는 정의역상의 모든 점에서 수렴한다는 의미가 아니라 수렴하는 정의역상의 점들의 집합이 지니는 확률측도가 1이라는 의미이다. 이 정의의 핵심은 바로 '측도가 0인 집합에 대해서는 점별 수렴하지 않아도 무방'하다는 것이다.

15) 이러한 의미에서 거의 확실한 수렴을 확률 1로 수렴(convergence with probability 1)한다고 하고 아래와 같이 표현하기도 한다.

정의 7′ 확률 1로 수렴(convergence with probability 1)

확률변수열 $\{X_t(s)\}$가 다음을 만족하는 경우 $\{X(s)\}$에 확률 1로 수렴한다고 한다.

확률이 0이 되는 집합 E(즉, $P(E)=0$)의 원소를 제외한 표본공간상의 모든 점에서 $\lim_{t\to\infty} X_t(s) = X(s)$가 성립한다.

다시 반복하지만 측도가 0인 집합은 확률적으로 무시해도 상관없는 집합이다. 따라서 무시해도 좋은 집합의 원소에 대한 확률변수값이 주어진 확률변수에 수렴하지 않는다고 해도 이로 인하여 확률측도값이 전혀 영향을 받지 않는다고 보는 것이 '거의 확실한 수렴'이 지니고 있는 의미이다. 이와 같은 거의 확실한 수렴 개념은 점별 수렴과 밀접한 연관을 지니고 있다. 예컨대, 점별 수렴은 거의 확실한 수렴의 특수한 예로서 이해할 수 있다. 즉, 점별 수렴의 경우 '모든 s들'에서 함수열이 수렴하여야 하므로 당연히 함수열이 수렴하는 s의 집합은 1이라는 확률측도를 가지게 된다. 따라서 점별 수렴하는 확률변수열은 거의 확실하게 수렴한다. 하지만 앞에서 살펴본 바와 같이 역으로 확률변수열이 거의 확실하게 수렴한다고 해서 점별 수렴하지는 않는다. 점별 수렴과 거의 확실한 수렴 간에 이러한 관계가 있음은 두 수렴의 정의식이 거의 유사하다는 점을 통해서도 쉽게 유추할 수 있다.

지금까지 설명한 내용을 '확률변수열 $\{X_t\}$가 주어진 확률변수 X에 거의 확실하게 수렴하는지' 여부를 확인하는 작업과 연관해서 요약해 보면 다음과 같다. 먼저, t가 무한대로 커질 때 $X_t(s)$를 구한다. 다음으로 도출된 $X_t(s)$와 주어진 $X(s)$가 같아지는 정의역의 집합, 즉 $X_t(s)=X(s)$가 성립하는 s들의 집합 E를 구한다. 끝으로 집합 E의 확률(측도)을 계산한다. 만일 계산된 확률측도값이 1이 되면 확률변수열 $\{X_t(s)\}$는 주어진 확률변수 $X(s)$에 거의 모든 점에서 수렴하고 따라서 거의 확실하게 수렴하는 것으로 판정할 수 있다. 이 때 유의할 점은, 확률변수열이 거의 확실하게 수렴하는지 여부를 판정하는 과정에서 먼저 확률변수열의 극한(즉, 극한함수)을 도출하고, 그 다음으로 주어진 확률변수열과 극한함수가 일치하는 점의 확률측도를 계산하는 순서를 밟는다는 것이다.

거의 확실한 수렴 개념은 확률벡터나 유한차원의 확률행렬에 대해서도 쉽게 확장된다. 벡터나 행렬의 각 원소들이 각각 거의 확실하게 수렴하면 벡터나 행렬이 거의 확실하게 수렴한다.

이제까지 다소 복잡하게 개념을 설명하였는데, 독자들의 이해를 위하여 다음과 같은 예를 살펴보자.

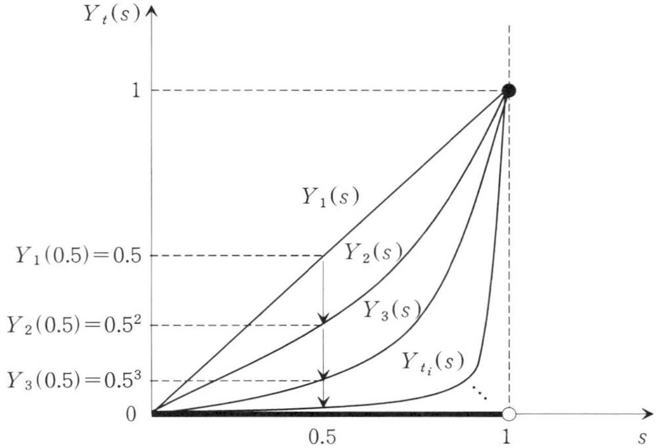

그림 9-3 확률변수열 $\{Y_t\}$의 거의 확실한 수렴

예 8 X를 구간 [0, 1] 위에서 균등분포를 취하는 확률변수, Y_t를 $Y_t=X^t$로 정의되는 확률변수라 하자.[16] 이렇게 정의된 Y_t가 확률변수임을 쉽게 확인할 수 있다.[17] 이 때 확률변수 Y_t의 모습은 [그림 9-3]과 같다.

확률변수 Y_t는 어떤 함수로 수렴할 것인가? 앞서 예 6에서 보았듯이 거의 모든 점, 즉 $s\in[0, 1)$에서 Y_t는 0에 수렴하고 $s=1$인 점에서 예외적으로 1에 수렴한다.

이제 구간 [0, 1) 내의 임의의 점, 예컨대 $s_1=0.5$를 선택하여 그 점에서 확률변수값 $X_t(s_1=0.5)$가 수렴하는지 여부를 살펴보고 그러한 점의 집합에 대한 측도(즉, 확장된 길이 개념)를 계산해 보도록 하자. 즉, 주어진 점 $s_i\in[0, 1)$에 대하여 $\left(\lim_{t\to\infty}Y_t\right)(s_i)=0$이 성립하는지 살펴보도록 하자. 먼저 임의의

16) 균등분포의 확률밀도함수는 $f(x)=1/(b-a)$와 같이 정의된다(제4장 참조). 주어진 예제의 경우 $a=0$, $b=1$이므로 $f(x)=1$이 된다. 따라서 구간 [0, 1] 위에서 정의된 르벡 측도는 확률측도로 해석된다.

17) x는 구간 [0, 1] 위에서 정의된 확률변수(즉, 잴 수 있는 함수)이고, $y_t=x^t$는 확률변수 x와 연속함수 $z=w^t$와의 합성함수이므로(즉, $y_t=z\circ x$) 잴 수 있는 함수가 된다. 따라서 Y_t는 확률변수이다.

한 점 $s_1 \in [0, 1)$을 선택한다. 임의로 $s_1 = 0.5$라 하자. 이렇게 고정된 $s_1 = 0.5$에 대한 확률변수열은 $Y_1(s_1) = s_1 = 0.5$, $Y_2(s_1) = s_1^2 = (0.5)^2$, ……, $Y_t(s_1) = s_1^t$와 같다. 따라서 $s_1 = 0.5$에서 함수열 $\{Y_t(s=0.5)\}$는 모두 0에 수렴한다. 마찬가지 방법으로 임의의 $s_j \in [0, 1)$에 대하여 확률변수 $Y_t(s_j \in [0, 1))$는 0에 수렴한다.

반면 $s=1$의 경우에는 모든 t에 대해 $Y_t = 1$이므로 확률변수열 Y_t는 $s=1$에서 0에 수렴하지 않는다. 즉, $s=1$인 점은 0에 수렴하지 않는 s들로 구성된 집합이다. 그리고 0에 수렴하지 않는 s로 구성된 집합은 $\{1\}$로서 유일한 원소로 구성되어 있으므로 단집합(singleton set)이다. 단집합의 확률(측도)은 0이므로 확률의 성질에 의해

$$
\begin{aligned}
P\left(s : \lim_{t \to \infty} X_t(s) = 0\right) &= 1 - P\left(s : \lim_{t \to \infty} X_t(s) \neq 0\right) \\
&= 1 - 0 = 1
\end{aligned}
$$

이 성립한다. 따라서 확률변수열 $\{Y_t\}$는 '거의 확실하게' 0에 수렴한다.

일반적으로 통계량은 확률변수들의 함수형태로 나타난다. 따라서 연속함수를 이용하여 확률변수를 변환시킨 경우에도 거의 확실한 수렴 개념을 확장하여 적용할 필요가 있다. 아래의 정리는 이것이 가능하다는 것을 보여준다.

• 정리 2 •

주어진 함수가 $h: \mathbb{R}^k \to \mathbb{R}^m$이고, $X_t \xrightarrow{a.s.} X$인 $(k \times 1)$차원 확률벡터 수열 $\{X_t\}$와 $(k \times 1)$차원 벡터 X가 있다고 하자. 그러면 다음이 성립한다.

주어진 함수 h가 X에서 연속적이면, $h(X_n) \xrightarrow{a.s.} h(X)$.

다음의 예는 [정리 2]의 거의 확실한 수렴 개념이 제10장에서 살펴볼 큰 수의 법칙에 어떻게 적용되는지 보여 주는 사례이다.

예 9 $\{X_t\}$를 독립적이고 동질적으로 분포된(i.i.d.) 확률변수들의 수열이라 하자. 주어진 수열의 평균은 $\mu \equiv E[X_t] < \infty$로 잘 정의된다고 가정하자. 이 때 부분합을 $\bar{X}_T \equiv \frac{1}{T}\sum_{t=1}^{T} X_t$와 같이 정의하면, 부분합 $\bar{X}_T$는 평균 μ에 거의 확실하게 수렴한다. 즉, $\left(\frac{1}{T}\sum_{t=1}^{T} X_t\right) \xrightarrow{a.s.} \mu$ 또는 $P\left(s : \lim_{T\to\infty}\left(\frac{1}{T}\sum_{t=1}^{T} X_t\right) = \mu\right) = 1$이 성립한다.[18] 여기서 무한대로 증가하는 첨자는 t가 아니라 T임에 유의하라.

[정리 2]는 대단히 중요하므로 반드시 기억할 필요가 있다. 이는 [정리 2]를 적용함으로써 추정량의 일관성을 쉽게 증명할 수 있는 경우가 많기 때문이다. 추정량의 일관성 등에 대한 보다 구체적인 내용은 제10장을 참조하기 바란다.

끝으로 거의 확실한 수렴과 관련하여 다음과 같은 관계가 성립한다는 것을 간단히 지적해 두고자 한다. X_t가 X에 거의 확실하게 수렴하면 $(X_t - X)$는 0에 거의 확실하게 수렴한다. 다시 말해, $X_t \xrightarrow{a.s.} X$가 성립하면 $(X_t - X) \xrightarrow{a.s.} 0$이 성립한다.[19] 이는 다음과 같은 이유 때문이다. $X_t \xrightarrow{a.s.} X$가 성립하면 정의에 따라 $P\left(s : \lim_{t\to\infty}(X_t(s) - X(s)) = 0\right) = P\left(s : \lim_{t\to\infty} X_t(s) = X(s)\right)$이 성립한다. 그런데 $\lim_{t\to\infty} X_t(s) - X(s) = 0$을 만족하는 사건 s들의 집합은 $\lim_{t\to\infty}(X_t(s) - X(s)) = 0$을 만족하는 사건들의 집합과 동일하다. 따라서 $P\left(s : \lim_{t\to\infty}(X_t(s) - X(s)) = 0\right) = P\left(s : \lim_{t\to\infty} X_t(s) = X(s)\right)$가 성립한다. 그러므로 $X_t \xrightarrow{a.s.} X$가 성립하면 $(X_t - X) \xrightarrow{a.s.} 0$이 성립한다. 따라서 X_t가 X에 거의 확실하게 수렴하면 $(X_t - X)$도 0에 거의 확실하게 수렴한다.[20] 물론 그 역도 역시 성립한다.

(2) 확률수렴

확률수렴(convergence in probability 또는 stochastic convergence)[21]은 '거의

---

18) 이를 콜모고로프(Kolmogorov)의 강한 큰 수의 법칙(strong law of large numbers: SLLN)이라 한다.

19) 즉, $\lim_{t\to\infty} X_t = X(a.s.)$가 성립할 때 $\lim_{t\to\infty}(X_t - X) = 0(a.s.)$이 성립한다.

20) 이는 [정리 2]를 이용하여 증명할 수도 있다. 함수 $h(y) = y - X$를 생각하자. 주어진 함수 h가 연속함수이므로 [정리 2]를 적용하면 $h(X_t) = (X_t - X) \xrightarrow{a.s.} h(X) = (X - X) = 0$. 따라서 $(X_t - X) \xrightarrow{a.s.} 0$이 성립한다.

확실한 수렴'과 유사하지만 이보다는 약한 수렴 개념으로 [정의 8]과 같이 정의된다.[22)]

정의 8 확률수렴

확률변수열 $\{X_t(s)\}$가 다음을 만족하면 $\{X_t(s)\}$가 X로 확률수렴한다 하고 $X_t \xrightarrow{p} X$와 같이 나타낸다.

$$\lim_{t\to\infty} P(s : |X_t(s) - X(s)| < \varepsilon) = 1.$$

확률수렴도 거의 확실한 수렴에서와 마찬가지로 (확률)측도라는 측면에서 이해하도록 해 보자. 먼저 $|X_t(s) - X(s)| < \varepsilon$이 의미하는 것은 $X_t(s)$라는 확률변수와 $X(s)$라는 확률변수 간의 차이가 임의의 ε값보다 작다는 것이다. 이는 곧 s의 함수 $X_t(s)$와 s의 주어진 함수 $X(s)$의 차이가 궁극적으로 0에 수렴한다는 것을 뜻한다. 따라서 $(s : |X_t(s) - X(s)| < \varepsilon)$은 함수 $X_t(s)$와 함수 $X(s)$의 차이가 0에 극히 가깝게 되는 s점들의 집합을 나타낸다. 이로부터 $\lim_{t\to\infty} P(s : |X_t(s) - X(s)| < \varepsilon) = 1$이라는 표현은, 거의 확실한 수렴의 경우에서처럼, 함수 $X_t(s)$와 함수 $X(s)$ 간의 차이가 0에 접근하게 되는 s점들의 집합이 지니는 확률(측도)값이 1이라는 것을 의미한다.

이제 예제를 통하여 확률수렴에 대하여 살펴보자.

예 18

확률변수 X와 확률변수열 $\{Y_t\}$가 예 8과 동일하다고 하자. 그러면 확률변수열 $\{Y_t\}$는 0에 확률수렴하는가?

이는 확률수렴의 정의에 따라 $\lim_{t\to\infty} P(s : |X_t(s) - 0| < \varepsilon) = 1$이 성립하는지를 확인하여 판단할 수 있다.

이를 위해 먼저 함수 $Y_t(s)$와 0 간의 거리가 임의의 ε보다 작아지는 표본공간의 원소들의 집합을 구하고, 그 집합의 측도를 구해

21) 확률수렴은 $\lim_{t\to\infty} P(s : |X_t(s) - X(s)| \geq \varepsilon) = 0$과 같이 정의되기도 한다.

22) 이는 제10장에서 다룰 약한 큰 수의 법칙(weak law of large numbers: WLLN)과 연관된 수렴 개념이다.

보도록 하자. 확률변수 $Y_t=s^t$에 대해 모든 $s_0\in(0,\ 1)$에서 $i>j$이면 $s_0^i<s_0^j$가 성립한다.

이제 임의의 ε값을 고정시키자. 그리고 임의의 i에 대해 $s_0^i\geq\varepsilon$이 성립한다고 하자. 그러면 $x_k\in(0,\ s_0)$에 대해 $s_k^i<\varepsilon$이다. 즉, $|s_k^i-0|=|s_k^i|=s_k^i<\varepsilon$. 이로부터 $t=i$에 대해 확률수렴조건인 $|X_t(s)-X(s)|<\varepsilon$을 만족하는 집합은 구간 $(0,\ s_0)$임을 알 수 있다. 한편, i보다 큰 j에 대해, 즉 $j>i$에 대해 $s_0^j<\varepsilon$이 성립하므로 $|s_0^j-0|=s_0^j<\varepsilon$이 만족된다. 따라서 i보다 큰 j에 대하여 집합 $(0,\ s_0)$는 확률수렴조건을 만족하는 집합이다([그림 9-4] 참조).

뿐만 아니라 구간 $(0,\ s_0)$ 내에는 $s_0^j<s_1^j<\varepsilon$을 만족하는 s_1^j가 존재한다. 즉, i보다 큰 j의 경우에는 집합 $(0,\ s_1)(\supset(0,\ s_0))$이 확률수렴조건을 만족한다. 따라서 주어진 i에 대하여 j값이 커지면 $s_0^j<s_1^j<\varepsilon$을 만족하는 s_1^j값도 점차로 커지게 된다. 이로부터 i보다 큰 j에 대해 수렴조건을 만족하는 집합의 수열은 증가수열을 이룬다는 것을 알 수 있다. 물론 그 극한집합은 $(0,\ 1)$임은 명백하다. 이로부터 확률수렴조건을 만족하는 집합이 지니는 측도의 극한값은 1이라는 점을 알 수 있다.[23] 따라서 주어진 확률변수열 $\{Y_t\}$

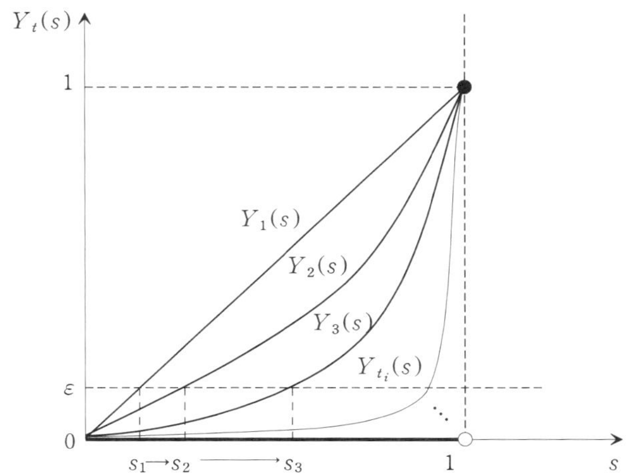

그림 9-4 확률변수열 $\{Y_t\}$의 확률수렴

은 0에 확률수렴한다.

확률수렴 개념은 거의 확실한 수렴의 경우와 마찬가지로 확률벡터나 유한차원의 확률행렬에 대해서도 쉽게 확장된다. 즉, 벡터나 행렬의 각 원소들이 확률수렴하면 벡터나 행렬도 확률수렴한다.

앞서 거의 확실한 수렴을 연속함수에 대하여 적용할 수 있다고 하였다. 이와 마찬가지로 확률수렴 개념을 연속함수에 적용할 수 있다. 이는 다음의 보조정리를 필요로 한다.

• 보조정리 1 •

함의규칙(the implication rule)

사건 E와 사건 $F_i(i=1,\ 2,\ \cdots\cdots,\ k)$가 $\left(\bigcap_{i=1}^{k}\right)F_i \subset E$와 같은 관계에 있다고 하자. 그러면 이들 집합에 대하여 다음이 성립한다.

$$\sum_{i=1}^{k} P(F_i^c) > P(E^c).$$

이러한 정리를 이용하여 [정리 3]을 증명할 수 있다.

• 정리 3 •

주어진 함수가 h: $\mathbb{R}^k \to \mathbb{R}^m$과 같고 $X_n \xrightarrow{p} X$인 $(k\times 1)$차원 확률벡터열 $\{X_t\}$와 벡터 X가 있다고 하자.

만일 주어진 함수 h가 X에서 연속함수라면 $h(X_n) \xrightarrow{p} h(X)$가 성립한다.

23) 이상의 논의에서 $s=1$인 점은 논의에서 제외하였다. 그 이유는 $s=1$이라는 한 점의 측도는 0이기 때문에 $s=1$에서 확률변수열이 확률수렴조건을 만족하는지 여부는 전체 확률측도값에 영향을 전혀 미치지 않는다. 하지만 굳이 $s=1$에서 확률수렴조건이 만족되는지 여부를 살펴보면, 확률수렴조건이 만족되지 않는다는 것을 다음과 같이 확인할 수 있다. 모든 t에 대해 $Y_t=1$, 즉 $Y_1=1$, $Y_2=1$, $\cdots\cdots$, $Y_t=1$이므로 $|Y_t(s=1)-0|=|1-0|=1>\varepsilon$이 성립한다. 따라서 $s=1$에서는 확률수렴조건이 만족되지 않는다.

[정리 3][24]은 확률수렴하는 확률변수열 $\{X_t\}$가 있을 때 연속함수 h를 이용하여 확률변수열 $\{X_t\}$를 변환시켜 얻은 새로운 확률변수 $\{h(X_t)\}$는 확률변수열의 극한값을 연속함수에 의하여 변환시킨 값에 확률수렴한다. 이와 관련하여 함수 h는 확률변수 X_t와 연관되어 있지만 표본의 크기 t하고는 무관하다는 점을 지적하고자 한다. 예컨대, $h=tX_t^2$와 같은 함수에 대해서는 [정리 3]을 적용할 수 없다. 한편, [정리 3]을 적용하면 $X_t \xrightarrow{p} X$, $Y_t \xrightarrow{p} Y$와 같이 확률수렴하는 두 확률변수열 $\{X_t\}$와 $\{Y_t\}$가 있을 때 다음이 성립한다.

예 11

(i) $cX_t \xrightarrow{p} cX$.

(ii) $X_t + Y_t \xrightarrow{p} X+Y$.

(iii) $X_t Y_t \xrightarrow{p} XY$.

(iv) $\dfrac{X_t}{Y_t} \xrightarrow{p} \dfrac{X}{Y}$ (단, $Y=0$).

다음의 예는 제10장에서 살펴볼 큰 수의 법칙에 대한 내용이지만 [정리 3]의 확률수렴 개념이 큰 수의 법칙에 어떻게 적용되는지 보여 주는 적용 사례이다.

예 12

$\{X_t\}$를 모든 t에 대해서 $\mu \equiv E[X_t]$, $\sigma^2 \equiv \mathrm{Var}(X_t) < \infty$이고 $t \neq s$에 대해 $\mathrm{Cov}(X_t,\ X_s)=0$인 확률변수열 $\{X_t\}$가 있다고 하자. 이 때 부분합 $\bar{X}_T \equiv \frac{1}{T}\sum_{t=1}^{T} X_t$는 평균 μ에 확률수렴한다. 즉, $\left(\frac{1}{T}\sum_{t=1}^{T} X_t\right) \xrightarrow{p} \mu$ 또는 $\lim_{T\to\infty} P\left(s : \left|\left(\frac{1}{T}\sum_{t=1}^{T} X_t\right) - \mu\right| < \varepsilon\right) = 1$이 성립한다.[25]

24) $X_t \xrightarrow{p} X$일 때 $h(X_t) \xrightarrow{p} h(X)$가 성립하는 것은 $p\lim_{t\to\infty} h(X_t) = h\left(p\lim_{t\to\infty} X_t\right)$가 성립한다는 것을 의미한다. 이는 곧 함수 밖에 있는 확률극한을 함수 안으로 위치를 바꾸어 놓을 수 있다는 것을 뜻한다. 즉, 확률변수열의 수렴성질은 연속변환을 하더라도 변하지 않는다는 것을 뜻한다. 이러한 성질은 바로 확률변수열을 가감승제한 값이 확률변수열의 확률수렴 극한값의 가감승제값과 동일하다는 것을 보장한다는 점에서 중요하다. 나아가 확률벡터의 가감승제 및 역행렬 계산 등의 경우에서도 이와 같은 정리가 활용된다. 예컨대, $X_t \xrightarrow{p} X$이면, $X_t^2 \xrightarrow{p} X^2$이다.

25) 이를 체비세프(Chebyshev)의 약한 큰 수의 법칙(weak law of large numbers)이라 한다.

여기서 한 가지 유의할 사항은 예 9의 경우 확률변수들이 독립동질분포(i.i.d.)하는 것으로 가정하였지만, 예 12에서는 확률변수들이 독립적이지도 않고(그렇지만 단순히 상관되어 있지 않다) 동질적으로 분포되어 있지도 않다고 가정하였다는 점이다. 즉, 이 경우에는 평균과 분산, 즉 2차 적률까지 동질적이라는 점이 제외되었다. 즉, 예 12에서는 2차 적률에 대해 아무런 제약도 가하지 않았다.

앞서 살펴본 바에 의하면, $X_t \xrightarrow{p} X$일 때 정의에 따라

$$\lim_{t\to\infty} P(s: | X_t(s) - X(s) | < \varepsilon) = 1$$

이 성립하게 된다. 그런데 $|X_t(s) - X(s)| < \varepsilon$을 만족하는 사건들의 집합은 $|(X_t(s) - X(s)) - 0| < \varepsilon$을 만족하는 사건들의 집합과 동일하다. 따라서 $X_t \xrightarrow{p} X$는 $(X_t - X) \xrightarrow{p} 0$과 같다. 이는 X_t가 X에 확률수렴하면 $(X_t - X)$가 0에 확률수렴함을 뜻한다.[26)]

이제 요약하여, 확률변수열이 확률수렴하는지 여부를 확인하는 과정에 대해 간략히 다시 한 번 설명하면 다음과 같다. 먼저, 임의의 ε을 고정한다. 주어진 ε에 대하여 부등식 $|X_t(s) - X(s)| < \varepsilon$을 만족하는 s의 집합을 구한다. 이 때 이 집합은 $|X_t(s) - X(s)| \geq \varepsilon$을 만족하는 집합의 여집합과 일치하므로 $|X_t(s) - X(s)| \geq \varepsilon$을 만족하는 집합을 계산해도 무방하다. 다음으로 집합 $|X_t(s) - X(s)| < \varepsilon$에 대한 확률측도값을 계산한다. 끝으로 이와 같이 계산된 확률(측도)의 극한값을 취한다. 만일 측도의 극한값이 1이 되면 확률변수열 $\{X_t(s)\}$는 주어진 확률변수 $X(s)$에 확률수렴하는 것으로 판정한다.

주어진 확률변수열이 확률수렴하는지 여부를 결정하는 과정과, 앞서 살펴본 거의 확실하게 수렴하는지 여부를 결정하는 과정을 비교해 보면 약간의 차이가 있음을 알 수 있다. 거의 확실한 수렴의 경우에는 확률변수열의 극한, 즉 극한함수 $X(s)$와 주어진 확률변수열 $\{X_t(s)\}$가 일치하는 점들의 집합을 먼저 구하고 이 집합의 확률측도를 계산하여 수렴 여부를 판정하였던 반면, 확률수렴의 경우에는 ε값보다 차이가 작은 점들의 집합을 먼저 도출하여 그 집합의 측도를 계산한 후에 계산된 측도값의 극한을 구함으로써 확률변수열의 수렴 여부를 판정한다. 따라서 양자의 차이는 극한함수를 먼저 고려하느냐 아니면 측도를 먼저 고려하느냐의 차이라 할 수 있다.

---

26) 앞서 거의 확실한 수렴의 경우와 유사하게 [정리 3]을 이용하여 증명할 수도 있다.

그렇다면 이러한 차이가 의미하는 바는 무엇일까? 앞서 거의 확실한 수렴에 대한 [정의 7]에 $\lim_{t\to\infty} P\left(\bigcup_{t=\tau_0}^{\infty}\{|X_t(s)=X(s)|>\varepsilon)\}\right)=0$이라는 동치명제가 있다는 사실을 먼저 지적하자. $|X_t(s)=X(s)|>\varepsilon$이라는 조건을 만족하는 집합을 E_t라 하자. 즉, $E_t=\{s:|X_t(s)=X(s)|\}$이다. 그러면 거의 확실한 수렴은, 집합 E_t는 t가 τ_0보다 크다는 조건이 만족되기만 한다면, 수렴하지 않는 점들의 집합의 측도가 모든 t에 대해 항상 0임을 의미한다. 다시 말해, $P(E_t)=0$이 되어야 한다는 것을 의미한다. 반면에 확률수렴에서는 집합 E_t의 측도를 먼저 계산한 후에 이러한 집합의 극한에 대한 확률측도값이 0일 것을 요구한다. 따라서 확률수렴은, 비록 모든 t에 대하여 성립하여야 한다는 조건이 만족되지 않아 어떤 t에서는 $|X_t(s)=X(s)|>\varepsilon$이 성립하지 않더라도, $\lim_{t\to\infty} P(E_t)=0$이라는 조건이 만족되기만 하면 수렴한다고 보겠다는 의미를 지닌다. 이러한 점에서 양자가 거의 비슷하지만 차이를 지니게 된다고 할 수 있다. 확률수렴은 거의 확실한 수렴과 비교하여 수학적으로도 접근하기 편리하다는 장점을 지니고 있다.

그렇다면 거의 확실한 수렴과 확률수렴 간의 관계는 어떻게 될 것인가? 거의 확실하게 수렴하는 확률변수열은 확률수렴하지만 그 역명제는 성립하지 않는다. 거의 확실한 수렴이 성립할 때 확률수렴이 성립하는 것은 정의로부터 쉽게 알 수 있다. 역으로 확률변수열이 확률수렴할지라도 '거의 확실한 수렴'은 반드시 성립하지는 않는 것으로 알려져 있다. 다만, 확률수렴조건에 적절한 조건이 추가되는 경우에는 두 개념이 서로 일치하게 된다. 역명제가 성립하지 않는 유명한 반례를 들어 보면 다음과 같다.

예 13

표본공간 $S=(0,\ 1]$을 생각하자. 이 때 표본공간 S에 대하여 르벡측도를 부여하면 확률측도로 해석된다는 점을 제1장에서 살펴보았다. 따라서 편의상 주어진 표본공간 $S=(0,\ 1]$에 대한 확률측도로 르벡측도가 주어져 있는 상황을 생각하자.

이제 다음과 같이 주어지는 정수들의 집합이 있다고 하자.

$$\{(i,\ j)\,|\,i=1,\ 2,\ \cdots\cdots,\ j=1,\ 2,\ \cdots\cdots,\ i\}.$$

즉, i는 1부터 시작하는 양의 정수의 무한수열이고, j는 1에서 i 사이의 양의 정수라고 하자. 이러한 집합과 양의 정수 t를 다음과 같이 대응시켜 보자. 즉, $t=\sum_{k=1}^{i}k+j=\frac{i(i-1)}{2}+j(j<i)$. 그러면 주어진 집합 $\{(i,\ j)\}$와 양의 정수 t는 1:1 대응한다.

이제 이와 같은 i, j, t에 대하여 다음과 같이 확률변수열 X_t를 정의하자.[27)]

$$s\in\left(\frac{(j-1)}{i},\ \frac{j}{i}\right]\text{에 대해서는 } X_t=1\text{이고,}$$

$$s\notin\left(\frac{(j-1)}{i},\ \frac{j}{i}\right]\text{에 대해서는 } X_t=0.$$

그러면 $X_t=0$이 되는 구간은 $(0,\ 1]-\left(\frac{(j-1)}{i},\ \frac{j}{i}\right]=(0,\ 1]\cap\left\{\left(\frac{(j-1)}{i},\ \frac{j}{i}\right]\right\}^c$와 같다. 그런데 $i_0<i_1$이면 $X_{(i,\ j)}=0$이 되는 구간들에 대해

$$\left\{(0,\ 1]\cap\left\{\left(\frac{(j_0-1)}{i_0},\ \frac{j_0}{i_0}\right]\right\}^c\right\}\subset\left\{(0,\ 1]\cap\left\{\left(\frac{(j_1-1)}{i_1},\ \frac{j_1}{i_1}\right]\right\}^c\right\}$$

라는 관계가 성립하므로, $X_{(i,\ j)}=0$이 되는 구간은 i에 대해 증가수열이 된다. 따라서 임의의 양의 실수 ε에 대해서,

$$\{s:X_t(s)\leq\varepsilon\}=(0,\ 1]\cap\left\{\left(\frac{(j-1)}{i},\ \frac{j}{i}\right]\right\}^c$$

가 성립한다. 그리고 $X_{(i,\ j)}=0$이 되는 구간은 i에 대하여 증가하는 수열이다. 따라서 그 여집합은 감소하는 수열이 된다. 그러므로 $\left\{s:\bigcap_{t=\tau_0}^{\infty}X_t(s)\leq\varepsilon\right\}$이라는 집합을 구하면,

$$\left\{s:\bigcap_{t=\tau_0}^{\infty}X_t(s)\leq\varepsilon\right\}=(0,\ 1]\cap\left\{\bigcap_{t=\tau_0}^{\infty}\left[\left(\frac{(j-1)}{i},\ \frac{j}{i}\right]_{(i,\ j)}\right]^c\right\}$$

---

27) $i=1$, $j=1$, $t=1$, $(0,\ 1]$에서 $X_1=1$, 기타에서 $X_1=0$,
$i=2$, $j=1$, $t=2$, $(0,\ 1/2]$에서 $X_1=1$, 기타에서 $X_1=0$,
$i=2$, $j=2$, $t=3$, $(1/2,\ 1]$에서 $X_1=1$, 기타에서 $X_1=0$,
$i=3$, $j=1$, $t=4$, $(0,\ 1/3]$에서 $X_1=1$, 기타에서 $X_1=0$,
$i=3$, $j=2$, $t=5$, $(1/3,\ 2/3]$에서 $X_1=1$, 기타에서 $X_1=0$,
$i=3$, $j=3$, $t=6$, $(2/3,\ 1]$에서 $X_1=1$, 기타에서 $X_1=0$, ……와 같이 확률변수열이 정해진다.

$$=(0,\ 1]\cap(0,\ 1]^c=\phi$$

이다. 그러므로 끝으로 집합 $\left\{s:\bigcap_{t=\tau_0}^{\infty}X_t(s)\leq\varepsilon\right\}$의 극한을 계산하면,

$$\begin{aligned}&\lim_{t\to\infty}P\{s:X_t(s)\leq\varepsilon\}\\&\quad=\lim_{t\to\infty}\tau_0^*((0,\ 1])-\lim_{t\to\infty}\tau_0^*\left(\left(\frac{(j-1)}{i},\ \frac{j}{i}\right]\right)\\&\quad=1-\lim_{t\to\infty}\frac{1}{i}=1.\end{aligned}$$

따라서

$$\lim_{t\to\infty}P\left\{s:\bigcup_{t=\tau_0}^{\infty}X_t(s)\leq\varepsilon\right\}=\lim_{t\to\infty}\tau_0^*(\phi)=0.$$

그러므로 $\lim_{t\to\infty}P\{s:X_t(s)\leq\varepsilon\}$의 르벡측도(즉, 확률)는 1이므로 확률수렴하지만, $\lim_{t\to\infty}P\left\{s:\bigcup_{t=\tau_0}^{\infty}X_t(s)\leq\varepsilon\right\}$의 르벡측도는 0이므로 거의 확실한 수렴은 하지 않는다.

이상으로부터 주어진 확률변수열 $\{X_t\}$는 0이라는 상수(확률변수)에 확률수렴하지만, 0에 거의 확실하게 수렴하지 않는 것을 알 수 있다. 즉, 확률수렴이 성립한다고 해서 반드시 '거의 확실한 수렴'이 성립한다고 할 수는 없다.

이러한 관계와 관련하여서 각 수렴 개념의 정의식을 살펴보면, '거의 확실한 수렴' 개념은 '점별 수렴' 개념을 확률론적으로 확장한 것으로 볼 수 있고, '확률수렴'은 '균일한 수렴'(또는 '일양수렴') 개념을 확률론적으로 확장한 것으로 이해할 수 있다. 그렇다면 직관적으로 생각할 때, 확률적인 수렴 개념이 수학적인 수렴 개념을 확률적으로 확장한 것이라는 점과, 거의 확실한 수렴이 성립하면 확률수렴이 성립한다는 점을 상기할 때, 주어진 변수열이 '점별 수렴'하면 동 변수열이 '균일하게 수렴'할 것이라고 예상해 볼 수 있다. 그러나 본장의 초반에서 보았듯이, 이와 같은 예상과는 달리 균일한 수렴이 성립하면 점별 수렴이 당연히 성립하지만 점별 수렴이 성립한다고 해서 균일한 수렴이 성립하지는 않는다. 이는 수렴 개념에 있어서 수학적인 포함관계가 확률론으로 확장하는 과정에서 뒤바뀌게 된 흥미로운 사례이다. 이처럼 차이가 나는 이유는 무엇일까? 그것은 바로 함수의 연속성을 보존하

는 데에 관심을 두느냐, 아니냐의 차이에 있다고 하겠다. 즉, 수렴과정에서 극한함수가 연속성을 유지할 수 있느냐에 따라 연속성이 보존되면 균일한 수렴, 보존되지 못하면 점별 수렴으로 구분되었다. 그렇지만 거의 확실한 수렴이나 확률수렴의 경우에는 이처럼 극한함수가 연속함수인지 여부가 결정적으로 영향을 미치지 않는다. 그 이유는 확률측도상 연속성 조건을 만족하지 않는 점의 확률측도가 0이기만 하면 충분하기 때문에, 측도값이 0이 되는 유한한 개수의 점에서 극한함수가 불연속성을 지니더라도 확률수렴 또는 거의 확실한 수렴이 영향을 받지 않기 때문이다. 즉, 수렴의 정의에서 고려되는 극한함수가 애초부터 연속함수인지 여부가 중요하지 않다는 점이 바로 수렴과 확률적인 수렴 간에 차이가 발생하는 원인이라 할 수 있다.

이상으로 2가지 확률적 수렴 개념에 대하여 살펴보았는데, 이들은 서로 약간의 차이점을 지니고 있지만 확률변수 자체가 따르는 확률분포에는 전혀 관심을 두지 않는다는 공통점을 지니고 있다. 즉, 이들 개념은 단지 표본공간상의 사건들(확률변수의 정의역상의 원소 또는 집합)에 대한 확률측도만을 통하여 확률변수가 확률적으로 수렴하는지 여부를 판별하는 데 중점을 두고 있다. 뒤에서 소개할 확률적 수렴 개념인 분포수렴(convergence in distribution)은 확률변수에 의하여 유도된 확률측도, 즉 확률분포를 이용하여 확률변수가 확률적으로 수렴하는지 여부를 판별하는 방식이다. 따라서 분포수렴의 경우는 표본공간상의 사건이 수렴 여부를 판별하는 데 아무런 역할을 하지 않는다. 분포수렴은 단지 확률변수의 치역을 대상으로 하여 수렴 여부가 판별된다는 점에서 거의 확실한 수렴 및 확률수렴과 대비된다. 이에 대해서는 후술하도록 한다.

(3) r차 평균수렴

세 번째 수렴 양태로 r차 평균수렴(convergence in rth mean)이 있다.

정의 9 **r차 평균수렴 또는 r차 적률수렴**

모든 $t \in \mathbb{N}$에 대하여 기대값 $E[|X_t|^r] < \infty$, 그리고 모든 r에 대하여 기대값 $E[|X_t|^r] < \infty$가 성립하는 확률변수열 $\{X_t(s)\}$가 다음을 만족하면, r차 평균수렴한다 하고, $X_t \xrightarrow{r} X$와 같이 표기한다.

$$\lim_{t\to\infty} E[|X_t(s)-X(s)|^r]=0.$$

r차 평균수렴[28] 중, 특히 $r=1$, $r=2$인 경우를 각각 평균수렴(convergence in mean), 평균제곱수렴(convergence in mean square)이라고 부르는데, 이들은 가장 흔히 마주치는 평균수렴 개념이다.

기대값이 적분을 통해 표현되므로 평균수렴을 다음과 같이 나타낼 수 있다.

$$\lim_{t\to\infty}\int_S |X_t(s)-X(s)|^r f_X(s)ds=0.$$

여기서 $f_X(s)$는 확률변수 X의 확률밀도함수를 나타낸다. 바로 앞의 정의에 의하면 두 확률변수 $X_t(s)$와 $X(s)$의 함수값 차이($X_t(s)-X(s)$)를 구하고, 그 값을 r차 제곱해 준 값을 구한 다음, 이에 대하여 확률밀도함수 $f(s)$라는 일종의 가중치 함수(weight function)를 곱한 값을 모든 사건(정의역상의 원소)에 대하여 합(적분) $\left(\int_S |X_t(s)-X(s)|^r f_X(s)ds\right)$해 주고 그 합의 극한값을 계산하였을 때, 극한값이 0에 수렴하면 '평균수렴한다' 또는 '적률수렴한다'고 한다.

평균(적률)수렴의 예를 들어 보자.

예 14 예 8에서와 동일한 확률변수 X를 생각하자. X를 구간 [0, 1] 위에서 균등분포를 취하는 확률변수, Y_t를 $Y_t=X^t$로 정의된 확률변수라 하자. X에 대한 확률밀도함수를 $f(x)=1$이라 하자.

이제 $r=1$에 대해 적률수렴하는지 살펴보자. 즉, 평균수렴 여부를 판별해 보자. 이 때 극한함수로는 $X(s)=0$을 생각하자. 그러면 $X_t(s)-X(s)=Y_t-0=Y_t$. 그러므로

$$\int_0^1 |X_t(s)-X(s)|f(s)ds=\int_0^1 |X_t(s)-X(s)|ds$$

28) r차 평균수렴에서 $E[|X_t|^r]$를 r차 적률(rth moment 또는 raw moment of rth order), $E[|X_t-X|^r]$를 r차 중심적률(central moment)이라고 구분하여 부른다. 이에 대해서는 본장의 제3절에서 보다 구체적으로 다룰 것이다.

$$=\int_0^1 |Y_t|dx=\int_0^1 Y^t dx$$

$$=\int_0^1 x^t dx=\frac{1}{t+1}.$$

따라서 적분값의 극한을 구하면, $\lim_{t\to\infty}\frac{1}{t+1}=0$, 즉 확률변수 y_t는 0에 평균수렴한다. $r>1$인 경우도 마찬가지로 적분값의 극한값이 0에 수렴함을 확인할 수 있다.

그런데 일반적으로 적분은 어떤 곡선 아래 부분의 면적으로 해석되므로, 평균수렴은 두 확률변수(즉, 함수값)의 차이로부터 계산되는 면적값이 점차 작아져서 그 크기가 0이 되는 경우를 나타낸다고 할 수 있다.

그런데 $r=1$에 대하여, 면적은 $t=1$일 때 $\frac{1}{2}$, $t=2$일 때 $\frac{1}{3}$, …… 등으로 점차 0에 수렴한다. 즉, 도형 $A-A_0-0-1$의 면적이 $\frac{1}{2}$, 도형 $A-A_1-0-1$의 면적이 $\frac{1}{3}$, ……과 같이 점차 확률변수의 차이가 이루는 면적값이 0에 수렴하게 됨을 볼 수 있다([그림 9-5] 참조).

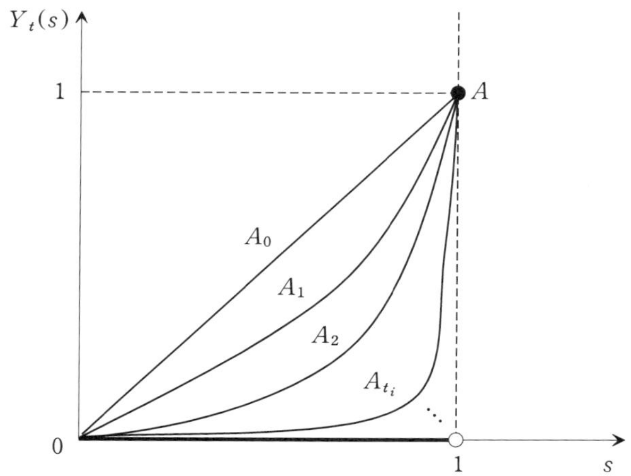

그림 9-5 확률변수열 $\{Y_t\}$의 평균수렴

r차 평균수렴과 관련하여 유의할 점은 높은 차원에서 평균수렴하는 확률변수는 이보다 낮은 차원에서도 평균수렴하게 되는 성질이 있다는 것이다. 이러한 성질은 젠센의 부등식(Jensen's inequality)에 의해 증명할 수 있다.

• 보조정리 2 •

젠센의 부등식

함수 h: $\mathbb{R} \to \mathbb{R}$가 구간 $I(I \subset \mathbb{R})$ 위에서 볼록함수(오목함수)라 하자. 그리고 $P(X \in I)=1$인 확률변수 X가 있다고 하자. 그러면

$$h(E[X]) \geq E[h(x)] \ (h(E[X]) \leq E[h(x)])$$

가 성립한다.

[보조정리 2]의 예를 들어 보자.

예 15

(i) $h(X)=X^2$이면, $(E[X])^2 \leq E[X^2]$가 성립한다.

(ii) $h(X)=|X|$이면, $|E[X]| \leq E[|X|]$가 성립한다.

[보조정리 2]의 젠센의 부등식을 사용하면 [정리 4]를 증명할 수 있다.

• 정리 4 •

X_t가 X에 r차 평균수렴하고, s를 r보다 작은 수($s<r$)라 하면, X_t는 X에 s차 평균수렴한다. 즉,

$$X_t \xrightarrow{r} X \text{이면 } X_t \xrightarrow{s} X.$$

r차 평균수렴 또는 r차 적률수렴은 확률수렴보다 강한 개념이며 사실상 확률수렴을 함의한다.[29] 즉, X로 r차 평균수렴하는 확률변수열 $\{X_t\}$는

29) 이는 일반화된 체비세프부등식(generalized chevyshev inequality)을 이용하여 증명할 수 있다. 일반화된 체비세프부등식은 다음과 같다. X를 $r>0$에 대하여 $E[|X|^r]<\infty$

X로 확률수렴한다.

거의 확실한 수렴과 확률수렴에서와 마찬가지로, X_t가 X에 r차 평균수렴하면 (X_t-X)는 0에 r차 평균수렴한다. 즉, $X_t \xrightarrow{r} X$이면 $(X_t-X) \xrightarrow{r} 0$이다.

(4) 분포수렴

네 번째 수렴형태로는 분포수렴(convergence in distribution)이 있다.[30) 이 수렴양태는 확률변수의 정확한 분포 또는 소표본분포를 잘 모르는 경우에 유용하게 사용될 수 있다. 분포수렴은 특히 점근적으로 또는 대표본에서 근사값(approximation)을 도출함으로써 확률변수의 분포가 지니는 속성을 조사하는 데 이용되기 때문에 중요하다. 분포수렴과 관련된 대표적인 정리로 중심극한정리(central limit theorem: CLT)를 들 수 있다. 중심극한정리에 의하면 표본의 분포가 무엇이었던 간에 표본의 규모가 커지게 되면, 표본평균이라는 확률변수가 따르는 확률분포는 정규분포에 근사하게 접근한다.

이러한 분포수렴은 추정량에 대한 검정을 실시할 때 유용하게 사용된다. 즉, 분포수렴은 추정량의 분포를 도출하는 데 중요한 수단을 제공한다.

정의 10 분포수렴(convergence in distribution)

확률변수열 $\{X_t\}$의 각 확률변수 $X_i(i=1, 2, \cdots\cdots)$의 확률분포를 $F_i(x)$ $(i=1, 2, \cdots\cdots)$라 하자. 이 때 확률분포함수 $F_i(x)$가 이루는 확률분포열을 $\{F_t(x)\}$라 하자. 확률분포함수열 $\{F_t(x)\}$가 다음과 같은 조건을 만족하면, 확률변수열 $\{X_t\}$가 확률변수 X에 분포수렴한다 하고, $X_t \xrightarrow{d} X$ 또는 $X_t \xrightarrow{L} X$와 같이 나타낸다.

함수 $F(x)$의 정의역상의 모든 연속점에서 $\lim_{t\to\infty} F_t(x)=F(x)$가 성립한다. 여기서 $F(x)$는 확률변수 X의 확률분포함수이다.

인, 즉 r차 적률이 존재하는 확률변수라고 하자. 그러면 모든 $\varepsilon>0$에 대해 $P(|X|\geq\varepsilon) \leq \{[E|X|^r]/\varepsilon^r\}$가 성립한다.

30) 이를 법칙수렴(convergence in law)이라고도 부른다.

분포수렴은 앞서 살펴본 함수열의 점별 수렴과 거의 같은 의미를 지닌다. 그리고 주어진 함수가 균일하게 수렴한다면 주어진 함수 $F(x)$는 연속함수가 되며, 역으로 함수 $F(x)$가 연속함수이면 균일하게 수렴한다. 이 때 함수 $F(x)$를 극한분포(limit distribution) 또는 점근분포(asymptotic distribution)라 부른다.

만일 확률변수의 분포함수열이 잘 알려진 확률분포에 수렴하는 경우, 예컨대 표준정규분포에 수렴하는 경우에는 극한분포의 형태를 명시적으로 밝혀 X_t가 극한분포인 정규분포에 점근적으로 수렴(asymptotically distributed)한다 하고, $X_t \overset{A}{\sim} N(0, 1)$과 같이 나타내기도 한다.

분포수렴과 관련하여 유의할 점은 수렴하는 대상이 확률변수열 $\{X_t\}$ 자체가 아니라는 점이다. 대신에 확률변수열 $\{X_t\}$의 확률분포인 $F_t(x)$가 이루는 수열 $\{F_t(x)\}$가 극한함수 $F(x)$에 수렴하는 것을 의미한다는 점이다. 이 때 확률변수열이 $F(x)$에 분포수렴하는 경우에도 극한함수 $F(x)$의 형태가 정규분포나 지수분포처럼 그 속성이 잘 알려진 함수형태로 나타난다고 할 수 없다.

거의 확실한 수렴 또는 확률수렴의 경우는 확률변수의 정의역상의 집합이 지니는 측도값을 계산함으로써 그 수렴 여부가 판별된다. 이에 비해 분포수렴은 확률변수의 치역이 지니는 확률측도(즉, 확률변수에 의하여 유도된 확률측도)에 의하여 그 수렴 여부가 판별된다는 근본적인 차이점을 지니고 있다. 결과적으로 분포수렴의 경우에는 확률변수열이 정의되는 확률공간이 각 확률변수 $X_i(i=1, 2, \cdots\cdots)$ 간에 서로 동일할 필요가 없게 된다. 즉, 거의 확실한 수렴이나 확률수렴 개념은 확률변수열이 구체적으로 어떤 확률변수와 일치하는지[31)]에 초점이 맞추어져 있는 반면에 분포수렴 개념은 수렴하는 확률변수 그 자체에는 관심을 두지 않는다.[32)]

---

31) 정의역상의 모든 점이 아니라 '거의 모든 점'에서 수렴하면 된다는 점을 유의하기 바란다.

32) 그 이유는 분포수렴을 어떻게 활용할 것인지와 관련이 있다. 예컨대, 경제가설에 대한 검정을 시행하기 위해서는 추정량이 어떠한 확률분포를 따르는지에 관하여 알아야만 한다. 이 때 분포수렴은 확률변수들의 함수로 표현된 추정량이 어떤 분포를 따르는지를 분석하기 위하여 활용된다.

예 16

X를 구간 [0, 1] 위에서 균등분포를 취하는 확률변수, Y_t를 $Y_t = X^t$로 정의된 확률변수라 하자. X에 대한 확률밀도함수는 $f(x)=1$이다.

이 때 확률변수 Y_t는 어떠한 분포를 따르게 될까? t가 증가함에 따라서 Y_t가 어떤 분포를 따르는지를 일반적으로 확인하는 것은 쉬운 일이 아니다. 하지만 분포의 모양이 어떠할 것인지는 다음과 같이 대략적으로 가늠해 볼 수 있다.

먼저 확률변수 $Y_1=X$의 분포함수를 생각해 보자. 이 때 $x\in$ [0, 1]에 대해 확률밀도함수가 $f(x)=1$이므로 구간 [0, τ]에 대해 적분해 주면 $x=\tau$에서의 확률분포값을 계산할 수 있다. 즉,

$$F_1(\tau)=P_1(x\leq\tau)=\int_0^\tau f(x)dx=\int_0^\tau 1dx=\tau.$$

따라서 확률변수 $Y_1=X$의 분포함수는 [그림 10-6]처럼 우상향하는 직선의 형태로 증가하다가 $x\geq 1$인 점에서 $Y_1=1$로 수평인 모양을 하게 된다.

그렇다면 $Y_2=X^2$의 분포함수는 어떤 모양을 지닐까? 주어진 점 $Y_2\leq\tau$가 되는 사건은 $X_1\leq\sqrt{\tau}$와 동일한 사건이다. 즉, $P_2(y_2\leq\tau)=P_1(x_1\leq\sqrt{\tau})$이다.

그런데 주어진 표본공간인 구간 [0, 1]상의 모든 τ에 대해, $t<\sqrt{\tau}$이므로, $P_1(x_1\leq\sqrt{\tau})>P_1(x_1\leq\tau)$가 성립한다. 따라서

$$P_2(y_2\leq\tau)[=P_1(x_1\leq\sqrt{\tau})]>P_1(x_1\leq\tau)$$

가 성립한다.

이제 $Y_3=X^3$의 분포함수는 어떤 모양을 지닐 것인가? 주어진 점 $Y_3\leq\tau$가 되는 사건은 $X_1\leq\sqrt[3]{\tau}$와 동일한 사건이므로, $P_3(y_3\leq\tau)=P_1(x_1\leq\sqrt[3]{\tau})$가 성립한다. 그런데 주어진 표본공간상에서 $\sqrt{\tau}<\sqrt[3]{\tau}$이므로, $P_1(x_1\leq\sqrt[3]{\tau})>P_1(x_1\leq\sqrt{\tau})$가 성립한다. 따라서 $P_3(y_3\leq\tau)$ $[=P_1(x_1\leq\sqrt[3]{\tau})]>P_1(x_1\leq\sqrt{\tau})$가 성립한다. 그런데 이러한 관계는 모든 점 $x=\tau$에 대하여 성립하므로 확률변수 Y_3의 확률분포함수값은

확률변수 Y_2의 확률분포함수값보다 크다는 것을 알 수 있다.

이상으로부터 $P_1(y_1 \leq \tau) < P_2(y_2 \leq \tau) < P_3(x_3 \leq \tau) < \cdots\cdots$가 성립한다는 것을 알 수 있다. 이로부터 t가 증가함에 따라서 분포함수[33]가 왼쪽으로 점차 이동하면서 상수 0으로 수렴할 것이라고 예상할 수 있다.[34]

그렇다면 앞서 거의 확실한 수렴, 확률수렴 그리고 적률수렴 등과 마찬가지로 각 원소들이 분포수렴할 때 확률벡터나 유한차원의 확률행렬이 분포수렴[35]할 것인가? 대답은 그렇지 않다는 것이다. 즉, 다른 확률적인 수렴 개념과는 달리 분포수렴의 경우는 개별 원소가 원소별로 분포수렴한다고 해서 확률벡터가 반드시 분포수렴하는 것은 아니다. 그렇지만 개별 원소의 분포

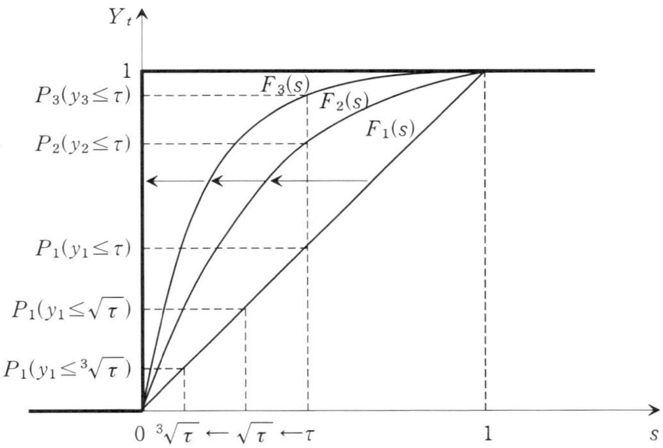

그림 9-6 확률변수열 $\{Y_t\}$의 분포수렴

33) Y_t에 대한 확률분포함수들은 왼쪽으로 볼록한 형태를 하고 있다.

34) 이러한 예에서처럼 확률변수열의 분포함수열이 상수값 c로 분포수렴하는 경우, 즉 $Y_t \xrightarrow{d} c$가 성립하면, 분포함수가 상수 $x=c$에서 퇴화분포(degenerate distribution)를 따른다고 한다. 그리고 확률변수열이 퇴화된 극한분포에 수렴하는 경우에, 이러한 수열은 상수 c에 확률수렴한다고 한다. 즉, $Y_t \xrightarrow{p} c$가 성립한다.

35) 확률벡터열 $\{X_t\}$가 확률벡터 X에 분포수렴한다는 것은 확률벡터 X_t의 결합분포열 $\{F_t\}$가 (결합분포함수 F의) 모든 연속점에서 확률벡터 X의 결합분포 F에 수렴하는 것을 말한다.

수렴과 벡터의 분포수렴을 연결해 주는 정리가 존재한다.

정리 5

확률변수열 $\{X_t\}$를 $k\times 1$차원 확률벡터열이라 하자. 그러면 다음이 성립한다.

각 원소(확률변수)들이 분포수렴하면(즉, $X_{i,t}\xrightarrow{d}X_i$), 임의의 k차원 실수벡터 c에 대하여 $c'X_t\xrightarrow{d}c'X$가 성립한다. 그리고 그 역도 성립한다.[36)]

한편, 연속함수 h를 이용하여 확률변수 X_t를 변환시켜 만든 확률변수열 $\{Y_t\}$, 즉 $Y_t=h(X_t)$에 대해서 거의 확실한 수렴이나 확률수렴을 적용하였던 것과 마찬가지로, 분포수렴도 연속함수에 적용할 수 있는데, 이를 특히 연속사상정리(continuous mapping theorem) 또는 연속함수정리라 부른다. 연속사상정리는 [정리 7]에 제시되어 있다.

[정리 6]은 헬리-브레이(Helly-Bray)의 정리인데, 이를 이용하여 연속사상정리가 성립함을 보여 줄 수 있다.

정리 6

헬리-브레이정리(Helly-Bray theorem)

$\mathbb{R}^k$ 위에서 정의된 분포함수열 $\{F_t(x)\}$가 $F(X)$에 분포수렴한다고 하자. 그리고 h: $\mathbb{R}^k\rightarrow\mathbb{R}^m$을 유계된 연속함수라 하자. 그러면 다음이 성립한다.

$$\lim_{t\to\infty}\int h(x)dF_t(x)\rightarrow\int h(x)dF(x).$$ [37)]

---

36) 역명제가 성립한다는 것은 쉽게 알 수 있다. 즉, c가 임의의 실수벡터이므로, $i=1, 2, \cdots\cdots, k$에 대하여 $c_i=1$, $c_j=0(j\neq i)$로 놓으면,

$$\left(\sum_{i=1}^{k}c_iX_{i,t}=c_iX_{i,t}=\right)X_{i,t}\xrightarrow{d}X_i\left(=\sum_{i=1}^{k}c_iX_i=c_iX_i\right)$$

가 성립한다. 따라서 모든 $i=1, 2, \cdots\cdots, k$에 대하여 $X_{i,t}\xrightarrow{d}X_i$가 성립한다.

헬리-브레이정리를 이용하여 [정리 7]이 성립함을 보일 수 있다.[38)]

정리 7

연속함수정리(continuous mapping theorem)

$X_t \xrightarrow{d} X$인 $k\times 1$차원 확률벡터열 $\{X_t\}$과 확률벡터 X가 있다 하자. 즉, 확률변수열 X_t가 확률변수 X에 분포수렴한다고 하자. 그리고 주어진 함수를 $h: \mathbb{R}^k \to \mathbb{R}^m$이라 하자. 그러면 다음이 성립한다.

함수 h가 $\mathbb{R}^k$ 위에서 연속이면, $h(X_t)\xrightarrow{d} h(X)$가 성립한다.

이상으로 확률변수의 4가지 수렴양태에 대하여 살펴보았다. 그런데 이러한 수렴양태 간에는 어떠한 관계가 존재할까?

첫째, 확률변수열 $\{X_t\}$가 거의 확실하게 수렴하면 $\{X_t\}$는 확률수렴한다. 즉, $X_t \xrightarrow{a.s.} X$이면 $X_t \xrightarrow{p} X$이다. 그렇지만 그 역은 성립하지 않는다. 반례가 있기 때문이다.

비록 아무런 조건이 없는 상황에서는 역명제가 성립하지 않지만, 대략적으로 '충분히 빠르게 확률수렴한다'는 조건이 추가되면 확률수렴하는 확률변수열 $\{X_t\}$가 거의 확실하게 수렴한다. 즉, 모든 $\varepsilon>0$에 대하여,

$$\sum_{t=1}^{\infty} P(s: |X_t(s)-X(s)|>\varepsilon)<\infty$$

가 만족된다면, 확률변수열 $\{X_t\}$가 확률수렴하면 거의 확실하게 수렴한다.

둘째, 확률변수열 $\{X_t\}$가 확률수렴하면 $\{X_t\}$는 분포수렴한다. 즉, $X_t \xrightarrow{p} X$이면 $X_t \xrightarrow{d} X$이다. 그 이유는 다음과 같이 설명할 수 있다. $\{X_t\}$가 확률수렴하면, 정의에 의해 모든 $\varepsilon>0$, $\delta>0$에 대하여 t_0이 존재하여서 이러한 t_0보

37) 모든 분포함수가 연속함수형태의 밀도함수로 나타낼 수 있는 것은 아니기 때문에 $dF_t(x)$와 같은 표현을 사용한 것이다. 이에 대해서는 본장 제3절을 참조하기 바란다.

38) [정리 6]에 의하면 유계되고 연속인 함수 $h: \mathbb{R}^k \to \mathbb{R}^m$을 적절하게 선택하여 줌으로써, 주어진 확률변수열의 특성함수열이 X의 특성함수로 수렴하게 된다는 사실을 보여 줄 수 있다. $h(X_t)$의 특성함수가 $h(X)$의 특성함수에 수렴한다는 사실을 이용하여 [정리 7]을 증명할 수 있다.

다 큰 모든 $t(>t_0)$에 대하여 $P(s:|X_t(s)-X(s)|>\varepsilon)<\delta$를 만족한다. 그러므로 $F_t(x-\varepsilon)-\delta\le F(x)\le F_t(x+\varepsilon)+\delta$는 ε, δ가 0에 접근함에 따라서 분포수렴하게 된다.[39] 이 경우도 반례가 존재하기 때문에 역명제는 성립하지 않는다. 그렇지만 역명제가 일반적으로 성립하지는 않을지라도 예외적으로 역명제가 성립하게 되는 경우가 있다. 예컨대, 확률변수열이 상수에 분포수렴하는 경우에는 확률수렴한다. 즉, $X_t\xrightarrow{d}C$이면 $X_t\xrightarrow{p}C$이다.

셋째, 확률변수열 $\{X_t\}$가 r차 평균수렴하면 $\{X_t\}$는 확률수렴한다. 즉, $X_t\xrightarrow{r}X$이면 $X_t\xrightarrow{p}X$이다. 그 이유를 대략적으로 살펴보면 다음과 같다. 마코프부등식에 의하면 $\delta>0$에 대하여,

$$E[|X_t(s)-X(s)|^r]\ge\delta^r P(s:|X_t(s)-\mathrm{X}(s)|>\delta)$$

가 성립한다. 한편, 확률변수열이 r차 평균수렴하면 t가 무한대로 커짐에 따라 $\lim_{t\to\infty}E[|X_t(s)-X(s)|^r<\infty$가 성립한다. 이는 모든 $\varepsilon>0$에 대해 양의 정수 $T(\varepsilon^r)$가 존재하여, $T(\varepsilon^r)$보다 큰 모든 정수 $t>T(\varepsilon^r)$에 대해

$$E[|X_t(s)-X(s)|^r]<\varepsilon^r$$

가 성립함을 의미한다. 그런데 이 때 임의의 수 $\varepsilon(>0)$을 $\delta(>0)$보다 작게 선택해 줄 수 있으므로,

---

39) 증명은 다음과 같다. 먼저 확률변수 X_t의 분포함수를 F_t라 하고, X의 분포함수를 F라 하자. 그러면

$$\begin{aligned}F_t(x)=P\{X_t\le x\}&=P\{X_t\le x,\ X>x+\varepsilon\}+P\{X_t\le x,\ X\le x+\varepsilon\}\\&\le P\{|X_t-X|\ge\varepsilon\}+P\{X\le x+\varepsilon\}\\&=P\{|X_t-X|\ge\varepsilon\}+F(x+\varepsilon).\end{aligned}$$

즉, $F_t(x)\le P\{|X_t-X|\ge\varepsilon\}+F(x+\varepsilon)$이 성립한다.

한편, $$\begin{aligned}F(x-\varepsilon)&=P\{X\le x-\varepsilon\}\\&=P\{X\le x-\varepsilon,\ X_t>x\}+P\{X\le x-\varepsilon,\ X_t\le x\}\\&\le P\{|X_t-X|\ge\varepsilon\}+P\{X_t\le x\}\\&=P\{|X_t-X|\ge\varepsilon\}+F_t(x).\end{aligned}$$

즉, $F_t(x-\varepsilon)-P\{|X_t-X|\ge\varepsilon\}\le F_t(x)$가 성립한다.

따라서 다음이 성립함을 알 수 있다.

$$F_t(x-\varepsilon)-P\{|X_t-X|\ge\varepsilon\}\le F_t(x)\le P\{|X_t-X|\ge\varepsilon\}+F(x+\varepsilon).$$

그런데 $X_t\xrightarrow{p}X$라 하였으므로, $\lim_{t\to\infty}P\{|X_t-X|\ge\varepsilon\}=0$이 성립하게 된다. 그러므로, $F_t(x-\varepsilon)\le F_t(x)\le F(x+\varepsilon)$이 된다.

이 때 분포함수 F가 점 x에서 연속이라면 $\lim_{\varepsilon\to0}F(x-\varepsilon)=F(x)$와 $\lim_{\varepsilon\to0}F(x+\varepsilon)=F(x)$가 성립한다. 따라서 $F_t(x)\to F(x)$가 성립한다.

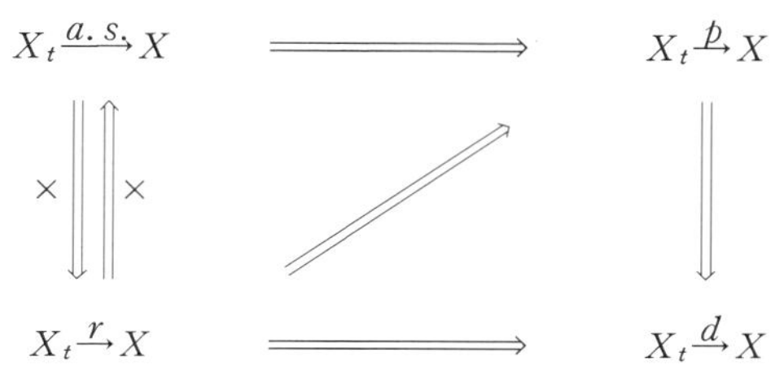

그림 9-7 확률적인 수렴 개념 간의 관계

$$\lim_{t\to\infty}\frac{E[\,|X_t(s)-X(s)|^r]}{\delta^\tau}<\frac{\varepsilon^\tau}{\delta^\tau}=\left(\frac{\varepsilon}{\delta}\right)^\tau\to 0$$

이 성립한다. 이로부터

$$P(s:|X_t(s)-X(s)|>\varepsilon)\leq\frac{E[\,|X_t(s)-X(s)|^r]}{\varepsilon^\tau}\to 0$$

이 성립한다. 따라서 평균수렴하는 확률변수열은 확률수렴한다. 이 경우에도 역명제는 일반적으로 성립하지 않는다. 일반적으로는 역명제가 성립하지는 않을지라도 확률변수가 유계된 경우(bounded)[40]에는 역명제도 성립하게 된다.

이제 마지막으로 거의 확실한($a.s.$) 수렴과 r차 평균수렴 간의 관계가 어떻게 되는지에 대하여 살펴보자. 간략하게 결과만을 언급하면 아무런 조건이 부과되지 않는 한 이들 두 개념 간에는 직접적인 포함관계가 존재하지 않는다. 다만 $\sum_{t=1}^{\infty}E[\,|X_t(s)-X(s)|^r]<\infty$가 성립하는 경우에 r차 평균수렴하는 확률변수열은 거의 확실한 수렴을 하게 된다. 이상으로 논의한 확률적인 수렴 개념 간의 관계를 간략하게 요약하면 [그림 9-7]과 같다.

지금까지 개개의 확률적 수렴 개념에 대하여 별도로 살펴보았는데, 이들 개념을 실제로 활용하는 경우에 하나의 추정량에 대하여 여러 확률수렴 개념을 혼합적으로 적용해야만 하는 상황이 흔히 발생한다. 이러한 상황에

40) 0보다 크고 유한한 어떤 상수 $c(0<c<\infty)$가 존재하여서, $P(|X_t(s)-X(s)|<c)=1$이 성립하면 확률변수열 $\{X_t\}$가 유계되었다고 한다. 이러한 정의에 의하면, 비록 일부의 s에 대하여 $X_t(s)$ 또는 $X(s)$의 값이 무한대가 되더라도 이러한 s들의 집합이 지니는 확률측도가 0이라면 결과적으로 이러한 집합이 $X_t(s)$와 $X(s)$의 차이가 일정한 범위를 벗어나지 않는다는 것을 알 수 있다.

서 유용하게 사용할 수 있는 정리에 대하여 살펴보도록 하자.

정리 8

확률변수열 $\{X_t\}$와 $\{Y_t\}$ 간의 차이가 0에 확률수렴한다고 하자, 즉, $(X_t - Y_t) \xrightarrow{p} 0$이라 하자. 그러면 다음이 성립한다.

$$X_t \xrightarrow{d} X \text{ 이면 } Y_t \xrightarrow{d} X.$$

[정리 8]은 확률변수열 $\{X_t\}$가 X에 분포수렴하면, $\{X_t\}$와 확률측도상으로 차이가 없는 확률변수열 $\{Y_t\}$도 X에 분포수렴한다는 것을 의미한다. 서로 다르지만 측도상으로는 차이가 거의 없는 두 확률변수 X_t와 Y_t가 있고 확률변수 Y_t의 확률분포를 알고 싶지만 그 분포를 정확하게 알 수 없는 상황에 처해 있다고 하자. 이러한 상황에서 [정리 8]은 확률변수 Y_t와 차이가 없지만 확률분포가 잘 알려져 있는 확률변수 X_t를 이용하여, 원래 구하고자 하였던 확률변수 Y_t의 확률분포를 알아 낼 수 있음을 의미한다. 즉, X_t의 확률분포가 바로 구하고자 하는 Y_t의 확률분포와 점근적으로 또는 근사적으로 동일하게 된다. [정리 8]의 내용을 확률변수의 함수에 대한 내용으로 확장해 준 정리가 [정리 9]이다.

정리 9

함수 $h: \mathbb{R}^k \to \mathbb{R}^m$이 연속함수라고 하자. 확률변수열 $\{X_t\}$와 $\{Y_t\}$ 간의 차이가 0에 확률수렴하여 $(X_t - Y_t) \xrightarrow{p} 0$이고, X_t가 X에 분포수렴한다고 하자. 즉, $X_t \xrightarrow{d} X$. 그러면

$$(h(X_t) - h(Y_t)) \xrightarrow{p} 0 \text{과 } h(Y_t) \xrightarrow{d} h(X).$$

이하에서 제시하는 [정리 10]은 확률수렴과 분포수렴이 혼재된 경우에 유용하게 사용할 수 있는 결과이다.

정리 10

확률변수열 $\{X_t\}$와 $\{Y_t\}$를 k차원 확률벡터열, c는 k차원 상수벡터, $\{M_t\}$를 $(k\times k)$차원 행렬의 수열, M을 $(k\times k)$차원 비특이행렬이라고 하자. 그러면 다음이 성립한다.

(i) $X_t \xrightarrow{d} X$이고, $Y_t \xrightarrow{p} c$이면, $X_t+Y_t \xrightarrow{d} X+c$와 $Y_t'X_t \xrightarrow{d} c'X$가 성립한다.

(ii) $X_t \xrightarrow{d} X$이고, $Y_t \xrightarrow{p} 0$이면, $X_t'Y_t \xrightarrow{p} 0$이 성립한다.

(iii) $X_t \xrightarrow{d} X$이고, $M_t \xrightarrow{p} M$이면, $M_tX_t \xrightarrow{p} MX$와 $M_t^{-1}X_t \xrightarrow{d} M^{-1}X$가 성립한다.

(iv) $X_t \xrightarrow{d} X$이고, $M_t \xrightarrow{p} M$이면, $X_t'M_t^{-1}X_t \xrightarrow{d} X'M^{-1}X$가 성립한다.

(v) $X_t \xrightarrow{p} X$, $\sqrt{t}(X_t-X) \xrightarrow{d} Y$이고, 함수 h: $\mathbb{R}^k \to \mathbb{R}^m$가 $\mathbb{R}^k$ 위에서 연속이면서 연속인 $(m\times k)$차원 1차 도함수행렬 $H \equiv \{\partial h(X)/\partial X'\}$을 갖는다고 하자. 이 때 H는 벡터 X에서 평가한 1차 도함수 행렬이다.

그러면 $\sqrt{t}(h(X_t)-h(X)) \xrightarrow{d} HY$이다.

[정리 10]은 추정량의 점근적인 분포를 도출하는 데 유용하게 사용된다. 예컨대, $Z_t = X_t + Y_t$에 대해서, $X_t \xrightarrow{d} X$이고, $Y_t \xrightarrow{p} 0$이면, 첫 번째 명제에 의해 $X_t+Y_t \xrightarrow{d} X$ 또는 $Z_t - X_t \xrightarrow{d} 0$이라는 결과를 도출할 수 있다. 이러한 결과에 의하면, 어떤 확률변수열 Z_t를 X_t와 Y_t라는 확률변수열로 분리해서 표현할 수 있는 상황에서, 그 중 하나(즉, Y_t)의 확률변수열이 0에 확률수렴한다면 Z_t의 극한분포는 결과적으로 X_t의 극한분포와 일치하게 된다는 결론을 도출할 수 있다.[41)]

이들 성질은 정확한 분포를 도출하기 어려운 추정량[42)]이 있을 때, 해당

41) 이를 뒤에서 설명할 큰 오(O)와 작은 오(o) 개념과 연계하여 설명하면 다음과 같다. 이와 같은 예에서 확률변수열 $\{Z_t\}$는 확률변수열 $\{X_t\}$와 점근적으로 동등한 수열이다. 이를 작은 오를 이용하여 표현하면 $Z_t = X_t + o_p$이다. 여기서 작은 확률 오(o_p)는 0에 확률수렴하는 확률변수열을 나타낸다.

추정량의 분포를 점근적으로 도출할 수 있는 수단을 제공한다. 예컨대, 주어진 추정량이 어떤 확률분포를 따르는지 정확하게 알 수 없는 경우에, 확률분포가 잘 알려진 어떤 확률변수열과 0에 확률수렴하는 확률변수열로 주어진 추정량을 분리하여 나타내 줌으로써 해당 추정량의 확률분포를 구해 낼 수 있다.[43)]

위의 정리에서 (i)~(iii)번째 명제를 슬러츠키정리(Slutzky's theorem)라고 부르며, 명제 (v)를 델타방법(delta method)이라 부른다.[44)]

9.2.3. 확률벡터의 확률수렴

앞에서 한 변수의 확률적 수렴 개념에 대하여 살펴보면서, 확률적 수렴을 다변수 확률벡터까지로 확장할 수 있다는 것을 간략하지만 언급하였다. 여기에서는 확률변수들의 벡터가 있을 때 확률벡터열의 확률수렴은 어떻게 정의할 것인가에 대하여 구체적으로 살펴보고자 한다. 결론만을 간략하게 제시하면, 확률벡터의 각 원소가 되는 개별 확률변수 $X_{i,t}$들이 각각 X_i에 거의 확실하게 수렴(또는 확률수렴)하게 되면 $X_{i,t}$로 구성된 확률벡터의 수열이 X_i로 구성된 벡터에 거의 확실하게 수렴(또는 확률수렴)한다는 것이다.

이러한 생각은 벡터의 노옴(norm)을 이용하여 구체화된다. k차원 벡터 x에 대한 노옴은 $\|x\|=\sqrt{(x_1^2+x_2^2+\cdots\cdots+x_k^2)}$와 같이 정의된다. 이제 확률변수벡터를 $\boldsymbol{X}_t=(X_{1,t},\ X_{2,t},\ \cdots\cdots,\ X_{k,t})$, 이러한 벡터의 수열을 $\{\boldsymbol{X}_t\}$라 하자. 이제 노옴을 통하여 벡터의 수렴을 정의하여 보면, 확률벡터 $\boldsymbol{X}_t$가 벡터 $\boldsymbol{X}$에 거의 확실하게 수렴한다 함은

$$\begin{aligned}&P\Big(s:\lim_{t\to\infty}\|X_t(s)-X(s)\|\le\varepsilon\Big)\\&=P\Big(s:\ A\lim_{t\to\infty}\sqrt{(X_{1t}-X_1)^2+(X_{2t}-X_2)^2+\cdots\cdots+(X_{kt}-X_k)^2}\le\varepsilon\Big)=1\end{aligned}$$

이 성립함을 의미한다. 그리고 확률벡터 $\boldsymbol{X}_t$가 $\boldsymbol{X}$에 확률수렴한다 함은

---

42) 추정량은 확률변수의 함수로 표현되므로, 수학적으로 볼 때 잴 수 있는 함수인 확률변수와 잴 수 있는 함수 간의 합성함수이다. 따라서 이 경우 추정량은 잴 수 있는 함수가 되므로, 다시 확률변수가 된다.

43) 주어진 추정량을 테일러 전개해 준 다음, t가 증가할 때 0에 확률수렴하는 고차항들을 무시함으로써 추정량의 확률분포에 대한 근사치를 도출할 수 있다.

44) 슬러츠키정리는, 예컨대 선형모형에서 추정량이 정규분포를 따른다는 것을 증명하는데 활용되며, 델타방법은 추정량의 분산이 어떤 분포를 따르는지 결정하는 데 사용된다.

$$\lim_{t\to\infty} P(s: \|X_t(s) - X(s)\| < \varepsilon) = 1$$

이 성립할 때를 나타낸다.

그런데

$$\begin{aligned} |X_{i_t}(s) - X_i(s)| &\le \|X_{i_t}(s) - X_i(s)\| \\ &\le k \max_{1\le i\le k} |X_{i_t}(s) - X_i(s)| \end{aligned}$$

라는 관계가 성립하므로 확률벡터가 확률수렴한다는 것은 결국 벡터의 각 원소가 되는 확률변수들이 각각 확률수렴한다는 것을 의미한다는 점을 알 수 있다.

분포수렴의 경우도 마찬가지 방법으로 정의해 줄 수 있다. 확률벡터열 $\{\boldsymbol{X}_t\}$가 확률변수 벡터 $\boldsymbol{X}$에 분포수렴한다는 것은 모든 벡터 x에 대해

$$\lim_{t\to\infty} F_t(x_{1,\,t},\ x_{2,\,t},\ \cdots\cdots,\ x_{k,\,t}) = F(x_1,\ x_2,\ \cdots\cdots,\ x_k)$$

가 성립할 때를 말한다. 여기서 F는 연속함수이다.

9.2.4. 확률과정과 확률수렴

이제까지 확률적인 수렴에 대하여 살펴보았다. 확률적인 수렴 개념은 주어진 확률변수열 $\{X_t\}$와 확률변수열의 극한값 X가 궁극적으로 확률적인 의미에서 일치하는지 여부를 의미한다. 즉, 확률변수 X_t의 극한이 X에 거의 확실하게 수렴하는 경우 두 확률변수 X_t의 극한값과 확률변수 X는 사실상 거의 같은 것이라고 보는 것이다. 이러한 수렴 개념은 확률변수열의 극한값에 대한 개념이다. 이와는 달리 극한 개념과 무관하게 확률변수 자체가 거의 같다는 개념을 정의해 볼 수 있다. 간단하게 말하면, 두 확률변수 X와 Y의 값이 서로 일치하지 않는 표본공간상의 점 s들의 집합에 대해 확률측도를 계산하였을 때, 그 집합의 확률측도가 0이 되는 경우 두 확률변수가 닮았다고 정의해 볼 수 있다. 즉,

$$P(s:\ X(s) \ne Y(s)) = 0$$

인 두 확률변수 X와 Y는 거의 모든 점에서 값이 같다. 이와 유사하게 두 확률과정이 서로 닮아 있는지 여부를 정의해 줄 수 있다. 이하에서는 이에

대하여 살펴보도록 하자.

두 확률과정 $\{X_t\}$와 $\{Y_t\}$가 동일한 확률공간 $(S, \mathscr{F}, P)$ 위에서 정의되어 있다고 하자. 모든 $t \geq 0$과 모든 $s \in S$에 대하여 두 확률과정이 동일한 값을 가진다면, 즉 $X_t(s) = Y_t(s)$가 성립한다면 두 확률과정 $\{X_t\}$와 $\{Y_t\}$는 명백하게 동일한 확률과정이다. 그렇지만 확률측도라는 측면에서 두 확률과정이 같다는 것은 모든 점에서 확률과정이 일치해야 한다고 강하게 요구할 필요는 없다. 지금까지의 논의를 상기하면 확률과정의 유사성을 이처럼 강하게 규정할 필요가 없다는 것은 크게 이상하지 않을 것이다.

확률이라는 측면에서 확률과정이 '확률적으로 서로 닮았음'을 나타내는 개념으로 다음과 같이 3가지를 생각해 볼 수 있다.

(i) $t \geq 0$인 매 시점에서 두 확률과정의 매 시점 좌표의 실현값이 서로 일치하는 확률이 1일 때 두 확률과정이 서로 간에 '확장관계(modification)'에 있다고 한다. 즉, $t \geq 0$인 매 시점에서 $P(X_t = Y_t) = 1$이 성립하면, 확률과정 $\{Y_t\}$를 확률과정 $\{X_t\}$에 대한 확장이라고 한다.

(ii) 두 확률과정이 서로 간에 '변형관계(version)'에 있다고 하는[45] 것은 두 확률과정 간에 다음과 같은 관계가 성립할 때를 말한다.

임의의 정수 $n \geq 1$, 실수 $0 \leq t_1 < t_2 < \cdots\cdots < t_n < \infty$ 및 보렐집합 $A \in \mathscr{B}(\mathbb{R}^{nd})$에 대하여,

$$P((X_{t_1}, \cdots\cdots, X_{t_n}) \in A) = P((Y_{t_1}, \cdots\cdots, Y_{t_n}) \in A)$$

가 성립한다.

(iii) 두 확률과정의 거의 모든 표본경로(sample path)가 일치할 때 두 확률과정은 '상호 구분불가능(indistinguishable)'하다고 한다. 즉,

$$P(X_t = Y_t : \forall 0 \leq t < \infty) = 1.$$

확률과정 $\{X_t\}$와 $\{Y_t\}$가 서로 확장관계에 있다는 개념은 각 확률과정의

45) 이 경우 두 확률과정은 '동일한 유한차원 분포함수(same finite dimensional distribution)를 지닌다'고도 한다. 예컨대, 포아송과정(poison process)과 동일한 유한차원 확률분포를 가지는 확률과정이 존재한다는 사실이 알려져 있는데, 바로 이와 같은 관계를 지니는 두 확률과정이 서로 간에 변형관계에 있는 것이다. 변형관계에 있는 두 확률과정은 유한차원 분포함수를 통해서 얻어 낼 수 있는 모든 정보가 거의 일치한다.

매 시점 좌표, 즉 X_t와 Y_t가 서로 같을 가능성(결과적으로 확률과정의 표본경로가 매 시점별로 일치할 가능성)을 각 시점의 기준으로 판단하는 것이고, 확률과정 $\{X_t\}$와 $\{Y_t\}$가 상호 구분불가능하다는 개념은 두 확률과정 $\{X_t\}$와 $\{Y_t\}$로부터 각각 발생가능한 모든 표본경로(sample path)가 서로 어느 정도 일치하는지를 확률적으로 나타내 주는 개념이다. 이 때 확률측도가 1이라는 것은 모든 사건에 대해서 성립하여야 한다는 것을 의미하는 것이 아니라 공집합이 아닌 사건에 대해서 성립하지 않아도 무방할 가능성을 인정하고 있다는 점에 유의할 필요가 있다. 물론 이는 특정한 성질을 만족하지 않는 사건들의 집합이 지니는 (확률)측도가 0일 때에만 허용될 뿐이다.

이상으로 두 확률과정이 확률적으로 서로 닮았음을 나타내는 3가지 정의에 대하여 살펴보았는데, 이들 간의 관계는 어떠할까? 3가지 개념 중 세 번째 정의, 즉 상호 구분불가능성이 가장 강한 개념이다. 상호 구분불가능한 두 확률과정 $\{X_t\}$와 $\{Y_t\}$는 서로 간에 확장관계에 있게 된다는 점이 알려져 있다. 또한 두 확률과정이 서로 확장관계에 있으면 두 확률과정은 상호 변형관계(동일한 유한차원 분포함수를 지님)에 있다는 점도 알려져 있다. 그렇지만 서로 확장관계에 있다고 하더라도 두 확률과정은 상호 구분불가능한 관계에 놓이지는 않는다.

이상의 논의를 요약하면 (iii) 상호 구분불가능→(i) 확장관계→(ii) 변형관계라는 관계가 성립한다. 그렇지만 역은 성립하지 않는다.

이제 서로 확장관계에 있는 두 확률과정이 서로 구분할 수 없는 관계가 되지는 않음을 예를 통해 살펴보도록 하자.

예 17 $\{X_t\}$를 모든 t에 대하여 0의 값을 가지는 확률과정이라 하자. 그리고 Y_t가 $\tau=t$일 때 1의 값을, $\tau\neq t$일 때 0의 값을 지니는 확률변수이며, 이러한 확률변수 Y_t를 좌표로 하는 확률과정을 $\{Y_t\}$라 하자.[46] 그리고 τ는 0보다 크거나 같은 값을 지니는 연속확률변수라고 하자. 그러면 두 확률과정 $\{X_t\}$와 $\{Y_t\}$는 서로 확장관계에 있다. 그렇지만 두 확률과정은 상호 구분불가능하지 않은 관계이다.

이제 두 확률과정 $\{X_t\}$와 $\{Y_t\}$가 확장관계에 있는지 확인하자.

---

46) 확률과정 $\{Y_t\}$에 대한 표본공간의 원소 s는 τ가 된다.

먼저 정의상 두 확률과정이 서로 확장관계에 있다는 것을 보이기 위해, 모든 $t>0$에 대하여 $P(s: X_t(s)=Y_t(s))=1$이라는 명제가 성립함을 보이자.

주어진 조건에 의하면, 임의의 $t=t_0$에 대해서 Y_t는 $\tau=t_0$일 때 1의 값을 지닌다고 하였다. 따라서 Y_t가 1의 값을 가질 확률을 계산하면 $P(\tau=t)=0$이다. 유사한 논리로 $\tau\neq t_0$일 때 Y_t가 0의 값을 지닌다고 하였으므로, Y_t가 0의 값을 가질 확률은 $P(\tau\neq t)=1$이다. 한편 정의상 X_t는 모든 시점에서 0의 값을 지닌다고 하였으므로, $Y_t=X_t$가 성립하는 경우는 Y_t가 0이 될 때(즉, $Y_t=0=X_t$)가 유일하다. 따라서 $P(Y_t=X_t)=P(\tau\neq t)=1$이다. 유사하게, $Y_t\neq X_t$가 성립하는 경우는 Y_t가 1이 될 때($Y_t=1\neq 0=X_t$) 가능하므로, $P(Y_t\neq X_t)=P(\tau=t)=0$이 된다. 그런데 $t=t_0$가 임의의 값이라 하였으므로, 이와 같은 결과는 모든 t에 대해서 성립하게 되고, 따라서 모든 $t>0$에 대하여 $P(s: X_t=Y_t)=1$이 성립하게 된다. 그러므로 두 확률과정은 확장관계에 있다.

다음으로 두 확률과정이 상호 구분가능한지 여부에 대해 살펴보자. 상호 구분가능성을 확인하는 것은 바로 $P(s: X_t(s)=Y_t(s), \forall\leq t<\infty)=1$이 성립하는지를 살펴보는 것과 같다. 이 경우 표본공간의 각 원소, 즉 단순사건은 τ가 된다는 점에 유의하자. 이제 표본공간의 원소, 즉 사건으로 해석되는 연속확률변수 τ의 값 중 임의의 값 $\tau=t_0$를 선택하자. Y_t는 사건 $\tau=t_0$에 대하여 $t=t_0=\tau$이면 1의 값을, $t\neq t_0=\tau$이면 0의 값을 갖는다. 이로부터 확률과정 $\{Y_t\}$의 좌표 Y_t 중 $t=t_0$인 Y_{t_0}는 반드시 0이 아니라는 것을 알 수 있다. 따라서 $t=t_0$에서 반드시 $Y_t\neq X_t$가 성립한다. 그러므로 주어진 표본공간의 원소, 즉 $\tau=t_0$에 대해서 반드시 한 개의 좌표 Y_{t_0}에서는 $Y_t\neq X_t$이므로 '첨자 t가 0보다 큰 모든 좌표(즉, $t>0$)에 대해서 $Y_t=X_t$가 성립한다'는 명제는 참이 아니라는 것을 알 수 있다.

그런데 이러한 결과는 임의의 사건, 즉 $\tau=t_0$에서 성립하므로 표본공간상의 모든 τ에 대해서 위의 명제는 참일 수 없다. 결국 '첨자 t가 0보다 큰 모든 좌표(즉, $t>0$)에 대해서 $Y_t=X_t$가 성립한다'는 명제가 성립하는 표본공간상의 사건은 존재하지 않는다. 따라서

$P(s:\ X_t(s)=Y_t(s),\ \forall\ 0\le t<\infty)=0$이다. 그러므로 두 확률과정 $\{X_t\}$와 $\{Y_t\}$는 서로 구분가능(distinguishable)하다.

예 17에서 확장관계에 있는 두 확률과정 $\{X_t\}$와 $\{Y_t\}$가 상호 구분불가능하지 않게 되는 예를 살펴보았다. 그런데 두 확률과정 $\{X_t\}$와 $\{Y_t\}$가 거의 확실하게 우방연속인 표본경로를 가지고 있다면, 두 확률과정들은 상호 구분불가능하다는 사실이 알려져 있다.

이상으로 확률과정 간의 닮음 관계에 대하여 간략하게 살펴보았다. 두 확률과정이 확장관계에 있는지 또는 상호 구분불가능한 관계에 있는지 여부에 대한 논의를 하기 위해서는 반드시 확률과정들이 동일한 확률공간 위에서 정의되어 있어야만 한다는 점에 유의하기 바란다. 만일 확률과정이 정의되는 확률공간이 서로 다르다면, 확장관계와 구분불가능한 관계에 대한 논의를 할 수 없다. 그렇지만 확률공간이 다르더라도 확률과정이 정의된 확률공간 중에서 표본공간과 그에 대한 σ-체가 같다면 두 확률과정이 동일한 유한차원 분포함수를 지니는지 여부에 대해서는 다음과 같이 살펴볼 수 있다.

(ii)′ 확률과정 $\{X_t\}$와 $\{Y_t\}$가 확률공간 $(S,\ \mathscr{F},\ P)$와 $(\tilde{S},\ \tilde{\mathscr{F}},\ \tilde{P})$ 위에서 각각 정의되고, 확률변수의 치역이 동일한 측도공간 $(\mathbb{R}^d,\ \mathscr{B}(\mathbb{R}^d))$을 지닌다고 하자. 이 때 임의의 정수 $n\ge 1$, 실수 $0\le t_1<t_2<\cdots\cdots<t_n<\infty$ 및 보렐집합 $A\in\mathscr{B}(\mathbb{R}^{nd})$에 대하여,

$$P((X_{t_1},\ \cdots\cdots,\ X_{t_n})\in A)=\tilde{P}((Y_{t_1},\ \cdots\cdots,\ Y_{t_n})\in A)$$

가 성립하면 두 확률변수는 동일한 유한차원 분포함수를 지닌다.

현실적으로 브라운운동(Brownian motion)을 포함하는 많은 확률과정들은 확률과정이 정의되는 확률공간 $(S,\ \mathscr{F},\ P)$와는 무관하게 유한차원 분포함수를 통해 정의된다. 따라서 위에서 살펴본 개념들은 실제로 대단히 중요한 것이다. 예컨대, 측도공간이 $(\mathbb{R}^d,\ \mathscr{B}(\mathbb{R}^d))$와 같은 임의의 확률공간 $(S,\ \mathscr{F},\ P)$ 위에서 정의되는 모든 확률과정이 브라운운동과정과 동일한 유한차원 분포함수를 가지고 있다면, 이들 확률과정을 별도로 구분하지 않고 모두 브라운운동과정이라고 보는 것이다. 즉, 분포함수가 동일한 확률과정들은 그 확률공간이 무엇이든 간에 상관없이 같은 확률과정이라고 생각하는 것이다.

9.3. 평균수렴

이번 절에서는 확률적 수렴 개념의 중요한 부분인 평균수렴에 대하여 별도로 분리하여 보다 자세히 살펴볼 것이다.

먼저 확률변수 X_t의 r차 적률을 정의하자.

정의 11 확률변수의 r차 적률(raw moment of rth order)

확률변수 X_t의 r차 적률은 다음과 같다.

$r \geq 1$에 대하여 $E[X_t^r] = \int_{-\infty}^{\infty} x^r dF_t(x)$.

[정의 11]에서 볼 수 있듯이, 적률은 어떤 함수, 보다 구체적으로 확률분포함수의 적분으로 정의되는데, 이는 제3장에서 살펴본 바와 같이 리만적분을 확장한 리만-스틸체스(Riemann-Stieltjes)적분 또는 리만-르벡(Riemann-Lebesgue)적분이다. 여기서 $dF_t(x)$는 분포함수의 변화량을 의미하는데, 이와 같은 표현을 사용한 이유는 모든 분포함수가 연속함수형태의 밀도함수로 나타낼 수 있는 것은 아니기 때문이다. 만일 분포함수 $F_t(x)$가 x의 단조적인 비감소함수이면서 연속함수인 도함수를 가지는 경우에는 $f_t(x) = dF_t(x)/dx$로 나타낼 수 있게 되므로 $dF_t(x)$를 미분형태, 즉 $dF_t(x) = f_t(x)dx$와 같이 바꾸어 표현할 수 있다.

한편, 확률변수의 r차 적률의 극한(limit of rth moment)은 아래와 같이 정의된다.

정의 12 r차 적률의 극한

확률변수 X_t의 r차 적률의 극한은 다음과 같다.

$r \geq 1$에 대하여 $\lim_{t\to\infty} E[X_t^r] = \lim_{t\to\infty} \int_{-\infty}^{\infty} x^r dF_t(x)$.

이와 같은 적률의 극한 개념은 적률의 수열 $\{E[X_t^r]\}$에 대한 극한으로 정의된다. 한편, r차 적률의 점근적률은 [정의 13]과 같이 정의된다.

정의 13 r차 점근적률

확률변수 X_t의 r차 점근적률(rth asymptotic moment)은 다음과 같다.

$r \geq 1$에 대하여 $E[X^r] = \int_{-\infty}^{\infty} x^r dF(x)$.

이 때 적률의 극한은 점근적률(asymptotic moment)과 반드시 일치하지는 않는다는 점에 유의할 필요가 있다. 두 개념이 일치하지 않는 이유는, 정의에서 보듯이 점근적률은 점근분포 $F(x)$를 통하여 정의되고 있는 반면 적률의 극한은 유한표본분포인 $F_t(x)$를 통하여 정의되고 있기 때문이다. 즉, $F(x)$와 $F_t(x)$가 k차까지 동일한 적률을 가져야 할 이유가 전혀 없기 때문에 두 개념이 항상 일치하는 것은 아니다. 예컨대, 분포수렴의 경우처럼 확률변수의 극한분포가 퇴화분포인 경우를 상기하면 두 개념의 적률차수가 반드시 같아야 할 이유가 없음을 이해할 수 있다.

한편, 일반적으로 적률의 극한과 점근적률이 서로 일치하지는 않지만, 1차 및 2차 적률의 경우에는 점근적률이 어느 정도의 값을 가지게 될지 대략적으로 알 수 있는 방법이 있다. 이는 다음과 같은 정리에 의하여 점근적률의 상계(upper bound)를 알아 낼 수 있기 때문이다.

• 정리 11 •

확률변수열 $\{X_t\}$가 X에 분포수렴($X_t \xrightarrow{d} X$)한다고 하자. 그러면 다음이 성립한다.

(i) $\lim_{t\to\infty} (\inf\ E[|X_t|]) \geq E[|X|]$.

(ii) $\lim_{t\to\infty} (\inf\ \mathrm{Var}(X_t)) \geq \mathrm{Var}(X)$.

[정리 11]에 의하면 1차 점근적률 $E[|X|]$와 2차 점근적률 $\mathrm{Var}(X)$의 상계는 각각 $\lim_{t\to\infty}(\inf E[|X_t|])$과 $\lim_{t\to\infty}(\inf \mathrm{Var}(X_t))$라는 것을 알 수 있다. 이 정리와 관련하여, 특정한 조건들이 만족되는 경우 확률변수열 $\{X_t\}$에 대한 적률의 극한 $\lim_{t\to\infty} E[X_t^r]$와 점근적률 $E[X^r]$ 간에 성립하는 다음과 같은 결과는 모두 동일하게 된다.

• 정리 12 •

(i) $\{X_t\}$가 X에 거의 확실하게 수렴한다고 하자. 즉, $X_t \xrightarrow{a.s.} X$. 그리고 $\lim_{t\to\infty}\{\inf E[|X_t|^r]) \geq E[|X|^r]$가 성립한다고 하자.

그러면 $\lim_{t\to\infty} E[X_t^r] = E[X^r]$가 성립한다.

(ii) $\{X_t\}$가 X에 확률수렴하고(즉, $X_t \xrightarrow{p} X$), $E[|X_t^r|] < \infty$이 성립하며, $\{X_t^r\}$가 균일하게 적분가능하다고 하자. 즉,

$$\lim_{c\to\infty}\left(\sup_t \int_{\{|X_t^r|>c\}} |X_t^r|\, dp\right) = 0.$$

그러면 $\lim_{t\to\infty} E[X_t^r] = E[X^r]$가 성립한다.

(iii) $\{X_t\}$가 X에 분포수렴하고(즉, $X_t \xrightarrow{d} X$), $\{X_t^r\}$가 균일하게 적분가능하다고 하자. 즉,

$$\lim_{c\to\infty}\left(\sup_t \int_{\{|X_t^r|>c\}} |X_t^r|\, dp\right) = 0.$$

그러면 $E[|X_t^r|] < \infty$, $\lim_{t\to\infty} E[X_t^r] = E[X^r]$이다.

(iv) $\{X_t\}$가 X에 r차 적률수렴하고(즉, $X_t \xrightarrow{r} X$), $E[|X_t^r|] < \infty$가 성립한다고 하자.

그러면 $\lim_{t\to\infty} E[X_t^r] = E[X^r]$이다.

[정리 12]를 살펴보면, r차 적률의 극한값이 r차 점근적률과 일치할 수 있게 되는 조건은 바로 함수열 $\{X_t^r\}$가 균일하게 적분가능하다는 것임을 알 수 있다. 바로 이러한 조건이 만족되는 경우, $\lim_{t\to\infty} F_t(x)=F(x)$이므로 $\lim_{t\to\infty} E[X_t^r]=E[X^r]$라는 결과가 성립한다는 것은 기대값을 취하는 연산과 극한값을 취하는 연산을 서로 맞바꿀 수 있음을 의미한다. 즉, $\lim_{t\to\infty} E[X_t^r]=E[\lim_{t\to\infty} X_t^r]=E[X^r]$이기 때문이다.

지금까지 적률, 적률의 극한, 그리고 점근적률 등의 개념에 대하여 간략하게 살펴보았는데, 이와 관련된 적률 개념으로 근사적률(approximate moments)이 있다. 근사적률은 통계량(예컨대, 표본적률)의 함수 $h\left(\frac{1}{T}\sum_{t=1}^{T} X_t^r\right)\equiv h(m_r)$가 복잡하여 그 함수의 적률을 정확하게 도출할 수 없을 때, 주어진 함수를 테일러 전개한 후 도출된 함수의 적률에 대한 근사값을 구한 것이다.

예컨대, $h\left(\frac{1}{T}\sum_{t=1}^{T} X_t^r\right)\equiv h(m_r)$와 같은 함수를 테일러전개해 보자. 이 때 함수 $h(m_r)$가 점 $m_r=\mu_r$에서 연속인 도함수를 가진다고 가정하자. 그러면 함수 $h(m_r)$는

$$h(m_r)=h(\mu_r)+h'(\mu_r)(m_r-\mu_r)+\frac{h''(\mu_r)(m_r-\mu_r)^2}{2!}+\cdots\cdots$$

와 같이 테일러전개된다.

이러한 전개식을 이용하면 주어진 함수 $h(m_r)$에 대한 근사적률을 도출할 수 있는데, 특정한 정규적인 조건이 만족되면 다음과 같은 근사식이 성립한다는 사실이 알려져 있다.

• 정리 13 •

$$E[h(m_r)]\cong h(\mu_r)+\frac{h''(\mu_r)}{2!}E[m_r-\mu_r]^2.$$

$$\mathrm{Var}(h(m_r))\cong\{h'(\mu_r)\}^2\mathrm{Var}(m_r).$$

$$E[h(m_r)-E[h(m_r)]]^3\cong(h'(\mu_r))^3E[h(m_r)-h(\mu_r)]^3$$
$$+\frac{2}{3}(h'(\mu_r))^2h''(\mu_r)E[h(m_r-h(\mu_r)]^4.$$

근사적률은 표본통계량의 적률이며, 특정한 조건이 충족된다면 $h(m_r)$에 대한 근사값으로 간주할 수 있다.[47)]

한편, 이러한 근사값은 $E[X_t^r]$이나 $E[X^r]$와는 다른 개념이라는 점에 유의하여야 한다. 위에서 도출된 근사적률은 분산값을 안정화해 주는 변환이나 점근적 전개 등과 관련하여 함수 h를 어떻게 선택하여야 좀더 정확한 점근적 결과들을 도출할 수 있는지에 대한 유용한 정보를 주기도 한다. $h(m_r)$의 점근적 분포를 도출하는 데 있어 단지 1차 및 2차 적률만을 이용하면 충분한 경우나 점근적인 전개와 관련하여 보다 고차의 적률을 근사시키고자 할 때 사용함으로써 정규적인 근사값의 정밀도를 개선해 줄 수 있다.

9.4. 확률차수와 수렴률

두 수열이 점근적으로 동등하면 $\frac{b_t}{a_t} \to 1$이므로 $\left|\frac{a_t - b_t}{a_t}\right| = 1 - \frac{b_t}{a_t} \to 0$이 성립한다. 즉, 점근적으로 동등한 두 수열의 상대적인 오차는 0에 수렴한다. 제1절에서 간략히 두 수열의 동등성 개념에 대하여 살펴보았는데, 그것은 두 수열이 대략적으로 비슷한 값을 지닌다는 것이다. 이러한 개념은 바로 수열 간의 크기 또는 수렴의 속도를 나타내는 관계이다.

수열의 관계를 나타내는 개념 중 중요한 것으로 큰 O(big O(빅 오))와 작은 o(little o(리틀 오) 또는 small o(스몰 오))라는 것이 있다. 큰 O와 작은 o는 한 수열이 다른 수열에 비하여 상대적으로 빨리 증가하는지 아니면 느리게 증가하는지 여부를 나타내는 데 사용되는 개념이다. 이러한 개념은 앞서 언급한 확률수렴과 밀접한 관련을 지니고 있다.

이제 확률차수에 대해 구체적으로 살펴보도록 하자. 큰 O(또는 작은 o)와 유사한 개념으로 확률변수에 적용할 수 있도록 조정해 준 개념으로 큰 확률 O와 작은 확률 o가 있다. 먼저 작은 o를 정의하자. $\{a_t\}$를 실수의 수열, $\{b_t\}$를 양의 실수의 수열이라 하자.

---

47) 이에 대해서는 Sargan(1988)을 참조하라.

정의 14 작은 o(little o 또는 small o 또는 smaller order)

수열 $\{a_t\}$는 다음 식이 성립할 때, 수열 $\{b_t\}$보다 작은 차수를 지닌다(smaller order)고 하고, $a_t=o(b_t)$와 같이 나타낸다.

$$\lim_{t\to\infty}\left(\frac{a_t}{b_t}\right)=0 \text{ 또는 } \left(\frac{a_t}{b_t}\right)\to 0.$$

[정의 14]는 두 수열 $\{a_t\}$와 $\{b_t\}$가 모두 발산하는 경우에는 수열 $\{a_t\}$가 수열 $\{b_t\}$보다 느리게 증가함을 나타내며, 두 수열이 모두 0에 수렴하는 경우에는 수열 $\{a_t\}$가 수열 $\{b_t\}$보다 빠르게 0에 수렴함을 각각 의미한다.

예 18

$a_t=\frac{1}{t^2}$, $b_t=\frac{1}{t}$이라 하자.

그러면 $a_t=o\left(\frac{1}{t}\right)$이다.[48)]

예 18에서 $\frac{1}{t}$과 $\frac{1}{t^2}$의 수렴속도에 대하여 비교해 보면 $t=1{,}000$일 때 전자는 0.001인 데 비하여 후자는 10^{-6}이 된다. 즉, 후자의 수렴속도가 훨씬 빠르다는 것을 알 수 있다. 이로부터 작은 o가 수렴속도를 나타내는 개념이라는 것을 이해할 수 있다.

이제 큰 O를 정의하자.

정의 15 큰 O(big O 또는 at most of order)

수열 $\{a_t\}$는 아래와 같은 식이 성립할 때, 수열 $\{b_t\}$와 기껏해야 동일한 차수를 지닌다(at most of order)고 하며, $a_t=O(b_t)$와 같이 나타낸다.

모든 t에 대하여 실수 M이 존재하여, $\frac{|a_t|}{b_t}\le M$이 성립한다.

48) $\frac{1}{t^2}\Big/\frac{1}{t}=\frac{t}{t^2}=\frac{1}{t}\to 0.$

이상과 같이 정의된 차수의 개념을 벡터에 대하여 확장하는 것은 명백하다. 즉, 벡터의 각 원소들이 작은 o(큰 O)일 때 벡터가 작은 o(큰 O)라 한다. 이들 개념과 관련하여 다음이 성립한다.

수열 $\{a_t\}$와 $\{b_t\}$를 각각 실수의 수열이라 하고, 수열 $\{c_t\}$와 $\{d_t\}$를 각각 양의 실수의 수열이라 하면 다음의 식들이 성립한다.

(i) $a_t=o(c_t)$, $b_t=o(d_t)$일 때,

$$a_t b_t=o(c_t d_t).$$

임의의 $p>0$에 대하여,

$$|a_t|^p=o(c_t^p) \text{ 및 } a_t+b_t=o(\max\{c_t, d_t\}).$$

(ii) $a_t=O(c_t)$, $b_t=O(d_t)$일 때,

$$a_t b_t=O(c_t d_t).$$

임의의 $p\geq 0$에 대하여,

$$|a_t|^p=O(c_t^p) \text{ 및 } a_t+b_t=O(\max\{c_t, d_t\}).$$

위의 두 식은, 첫째 작은 o(큰 O)의 차수가 서로 다른 수열의 곱은 각 수열들의 작은 o(큰 O)차수를 곱한 것과 같으며, 둘째 0보다 크거나 (크거나 같은) 수 p에 대하여, 어떤 수열을 p제곱한 수열은 그 작은 o(큰 O)의 차수가 원래 수열의 작은 o(큰 O)의 차수에 p제곱한 것과 같고, 셋째 두 수열을 더해 준 수열의 작은 o(큰 O)차수는 원래 수열의 작은 o(큰 O)의 차수 중에서 큰 차수와 같음을 나타낸다.

(iii) $a_t=o(c_t)$, $b_t=O(d_t)$일 때,

$$a_t b_t=o(c_t d_t).$$

(iii)은 한 수열이 작은 o의 차수를, 다른 수열이 큰 O의 차수를 지니고 있을 때, 이들 수열의 곱으로 정의되는 수열은 작은 o가 되고, 그 차수는 두 수열의 차수를 곱해 준 것과 같다는 것을 나타낸다.

이제 차수에 대한 보다 구체적인 예를 살펴보자.

예 19 $a_t=\frac{1}{t}-\frac{2}{t^2}+\frac{4}{t^3}$, $b_t=\frac{1}{t}$이라고 하자. 그러면 두 수열의 비율이 1에 수렴하므로 두 수열은 동등한 수열이다. 이제 $R_t=-\frac{2}{t^2}+\frac{4}{t^3}$라 하면, $a_t=\frac{1}{t}+R_t$가 된다. 그런데 $R_t=o\left(\frac{1}{t}\right)$이다. 즉, R_t는 $\frac{1}{t}$보다 빠르게 0에 수렴한다.

이와 같은 사실을 간단하게 다음과 같이 나타내 줄 수 있다.

$$a_t=b_t+o\left(\frac{1}{t}\right).$$

이는 바로 a_t가 근사값인 b_t와, 근사값 b_t보다 빠르게 0에 수렴하는 나머지 항 $o\left(\frac{1}{t}\right)$로 나누어 표현해 줄 수 있다는 것을 의미한다.

예 20 $a_t=O(t^2)$라 하자.

그러면 $\alpha>0$에 대하여 $a_t=o(t^{(2+\alpha)})$가 성립한다.[49)]

이와 같은 차수 개념은 확률변수가 아닌 실수의 벡터에 대해 정의된 개념이다. 제2절에서 함수열의 수렴을 확률변수에 응용한 개념이 바로 확률적인 수렴 개념이라는 점에 대하여 살펴보았다. 이와 유사하게 실수 수열의 차수 개념은 확률차수(orders in probability)에 대응한다. 즉, 작은 o(오)와 큰 O(오)와 유사하게, 작은 확률 $o(o_p(\cdot))$와 큰 확률 $O(O_p(\cdot))$를 정의해 줄 수 있다.

먼저 작은 확률 o에 대하여 살펴보도록 하자. $\{X_t\}$를 확률변수열, $\{a_t\}$를 양의 실수열이라고 하자. 그러면 작은 확률 o는 다음과 같이 정의된다.

정의 16 작은 확률 o

확률변수열 $\{X_t\}$는 다음을 만족할 때, 양의 실수열 $\{a_t\}$보다 작은

49) 예컨대, $a_t=2/t^2$라 하자. 그러면 $\lim_{t\to\infty}|a_t/t^2|\leq 2$가 성립한다. 즉, $a_t=O(t^2)$이다. 그런데 $\lim_{t\to\infty}|(a_t/t^2)(1/t^\alpha)|=2\lim_{t\to\infty}(1/t^\alpha)=0$이 성립하므로 $a_t=o(t^{(2+\alpha)})$임을 알 수 있다.

확률차수를 지닌다(smaller order in probability)고 하고, $X_t = o_p(a_t)$와 같이 표기한다.

$$\underset{t\to\infty}{p\lim}\left(\frac{X_t}{a_t}\right)=0 \text{ 또는 } \left(\frac{X_t}{a_t}\right)\xrightarrow{p}0.$$

[정의 16]을 보면, 정의식에 확률수렴이 이용되고 있음을 볼 수 있다. 예컨대, [정의 16]에서 모든 t에 대하여 $\{a_t\}=1$이라 놓으면 $\underset{t\to\infty}{p\lim}(X_t/1)=\underset{t\to\infty}{p\lim}X_t=0$이 된다는 것을 알 수 있다. 결국 확률변수 X_t가 1에 작은 확률 o차수를 지닌다는 것, 즉 $X_t=o_p(1)$이 성립한다는 것은 확률변수 X_t가 그 자체로서 0에 확률수렴한다는 것을 뜻하게 된다. 즉, $X_t\xrightarrow{p}0$이면 $X_t=o_p(1)$이 성립하고 그 역도 역시 성립한다.

이와 같이 확률차수와 확률수렴이 서로 연계되어 있다는 점은 중요하다. 예컨대, 앞서 예 19에서 보았듯이, 어떤 확률변수열을 확률차수로 표현되는 항(점차 소멸되는 항)과 소멸되지 않는 항으로 분리할 수 있다고 하자. 그러면 t가 증가함에 따라서 확률차수항은 0에 수렴하게 되어 이를 무시할 수 있게 되므로, 결과적으로 그 확률변수열은 t가 증가함에 따라서 실수항으로 수렴하게 될 것이다. 이후에 살펴볼 것이지만, 추정량 등의 분포를 도출하는데 바로 이러한 성질을 이용하게 된다.

다음으로 큰 확률 O의 정의에 대하여 살펴보자.

정의 17 큰 확률 O

확률변수열 $\{X_t\}$는 다음을 만족할 때, 양의 실수열 $\{a_t\}$와 기껏해야 동일한 확률차수를 지닌다(at most of order)고 하며, $X_t=O_p(a_t)$와 같이 나타낸다.

모든 임의의 수 $\varepsilon>0$에 대해서, 어떤 양의 실수 $M(\varepsilon)$이 대응하여 존재하고, 모든 t에 대하여 $P\{|X_t|\geq M(\varepsilon)a_t\}\leq\varepsilon$이다.

$X_t\xrightarrow{p}c$라 하자. 그러면 확률변수 X_t를 c로 나누어 준 확률변수에 대해

$(X_t/c) \xrightarrow{p} 1$이 성립한다. 즉, 상수에 확률수렴하는 확률변수에 대해 $(X_t/c) = O_p(1)$이 성립함을 알 수 있다. 물론 그 역도 역시 성립한다.

위와 같이 $X_t = O_p(a_t)$가 성립할 때 확률변수 X_t가 a_t에 의하여 확률적으로 유계되었다(bounded in probability)고 부르기도 한다.

이상과 같이 정의된 차수의 개념을 확률벡터에 대하여 확장하는 것은 직관적이다. 즉, 확률벡터의 각 원소, 즉 각 확률변수들이 작은 확률 o(큰 확률 O)일 때 확률벡터가 작은 확률 o(큰 확률 O)라 한다.

이상과 같이 정의된 확률차수의 개념에 대하여도 수학적인 차수 개념과 유사하게 다음이 성립한다. 수열 $\{X_t\}$와 $\{Y_t\}$를 각각 확률변수열이라 하고, 수열 $\{c_t\}$와 $\{d_t\}$를 각각 양의 실수의 수열이라 하면 다음의 식들이 성립한다.

(i) $X_t = o_p(c_t)$, $Y_t = o_p(d_t)$일 때,

$$X_t Y_t = o_p(c_t d_t).$$

임의의 $p > 0$에 대하여,

$$|X_t|^p = o_p(c_t^p) \text{ 및 } X_t + Y_t = o_p(\max\{c_t, d_t\}).$$

(ii) $X_t = O_p(c_t)$, $Y_t = O_p(d_t)$일 때,

$$X_t Y_t = O_p(c_t d_t).$$

임의의 $p > 0$에 대하여,

$$|X_t|^p = O_p(c_t^p) \text{ 및 } X_t + Y_t = O_p(\max\{c_t, d_t\}).$$

위의 두 식은, 작은 확률 o(큰 확률 O)의 차수가 서로 다른 수열들의 곱은 각 수열들의 작은 확률 o(큰 확률 O)의 차수를 곱한 것과 같으며, 0보다 크거나(크거나 같은) 수 p에 대하여, p제곱한 수열은 그 작은 확률 o(큰 확률 O)의 차수가 원래 수열의 작은 확률 o(큰 확률 O)의 차수에 p제곱한 것과 같고, 두 수열을 더해 준 수열의 작은 확률 o(큰 확률 O)의 차수는 원래 수열의 작은 확률 o(큰 확률 O)의 차수 중에서 큰 차수와 같음을 나타낸다.

(iii) $X_t = o_p(c_t)$, $Y_t = O_p(d_t)$일 때,

$$X_t Y_t = o_p(c_t d_t).$$

(iii)은 한 수열이 작은 확률 o의 차수를, 다른 수열이 큰 확률 O의 차수를 지니고 있을 때, 이들 수열의 곱으로 정의되는 수열은 작은 확률 o가 되고, 그 차수는 두 수열의 확률차수를 곱해 준 것과 같다는 것을 의미한다.

이와 같은 큰 O와 작은 o 개념을 일반적인 실가함수 h로 확장해 줄 수 있다. 다만 여기서 유의할 점은 주어진 함수들의 정의역이 모두 동일하다고 가정해야 된다는 것이다.

다음 정리는 유용하게 활용할 수 있는 정리이다.

정리 14

(i) $\mathrm{Var}(X_t)=\sigma_t^2<\infty$이면, $X_t=O_p(\sigma_t)$이다.

(ii) $X_t=O_p\left(\frac{1}{\sqrt{t}}\right)$이면, $X_t=o_p(1)$이다.

(iii) $X_t\xrightarrow{d}X$이면, $X_t=O_p(1)$이다.

(iv) $X_t\xrightarrow{d}X$이면, $(X_t+o_p(1))\xrightarrow{d}X$이다.

정의 18 함수의 큰 O(big O)

함수 $h(x)$는 다음 식이 성립할 때, 함수 $g(x)$와 기껏해야 같은 확률차수를 지닌다(at most of order)고 하며, x가 x_0에 접근함에 따라(즉, $x\rightarrow x_0$일 때) $h(x)=O(g(x))$와 같이 나타낸다.

상수 $K>0$에 대해서, x_0를 제외한 함수의 정의역의 원소 $x\in(D-x_0)$에 대하여, $\lim_{x\to x_0}\left|\frac{h(x)}{g(x)}\right|\leq K$가 성립한다.

정의 19 함수의 작은 o

함수 $h(x)$는 아래와 같은 식이 성립할 때, 함수 $g(x)$보다 작은 확률차수를 지닌다(smaller order in probability)고 하고, x가 x_0에 접근함에 따라(즉, $x\rightarrow x_0$일 때) $h(x)=o(g(x))$와 같이 나타낸다.

x_0를 제외한 함수의 정의역의 원소 $x \in (D-x_0)$에 대하여, $\lim_{x \to x_0}\left(\frac{h(x)}{g(x)}\right)=0$이 성립한다.

예 21 (i) $h(x)=e^x-1$이라 하자. 그러면 구간 $[-1, 1]$의 모든 점에 대하여, $|h(x)| \leq e|x|$이다. 그러므로 $h(x)=O(x)$.

(ii) $h(x)=\cos x$라 하자. 그러면 $x \to 0$일 때, $h(x)=1+o(x)$이다. 그러므로 $h(x)=O(x)$이다.

한편, $h(x)-g(x)=O(f(x))$가 성립할 때 $h(x)=g(x)+O(f(x))$로 나타내고, $h(x)-g(x)=o(f(x))$가 성립할 때 $h(x)=g(x)+o(f(x))$로 나타낸다.

이와 같은 표현은 임의의 함수를 테일러전개를 하는 경우에, 특히 유용하다. 예컨대, 점 $x=x_0$에서 함수 $h(x)$의 도함수가 존재한다는 전제하에 함수 $h(x)$를 테일러전개하면,

$$h(x)=h(x_0)+h'(x_0)(x-x_0)+\frac{h''(x_0)(x-x_0)^2}{2!}$$
$$+\cdots\cdots+\frac{h^{(r-1)}(x_0)(x-x_0)^{r-1}}{(r-1)!}+R_t$$

이다. 여기서 R_t는 나머지 항을 의미하며 다음과 같은 식으로 나타내 줄 수 있다.

$$R_t=\frac{h^{(r)}(a)(x-x_0)^r}{r!}.$$

여기서 a는 x와 x_0 사이의 값이며 $h^{(r)}(a)$는 $x=x_0$가 아니라 $x=a$점에서의 함수값을 나타낸다는 점에 유의하기 바란다.

이제 위와 같이 전개된 식에 비확률변수인 x 대신에 확률변수 X_t를 대입하면 결과적으로 다음과 같은 확률적 표현이 도출된다.

$$h(X_t)=h(x_0)+h'(x_0)(X_t-x_0)+\frac{h''(x_0)(X_t-x_0)^2}{2!}+\cdots\cdots$$

$$+\frac{h^{(r-1)}(x_0)(X_t-x_0)^{r-1}}{(r-1)!}+\frac{h^{(r)}(a)(X_t-x_0)^r}{r!}.$$

그런데 r차 도함수 $h^{(r)}(a)$가 연속함수이면 점 x_0에서 함수값이 유계(bounded)되어 유한한 값을 가지며, $r!$도 유한한 값이다. 결과적으로 $\frac{h^r(a)}{r!}$가 유한한 값을 지닌다. 따라서 $\frac{h^r(a)(X_t-x_0)^r}{r!}=O_p((X_t-x_0)^r)$이다.

그러므로 확률변수 X_t를 변수로 하는 함수 $h(X_t)$에 대해 다음과 같은 테일러전개식을 도출할 수 있다.

$$h(X_t)=h(x_0)+h'(x_0)(X_t-x_0)+\frac{h''(x_0)(X_t-x_0)^2}{2!}+\cdots\cdots$$
$$+\frac{h^{(r-1)}(x_0)(X_t-x_0)^{r-1}}{(r-1)!}+O_p((X_t-x_0)^r). \tag{1}$$

이러한 결과는 보다 일반적으로 [정리 15]와 같이 확장된다.

• 정리 15 •

맨-왈드정리(Mann-Wald theorem)

k차원 확률벡터 수열 $\{X_t\}$가 $i=1, 2, \cdots\cdots, m$에 대해 $X_{i,t}=O_p(d_{i,t})$이고, $i=m+1, \cdots\cdots, k$에 대해 $X_{i,t}=o_p(d_{i,t})$이며, 비확률적인 k차원 상수벡터 수열 $\{a_t\}$가 $i=1, 2, \cdots\cdots, m$에 대해 $a_{i,t}=O(d_{i,t})$, $i=m+1, \cdots\cdots, k$에 대해 $a_{i,t}=o(d_{i,t})$라고 하자. 그리고 함수열 $\{h_t\}$를 $\mathbb{R}^k$ 위에서 정의되는 보렐함수 h_t: $\mathbb{R}^k\to\mathbb{R}$의 수열이라고 하자. 그러면 다음이 성립한다.

$$h_t(a_t)=O(b_t)\text{이면, } h_t(X_t)=O_p(b_t).$$

[정리 15]는 테일러정리와 관련된 비확률적인 식들을 확률적인 표현으로 전환하는 데 기초가 되는 정리이다. 위의 [정리 15]에서 큰 확률 O를 작은 확률 o로 대체하게 되면 그 결과도 작은 확률 o로 대체된다. 즉, $h_t(a_t)=o(b_t)$이면, $h_t(X_t)=o_p(b_t)$가 성립한다. [정리 15]에 대한 따름정리로서 테일러전개식에 대한 [따름정리 1]이 성립한다.

• 따름정리 1 •

k차원 확률벡터의 수열 $\{X_t\}$가 $X_t = x_0 + O_p(d_t)$와 같이 표현될 수 있다고 하자. 여기서 x_0는 상수이다. 이 때 t가 무한대로 커짐에 따라서 d_t가 0에 수렴한다고 하자. 그리고 함수 $h(x)$가 점 $x = x_0$에서 연속인 r차 도함수를 가진다고 하자. 그러면 다음이 성립한다.

$$h(X_t) = h(x_0) + h'(x_0)(X_t - x_0) + \frac{h''(x_0)(X_t - x_0)^2}{2!} + \cdots\cdots$$
$$+ \frac{h^{(r-1)}(x_0)(X_t - x_0)^{r-1}}{(r-1)!} + O_p(d_t^r).$$

주어진 함수 $h(X_t)$를 x_0에서 테일러전개해 주면,

$$h(X_t) = h(x_0) + h'(x_0)(X_t - x_0) + \frac{h''(x_0)(X_t - x_0)^2}{2!} + \cdots\cdots$$
$$+ \frac{h^{(r-1)}(x_0)(X_t - x_0)^{r-1}}{(r-1)!} + \frac{h^{(r)}(a)(X_t - x_0)^r}{r!} \tag{2}$$

를 얻을 수 있다. 이 때, 특히 $\frac{h^{(r)}(a)(X_t - x_0)^r}{r!}$에 주목하자. 가정에 의하면 주어진 함수가 r차 도함수를 가지고 r차 도함수가 연속이므로, $h^{(r)}(a)$는 유계되어 있다. 따라서 $O_p(1)$이다. 그리고 $(X_t - x_0) = O_p(d_t)$이므로, $(X_t - x_0)$를 양의 정수 $j(j=1,\ 2,\ \cdots\cdots,\ r)$로 나누어 준 값도 역시 $(X_t - x_0)/j = O_p(d_t)$ 이다. 그런데 $\frac{(X_t - x_0)^r}{r!} = \frac{(X_t - x_0)}{1} \cdot \frac{(X_t - x_0)}{2} \cdot \cdots\cdots \cdot \frac{(X_t - x_0)}{r}$와 같이 나타내 줄 수 있으므로 $\frac{(X_t - x_0)^r}{r!} = O_p(d_t)O_p(d_t)\ \cdots\cdots\ O_p(d_t) = O_p(d_t^r)$가 된다.

따라서 유계된 함수값 $h^{(r)}(a)$와 $O_p(d_t^r)$의 곱인 $\frac{h^{(r)}(a)(X_t - x_0)^r}{r!}$는 $O_p(d_t^r)$이다. 즉, $\frac{h^{(r)}(a)(X_t - x_0)^r}{r!} = O_p(1)O_p(d_t^r) = O_p(d_t^r)$이다.

한편, [따름정리 1]에서 $X_t = x_0 + O_p(d_t)$를 $X_t = x_0 + o_p(d_t)$로 대체하면, 그 결과는 다음과 같다.

$$h(X_t)=h(x_0)+h'(x_0)(X_t-x_0)+\frac{h''(x_0)(X_t-x_0)^2}{2!}+\cdots\cdots$$
$$+\frac{h^{(r-1)}(x_0)(X_t-x_0)^{r-1}}{(r-1)!}+o_p(d_t^r). \tag{3}$$

[따름정리 1]은 1변수 확률변수의 함수 $h(\cdot)$에 대한 테일러전개에 대한 내용이다. 일반적으로 다변수함수에 대한 테일러전개는 각 원소의 편도함수를 고려해야 하므로 상당히 복잡해진다. 따라서 다변수함수의 경우에는 특별히 고차의 도함수를 고려할 이유가 없는 한 주어진 함수를 통상적으로 2차 도함수까지만 테일러전개하여 근사시킨다. 따라서 $h(\cdot)$차원 확률벡터 X_t의 함수 $h(X)$를 테일러전개하면,

$$h(X_t)=h(a)+\sum_{i=1}^{k}\frac{\partial h(a)}{\partial x_j}(X_{i,t}-a_i)$$
$$+\sum_{i=1}^{k}\sum_{j=1}^{k}\frac{\partial^2 h(a)}{2!\partial x_i \partial x_j}(X_{i,t}-a_i)(X_{j,t}-a_j)+o_p(d_t^3). \tag{4}$$

지금까지 살펴본 함수의 테일러전개는 추정량의 직접적인 수렴 여부를 보여 주기 어려운 경우 추정량을 테일러전개해 줌으로써 추정량의 분포에 대한 점근적인 근사값을 도출할 수 있게 해 주는 대단히 유용한 수단이다.

참고문헌

구자홍, 『확률론』, 민음사, 1988, 제4장.

이성백, 『확률론』, 세경사, 2002, 제4장.

Chung, Kai Lai, *A Course in Probability Theory*, 3rd ed., Academic Press, 2000, Ch. 4.

Davidson, James, *Stochastic limit theory—an introduction for econometricians*, 3rd ed., Oxford University Press, 1994, Ch. 18.

Fuller, Wayne A., *An Introduction to Statistical Time Series*, 1976, Ch. 5.

Rao, C. R., *Linear Statistical Inference and Its Applications*, 2nd ed., John Wiley & Sons, 1973, Ch. 2.

Ronald, Gallant A., *An Introduction to Econometric Theory*, Princeton University Press, 1997, Ch. 4.

Sargan, *Lectures on Advanced Econometrics*, Basil Blackwell, 1988.

Spanos, Aris, *Statistical Foundations of Economic Modelling*, Cambridge University Press, 1986, Ch. 9.

White, Halbert, *Asymptotic Theory for Econometricians*, revised version, Academic Press, 2001, Ch. 2. and Ch. 4.

Williams, David, *Probability in Martingale*, Cambridge University Press, 1991, Ch. 10.

10 극한정리와 응용

본장에서는 여러 표본통계량들의 일치성이나 분포 등의 모습을 증명할 때 필요한 큰 수의 법칙 및 중심극한정리, 즉 극한정리에 대하여 개관해 보고, 이들 정리가 최소자승(OLS) 추정량의 일치성이나 극한분포를 도출하는 데 있어 실제로 어떻게 활용되는지 살펴볼 것이다. 일반적으로 경제분석에 이용되는 자료는 시계열자료와 횡단면자료 그리고 이 둘의 속성이 함께 결합된 패널자료(panel data) 등이 있는데, 이들 자료가 지니는 속성이 본질적으로 다르므로 표본통계량의 일치성 및 극한분포 등을 분석하고자 할 때 자료가 지닌 속성을 충분히 감안해야만 한다. 이는 자료의 속성이 다르지만 최소자승추정법을 이용하여 모수를 추정하였다면 모든 경우에 대해 동일한 조건을 이용해서는 OLS 추정량이 일치성을 지니고 있다거나 정규분포를 따른다는 주장을 일률적으로 보여 줄 수 없기 때문이다. 따라서 추정량이 지니고 있는 올바른 통계적 특성을 유도해 내기 위해서는 자료가 지니고 있는 독립성, 동질성 그리고 적률 등의 속성에 대해 필요한 정도의 제약을 가해 주어야 한다.

그리고 추정량의 일치성은 표본의 크기, 즉 관측치의 수와 밀접하게 연관되어 있는 개념이지만 일치성을 증명하는 과정에서 적용되는 수렴양태(convergence mode)는 다양하다. 여러 가지 수렴양태 중에서 대표적으로 거의 확실한 수렴과 확률수렴 등이 일치성의 증명과정에서 흔히 이용되고 있다. 본장에서는 2가지 수렴양태 중에서 거의 확실한 수렴이 성립하면 확률수렴이 성립한다는 점을 감안하여 거의 확실한 수렴 개념을 위주로 추정량의 일치성에 대한 논의를 진행하고자 한다.

한편, 추정량의 일치성이나 극한분포를 도출하는 데 있어 핵심적인 도구가 되는 극한정리가 바로 큰 수의 법칙(law of large numbers: LLN)이나 중심극한정리(central limit theorem: CLT) 등인데, 이들 정리에는 동일한 명칭이 붙여진 여러 가지의 정리들이 존재하므로 개념을 이해하는 데 혼동이 생길 수 있다. 따라서 본장에서는 이에 대해서도 간략하게 살펴볼 것이다. 비록 이들 정리는 다양한 형태로 제시되고 있기는 하지만 결과적으로 거의 같은 의미를 지니고 있다.

10.1. 추정량의 속성과 극한정리

10.1.1. 추정량의 불편성과 일치성

극한정리에 대해 본격적으로 살펴보기 전에 OLS 추정량이 지니는 불편성 및 일치성 등의 속성과 추정량의 분포에 대해 간략하게 살펴보도록 하자. 이를 위해 가장 간단한 형태의 다음과 같은 전통적인 선형회귀모형을 생각하자. 즉, 추정하고자 하는 선형함수관계는 아래와 같다.

$$Y_t = X_t'\beta + \varepsilon_t \ (t=1,\ 2,\ \cdots\cdots,\ T). \tag{1}$$

여기서 Y_t는 종속변수, X_t는 설명변수들로 $X_t = (X_{t1},\ X_{t2},\ \cdots\cdots,\ X_{tk})'$, ε_t는 오차항이다.

이를 행렬표현으로 바꾸어 나타내면,

$$\boldsymbol{Y} = \boldsymbol{X}\beta + \boldsymbol{\varepsilon} \tag{2}$$

과 같다. 이 때 $\boldsymbol{Y}$와 $\boldsymbol{\varepsilon}$은 $(T\times 1)$, $\boldsymbol{X}$는 $(T\times k)$행렬이고 X_t'을 열벡터로 하며, β는 $(k\times 1)$벡터이다. 그리고 ε_t는 설명변수인 X_t에 의해 설명되지 못하는 부분, 즉 $\varepsilon_t = Y_t - X_t'\beta$로서 오차를 의미한다. 통상최소자승(ordinary least square: OLS) 추정기법은 이들 오차를 제곱하여 합해 준 값을 최소화해 주는 β값을 찾아 내는 방법이다. 즉, OLS 추정량은 다음과 같은 오차제곱합 L을 최소화해 주는 β값으로 정의된다.

$$L \equiv \boldsymbol{\varepsilon}'\boldsymbol{\varepsilon} = \sum_{t=1}^{T}(Y_t - X_t'\beta)^2. \tag{3}$$

위의 식을 β에 대해 미분한 후 정리하면 통상최소자승 추정량(OLS estimator), 즉 OLS 추정량 $\hat{\beta}$을 다음과 같이 얻을 수 있다.

$$\hat{\beta} \equiv (X'X)^{-1}X'Y. \tag{4}$$

여기서 OLS 추정량 $\hat{\beta}$을 도출하는 과정 자체로는 $\boldsymbol{Y}$와 $\boldsymbol{X}$가 지니고 있는 확률적 정보를 전혀 이용하지 않는다는 점과 도출된 $\hat{\beta}$을 나타내는 식이 $\boldsymbol{Y}$ 및 $\boldsymbol{X}$의 표본크기와는 무관하게 결정된다는 점 등을 유의하기 바란다.

그런데 이처럼 표본으로부터 도출된 $\hat{\beta}$이 모수인 β와 반드시 일치하리라는 보장이 없다. 그 이유는 오차항 ε_t가 실제로는 관측되지 않는 값이어서 그 속성을 알 수 없기 때문에 $\hat{\beta}$을 도출하는 과정에서 오차의 제곱합을 최소화하는 것과 실제의 β를 찾아 내는 것은 서로 관련이 없을 수도 있기 때문이다. 뿐만 아니라 이와 같이 $\hat{\beta}$을 도출하였다고 해도 $\hat{\beta}$이 β와 어떠한 관계를 지니고 있는지를 파악할 방법도 없다.

하지만 변수들인 $\boldsymbol{Y}$와 $\boldsymbol{X}$, 오차항 $\boldsymbol{\varepsilon}$에 대해 적절한 가정을 추가해 주면 미지의 모수 β와 그에 대한 추정량 $\hat{\beta}$ 간의 관계를 분석할 수 있다. 예컨대, 잘 알려진 가우스-마코프(Gauss-Markov)가정을 도입하여 $\hat{\beta}$과 β 간의 관계를 분석할 수 있다. 고전적인 선형회귀분석에서 사용하는 가우스-마코프가정은 설명변수 $\boldsymbol{X}$가 비확률(non-stochastic)변수이고, 행렬 $\boldsymbol{X}'\boldsymbol{X}$는 역행렬을 지니며, 오차항의 기대값 $E[\varepsilon_t]$는 0이고, 오차항의 분산 $\mathrm{Var}(\varepsilon_t)$(또는 σ_ε^2)은 모든 시점에서 동일할 뿐만 아니라 서로 다른 시점의 오차항끼리는 계열상관을 지니지 않는다는 가정이다. 이러한 여러 가지 가정을 도입함으로써 OLS 추정량 $\hat{\beta}$은 불편(unbiased) 추정량이며 효율적인(efficient) 추정량이라는 사실을 증명할 수 있다. 하지만 이 경우에도 여전히 $\hat{\beta}$에 대한 신뢰구간을 설정한다든가 가설검정을 통해 통계적 의사결정을 내리거나 할 수 없다. 왜냐하면, 신뢰구간 설정이나 가설검정을 실시하기 위해서는 $\hat{\beta}$이 어떤 분포를 따르는지 알아야 하지만, 가우스-마코프가정만으로는 $\hat{\beta}$의 분포를 알아 낼 수 없기 때문이다. 따라서 통계적인 추론이나 가설검정을 실시하기 위해서 오차항이 정규분포를 따른다는 별도의 가정을 가우스-마코프가정에 추가하기도 한다. 어찌되었든 간에 결과적으로 $\hat{\beta}$과 β 간의 관계를 분석하기 위해서는 변수들 및 오차항에 대하여 몇 가지 가정이 도입되어야 한다.

이하에서 이렇게 도입된 가정이 고전적인 회귀분석에서 사용되는 OLS 추정량의 속성 중 불편성을 증명하기 위해 실제로 어떻게 활용되는지 살펴보자. OLS 추정량 $\hat{\beta}$은 다음과 같이 β와 오차항 $\boldsymbol{\varepsilon}$으로 분해해서 나타낼 수 있다.

$$\begin{aligned}\hat{\beta} &\equiv (\boldsymbol{X}'\boldsymbol{X})^{-1}\boldsymbol{X}'\boldsymbol{Y} = (\boldsymbol{X}'\boldsymbol{X})^{-1}\boldsymbol{X}'(\boldsymbol{X}\beta + \boldsymbol{\varepsilon}) \\ &= (\boldsymbol{X}'\boldsymbol{X})^{-1}\boldsymbol{X}'\boldsymbol{X}\beta + (\boldsymbol{X}'\boldsymbol{X})^{-1}\boldsymbol{X}'\boldsymbol{\varepsilon} \\ &= \beta + (\boldsymbol{X}'\boldsymbol{X})^{-1}\boldsymbol{X}'\boldsymbol{\varepsilon}. \qquad (5)\end{aligned}$$

여기에 기대값을 취하면,

$$E[\hat{\beta}]=E[\beta]+E[(\boldsymbol{X}'\boldsymbol{X})^{-1}\boldsymbol{X}'\boldsymbol{\varepsilon}]. \tag{6}$$

그런데 β는 모수이므로 확률변수가 아니어서 기대값을 취할 때 영향을 받지 않고, $\boldsymbol{X}$는 가우스-마코프가정에 따라 비확률변수이므로 확률변수가 아니다. 따라서 $\boldsymbol{X}$는 기대값과 관련하여 상수와 마찬가지로 취급되므로 식 (7)처럼 기대값의 바깥으로 뽑아 낼 수 있다. 즉,

$$E[\hat{\beta}]=\beta+(\boldsymbol{X}'\boldsymbol{X})^{-1}\boldsymbol{X}'E[\boldsymbol{\varepsilon}]. \tag{7}$$

그런데 가우스-마코프가정에 의해 $E[\varepsilon_t]=0$이므로,

$$E[\hat{\beta}]=\beta+(\boldsymbol{X}'\boldsymbol{X})^{-1}\boldsymbol{X}'\cdot\boldsymbol{0}=\beta. \tag{8}$$

따라서 OLS 추정량의 기대값은 모수와 일치하므로 OLS 추정량 $\hat{\beta}$은 편의가 없는 추정량이라는 것이 증명되었다. 여기서 OLS 추정량의 불편성은 표본크기와 상관없이 성립한다는 점을 미리 밝혀 둔다.[1)]

지금까지 살펴본 바와 같이, OLS 추정량이 불편성을 지니고 있다는 점을 증명하기 위해서는 설명변수 $\boldsymbol{X}$가 비확률변수라는 가정이 도입되어야 하였다. 그런데 현실적으로 설명변수 $\boldsymbol{X}$가 비확률변수라는 가정을 그대로 수용할 수 없는 경우가 발생한다. 이러한 경우 OLS 추정량은 가우스-마코프가정이 만족된다는 가정하에 성립하던 불편성이라는 좋은 속성을 향유하지 못하게 된다. 이는 설명변수 $\boldsymbol{X}$가 확률변수이면 확률변수인 오차항과 상관관계가 발생하기 때문에

$$E[(\boldsymbol{X}'\boldsymbol{X})^{-1}\boldsymbol{X}'\boldsymbol{\varepsilon}]=(\boldsymbol{X}'\boldsymbol{X})^{-1}\boldsymbol{X}'E[\boldsymbol{\varepsilon}]$$

이라는 등식이 더 이상 성립하지 않기 때문이다.

이렇게 $E[(\boldsymbol{X}'\boldsymbol{X})^{-1}\boldsymbol{X}'\boldsymbol{\varepsilon}]\neq(\boldsymbol{X}'\boldsymbol{X})^{-1}\boldsymbol{X}'E[\boldsymbol{\varepsilon}]$인 상황이 발생함에 따라 불편성을 유지하지 못할 때[2)] OLS 추정량은 어떤 속성을 지닐 것인가? 본장에

---

1) 불편성은 표본의 크기와 무관하게 성립하는 성질인 반면 이하에서 살펴볼 일치성(consistency)은 대표본에서 성립하는 성질이다. 즉, 일치성은 표본규모가 무한대로 증가하거나 시간이 아주 먼 미래로 흐르는 경우에 성립하는 극한적인(limit) 성질이다. 따라서 추정량이 일치성을 지니는지 여부는 표본규모나 현재와 미래 시간 간의 거리가 점차 증가하는 상황에 대한 분석을 요구하게 된다.

2) 경우에 따라 설명변수 $\boldsymbol{X}$를 조건부로 하게 되면 비록 $\boldsymbol{X}$가 확률변수라 할지라도 $\boldsymbol{X}$를 고정시키는 셈이 되어 불편성, 즉 $E[\beta_t|X_t]=\beta$가 성립하는 경우도 있다. 이를 위해서

서는 이와 관련된 논의에 대해 살펴볼 것이다. 이러한 논의에 앞서 과연 어떤 경우에 설명변수 $\boldsymbol{X}$가 오차항 $\boldsymbol{\varepsilon}$과 상관관계를 지니게 되는가에 대해 생각해 보자. 설명변수 $\boldsymbol{X}$와 오차항 $\boldsymbol{\varepsilon}$ 간에 상관관계가 발생하는 경우는 다양하다. 예컨대, 설명변수에 측정오차(measurement error)가 발생하거나, 연립방정식모형에 의하여 계열상관이 발생하거나, 시차종속변수가 설명변수로 사용되는 경우에 $\boldsymbol{X}$와 $\boldsymbol{\varepsilon}$ 간에 상관관계가 발생한다.[3)]

어찌되었든 간에 이처럼 오차항과 설명변수 간에 상관관계가 발생하는 경우에는 OLS 추정량은 일반적으로 편의를 지니게 되며, 이와 같은 편의는 표본의 크기 또는 관측치의 수가 아무리 증가하더라도 사라지지 않는다.[4)] 이렇게 표본의 크기와 상관없이 OLS 추정량이 편의를 지니는 경우에는 추정량의 불편성을 고려할 여지가 없다. 하지만 적절한 가정이 주어진다면 이 경우에도 표본의 크기가 무한히 커질 때 추정치가 모수값과 일치하게 되는 속성을 지닐 수 있다. 이와 같은 성질을 일치성(consistency)이라고 한다.[5)]

불편성과 일치성은 결과적으로 표본추정량이 모집단 모수와 일치하는 속성을 의미한다는 점에서 유사한 개념으로 보인다. 그렇다면 두 개념 간의 관계는 어떨까? 단순히 생각하면 표본이 증가함에 따라서 추정량과 모수가 일치하는 속성이 일치성이므로, 불편추정량이 그 자체로서 일치추정량이 될 것으로 생각하여 일치추정량을 불편추정량의 약한 형태로 오해하기 쉽다. 하지만 엄밀하게 말하면 불편성과 일치성은 서로 관계없는 속성이다. 즉, 불

는 $E[\varepsilon_t|X_t]=0$이라는 가정이 필요하다.

3) 앞의 두 경우보다는 마지막의 경우로 인하여 발생하는 상관관계가 중요하다고 할 수 있다. 왜냐하면, 이하에서 살펴볼 여러 개념이 시차종속변수(lagged dependent variable)가 설명변수로 등장하는 시계열자료의 분석과 연관되어 있기 때문이다.

4) 물론 불편성이 반드시 바람직스러운 성질인지에 대해서는 논란의 소지가 있다. 예컨대, 추정량의 분산을 생각할 수 있는데, 불편성은 보유하지만 추정량의 분산이 커서 추정치에 대한 신뢰도가 낮은 경우와 비록 편의는 발생하지만 추정량의 분산이 작아 추정치에 대한 신뢰도가 높은 경우가 있다면, 추정량이 반드시 불편성을 지녀야 한다고 주장할 필요는 없다. 이와 같은 두 가지 상충된 상황을 종합적으로 고려하는 개념이 있는데, 이를 평균평방오차(mean square error: MSE)라고 부르며 다음과 같이 정의된다.

$$\begin{aligned}\text{MSE}(\hat{\alpha})\equiv E[(\hat{\alpha}-\alpha)^2]&=\text{Var}(\hat{\alpha})+(E[\hat{\alpha}]-\alpha)^2\\&=\text{추정량의 분산}+(\text{편의})\text{의 제곱.}\end{aligned}$$

이와 같은 정의에 의하면 추정량의 분산값에 의하여 평균평방오차가 결정되므로, 불편추정량이 반드시 평균평방오차를 최소화한다고 말할 수 없음을 알 수 있다.

5) 일치성은 거의 확실한 수렴(almost sure convergence), 확률수렴(convergence in probability), r차 적률수렴(convergence in rth mean) 등의 개념을 이용하여 정의할 수 있다.

편추정량이지만 일치추정량이 아닐 수 있고, 일치추정량이지만 불편추정량이 아닌 경우가 존재한다.[6)]

10.1.2. 추정량의 일치성과 극한정리

본절에서는 추정량이 지녀야 하는 성질 중에서 불편성은 고려하지 않고 대표본에서 성립하는 추정량의 속성인 일치성과 관련하여 논의를 진행하고자 한다. 먼저 앞서 살펴본 바처럼 OLS 추정량은 $\hat{\beta}_T \equiv (\boldsymbol{X}'\boldsymbol{X})^{-1}\boldsymbol{X}'\boldsymbol{Y}$와 같이 행렬로 표현될 수 있는데,[7)] $\boldsymbol{X}$가 비확률변수가 아닌 확률변수인 경우에는 당연히 $(\boldsymbol{X}'\boldsymbol{X})^{-1}\boldsymbol{X}'$부분도 확률변수가 된다. 그런데 앞서 OLS 추정량이 불편성을 지님을 보일 수 있었던 것은 X가 비확률변수라는 가정에 따라 $\boldsymbol{X}$가 확률변수인 $\boldsymbol{\varepsilon}$과 상관되어 있지 않기 때문이다. 따라서 가우스-마코프가정이 충족되지 않아 $\boldsymbol{X}$가 확률변수로 취급된다면 더 이상 $E[(\boldsymbol{X}'\boldsymbol{X})^{-1}\boldsymbol{X}'\boldsymbol{\varepsilon}]=0$이 성립한다고 보장할 수 없게 된다. 이러한 상황에서, 결론부터 말하면 $\boldsymbol{X}$가 확률변수일 때 OLS 추정량이 일치성을 지니는지 여부는 주어진 변수들에 대해 어떤 가정이 도입되느냐에 따라서 결정된다. 예컨대, 설명변수 $\boldsymbol{X}$가 확률변수인 경우에 아래의 두 가지 가정을 부과하게 되면 OLS 추정량이 일치추정량임을 보일 수 있다. 즉, 식 (10) 및 (11)과 같은 두 조건이 만족된다고 가정하면 T가 무한히 증가할 때 OLS 추정량 $\hat{\beta}_T$에 대해 $\hat{\beta}_T \xrightarrow{a.s.} \beta$가 성립하여 $\hat{\beta}_T$은 일치추정량이 된다.

$$\boldsymbol{Y} = \boldsymbol{X}\boldsymbol{\beta} + \boldsymbol{\varepsilon}, \tag{9}$$

---

6) 예를 들면, 하나의 불편추정량이 있을 때(예컨대, 표본평균), 이 불편추정량에 표본규모가 증가함에 따라서 0에 수렴하는 항을 추가하게 되면 추가된 항으로 인해 새로운 추정량은 불편추정량이 되지 않는다. 하지만 추가된 항이 표본이 증가함에 따라서 0에 수렴하므로 추정량은 점근적으로 모수값과 일치하게 된다. 따라서 새로운 추정량은 불편추정량은 아니지만 일치추정량이 된다.

한편, 다음과 같이 역으로 불편추정량이지만 일치추정량이 되지 않는 경우가 존재한다. 확률변수열 $\{X_t\}$가 평균이 0이고 분산이 1인 독립·동질적 (정규)분포를 따른다고 하자. 그러면 확률변수열 $\{X_t\}$의 원소인 각 확률변수 $X_t(t=1,\ 2,\ \cdots\cdots)$는 모두 표본평균 0에 대한 불편추정량이라는 것을 알 수 있다. 반면 분산이 0이 아니므로 특정 시점에서의 X_t가 0의 값을 가지게 될 확률은 1이 되지 않으며, 이러한 사실은 표본규모가 증가하더라도 변함이 없다. 따라서 확률변수 $X_t(t=1,\ 2,\ \cdots\cdots)$ 자체는 일치추정량이 아니다.

7) 여기서 하첨자 T를 붙인 것은 표본의 크기, 즉 관측치의 개수가 T개임을 명시적으로 나타내기 위함이다.

$$\frac{X'\boldsymbol{\varepsilon}}{T} \xrightarrow{a.s.} 0, \tag{10}$$

$$\frac{X'X}{T} \xrightarrow{a.s.} Q. \tag{11}$$

여기서 Q는 유한한 값을 지니는 행렬로서 양정부호(positive definite)라고 가정된다.[8)]

이제 식 (9)에 주어진 모형에 대해 식 (10) 및 (11)의 가정하에서 OLS 추정량이 일치추정량임을 증명해 보도록 하자. 먼저 앞서와 마찬가지로

$$\hat{\beta}_T = (X'X)^{-1}X'X\beta + (X'X)^{-1}X\boldsymbol{\varepsilon} \tag{12}$$

과 같이 나타낼 수 있다. 그런데 표본의 크기 T가 무한히 커지는 경우 관측치로 구성된 $X'X$ 행렬이 비특이행렬이 될지 여부는 알 수 없지만, 가정 (11)에서는 $\frac{X'X}{T} \xrightarrow{p} Q$(여기서 Q는 양정부호이므로 비특이행렬)가 성립한다고 가정하고 있다. 즉, 가정 (11)은 $X'X$ 행렬을 표본의 크기 T로 나누어 준 행렬이 T가 무한히 커질 때 비특이행렬인 Q에 거의 확실하게 수렴한다는 조건을 만족하도록 도입된 가정이다. 그리고 이에 따라 적절한 조건이 만족되면 $\frac{X'X}{T}$의 행렬식도 Q의 행렬식 $|Q|$에 거의 확실하게 수렴하게 된다. 즉, $\left|\frac{X'X}{T}\right| \xrightarrow{a.s.} |Q|$가 성립한다.[9)] 그리고 가정 (11)에 의해 $|Q|>0$이므로 $\left|\frac{X'X}{T}\right|>0$도 성립한다. 그러므로 주어진 가정에 의해 충분히 큰 수 T에 대해 $\frac{X'X}{T}$의 역행렬 $\left(\frac{X'X}{T}\right)^{-1}$인 Q^{-1}이 존재하게 된다. 결과적으로 $\left(\frac{X'X}{T}\right)^{-1}$이 Q^{-1}에 거의 확실하게 수렴하게 된다. 따라서 다음이 성립한다.

---

8) 1계 필요조건 $\frac{\partial\boldsymbol{\varepsilon}'\boldsymbol{\varepsilon}}{\partial\beta} = X'(Y-X\beta)=0$을 β에 대해 한 번 더 미분해 주면 $\frac{\partial^2\boldsymbol{\varepsilon}'\boldsymbol{\varepsilon}}{\partial\beta^2} = X'X$를 얻는다. 목적함수의 최소화 조건은 2계 조건을 나타내는 행렬 $X'X$가 양정부호일 것을 요구하므로 $\left|\frac{\partial^2\boldsymbol{\varepsilon}'\boldsymbol{\varepsilon}}{\partial\beta^2}\right|>0$이라는 조건이 충분조건으로서 만족되어야 한다.

그런데 행렬 $X'X$가 반드시 양정부호라고는 할 수 없다. 왜냐하면, 변수 X에 대해 특별한 언급이 없는 것과 마찬가지로 행렬 $X'X$에 대해서도 양정부호라 할 수 있는 근거가 없기 때문이다. 결과적으로 OLS 추정량은 1계 필요조건으로부터 도출되는 것이지만 그 자체로서 오차제곱합을 최소화하는 충분조건까지도 만족한다고 볼 수 없게 된다. 따라서 행렬 $X'X$가 양정부호라는 가정이 필요하다.

9) 제10장에서 확률변수열 $\{X_t\}$가 X에 거의 확실하게 수렴할 때 주어진 함수 $h(\cdot)$가 연속함수이면, $h(X_t) \xrightarrow{p} h(X)$가 성립한다는 점을 언급하였는데, 역행렬은 원래 행렬의 각 원소들을 가감승제하여 나타낸 행렬이므로 각 원소는 확률변수 X_t의 연속함수로 표현된다. 행렬식의 경우도 마찬가지 논리가 성립한다. 따라서 식 (11)이 성립한다.

$$\begin{aligned}\hat{\beta}_T &= \left(\frac{X'X}{T}\right)^{-1}\left(\frac{X'X}{T}\right)\beta + \left(\frac{X'X}{T}\right)^{-1}\left(\frac{X'\varepsilon}{T}\right) \\ &= Q^{-1}Q\beta + Q^{-1}\left(\frac{X'\varepsilon}{T}\right) \\ &= \beta + Q^{-1}\left(\frac{X'\varepsilon}{T}\right). \end{aligned} \tag{13}$$

그리고 가정 (10)에 의해 $\left(\frac{X'\varepsilon}{T}\right) \xrightarrow{a.s.} 0$이므로 $Q^{-1}\left(\frac{X'\varepsilon}{T}\right) \xrightarrow{a.s.} Q^{-1}\cdot 0 = 0$이 성립하게 되어 $\hat{\beta}_T \xrightarrow{a.s.} \beta$가 성립한다.

OLS 추정량의 일치성을 보이는 과정에서 가정 (10)과 (11)에 '거의 확실한($a.s.$) 수렴'이라는 수렴양태를 이용하였다. 하지만 수렴양태로서 굳이 확실한 수렴을 고집할 이유는 없다. 앞에서는 설명변수가 확률변수이어서 더 이상 고전적인 가우스-마코프가정이 만족되지 않는 상황이 발생하였지만, 적절한 가정(식 (10) 및 (11) 등)을 설정함으로써 OLS 추정량이 일치추정량임을 보일 수 있었다. 여기에서 핵심적인 사항은 추정량이 일치성을 지니기 위해서는 설명변수인 시계열이 '식 (10) 및 (11)을 어떤 형태로든지 간에 만족하고 있다'고 가정하였다는 점이다. 그런데 설명변수로 사용된 확률과정 또는 시계열 X의 속성에 따라서 식 (10) 및 (11)에서 제시한 조건이 만족될지 여부가 달라진다. 즉, 제8장에서 시계열의 결합분포함수가 지니는 독립성과 동질성 여부에 따라서 시계열이 여러 가지 유형으로 분류될 수 있음을 살펴보았는데, 이처럼 시계열의 속성이 달라지는 경우에는 각 시계열에 대해 식 (10) 및 (11)에서 나타내고 있는 수렴양태가 성립하기 위해 필요한 조건도 바뀌게 된다. 즉, 독립·동질적인 시계열에 어떤 별도의 조건을 부과하여 식 (10) 및 (11)의 조건이 만족되도록 하였다고 해서 독립·동질적이지 않은 시계열에도 동일한 조건을 부과할 수는 없다. 이런 경우에는 필요한 조건이 변경되거나 추가적인 가정이 요구된다. 본장에서는 시계열 **결합분포함수가 지니는 X**의 확률적 속성이 달라질 때 추정량이 일치성을 지닐 수 있도록 해 주기 위해서는 어떤 가정들이 요구되는지에 대하여 살펴볼 것이다. 이에 더하여 추정량이 정규분포를 따르게 해 주는 조건에 대해서도 살펴볼 예정이다.

추정량의 일치성(또는 정규분포성)을 증명하는 과정에서 사용되는 극한정리는 바로 큰 수의 법칙과 중심극한정리이다. 예컨대, 바로 위에서 간략히 살펴본 바와 같이 OLS 추정량의 일치성을 증명하는 과정에서 사용되었던 두 가정, 즉 $\frac{\boldsymbol{X}'\boldsymbol{\varepsilon}}{T}\xrightarrow{a.s.}0$, $\frac{\boldsymbol{X}'\boldsymbol{X}}{T}\xrightarrow{a.s.}Q$가 바로 큰 수의 법칙을 적용한 사례이다. 이에 대해 살펴보기에 앞서 큰 수의 법칙에 대해 간략하게 설명하자. 먼저 수렴양태가 확률수렴인 경우에 대해 성립하는 큰 수의 법칙은 다음과 같다.[10)]

---

10) 증명은 다음과 같다. 먼저 $E[X_t^2]<\infty$라고 가정하자. 그리고 $P(|\bar{X}-\mu|<\varepsilon)=1-P(|\bar{X}-\mu|\geq\varepsilon)$이 성립하므로 $P(|\bar{X}-\mu|\geq\varepsilon)$을 계산해 보자. 잘 알려진 체비세프의 부등식을 적용하면,

$$
\begin{aligned}
P(|\bar{X}-\mu|\geq\varepsilon)=P((\bar{X}-\mu)^2\geq\varepsilon^2)\leq\frac{E[(\bar{X}-\mu)^2]}{\varepsilon^2}\\
&=\frac{E[(\bar{X})^2-2\mu\bar{X}+\mu^2]}{\varepsilon^2}=\frac{E\left[\left(\frac{\sum_t^T X_t}{T}\right)^2-2\mu\left(\frac{\sum_t^T X_t}{T}\right)+\mu^2\right]}{\varepsilon^2}\\
&=\frac{E\left[\left(\sum_t^T X_t\right)^2-2\mu T\left(\sum_t^T X_t\right)+T^2\mu^2\right]}{T^2\varepsilon^2}\\
&=\frac{E\left[\left(\sum_t^T X_t^2+\sum_{t\neq t'}X_tX_{t'}\right)-2\mu T\left(\sum_t^T X_t\right)+T^2\mu^2\right]}{T^2\varepsilon^2}\\
&=\frac{\left(\sum_t^T E[X_t^2]+\sum_{t\neq t'}E[X_tX_{t'}]\right)-2\mu T\left(\sum_t^T E[X_t]\right)+T^2\mu^2}{T^2\varepsilon^2}\\
&=\frac{\left(\sum_t^T E[X_t^2]+\sum_{t\neq t'}E[X_t]E[X_{t'}]\right)-2\mu T\left(\sum_t^T E[X_t]\right)+T^2\mu^2}{T^2\varepsilon^2}\\
&=\frac{\left(TE[X_t^2]+\sum_{t\neq t'}\mu^2\right)-2\mu T\left(\sum_t^T\mu\right)+T^2\mu^2}{T^2\varepsilon^2}\\
&=\frac{(TE[X_t^2]+(T^2-T)\mu^2)-2T^2\mu^2+T^2\mu^2}{T^2\varepsilon^2}\\
&=\frac{TE[X_t^2]-T\mu^2}{T^2\varepsilon^2}=\frac{E[X_t^2]-\mu^2}{T\varepsilon^2}.
\end{aligned}
$$

따라서 $P(|\bar{X}-\mu|\geq\varepsilon)\leq\frac{E[X_t^2]-\mu^2}{T\varepsilon^2}$로서 T의 함수이다. 그러므로 T에 대해 극한을 취하면 $\lim_{T\to\infty}P(|\bar{X}-\mu|\geq\varepsilon)\leq\lim_{T\to\infty}\left(\frac{E[X_t^2]-\mu^2}{T\varepsilon^2}\right)$. 이 때 가정에 의해 $E[X_t^2]<\infty$와 $\mu<\infty$이므로 T가 무한히 커질 때 $\lim_{T\to\infty}\left(\frac{E[X_t^2]}{T}\right)=0$, $\lim_{T\to\infty}\left(\frac{\mu^2}{T}\right)=0$이 성립한다. 결과적으로 $P(|\bar{X}-\mu|\geq\varepsilon)\leq0$이 성립하는데 확률은 0보다 작을 수 없으므로 $P(|\bar{X}-\mu|\geq\varepsilon)=0$. 따라서 $P(|\bar{X}-\mu|<\varepsilon)=1-P(|\bar{X}-\mu|\geq\varepsilon)=1-0=1$이 성립하여 $\bar{X}\xrightarrow{p}\mu$이다. □

정리 1

큰 수의 법칙: 수렴양태가 확률수렴인 경우

확률변수열 $\{X_t\}$가 독립·동질분포를 따르고 평균이 존재하여 $E[X_t]=\mu<\infty$라 하자. 그러면 표본평균 $\bar{X}=\frac{\sum_{t=1}^{T}X_t}{T}$은 모집단 평균 μ에 확률수렴한다. 즉,

$$\bar{X}\xrightarrow{p}\mu \text{ 또는 } \lim_{T\to\infty}P(|\bar{X}-\mu|<\varepsilon)=1.$$

[정리 1]은 큰 수의 법칙이 적용되는 확률변수열 $\{X_t\}$를 구성하고 있는 확률변수 X_t에 대해 어떠한 제약도 부여하지 않고 있어, 임의의 확률변수 X_t에 대해 적용가능하다. 예컨대, $X_t=z_t^2$이나 $X_t=\ln(z_t)$ 등과 같이 어떤 확률변수 z_t를 변환해 새로운 확률변수 X_t를 만든 경우, 큰 수의 법칙은 새로운 확률변수 X_t로 구성된 확률변수열 $\{X_t\}$에 대해서도 여전히 성립한다. 따라서 $X_t=z_t^2$나 $X_t=\ln(z_t)$ 등과 같이 확률변수를 변환해 줌으로써 도출된 새로운 확률변수에 큰 수의 법칙을 적용하면

$$\frac{\sum_{t=1}^{T}z_t^2}{T}=\frac{\sum_{t=1}^{T}X_t}{T}\xrightarrow{p}\mu_{z^2}=E[z_t^2], \tag{14}$$

$$\frac{\sum_{t=1}^{T}\ln(z_t)}{T}=\frac{\sum_{t=1}^{T}X_t}{T}\xrightarrow{p}\mu_{\ln z}=E[\ln(z_t)] \tag{15}$$

등이 성립한다. 이러한 점 외에도 제9장에서 살펴본 정리들에서 볼 수 있듯이, 확률변수열 $\{X_t\}$가 X에 확률수렴할 때 연속함수 $h(\cdot)$에 대해 $h(X_t)\xrightarrow{p}h(X)$가 성립한다.[11] 이 밖에도 젠센의 부등식, 코시-슈바르츠의 부등식 등도 일치성이나 극한분포를 도출하는 데 활용된다. 표본분산의 일치성을 증명하는 과정을 통해 이러한 점에 대해 살펴보도록 하자.

11) 즉, 확률변수열 $\{\bar{X}_t\}$에 대해 $\bar{X}_t\xrightarrow{p}\mu$이면 $(\bar{X}_t)^2\xrightarrow{p}\mu^2$, $\ln(\bar{X}_t)\xrightarrow{p}\ln(\mu)$, $\sqrt{\bar{X}_t}\xrightarrow{p}\sqrt{\mu}$ 등이 성립한다.

예 1 X_1, X_2, ……, X_T를 평균이 $E[X_t]=\mu<\infty$, $\mathrm{Var}(X_t)=\sigma^2$이고 독립·동질분포를 따르는 확률변수들이라고 하자. 그리고 표본분산 s_T^2를 다음과 같이 정의하자.

$$s_T^2=\frac{\sum_{t=1}^{T}(X_t-\bar{X})^2}{T-1}. \tag{16}$$

$$\text{여기서, } \bar{X}\equiv\frac{\sum_{t=1}^{T}X_t}{T}$$

이제 $s_T^2=\dfrac{\sum_{t=1}^{T}(X_t-\bar{X})^2}{T-1}\xrightarrow{p}\sigma^2$ 또는 $\lim_{T\to\infty}P(|s_T^2-\sigma^2|<\varepsilon)=1$임을 증명하자. 먼저

$$\begin{aligned}
s_T^2&=\frac{\sum_{t=1}^{T}(X_t^2-2\bar{X}X_t+(\bar{X})^2)}{T-1}\\
&=\frac{\sum_{t=1}^{T}X_t^2-2\bar{X}\cdot\sum_{t=1}^{T}X_t+\sum_{t=1}^{T}(\bar{X})^2}{T-1}\\
&=\frac{\sum_{t=1}^{T}X_t^2}{T-1}+\frac{-2\bar{X}\cdot T\bar{X}+T(\bar{X})^2}{T-1}\\
&=\frac{\sum_{t=1}^{T}X_t^2}{T-1}+\frac{-2T(\bar{X})^2+T(\bar{X})^2}{T-1}\\
&=\frac{\sum_{t=1}^{T}X_t^2}{T-1}-\frac{T(\bar{X})^2}{T-1}\\
&=\frac{T\left(\frac{\sum_{t=1}^{T}X_t^2}{T}\right)}{T-1}-\frac{T\left(\frac{\sum_{t=1}^{T}X_t}{T}\right)^2}{T-1}\\
&=\frac{T}{T-1}\left(\left[\frac{\sum_{t=1}^{T}X_t^2}{T}\right]-\left[\frac{\sum_{t=1}^{T}X_t}{T}\right]^2\right).
\end{aligned}$$

그런데 큰 수의 법칙에 의해 $\bar{X}\equiv\frac{\sum_{t=1}^{T}X_t}{T}\xrightarrow{p}\mu=E[X_t]$와 $\overline{X^2}\equiv\frac{\sum_{t=1}^{T}X_t^2}{T}$ $\xrightarrow{p}E[X_t^2]$, $\left[\frac{\sum_{t=1}^{T}X_t}{T}\right]^2\xrightarrow{p}(E[X_t])^2$ 등이 성립한다. 한편, $\lim_{T\to\infty}\frac{T}{T-1}=1$ 이 성립한다. 따라서 $s_T^2\xrightarrow{p}E[X_t^2]-E([X_t])^2=\text{Var}(X_t)=\sigma^2$이므로

$$s_T^2\xrightarrow{p}\sigma^2.$$

이와 같은 성질을 이용하여 확률변수들의 곱을 나타내는 행렬 $\boldsymbol{X}'\boldsymbol{\varepsilon}$이나 확률변수의 제곱인 행렬 $\boldsymbol{X}'\boldsymbol{X}$ 등에 큰 수의 법칙을 적용할 수 있다. 마찬가지로 역행렬은 원래 행렬의 각 원소들을 가감승제하여 나타낸 행렬이므로, 역행렬의 각 원소도 역시 확률변수 X_t의 연속함수로 표현된다. 따라서 OLS 추정량 $\hat{\beta}\equiv(\boldsymbol{X}'\boldsymbol{X})^{-1}\boldsymbol{X}'\boldsymbol{Y}$의 일치성을 증명하기 위해 도입한 조건, 즉 식 (10) $\frac{\boldsymbol{X}'\boldsymbol{\varepsilon}}{T}\xrightarrow{p}0$과 식 (11) $\frac{\boldsymbol{X}'\boldsymbol{X}}{T}\xrightarrow{p}Q$ 등은 큰 수의 법칙을 적용한 사례임을 이해할 수 있다.

10.1.3. 추정량의 극한분포와 극한정리

본 소절에서는 추정량의 극한분포와 극한정리에 대해 살펴보고자 한다. 추정치에 대해 통계적 추론 및 검정을 실시하기 위해서는 추정량의 분포를 알아야만 한다. 앞 절에서 고전적인 선형회귀모형의 OLS 추정량의 기대값이 $E[\hat{\beta}]=\beta$임을 보았다. 이를 이용하여 추정량의 분산 $\text{Var}(\hat{\beta})$을 계산하면 다음과 같다.

$$\begin{aligned}\text{Var}(\hat{\beta})&=E[(\hat{\beta}-E[\hat{\beta}])^2]=E[(\hat{\beta}-\beta)^2]\\&=E[((\boldsymbol{X}'\boldsymbol{X})^{-1}\boldsymbol{X}'\varepsilon)^2]=E[(\boldsymbol{X}'\boldsymbol{X})^{-1}\boldsymbol{X}'\varepsilon\varepsilon'X(\boldsymbol{X}'\boldsymbol{X})^{-1}]\\&=(\boldsymbol{X}'\boldsymbol{X})^{-1}E[\boldsymbol{\varepsilon}\boldsymbol{\varepsilon}']\\&=(\boldsymbol{X}'\boldsymbol{X})^{-1}\sigma_\varepsilon^2.\end{aligned}\tag{17}$$

OLS 추정량 $\hat{\beta}$은 결과적으로 $(\boldsymbol{X}'\boldsymbol{X})^{-1}\boldsymbol{X}'\boldsymbol{\varepsilon}$을 통해 표현될 수 있어 오차항, 즉 정규분포를 따르는 확률변수 $\boldsymbol{\varepsilon}$의 선형함수형태로 나타난다. 그런데 정규분포 변수의 선형변환 역시 정규분포를 따르므로, 결과적으로 $\hat{\beta}$은 정규분포를 따르게 된다. 이상의 내용을 종합해 보면 다음과 같다.

$$\hat{\beta} \sim N(\beta,\ \sigma_\varepsilon^2(\boldsymbol{X}'\boldsymbol{X})^{-1}). \tag{18}$$

고전적인 OLS 추정량이 지니고 있는 정규분포 성질이 표본크기, 즉 관측치의 수와 무관하게 성립한다는 점은 불편성의 경우와 마찬가지다. 이와 같은 내용은 가우스-마코프가정, 즉 설명변수가 확률변수가 아니라는 가정에 의해 성립한다. 그런데 앞절에서 간략하게 살펴보았듯이, 설명변수가 확률변수인 경우에는 '정규분포를 따르는 변수의 선형변환도 역시 정규분포를 따른다'는 편리한 성질을 더 이상 적용할 수 없게 된다. 그렇지만 관측치의 수가 증가함에 따라서 일치성이 성립하였던 것과 마찬가지로 이러한 상황에서도 표본통계량의 분포 역시 관측치의 수가 증가하게 되면 점근적으로 어떤 잘 알려진 분포에 수렴한다는 것을 보일 수 있다. 중심극한정리는 바로 이 과정에서 활용되는 점근이론이며, 동 정리에 적용되는 수렴양태는 분포수렴(convergence in distribution)이다.

이제 이하에서는 극한이론을 이용하여 OLS 추정량의 분포를 도출하여 보도록 하자. 먼저 OLS 추정량은 식 (19)와 같다.

$$\hat{\beta} = \beta + (\boldsymbol{X}'\boldsymbol{X})^{-1}\boldsymbol{X}'\boldsymbol{\varepsilon}. \tag{19}$$

따라서 $(\hat{\beta}-\beta) = (\boldsymbol{X}'\boldsymbol{X})^{-1}\boldsymbol{X}'\varepsilon$이다. 이로부터 적절한 가정하에 $(\hat{\beta}-\beta)$가 0에 분포수렴한다는 것을 알 수 있다. 즉, OLS 추정량이 일치추정량이므로 $\hat{\beta}$은 β에 거의 확실하게 수렴하여 $\hat{\beta} \xrightarrow{a.s.} \beta$가 성립하고, 따라서 $(\hat{\beta}-\beta) \xrightarrow{a.s.} 0$이 성립한다. 그런데 제9장에서 간략히 언급하였듯이 주어진 확률변수열이 거의 확실하게 수렴하면 확률수렴하고, 또 확률수렴이 성립하면 분포수렴이 성립하므로 $(\hat{\beta}-\beta) \xrightarrow{d} 0$이다. 하지만 이러한 성질은 OLS 추정량의 분포에 대해 중요한 정보를 제공하지 못한다. 왜냐하면, $(\hat{\beta}-\beta)$ 자체는 상수인 0에 수렴하는 퇴화분포를 따르기 때문이다. 하지만 비록 $(\hat{\beta}-\beta)$는 퇴화분포(degenerate distribution)를 따르지만 $(\hat{\beta}-\beta)$를 적절하게 표준화해 주면 표준화된 어떤 값은 표준정규분포를 따르게 된다는 사실이 알려져 있다. 중심극한정리는 이러한 사실을 나타내는 정리이다.

OLS 추정량의 극한분포를 본격적으로 도출하기 전에 중심극한정리에 대해 간단히 살펴보자.

• 정리 2 •

중심극한정리

확률변수열 $\{X_t\}$가 독립·동질분포를 따르고, $\{X_t\}$의 평균과 분산이 존재하여 $E[X_t]=\mu<\infty$, $\text{Var}(X_t)=\sigma^2<\infty$라 하자. 그러면

$$\frac{(\bar{X}_T-\mu)}{\frac{\sigma}{\sqrt{T}}}=\frac{\sqrt{T}\,(\bar{X}_T-\mu)}{\sigma}\overset{A}{\sim}N(0,\ 1).$$

여기서, $\bar{X}_T=\frac{\sum_{t=1}^{T}X_t}{T}$

[정리 2]가 나타내는 바는 확률변수 각각의 분포가 정확히 무엇인지 알려져 있지 않았다고 하더라도 확률변수들의 합으로 정의된 확률변수 $\bar{X}_T$의 (극한)분포는 표본크기가 증가함에 따라서 정규분포에 수렴하게 됨을 나타낸다. 즉, 확률변수들의 합의 분포는 한없이 정규분포에 접근해 간다.

이제 이러한 중심극한정리가 추정량의 극한분포를 도출하는 데 어떠한 역할을 하게 되는가에 대해 살펴보도록 하겠는데, 먼저 중심극한정리를 적용하기 위해서 필요한 사항이 무엇인지 살펴보자. 중심극한정리를 적용하기 위해서는 무엇보다도 OLS 추정량의 기대값과 분산을 알아야 한다. 따라서 $\text{Var}(\beta)$가 존재한다고 가정하여야 한다. 이와 같은 가정은 OLS 추정량의 일치성을 보이는 과정에서는 도입되지 않았다. 이는 1차 적률인 기대값으로의 일치성을 보이는 과정에서는 2차 적률에 대한 가정이 필요 없었기 때문이다. 하지만 지금의 경우에는 표본값들의 2차 적률이 2차 적률에 대한 일치성을 지니고 있다는 가정이 필요하다. 이와 같은 가정이 만족되는 경우, OLS 추정량 $\hat{\beta}$에 중심극한정리를 적용하면

$$\text{Var}(\beta)^{-\frac{1}{2}}\sqrt{T}\,(\hat{\beta}_T-\beta)\overset{A}{\sim}N(0,\ 1) \tag{20}$$

이 성립하게 된다.[12)]

12) $\text{Var}(\beta)^{-1}$과 같이 표현한 것은 $\text{Var}(\beta)$가 상수가 아니라 행렬이어서 나누기 형태로 표현할 수 없으므로 역행렬 $\text{Var}(\beta)^{-1}$을 곱해 준 형태로 대체한 것이다.

이에 대해 좀더 자세히 논의하기 위해 확률변수열과 관련된 분산행렬의 몇 가지 정의와 정리에 대해 살펴보도록 하자.

• 소정리 1 •

(i) V를 대칭이면서 양정(양반정)부호행렬이라 하자. 그러면 $V^{\frac{1}{2}}V^{\frac{1}{2}}=V$가 성립하면서 역행렬 $V^{-\frac{1}{2}}$의 각 원소가 V의 원소의 연속함수로 나타나는 대칭이면서 양정(양반정)부호인 자승근행렬 $V^{\frac{1}{2}}$이 존재한다.

(ii) 만약 X가 정규분포 $X \sim N(0,\ V_X)$를 따르고, V_X가 양정부호이면 $V_X^{-\frac{1}{2}}X \sim N(0,\ I)$가 성립한다. 이때 $V_X^{-\frac{1}{2}}=\left(V_X^{\frac{1}{2}}\right)^{-1}$이다.

[소정리 1]의 (i)에 따르면 (ii)에서와 같은 확률벡터 X의 분산행렬 V_X는 대칭행렬이면서 양정부호를 지니고 있으므로 $V_X^{\frac{1}{2}}V_X^{\frac{1}{2}}=V_X$가 성립하면서 $V_X^{-\frac{1}{2}}$의 각 원소가 V_X의 원소의 연속함수로 나타나는 자승근행렬 $V_X^{-\frac{1}{2}}$이 존재한다. [소정리 1]의 (ii)는 이러한 정규분포를 따르는 확률벡터 X에 동 확률벡터의 분산행렬에 대한 자승근행렬의 역행렬 $V_X^{-\frac{1}{2}}$을 곱해 주어 표준화하였을 때, 표준화된 확률벡터 $V_X^{-\frac{1}{2}}X$는 표준정규분포를 따르게 된다는 것을 나타낸다. 이러한 개념을 이용하여 다음과 같이 확률벡터에 대한 점근적 분산행렬을 정의할 수 있다.

정의 1 점근적 분산

$\{X_t\}$를 임의의 확률벡터의 수열이라고 하자. X_t의 점근적 공분산행렬 V_t는 다음을 만족하는 행렬이다.

충분하게 큰 모든 t에 대해 대칭행렬이면서 양정부호인 행렬 V_t가 존재하여 $V_t^{-\frac{1}{2}}X_t \overset{A}{\sim} N(0,\ I)$가 성립한다.

X_t의 점근적 분산행렬은 $avarX_t$로 표기한다. 여기서 한 가지 유의할 점은 이렇게 정의된 점근적 분산은 반드시 유한한 값을 지닐 필요가 없으며 유한하지 않더라도 존재할 수 있다는 것이다.

• 소정리 2 •

$\{X_t\}$를 임의의 $(k\times 1)$차원 확률벡터의 수열, X_t의 점근적 분산 V_t의 수열 $\{V_t\}$와 $\{V_t^{-1}\}$을 각각 $O(1)$이라고 하자. 그리고 $\{c_t\}$를 충분히 큰 t에 대해 완전 열계수(column rank) q를 갖는 $(k\times q)$차원의 비확률변수행렬의 수열이고 $O(1)$이라 하자. 그러면 $\{c_t'X_t\}$행렬의 수열에 대해

$$\Gamma_t^{-\frac{1}{2}}c_t'X_t \overset{A}{\sim} N(0,\ I_k).$$

여기서 $\Gamma_t \equiv c_t'V_tc_t$이고, $\{\Gamma_t\}$, $\{\Gamma_t^{-1}\}$는 각각 $O(1)$이며, I_k는 $(k\times k)$차원 단위행렬이다.

[소정리 2]는 확률변수들의 선형함수 모양으로 표현되는 확률변수행렬 $\{c_t'X_t\}$의 점근적 분산은 선형변환되기 전의 확률변수인 X_t의 점근적 분산과 비확률변수행렬 c_t의 2차 형식으로 나타난다는 것을 보여 주고 있다. 예컨대, 1변수의 경우 정규분포를 따르는 $x_t \sim N(\mu_x,\ \sigma_x^2)$인 확률변수 x에 상수 c를 곱해 준 $z_t = cx_t(c\neq 0)$는 정규분포를 따르며 구체적으로 $z_t \sim N(c\mu_x,\ c^2\sigma_x^2)$이다. 위의 정리는 이와 같은 사실을 일반화한 개념으로 이해할 수 있다.

이제 지금까지 살펴본 내용을 이용하여 설명변수가 확률변수인 경우에 OLS 추정량 $\hat{\beta}$의 극한분포를 도출하기 위해 중심극한정리가 어떻게 활용되는지 살펴보도록 하자. 먼저 식 (10) 및 (11)에 추가적으로 식 (21) 및 (22) 그리고 [가정 A]가 성립한다고 하자.

$$V_T^{-\frac{1}{2}}\frac{\boldsymbol{X}'\boldsymbol{\varepsilon}}{\sqrt{T}} = V^{-\frac{1}{2}}\frac{\boldsymbol{X}'\boldsymbol{\varepsilon}}{\sqrt{T}} \overset{A}{\sim} N(0,\ I). \tag{21}$$

여기서 $V_T \equiv \text{Var}\left(\frac{\boldsymbol{X}'\boldsymbol{\varepsilon}}{\sqrt{T}}\right) = V$는 $O(1)$이고 (모든 T에 대해 균일하게) 양정부호이다. 이 때 $V_T = V$인 것은 독립·동질분포를 가정하였기 때문이다.

$$\left(\frac{\boldsymbol{X}'\boldsymbol{X}}{T} - Q\right) \xrightarrow{p} 0. \tag{22}$$

여기서 $Q \equiv E[\boldsymbol{X}'\boldsymbol{X}]$로서 $O(1)$이고 (모든 T에 대해 균일하게) 양정부호이다.

[가정 A] 대칭행렬이면서 양반정부호를 지니는 행렬 $\hat{V}_T$이 존재하여 $\hat{V}_T - V \xrightarrow{p} 0$을 만족한다.

OLS 추정량의 일치성을 증명하는 과정에서는 식 (11)이 사용된 반면, 중심극한정리를 증명하는 과정에서는 식 (22)가 사용되었음을 볼 수 있다. 그런데 위의 두 조건은 본질적으로 동일한 조건이다. 하지만 식 (22)에서는 $O(1)$이라는 조건이 추가되었다는 차이가 있는데, 이는 점근분포를 도출하는 과정에서 이 조건이 필요하기 때문이다. 어쨌든 조건 (21) 및 (22)가 만족된다는 가정하에 $G^{-\frac{1}{2}}\sqrt{T}(\hat{\beta} - \beta) \overset{A}{\sim} N(0, I)$ 또는 $G^{-\frac{1}{2}}\sqrt{T}(\hat{\beta} - \beta) \xrightarrow{d} Z$($Z$는 다변량 표준정규분포를 따르는 확률벡터)가 성립한다. 즉, $\hat{\beta}$에 대한 중심극한정리가 성립하여 OLS 추정량의 극한분포는 정규분포를 따른다. 여기서 $G_T \equiv Q_T^{-1} V_T Q_T^{-1} = Q^{-1} V Q^{-1} = G$로 정의된다.

이하에서는 $G^{-\frac{1}{2}}\sqrt{T}(\hat{\beta} - \beta) \overset{A}{\sim} N(0, I)$라는 결과가 어떻게 도출되는지 구체적으로 살펴보자. 앞서 살펴본 바와 같이 행렬 Q가 존재하고 $\left[\frac{\boldsymbol{X}'\boldsymbol{X}}{T}\right]$가 Q에 대한 일치추정량이므로, 그 역행렬인 Q^{-1}도 존재하고 $\left[\frac{\boldsymbol{X}'\boldsymbol{X}}{T}\right]^{-1}$이 Q^{-1}에 대한 일치추정량이 된다는 것을 알 수 있다. 이제 OLS 추정량에 대한 식 (5)로부터

$$\begin{aligned}
\sqrt{T}(\hat{\beta} - \beta) &= (\boldsymbol{X}'\boldsymbol{X})^{-1}\sqrt{T}(\boldsymbol{X}'\boldsymbol{\varepsilon}) \\
&= \left(\frac{\boldsymbol{X}'\boldsymbol{X}}{T}\right)^{-1} T^{-1}\sqrt{T}(\boldsymbol{X}'\boldsymbol{\varepsilon}) \\
&= \left(\frac{\boldsymbol{X}'\boldsymbol{X}}{T}\right)^{-1}\left(\frac{\boldsymbol{X}'\boldsymbol{\varepsilon}}{\sqrt{T}}\right).
\end{aligned} \tag{23}$$

식 (23)의 양변에 $Q^{-1}\left(\frac{\boldsymbol{X}'\boldsymbol{\varepsilon}}{\sqrt{T}}\right)$을 빼 주고 정리하면,

$$\sqrt{T}(\hat{\beta}-\beta)-Q^{-1}\left(\frac{X'\boldsymbol{\varepsilon}}{\sqrt{T}}\right)=\left(\frac{X'X}{T}\right)^{-1}\left(\frac{X'\boldsymbol{\varepsilon}}{\sqrt{T}}\right)-Q^{-1}\left(\frac{X'\boldsymbol{\varepsilon}}{\sqrt{T}}\right)$$
$$=\left[\left(\frac{X'X}{T}\right)^{-1}-Q^{-1}\right]\left(\frac{X'\boldsymbol{\varepsilon}}{\sqrt{T}}\right). \tag{24}$$

이 때 [가정 A]에 따라 $V\equiv\mathrm{Var}\left(\frac{X'\boldsymbol{\varepsilon}}{\sqrt{T}}\right)$이 존재하게 되는데 V는 대칭이면서 양정부호이다. 따라서 [소정리 1]을 적용하면 $V^{\frac{1}{2}}$와 $V^{-\frac{1}{2}}$이 존재함을 알 수 있다. 따라서

$$\sqrt{T}(\hat{\beta}-\beta)-Q^{-1}\left(\frac{X'\boldsymbol{\varepsilon}}{\sqrt{T}}\right)=\left[\left(\frac{X'X}{T}\right)^{-1}-Q^{-1}\right]V^{\frac{1}{2}}V^{-\frac{1}{2}}\left(\frac{X'\boldsymbol{\varepsilon}}{\sqrt{T}}\right)$$
$$=\left(\left[\left(\frac{X'X}{T}\right)^{-1}-Q^{-1}\right]V^{\frac{1}{2}}\right)\left(V^{-\frac{1}{2}}\left(\frac{X'\boldsymbol{\varepsilon}}{\sqrt{T}}\right)\right). \tag{25}$$

한편, 식 (25)에서 $\left[\left(\frac{X'X}{T}\right)^{-1}-Q^{-1}\right]\xrightarrow{p}0$이므로 $\left[\left(\frac{X'X}{T}\right)^{-1}-Q^{-1}\right]=o_p(1)$이고 $V^{\frac{1}{2}}$는 $O(1)$이다. 따라서 제9장 제4절에 의해 $o_p(1)\cdot O(1)=o_p(1)$이므로, $\left[\left(\frac{X'X}{T}\right)^{-1}-Q^{-1}\right]V^{\frac{1}{2}}=o_p(1)$이다. 그리고 식 (21)에 의해 $V^{-\frac{1}{2}}\frac{X'\boldsymbol{\varepsilon}}{\sqrt{T}}\overset{A}{\sim}N(0,\ I)$, 즉 $V^{-\frac{1}{2}}\frac{X'\boldsymbol{\varepsilon}}{\sqrt{T}}\xrightarrow{d}Z$($Z$는 다변량 (표준)정규분포를 따르는 확률벡터)이므로 제9장 [정리 13]의 (iii)에 의해 $O_p(1)$이다. 결과적으로 식 (25)는 $o_p(1)\cdot O_p(1)=o_p(1)$이다. 따라서 $\left(\left[\left(\frac{X'X}{T}\right)^{-1}-Q^{-1}\right]V^{\frac{1}{2}}\right)\left(V^{-\frac{1}{2}}\left(\frac{X'\boldsymbol{\varepsilon}}{\sqrt{T}}\right)\right)\xrightarrow{p}0$이므로 식 (25)의 우변항은 0에 확률수렴한다. 그러므로 식 (26)이 성립한다.

$$\sqrt{T}(\hat{\beta}-\beta)-Q^{-1}\left(\frac{X'\boldsymbol{\varepsilon}}{\sqrt{T}}\right)\xrightarrow{p}0. \tag{26}$$

그런데 식 (26) 자체는 추정량의 점근분포에 대해 어떤 정보도 주지 못한다. 앞서 간략하게 언급한 바와 동일한 논리로 식 (26)도 어떤 값으로 표준화해 주어야 중심극한정리를 도출할 수 있다.

이제 앞서와 같이 $G\equiv Q^{-1}VQ^{-1}$이라 정의하고, $G^{-\frac{1}{2}}$을 식 (26)의 양변에 곱해 주면,

$$G^{-\frac{1}{2}}\sqrt{T}(\hat{\beta}-\beta)-G^{-\frac{1}{2}}Q^{-1}\left(\frac{X'\boldsymbol{\varepsilon}}{\sqrt{T}}\right)\xrightarrow{p}0. \tag{27}$$

식 (27)에서 $G^{-\frac{1}{2}}Q^{-1}\left(\frac{\boldsymbol{X'\varepsilon}}{\sqrt{T}}\right)$이 어떤 분포 W에 분포수렴한다면, 다시 말해 $G^{-\frac{1}{2}}Q^{-1}\left(\frac{\boldsymbol{X'\varepsilon}}{\sqrt{T}}\right)\xrightarrow{d}W$가 성립하면, 제9장의 [정리 7]에 의해 $G^{-\frac{1}{2}}\sqrt{T}(\hat{\beta}-\beta)$도 역시 확률변수 W에 분포수렴한다. 그렇다면 $G^{-\frac{1}{2}}Q^{-1}\left(\frac{\boldsymbol{X'\varepsilon}}{\sqrt{T}}\right)$가 어떤 분포로 분포수렴할 것인가라는 문제만 해결되면 OLS 추정량의 극한분포가 무엇인지 알 수 있게 된다.

Q는 기대값이어서 확률변수가 아니므로 $\{Q_T\}=\{Q\}$는 비확률변수열이고, 식 (22)에 의해 $O(1)$이다. 그리고 $X'\varepsilon$은 확률변수로 구성된 벡터이므로 [소정리 2]를 적용하면 $G^{-\frac{1}{2}}Q^{-1}\left(\frac{\boldsymbol{X'\varepsilon}}{\sqrt{T}}\right)$은 다변량 (표준)정규분포에 분포수렴한다. 즉,

$$G^{-\frac{1}{2}}Q^{-1}\left(\frac{\boldsymbol{X'\varepsilon}}{\sqrt{T}}\right)\overset{A}{\sim}N(0,\ I). \tag{28}$$

결과적으로 $G^{-\frac{1}{2}}Q^{-1}\left(\frac{\boldsymbol{X'\varepsilon}}{\sqrt{T}}\right)$가 다변량 (표준)정규분포에 분포수렴하므로, $G^{-\frac{1}{2}}\sqrt{T}(\hat{\beta}-\beta)$도 역시 다변량 (표준)정규분포에 분포수렴한다. 즉,

$$G^{-\frac{1}{2}}\sqrt{T}(\hat{\beta}-\beta)\overset{A}{\sim}N(0,\ I). \tag{29}$$

한편, 식 (22)와 (23), [가정 A]가 모두 만족되는 경우에는 제9장의 [정리 1]을 적용하여 $\hat{G}-G\xrightarrow{p}0$이 성립함을 보일 수 있다.

이상으로 일단 OLS 추정량 $\hat{\beta}$의 일치성과 극한분포를 도출해 보았는데, 끝으로 위의 증명과정에서 [가정 A]는 추정량의 극한분포를 도출하는 데 직접적으로 연관되어 있지는 않다는 점을 지적하고자 한다. 위에서 [가정 A]가 요구되는 것은 사실상 G는 알려져 있는 값이 아니므로 G에 대한 일치추정량을 사용할 수밖에 없기 때문이다. 즉, 맨 마지막의 결과는 OLS 추정량의 극한분포를 도출하는 것과는 직접적인 연관이 없지만, 가설검정을 하려면 알려지지 않은 G를 사용할 수 없으므로 관측된 자료를 이용하여 G와 V에 대한 일치추정량 $\hat{G}$과 $\hat{V}$을 이용하여야 하기 때문에 필요하다.

한편, 이와는 조금 다른 측면에서 G와 V에 대한 일치추정량 $\hat{G}$과 $\hat{V}$의 추정문제가 제기될 수 있다. 즉, $\hat{V}$과 관련하여 지금까지 살펴본 논의에서는 [가정 A]에서와 같이 $V\equiv\text{Var}\left(\frac{\boldsymbol{X'\varepsilon}}{\sqrt{T}}\right)$에 대해 일치추정량이 존재한다고 단순

하게 가정하였다. 이러한 가정을 전제로 해서 주어진 회귀모형이 완전히 선형일 때 $\frac{\boldsymbol{X}'\boldsymbol{X}}{T}$와 $\left(\frac{\boldsymbol{X}'\boldsymbol{X}}{T}\right)^{-1}$이 각각 $O_p(1)$이라는 가정과 $\left(\frac{\boldsymbol{X}'\boldsymbol{\varepsilon}}{\sqrt{T}}\right)$이 표준화를 통해 점근적으로 표준정규분포에 수렴한다는 성질을 이용하여 OLS 추정량의 극한분포가 정규분포라는 점을 도출할 수 있었다. 그리고 그 과정에서 $\sqrt{T}(\hat{\beta}-\beta)$를 표준화해 주기 위해 사용한 점근적 분산행렬은 $G\equiv Q^{-1}VQ^{-1}$으로 정의되었고, G에 대한 일치추정량을 $\hat{G}$으로 나타내었다.

그런데 실제적으로 추정량의 극한분포를 도출하는 문제 이외에도 추정량이 효율성을 지니고 있는지 여부나 모수와 관련한 다양한 귀무가설 등을 분석하거나 검정하게 되는 경우도 많다. 이런 경우에는 오차항의 구조에 대한 논의가 반드시 필요하게 된다. 즉, 오차항 $\boldsymbol{\varepsilon}$의 구조, 예컨대 오차항에 계열상관이나 이분산 등이 존재하는지 여부, 설명변수와 오차항 간에 존재하는 상관관계 등에 의해 점근적 분산의 형태가 달라지기 때문에 이를 보다 구체적으로 다룰 필요가 생긴다. 예를 들어, $E[\boldsymbol{X}'\boldsymbol{\varepsilon}]=0$이므로

$$
\begin{aligned}
V &\equiv \mathrm{Var}\left(\frac{\boldsymbol{X}'\boldsymbol{\varepsilon}}{\sqrt{T}}\right)=E\left[\frac{\boldsymbol{X}'\boldsymbol{\varepsilon}\boldsymbol{\varepsilon}'\boldsymbol{X}}{T}\right] \\
&=E\left[\frac{\sum_{t_1=1}^{T}\sum_{t_2=1}^{T}(X'_{t_1}\varepsilon_{t_1}\varepsilon'_{t_2}X_{t_2})}{T}\right] \\
&=\frac{\sum_{t_1=1}^{T}E[X'_{t_1}\varepsilon_{t_1}\varepsilon'_{t_1}X_{t_1}]}{T} \\
&\quad+\frac{\sum_{t_2=1}^{T-1}\sum_{t_1=t_2+1}^{T}E[X'_{t_1}\varepsilon_{t_1}\varepsilon'_{t_1-t_2}X'_{t_1-t_2}+X'_{t_1-t_2}\varepsilon_{t_1-t_2}\varepsilon'_{t_1}X_{t_1}]}{T} \\
&=\frac{\sum_{t_1=1}^{T}\mathrm{Var}(X'_{t_1}\varepsilon_{t_1})}{T} \\
&\quad+\frac{\sum_{t_2=1}^{T-1}\sum_{t_1=t_2+1}^{T}[\mathrm{Cov}(X'_{t_1}\varepsilon_{t_1},\ \varepsilon'_{t_1-t_2}X_{t_1-t_2})+\mathrm{Cov}(X'_{t_1-t_2}\varepsilon_{t_1-t_2},\ \varepsilon'_{t_1}X_{t_1})]}{T}
\end{aligned}
\tag{30}
$$

이 된다. 식 (30)은 V 행렬이 결과적으로 분산의 평균과 공분산들의 어떤 합의 형태로 나타난다는 것을 보여 준다. 그런데 공분산 $\mathrm{Cov}(X'_{t_1}\varepsilon_{t_1},\ \varepsilon'_{t_2}X_{t_2})$은 X_t와 ε_t의 확률적 성질에 의해 좌우되므로 구체적인 모양을 일률적으로 제

시할 수 없다. 즉, 일반적으로 V는 아주 간단한 경우를 빼면 상당히 복잡한 형태로 나타나게 된다. 특히, 공분산행렬 $\mathrm{Cov}(X'_{t_1}\varepsilon_{t_1},\ \varepsilon'_{t_2}X_{t_2})$는 설명변수 X_t와 오차항 ε_t 간의 상관관계가 존재하는지 여부와 상관된 정도 등에 의해 구체적인 모습이 결정된다.

어찌되었든 간에 결론부터 말하면, 오차항에 대해 몇 가지 가정을 추가한다면 이러한 상황에서도 오차항과 관련된 모수에 대한 일치추정량을 도출할 수 있다. 예컨대, 오차항 시계열이 독립·동질적 분포를 따르고 그 평균이 0이면서 동분산인 분산을 지니고 있고 설명변수가 비확률변수인 경우처럼 특별한 경우에는 V_T의 모양이 $V_T=\sigma_X^2\dfrac{X'X}{T}$와 같다는 사실이 알려져 있다. 이러한 경우에는 V_T에 대한 일치추정량을 도출하는 작업은 결과적으로 σ_X^2에 대한 일치추정량을 도출하는 작업에 다름 아니게 된다.

하지만 일반적인 경우 V_T의 형태가 알려져 있지 않은 것이 통상적이어서 문제가 될 수 있다. 그렇다 하더라도 일반적인 경우에도

$$V_T=E\left[\frac{\boldsymbol{X'\varepsilon\varepsilon' X}}{T}\right]=E\left[\frac{\boldsymbol{X'\Omega}_T\boldsymbol{X}}{T}\right] \tag{31}$$

와 같이 V_T를 오차항의 분산행렬과 설명변수로 구분할 수 있는 경우에는 Ω_T의 구조에 대한 정보를 이용하여 V_T에 대한 일치추정량을 상대적으로 용이하게 도출할 수 있다. 물론 Ω_T가 알려져 있지 않다고 하더라도 V_T에 대한 일치추정량을 도출할 수는 있다. 이러한 작업은 별도의 논의를 필요로 하지만 본서에서는 이에 대해서는 더 이상 자세하게 다루지 않고, 다만 V_T에 대한 일치추정량 $\widehat{V}_T$이 존재한다는 사실을 기정사실로 수용하여 논의를 진행하고자 한다.

10.2. 큰 수의 법칙과 중심극한정리

앞서 살펴본 바와 같이, 큰 수의 법칙과 중심극한정리 등은 특히 통계적 추론과정에서 중요하게 활용되는 추정량의 일치성이나 극한분포를 알아 내는 데 핵심적으로 사용되는 수단이다. 그런데 큰 수의 법칙이나 중심극한정리에는 본질적으로 거의 같은 의미를 담고 있지만 여러 가지 유사한 정리들이 존재한다. 이는 법칙 또는 정리가 성립하는 상황이나 조건 등이 달라지

면 특정한 조건을 이용해서는 정리가 의도하는 바를 증명할 수 없으므로 각 상황에 맞도록 법칙 또는 정리가 약간씩 변형되기 때문이다. 물론 여러 가지 형태의 정리가 동일한 결과를 의미하기 때문에 이들을 전부 알아 둘 필요가 없다고 생각할 수도 있지만, 이들 정리가 변해 온 과정은 자료가 지니는 속성이 다름에 따라 필요로 하는 가정이 어떻게 첨삭되어 왔는지를 보여주고 있다는 점에서 나름대로 의미를 지닌다. 따라서 본절에서는 두 정리들이 역사적으로 어떻게 발전하여 왔는지에 대하여 간략하게 살펴봄으로써 독자들의 이해를 도모하고자 한다.

10.2.1. 극한정리의 기원

역사적으로 극한정리의 기원이라고 생각되는 형태는 1713년 베르누이(Bernoulli)가 증명한 큰 수의 법칙이라 할 수 있다. 한편, 중심극한정리는 1718년 드 므아브르(de Moivre)에 의해 제시되었다. 이로부터 100년 정도가 지난 1812년에 두 정리는 라플라스(Laplace)에 의해 약간 개선되었고 이후 1830년대에 포아송(Poisson)이 이전보다 약한 조건을 이용하여 두 정리를 증명하였지만, 이들 정리는 여전히 근대적인 극한정리의 형태를 갖추지는 못하였다. 근대적인 형태의 극한정리는 1870년대의 체비세프(Chebyshev)가 증명한 정리로부터 출발한다고 할 수 있다. 이후 체비세프의 제자인 마코프(Markov), 리아푸노프(Liapounov), 콜모고로프(Kolmogorov) 등 일단의 러시아학파를 거쳐 오늘날의 극한정리가 모습을 갖추게 되었다. 그럼 먼저 큰 수의 법칙에 대한 효시라 할 수 있는 베르누이의 정리에 대해 간략하게 설명하도록 하자.

정리 3

베르누이의 정리: 큰 수의 법칙

확률실험 A를 독립적으로 n번 시행할 때, 사건 E가 발생하는 횟수를 S_n으로 나타내자. 이 때 각 시행에서 사건 E가 나타날 확률을 $p=P(E)$라고 하자. 그러면 다음이 성립한다.

$$\frac{S_n}{n} \xrightarrow{p} p.$$

즉, 임의의 $\varepsilon>0$에 대하여

$$\lim_{n\to\infty} P\left(s\in S: \left|\frac{S_n}{n}-p\right|<\varepsilon\right)=1.$$

[정리 3]은 시행횟수 n이 무한히 커짐에 따라 '$\left|\frac{S_n}{n}-p\right|<\varepsilon$'이라는 사건이 발생하게 될 확률, 즉 $P\left(s\in S: \left|\frac{S_n}{n}-p\right|<\varepsilon\right)$의 극한값이 1이 된다는 것을 나타낸다.[13] 결국 어떤 실험을 무한히 시행하게 되면 실험결과인 $\frac{S_n}{n}$값이 미지의 참값인 p와 일치하게 된다는 것이다. 결과적으로 이는 표본크기, 즉 관측치의 수가 증가함에 따라서 확률변수인 표본평균은 그 자체로서 확률변수로서의 속성을 잃고 상수인 표본평균의 기대값에 수렴하게 된다는 것을 의미한다. 그리고 이는 제9장에서 살펴본 확률적 수렴이라는 측면에서 볼 때 확률변수 $\frac{S_n}{n}$이 모집단 모수인 p에 확률수렴하게 됨을 의미한다. 즉, 베르누이의 정리에서 내포하는 수렴양태는 확률수렴(convergence in probability)이다.[14]

한편, 표본은 일반적으로 전체 모집단을 일일이 다 살펴볼 수 없기 때문에 모집단의 일부(즉, 표본)를 사용하여 모집단의 속성을 가늠해 보고자 하는 목적으로 활용된다. 따라서 표본의 수가 무한히 커진다는 것은 바로 표본이 모집단에 점차 가까워진다는 것[15]을 의미한다. 결국 표본의 수가 무한

13) 확률 $P\left(s\in S: \left|\frac{S_n}{n}-p\right|\geq\varepsilon\right)$은 표본평균 $\frac{S_n}{n}$이 미지의 모집단 평균 p로부터 벗어나는 사건이 발생할 확률을 나타내는데, 이와 같은 확률을 말미확률(tail probability)이라고 한다. 결국 큰 수의 법칙은 $\left|\frac{S_n}{n}-p\right|\geq\varepsilon$과 같은 말미 사건(tail event)이 발생할 확률이 0이 될 때 성립하게 된다.

14) 보렐(Borel)은 수렴양태로서 거의 확실한 수렴을 이용하여 다음과 같이 베르누이의 정리를 증명하였다.

확률실험 A를 독립적으로 n번 시행할 때, 사건 E가 발생하는 횟수를 S_n으로 나타내자. 이 때 각 시행에서 사건 E가 나타날 확률을 $p=P(E)$라고 하자. 그러면 다음이 성립한다.

$$\frac{S_n}{n}\xrightarrow{a.s.}p,\ \text{즉}\ P\left[s\in S: \lim_{n\to\infty}\left(\frac{S_n}{n}\right)=p\right]=1.$$

15) 연속적인 확률변수, 예컨대 경제시계열의 경우에는 무한대의 시간이 흐르고 표본에 대한 자료가 증가하더라도 표본이 모집단에 가까워진다고 할 수는 없다. 왜냐하면, 이산적으로 관측되는 자료는 시간이 아무리 흐르더라도 기껏해야 셀 수 있는 무한개

히 증가하게 되면, 표본평균이 모평균에 접근할 것으로 기대된다. 바로 이러한 점이 큰 수의 법칙이 지니는 의미이다.

최초의 큰 수의 법칙인 베르누이의 정리는 이항분포의 확률을 계산하는 문제와 관련되어 있다. 그런데 베르누이의 정리 시행횟수(n)가 증가함에 따라서 확률계산이 점차 복잡해진다는 난점을 지니고 있었다. 따라서 이 정리가 발표된 지 얼마 되지 않아서 드 므와브르와 라플라스 등이 이 정리의 개선을 시도하였다. 그 결과로서 $\left(\frac{S_n}{n}-p\right)$에 $\left(\frac{S_n}{n}-p\right)$의 표준오차의 역수, 즉 $\sqrt{\mathrm{Var}\left(\frac{S_n}{n}-p\right)}=\left(\frac{p(1-p)}{n}\right)^{\frac{1}{2}}$의 역수를 곱해 주게 되면 시행횟수가 증가함에 따라

$$\left(\frac{S_n}{n}-p\right)\Big/\sqrt{\mathrm{Var}\left(\frac{S_n}{n}-p\right)}$$

의 분포가 정규분포에 접근한다는 사실이 밝혀졌다. 이러한 결과를 드 므와브르-라플라스정리라고 부르는데, 동 정리는 흔히 중심극한정리(central limit theorem: CLT)로 알려져 있다.

• 정리 4 •

드 므와브르-라플라스정리: 중심극한정리

확률실험 A를 독립적으로 n번 시행할 때, 사건 E가 발생하는 횟수를 S로 정의하자. 그리고 각 시행에서 사건 E가 나타날 확률을 $p=P(E)$라 하자. 그러면 다음이 성립한다.

$$\frac{\left(\frac{S_n}{n}-p\right)}{\sqrt{\mathrm{Var}\left(\frac{S_n}{n}-p\right)}}\xrightarrow{d}Z \text{ 또는 } \frac{\left(\frac{S_n}{n}-p\right)}{\sqrt{\mathrm{Var}\left(\frac{S_n}{n}-p\right)}}\overset{A}{\sim}N(0,\ 1).$$

즉,

의 관측치만을 제공하기 때문이다. 예컨대, 확률변수의 정의역이 실직선 $\mathbb{R}$로 정의되는 경우에는 모집단의 원소수는 셀 수 없는 무한개가 된다. 따라서 이 경우 시간이 무한대로 흐른다고 해서 표본이 모집단에 가까워진다고 할 수 없게 된다.

$$\lim_{n\to\infty} P\left(\frac{\left(\frac{S_n}{n}-p\right)}{\sqrt{\mathrm{Var}\left(\frac{S_n}{n}-p\right)}}\le z\right)=\int_{-\infty}^{z}\frac{1}{\sqrt{2\pi}}e^{\left(-\frac{1}{2}x^2\right)}dx$$

이다. 여기서 Z는 표준정규분포를 따르는 확률변수이다.

[정리 4]의 중심극한정리는 확률변수 각각의 분포가 알려져 있지 않았다고 하더라도, 표본크기가 증가함에 따라서 확률변수들의 합으로 정의되는 새로운 확률변수의 분포가 정규분포에 가까워진다는 것을 나타낸다. 이 때 확률변수들의 합을 적절하게 나누어 주어야 한다는 점을 유의하기 바란다. 예컨대, 위의 정리에서는 $\frac{S_n}{n}$을 $\frac{S_n}{n}$의 표준편차로 나누어 주었다. 한편, 중심극한정리가 적용되는 수렴양태는 바로 분포수렴이라는 것을 알 수 있다. 즉, $\left(\frac{S_n}{n}-p\right)\Big/\sqrt{\mathrm{Var}\left(\frac{S_n}{n}-p\right)}$라는 확률변수는 관측치의 수가 증가함에 따라서 표준정규분포를 따르는 확률변수 Z에 분포수렴한다는 것이 중심극한정리의 내용이다.

지금까지 간략하게 살펴본 베르누이와 드 므와브르-라플라스정리는 최초로 제시된 극한정리이다. 앞서 간략히 언급한 바와 같이, 베르누이와 드 므와브르-라플라스정리가 세상에 알려진 이후 포아송, 보렐과 일단의 러시아학파, 즉 체비세프, 마코프, 킨친, 리아푸노프, 콜모고로프 등에 의해 이들 정리는 지속적으로 확장되었다. 따라서 베르누이의 정리는 큰 수의 법칙, 드 므와브르-라플라스정리는 중심극한정리라는 이름으로 각각 불리고 있으나, 이러한 이름으로 유사한 형태의 정리가 다양하게 존재하게 되었다. 본장에서는 독자들의 이해를 위해 큰 수의 법칙과 중심극한정리의 다양한 변형에 대해 간략하게 살펴볼 것이다.

앞서 제7장에서 살펴본 바와 같이, 확률과정은 결합확률분포라는 측면만을 고려할 때 독립성과 동질성 여부에 따라서 네 종류로 대별된다. 즉, 확률과정을 ① 독립적이면서 동질적인 경우, ② 독립적이기는 하나 동질적이지는 않은 경우, ③ 독립적이지는 않으나 동질적인 경우, 끝으로 ④ 독립적이지도 동질적이지도 않은 경우로 나눌 수 있었다. 그런데 이러한 네 종류의 확률과정은 본질적으로 시계열적 속성이 서로 다르다. 따라서 큰 수의 법칙이나 중심극한정리를 일률적으로 적용할 수 없을 것이라고 짐작할 수 있다. 결론적으로 말해 네 가지 유형의 확률과정에 대해 가정이나 제약을 적절하게 바꾸어 설정해 주어야만 큰 수의 법칙이나 중심극한정리가 성립한다. 이하에서는 위의 정리들이 성립되기 위해서 필요한 가정에 대해 살펴보고, 이들 가정이 어떻게 수정·변형되는지 알아보도록 한다. 이렇게 함으로써 각각의 확률과정에 대해 어떤 조건이 부과되어야 증명하고자 하는 정리가 도출될 수 있는지 이해할 수 있게 된다.

먼저 베르누이 및 드 므와브르-라플라스가 정리를 유도하면서 최초로 사용하였던 가정은 다음과 같이 다섯 가지로 정리된다.

(i) S_n은 n개의 확률변수들의 합으로 정의된다. 즉, $S_n = \sum_{t=1}^{n} X_t$이다.
(ii) 각 확률변수 $X_t(t=1, 2, \cdots\cdots, n)$는 베르누이 확률변수이다. 따라서 그 합인 S_n은 이항분포를 따르는 확률변수이다.
(iii) 각 확률변수 $X_t(t=1, 2, \cdots\cdots, n)$는 독립적인 확률변수이다.
(iv) 각 확률변수 $X_t(t=1, 2, \cdots\cdots, n)$는 동질적으로 분포한다. 즉, $f(x_1) = f(x_2) = \cdots\cdots = f(x_n)$이 성립한다. 그리고 모든 t에 대해 $P(X_t=1) = p$, $P(X_t=0) = 1-p$이다. 여기서 $f(\cdot)$는 확률분포함수이다.
(v) 이들 정리에서 관심 사건은 '확률변수 $\left(\frac{S_n}{n}\right)$과 그 기대값 p 간의 차이'이다. 즉, $E\left[\frac{S_n}{n}\right] = p$에 관심을 두고 있다.

앞에서 제시한 다섯 가지 가정 중 본장의 논의와 연관되어 있는 것은 가정 (iii)과 (iv)라 할 수 있다. 이는 제7장에서 살펴본 바와 같이 확률과정을 네 가지 유형으로 분류할 때 가정 (iii)과 (iv)가 직접적으로 연결되어 있기 때문이다.

이제 점근이론의 두 축이 되고 있는 큰 수의 법칙과 중심극한정리 중에서 먼저 큰 수의 법칙에 대하여 좀더 자세하게 살펴보자. 큰 수의 법칙은 다음과 같이 정의된다. 앞서의 경우에는 예를 들기 위해 수렴양태로서 확률수렴을 고려하였다. 하지만 거의 확실한 수렴이 성립하면 확률수렴이 성립하게 된다는 점을 고려하여, 이하에서는 확률수렴보다 강한 수렴양태인 거의 확실한($a.s.$) 수렴을 중심으로 큰 수의 법칙에 대해 논의하도록 한다.

• 정리 5 •

큰 수의 법칙

확률변수열 $\{X_t\}$의 종속성(dependency), 이질성(heterogeneity), 적률(moment) 등에 적절한 제약을 가하는 경우 $\{X_t\}$에 대하여 다음이 성립한다.

$$(\bar{X}_T - \bar{\mu}_T) \xrightarrow{a.s.} 0.$$

$$\text{여기서, } \bar{X}_T \equiv \frac{\sum_{t=1}^{T} X_t}{T}, \ \bar{\mu}_T \equiv E[\bar{X}_T]$$

$\bar{X}_T$: $t=T$ 까지의 표본평균

앞서 언급한 바와 같이 위의 정리는 독립성, 동질성 또는 이질성 그리고 적률 등이 해당 시계열마다 달라서 요구조건이 다르다는 점에도 불구하고, $t=T$ 까지의 표본평균($\bar{X}_T$)이 시간이 흐름에 따라서 표본평균의 평균($\bar{\mu}_T$)에 (거의 확실하게) 수렴, 즉 $(\bar{X}_T - \bar{\mu}_T) \xrightarrow{a.s.} 0$이 성립함을 나타낸다. 여기서 유의할 점은 요구된 조건 간에는 서로 상충하는 측면이 존재한다는 것이다. 예를 들면, 큰 수의 법칙이 성립하기 위해 독립성 또는 동질성에 대한 조건이 완화되어야 한다면 적률과 관련된 조건은 강화되어야 한다.

다음으로 중심극한정리에 대하여 살펴보도록 하자. 제9장에서는 확률변수열의 일치성이라는 확률적인 수렴현상에 대하여 살펴보았다. 예컨대, 마코프가 증명한 약한 큰 수의 법칙은 독립적인 확률변수의 $(1+\delta)$차 적률이 유한할 때 표본평균에서 표본평균의 기대값을 빼 준 값이 0에 확률수렴한다는 것을 나타낸다. 그런데 표본통계량, 예컨대 표본평균이 어떤 값에 확률적으로 수렴하는지를 이해하는 것도 중요하지만, 표본통계량을 통하여 현실세계에서의 실제 모수값을 추론하고 검정하는 것이 보다 중요하다. 따라서 표본평균과 같은 표본통계량이 어떤 분포를 따르는지가 중요하다.

이제 관측치의 수가 증가함에 따라서 표본통계량이 어떤 분포를 따르게 되는지에 대해 살펴보도록 하자. 앞서 마코프의 약한 큰 수의 법칙에서는 표본평균과 표본평균의 기대값의 차이가 0에 확률수렴한다고 하였다. 확률수렴은 곧 분포수렴을 의미하므로 표본평균과 표본평균의 기대값의 차이가 0에 확률수렴한다는 사실로부터 표본평균과 표본평균의 기대값의 차이가 0에 분포수렴한다는 것을 알 수 있다. 그런데 이 경우 표본평균과 표본평균의 기대값 간의 차이는 퇴화분포를 따르므로 분포에 대한 논의를 더 이상 진행하기 어렵게 된다. 이러한 문제를 회피하기 위해 확률변수를 적절하게 표준화해 준다. 중심극한정리는 이와 같이 퇴화된 분포를 갖는 확률변수를 적절하게 표준화시켜 주는 작업을 통해 표준화된 확률변수가 퇴화되지 않은 어떤 분포를 따르는지 찾아 내는 데 유용하게 활용된다.

이하에서 중심극한정리에 대하여 살펴보도록 하겠는데, 중심극한정리는 대략적으로 다음과 같이 정의된다.

정리 6

중심극한정리

확률변수열 $\{X_t\}$가 지니고 있는 종속성 및 이질성, 적률 등에 적절한 제약을 설정해 주면,

$$\left(\frac{\bar{\sigma}_T}{\sqrt{T}}\right)^{-1}(\bar{X}_T-\bar{\mu}_T)=(\bar{\sigma}_T)^{-1}\sqrt{T}(\bar{X}_T-\bar{\mu}_T)$$

$$=\frac{\sqrt{T}(\bar{X}_T-\bar{\mu}_T)}{\bar{\sigma}_T}\overset{A}{\sim}N(0,\ 1)$$

또는

$$\frac{\sqrt{T}(\bar{X}_T-\bar{\mu}_T)}{\bar{\sigma}_T}\xrightarrow{d}Z\sim N(0,\ 1)$$

여기서, $\bar{\mu}_T\equiv E[\bar{X}_T]$, $\frac{\bar{\sigma}_T^2}{T}\equiv \mathrm{Var}(\bar{X}_T)$

이 성립한다.

위의 정리는 표본평균이 적정하게 표준화되고 아울러 정해진 조건이 충족되면 표본평균의 극한분포는 표준정규분포를 따른다는 것을 의미한다. 이 경우에도 큰 수의 법칙에서와 마찬가지로 시계열의 독립성, 동질성, 적률 등에 가해지는 제약조건 간에는 서로 상충되는 측면이 존재한다. 일반적으로 독립성 또는 동질성이 완화되면 적률관련 조건은 보다 강한 제약을 받게 된다. 이하에서는 시계열별로 어떤 조건하에서 큰 수의 법칙과 중심극한정리가 성립하는지에 대해 살펴볼 것이다.

10.2.2. 독립적이면서 동질적인 시계열과 극한정리

독립적이면서 동질적인(i.i.d.) 확률변수열의 경우를 생각하자. 이 경우가 가장 간단한 유형이 되는데, 이 때 적용되는 큰 수의 법칙은 콜모고로프의 강한 큰 수의 법칙(strong law of large numbers: SLLN)이다. 즉,

• 정리 7 •

콜모고로프의 두 번째 강한 큰 수의 법칙

독립적이면서 동질적인 확률변수열 $\{X_t\}$에 대해 $E[|X_t|]<\infty$, $E[X_t]=\mu$이면 $\bar{X}_T \xrightarrow{a.s.} \mu$가 성립하고, 반대로 $\bar{X}_T \xrightarrow{a.s.} \mu$이면 $E[|X_t|]<\infty$, $E[X_t]=\mu$가 성립한다.

[정리 7]에서 주어진 두 조건, 즉 $E[|X_t|]<\infty$와 $E[X_t]=\mu$는 충분조건이면서도 필요조건이 된다. 또한 확률변수열의 각 확률변수들이 독립·동질분포를 따르기 때문에 $E[\bar{X}_T]=\mu$도 성립한다. 콜모고로프의 강한 큰 수의 법칙에서 사용된 수렴양태는 거의 확실한 수렴이다.

여기서 큰 수의 법칙에 '강한'이라는 수식어가 붙은 이유는 결과가 가장 강한 형태의 수렴양태라 할 수 있는 거의 확실한(*a.s.*) 수렴 개념을 의미하기 때문이다. 물론 수렴양태를 거의 확실한 수렴 개념보다 약한 확률수렴으로 약화시키는 경우에도 큰 수의 법칙이 성립함을 보일 수 있는데, 이렇게 수렴양태가 완화된 경우에 성립하는 큰 수의 법칙을 약한 큰 수의 법칙(weak LLN: WLLN)이라고 부른다. 수렴양태로서 확률수렴을 이용하여 큰 수의 법칙을 증명한 사람은 킨친(Khinchine)이며, 이러한 정리를 그의 이름을 따서

킨친의 약한 큰 수의 법칙이라 부른다.

정리 8

킨친의 약한 큰 수의 법칙

독립적이면서 동질적인 확률변수열 $\{X_t\}$에 대하여, $E[|X_t|]<\infty$, $E[X_t]=\mu$이면 $\bar{X}_t \xrightarrow{p} \mu$가 성립하고, $\bar{X}_t \xrightarrow{p} \mu$가 성립하면 $E[|X_t|]<\infty$, $E[X_t]=\mu$이다.

킨친의 약한 큰 수의 법칙이나 콜모고로프의 (두 번째) 강한 큰 수의 법칙은 1차 적률인 모집단 평균에 대해 제약을 가하고 있을 뿐 2차 이상의 적률에 대해서는 어떠한 조건도 요구하지 않는다는 공통점을 지니고 있다. 한편, 콜모고로프가 증명한 큰 수의 법칙에는 첫 번째 큰 수의 법칙과 두 번째 큰 수의 법칙 등 두 가지가 있다. 본문에 소개한 것은 두 번째 큰 수의 법칙이다. 콜모고로프의 첫 번째 강한 큰 수의 법칙에는 분산에 대한 제약이 가해져 있다. 이렇게 2차 적률에 제약을 가해 줌으로써 동질적인 분포를 따르지 않는 시계열에 대해 큰 수의 법칙을 증명할 수 있게 된다.

첫 번째 법칙은 확률변수 $X_t(t=1, 2, \cdots\cdots, T)$가 서로 독립적이며(동질적일 필요는 없다) 유한한 분산값을 지니고 있어야 할 것을 요구하고 있는 반면에, 두 번째 법칙은 확률변수가 동질적으로 분포해야 한다는 조건을 추가하는 대신에 분산이 유한해야 한다는 조건을 완화하였다는 점에서 양자 간에 차이점이 나타난다. 콜모고로프의 첫 번째 큰 수의 법칙은 [정리 8-1]과 같다.

정리 8-1

콜모고로프의 첫 번째 강한 큰 수의 법칙

독립적인(하지만 동질적일 필요는 없는) 확률변수열 $\{X_t\}$에 대하여, 모든 시점 t에 대해 $\{X_t\}$의 분산이 유한하다고 하자. 즉, $\mathrm{Var}(X_t)=\sigma_t^2<\infty$라 하자. 이 때 $\sum_{t=1}^{\infty}\left(\frac{\sigma_t^2}{t^2}\right)<\infty$, 즉 분산을 시간의 자승으로 나누어 준 값

을 무한히 합한 값이 유한하다면 $(\bar{X}_t - E[\bar{X}_t]) \xrightarrow{a.s.} 0$이 성립한다.

콜모고로프의 첫 번째 및 두 번째 정리와 킨친의 정리를 비교해 보면, 콜모고로프의 두 번째 정리와 킨친의 정리는 시계열이 독립·동질분포를 따르는 경우에 대해 적용한다는 공통점이 있는 반면, 수렴양태로서 전자는 거의 확실한 수렴을 적용하고, 후자는 확률수렴을 적용한다는 차이점을 지닌다. 그리고 콜모고로프의 첫 번째 정리와 킨친의 정리는 수렴양태로서 모두 확률수렴을 적용하고 있다는 공통점이 있으나, 후자가 독립·동질적인 시계열의 경우에 성립하는 반면 전자는 동질성을 충족할 필요는 없는 보다 덜 제약적인 시계열에 대해서도 성립한다는 차이점을 지닌다.

이제 독립적이면서 동질적인(i.i.d.) 확률변수열의 경우에 적용되는 중심극한정리에 대해 살펴보도록 하자. 독립적이면서 동질적인(i.i.d.) 확률변수열에 대해 적용되는 중심극한정리로는 린드버그-레비(Lindeberg-Levy)가 증명한 정리가 있다.

정리 9

린드버그-레비의 중심극한정리

독립적이면서 동질적인 확률변수열 $\{X_t\}$의 분산이 0이 아니면서 유한하면, 즉 $\mu = E[X_t]$, $0 < \sigma_t^2 \equiv \mathrm{Var}(X_t) < \infty$이면,

$$\frac{\sqrt{T}(\bar{X}_T - \bar{\mu}_T)}{\bar{\sigma}_T} = \frac{\sqrt{T}(\bar{X}_T - \bar{\mu}_T)}{\sigma} = \frac{1}{\sqrt{T}} \frac{\sum_{t=1}^{T}(X_t - \mu)}{\sigma} \overset{A}{\sim} N(0,\ 1)$$

또는

$$\frac{1}{\sqrt{T}} \frac{\sum_{t=1}^{T}(X_t - \mu)}{\sigma} \xrightarrow{d} Z \sim N(0,\ 1).$$

[정리 9]를 큰 수의 법칙과 비교하여 보면, 확률변수의 분산이 유한하다

는 조건이 하나 추가된 반면에 평균이 유한하다는 조건은 삭제되었음을 볼 수 있다. 이는 제9장에서 살펴본 바와 같이 r차 적률이 유한하면 r보다 작은 차수의 적률값도 유한하다는 성질이 있기 때문이다.

한편, 뒤에서 보게 될 것이지만 큰 수의 법칙이나 중심극한정리를 어떤 확률벡터의 시계열에 실제로 적용하는 과정에서 해당 벡터시계열이 함수변환되어 생성되는 새로운 시계열의 독립성이나 동질성이 어떻게 되는지를 알아야 할 필요가 발생하게 된다. [정리 10]은 이와 직접적으로 관련된 내용을 담고 있는 정리이다.

• 정리 10 •

k차원 벡터공간 위에서 정의되는 함수 h: $\mathbb{R}^k \rightarrow \mathbb{R}^m$이 연속함수라고 하자. 그러면 다음이 성립한다.

(i) 확률변수열 $\{X_t\}$가 독립적이면 $\{h(X_t)\}$는 독립적인 확률변수열이다.

(ii) 확률변수열 $\{X_t\}$가 동질적이면 $\{h(X_t)\}$는 동질적인 확률변수열이다.

(iii) 확률변수열 $\{X_t\}$가 독립적이면서 동질적이면 $\{h(X_t)\}$는 독립적이면서 동질적인 확률변수열이다.

[정리 10]은 독립적인(동질적인) 확률벡터열 $\{X_t\}$를 연속함수에 의해 변환해 주었을 때 변환된 새로운 확률벡터열 $\{h(X_t)\}$도 역시 독립성(동질성)을 여전히 유지하게 된다는 것을 나타내고 있다.

이제 선형모형에 대한 OLS 추정량을 예로 들어 큰 수의 법칙과 중심극한정리가 실제로 어떻게 활용되는지 살펴보도록 하자. 먼저 앞으로의 모든 논의는 다음과 같은 선형모형을 대상으로 한다.

$$Y_t = X_t'\beta + \varepsilon_t,\ t=1,\ 2,\ 3,\ \cdots\cdots. \qquad (1)'$$

또는

$$Y = X\beta + \boldsymbol{\varepsilon}. \qquad (2)'$$

여기서 모수는 k차원 벡터 $\beta \in \mathbb{R}^k$이다.

예 2

식 (1)과 같이 설정된 선형모형과 관련하여 다음과 같은 가정이 성립한다고 하자.

(i) $\{(X'_t, \varepsilon_t)\}$는 독립·동질적(i.i.d.)인 시계열이다.

(ii) ⓐ $E[X_t\varepsilon_t] = 0$.

ⓑ $V_T \equiv \mathrm{Var}\left(\frac{\boldsymbol{X}'\boldsymbol{\varepsilon}}{\sqrt{T}}\right) = V$는 양정부호이다.

$h = 1, 2, \cdots\cdots, p$, $i = 1, 2, \cdots\cdots, k$에 대해,

ⓒ $E[|x_{thi}\varepsilon_{th}|] < \infty$가 성립한다.

ⓓ $E[|x_{thi}\varepsilon_{th}|^2] < \infty$가 성립한다.

(iii) ⓐ $h = 1, 2, \cdots\cdots, p$, $i = 1, 2, \cdots\cdots, k$에 대해 $E[|x_{thi}|^2] < \infty$가 성립한다.

ⓑ 행렬 $Q \equiv E[X_tX'_t]$은 양정부호이다.

(iv) 대칭행렬이고 양반정부호인 행렬 $\hat{V}_T$이 존재하고, $(\hat{V}_T - V) \xrightarrow{p} 0$이 성립한다.

그러면 조건 (i)~(iii)이 만족될 때 충분히 큰 모든 T에 대해 거의 확실하게$(a.s.)$ $\hat{\beta}_T$이 존재하고, 동시에 $\hat{\beta}_T \xrightarrow{a.s.} \beta$와 $G^{-\frac{1}{2}}\sqrt{T}(\hat{\beta}_T - \beta) \overset{A}{\sim} N(0, I)$이 성립한다. 다만 $G \equiv Q^{-1}VQ^{-1}$이다. 그리고 여기에 가정 (iv)를 추가하면 $(\hat{G}_T - G) \xrightarrow{p} 0$이 성립한다. 여기서 $\hat{G}_T \equiv \left(\frac{\boldsymbol{X}'\boldsymbol{X}}{T}\right)^{-1} \hat{V}_T\left(\frac{\boldsymbol{X}'\boldsymbol{X}}{T}\right)^{-1}$이다.

증명

먼저 OLS 추정량 $\hat{\beta}$의 일치성을 증명하도록 하자. 가정 (i)에 의해 확률벡터열 $\{(X'_t, \varepsilon_t)\}$가 독립·동질적이므로, [정리 10]의 (iii)에 의하여 $\{X_t\varepsilon_t\}$와 $\{X_tX'_t\}$은 각각 독립·동질적인 벡터시계열이다. 그

리고 $\{X_t\varepsilon_t\}$와 $\{X_tX_t'\}$의 각 원소들은 $x_{thi}\varepsilon_{th}$와 x_{thi}의 함수형태로 나타나는데, 가정 (ii)의 ⓒ 및 (iii)의 ⓐ가 만족된다고 하였으므로, 여기에 코시-슈바르츠부등식을 적용하면 $\{X_t\varepsilon_t\}$와 $\{X_tX_t'\}$의 각 원소들의 기대값은 모두 유한하다. 따라서 콜모고로프의 강한 큰 수의 법칙이 성립하는 데 필요한 전제조건이 만족되므로, 콜모고로프의 강한 큰 수의 법칙을 적용할 수 있다. 그 결과 $\frac{\sum_{t=1}^{T} X_t\varepsilon_t}{T} \xrightarrow{a.s.} 0 = E[\boldsymbol{X}'\boldsymbol{\varepsilon}]$과 $\frac{\sum_{t=1}^{T} X_tX_t'}{T} \xrightarrow{a.s.} Q = E[\boldsymbol{X}'\boldsymbol{X}]$가 각각 성립하게 된다. 이는 결과적으로 일치성을 증명하는 데 필요하였던 조건 (10)과 (11)이 각각 만족되고 있음을 의미하므로, 식 (13)을 증명하는 데 필요한 조건이 모두 만족된다는 것을 나타낸다. 이 때 가정에 의해 Q는 유한하며 양정부호이다. 따라서 이미 식 (13)에서 증명된 바와 같이 $\hat{\beta}_T \xrightarrow{a.s.} \beta$가 성립한다.[16)]

두 번째, OLS 추정량 $\hat{\beta}$의 극한분포 또는 점근적 분포는 어떤 분포를 따르는지 도출하여 보자. 이를 위해 린드버그-레비의 중심극한정리를 이용하도록 할 것이다. 이를 위해 먼저 $v_t = \gamma' V^{-\frac{1}{2}} X_t\varepsilon_t$라는 확률변수를 정의하자. 그러면 [정리 10]에 의해 $X_t\varepsilon_t$가 독립·동질적이고 γ는 상수, V는 확률변수가 아니므로 다시 [정리 10]을 v_t에 적용하면 v_t는 독립·동질적 벡터확률변수열임을 알 수 있다.

한편, 가정 (ii)의 ⓑ, ⓓ에 따르면 v_t에 [소정리 2]를 적용할 수 있으므로, $E[v_t] = \gamma' V^{-\frac{1}{2}} E[X_t\varepsilon_t] = 0$과 $\mathrm{Var}(v_t) = \mathrm{Var}(\gamma' V^{-\frac{1}{2}} \ X_t\varepsilon_t) = I_k$가 성립한다. 이러한 결과를 이용하게 되면 v_t에 린드버그-레비정리를 적용할 수 있다. 그 결과에 의하면,

$$\begin{aligned}\mathrm{Var}(v_t)^{-\frac{1}{2}} \frac{1}{\sqrt{T}} \sum_{t=1}^{T} (v_t - E[v_t]) &= \frac{1}{\sqrt{T}} \sum_{t=1}^{T} (v_t) \quad (\because \mathrm{Var}(v_t) = I,\ E[v_t] = 0) \\ &= \frac{1}{\sqrt{T}} \sum_{t=1}^{T} (\gamma' V^{-\frac{1}{2}} X_t\varepsilon_t)\end{aligned}$$

16) 여기서 보여 준 일치성은 수렴양태로서 '거의 확실한 수렴'을 사용한다. 거의 확실한 수렴이 성립하면 확률수렴이 성립하므로, $\hat{\beta}_T$의 일치성은 확률수렴을 이용하더라도 본질적으로 변하지 않는다.

$$= \sum_{t=1}^{T}\left(\gamma' V^{-\frac{1}{2}} \frac{X_t \varepsilon_t}{\sqrt{T}}\right) \overset{A}{\sim} N(0,\ I).$$

위 식에 제9장 [정리 4], 즉 크레이머-울드정리(Cramer-Wold theorem)를 적용하면 $V^{-\frac{1}{2}}\frac{X_t\varepsilon_t}{\sqrt{T}} \overset{A}{\sim} N(0,\ I)$가 성립한다. 이 때 V는 (ii)의 ⓓ에 의해 $O(1)$이고, (ii)의 ⓑ의 가정에 의해 양정부호를 갖는다. 따라서 결과적으로 식 (22)가 성립하게 된다. 그러므로 OLS 추정량 $\hat{\beta}$은 식 (29)에서와 같이 극한분포로 아래의 정규분포를 따르게 된다.

$$G^{-\frac{1}{2}}\sqrt{T}(\hat{\beta}-\beta) \overset{A}{\sim} N(0,\ I).$$

여기서, $G = Q^{-1}VQ^{-1}$

끝으로, 가정 (iv)에 의해 $\left(\frac{X'X}{T}\right)^{-1}\hat{V}_T\left(\frac{X'X}{T}\right)^{-1} \xrightarrow{p} Q^{-1}VQ^{-1}$이다. 여기서 $\hat{V}_T$는 설명변수와 오차항 간의 상관관계나 오차항의 계열상관이나 이분산성 등에 따라 구체적인 형태가 달라진다. □

이상으로 회귀분석에서 변수들이 확률변수이면서 시계열적으로 독립·동질적인 분포를 따르는 경우에 OLS 추정량 $\hat{\beta}$이 β에 대한 일치추정량이라는 점과 극한분포로서 정규분포를 따른다는 것을 보았다.

10.2.3. 독립적이지만 동질적이지 않은 시계열과 극한정리

횡단면자료는 특정 시점에서 관찰되는 여러 경제주체들에 관련된 정보를 모아 놓은 자료이다. 따라서 각 경제주체 간에 특별한 관계가 존재하지 않는 한 각 관측치가 독립성을 유지한다. 예컨대, 우리나라 가구의 소득 및 소비에 대한 서베이자료가 있을 때 서로 관련이 없는 두 사람, 예컨대 서울에서 거주하는 사람과 부산에서 거주하는 사람 간에는 소득 및 소비에 어떠한 상관관계가 나타나지 않을 가능성이 높다. 그렇지만 서울과 부산 거주자의 소득 및 소비의 분포가 완전히 일치하리라고 기대하기는 무리라 할 수 있다. 따라서 이러한 서베이자료에서는 동질적인 분포의 가정이 만족되지 않을 가능성이 대단히 높다. 특히, 모집단을 특정 방식으로 그룹화하여 표본을 추출하는 경우에는 관측치가 동질적으로 분포하지 못하게 된다.[17)]

앞서 콜모고로프의 큰 수의 법칙이나 킨친의 약한 큰 수의 법칙 등은 시계열, 즉 확률변수열이 동질성을 지닐 것을 요구하고 있음을 보았다. 본절에서는 관측치가 독립적이나 동질적이지 않은 경우 큰 수의 법칙이 성립하기 위해 어떠한 조건이 부과되어야 하는지에 대하여 살펴볼 것이다. 이 경우 적용될 수 있는 큰 수의 법칙을 마코프가 증명하였다.

마코프의 큰 수의 법칙을 설명하기에 앞서 체비세프의 정리에 대하여 살펴보자. 체비세프는 자신이 발견한 체비세프의 부등식을 이용함으로써, 콜모고로프나 킨친 등이 제시한 약한 큰 수의 법칙이 가정하고 있는 동질성 조건을 필요로 하지 않아 보다 광범위한 확률변수열에 대해 적용할 수 있는 새로운 약한 큰 수의 법칙을 증명하였다.

정리 11

체비세프의 정리: 약한 큰 수의 법칙

확률변수열 $\{X_t\}$가 유한한 평균과 분산을 가지고 있다고 하자. 그리고 각 평균과 분산이 극한값 μ와 0에 각각 수렴한다고 하자.

확률변수의 제곱이 0에 수렴하면, 즉 $E[X_t^2]\rightarrow 0$이 성립하면, $\bar{X}_t \xrightarrow{p} \mu$가 성립한다.

[정리 11]에서 제시한 체비세프의 약한 큰 수의 법칙은 확률변수의 평균 및 분산이 유한할 뿐만 아니라 극한값 μ와 0에 수렴할 것을 요구하고 있다. 즉, 시계열이 독립·동질적인 경우에 비해 평균과 분산이라는 적률에 대한 가정이 강화되고 있는 반면에, 그 대가로 확률변수가 동질적으로 분포해야 한다는 가정을 완화하고 있음을 볼 수 있다. 결과적으로 [정리 7] 또는 [정리 8]에 비해 큰 수의 법칙을 적용할 수 있는 시계열의 범위가 확장된다.

마코프는 체비세프의 정리가 성립하기 위해 분산이 유한한 값을 가져야 한다는 조건을 요구하지 않는 강한 큰 수의 법칙을 증명하였다.[18)]

17) 다만 이 경우에도 그룹 내 또는 그룹 간에서 표본을 추출할 때 무작위로 표본을 추출하는 경우에는 관측치의 독립성이 유지된다.

18) 본문에 소개된 마코프의 큰 수의 법칙은 강한 큰 수의 법칙이다. 콜모고로프의 큰 수의 법칙과 마찬가지로 마코프의 큰 수의 법칙에는 약한 큰 수의 법칙도 있다. 이와

정리 12

마코프의 큰 수의 법칙

독립적이기는 하나 동질적이지 않은 확률변수열 $\{X_t\}$에 대해, 그 평균들이 모든 시점에서 유한하나 시점별로 같지는 않다고 하자. 즉, $\mu_t \equiv E[X_t]$라 하자. 그러면 어떤 $\delta > 0$에 대해 $\sum_{t=1}^{\infty}\left(\frac{E[|X_t-\mu_t|^{1+\delta}]}{t^{1+\delta}}\right) < \infty$이면 $(\bar{X}_t-\bar{\mu}_t)\xrightarrow{a.s.}0$이 성립하고, 이와 반대로 $(\bar{X}_t-\bar{\mu}_t)\xrightarrow{a.s.}0$이면 $\sum_{t=1}^{\infty}\left(\frac{E[|X_t-\mu_t|^{1+\delta}]}{t^{1+\delta}}\right) < \infty$인 어떤 $\delta > 0$이 존재한다.

정리 12-1

마코프의 약한 큰 수의 법칙

독립적인(하지만 동질적일 필요는 없는) 확률변수열 $\{X_t\}$에 대해서 어떤 $\delta > 0$이 존재하여 $E[|X_t|^{1+\delta}] < \infty$가 성립하면, $(\bar{X}_t - E[\bar{X}_t])\xrightarrow{p}0$이 성립한다.

마코프의 정리 역시 적용된 시계열의 범위를 확장하여 확률변수가 동질적이지 못한 경우에도 적용될 수 있도록 한 것인데, 이처럼 정리의 적용범위를 확장하는 과정에서 적률에 대해 제약이 추가되었다. 이 때 특히 $\sum_{t=1}^{\infty}\left(\frac{E[|X_t-\mu_t|^{1+\delta}]}{t^{1+\delta}}\right) < \infty$라는 조건, 즉 $(1+\delta)$차 중심적률을 시간의 $(1+\delta)$승으로 나누어 준 값을 무한히 더한 값이 유한하다는 제약이 추가되었다. 이러한 조건을 마코프조건(Markov condition)이라고 부른다. 여기서 마코프정리의 δ가 1이 되는 경우에는 당연히 콜모고로프의 큰 수의 법칙이 유도된다. 이는 마코프조건에서 δ를 임의의 작은 값으로 선택할 수 있기 때문에 δ가 0에 접근하는 극한에서는 $\lim_{\delta\to 0}E[|X_t|^{1+\delta}] = E[|X_t|]$가 성립하기 때문이다.

한편, 마코프의 큰 수의 법칙에서 나타나는 적률조건은 복잡한 모양을

관련하여 본절의 후반부에서 마코프의 약한 큰 수의 법칙과는 충족되어야 하는 조건이라는 측면에서는 동일하지만 수렴양태가 거의 확실한 수렴으로 대치된 큰 수의 법칙이 소개될 것이다.

하고 있다. 그렇지만 [정리 13]의 부등식을 이용하게 되면 보다 간단한 적률 조건을 이용하여 정리를 증명할 수 있게 된다.

정리 13

c_r 부등식

확률변수 X와 Y의 r차 적률이 유한하다고 하자. 즉, $E[|X|^r]<\infty$, $E[|Y|^r]<\infty$. 그러면

$$E[|X+Y|^r]<c_r(E[|X|^r]+E[|Y|^r]).$$

다만 $r\leq 1$에 대해 $c_r=1$, $r>1$에 대해서는 $c_r=2^{r-1}$.

이제 c_r 부등식을 이용하면 마코프의 약한 큰 수의 정리보다 간단한 형태의 큰 수의 법칙을 따름정리로서 도출할 수 있다.

따름정리 1

마코프의 큰 수의 법칙

독립적이기는 하나 동질적이지 않은 확률변수열 $\{X_t\}$에 대하여, 모든 t에 대해 어떤 δ가 있어, $(1-\delta)$차 적률이 모든 시점에서 유한하면서 어떤 값 C보다 작아 $E[|X_t|^{1+\delta}]<C<\infty$라 하자. 그러면

$$(\bar{X}_T-\bar{\mu}_T)\xrightarrow{a.s.}0.$$

[따름정리 1]을 콜모고로프의 큰 수의 법칙과 비교해 보면, 상기 정리가 적률과 관련해서는 보다 강한 제약을 가하고 있는 반면 적용대상이 되는 시계열이 동질적일 필요가 없게 되어 그 적용범위가 더 확장되었음을 알 수 있다.

한편, 비확률적인 변수열 $\{c_t\}$는 독립적이기는 하나 동질적이지는 못한 시계열로 간주할 수 있다. 왜냐하면, 각각의 c_t의 확률값이 1인 퇴화분포를 따르는 것으로 볼 수 있는데, 이러한 퇴화분포를 결정하는 c_t의 값이 다르

므로 동일한 분포를 따르지 않는다고 볼 수 있기 때문이다. 따라서 계절가변수(seasonal dummy variable)를 포함하는 가변수(dummy variables) 등의 고정된 값을 지니는 설명변수(fixed regressors)가 포함된 모형이나 층화된 횡단면자료, 이분산을 지니는 모형 등의 경우에 대해서도 [정리 12]와 같은 큰 수의 법칙을 적용할 수 있다.

한편, 관측치가 동질적이지 못한 경우에 대해 적용할 수 있는 여러 가지의 중심극한정리가 제시되어 있다. 그 중에서 가장 보편적으로 사용되는 정리 중 하나가 바로 린드버그-펠러(Lindeberg-Feller)에 의해 증명된 중심극한정리이다.[19)]

• 정리 14 •

린드버그-펠러의 중심극한정리

독립적이기는 하나 동질적이지 않은 확률변수열 $\{X_t\}$에 대해, 모든 시점에서 평균과 분산이 유한하지만 시점별로는 다를 수 있다고 하자. 즉, $\mu_t \equiv E[X_t] < \infty$, $0 < \sigma_t^2 \equiv \mathrm{Var}(X_t) < \infty$. 그리고 각 시점 확률변수의 분포함수를 $F_t(X)$라 하자. 이 때

$$\frac{\sqrt{T}\,(\bar{X}_T - \bar{\mu}_T)}{\bar{\sigma}_T} \overset{A}{\sim} N(0,\ I) \text{와 } \lim_{T\to\infty} \underset{1\le t\le T}{\mathrm{Max}} \left(\frac{1}{T}\frac{\sigma_t^2}{\bar{\sigma}_T^2}\right) = 0$$

이 만족되면, 모든 $\varepsilon >$에 대해

$$\lim_{T\to\infty} \frac{1}{T} \frac{\sum_{t=1}^{T} \int_{(X_t-\mu_t)^2 > T\bar{\sigma}_T^2 \varepsilon} (X_t - \mu_t)^2\, dF_t(X)}{\bar{\sigma}_T^2} = 0$$

이 성립하며, 그 역도 역시 성립한다.

위 정리에서 $\lim_{T\to\infty} \frac{1}{T} \frac{\sum_{t=1}^{T} \int_{(X_t-\mu_t)^2 > T\bar{\sigma}_T^2 \varepsilon} (X_t - \mu_t)^2\, dF_t(X)}{\bar{\sigma}_T^2} = 0$조건을, 특히 린

19) 이 정리의 충분조건 부분을 린드버그가, 필요조건 부분을 펠러가 각각 증명하였기 때문에 린드버그-펠러정리라는 이름이 붙여졌다.

드버그조건(Lindeberg condition)이라 부른다. 이 조건은 극단적인 꼬리부분(또는 말미 사건(tail event))[20]이 확률변수 X_t의 분산에 대해 평균적으로 영향을 미치는 크기가 극한에서 0이 되어야 한다는 것을 의미하고 있다. 이러한 린드버그조건이 성립하는 경우 점근적 정규분포성이 성립할 뿐만 아니라 T가 무한하게 커짐에 따라서 $\underset{1\le t\le T}{\text{Max}}\left(\frac{1}{T}\frac{\sigma_t^2}{\bar{\sigma}_T^2}\right)$값이 0에 수렴하게 되는 이른바 '균일한 점근적 무시가능(uniform asymptotic negligibility: UAN)'조건도 성립하게 된다. UAN조건은 다음과 같다.

$$\lim_{T\to\infty}\left(\underset{1\le t\le T}{\text{Max}}\,P\left[s\in S:\left|\frac{X_t-\mu_t}{\sqrt{\text{Var}\left(\sum_{t=1}^{T}X_t\right)}}\right|>\varepsilon\right]\right)=0.$$

위의 UAN조건은 시계열을 구성하는 어느 한 확률변수 X_t의 분산이 무한대로 커져 표본평균의 분산($\bar{X}_t$)을 압도하는 상황이 발생해서는 안 된다는 조건이다. 더불어서 린드버그조건에 의하면 모든 시점 t에서 확률변수의 분산의 크기가 0이 될 수 없으므로, $\underset{1\le t\le T}{\text{Max}}\,\sigma_t^2>0$이 성립하게 된다. 그런데 린드버그조건은 $\bar{\sigma}_t^2 T\to\infty$임을 의미하므로, 이는 결과적으로 $\bar{\sigma}_t^2 T=\sum_{t=1}^{T}\sigma_t^2$라는 식이 어떤 유한한 값으로 수렴하는 것을 방지하는 역할을 하게 된다.

한편, 린드버그조건은 실제로 적용하기에 불편하다. 이는 동 조건이 증명하기 어려운 조건이기 때문이다. 따라서 보다 편리한 조건을 이용하여 중심극한정리를 유도할 수 있으면 바람직스러울 것이다. 보다 간단한 조건을 사용하여 중심극한정리를 증명한 사람은 리아푸노프(Liapounov)인데, 그의 이름을 따서 리아푸노프가 증명한 정리를 리아푸노프의 중심극한정리[21]라고 부른다.

• 정리 15 •

리아푸노프의 중심극한정리

독립적이기는 하나 동질적이지 않은 확률변수열 $\{X_t\}$의 평균과 분

20) $(X_t-\mu_t)^2>T\bar{\sigma}_t^2\varepsilon$을 만족하는 영역이다. 즉,

$$(X_t-\mu_t)>\sqrt{T\bar{\sigma}_t^2\varepsilon},\ (X_t-\mu_t)<-\sqrt{T\bar{\sigma}_t^2\varepsilon}.$$

21) 사실 본서에 제시된 정리는 원래의 리아푸노프정리에 대한 보조정리이다.

산이 $E[X_t]\equiv\mu_t<\infty$, $\mathrm{Var}(X_t)\equiv\sigma_t^2<\infty$와 같다고 하자. 그리고 어떤 $\delta>0$과 모든 t에 대해 $E[|X_t-\mu_t|^{2+\delta}]<C<\infty$라 하자. 그러면 만일 t가 충분히 커질 때 $\bar{\sigma}_T^2>\delta'>0$이 된다면,

$$\frac{\sqrt{T}\,(\bar{X}_T-\bar{\mu}_T)}{\bar{\sigma}_T}\overset{A}{\sim}N(0,\ 1)$$

이 성립한다.

위의 정리에서 모든 t에 대하여, $E[|X_t-\mu_t|^{2+\delta}]<C<\infty$가 성립한다는 조건을 리아푸노프조건(Liapounov condition)이라 부르는데, 이 조건이 성립하면 린드버그조건도 성립하게 된다는 사실이 알려져 있다.

위의 정리에 의하면, 적률의 차수가 2보다는 커야 한다는 조건, 다시 말해

$$E[|X_t-\mu_t|^{2+\delta}]<C<\infty$$

라는 조건이, 린드버그조건에서는 평균과 분산이 균일하게 유계되어 있어 유한하다는 조건으로 대체되었음을 알 수 있다. 여기서 $E[|X_t|^{2+\delta}]<C$가 곧 $E[|X_t-\mu_t|^{2+\delta}]<C<\infty$를 의미한다는 점과 마코프의 큰 수의 법칙(따름정리)에서도 이와 유사한 조건을 필요로 한다는 점에 유의할 필요가 있다. 마코프의 경우에는 적률의 차수가 1이었던 데 반하여, 리아푸노프의 중심극한정리에서는 적률의 차수가 2 이상이라는 점에서 양자가 다르다.

이제 중심극한정리들인 [정리 15]와 [정리 9]의 차이점에 대해 생각해 보자. [정리 15]는 시계열이 독립적이지만 동질적일 필요가 없는 경우에 적용될 수 있지만 [정리 9]는 독립성과 동질성을 모두 지니고 있는 시계열에 적용되는 정리이다. 예컨대, [정리 15]를 [정리 9] 대신에 사용하면 어떤 문제가 발생하는가를 생각해 보자. 예 2를 증명하는 과정에서는 $X_t\varepsilon_t$가 독립·동질적이어서 점근적 분산이 시간과 무관하기 때문에 크레이머-울드정리를 $v_t=\gamma'V^{-\frac{1}{2}}X_t\varepsilon_t$에 적용할 수 있었다. 그런데 지금처럼 $X_t\varepsilon_t$가 독립·동질적이지 않은 상황에서는 점근적 분산 V_T가 $V_T=V$와 같이 시간과 무관(또는 표본의 크기나 관측치의 수와 무관)하다고 할 수 없게 되어 크레이머-울드정리

를 적용할 방법이 없게 된다는 문제점이 발생하게 된다. 하지만 이러한 문제점은 뢰브(Loeve)가 해소하였다. 이에 따라 독립적이나 동질적이지 않은 확률변수열에 대한 중심극한정리를 다음과 같이 적용할 수 있다.

• 정리 15-1 •

뢰브의 중심극한정리

독립적이기는 하나 동질적이지 않은 확률변수열 $\{x_{tn}\}$의 평균과 분산이 $E[X_{tn}]\equiv\mu_{tn}$, $\mathrm{Var}(X_{tn})\equiv\sigma^2_{tn}\neq 0$과 같고, 어떤 $\delta>0$과 모든 t 및 n에 대하여 $E[|X_{tn}|^{2+\delta}]<C<\infty$라 하자. 그리고 $\bar{X}_t\equiv\frac{\sum_{n=1}^{t}X_{tn}}{t}$, $\bar{\mu}_t\equiv\frac{\sum_{n=1}^{t}\mu_{tn}}{t}$, $\bar{\sigma}^2_t\equiv\mathrm{Var}(\sqrt{t}\,\bar{X}_t)=\frac{\sum_{n=1}^{t}\sigma^2_{tn}}{t}$로 정의하자. 그러면 충분히 큰 모든 수 t에 대해 $0<\delta'<\bar{\sigma}^2_t$가 성립할 때 $\frac{\sqrt{T}\,(\bar{X}_t-\bar{\mu}_t)}{\bar{\sigma}_t}\overset{A}{\sim}N(0,\ 1)$이 성립한다.

이상과 같은 정리를 기초로 하여 시계열이 독립적이지만 동질적이지 않은 경우 OLS 추정량이 지니는 일치성과 점근적 분포에 대해 예를 통해 살펴보자.

예 3

예 2와 동일하게 설정된 모형과 관련하여 다음과 같이 가정하도록 하자.

(i) $\{(X'_t,\ \varepsilon_t)\}$는 독립적인 시계열이다(동질적일 필요는 없다).

(ii) ⓐ $E[X_t\varepsilon_t]=0$.

ⓑ $V_T\equiv\mathrm{Var}\left(\frac{\boldsymbol{X'\varepsilon}}{\sqrt{T}}\right)$은 균일하게 양정부호이다.

어떤 $\delta>0$, 모든 $h=1,\ 2,\ \cdots\cdots,\ p,\ i=1,\ 2,\ \cdots\cdots,\ k,\ t$에 대해

ⓒ $E[|x_{thi}\varepsilon_{th}|^{1+\delta}]<C_1<\infty$가 성립한다.

ⓓ $E[|x_{thi}\varepsilon_{th}|^{2+\delta}]<C_2<\infty$가 성립한다.

(iii) ⓐ 어떤 $\delta>0$, 모든 $h=1,\ 2,\ \cdots\cdots,\ p,\ i=1,\ 2,\ \cdots\cdots,\ k,\ t$에 대해 $E[|x^2_{thi}|^{1+\delta}]<C_1<\infty$가 성립한다.

ⓑ $Q_T \equiv E\left[\frac{X'X}{T}\right]$는 균일하게 양정부호이다.

(iv) 대칭이고 양반정부호인 행렬 V_T가 존재하여 $(\hat{V}_T - V_T) \xrightarrow{p} 0$이 성립한다.

그러면 조건 (i)~(iii)이 만족될 때 충분히 큰 모든 T에 대해 거의 확실하게 $\hat{\beta}_T$이 존재하고, 동시에 $\hat{\beta}_T \xrightarrow{a.s.} \beta$가 성립한다. 또한 (i)~(iii)까지의 조건이 만족되면 $G_T^{-\frac{1}{2}}\sqrt{T}(\hat{\beta}_T - \beta) \stackrel{A}{\sim} N(0, I)$가 성립한다. 다만 $G_T \equiv Q_T^{-1} V Q_T^{-1}$이다. 그리고 여기에 가정 (iv)를 추가하면 $(\hat{G}_T - G_T) \xrightarrow{p} 0$이 성립한다. 여기서 $\hat{G}_T \equiv \left(\frac{X'X}{T}\right)^{-1} \hat{V}_T \left(\frac{X'X}{T}\right)^{-1}$이다.

증명

첫 번째, OLS 추정량 $\hat{\beta}$의 일치성을 증명하도록 하자. 가정 (i)에 의해 확률벡터열 $\{(X_t', \varepsilon_t)\}$가 독립적이므로, [정리 10]의 (i)에 의하여 $\{X_t \varepsilon_t\}$와 $\{X_t X_t'\}$은 각각 독립적인 벡터시계열이다. 그리고 $\{X_t \varepsilon_t\}$와 $\{X_t X_t'\}$의 각 원소들은 $x_{thi}\varepsilon_{th}$와 x_{thi}의 함수형태로 나타나는데, 가정 (ii)의 ⓒ 및 (iii)의 ⓐ가 만족된다고 하였으므로 [따름정리 1]의 적률조건을 만족한다. 따라서 여기에 [따름정리 1]의 큰 수의 법칙을 적용하면 $\frac{\sum_{t=1}^{T} X_t \varepsilon_t}{T} \xrightarrow{a.s.} 0 = E[\boldsymbol{X}'\boldsymbol{\varepsilon}]$과 $\left(\frac{\sum_{t=1}^{T} X_t X_t'}{T} - Q_T\right) \xrightarrow{a.s.} 0$이 각각 성립하게 된다.

이제 $Q_T = O(1)$임을 증명하자. 이는 조건 (iii)의 ⓐ에서 젠센의 부등식과 코시-슈바르츠부등식을 적용하여 보일 수 있다. 즉, Q_T의 원소를 $q_{ij} \equiv [Q_T]_{ij} = \frac{\sum_{t=1}^{T}\sum_{h=1}^{p} E[X_{thi} X_{thj}]}{T}$라 하자. 그러면

$$
\begin{aligned}
|q_{ij}| &= \left| \frac{\sum_{t=1}^{T}\sum_{h=1}^{p} E[X_{thi} X_{thj}]}{T} \right| \\
&\leq \frac{\sum_{t=1}^{T}\sum_{h=1}^{p} |E[X_{thi} X_{thj}]|}{T}
\end{aligned}
$$

$$\le \frac{\sum_{t=1}^{T}\sum_{h=1}^{p} E[|X_{thi}X_{thj}|]}{T} \quad (\because \text{제9장 젠센의 부등식 예 16})$$

$$\le \frac{\sum_{t=1}^{T}\sum_{h=1}^{p} (E[|X_{thi}|^2]E[|X_{thj}|^2])^{\frac{1}{2}}}{T} \quad (\because \text{코시-슈바르츠부등식})$$

$$\le \frac{\sum_{t=1}^{T}\sum_{h=1}^{p} ((p^{1+\delta}C)(p^{1+\delta}C))^{\frac{1}{2}}}{T}$$

$$= \frac{\sum_{t=1}^{T}\sum_{h=1}^{p} (p^{1+\delta}C)}{T}$$

$$= \frac{T\left(\sum_{h=1}^{p} (p^{1+\delta}C)\right)}{T}$$

$$= \sum_{h=1}^{p} (p^{1+\delta}C)$$

$$= p(p^{1+\delta}C) < \infty.$$

즉, 행렬 Q_T는 유계되어 있으므로 $Q_T = O(1)$이다. 이러한 결과는 일치성을 증명하는 데 필요하였던 조건 (10)과 (11)이 각각 만족되었음을 의미한다. 따라서 이미 식 (13)에서 증명된 바와 같이 $\hat{\beta}_T \xrightarrow{a.s.} \beta$가 성립한다.

두 번째, OLS 추정량 $\hat{\beta}$의 극한분포 또는 점근적 분포가 어떤 분포를 따르는지 도출하여 보자. 이를 위해 [정리 15-1]을 이용할 것이다. 먼저 확률변수 $v_{tT} \equiv \gamma' V_T^{-\frac{1}{2}} X_t \varepsilon_t$를 정의하면 $\sum_{t=1}^{T} \gamma' V_T^{-\frac{1}{2}} X_t \varepsilon_t = \sum_{t=1}^{T} v_{tT}$이다. 이 때 가정 (i)에 따라서 [정리 10]을 적용할 수 있는데 여기서 v_{tT}는 독립적이다. 가정 (ii)의 ⓐ에 의해 $E[v_{tT}] = \gamma' V_T^{-\frac{1}{2}} E[X_t \varepsilon_t] = 0$이다. 그리고

$$\begin{aligned} \mathrm{Var}(\sqrt{T}\,\bar{v}_T) \equiv \bar{\sigma}_T^2 &= \gamma' V_T^{-\frac{1}{2}} \mathrm{Var}\left(\frac{\boldsymbol{X'\varepsilon}}{\sqrt{T}}\right) V_T^{-\frac{1}{2}} \gamma \\ &= \gamma' V_T^{-\frac{1}{2}} V_T V_T^{-\frac{1}{2}} \gamma \quad (\because \text{가정 (ii)의 ⓑ}) \\ &= \gamma'\gamma = 1. \end{aligned}$$

한편, $v_{tT} \equiv \gamma' V_T^{-\frac{1}{2}} X_t \varepsilon_t$는 $x_{thi}\varepsilon_{th}$들의 함수이고, $x_{thi}\varepsilon_{th}$들은 가정 (ii)의 ⓒ 또는 (ii)의 ⓓ에 의해 모두 유한한 상한값이 존재한다. 따라서 $E[|v_{tT}|^{2+\delta}] = E\left[\left|\gamma' V_T^{-\frac{1}{2}} X_t \varepsilon_t\right|^{2+\delta}\right]$에 민코프스키부등식을 적용하면 $E[|x_{thi}\varepsilon_{th}|^{2+\delta}] (< C)$의 함수모양으로 나타나 균일하게 유계된다. 이로서 $\{v_{tT}\}$에 대해 [정리 15-1]의 조건들이 모두 만족되므로, [정리 15-1]을 적용하면 $\frac{\sum_{t=1}^{T} v_{tT}}{\sqrt{T}} = \frac{\sum_{t=1}^{T} \gamma' V_T^{-\frac{1}{2}} X_t \varepsilon_t}{\sqrt{T}} = \gamma' V_T^{-\frac{1}{2}} \frac{\boldsymbol{X}'\boldsymbol{\varepsilon}}{\sqrt{T}} \overset{A}{\sim} N(0,\ I)$를 얻을 수 있다. 여기에 제11장 [정리 4], 즉 크레이머-울드정리를 적용하면 $V_T^{-\frac{1}{2}} \frac{X_t \varepsilon_t}{T} \overset{A}{\sim} N(0,\ I)$가 성립한다.

그런데 앞에서 $\left(\frac{\sum_{t=1}^{T} X_t X_t'}{T} - Q_T\right) \xrightarrow{a.s.} 0$임을 보였으므로, 수렴양태 간에 성립하는 관계에 따라 $\left(\frac{\sum_{t=1}^{T} X_t X_t'}{T} - Q_T\right) \xrightarrow{p} 0$도 성립한다. 그리고 가정 (iii)의 ⓐ에 의해 $Q_T = O(1)$이고, (iii)의 ⓑ에 의해 양정부호를 갖는다. 결과적으로 식 (22)가 성립하게 된다. 따라서 식 (29)에서처럼 OLS 추정량은 극한분포로서 다음과 같은 정규분포를 따르게 된다.

$$G_T^{-\frac{1}{2}} \sqrt{T} (\hat{\beta} - \beta) \overset{A}{\sim} N(0,\ I).$$

여기서, $G_T = Q_T^{-1} V_T Q_T^{-1}$

끝으로, 가정 (iv)에 의해 $\left(\frac{\boldsymbol{X}'\boldsymbol{X}}{T}\right)^{-1} \hat{V}_T \left(\frac{\boldsymbol{X}'\boldsymbol{X}}{T}\right)^{-1} \xrightarrow{p} Q_T^{-1} V Q_T^{-1}$이다. 여기서 $\hat{V}_T$은 설명변수와 오차항 간의 상관관계나 오차항의 계열상관이나 이분산성 등에 따라 구체적인 모양이 달라진다.

이상으로 회귀분석에서 변수들이 확률변수이면서 시계열적으로 독립적이나 동질적이지 않은 분포를 따르는 경우에 OLS 추정량 $\hat{\beta}$이 β에 대한 일치추정량이라는 점과 극한분포로서 정규분포를 따른다는 것을 보였다. □

바로 앞의 예와 독립·동질적 분포조건 간의 차이점은 전자의 경우 동질적 분포라는 가정을 완화하는 대신에 적률조건을 강화한 것이다. 이렇게 함으로써 중심극한정리의 적용범위가 크게 확대되는 결과를 얻게 된다. 즉,

고정된 설명변수(fixed regressor)나 오차항이 이분산성을 지니는 분포를 따르는 경우에도 극한정리를 적용할 수 있을 뿐만 아니라 횡단면자료에 대하여도 중심극한정리의 적용이 가능하게 된다. 더구나 $1<p<\infty$라고 놓음으로써 중심극한정리를 시계열자료와 횡단면자료의 속성을 동시에 가지고 있는 패널자료에도 적용할 수 있게 된다.

10.2.4. 독립적이지 않으나 동질적인 시계열과 극한정리

잘 알려진 바처럼, 경제시계열은 시간적으로 서로 독립적이지 못한 경우가 대부분이다. 이렇게 확률변수열이 독립성을 유지하지 못하는 경우에 대해 큰 수의 법칙이 성립하게 될 조건은 무엇인지 살펴보자.

• 정리 16 •

> 확률변수열 $\{X_t\}$가 독립이면서 동시에 동질적 표준정규분포를 따른다고 하자. 그러면 확률변수열 $\{X_t\}$는 안정적이다.

[정리 16]이 성립하기 위해서는 시계열의 독립성 조건이 필수적이다. 이는 확률변수열 $\{X_t\}$의 각 원소 X_t들이 동질적인 표준정규분포를 따르더라도 확률변수열이 안정적이라고는 할 수 없기 때문이다. 그 이유는 한계분포(marginal distribution)는 모두 정규분포 형태를 따르지만 결합밀도함수는 서로 다른 경우가 발생할 수 있기 때문이다. 즉, 시간 t가 변화됨에 따라서 결합분포가 변화될 수 있으므로 한계분포가 정규분포성을 유지하지만 안정성 조건은 위배되는 경우가 발생할 가능성을 배제하지 못한다. 결국 안정성 조건은 한계분포뿐만 아니라 결합분포에도 적용되기 때문에 안정성 조건이 동질적 분포 가정을 강화한 가정이라는 것을 알 수 있다. 반면에 안정적인 확률변수열이 독립성을 지닐 필요까지는 충족하지 않아도 되기 때문에 안정성 가정은 독립·동질적 분포(i.i.d.) 가정보다는 약한 가정이다.

그렇다면 독립·동질적 분포 가정이 안정성 가정으로 대체되는 경우에도 큰 수의 법칙이 성립하게 될 것인가? 이에 대한 대답은 일단 부정적이다. 그렇지만 추가적으로 제약조건이 도입되면 안정성 조건을 만족하는 확률변수의 수열에 대하여 큰 수의 법칙이 성립함을 보일 수 있다. 그렇다면 어떤 조건이 추가되어야 할 것인가? 결론만을 먼저 밝히면 바로 확률변수열의 독립성 또는 기억(memory)에 제약을 가함으로써 큰 수의 법칙이 성립하도록 만들어 줄 수 있다. 이렇게 시계열의 기억에 가해지는 제약조건이 바로 제7장에서 살펴보았던 에르고드성질(ergodicity)[22)]이다.[23)]

• 정리 17 •

k차원 벡터공간 위에서 정의되는 함수 h: $\mathbb{R}^k \to \mathbb{R}^m$를 $\mathscr{F}$-가측함수라고 하자. 그리고 $Y_t \equiv h(X_t, X_{t+1}, X_{t+2}, \cdots\cdots)$라 하자. 그러면

(i) 확률변수 벡터열 $\{X_t\}$가 안정적이면 $\{Y_t\}$, 즉 $\{h(X_t)\}$는 안정적인 확률변수 벡터열이다.

(ii) 확률변수 벡터열 $\{X_t\}$가 안정적이고 에르고드성질을 지니면 $\{Y_t\}$, 즉 $\{h(X_t)\}$는 안정적이고 에르고드성질을 지닌다.

이러한 에르고드성질을 지니는 안정적 시계열에 적용되는 큰 수의 법칙을 에르고드정리(ergodicity theorem)라 부른다. 제7장의 에르고드정리와 동일한 내용이지만 본장의 논의와 부합하는 형태로 에르고드정리를 다시 적어보면 다음과 같다.

---

22) 제7장에서의 정의는 공분산 안정적인 시계열에 대한 조건이었으나, 보다 일반적인 안정시계열에 대해 에르고드성질이 성립하기 위해서는 다음과 같은 조건이 만족되어야 한다.

즉, 확률변수열 $\{X_t\}$를 안정적 시계열이라고 하자. 그리고 T를 측도보존적 변환이라고 하자. 그러면 만일 잴 수 있는 집합 A의 원소인 두 집합 A, B(즉, 두 사건 A, B)에 대하여,

$$\lim_{N\to\infty}\frac{\sum_{t=1}^{N} P(A \cap T^t B)}{N} = P(A)\cdot P(B)$$

가 성립하면, 확률변수열 $\{X_t\}$는 에르고드성질을 갖는다.

23) 이에 대해서는 제7장을 참조하기 바란다.

• 정리 18 •

에르고드정리

확률변수열 $\{X_t\}$가 안정적이면서 에르고드성질을 만족한다고 하자. 그리고 각 시점 t에서 $|X_t|$의 평균이 유한하다고 하자. 즉, $E[|X_t|]<\infty$. 그러면 $\bar{X}_T \xrightarrow{a.s.} \mu \equiv E[X_t]$가 성립한다.

이제 안정적이고 에르고드성질을 지니고 있는 시계열에 대해 성립하는 중심극한정리에 대해 살펴보도록 하자. 이 같은 시계열에 대해 중심극한정리가 성립하기 위해서는 적률조건을 추가적으로 부과해야 할 뿐만 아니라 시계열의 종속성 또는 기억에 대해서도 강한 가정을 부과해야 할 필요가 생기게 된다. 이하에서는 이에 대해 살펴볼 예정인데, 이를 위해서는 마팅게일 과정의 속성과 혼합과정의 속성을 동시에 지니고 있는 믹싱게일(mixingale) 또는 혼합된 마팅게일 개념을 고려하여야 한다. 제8장에서 살펴본 바와 같이 혼합된 마팅게일의 정의에 의하면, 임의의 혼합된 마팅게일 X_t가 적합할 때 유한하면서 비음인 수열 $\{c_t\}$와 $\{\zeta_k\}$가 존재하여

$$(E[E[X_t|\mathscr{F}_{t-k}]^2])^{1/2} \le c_t \zeta_k$$

가 성립한다. 이 때 k가 무한히 커지면 ζ_k는 0에 수렴하여 $\lim_{k\to\infty}\zeta_k=0$이다.

혼합된 마팅게일은 표본이 커짐에 따라서 혼합과정과 유사한 마팅게일 차분과정처럼 행동하게 되어, 점근적으로 독립적인 확률과정이 되는 속성을 지니고 있다. 믹싱게일 또는 혼합된 마팅게일은 안정적이거나 에르고드성질을 만족할 필요가 없다. 하지만 혼합된 마팅게일은 동질성을 지닐 수 있다. 혼합된 마팅게일의 정의에서 $\{\mathscr{F}_t\}$는 시계열 $\{X_t\}$에 적합할 필요가 없다. 그럼에도 불구하고 본장에서는 $\{\mathscr{F}_t\}$가 시계열 $\{X_t\}$에 적합하다는 제약을 부과하였는데, 이는 대부분의 경우에 대해 응용하기가 편리하기 때문이다.

이러한 혼합된 마팅게일과정에 대해 성립하는 중심극한정리를 스코트(Scott)가 제시하였다.

• 정리 19 •

스코트의 중심극한정리

확률벡터열 $\{X_t,\ \mathscr{F}_t\}$가 안정적이며 에르고드성질을 가지는 적합한 혼합된 마팅게일이고 혼합규모가 -1인 계수수열 ζ_k를 지닌다고 하자. 그리고 $\bar{\sigma}_T^2 \equiv \mathrm{Var}\left(\frac{\sum_{t=1}^{T} X_t}{\sqrt{T}}\right)$라 하자. 그러면 $\lim_{T\to\infty} \bar{\sigma}_T^2 = \bar{\sigma}^2$이고 $0 < \bar{\sigma}^2 < \infty$일 때,

$$\frac{1}{\sqrt{T}} \frac{\bar{X}_T}{\bar{\sigma}} \overset{A}{\sim} N(0,\ 1).$$

지금까지의 내용을 이용하여 시계열이 독립적이지 않지만 동질적인 경우에 OLS 추정량이 지니는 일치성과 점근적 분포를 도출하여 보자.

예 4 예 2와 동일하게 설정된 모형과 관련하여 다음과 같이 가정하도록 하자.

(i) $\{(X_t',\ \varepsilon_t)\}$는 안정적이면서 에르고드성질을 지니고 있는 시계열이다.

(ii) ⓐ $E[X_t \varepsilon_t] = 0$.

ⓑ $h=1,\ 2,\ \cdots\cdots,\ p,\ i=1,\ 2,\ \cdots\cdots,\ k$에 대해 $\{x_{thi}\varepsilon_{th},\ \mathscr{F}_t\}$는 혼합규모가 -1인 적합한 믹싱게일이다. 여기서 $\{\mathscr{F}_t\}$는 $\{x_{thi}\varepsilon_{th}\}$에 대해 적합한 σ-체이다.

모든 $h=1,\ 2,\ \cdots\cdots,\ p,\ i=1,\ 2,\ \cdots\cdots,\ k,\ t$에 대해

ⓒ $E[|x_{thi}\varepsilon_{th}|] < \infty$가 성립한다.

ⓓ $E[|x_{thi}\varepsilon_{th}|^2] < \infty$가 성립한다.

ⓔ $V_T \equiv \mathrm{Var}\left(\frac{\boldsymbol{X'\varepsilon}}{\sqrt{T}}\right)$는 균일하게 양정부호이다.

(iii) ⓐ 모든 $h=1,\ 2,\ \cdots\cdots,\ p,\ i=1,\ 2,\ \cdots\cdots,\ k$에 대해 $E[|x_{thi}|^2] < \infty$가 성립한다.

ⓑ $Q_t \equiv E[X_t X_t']$은 양정부호이다.

(iv) 대칭이고 양반정부호인 행렬 V_T가 존재하여 $(\hat{V}_T - V_T) \xrightarrow{p} 0$ 이 성립한다.

그러면 조건 (i)~(iii)이 만족될 때 충분히 큰 모든 t에 대해 거의 확실하게 $\hat{\beta}_T$이 존재하고, 동시에 $\hat{\beta}_T \xrightarrow{a.s.} \beta$가 성립한다. 또한 (i)~(iii)까지의 조건이 만족되면 $G_T^{-\frac{1}{2}}\sqrt{T}(\hat{\beta}_T - \beta) \overset{A}{\sim} N(0,\ I)$가 성립한다. 단, $G_T \equiv Q_T^{-1} V Q_T^{-1}$이다. 그리고 여기에 가정 (iv)를 추가하면 $(\hat{G}_T - G_T) \xrightarrow{p}$ 0이 성립한다. 여기서 $\hat{G}_T \equiv \left(\frac{X'X}{T}\right)^{-1} \hat{V}_T \left(\frac{X'X}{T}\right)^{-1}$이다.

증명

첫 번째, OLS 추정량 $\hat{\beta}$의 일치성을 증명하도록 하자. 가정 (i)에 의해 확률벡터열 $\{(X_t',\ \varepsilon_t)\}$가 안정적이면서 에르고드성질을 지니므로, [정리 17]의 (ii)에 의하여 $\{X_t \varepsilon_t\}$와 $\{X_t X_t'\}$은 각각 안정적이면서 에르고드성질을 지니는 확률벡터 시계열이다. 그리고 $\{X_t \varepsilon_t\}$와 $\{X_t X_t'\}$의 각 원소들은 $x_{thi}\varepsilon_{th}$와 x_{thi}의 함수형태로 나타나는데, 가정 (ii)의 ⓒ 및 (iii)의 ⓐ가 만족된다고 하였으므로 [따름정리 1]에서 조건으로 부여된 적률조건을 만족한다. 따라서 여기에 [에르고드정리]의 큰 수의 법칙을 적용하면 $\frac{\sum_{t=1}^{T} X_t \varepsilon_t}{T} \xrightarrow{a.s.} 0 = E[X_t \varepsilon_t]$과 $\frac{\sum_{t=1}^{T} X_t X_t'}{T} \xrightarrow{a.s.} Q_T$가 각각 성립하게 된다. 그리고 $\{X_t X_t'\}$이 안정적이므로 모든 T에 대해 $Q_T = Q$이고, 조건 (iii)의 ⓐ에 의해 Q는 유계되어 있으므로 $Q = O(1)$이다. 이러한 결과는 일치성을 증명하는 데 필요하였던 조건 (10)과 (11)이 각각 만족되었음을 의미한다. 따라서 이미 식 (13)에서 증명된 바와 같이 $\hat{\beta}_T \xrightarrow{a.s.} \beta$가 성립한다.

두 번째, OLS 추정량 $\hat{\beta}$의 극한분포 또는 점근적 분포는 어떤 분포를 따르는지 도출하여 보자. 이 경우에는 [정리 19]와 크레이머-울드정리를 이용할 것이다. 이를 위해 먼저 확률변수 $v_t \equiv \gamma' V^{-\frac{1}{2}} X_t \varepsilon_t$를 정의하자. 여기서 V는 임의의 대칭이면서 양정부호를 지니는 행렬이다. 위에서 $\{X_t \varepsilon_t\}$가 안정적이고 에르고드성질을 지닌다는 것을 증명하였고, v_t는 $\{X_t \varepsilon_t\}$의 연속함수로 표현되고 있으므로 [정리 17]

을 적용할 수 있다. 따라서 [정리 17]에 의해 시계열 $\{v_t\}=\left\{\gamma' V^{-\frac{1}{2}} X_t \varepsilon_t\right\}$는 안정적이면서 에르고드성질을 지닌다.

그리고 v_t는 $\mathscr{F}_t$에 대해 잴 수 있기 때문에 $\{v_t,\ \mathscr{F}_t\}$는 적합한 시계열이다. 그리고 $\mathscr{F}_{t-1} \subset \mathscr{F}_t \subset \mathscr{F}$이다.

한편, $v_t=\gamma' V^{-\frac{1}{2}} X_t \varepsilon_t=\sum_{h=1}^{p} \gamma' V^{-\frac{1}{2}} x_{th} \varepsilon_{th}=\sum_{h=1}^{p} \sum_{i=1}^{k} \kappa_i x_{thi} \varepsilon_{th}$이다. 여기서 κ_i는 $K \equiv V^{-\frac{1}{2}} \gamma$와 같이 정의된 벡터의 i번째 원소이다. 그런데 γ와 V의 정의에 따라 모든 i에 대해 $|\kappa_i|<C$를 만족하는 유한한 상수 C가 존재한다.

따라서 민코프스키부등식에 의해

$$
\begin{aligned}
E[v_t^2] &\leq \left(\sum_{h=1}^{p} \sum_{i=1}^{k}\left(E\left[|\kappa_i x_{thi} \varepsilon_{th}|^2\right]\right)^{\frac{1}{2}}\right)^2 \\
&\leq C^2\left(\sum_{h=1}^{p} \sum_{i=1}^{k}\left(E\left[x_{thi} \varepsilon_{th}|^2\right]\right)^{\frac{1}{2}}\right)^2 \quad (\because |\kappa_i|<C) \\
&\leq C^2\left(\sum_{h=1}^{p} \sum_{i=1}^{k} C^{\frac{1}{2}}\right)^2 \quad (\because \text{가정 (ii)의 ⓓ}) \\
&= C^2\left(\sum_{h=1}^{p} k C^{\frac{1}{2}}\right)^2 \\
&= C^2\left(p k C^{\frac{1}{2}}\right)^2<\infty .
\end{aligned}
$$

여기서 가정 (ii)의 ⓓ와 확률변수열이 안정적이라는 조건에 의해 모든 $t,\ h,\ i$에 대해 $E[|x_{thi} \varepsilon_{th}|^2]<C<\infty$가 성립하기 때문에 이와 같은 결과가 성립함을 알 수 있다.

한편, [정리 19]를 적용하기 위해 $\{v_t,\ \mathscr{F}_t\}$가 혼합규모가 -1인 혼합된 마팅게일, 즉 믹싱게일임을 보이도록 하자. 먼저

$$
\begin{aligned}
E[(E[v_0 | \mathscr{F}_{-m})^2] &= E\left[\left(E\left[\sum_{h=1}^{p} \sum_{i=1}^{k} \kappa_i x_{0hi} \varepsilon_{0h} \,|\, \mathscr{F}_{-m}\right]\right)^2\right] \\
&= E\left[\left(\sum_{h=1}^{p} \sum_{i=1}^{k} E[\kappa_i x_{0hi} \varepsilon_{0h} \,|\, \mathscr{F}_{-m}]\right)^2\right].
\end{aligned}
$$

여기에 다시 민코프스키부등식을 적용하면,

$$
E[(E[v_0 | \mathscr{F}_{-m})^2] \leq \left[\sum_{h=1}^{p} \sum_{i=1}^{k} E[E[\kappa_i x_{0hi} \varepsilon_{0h} \,|\, \mathscr{F}_{-m}]^2]^{\frac{1}{2}}\right]^2
$$

$$\le \left[C \sum_{h=1}^{p} \sum_{i=1}^{k} (E[E[x_{0hi}\varepsilon_{0h} | \mathscr{F}_{-m}]^2])^{\frac{1}{2}} \right]^2$$
$$\le \left[C \sum_{h=1}^{p} \sum_{i=1}^{k} c_{0hi}\zeta_{mhi} \right]^2$$
$$\le [Cp\bar{c}_0 k \bar{\zeta}_m]^2.$$

여기서 세 번째 부등식이 성립하는 이유는, 가정 (ii)의 ⓑ에 의하여 $\{x_{thi}\varepsilon_{th}, \mathscr{F}_t\}$가 적합한 혼합된 마팅게일이므로, $(E[E[v_0 | \mathscr{F}_{t-m}]^2])^{\frac{1}{2}} \le c_{0hi}\zeta_{mhi}$를 만족하는 $\{c_{0hi}\}$와 $\{\zeta_{mhi}\}$가 존재하기 때문이다. 그리고 이와 같은 $\{c_{0hi}\}$와 $\{\zeta_{mhi}\}$ 중에서 각각 가장 큰 값을 택하여 각각 $\bar{c}_0$, $\bar{\zeta}_m$로 나타내었다.

그런데 위 식에 의하면

$$(E[E[v_0 | \mathscr{F}_{t-m}]^2])^{\frac{1}{2}} \le (Cpk\,\bar{c}_0\bar{\zeta}_m)^2$$

가 성립하고 $(Cpk\,\bar{c}_0\bar{\zeta}_m)^2$가 상수이므로 결국 혼합규모가 -1임을 알 수 있다. 그러므로 $\{v_t, \mathscr{F}_t\}$는 혼합규모가 -1인 믹싱게일이다. 따라서 [정리 19](스코트의 중심극한정리)를 적용할 수 있고, [정리 19]에 의해

$$\mathrm{Var}(\sqrt{T}\,\bar{v}_T) = \mathrm{Var}\left(\frac{\sum_{t=1}^{T} v_t}{T} \right)$$
$$= \mathrm{Var}\left(\frac{\sum_{t=1}^{T} \gamma' V^{-\frac{1}{2}} X_t \varepsilon_t}{\sqrt{T}} \right)$$
$$= \gamma' V^{-\frac{1}{2}} V_T V^{-\frac{1}{2}} \gamma \to \bar{\sigma}^2 < \infty.$$

그러므로 V_T는 유한한 행렬에 수렴한다. 그리고 가정 (ii)의 ⓔ에 의해 V_T는 양정부호이다. 이제 V_T의 극한 V를 $V = \lim_{T\to\infty} V_T$라고 하면,

$$\bar{\sigma}^2 = \gamma' V^{-\frac{1}{2}} V V^{-\frac{1}{2}} \gamma = \gamma' I \gamma = \gamma'\gamma = 1.$$

따라서 다시 [정리 19]에 의해 $\dfrac{\sum_{t=1}^{T} \gamma' V^{-\frac{1}{2}} X_t \varepsilon_t}{\sqrt{T}} \overset{A}{\sim} N(0, I)$이다. 그

리고 이러한 관계는 $\gamma'\gamma=1$을 만족하는 모든 γ에 대해 성립하므로, 크레이머-울드정리에 의해 $V^{-\frac{1}{2}}\left(\frac{\sum_{t=1}^{T}X_t\varepsilon_t}{\sqrt{T}}\right)\overset{A}{\sim}N(0,\ I)$가 성립한다.

그런데 정의상 $V_T^{-\frac{1}{2}}V^{\frac{1}{2}}-I=o(1)$이고 $V^{-\frac{1}{2}}\left(\frac{\sum_{t=1}^{T}X_t\varepsilon_t}{\sqrt{T}}\right)\overset{A}{\sim}N(0,\ I)$ 이므로, 제9장의 [정리 13]에 의해 $V^{-\frac{1}{2}}\left(\frac{\sum_{t=1}^{T}X_t\varepsilon_t}{\sqrt{T}}\right)=O_p(1)$이다. 따라서 다음 식이 성립한다.

$$
\begin{aligned}
&V_T^{-\frac{1}{2}}\left(\frac{\sum_{t=1}^{T}X_t\varepsilon_t}{\sqrt{T}}\right)-V^{-\frac{1}{2}}\left(\frac{\sum_{t=1}^{T}X_t\varepsilon_t}{\sqrt{T}}\right)\\
&=\left(V_T^{-\frac{1}{2}}V^{\frac{1}{2}}-I\right)V^{-\frac{1}{2}}\left(\frac{\sum_{t=1}^{T}X_t\varepsilon_t}{\sqrt{T}}\right)\xrightarrow{p}0.
\end{aligned}
$$

그러므로 제9장의 [정리 7]에 의해 $V_T^{-\frac{1}{2}}\frac{\boldsymbol{X'\varepsilon}}{\sqrt{T}}\overset{A}{\sim}N(0,\ I)$이다.

그런데 에르고드정리 등을 통해 $\left(\frac{\sum_{t=1}^{T}X_tX_t'}{T}-Q_T\right)\xrightarrow{a.s.}0$임을 보였으므로, 수렴양태 간에 성립하는 관계에 따라 $\left(\frac{\sum_{t=1}^{T}X_t'X_t}{T}-Q_T\right)\xrightarrow{p}0$도 성립한다. 결과적으로 식 (22)가 성립하게 된다. 따라서 식 (29)에서처럼 OLS 추정량은 극한분포로서 다음과 같은 정규분포를 따르게 된다.

$$
G_T^{-\frac{1}{2}}\sqrt{T}\,(\hat{\beta}-\beta)\overset{A}{\sim}N(0,\ I).
$$

여기서, $G_T=Q_T^{-1}V_TQ_T^{-1}$

그리고 $\lim_{T\to\infty}(G_T-G)=0$이므로 $\left(G_T^{-\frac{1}{2}}G^{\frac{1}{2}}-I\right)G^{-\frac{1}{2}}\sqrt{T}\,(\hat{\beta}_T-\beta)\xrightarrow{p}0$이다. 끝으로, 제9장의 [정리 7]에 의해 $G^{-\frac{1}{2}}\sqrt{T}\,(\hat{\beta}-\beta)\overset{A}{\sim}N(0,\ I)$이고, 가정 (iv)에 의해 $\left(\frac{X'X}{T}\right)^{-1}\hat{V}_T\left(\frac{X'X}{T}\right)^{-1}\xrightarrow{p}Q_T^{-1}V_TQ_T^{-1}$이다. 여기서 $\hat{V}_T$은 설명변수와 오차항 간의 상관관계나 오차항의 계열상관이나 이분산성 등에 따라 구체적인 모양이 달라진다.

이상으로 변수들이 확률변수이면서 시계열적으로 안정적이며 에르고드성질을 지니고 가정 (ii)의 ⓑ와 같은 혼합된 마팅게일 가정을 모두 만족하는 경우에 OLS 추정량 $\hat{\beta}$은 β에 대한 일치추정량이며 극한분포로서 정규분포를 따른다는 것을 보였다. □

지금까지 확률변수열이 안정적이고 에르고드성질을 지니고 있는 경우에 대해 OLS 추정량 $\hat{\beta}$의 일치성과 극한분포에 대해 살펴보았는데, 예 5에서 요구하는 조건은 모두 독립·동질적인 경우에도 성립하므로 예 2의 결과는 예 5에 대한 특별한 경우로 간주할 수 있음을 알 수 있다.

10.2.5. 독립적이지도 동질적이지도 않은 시계열과 극한정리

앞의 소절에서는 시계열이 독립성 조건은 충족하지 않지만 동질성 조건은 만족하는 경우에 대하여도 큰 수의 법칙 및 중심극한정리가 성립한다는 것을 보았다. 즉, 독립적이지는 않지만 동질적인 분포를 따르는 시계열에도 에르고드가정을 추가하면 큰 수의 법칙을 충분히 적용할 수 있다. 이제 본 절에서는 시계열이 독립적이지도 않고 동질성도 만족하지 않을 때 어떠한 조건이 추가되어야 큰 수의 법칙 및 중심극한정리가 성립할 수 있을 것인가에 대하여 살펴보자. 먼저 결론을 제시하면, 이 경우 주어진 확률변수열이 제7장에서 살펴본 바 있는 혼합조건(mixing condition)이라는 강한 조건을 만족하면 큰 수의 법칙과 중심극한정리가 성립하게 된다.

그런데 이와 같은 정리를 경제현상에 적용할 수 있는지 여부는 경제시계열이 안정성과 에르고드성질을 만족하는지 여부에 달려 있다. 에르고드성질을 만족하는 확률과정으로는 특정한 마코프과정을 들 수 있지만, 일반적인 시계열에 대해서도 에르고드성질이 이론적으로 성립한다는 것을 보여 주기 어렵다. 또한 실증적으로도 그것을 증명하는 것이 불가능하다는 문제가 있다. 왜냐하면, 에르고드성질을 실증적으로 증명하기 위해서는 무한개의 관측치가 필요하기 때문이다. 게다가 실제로는 대부분의 경제시계열자료가 안정성을 만족하고 있지 못할 뿐만 아니라, 평균, 분산, 공분산 등의 값 또한 시간이 흐름에 따라서 일정하게 유지되지 못하여 공분산 안정성을 만족하지 않는 경우가 대부분이다. 이러한 점은 앞서 큰 수의 법칙에서 밝힌 바와 같이 시계열자료에 대하여 중심극한정리를 적용하고자 할 때 고려하여야 하는 점이다.

독립적이지 않으며 동질적이지도 않은 시계열에 대해 적용할 수 있는 큰 수의 정리는 맥리쉬(McLeish)가 증명하였다. 맥리쉬는 큰 수의 정리를 증명하기 위해 '혼합성' 개념을 이용하였다. 맥리쉬의 큰 수의 법칙은 [정리 20]에 제시되어 있다.

• 정리 20 •

맥리쉬의 큰 수의 법칙

확률벡터열 $\{X_t\}$가 혼합과정이면서, X_t가 매 시점 유한한 평균을 지닌다고 하자. 즉, $E[X_t] \equiv \mu_t$. 그리고 어떤 $\delta > 0$과 $0 < \delta \le r (r \ge 1)$에 대해 $\sum_{t=1}^{\infty}\left(E\left[\frac{|X_t - \mu_t|^{r+\delta}}{t^{r+\delta}}\right]\right)^{\frac{1}{r}} < \infty$라 하자. 이 때 $r > 1$에 대해 ϕ-혼합의 혼합규모가 $-\frac{r}{(2r-1)}$이거나 $r \ge 1$에 대해 α혼합의 혼합규모가 $-\frac{r}{(r-1)}$이면, $\bar{X}_T - \bar{\mu}_T \xrightarrow{a.s.} 0$이 성립한다.

맥리쉬의 큰 수의 법칙은 마코프의 큰 수의 법칙을 일반화한 결과이다. 특히, [따름정리 1]과 유사하게 혼합과정에 대하여 [따름정리 2]가 성립한다.

• 따름정리 2 •

확률변수열 $\{X_t\}$가 혼합과정이고, $r \ge 1$에 대해 ϕ-혼합의 혼합규모가 $-\frac{r}{(2r-1)}$이거나 $r > 1$에 대해 α-혼합의 혼합규모가 $-\frac{r}{(r-1)}$이고, 어떤 $\delta > 0$과 모든 t에 대해 $E[|X_t|^{r+\delta}] < C < \infty$라 하자. 그러면

$$(\bar{X}_T - \bar{\mu}_T) \xrightarrow{a.s.} 0.$$

한편, r를 1에 가깝게 접근시키게 되면 [따름정리 1]의 결과를 확장하여, 시계열의 기억이 지수함수적으로 감소하는 경우에도 적용할 수 있는 정리를 도출할 수 있다. 이 때 r가 커질수록 시계열의 기억도 길어지게 되는

데, 이에 따라 적률에 대한 제약은 점차 강해지게 된다. 결과적으로 종속성의 허용 정도가 커지는 것과 적률제약 간에는 역비례관계가 존재한다.

이러한 결과를 응용하기 위해서 [정리 21]을 이용한다. 참고로 이 정리는 제7장에서 소개한 바 있다.

• 정리 21 •

k차원 벡터공간 위에서 정의되는 함수 h: $\mathbb{R}^k \to \mathbb{R}^m$이 $\mathscr{F}$-가측함수라고 하자. 그리고 $Y_t \equiv h(X_t, X_{t+1}, X_{t+2}, \cdots\cdots, X_{t+\tau})$라 하자. 여기서 $\tau < \infty$이다. 그러면 다음이 성립한다.

확률변수 벡터열 $\{X_t\}$가 크기를 $-r$로 하는 ϕ-혼합과정 또는 α-혼합과정이면 $\{Y_t\}$, 즉 $\{h(X_t)\}$는 크기를 $-r$로 하는 ϕ-혼합과정 또는 α-혼합과정이다.

[정리 21]은 연속함수, 좀더 포괄적으로 잴 수 있는 함수 h를 이용하여 혼합과정을 변환해 주더라도 변환된 새로운 시계열 $\{h(X_t)\}$도 역시 원래의 혼합과정과 동일한 혼합규모를 지닌다는 것을 의미한다. 한편, 에르고드성질을 만족하는 시계열에 대해서도 비슷한 성질이 있음을 보았는데, 잴 수 있는 함수를 이용하여 변환해서 도출된 새로운 시계열의 에르고드성질은 임의의 τ(유한한 값이건 무한한 값이건 간에)에 대해서 성립한다. 하지만 혼합성질은 단지 유한한 τ에 대해서만 성립한다는 차이점을 지닌다.

한편, 오차항에 무조건부 이분산이 존재하거나, 설명변수가 시차종속변수나 가변수 등의 고정된 변수를 포함하고 있는 경우에는 혼합과정에 대해서도 적용할 수 있는 중심극한정리를 적용하여야 한다. 이 경우 적용할 수 있는 중심극한정리는 리아푸노프의 중심극한정리를 확장한 결과로서 울드리지-화이트(Wooldridge-White)의 중심극한정리이다.

정리 22

올드리지-화이트의 중심극한정리

2중 첨자를 갖는 확률변수열 $\{X_{nt}\}$의 평균과 분산이 $E[X_{nt}]\equiv\mu_{nt}=0$, $\mathrm{Var}(X_{nt})\equiv\sigma_{nt}^2\neq 0$과 같고, $r\geq 2$에 대해 ϕ-혼합의 혼합규모가 $-\frac{r}{2(r-1)}$이거나 $r>2$에 대해 α-혼합의 혼합규모가 $-\frac{r}{(r-2)}$이고, 모든 T와 t, 그리고 $r\geq 2$에 대해 $E[|X_{nt}|^r]<C<\infty$라 하자. 그리고 $\bar{\sigma}_T^2\equiv\mathrm{Var}\left(\frac{\sum_{t=1}^{T}X_t}{\sqrt{T}}\right)$로 정의하자.

충분히 큰 모든 수 T에 대해 $0<\delta<\bar{\sigma}_T^2$가 성립하면 $\frac{\sqrt{T}\,(\bar{X}_T-\bar{\mu}_T)}{\bar{\sigma}_T}\overset{A}{\sim}N(0,\ 1)$이 성립한다.

이상과 같은 정리를 기초로 하여 시계열이 독립적이지도 않으며 동질적이지도 않는 경우에 OLS 추정량이 지니는 일치성과 점근적 분포에 대해 예를 통해 살펴보자.

예 5

예 2와 동일하게 설정된 모형과 관련하여 다음과 같이 가정하도록 하자.

(i) ⓐ $\{(X_t',\ \varepsilon_t)\}$는 혼합규모가 $-\frac{r}{2r-1}$(여기서 $r\geq 1$)인 ϕ-혼합된 시계열이거나 혼합규모가 $-\frac{r}{r-1}$(여기서 $r>1$)인 α-혼합된 시계열이다.

ⓐ′ $\{(X_t',\ \varepsilon_t)\}$는 혼합규모가 $-\frac{r}{2(r-1)}$(여기서 $r\geq 2$)인 ϕ-혼합된 시계열이거나 혼합규모가 $-\frac{r}{r-2}$(여기서 $r>2$)인 α-혼합된 시계열이다.

(ii) ⓐ $E[X_t\varepsilon_t]=0$.

어떤 $\delta>0$, 모든 $h=1,\ 2,\ \cdots\cdots,\ p$, $i=1,\ 2,\ \cdots\cdots,\ k$, t에 대해

ⓑ $E[|x_{thi}\varepsilon_{th}|^{r+\delta}]<C_1<\infty$가 성립한다.

ⓑ′ $E[|x_{thi}\varepsilon_{th}|^{r}]<C_2<\infty$가 성립한다.

ⓒ $V_T \equiv \text{Var}\left(\dfrac{\sum_{t=1}^{T} X_t \varepsilon_t}{\sqrt{T}}\right)$는 균일하게 양정부호이다.

(iii) ⓐ 어떤 $\delta > 0$, 모든 $h=1, 2, \cdots\cdots, p$, $i=1, 2, \cdots\cdots, k$, t에 대해 $E[|x_{thi}^2|^{r+\delta}] < C_1 < \infty$가 성립한다.

ⓐ′ 어떤 $\delta > 0$, 모든 $h=1, 2, \cdots\cdots, p$, $i=1, 2, \cdots\cdots, k$, t에 대해 $E\left[|x_{thi}^2|^{\left(\frac{r}{2}+\delta\right)}\right] < C_2 < \infty$가 성립한다.

ⓑ $Q_T \equiv E\left[\dfrac{X'X}{T}\right]$는 균일하게 양정부호이다.

(iv) 대칭이고 양반정부호인 행렬 V_T가 존재하여 $(\hat{V}_T - V_T) \xrightarrow{p} 0$이 성립한다.

그러면 조건 (i)~(iii)이 만족될 때 충분히 큰 모든 T에 대해 거의 확실하게 $\hat{\beta}_T$이 존재하고, 동시에 $\hat{\beta}_T \xrightarrow{a.s.} \beta$가 성립한다. 또한 (i)~(iii)까지의 조건이 만족되면 $G_T^{-\frac{1}{2}}\sqrt{T}(\hat{\beta}_T - \beta) \overset{A}{\sim} N(0, I)$가 성립한다. 다만 $G_T \equiv Q_T^{-1} V_T Q_T^{-1}$이다. 그리고 여기에 가정 (iv)를 추가하게 되면 $(\hat{G}_T - G_T) \xrightarrow{p} 0$이 성립한다. 여기서 $\hat{G}_T \equiv \left(\dfrac{X'X}{T}\right)^{-1} \hat{V}_T \left(\dfrac{X'X}{T}\right)^{-1}$이다.

증명

첫 번째, OLS 추정량 $\hat{\beta}$의 일치성을 증명하도록 하자. 가정 (i)에 의해 확률벡터열 $\{(X_t', \varepsilon_t)\}$가 혼합과정이므로, [정리 21]에 의하여 $\{X_t \varepsilon_t\}$와 $\{X_t X_t'\}$은 각각 $-\dfrac{r}{2r-1}$(여기서 $r \geq 1$)인 ϕ-혼합과정이거나 크기가 $-\dfrac{r}{r-1}$(여기서 $r > 1$)인 α-혼합과정이다. 그리고 $\{X_t \varepsilon_t\}$와 $\{X_t X_t'\}$의 각 원소들은 $x_{thi}\varepsilon_{th}$와 x_{thi}로 나타나는데, 가정 (ii)의 ⓑ 및 (iii)의 ⓐ가 만족된다고 하였고, 이에 민코프스키부등식과 코시-슈바르츠부등식을 적용하면 [따름정리 2]에서 조건으로 부여된 적률조건을 만족한다. 따라서 여기에 [따름정리 2]에서 제시된 큰 수의 법칙을 적용하면 $\dfrac{\sum_{t=1}^{T} X_t \varepsilon_t}{T} \xrightarrow{a.s.} 0 = E[X_t \varepsilon_t]$와 $\left(\dfrac{\sum_{t=1}^{T} X_t X_t'}{T} - Q_T\right) \xrightarrow{a.s.} 0$이 각각 성립하게 된다. 그리고 젠센의 부등식에 의해 행렬 Q_T는 유계되어 있음을 보일 수 있으므로 $Q_T = O(1)$이다. 이러한 결과는 일치성

을 증명하는 데 필요하였던 조건 (10)과 (11)이 각각 만족되었음을 의미한다. 따라서 이미 식 (13)에서 증명된 바와 같이 $\hat{\beta}_T \xrightarrow{a.s.} \beta$가 성립한다.

두 번째, OLS 추정량 $\hat{\beta}$의 극한분포 또는 점근적 분포는 어떤 분포를 따르는지 도출하자. 이를 위해 [정리 21], 즉 울드리지-화이트정리와 크레이머-울드정리를 이용하자. 먼저 $V_T^{-\frac{1}{2}} \frac{\boldsymbol{X}'\boldsymbol{\varepsilon}}{\sqrt{T}} \overset{A}{\sim} N(0,\ I)$임을 보이도록 하자.

확률변수 $v_t \equiv \gamma' V^{-\frac{1}{2}} \frac{\boldsymbol{X}'\boldsymbol{\varepsilon}}{\sqrt{T}}$을 정의하면 $v_t \equiv \frac{\sum_{t=1}^{n} \gamma' V^{-\frac{1}{2}} X_t \varepsilon_t}{\sqrt{T}}$로 나타낼 수 있는데, 위에서 $\{X_t \varepsilon_t\}$이 각각 $-\frac{r}{2(r-1)}$(여기서 $r \geq 2$)인 ϕ-혼합과정이거나 크기가 $-\frac{r}{r-2}$(여기서 $r>2$)인 α-혼합과정이라는 것을 증명하였고, v_t는 $\{X_t \varepsilon_t\}$의 연속함수로 표현되고 있으므로 [정리 20]을 적용할 수 있다. 따라서 [정리 21]에 의해 시계열 $\left\{\gamma' V_T^{-\frac{1}{2}} X_t \varepsilon_t\right\}$는 $-\frac{r}{2(r-1)}$(여기서 $r \geq 2$)인 ϕ-혼합과정이거나 크기가 $-\frac{r}{r-2}$(여기서 $r>2$)인 α-혼합과정이다. 가정 (ii)의 ⓐ에 의해 $E\left[\gamma' V_T^{-\frac{1}{2}} X_t \varepsilon_t\right] = \gamma' V_T^{-\frac{1}{2}} E[X_t \varepsilon_t] = 0$이다. 그리고 민코프스키부등식을 적용하면 가정 (ii)의 ⓑ′에 의해, 어떤 $\delta > 0$ 및 모든 t에 대해

$$E\left[\left|\gamma' V_T^{-\frac{1}{2}} X_t \varepsilon_t\right|^{(r+\delta)}\right] < C < \infty$$

가 성립한다. 따라서 [정리 22], 즉 울드리지-화이트정리에 의해, $\gamma'\gamma = 1$을 만족하는 모든 γ에 대해

$$\frac{\sum_{t=1}^{T} \gamma' V_T^{-\frac{1}{2}} X_t \varepsilon_t}{\sqrt{T}} = \gamma' V^{-\frac{1}{2}} \left(\frac{\sum_{t=1}^{T} X_t \varepsilon_t}{\sqrt{T}} \right) \overset{A}{\sim} N(0,\ I).$$

따라서 위 식에 크레이머-울드정리를 적용하면,

$$V^{-\frac{1}{2}} \left(\frac{\sum_{t=1}^{T} X_t \varepsilon_t}{\sqrt{T}} \right) \overset{A}{\sim} N(0,\ I).$$

한편, 앞서 $\left(\frac{\sum_{t=1}^{T} X_t X'_t}{T} - Q_T\right) \xrightarrow{a.s.} 0$이 성립함을 보였고, 가정 (iii)의 ⓐ′에 의해 $Q_T = O(1)$이고, 충분히 큰 T에 대해 가정 (iii)의 ⓑ에 의해 특히 양정부호이면서 $|Q_T| > \delta$가 성립한다. 이러한 결과는 식 (22)가 성립함을 보여 주는 것이다. 따라서 식 (29)에서처럼 OLS 추정량은 극한분포로서 다음과 같은 정규분포를 따르게 된다.

$$G_T^{-\frac{1}{2}}\sqrt{T}\,(\hat{\beta}-\beta) \overset{A}{\sim} N(0,\ I).$$

$$\text{여기서, } G_T = Q_T^{-1} V_T Q_T^{-1}$$

□

지금까지 회귀분석에서 변수들이 확률변수인 경우에 설명변수나 오차항 등의 시계열이 종속성 및 동질성 측면에서 상이한 네 가지 경우에 대해 각각 큰 수의 법칙과 중심극한정리가 성립함을 살펴보고, 이들 정리의 응용 예로서 OLS 추정량 $\hat{\beta}$의 일치성과 극한분포가 정규분포임을 증명하였다. 시계열의 종속성 및 동질성이 달라지는 경우에 극한정리가 성립한다는 점은 공통적인 결과이지만, 그 결과가 도출되기 위해서는 다양한 형태의 가정을 필요로 하였다.

본장에서 시계열의 결합확률분포가 지니는 종속성 및 동질성을 기준으로 해서 구분한 네 가지 유형의 시계열에 대해 극한정리가 어떻게 성립하고 활용될 수 있는지를 살펴보았다. 그런데 이 밖에도 제8장에서 살펴보았듯이 계량분석에서 많이 사용되는 시계열의 유형은 다양하게 존재한다. 예컨대, 안정성을 지니고 있는 중요한 시계열로서 마팅게일차분(Martingale difference) 시계열을 그 예로 들 수 있다.

한편, 본장에서는 모두 안정성이 만족되는 시계열들을 대상으로 논의를 진행하였다. 하지만 최근 많은 경제시계열에서는 안정성이라는 조건이 충족되지 않은 경우가 대부분이라는 사실이 널리 받아들여지고 있다. 대표적으로 경제시계열에 대한 단위근검정을 시행해 보면 대부분의 시계열이 단위근을 지니는 것으로 밝혀졌는데, 이렇게 시계열에 단위근이 존재하면 시간이 흐름에 따라 분산이 지속적으로 커지는 현상이 발생한다. 경제시계열이 지니고 있는 이러한 불안정성(non-stationarity), 특히 시간이 흐름에 따라 분산이 지속적으로 커지는 현상은 지금까지 살펴보았던 적률조건에 대한 제약을 근본적으로 적용할 수 없도록 하는 문제점을 유발하여, 지금까지 살펴본 유형의 중심극한정리를 더 이상 적용하지 못하게 한다. 물론 이러한 경우에 대해 성립하는 중심극한정리가 별도로 제시되어 있는데, 이를 범함수 중심극한정리(functional CLT: FCLT)라 부른다. 범함수 중심극한정리는 린드버그-레비의 중심극한정리를 일반화한 것으로서 돈스커(Donsker)의 정리 또는 불변원리(invariance principal)라는 이름으로 알려져 있다. 마팅게일차분 시계열이나 단위근을 지니는 불안정한 시계열에 적용할 수 있는 극한정리에 대한 논의는 이를 전문적으로 다룬 서적들을 참고하기 바란다.

참고문헌

Darnell, A. C., *A Dictionary of Econometrics*, Edward Elga, 1994.

Davidson, James, *Stochastic limit theory—an introduction for econometricians*, 3rd ed., Oxford University Press, 1994, Ch. 18~25.

Spanos, Aris, *Statistical Foundations of Economic Modelling*, Cambridge University Press, 1986, Ch. 9.

______, *Probability Thoery and Statistical Inference*, 1999, Ch. 9.

White, Halbert, *Asymptotic Theory for Econometricians*, 2nd ed., Academic Press, 2001, Ch. 3~5.

찾아보기

ㄹ

ㅁ

저자약력

성균관대학교 경제학박사
인디애나 주립대학교 visiting scholar
현재 한국은행 금융경제연구원 근무

주요 논문

"New Approach to Estimation of the Core Inflation," *The Journal of the Korean Economy*, 2003.

「시계열자료의 불안정성과 우리나라 잠재GDP 추정」, 『경제연구』, 2007.

"Estimation of Korean Monthly GDP with Mixed-Frequency Data Using an Unobserved Component Error Correction Model," *Economic Papers*, 2008 등 다수

◎ 계량경제학 이론의 기초

2009년 8월 20일 초판인쇄
2009년 8월 28일 초판발행

저 자 김 기 호

발행인 노 현 철

발행처 도서출판 해남
서울특별시 서대문구 충정로3가 227-1 우리타워 6층
전화 739-4822 팩스 720-4823
e-mail haenam30@dreamwiz.com
homepage www.hpub.co.kr
등록 1995. 5. 10 제1-1885호

정 가 28,000원 ISBN 978-89-6238-014-9

저자와 협의하에 인지생략